全国高等医药院校药学类专业研究生规划教材

U0746388

药品知识产权

（供药学类及相关专业用）

主　编　袁红梅

副主编　李文雅　韩　涛　宋红松　商　磊

编　者　（以姓氏笔画为序）

尹　昕（首都师范大学）

杨舒杰（沈阳药科大学）

李文雅（中国医科大学附属第一医院）

谷　佳（中国医科大学附属第一医院）

宋红松（烟台大学）

陈　敬（北京大学医学部）

袁红梅（沈阳药科大学）

商　磊（苏州生物医药创新中心）

董　丽（沈阳药科大学）

韩　涛（中国医科大学附属第一医院）

中国健康传媒集团

中国医药科技出版社

内 容 提 要

本教材是"全国高等医药院校药学类专业研究生规划教材"之一，系根据本套教材编写原则和本课程教学大纲要求编写而成。本教材共5篇：制度概述篇、专利制度篇、商标制度篇、著作权制度篇、特殊制度篇。配合大量引例、经典案例，在讲授理论知识的同时，更注重医药知识产权保护的实际应用。

本教材可供全国高等医药院校药学类及相关专业学位研究生作为教材使用，也可作为相关从业人员的参考用书。

图书在版编目（CIP）数据

药品知识产权 / 袁红梅主编 . —北京：中国医药科技出版社，2023.8

全国高等医药院校药学类专业研究生规划教材

ISBN 978-7-5214-4064-5

Ⅰ . ①药…　Ⅱ . ①袁…　Ⅲ . ①药品 – 知识产权 – 中国 – 医学院校 – 教材　Ⅳ . ① D923.4

中国国家版本馆 CIP 数据核字（2023）第 143537 号

美术编辑　陈君杞

版式设计　友全图文

出版　**中国健康传媒集团** | 中国医药科技出版社

地址　北京市海淀区文慧园北路甲 22 号

邮编　100082

电话　发行：010-62227427　邮购：010-62236938

网址　www.cmstp.com

规格　889 × 1194 mm $^1/_{16}$

印张　19 $^3/_4$

字数　553 千字

版次　2023 年 8 月第 1 版

印次　2023 年 8 月第 1 次印刷

印刷　三河市万龙印装有限公司

经销　全国各地新华书店

书号　ISBN 978-7-5214-4064-5

定价　**78.00 元**

获取新书信息、投稿、为图书纠错，请扫码联系我们。

前言

知识产权制度是迄今为止人类设计的激励技术创新的最佳机制。改革开放之后,我国开始实施知识产权法律制度,时至今日,"创新是引领发展的第一动力,保护知识产权就是保护创新"已成为国人共识。制药产业是世界公认的朝阳产业,也是深度依赖知识产权的产业,近年来,我国政府不断加大药品知识产权保护力度,希望以此促进制药产业的发展,因此,高级医药学人才对药品知识产权有较为深入的理解成为当务之急。本教材是"全国高等医药院校药学类专业研究生规划教材"之一,力求对药品知识产权制度进行全方位阐释,以期为培养符合时代需求的医药学高级人才尽绵薄之力。

本教材分为五篇:制度概述篇、专利制度篇、商标制度篇、著作权制度篇和特殊制度篇。具有以下特点。

1.学术性。本教材不是对药品知识产权法条的简单解释,而是基于药品知识产权基础理论构建学术框架,揭示我国药品知识产权的基本理念、立法进路及法律全景,使学生全方位理解药品知识产权的理念、实体、程序的相关规定。

2.前沿性。药品知识产权法律制度是与时俱进的,随着我国对知识产权保护的持续推进,药品知识产权法律制度发生了重大、深刻的系统性变革,本书对该领域的进展进行全面解读,以使学生了解药品知识产权发展的最新动态。

3.实用性。药品知识产权是理论与实务的结合体,本书实务部分由多年从事药品知识产权实务的执业律师指导完成,具有实践性及指导性。

4.针对性。本教材基于权威性、典型性、时效性,精选大量公开的药品知识产权真实案例进行分析,通过以案说法的形式让学生全方位把握药品知识产权的救济途径,活学活用。

本教材具体编写分工如下:制度概述篇由袁红梅、杨舒杰、董丽负责编写,专利制度篇由袁红梅、李文雅、韩涛、商磊、谷佳负责编写,商标制度篇由杨舒杰负责编写,著作权制度篇由董丽负责编写,特殊制度篇由袁红梅、宋红松、尹昕、陈敬负责编写。

本教材可供全国高等医药院校药学类及相关专业学位研究生作为教材使用,也可作为药品监督管理部门和知识产权管理部门工作人员、药品生产流通企业管理者、新药研发人员、药品生产制造人员的参考用书,希望能为了解、领悟、运用药品知识产权的人士提供帮助。

本教材在编写过程中,参考了许多同行的研究成果和文献资料,在此深表感谢。马俊红、张文凤、刘心蕊、宁博文、冯鑫、聂泽文、刘柏均、房廷秀、刘月、曾莹莹、沈漫竹、伏楠、李倩、于慧娴等同学帮助收集资料、案例,做了大量辅助性工作,在此一并表示感谢。尽管我们以严谨、科学的态度进行写作,但书中仍有疏漏之处,我们将在后续研究中逐步搜集、整理相关资料,以便将更权威、真实的药品知识产权全貌呈现给读者,恳请广大读者批评指正,以便修订时完善。

编　者
2023年5月

目录

专利制度篇

商标制度篇

著作权制度篇

特殊制度篇

第一章　知识产权法律制度的产生与发展

───────────────── 【引例】 ─────────────────

1624年的英国《垄断法》开启现代意义的知识产权保护

第六条　但是，此前所述之任何声明，并不及于在今后所作的、给予任何新制造方法真正的最早发明人在本王国内独占性经营或者生产该制造品之权利的开封特许状与授权书，其期限为14年或者以下，而他人在此特许状或者授权书之期限内，不得使用之，该特许状或者授权书既不会通过提高国内的商品价格、危及贸易或者造成公众不便而与法律相抵触，也未对国家造成损害；该14年期限应当自今后第一个特许状或者授权书作出时起算，但是，若本法未予制定，也没有任何其他法律，它们仍应当具有同样之效力。

▶**评析：**1624年的英国《垄断法》是世界上最早的专利法，它首先宣布在此之前或以后向任何个人、政治实体或者法人等所颁发具有独占性质的特许状及授权书与本国法律相抵触，并因此而全部撤销，该法第六条规定了特许状或者授权书唯一不予撤销的情形，这一条被认为是最早关于专利的明确规定。可见，1624年版《垄断法》是在对先前特许制度进行发展和改造的基础上出台的，它淡化了特许制度的政治性，强化了对个人权利的保障性，使原本模糊的科学技术产权有了同其他产权一样的明确保障。英国1624年版《垄断法》对个人技术发明的承认和保护，也是对个人智慧、知识、劳动所创造价值的保护，从而有利于刺激技术发明人的热情及其对技术的应用。英国科技发明的大量涌现和工业革命的发生，在某种程度上可以归因于1624年版《垄断法》及相关的专利保障制度。

1624年版《垄断法》将发明人的权利升华到了基本人权的高度，赋予了其神圣性、合理性、人格性、不可侵犯性的特点。根据这一理论，发明人的权利不再是封建君主恩赐的结果，而是发明人利益为国家法律所承认的体现。这一理论改变了发明人与国家之间的依附关系，使发明人的权利真正成了一项自然权利。国家并不是专利权的来源，而只是一个确认和保护的机关，这充分体现了自然权利论以发明人利益为核心的观点。

───────────────────────────────

与民法、刑法不同，知识产权法律制度并非古已有之，它是特定政治、经济、文化环境的产物，对其发展进程的回溯将有助于我们领悟其不同于其他制度的特质，进而理解在特定语境下知识产权制度设计的基本理念。鉴于药品知识产权领域中专利制度占绝对优势，本书以专利为主线展示知识产权制度的发展进程。

第一节　知识产权法律制度的产生

知识产权起源于封建社会的"特权"，即封建社会的地方官吏、封建君主、封建国家以榜文、敕令、法令等形式授予发明创造者、图书出版者在一定期限内的专营权、专有权。这种特权带有一定的恩赐性质，与现代意义上的知识产权制度有很大的不同。但它毕竟使智力成果首次被确认为一种独占权，是知识产权发展进程上的一次飞跃。进入资本主义社会以后，科学技术和产业革命使社会生产力获得了空前的进步。对知识产品的占有、使用会带来极大的经济收益已逐渐成为人们的共识，商品生产者迫切需要获得最新的技术成果。然而，技术的转移、公开势必会使原先的发明创造者丧失竞争优势，这就需要建立一种机制，以确保既能维持新技术发明人的技术优势，又能满足社会对该技术的需要，防止技术垄断。原先的特权制度显然无法适应新的形势，于是，知识产权制度中的专利制度就率先应运而生。英国1624年的《垄断法》（The Statute of Monopolies）是近代专利保护制度的起点。虽然1618年的英国首先处理了商标侵权纠纷，但最早的商标成文法应当是法国1809年的《备案商标保护法令》。1875年，法国又颁布了确立全面注册商标保护制度的《商标权法》。世界上第一部成文的版权法当推英国于1710年颁布的《保护已印刷成册之图书法》，被称为《安娜女王法》。

就专利制度而言，英国是其发源地，英国初创的专利制度形塑了当下世界通行的专利制度的基础元素。对这一制度初始状态的回溯将对我们理解现代专利制度具有重大助益。

一、专利制度初创时期的制度环境

专利制度较民法、刑法等古老法律制度而言属于新兴的制度，它需要特定的制度环境才能产生。当然，专利制度并不是在某个时间节点上忽然出现的，而是在特定环境下长期酝酿形成的，17世纪初期，在政治上，英国资产阶级已经具有和国王抗衡的实力，这使自然权利学说得以在英国广泛流传，这一学说凸显个人价值的作用，认为国家、社会、政权之所以具有价值，就在于它们可以保障个人的自然权利；经济上，欧洲流行重商主义，英国向海外拓展并占据了在海洋贸易上的绝对优势，商品经济非常发达，国内市场完备，但忽视了实体产业的发展，生产技术明显落后于欧洲大陆国家；文化上，从16世纪60年代起，英国开始了宗教改革，相信上帝创造万物的秩序，已是一种自然秩序，教徒不是通过盲目的信仰而是以理性和经验的方法探究这种自然秩序。文化领域的这种要求摆脱盲目信仰、凭借人自身的理性和经验探究自然秩序的主流价值观念孕育了科学的发展，也和成长时期的资产阶级的政治、经济观念相吻合。

专利制度就孕育于上述制度环境中，在从封建向资本主义过渡时期，人类开始摆脱主要依靠人力和生物力驱动的封建生产方式，逐步进入依靠以人造工具驱动的资本主义生产方式，新的生产方式对生产工具的创造及更新的依赖呼唤保护技术创新的专利制度，而当时只有英国的资产阶级具有和国王抗衡的实力，他们可以通过议会将自己的利益诉求以法律的形式予以表达，加之当时英国的主流文化与科学技术的基本特质相通，所以，英国率先具备了使这种需求制度化的客观条件，专利制度得以应运而生。

二、初始专利制度的设计

在17世纪，以个体或小规模的联合为主，主要靠人力和生物力驱动的经济发展方式锁定了资产阶级的视野，他们希望通过个体积极进取、探索自然奥秘来实现自身幸福。初创的专利制度烙印着时代的痕迹，被誉为专利制度奠基之作的1624年《垄断法》第六条的规定展示了初创时期专利制度设计的理念及具体操作规程，政府作为服务者的角色定位也清晰可见，具体分析如下。

（一）专利权的主体

按照当时主流的生产方式及政治观念，专利权是由国家承认而非创制的、人们基于创造性劳动而享有的自然权利，专利制度的目的是保护个人的这种"私权"。个人按照自身的生产需求及研究兴趣进行技术创新，政府将专利权授予"真正的最早发明人"。当然，这只适用于国内，对产生于国外的技术创新，则将专利权授予最先引进英国的人。

（二）专利权的客体

在手工业阶段，技术创新大多表现为有经验的技工根据提高劳动生产率的现实需要而对生产工具、生产方法进行的创新，因此，专利制度保护的客体是"任何新制造方法"。由于当时的技术创新尚未与大规模的工业生产紧密结合，而更多的是局限于有限空间的私人事务，加之当时强调个人自由的主流价值观念的影响，当时的政府对专利的客体没有特定的导向，只是应个体的要求以服务者的身份从事一些必要的管理工作。初创的专利制度实行登记原则，政府按照规程根据权利人的自由申请进行登记，没有实质审查，没有专门的成文法对专利进行规定。

（三）专利权的内容

专利权的内容是基于专利权客体的特性设计的。农业经济时期，人类生存的最主要方式是人的体力或借助于生物力作用于大自然，人和自然直接互动的具体劳动是赋权的主要依据，物权成为拥有财富的最主要标志。启蒙运动之后，反对盲目信仰，主张以理性和经验的方法探究自然秩序的世界观逐步形成，与此相对应地又发展出通过观察、实验等科学方法获得自然秩序的方法论，运用新的世界观及方法论，人类创造了一种可以脱离人自身、具有某种独立性、其效率大大强于人类体力劳动的生产工具，而创造这种生产工具需要经过两次劳动才能实现，第一次是抽象劳动获得智力创造成果，如果它仅仅停留在知识形态，并不必然导致社会财富的增加，还需经过第二次劳动将知识形态的技术方案经过产业化、市场化，它才能由非物质形态转化为物质形态，实现其使用价值。从理论上而言，第一次劳动的复杂程度要高于第二次劳动，第一次劳动是基础，第二次劳动是获益阶段。基于专利客体的上述特征，法律在设计专利权时所采取的赋权方式与物权有很大不同，它不是赋予技术创新者占有、控制其技术方案的权利，而是赋予在一定时期、一定地域、排他性地将其技术创新成果产业化、市场化的权利，专利权人的获益取决于其技术创新成果被市场认可的程度。这种赋权设计使政府必须承担一定责任，因为专利权客体的无形性决定了任何人都可以脱离权利主体的控制而将其工业化、市场化，因此，权利主体独占权的实现只有依靠政府对其他主体侵权行为的控制方能实现，政府就此具有不可推卸的管理责任。

通过上述分析可以看出，专利制度是特定生产方式的必然要求，鉴于其保护客体的特殊性，政府的参与必不可少。但在当时的制度环境下，政府的参与被限制在非常有限的范围内，如果将技术创新过程简化为研发、申请专利、市场化三个阶段，专利制度初创时期，政府对这三个阶段都不添加人为干预，只是根据权利人的申请从事一些诸如登记、维权等服务性事务。

三、英国专利制度的困境及反思

初创的专利制度客观上促进了英国技术的引入和自主创新。史实表明，1624年《垄断法》出台后，17世纪和18世纪，英国进入了发明创造的高峰期，终于在18世纪60年代英国迎来了第一次工业革命，但是，专利制度的危机也随之降临。

第一次工业革命期间技术创新空前活跃，专利申请和授权数量大幅增加，专利制度运行的效果真切地展现在世人面前，这种日益壮大的由国家授权并保护的市场垄断权形成了对贸易自由主义思想的巨大挑战，对其质疑之声也随之而起并愈演愈烈，19世纪爆发了专利发展史上最激烈的专利存废之争，欧洲一些国家取消了专利制度，英国上议院于1872年通过法案，要求对专利制度进行重大改革，将专利保护期缩短到7年，若2年不实施就撤销专利，但这个提案英国下议院没有通过。实际上，专利存废之争是一种历史的必然，从某种意义上而言，农业经济是个体经济，工业经济则是以生产工具为纽带的需要分工合作的集体经济，人和自然、人和人开始通过生产工具有机地联系起来，这种联系也是代表新的生产方式的专利权客体潜在、固有或许是最重要的客观属性。经济发展方式的群体性决定了国家干预经济的必然性，这一点在初创的专利制度中初见端倪。随着新的生产方式的发展壮大，其固有的特性使放任自由与适当干预的经济管理模式的交锋变得不可避免，专利存废之争成为这种制度环境的一个缩影。在专利制度岌岌可危之际，19世纪70年代，欧洲一些国家发生经济恐慌，政府采取了关税保护政策和产业扶持政策并取得良好效果，这使人们认识到完全不受限制的自由贸易事实上并不可能。自由贸易主义经济理论逐步被政府干预理论取代，随着自由放任经济理论的淡出，初创的专利制度也因重获合理性而存活下来。

专利制度的胜利只不过说明反对者的批判对专利制度的启发意义更多是改革性的而非革命性的，经过第一次工业革命的洗礼并战胜自由贸易理论的专利制度仍然面临着巨大的挑战。工业革命后，科学技术的作用日益显著并越来越多地应用于工业，科学技术特有的社会性及工具性愈发凸显，技术创新需要由私人完成但却可以带来巨大社会效益的特质更加清晰地展现在世人面前，运用私权理论作为其哲学基础也因此显得不合时宜，但使专利制度得以发展并迸发出巨大的能量则是有着深厚自由传统的古老国度无法胜任的，专利制度呼唤新的生机。

⚛ 知识链接1-1-1

英国知识产权局

英国知识产权局是世界上最早的专利注册机关。1852年，英国政府颁布《专利法修正法令》并设立英国专利局（UKPO），迄今已有150多年的历史。1990年，UKPO正式成为政府机构，隶属于英国贸易和工业部（DTI），并于1991年10月1日取得贸易基金地位（Trading Fund Status），从而实现自收自支。经英国政府批准，UKPO于2007年4月2日正式更名为英国知识产权局（UKIPO）。

一、职能

UKIPO负责处理工业产权事务，包括专利、外观设计、商标和版权，其主要职能如下。

（1）专利、外观设计和商标等申请的受理和审批。

（2）促进和支持知识产权法律及知识产权保护的相关活动。

（3）执行《专利法》《外观设计注册法》《商标法》《著作权法》及其他知识产权相关立法。

（4）努力确保英国工商业，特别是中小企业掌握和运用知识产权，提升其地位和竞争力。

（5）努力保证学术界的研究活动能够获得应有的回报。

（6）协调相关国际事务。

二、机构设置及人员编制

根据英国政府发布的信息，该局现由11个部门组成，具体如下。

1.战略部　负责提供分析、参谋意见、战略制定与管理、外部通信等任务，设有变更投资组合管理处。

2.**人力资源部** 负责人力资源运营、办公室服务、文化与参与和组织设计、开发、知识与信息管理等活动。

3.**商务和国际政策部** 负责商业和监管政策、贸易、英国生态系统、国际政策。

4.**权力政策和执行部** 负责版权政策和执行政策，是知识产权犯罪情报中心。

5.**数字数据和技术部** 负责数据、信息技术运营、信息安全、IT战略和支持、建筑、信息技术服务管理。

6.**财务部** 主要负责商业和金融两方面。

7.**转型部** 负责转型计划。

8.**业务运营部** 负责业务运营、商业和教育服务、客户体验股等活动。

9.**听证会官员和审裁处** 设有首次公开招股审裁处、版权法庭、公司名称审裁处。

10.**专利审查部** 负责专利的审查。

11.**商标、外观设计和注册权、法律与实务处** 负责商标审查与实践、外观设计审查与实践，设有法律科。

针对招聘合适员工难的问题，UKIPO采取了诸多措施，如提高审查员的待遇，改革工资体系，增加起始工资；改变公务员工资增长缓慢的现状，将工资增长的目标明确告知每位审查员。目前，UKIPO高级审查员的工资水平已达到大企业同等技术人员的平均工资水平。UKIPO还准备在所有等级的审查员中推行新的工资标准，同时给审查员提供学习进修机会，以吸引更多的人才到UKIPO工作。

▶**评析：** 英国是世界公认的最早实行现代专利制度的国家，在其带动之下欧洲各国均较早建立了专利制度，其以市场为基础的专利管理机构的设置有众多我国可资借鉴之处。

（资料来源：卢慧生.英国知识产权局情况介绍［EB/OL］.http：//www.sipo.gov.cn/gjhz/qkjs/201310/t20131023_832317.html2021-06-10；知识产权局：结构图-GOV.UK（www.gov.uk））

第二节 知识产权法律制度的拓展

19世纪中后期，各国逐渐认识到知识产权在促进本国经济、文化的发展和科学技术进步方面的重要作用，纷纷通过知识产权立法保护知识产权。继英国之后，美国于1790年、法国于1791年、荷兰于1817年、德国于1877年、日本于1885年先后颁布了本国的专利法。此外，英国于1862年、美国于1870年、德国于1874年先后颁布了《注册商标法》。日本在1875年和1887年先后颁布了两个《版权条例》，于1898年颁布《版权法》。法国在18世纪末颁布了《表演权法》和《作者权法》，使与出版印刷密切相连的专有权逐步成为对作者专有权的保护。以后的大陆法系国家，也都沿用法国作者权法的概念和思路。反不正当竞争的概念来源于19世纪50年代的法国，但学术界一般认为美国是最早产生现代意义上竞争法的国家，其立法包括反垄断和反不正当竞争两个方面，除大量判例外，还有《谢尔曼法》《联邦贸易委员会法》《克莱顿法》和《鲁宾逊-帕特曼法》。英国现代竞争立法相对较晚，但以法著称的英国反不正当竞争的规范可以追溯到15世纪，较全面的反不正当竞争法则完成于20世纪的中叶，较有代表性的法律有《限制性贸易管理法》《转售价格法》《公平交易法》等。1905年，德国对《不正当竞争防止法》重新进行了制定，并多次进行了修改。1957年又颁布了《反对限制竞争法》，使德国的反不正当竞争法体系更加完善，对德国的经济高速发展起到重要作用。日本步德国的后尘，又在第二次世界大战后受美国的影响，其反不正当竞争立法主要有1933年的《反不正当竞争防止法》，该法以后经过多次修改，

1993年曾作出较全面的修改。

这一时期是专利制度长足发展并完善的关键时期，此时，渴望发展的美洲大陆承担起了对专利制度进行制度创新的历史使命，它创造了以政府角色转换为核心的对世界发展进程产生重大影响的现代专利制度，本书以美国为例阐释专利制度趋于完善的进程。

一、发展时期的专利制度环境

19世纪以来，随着生产社会性的加深，资本主义由自由资本主义发展到垄断阶段，生产的社会性与管理的私人性的矛盾使作为自由放任的私人企业制度典范的英国迅速衰落，凯恩斯则以新的理论在致命危险威胁资本主义的时代里巩固了这个社会。凯恩斯主义坚持市场的不完善性，认为政府的干预是必要的，也是有益的。但凯恩斯主义不同于社会主义，他主张在发挥市场基础配置作用的基础上通过宏观的经济趋向制约个人的特定行为来实施政府的干预政策，市场和个人是经济增长的基础。在政治上，社会契约论是北美殖民地摆脱英帝国统治、建立民主制度的思想基础，这一学说强调在参与政治的过程中，只有每个人同等地放弃全部天然自由，转让给整个集体，人类才能得到平等的契约自由。在文化上，实用主义在20世纪是美国的主流思潮，它主张一个行为的合理与否应该取决于这个行为能否达成其预定的目标和欲望，无论这些目标欲望为何。实用主义较之其他西方哲学流派更为突出地反映了资产阶级所追求的实际利益和需要，体现了他们讲究实际功效的特性。上述环境造就了美国特色的现代专利制度。

二、发展时期的专利制度设计

在现代专利制度中，国家不再把专利看作私人的事情，专利的申请不应该凭借个人的兴趣，而应与国家经济发展的总体利益相一致。被称为美国宪法之父的麦迪逊指出："这种权利（专利权和著作权）的益处几乎是没有疑问的……在这两种情况中，公益与个人的要求完全吻合。"在上述理念指导下的专利制度设计有以下几个特点。

（一）专利权的主体

随着人类科学技术水平的提高，在现代社会，人们所从事的技术创新活动与古代的单个发明者的发明不可同日而语，人们必须付出相当的劳动以及资金方能取得成果。到了20世纪，这一活动更多地涉及集体研究、大规模投资、市场以及发明成果的商业化，因此，这一时期专利制度将专利权授予技术创新的组织者和个人。

（二）专利权的客体

第一次工业革命后，人们逐渐认识到，生产中依靠经验是有欠缺的，它不是普遍的、必然的，因而适用范围是有限的。于是在普遍有效、逻辑上确定的和可以亲自验证的科学理论指导下的技术创新成为主流，具有普适性、可以广泛推广的智力创造成果获得巨大发展，美国政府认识到了技术创新可能带来的巨大实践效用，并通过对专利权保护客体的引导保证这种效用的实现。美国宪法第一章规定："国会应享有权力……通过确保作者和发明人分别对其著作和发现在有限时间内的独占权以促进科学和实用技艺的进步。"这一时期专利制度保护的客体是符合公益的技术创新。主要表现：①政府对专利保护的客体根据公益的需要进行限定，以此引导发明创造的领域，对专利的客体强调具有新颖性、实用性及创新性；②政府对专利实行实质审查，以保证授权专利符合政府的导向；③私人获得对其发明创造的市场独占权的对价是公开其专利并在一定期限之后将其创造成果推入公知领域。

（三）专利权的内容

这一时期专利权的内容是受到限制的市场独占权。美国的专利法规定了众多对专利权人的限制条款：一方面限制专利权人滥用专利权；另一方面当专利权与公益发生重大冲突时限制权利的行使，以保护公益及权利相对人的利益。

在美国专利制度中，政府代表公益以契约者身份在研发、申请专利阶段运用宏观调控手段对技术创新进行引导，但不干预创新主体的具体创新行为，在市场化阶段保护创新主体市场独占权的合法运用，但对市场主体的权利进行一定限制。

三、美国专利制度的成功与隐忧

专利制度成熟于资本主义从自由竞争向垄断过渡时期，在这一时期，生产方式的社会化与个体为本位的制度模式相冲突，调整制度模式使之与生产方式相契合成为时代主题，美国没有选择以社会为本位从而走向社会主义的制度模式，而是坚持以个体为基础因素，但对个体的行为加以引导使其更具社会性的制度模式，在这种模式中，国家的作用被提升，它不再是被动的服务者，而是以契约者的身份实现对个体行为的对价交换。专利制度的设计充分体现了这一理念：只有为社会提供有价值服务的人方能得到社会的补偿，这是发现者与社会之间真正的契约或交换。前者凭借智力创新提供了好产品，而作为回报，社会授予他们对其技术创新在有限时间内的独占权。这种用社会需求引导个人发明旨趣的制度设计带来了巨大的社会效益，极大地促进了美国技术创新及工业化的发展，使这个年轻的国家依靠技术优势迅速赶超了老牌资本主义国家。

美国专利制度模式在带来经济高速发展的同时也伴随着两大隐忧。

（一）功利主义因素侵袭了科学的自主性

默顿指出："当官方政策开始关注科学研究的方向时，功利主义因素就成为最重要的了。"从某种意义上而言，科学精神体现为特有的世界观和方法论，它主张抛开人的主观因素，将对自然规律的探求放在严格的科学的基础之上，强调必须在大量观察和实验材料的基础上，进行归纳和演绎，进而得出正确的认识。但是，在现代社会，国家通过制度设计掌控科学技术的发展方向，人为地制定了科学有效性或评价科学价值的标准，这使科学技术逐步沦为满足单一的经济利益、军事利益或政治利益的工具。而且，随着科学技术的进步，这种急功近利的标准形塑着我们的思维模式以及对世界的根本看法，从而带来深刻的社会问题。

（二）依靠行政权力支持的垄断影响了技术市场的竞争

进入20世纪以来，大企业的垄断行为对经济发展的弊端逐步凸显，而专利作为合法的垄断也备受关注。专利是靠行政权力支持的垄断，时至今日，国际巨头以其雄厚的资金及技术优势在某一行业拥有大量专利，他们往往以专利为壁垒，阻止其他企业的发展。由于一些跨国公司滥用专利保护，专利已经逐渐成为扼杀创新、妨碍竞争的一种方式，成为阻碍技术创新的绊脚石。

在现代专利制度支持下的技术创新所向披靡，使人类的生产和生活方式发生了深刻变化，科学技术成为衡量一切的标准，当技术创新日益规模化并成为经济发展的最主要推动力时，人类步入知识经济时代，作为知识经济时代重要法律支柱的知识产权制度也在以美国为首的发达国家强力推动下成为通行的国际规则，而如何结合各国的具体国情对这一制度趋利除弊成为世界各国共同面临的严峻挑战。

✦ 知识链接1-1-2

美国专利商标局

美国专利局于1802年成立，当时为国务院直属部门，承担专利相关事务。19世纪初，商标事务亦纳入专利局的辖权范围。1975年，经国会批准，美国专利局更名为美国专利商标局（USPTO）。2000年11月，根据《美国发明人保护法》，USPTO被确立为商务部下属的绩效单位，以更加商业化的方式运作，在人事、采办、预算以及其他行政职能上享有实质性的自治管理权。

一、职能

USPTO的主要职能如下。

（1）专利授权与商标注册。

（2）为发明人提供与其专利或发明、产品及服务标识相关的服务。

（3）通过实施专利与商标等知识产权相关法律，管理专利、商标以及与贸易有关的知识产权事务，并向总统和商务部长提出相关政策建议，为增强国家经济实力出谋划策。

（4）为商务部和其他机构提供涉及知识产权事务的建议和帮助。

（5）通过保存、分类和传播专利信息，帮助、支持创新和国家科技发展。

二、机构设置及人员编制

作为美国商务部14个下属局之一的USPTO为非商务实体，局长经美国参议院批准后由总统任命，同时兼任商务部主管知识产权事务的副部长。根据局长提名，由商务部部长委派一名主管知识产权事务的商务部助理副部长兼任USPTO副局长。

机构设置USPTO的机构设置如下。

1.专利局 负责专利审查及相关事务；下设发明人协助计划办公室、专利审查政策部、专利业务部和专利资源与计划部。

2.商标局 负责商标注册及相关事务；下设商标审查政策部和商标业务部。

3.总法律顾问部 主要任务是作为局长的法律顾问，处理针对招聘和培训决定方面的申诉，提供法律咨询；对USPTO作出的各项决定实施法律审查；在行政特别法庭为USPTO提供辩护。下设普通法办公室、知识产权法和律师办公室、专利申诉和抵触委员会、商标审理和申诉委员会以及人员招聘和培训办公室。

4.国际部（外事主管部） 负责与国会联系、处理国际事务以及在世界范围内维护美国知识产权持有人的合法权益；下设国会关系处、国际关系处和执法维权处。

5.行政管理部 负责USPTO人力资源、合作计划和管理服务；下设公民权利办公室、人力资源办公室和行政管理服务办公室。

6.财务部 负责财务计划、管理和采购事务；下设计划办公室、财务办公室、财务管理系统办公室和采购办公室。

7.信息部 负责制订战略性信息计划和运行预算；开发和维护自动化信息系统；管理计算机设施、设备和通信网络；为重建业务流程提供技术和技术发展方向指导；对所属机构提供政策指导等。下设副首席信息官办公室、系统开发与维护办公室、客户信息服务办公室、IT业务和客户支持服务办公室以及结构、工程和技术服务办公室。

8.专利公共咨询委员会和商标公共咨询委员会 负责为USPTO提供专利、商标的预算和管理方面的建议；负责检查USPTO在政策、目标、绩效、预算及费用收入等方面的执行情况；就上述事务向局长提供咨询意见，并在每财年结束后60天内编制年度报告，提交总统、商务部部长及国会司法委员会。

人员编制根据《美国发明人保护法》，USPTO设立专利和商标两个公共咨询委员会，每个委员会分别由12名成员组成，其中9名由商务部部长任命，3名由USPTO局长任命，他们分别是USPTO各类用户和工会的利益代表。美国的专利审查制度正式建立于1836年7月4日。当时，美国专利局约有6名工作人员，其中审查员只有1名。1936年，专利局雇员发展至1338名，其中668名审查员。2007年，USPTO共有8913名联邦雇员，其中专利审查员5477人，商标审查员404人。

三、审查流程

USPTO专利申请审批流程：由发明人或其授权之人提交申请→USPTO受理部门接收，确定收到日并给出申请号→由申请部门进行形式审查并确定申请日，完成文件处理和数据采集，同时由权利转让部门处理涉及权利转让事务→分类→按分类号将申请分配到审查部门进行审查。审查流程主要包括：①形式审查和检索；②实质审查；③申请人答复；④再次审查；⑤作出最终决定等内容→对决定不服的可向专利申诉和抵触委员会提出上诉。

详细流程包括以下。

（一）初步审查

初步审查阶段，审查员通常会下发的通知：补正通知书、限制性审查意见通知书。

1.补正通知书（formalities letter） 申请人向USPTO递交申请审查员受理后，会先对递交的材料进行格式上的初步审核。如果审查员认为申请人所递交的材料存在形式缺陷，通常会下发一份"补正通知书"。"补正通知书"一般涉及的多为附图和序列表问题，例如附图不清晰、附图标记不准确、无附图说明、未提交单独的序列表等。

答复期限：通知下发之日起2个月内，在缴纳延期费的情况下，最长可延期至6个月。

2.限制性审查意见通知书 一般来说，审查员首先会审查申请文件中的权利要求是否满足"单一发明"的要求。如果审查员认为权利要求涉及两组或以上互不相关的发明，会通过发出"限制要求"（restriction requirement，RR）的方式要求申请人从中做出选择。申请人必须选择一组发明作为后续实质审查的对象，即使申请人认为审查员的要求有误并提出抗辩（traverse），选择也还是无法避免，并且在有些技术领域，抗辩往往会花费大量的时间和精力，而结果却大多不尽人意，所以专业代理人可能会建议申请人考虑不做抗辩（without traverse）。未被选中的其他发明可以后续以分案申请的形式重新向USPTO递交申请。

答复期限：通知下发之日起2个月内，在缴纳延期费的情况下，最长可延期至6个月。与很多国家不同，美国的延期费可以在超答复期限后，与答复一起提交。

（二）实质审查

在实质审查中，如果审查员认为申请具有可专利性方面的缺陷，会向申请人发出审查意见（office action）。实质审查阶段通常下发的通知有非最终审查意见通知书、最终审查意见通知书和审查员指导意见通知书。

1.非最终审查意见通知书（non-final office action） 一般是申请进入实审后收到的第一封审查意见，是审查员第一次提出至少一个影响申请获得授权的新问题。

答复期限：通知下发之日起3个月内，在缴纳延期费的情况下，最长可延期至6个月。

针对审查员指出的缺陷，申请人必须作出答复或修正。通过反驳审查员的意见或修改权利要求的方式克服缺陷。如果该缺陷得以克服，并且申请人的回复中没有引入新的缺陷，审查员可能会向申请人发出授权通知书（notice of allowance）。

2.最终审查意见通知书（final office action） 若申请人没有完全解决或克服上一封审查意见所提出的所有缺陷，会下发最终审查意见通知书。

注意：通常如果申请人没有完全克服第一封非最终审查意见中所提出的所有缺陷，审查员下发的第二封审查意见基本为最终审查意见，但审查员会根据实际情况，可能会多次下发非最终审查意见，才会下发最终审查意见。

答复期限：通知下发之日起3个月内，在缴纳延期费的情况下，最长可延期至6个月。

答复审查意见常用的有两种方式：修改权利要求、抗辩。

（1）修改权利要求 如果申请人认为审查员所引用的现有技术或者所提出的缺陷是合理的，为了尽早获取授权，申请人可根据审查员的建议对权利要求进行适当的修改。

（2）抗辩 如果申请人认为审查员所提出的缺陷是不合理的，并且所引用的文献不属于现有技术，为保护专利的最大范围，申请人可采用争辩的方式进行答复。

3.审查员指导意见通知书（advisory action） 美国审查采取的是"轮回"制，通常如果申请人收到了最终审查意见通知书，代表着审查员一轮的审查已经结束，如果申请人在2个月内提交了答复，但没有完全克服最终审查意见通知书中的所有缺陷，使该专利处于授权的状态，则审查员会下发审查员指导意见通知书。如果申请人想继续审查，则必须请求RCE，意味着新一轮的审查开始了，下一封可能又会收到非最终审查意见通知书。

答复期限：审查员指导意见可以看作最终审查意见的延伸，即审查员指导意见的答复期限=最终审查意见的3个月答复期限，在缴纳延期费的情况下，最长可延期至6个月。

四、审查模式

除常规审查模式外，USPTO开展了许多创新的审查模式以提高服务质量，主要包括加快审查、Track1优先审查程序、专利审查高速公路（PPH）、同行评议试点项目、再审的集中审查、绿色科技试点项目、项目互换试点项目、特殊申请预警体系、基于年龄/健康的特殊加快审查程序等。

（一）加快审查（accelerated examination）

USPTO于2006年8月推出新的加速审查程序（以下简称"AE程序"），是对申请人最通常能够利用的加速审查的手段。在USPTO批准该程序申请后，不只是第一次审查意见通知书下发加快，而且随后所有的审查节奏都将加快，甚至是在USPTO发出最终决定后，该申请通过其他程序继续审查时，仍然处于加快审查通道中。从递交申请到批准平均为10.75个月，USPTO的目标是在自申请12个月内给出最终决定。执行AE程序的美国专利申请的实质内容答复时间为30天，不允许延期。如果不能及时答复，该申请将被视为放弃。AE程序不适用于PCT国家阶段申请、再颁专利、复审或者植物专利。

（二）项目互换试点项目

USPTO于2009年11月27日临时实施项目互换试点项目，即二换一优先通道：如果申请人有两个相互关联的专利申请需要进行审查且均是2009年10月1日之前递交的，申请人如果明确放弃其中的一个，另外一个则可以进行优先审查且不收取任何额外的费用。为了取得适格性，两个专利申请必须满足：未被审查；实际申请日在2009年10月1日之前递交；自该日期起具有相同的权利人或者具有一名相同的发明人。申请人最多可以利用试点项目加速15件申请，但是每个放弃的申请只能支持一件申请的加速审查。被放弃的申请中的专利技术方案不允许再被要求进行保护。该试点项目终止于2011年12月31日。

（三）专利审查高速公路

专利审查高速公路指当申请人向两局提交同一申请时，在首次申请局获授权的申请，二次申请局可以以简易程序优先审查，同时可以免交部分文件，还能利用首次申请局的检索和审查结果以减少审查员的重复劳动。USPTO与日本专利特许厅是最早试行"专利审查高速公路"项目的国家。目前与USPTO展开PPH合作的国家或地区有澳大利亚、奥地利、加拿大、中国、哥伦比亚、捷克、丹麦、欧洲专利局、芬兰、德国、匈牙利、冰岛、以色列、日本、韩国、墨西哥、尼加拉瓜、挪威、菲律宾、葡萄牙、俄罗斯、西班牙、瑞典、英国、新加坡以及我国台湾等。

（四）绿色科技试点项目

2009年12月8日，USPTO启动绿色科技试点项目（Green Technology Pilot Program），对涉及环境质量、能源保护、可再生能源的开发和（或）减少温室效应气体排放的专利申请给予特殊待遇进行加速审查。该专利申请必须是2009年12月8日之前的正式申请（非临时申请）或者非再颁专利申请。此外，该专利申请必须是涉及"实质性改进环境质量，或者实质性有助于：开发或者发现新的可再生能源；更有效地利用和保护能源；减少温室气体排放"的单个发明。该试点项目已于2011年12月31日终止。

（五）同行评议试点项目

同行评议（peer review），是指在申请公开后，由该领域的同行专家提供对比文献和评论，给审查员提供现有技术的参考。USPTO率先推出在计算机领域进行同行评议，主要是为了加快和改善计算机领域的审查。在计算机领域，现有技术文献数量有限，数据库不够完整，检索质量难以保证，这是各国都普遍存在的问题。USPTO通过同行评议方式可以在很大程度上弥补检索上的缺陷。在审查员进行实质审查之前就申请的权利要求内容提交相关的技术参考文件，以便审查员在较短时间内掌握更多的技术信息，从而缩短审查周期。该试点项目已于2011年9月30日终止。

（六）再审的集中审查

再审程序是为了修正因USPTO在审理原申请时错误地理解了相关的现有技术，而导致专利有缺陷和错误而设置的程序。再审可以由多方面启动，专利权人、非专利权人及USPTO都有权启动再审程序。再审请求人不必指出任何错误，只需提供对比文件，但再审不能够扩大权利范围。USPTO于2005年7月29日宣布建立了集中再审单元，将相关的培训、监督和处理集中在一个部门进行，由经验丰富的专职审查员进行审查，由专人进行相关的管理及支持，并由专利局法律办公室专门提供政策监督和指南，客观上也起到了统一审查标准的效果，同时对于缩短待审周期和提高审查质量也有一定的帮助。

（七）特殊申请预警体系（SAWS）

SAWS设立的目的是有利于具有"特殊"价值申请的审查，例如可能对社会或者对专利体系产生重大影响的专利申请。SAWS项目由各审查部门负责。每一个审查部门设立SAWS委员会，成员由高级审查员和（或）质量管理专家构成。属于SAWS的主题包括两个层级：首先是通用的SAWS主题，涉及例如危害环境或公共安全的申请、具有有效申请日和很宽权利要求保护范围的申请（潜水艇申请）、如果授权可能引发广泛公众关注的申请等；其次是各个审查部建立各自的可能引发SAWS的"特殊主题列表"，每两年更新一次。每个审查部的特殊主题各不相同。每个审查部门设立内部SAWS申请的确认程序（部长负责制）和审查程序。SAWS是严格的内部程序，文档上不应表明它已经被确认为SAWS申请，USPTO也不应当知会申请人或第三方某申请已经被确认为SAWS申请；审查员不得对外透露关于SAWS的信息，若公众或媒体有相关问题，应由USPTO公共事务办公室进行回答。SAWS项目整合了集中审查、延迟审查、加快审查、合议审查等多项审查程序的特点，可根据实际需要适时的启动相应的审查程序。

（八）Track1优先审查程序（Track1 Prioritized Examination）

Track1优先审查程序中，审查周期较短，平均在6.5个月左右，申请人有机会在请求优先审查获准之日起12个月内从USPTO得到针对该申请案的最终决定。除了要缴纳额外的加速审查费用之外，请求Track1程序的申请也必须同时满足如下的条件：必须是原始专利申请；必须电子递交申请；权利要求书中至多允许4项独立权利要求和30项全部的权利要求。此处，所谓"原始专利申请"包括首次申请和继续申请，但是不包括再颁申请，这样继续申请、部分继续申请以及分案申请都是Track1程序的适格主体。因此，如果申请人有待审（pending）的专利申请，也不可以利用该程序以进行加速审查。在这种情况下，申请人可以例如另提一个继续申请，从而达到利用该Track1程序的目的。

（九）基于年龄/健康的特殊加快审查程序

基于人道主义的考虑，USPTO自1959年12月以来一直允许在发明人年纪超过65岁或者出于健康的原因可能导致不能撑过正常的专利审查周期时允许涉案专利进入加速审查通道。在这种情况下，只需要提出申请并伴随相应证据来证明发明人的适格性即可加速审查。在发明人为多人的情况下，只要有其中一个发明人的年龄或者健康状况符合要求，即可申请。基于年龄的请求书只需要发明人已经达到65周岁的申明（statement），或者发明人的代表人的申明，可以用出生证明、驾驶证或护照来证明发明人的年龄。但是，如果发明人需要用健康的原因提请加速申请，则必须出具医生的证明，来说明发明人可能不能按照正常的时间安排后续的专利申请。在任一情况下，都不需要为此支付任何申请费用。USPTO可以在进行审查之前的任何时间批准该项请求。但是，与前述的AE程序不同的是，因为发明人年龄或者健康的原因而加速审查的专利申请在第一次审查意见通知书之后将不再按照加速的方式进行审查。

▶评析：USPTO广泛参加国内、国际的知识产权保护活动，以商业化的方式运作，是行政职能上享有实质性的自治管理权的商务部下属绩效单位。美国是世界知识产权事业发展最重要的支持、推动力量，也是世界范围内从知识产权保护受益最多的国家，这其中USPTO功不可没，美国的实践证明：高效的知识产权机构是知识产权事业发展的重要保障。

（资料来源：百度百科.美国专利商标局［EB/OL］.http：//www.sipo.gov.cn/gjhz/qkjs/200805/t20080514_400680.html2021-06-14；郑树华，孙辰辉.浅谈国外专利审查模式的创新发展［J］.中国发明与专利，2016（01）：84-89.；美国专利审查制度简介；了解美专利申请程序 保护企业知识产权–"走出去"导航网（investgo.cn））

第三节　知识产权法律制度国际化

一、知识产权国际保护多边协定

国内知识产权制度的产生，使知识产权成为依各国法律确定的一种私权，具有严格的地域性。这种地域性不利于整个人类科学技术与文化的发展。可以说国际知识产权法就是为了解决这一矛盾而形成的一种国际法律制度。

这种国际法律制度最初是以多边协定的形式出现。例如在版权领域，意大利于1843年分别与奥地利和法国签订了双边保护协定，法国也于19世纪中叶分别与英国、比利时等20多个国家签订了双边保护协定。1883年，在巴黎召开了一次外交会议，会议结束时，最终通过并签署了《保护工业产权巴黎公约》，有11个国家在这个公约上签了字。1884年7月7日，公约正式生效时，英国、突尼斯和厄瓜多尔也加入进来，使得最初的成员国成为14个。巴黎公约是世界上第一个保护工业产权的国际公约，它的生效标志着工业产权保护国际协调的开始。

《保护文学艺术作品伯尔尼公约》是版权领域的第一个，同时也是处于主导地位的国际条约。1886年9月，由英国、法国、瑞士、比利时、意大利、德国、西班牙、利比里亚、海地、突尼斯等10个国家发起，缔结了该公约。到1887年9月除利比里亚外，9个国家批准了该公约。因此，公约于同年的12月开始生效。

《商标国际注册马德里协定》是关于简化商标在其他国家内注册手续的国际协定。1891年4月14日在马德里签订，1892年7月生效。马德里协定自生效以来共修改过多次，和1989年签署的《商标国际注册马德里协定有关议定书》（简称《马德里议定书》）称为商标国际注册马德里体系。

上述公约所确立的国民优先待遇原则，是不同社会经济制度和不同发展水平的国家都能够接受的基本原则。这一原则既没有要求法律的一致性，也没有要求适用外国法，只是要求每个国家在自己的领土内适用本国的法律，不分外国人还是本国人。这种尊重各国法律差异的原则大大促进了公约地域范围的扩大，促进了知识产权国际保护的发展。

二、知识产权国际保护国际法化

为了实施巴黎公约，1883年成立了保护工业产权巴黎联盟；为了实施伯尔尼公约，1886年成立了保护文学艺术作品伯尔尼联盟；为了实施马德里协定，1891年成立了商标国际注册特别联盟。1967年，在斯德哥尔摩召开了一次外交会议，这次会议修改了巴黎公约、伯尔尼公约以及其他联合国国际局管辖的多边条约的全部行政条款，并于同年7月14日签订了一个新的公约，即《建立世界知识产权组织公约》。这个公约于1970年4月26日生效，宣告世界知识产权组织正式成立。1974年12月，该组织与联合国的协定生效，成为当时联合国组织系统的15个专门机构之一。世界知识产权组织的建立，使知识产权保护纳入了一个政府间国际组织的职能范围，各联盟的活动可以持续而协调地进行。该组织因成为联合国的专门机构而极大地提高了权威性，等于在知识产权领域内负起了发展有关国际法的责任。因此，世界知识产权组织作为联合国专门机构的产生是国际知识权法发展史上的一块里程碑，它标志着知识产权制度国际协调的组织化，已具有现代国际法的意义。这一组织化趋势，实际上是现代国际社会的组织化在知识产权领域的具体体现。

在《与贸易有关的知识产权协定》（TRIPS协定）诞生之前，知识产权保护与国际贸易是由两套不同的国际法律体系分别处理国际事务的。以世界知识产权组织及其所管辖公约为中心的知识产权国际保护制度主要致力于促进世界各国对知识产权本身的尊重和保护，并通过鼓励创造性活动和促进技术转让及文艺作品的传播，推动工业和文化的发展，而对国际贸易及其与知识产权保护的关联则甚少涉及。由于技术贸易在国际贸易中所占的份额越来越多，有形商品贸易中技术含量迅速增加，知识产权保护与国际贸易之间就有了一种客观的内在联系，发达国家为在国际公约中将知识产权保护与国际贸易相联系付出了巨大努力，1986年"乌拉圭回合"谈判之初，以美国、瑞士等为代表的国家，主张将知识产权列入多边谈判的议题，美国甚至提出，如果不将知识产权作为新议题，将拒绝参加关贸总协定第八轮谈判。发达国家还主张，应制定保护所有知识产权的标准，并且必须纳入争端解决机制。以印度、巴西、埃及、阿根廷、南斯拉夫为代表的发展中国家则认为，保护知识产权是世界知识产权组织的任务，应把制止假冒商品贸易与广泛的知识产权保护区别开来。他们担心，引入跨领域的报复机制会构成对合法贸易的障碍，强化知识产权保护会助长跨国公司的垄断，特别是形成对药品和食品价格的控制，会对公众福利产生不利影响。该轮谈判开始后，在关贸总协定总干事邓克尔的主持下，10个发展中国家和10个发达国家组成的谈判组专门对此问题进行了谈判、协商。1991年，关贸总协定总干事邓克尔提出了"乌拉圭回合"最后文本草案的框架，其中TRIPS协定（包括假冒商品贸易在内）基本获得通过。它要求各国在成为世贸组织成员时，国内的知识产权立法要达到TRIPS协定要求的水平，从一定意义上冲破了知识产权立法严格地域性的传统，形成了知识产权立法在国际范围内的趋同。

第四节　我国知识产权制度发展进程

中国知识产权法律制度是在一种与西方截然不同的境况下产生的。大致来说，世界各国从封建专制进入法制乃至法治有两种路径：一是自然演进，二是政府推进。西方国家的法制化主要是其政治、经济、文化发展的自然结果，政府只是适应这种趋势并将其固定化；而中国是一个长期封建专制集权的国家，缺乏商品经济的发展，缺乏民主法制的传统，缺乏推进法制自然演进的本土资源和机制，因此，中国的法制化主要受西方经济飞速发展的影响及压力，是在政府的推进下启动和进行的，政府是法制化运动的主要动力，法制目标主要是在政府的指导下设计形成的，法制化进程及其目标任务主要是借助和利用政府所掌握的本土政治资源完成的。"权力中心提供新的制度安排的能力和意愿是决定制度变迁的主导因素。"因此，在中国，政府对知识产权制度的认知程度将直接决定知识产权制度的立法及实践。

一、1984年《中华人民共和国专利法》立法

这一制度在我国起步较晚，直到20世纪80年代，才逐步建立和完善。知识产权法律制度发轫于西方，其保护的对象——智力创造成果的绝大多数都掌握在发达国家手中，知识产权的国际化也是在发达国家的强力推动下得以实现的，我国知识产权法律制度的最初确立、实施也部分迫于经济全球化和发达国家的压力。

专利法是专利制度的核心，是实行专利制度的法律依据，制定和颁布专利法是实行专利制度的标志和前提。因此，要实行专利制度，必须有一部专利法。起草好一部符合我国国情的社会主义的专利法，就成为筹建专利制度的一项最重要的核心工作。1979年3月19日，正式组建了专利法起草小组，负责起草专利法工作。有一个明确的指导思想是做好起草专利法工作的前提。经反复讨论，主要的指导思想归纳起来有以下4点：①坚持社会主义原则，要适合我国是发展中国家的国情；②要适应经济体制和科技体制改革的需要；③在维护国家利益的同时，遵循国际惯例；④条文简明，便于施行。从写出专利法的第一稿草案到全国人大常委会通过专利法，整整用了5年时间，总共主要的修改稿有25个，在每一稿之间，还有一些小的修改。1983年11月25日—12月7日，第六届全国人大常委会第三次会议对专利法草案进行了第一次审议。时任中国专利局局长黄坤益于1983年12月2日在第六届全国人民代表大会常务委员会第三次会议上作出关于《中华人民共和国专利法（草案）》[以下简称专利法（草案）]的说明。摘录如下。

（一）起草经过

我国于1950年曾颁布了《保障发明权与专利权暂行条例》，该条例于1963年废止。为适应社会主义现代化建设和实行对外开放政策的需要，我国从1978年起开始筹建专利制度。1979年3月着手草拟专利法。1980年1月，国务院批准了《关于我国建立专利制度的请示报告》，成立了中国专利局。中国专利局等单位在起草专利法的过程中，考察了各种类型国家的专利制度，参考了几十个国家的专利法资料，广泛征求了国内有关单位的意见。国务院于1982年9月再次作出了在我国实行专利制度的决定。

（二）建立专利制度的必要性

专利制度是国际上通行的一种利用法律的和经济的手段推动技术进步的管理制度。这个制度的基本内容是依据专利法，对申请专利的发明，经过审查和批准授予专利权，同时把申请专利的发明内容公诸于世，以便进行发明创造信息交流和有偿技术转让。为了保护和鼓励发明创造，促进技术发明成果的推广，便于从国外引进新技术，加速我国的现代化建设，需要及早公布专利法，尽快把专利制度建立起来。

专利制度是在技术发明成果成为财富、成为商品的历史条件下产生和发展的。技术发明成果是劳动的产物，它凝结着发明人的创造性的脑力劳动，在许多情况下还凝结着试验研究仪器、设备和试验材料等物化劳动和一些辅助性的体力劳动，但起决定作用的是创造性的脑力劳动。技术发明成果运用到生产中去还可以转化为生产力，产生经济、技术和社会效果。因此，同其他商品一样，它也具有价值和使用价值，也应被作为财富加以保护。由于在社会主义条件下还存在着商品生产，为了社会主义现代化建设的需要，应当大力发展技术发明成果这样的商品的生产和交换。这就是我国建立专利制度的基本理论依据。

过去我们对技术发明成果强调国家所有，任何单位都可无偿使用，这样，发明人及其所在单位就不能从中得到经济利益。这是一种"吃大锅饭"的平均主义表现，不利于调动广大群众和各单位搞发明创造的积极性。进行经济体制改革以来，虽已开始实行技术有偿转让，但由于缺乏法律保护，不断出现产权纠纷及封锁保密现象。外国人也存在种种疑虑，不愿向我们转让有竞争能力的新技术，有时虽愿意转让，但索价高昂。为了适应当前经济体制改革的需要，保护社会主义竞争，克服目前我国科技领域内存在的平均主义，打破技术封锁，发展国内外的经济技术交流，促进我国经济技术的进步，我国迫切需要建立专利制度。此外，在已经颁布的《中华人民共和国中外合资经营企业法》和《中华人民共和国商标法》中，对承认保护专利和商标的专用权都有明文规定。这是我国建立专利制度的实际依据。

（三）专利法（草案）的主要内容

专利法是国内法，也是涉外法，既要适合我国国情，又要考虑国际上通行的惯例。我国是一个发展中的社会主义国家，专利法必须考虑到这个特点，才能行之有效，并在激烈的国际竞争中保护自己的权益。现就专利法（草案）中的几个主要问题说明如下。

1.关于专利权 专利法的核心是专利权问题。专利权是一种财产权，是排他性的，即非经专利权人同意，其他人不得制造、使用和销售专利产品，或使用专利方法。为体现我国社会主义经济制度的特点，处理好国家、集体和个人对这种财产权的关系十分必要。

草案规定，工作人员因执行本单位的任务或主要是利用本单位的物质条件所完成的职务发明创造，申请并取得专利的权利属于该单位；非职务发明创造，申请并取得专利的权利属于发明人或设计人。根据现代科学技术发展的实际情况，职务发明创造占发明创造的绝大多数。因此，我国绝大多数的专利权将归社会主义公有制单位所有。

草案还规定，根据国家计划的需要，我国全民所有制单位之间相互不能拒绝使用取得专利权的发明创造，但使用单位应支付使用费。全民所有制单位转让专利权时，需经其上级主管部门批准。这说明我国全民所有制单位所取得的专利权只具有相对的排他性。

对专利权作出的这些规定，将避免独家垄断，也可避免不按国家计划对某些热门产品一拥而上的情况。

2.关于专利保护的对象 为充分调动发明创造的积极性，草案规定，专利保护的对象有3种：发明、实用新型和外观设计。对申请专利的发明必须经过严格的技术审查。审查的标准与美、日等工业发达国家的标准基本相同。这样我国批准的专利发明将是比较先进的。

为了保护和鼓励广大群众从事小发明（实用新型）和外观设计的积极性，专利的保护范围包括实用新型和外观设计，这可以鼓励产品品种和花色的多样化，以满足人民生活和生产日益增长的需要，增强出口的竞争能力。

考虑到我国当前的科学技术和工业发展水平不高，加上实行专利制度还缺乏经验，草案对保护的技术领域的限制较严。这是大多数发展中国家的做法。我们准备在实施一段时间取得经验以后，再逐步放宽。目前暂不给予专利保护的范围主要是某些新物质，如药品、食品和各种化学合成物质的新品种，还包括不适于用专利保护的动物和植物新品种等。这是因为这些物质对人民生活、保健及加工工业的影响很深、很广，如给予专利保护，可能容易束缚手脚。但对生产这些物质的新方法包括新的化学配方，仍可授予专利权，以有利于进行技术改造及从国外引进新技术。对科学发现、数学方法和疾病的诊断治疗方法，草案规定不授予专利权，因为它们不能直接用于工农业生产，不属于专利法保护的范围。这种规定是符合国际惯例的。

3.关于保密发明的专利保护　专利制度的重要特点之一是它的公开性，申请专利的发明经审查批准后，一般即由专利局予以公布。但出于对国家的利益考虑，大多数国家，对涉及国家安全和重大利益需要保密的发明虽给予专利权，却不予以公开。

4.关于对发明人的奖励和报酬　为了鼓励发明创造的积极性，对发明人应给予工资以外的一定的补偿。草案规定，取得专利权的单位应当根据发明创造的意义和实施后的经济效益，对作出发明创造的个人给予奖励和报酬。

5.关于对外国人的专利保护　我国实行专利制度的主要目的之一是便于引进外国的先进技术，鼓励外国人来我国投资。为此，应鼓励外国人将其新的发明创造送来我国申请专利。出于维护主权和国家利益的考虑，草案规定，外国人来我国申请专利的，应依照其所属国和我国签订的协议或共同参加的国际条约，或依照互惠原则，依法办理。草案规定，外国专利权人对在我国取得的专利发明享有专用权，同时又规定他们有义务在我国实施或许可他人实施其专利发明，不能以向我国输出产品代替实施。

6.关于对侵犯专利权的处罚　侵犯专利权是一种侵犯财产权的行为，不少国家对此都规定给予民事赔偿和刑事处罚，也有的国家仅规定民事赔偿。为了有效地保护专利权人的权利，草案对侵权行为，除规定予以民事赔偿外，还对情节严重构成犯罪的，规定依法追究刑事责任。由于我国的刑法对侵犯专利权尚无具体规定，在刑法补充相应条款前，可以比照刑法假冒商标罪论处。根据国外的情况，侵犯专利权的纠纷，多数由双方自行调解或仲裁解决，到法院起诉的为数不多，需要给予刑事处罚的更少。为了减少向法院起诉侵犯专利权的诉讼案件，各部门和地方各级科研成果管理部门可增加管理专利工作的职能，除负责对有关专利工作的指导外，经专利权人请求，还应负责调解有关专利的纠纷。

1984年2月29日—3月12日，第六届全国人大常委会第四次会议对专利法草案进行了第二次审议，在此次会议的一开始，就表决通过了《中华人民共和国专利法》。《中华人民共和国专利法》的诞生使我国筹建专利制度的进程走完了具有决定意义的一步，它标志着我们从法律程序上完成了我国专利制度的建立，并且开创了中华民族专利史上的一个新的篇章。

二、1992 年《中华人民共和国专利法》第一次修正

1992年，我国对专利法进行第一次修改，中华人民共和国专利局发布专利法第一次修改的说明，摘录如下。

（一）专利法修改的必要性

1984年3月12日由第六届全国人民代表大会常务委员会第四次会议通过，1985年4月1日起施行。7年以来，专利法对鼓励发明创造，促进我国科技进步和经济发展以及对外科技交流和经贸往来，发挥了积极的、重要的作用。

同时，由于在制定专利法时缺乏实践经验，专利法在实施过程中也发现了一些缺陷和不完善之处，需要通过修改加以补充和完善。另一方面，由于专利制度在国际科技、经济合作和贸易往来中的地位日益重要，作用日益显著，专利法国际协调活动日益频繁，世界知识产权组织于1991年6月就保护工业产权巴黎公约有关专利部分的补充条约召开了第一阶段的外交大会。当前，我国正在积极争取恢复在关贸总协定中的缔约国地位。10个发达国家与包括我国在内的10个发展中国家于1991年12月初步达成了TRIPS协定，并已载入《乌拉圭回合多边贸易谈判结果最后文件草案》。此外，中美两国政府为了减少相互间的贸易摩擦，于1992年1月签署了《中美政府关于保护知识产权的谅解备忘录》（以下简称《中美谅解备忘录》）。为了履行我国已经对外承诺的义务，并使我国的专利保护水平进一步向国际标准靠拢，也需要对专利法的部分规定作出相应的修改。因此，为了进一步发挥专利制度在促进我国科技进步和经济发展中的积极作用，更好地贯彻深化改革和扩大开放的方针，在总结经验的基础上对专利法进行适当修改是必要的。

专利法修改的准备工作从1988年开始，在调查研究的基础上，中国专利局曾于1989年10月、1991年9月和1992年4月三次将专利法修改草案上报国务院，在征求国务院有关部门的意见之后，又与国务院法制局反复研究和论证，并经国务院常务会议通过，形成了提请审议的专利法修正案（草案）。

（二）专利法修改的主要内容

1. 扩大专利保护的范围　1985年实施的专利法第二十五条规定，我国对"药品和用化学方法获得的物质"以及"食品、饮料和调味品"不授予专利权，只是对这些产品的生产方法可以授予专利权。这次修改，扩大了专利的保护范围，对上述产品也可以授予专利权。

关于对化学物质的保护。目前，我国化学工业整体水平还比较低，在相当程度上还是以仿制为主。为了振兴化学工业，推进化工技术进步，在吸收国外先进技术的基础上走创新的发展道路，鼓励化工科技人员发明创造的积极性，吸引外商投资和转让新技术，对化学物质给予专利保护是必要的。当然，当前对化学物质给予专利保护，也有不利的一面。为了尽快提高我国自主研究开发能力，需要有相当数量的投资用于研究开发、技术引进和产品进口。这样，势必会增加国家的财力负担。但是，从长远和全局看，给化学物质以专利保护，利大于弊，有利于从根本上改变我国化学工业的落后局面。

关于对药品的保护，特别是对西药的保护，与对化学物质的保护情况大体相似。但是，对中药的保护，情况有所不同。我国有丰富的中药资源，有运用中药防治疾病的悠久历史，有系统的中药理论和经验，对药品给予专利保护，可以鼓励从中药资源开发新药并取代部分西药，这对充分发挥我国的传统优势，尽快走上自主开发的道路，进一步增强中药在国际市场上的竞争能力，具有重要意义。此外，中西医结合是我国医疗保健制度的重要方针，对药品给予专利保护，有利于中西医更好地结合，提高我国制药工业和医疗技术的整体水平。

与对药品和化学物质的保护相比，对食品、饮料和调味品给予专利保护，问题比较少。一方面，我国有自己独特的饮食文化，不少中国食品、饮料和调味品在国际市场上具有竞争能力，需要专利保护；另一方面，新的食品、饮料和调味品专利产品只占人民生活必需品的很小部分，而且人们可以选择适合自己需要的非专利食品、饮料和调味品来代替专利产品。再有，在我国受理的专利申请中，与食品有关的申请数量并不多，大约只占化学方法专利申请总量的10%，而且80%是国内申请。这说明外国申请不会对我国构成威胁。相反，在食品技术领域我国的优势更大一些。此外，世界上大多数国家对食品是给予专利保护的，只有11个发展中国家不给予保护。因此，对食品、饮料和调味品给予专利保护，不仅不会对我国人民生活产生不利影响，而且会提高我国食品工业的技术水平。

此外，《中美谅解备忘录》规定，专利应授予所有化学发明，包括药品和农业化学物质，而不论其是产品还是方法。TRIPS协定规定，专利应适用于所有技术领域的发明，不论其是产品还是方法。与这些规定相协调，也需要对专利保护的范围作相应的扩大。

2. 延长专利权的期限　1985年实施的专利法第四十五条规定，发明专利权的期限为15年；实用新型和外观设计专利权的期限为5年，届满可以申请续展3年。草案将上述规定修改为发明专利权的期限为20年，实用新型专利权和外观设计专利权的期限为10年，均自申请日起计算。

许多国家的经验表明，发明专利的平均寿命在10年左右，只有3%~4%的发明专利的寿命达18年以上。然而，有些技术领域的发明，例如药品、化学物质及生物技术等领域的发明，开发和研究的经费高，产品正式投放市场前，还要按照规定办理试验、登记、核准等手续，花费时间较长，由授予发明专利权到产品进入市场，专利权期限往往已经过去了好几年，甚至10年之久，发明专利权人没有足够的期限回收开发和研制所消耗的巨大投资。这就在相当程度上影响了这些技术领域发明创造的积极性，不利于这些技术领域科技水平的提高。因此，适当延长发明专利权的期限，不仅有利于调动科技人员发明创造的积极性，而且有利于这些领域的技术引进。实用新型专利权的期限确定为10年，取消续展手续，将给实用新型专利权人带来方便。外观设计专利权的期限延长至10年，可以鼓励外观设计专利申请，改变我国产品外观设计的落后状态，增强它们在国际市场上的竞争力。

3. 增加对专利产品进口的保护　大多数国家的专利法都把进口专利产品作为专利的一项内容。1985年实施的专利法对此未作规定，这对专利权的保护是不够充分的。因此，草案对1985年实施的专利法第十一条补充规定，未经专利权人许可，不得为生产经营目的进口其专利产品。这就是说，未经专利权人的许可进口其专利产品的行为属于侵犯专利权的行为，专利权人有权申请海关扣押侵权产品，并可以提起诉讼。如果不作这样的补充规定，进口的专利产品流入市场后，虽然从理论上讲专利权人可以通过对专利产品销售权的保护提起诉讼，但是分散零售，难于控制。此外，外国专利权人担心进口的专利产品不是通过市场销售而是进行内部调拨和分配，从而使其专利权利得不到充分有效的保护。增加对进口专利产品的保护，可以消除外国专利权人的疑虑。这样规定，与《中美谅解备忘录》和TRIPS协定也就协调了。

4. 将对方法专利的保护延及依该方法直接获得的产品　对于方法专利，大多数国家的专利法都规定，未经专利权人许可，不得为生产经营目的使用其专利方法以及使用、销售或者进口依该专利方法直接获得的产品。1985年实施的专利法第十一条仅规定对专利方法的使用提供保护是不充分的，因为专利方法是否已经被人使用，比较难于发现，也难于证明。另外，第三人可以在没有对专利方法给予保护的其他国家和地区使用专利方法，然后把依该方法生产的产品输入我国销售或者使用，专利权人虽然在我国享有方法专利保护，但因对该方法专利的保护不能延及依该方法直接获得的产品，也就不能请求对这类侵犯其专利权的行为采取措施。为了使方法专利得到充分有效的保护，草案对1985年实施的专利法第十一条补充规定，未经专利权人许可，不得为生产经营目的使用、销售或者进口依该专利方法直接获得的产品。

5. 重新规定对专利实施强制许可的条件　1985年实施的专利法第五十一条和第五十二条规定，专利权人负有自己或者许可他人在我国制造其专利产品或者使用其专利方法的义务。自专利授权之日起满3年，如果专利权人无正当理由没有履行上述义务的，专利局就可以给予实施该专利的强制许可。为了与

TRIPS协定和《保护工业产权巴黎公约》中关于防止专利权滥用的内容相协调，草案删去了现行专利法的上述规定，重新规定了对专利实施强制许可的法定条件，即在国家出现紧急状态或者其他非常紧急情况时，或者为了公共利益，或者为了防止专利权的滥用，专利局可以给予实施发明或者实用新型专利的强制许可。这样规定，也可以与《中美谅解备忘录》协调，更有利于我国在必要的情况下对专利实施强制许可。

6.增设本国优先权 1985年实施的专利法第二十九条只规定了外国专利申请人先在外国提出申请后到我国提出申请的，享有优先权。修改为，在这种情况下，不论申请人是外国人还是中国人，都享有优先权。此外，草案还补充规定了本国优先权，即申请人就同一发明或者实用新型在中国第一次提出专利申请之日起12个月内，又向专利局提出申请的，可以享有优先权。这样规定，申请人就可以在优先权期间进一步完善其发明或者实用新型，或者将发明与实用新型互相转换。目前，世界上一些国家的专利法也有本国优先权的规定或者类似的优惠规定。

7.将授权前的异议程序改为授权后的行政撤销程序 1985年实施的专利法在专利授权以前设有异议程序，旨在给公众提供提出异议的机会，以帮助专利局纠正审查工作中的错误，防止对不符合法定要求的申请授予专利权。实践结果显示，公众提出异议的数量还不到公告的专利申请总数的1%，而99%以上的已公告的专利申请却要推迟至少3个月才能授权，这段时间申请人的权利处于不确定状态，影响专利技术尽快转化为生产力。从专利法国际协调的趋势看，这种授权前的异议程序是被禁止的。因此，草案删去了授权前的异议程序，规定专利申请经审查没有发现驳回理由的，专利局应即授予专利权。同时，为了纠正可能出现的失误，草案又规定，自专利局授予专利权之日起6个月内，任何单位或者个人认为该专利权的授予不符合专利法规定的，都可以请求专利局撤销该专利权。

（三）关于过渡条款

根据我国的实际情况和外国修订专利法的经验，过渡条款采用实体权利与程序分离的方案。就实体权利而言，在修正案施行以前提出的专利申请和根据申请授予的专利权，一律适用专利法修改以前的规定。就程序而言，在修正案施行以前提出的专利申请，尚未按照专利法修改前规定的程序公告的，其专利权的批准、撤销和宣告无效的程序适用修正案的规定。这样规定，既便于专利局对专利申请文件和其他专利文件的管理，又兼顾了专利申请人、专利权人和公众的利益。

三、2000年《中华人民共和国专利法》第二次修正

《保护知识产权行动纲要（2006—2007年）》及《2006中国保护知识产权行动计划》，这两个文件的出台表明我国对知识产权保护的态度发生了根本转变：我们开始自觉、主动、积极地对待知识产权法律制度，并将其提升为建设创新型国家、提高自主创新能力的法律保障的高度来认识。

2000年，我国对专利法进行第二次修改，国家知识产权局发布专利法第二次修改的说明。

我国专利法自1985年4月1日实施以来，对鼓励发明创造，引进外国先进技术，促进我国科技进步和经济发展，发挥了重要作用。1992年9月4日，第七届全国人大常委会对现行专利法部分条款作出修改，主要是扩大了专利保护范围，延长了专利保护期限，提高了我国对专利的保护水平。随着体制改革不断深化、对外开放逐步扩大，又出现了一些新情况、新问题，主要如下：①1992年修正专利法的有些规定与国有企业改革和政府机构改革的精神不大适应；②现实情况要求进一步完善专利保护制度；③专利审批和专利纠纷处理周期过长，影响专利申请人和专利权人及时获得保护；④我国已经加入《专利合作条约》，在处理专利国际申请问题上需要与条约有关规定相衔接。为了进一步发挥专利制度在技术创

新和经济发展中的积极作用，对1992年修正专利法进一步作适当修改是必要的。

国务院法制办、国家知识产权局在认真调查研究、总结1992年修正专利法实施以来实践经验的基础上，从我国的基本国情出发，借鉴有关国际条约，起草了《中华人民共和国专利法修正案（草案）》（以下简称草案）。草案已经国务院第二十七次常务会议通过。现就草案中几个主要问题说明如下。

（一）修改与国有企业改革、行政管理体制改革精神不相适应的有关规定

1992年修正专利法第六条规定："执行本单位的任务或者主要是利用本单位的物质条件所完成的职务发明创造，申请专利的权利属于该单位；非职务发明创造，申请专利的权利属于发明人或者设计人。申请被批准后，全民所有制单位申请的，专利权归该单位持有；集体所有制单位或者个人申请的，专利权归该单位或者个人所有""在中国境内的外资企业和中外合资经营企业的工作人员完成的职务发明创造，申请专利的权利属于该企业；非职务发明创造，申请专利的权利属于发明人或者设计人。申请被批准后，专利权归申请的企业或者个人所有""专利权的所有人和持有人统称专利权人。"上述规定中关于国有单位专利权归属的表述与国有企业改革的精神已经不相适应。根据党的十四届三中全会《关于建立社会主义市场经济体制若干问题的决定》和党的十五届四中全会《关于国有企业改革和发展若干重大问题的决定》，国有企业实行出资者所有权与企业法人财产权相分离；国有企业以其全部法人财产，依法自主经营，自负盈亏，照章纳税，对出资者承担资产增值、保值的责任，对外独立承担民事责任。因此，没有必要再按不同的所有制，规定国有单位对其专利权只是"持有人"（容易引起它没有处置权的歧义），其他单位对其专利权才是"所有人"，而只需要明确谁是"专利权人"就可以了。按照这样的考虑，草案将1992年修正专利法第六条修改为："执行本单位的任务或者主要是利用本单位的物质条件所完成的职务发明创造，专利申请权属于该单位；申请被批准后，该单位为专利权人。非职务发明创造，专利申请权属于发明人或者设计人；申请被批准后，该发明人或者设计人为专利权人。"

1992年修正专利法第十条第二款、第四款规定："全民所有制单位转让专利申请权或者专利权的，必须经上级主管机关批准""转让专利申请权或者专利权的，当事人必须订立书面合同，经专利局登记和公告后生效。"按照社会主义市场经济的要求和转变政府职能的原则，政府主管部门不必也不宜干预属于国有企业自主权范围内的转让专利申请权或者专利权的行为。因此，草案删去了1992年修正专利法第十条第二款；将第四款改为第三款，修改为"转让专利申请权或者专利权的，当事人必须订立书面合同。转让专利申请权，当事人应当向专利申请受理审查机构登记；转让专利权，当事人应当向国务院专利行政部门登记，由国务院专利行政部门予以公告。专利申请权或者专利权的转让行为自登记之日起生效"。

1992年修正专利法第十四条规定："国务院有关主管部门和省、自治区、直辖市人民政府根据国家计划，有权决定本系统内或者所管辖的全民所有制单位持有的重要发明创造专利允许指定的单位实施，由实施单位按照国家规定向持有专利权的单位支付使用费。""中国集体所有制单位和个人的专利，对国家利益或者公共利益具有重大意义，需要推广应用的，由国务院有关主管部门报国务院批准后，参照上款规定办理。"这一条是体现中国特色社会主义性质最为明显的规定，十分重要。草案在不改变这一条的实质的前提下，按照行政管理体制、计划体制改革的精神，修改为"国有企业事业单位的发明专利，对国家利益或者公共利益具有重大意义的，国务院有关主管部门和省、自治区、直辖市人民政府报经国务院批准，可以决定在批准的范围内推广应用，允许指定的单位或者个人实施，由实施单位或者个人按照国家规定向专利权人支付使用费"。

（二）进一步完善专利保护制度

1.增加规定不经专利权人许可，他人不得**"许诺销售"**（offering for sale）其专利产品的内容 "许诺销售"是以做广告、在商店货架或者展销会陈列等方式作出销售商品的许诺。TRIPS协定明确规定，专利权包括未经专利权人许可，他人不得"许诺销售"其专利产品的内容。因此，草案在1992年修正专利法第十一条关于专利权内涵的规定中增加了"许诺销售"的内容。

2.将专利侵权纠纷可以由专利管理机关处理明确为可以由省级人民政府管理专利工作的部门调解处理 1992年修正专利法第六十条第一款规定："对未经专利权人许可，实施其专利的侵权行为，专利权人或者利害关系人可以请求专利管理机关进行处理，也可以直接向人民法院起诉。专利管理机关处理的时候，有权责令侵权人停止侵权行为，并赔偿损失；当事人不服的，可以在收到通知之日起3个月内向人民法院起诉；期满不起诉又不履行的，专利管理机关可以请求人民法院强制执行。"根据民法的一般原则，专利侵权纠纷作为民事纠纷，原则上应当通过司法程序解决。但是，由于专利侵权纠纷涉及比较复杂的技术问题，专利管理机关又比较熟悉，从方便当事人的角度考虑，省级人民政府管理专利工作的部门根据当事人的请求，对专利侵权纠纷进行调解处理是可以的；如果当事人对调解处理不服，可以向人民法院起诉。因此，草案根据多年来的实践经验，将1992年修正专利法第六十条第一款修改为"未经专利权人许可，实施其专利，即侵犯其专利权，引起纠纷的，由当事人协商解决；不愿协商或者协商不成的，专利权人或者利害关系人可以向人民法院起诉，也可以请求省、自治区、直辖市人民政府管理专利工作的部门调解处理。省、自治区、直辖市人民政府管理专利工作的部门调解处理时，认定侵权行为成立的，可以责令侵权人立即停止侵权行为，并就赔偿额调解处理；当事人不服的，可以自收到调解处理书之日起15日内依照民事诉讼法向人民法院起诉；侵权人不起诉又不履行的，专利权人或者利害关系人可以申请人民法院强制执行"。

3.增加规定发明专利申请公布后、专利权被授予前使用该发明未支付适当使用费引起争议的诉讼时效 1992年修正专利法第六十一条规定了专利权被授予后专利侵权纠纷的诉讼时效，没有规定发明专利申请公布后、专利权被授予前使用该发明未支付适当使用费引起争议的诉讼时效。为了更好地保护专利权，草案规定："发明专利申请公布以后、专利权授予前使用该发明未支付适当使用费的，专利权人要求支付使用费的诉讼时效为2年，自专利权授予之日起计算。"

4.增加规定实用新型专利权人在主张权利时，法院或者省级人民政府管理专利工作的部门可以要求权利人出具由专利申请受理审查机构作出的检索报告 按照1992年修正专利法的规定，专利申请受理审查机构对实用新型专利申请不进行实质审查。为了维护公众利益，防止不法分子恶意申请实用新型专利，妨碍他人正常的生产、经营活动，草案借鉴一些国家的有效做法，规定专利侵权纠纷涉及实用新型专利的，权利人主张权利时，"人民法院或者省、自治区、直辖市人民政府管理专利工作的部门可以要求专利权人出具由专利申请受理审查机构作出的检索报告。"

5.增加规定确定专利侵权赔偿额的计算方法 《中华人民共和国民法通则》和1992年修正专利法没有关于确定专利侵权赔偿额的规定。司法实践中，一些案件虽能认定为侵权，但难以确定赔偿额。为了切实保护专利权人的合法权益，草案规定："对侵犯专利权的行为，人民法院应权利人或者利害关系人的请求，按照权利人在被侵权期间因被侵权所受到的损失或者侵权人在侵权期间因侵权所获得的利益确定赔偿额。"

6.增加规定对假冒他人专利尚不构成犯罪行为的行政处罚 《刑法》第二百一十六条规定："假冒他人专利，情节严重的，处3年以下有期徒刑或者拘役，并处或者单处罚金。"假冒他人专利的行为，情况千差万别，并不一定都构成犯罪，但又不能因此而不受任何处罚。因此，草案与刑法上述规定相衔接，规定:"假冒他人专利的,除依法承担民事责任外,由管理专利工作的部门责令改正并予公告,没收违法所得,可以并处违法所得3倍以下的罚款,没有违法所得的,可以处5万元以下的罚款;构成犯罪的,依法追究刑事责任。"

(三)简化、完善有关程序

(1)在发明专利已经在外国提出申请的情况下,将申请人应当提供该国有关审查资料改为专利申请受理审查机构可以要求其提供该国有关审查资料。

(2)取消撤销程序。

(3)增加规定请求宣告发明专利权无效程序的对方当事人作为第三人参加诉讼。

(四)就处理专利国际申请问题与《专利合作条约》相衔接

我国已于1994年加入《专利合作条约》,中国专利局是《专利合作条约》的受理局、国际检索单位和国际初步审查单位,应申请人的申请,可能成为专利合作条约所称的指定局或者选定局,因而,我国需要就处理专利国际申请问题与条约有关规定相衔接。因此,草案增加规定:"中国单位或者个人可以根据《专利合作条约》提出专利国际申请""国务院专利行政部门作为《专利合作条约》所称的指定局或者选定局,其处理专利国际申请的程序由国务院规定"。

(五)根据政府机构改革精神,完善专利行政执法体制

1992年修正专利法第三条规定:"中华人民共和国专利局受理和审查专利申请,对符合本法规定的发明创造授予专利权。"1998年国务院机构改革中,原中国专利局更名为国家知识产权局,成为国务院主管专利工作和统筹协调涉外知识产权事宜的直属机构;原中国专利局对专利申请的受理、审批、复审工作和专利权的无效宣告业务,委托国家知识产权局下属事业单位承担。据此,草案将1992年修正专利法第三条分为两款,修改为"国务院专利行政部门负责管理全国的专利工作""国务院专利行政部门所属的专利申请受理审查机构受理和审查专利申请"。相应地,将1992年修正专利法涉及专利授权和其他专利行政管理事项条文中的"专利局",全部改为"国务院专利行政部门";其他涉及受理和审查专利申请条文中的"专利局"全部改为"专利申请受理审查机构"。此外,从目前地方政府机构设置的实际情况和专利管理工作需要出发,草案还规定"省、自治区、直辖市人民政府管理专利工作的部门负责本行政区域内的专利管理工作"。

四、2008年《中华人民共和国专利法》第三次修正

2008年,我国启动对专利法的第三次修改,国家知识产权局发布专利法及其实施细则修改简介。

(一)有关背景和主要过程

我国专利法于1985年4月1日起施行,并于1992年和2000年进行了两次修改。随着国内、国际形势的发展,需要进一步完善我国专利法律制度:①党的十七大提出了提高自主创新能力、建设创新型国家的目标,国务院制定了《国家知识产权战略纲要》;②2001年世界贸易组织多哈部长级会议通过了《多哈宣言》,2005年世界贸易组织总理事会通过了《修改<与贸易有关的知识产权协议>议定书》。这两份文件允许世贸组织成员突破TRIPS协定的限制,在规定条件下给予实施药品专利的强制许可。此外,《生物多样性公约》对利用专利制度保护遗传资源作出原则规定,我国作为遗传资源大国,需要通过修改专利法,行使该公约赋予的权利。

（二）专利法及其实施细则修改的主要内容

1.专利法修改的主要内容 适度提高授予专利权的条件；增加有关遗传资源保护的规定；完善外观设计制度；完善向外申请专利的保密审查制度；取消对涉外专利代理机构的指定；明确国家知识产权局传播专利信息的职责；赋予外观设计专利权人许诺销售权；增加诉前证据保全措施；明确将权利人的维权成本纳入侵权赔偿的范围；增加侵权诉讼中现有技术抗辩的规定；允许平行进口；增加药品和医疗器械的审批例外；完善强制许可制度等。

2.专利法实施细则修改的主要内容 对专利申请文件的撰写进行补充和细化；细化向外国申请专利保密审查制度；明确遗传资源相关概念的含义，并规定披露遗传资源来源信息的方式；扩大专利申请的初步审查范围；细化专利权评价报告制度；完善强制许可制度；详细规定假冒专利的行为的含义与范围；取消专利申请维持费、中止程序请求费等收费项目；改进职务发明奖励报酬制度，引入了约定优先的规定；调整专利国际申请进入中国国家阶段的有关规定。

（三）主要修改点说明

1.关于向外国申请专利的保密审查 中国专利法从1985年实施之初就建立了保密审查制度。第四条规定："申请专利的发明创造涉及国家安全或者重大利益的，按照国家有关规定办理。"修改前的第二十条规定："中国单位或者个人将其在国内完成的发明创造向外国申请专利的，应当先向国务院专利行政部门申请专利，并遵守本法第四条的规定。"修改前的第六十四条规定："违反本法第二十条规定向外申请专利，泄露国家秘密的，由所在单位或者上级机关给予行政处分；构成犯罪的，依法追究刑事责任。"修改前的专利法实施细则第八条规定了保密审查的具体程序。

在实践中发现，前述规定存在一些问题：①规定必须首先在中国申请，使一些申请人没有选择的灵活性；②没有规定违反专利法第二十条规定首先向外申请专利的法律责任；③对外观设计也要进行保密审查，实际上没有必要；④保密审查的程序不够完善。为了解决这些问题，本次对专利法及其实施细则的相关规定进行了修改：①将首先在中国申请专利改为事先经过保密审查；②明确对外观设计无须进行保密审查；③明确规定未经保密审查向外申请的法律后果，即就该发明创造在中国提出的专利申请不得被授予专利权，泄露国家秘密的情况下依法追究刑事责任；④完善保密审查程序。

2.关于遗传资源保护和来源披露 《生物多样性公约》规定，遗传资源的利用应当遵循国家主权、知情同意、惠益分享的原则，并明确规定，专利制度应有助于实现而不是违反保护遗传资源的目标。目前，印度、巴西等发展中国家和瑞士、挪威、丹麦等发达国家，已经通过专利法律制度保护遗传资源。为了保护我国丰富的遗传资源，防止非法获得和利用我国遗传资源进行研发并在我国就其研发成果获得专利权，根据《生物多样性公约》前述原则，修改后的专利法第五条和第二十六条增加了有关规定，要求在专利申请中披露相关遗传资源的来源，并明确规定对违法获得或者利用中国遗传资源完成的发明创造不授予专利权。例如，按照《中华人民共和国畜牧法》和《中华人民共和国畜禽遗传资源进出境和对外合作研究利用审批办法》的规定，向境外输出列入中国畜禽遗传资源保护名录的畜禽遗传资源应当办理相关审批手续，如果某发明创造的完成依赖于列入中国畜禽遗传资源保护名录的某畜禽遗传资源，但未办理相关审批手续的，该发明创造不能被授予专利权。

专利法所称遗传资源是指取自人体、动物、植物或者微生物等的含有遗传功能单位并具有实际或者潜在价值的材料。尽管《生物多样性公约》不涉及人类遗传资源，但考虑到现实生活中曾经发生非法盗取中国人类遗传资源进行药品研发的情况，专利法实施细则明确将人体遗传资源纳入保护范围内。考虑到发明创造虽然利用了生物资源但并未利用其遗传功能的情形较多，因此专利法实施细则将"依赖遗传资源完成的发明创造"界定为"利用了遗传资源的遗传功能完成的发明创造"。

就依赖遗传资源完成的发明创造申请专利，申请人应当在专利申请的请求书中对遗传资源的来源予以说明，并填写遗传资源来源披露登记表，写明该遗传资源的直接来源和原始来源。申请人说明遗传资源的直接来源，应当提供获取该遗传资源的时间、地点、方式、提供者等信息。申请人说明遗传资源的原始来源，应当提供采集该遗传资源所属的生物体的时间、地点、采集者等信息。

3. 关于强制许可制度的完善　修改后的专利法根据巴黎公约、TRIPS 协定和《修改 TRIPS 协定议定书》的规定，完善了强制许可制度。根据修改后的专利法的规定，如果自专利权被授予之日起满3年，且自提出专利申请之日起满4年，专利权人无正当理由未实施或者未充分实施其专利的，则具备实施条件的单位或者个人可以向国家知识产权局申请强制许可。未实施专利是指专利权人未以制造、许诺销售、销售、使用、进口专利产品等任何方式将其发明或者实用新型在中国实施。专利权人或者其被许可人进口专利产品或者依照专利方法获得的产品也属于实施其专利。未充分实施其专利，是指专利权人及其被许可人实施其专利的方式或者规模不能满足国内对专利产品或者专利方法的需求。以专利权人未实施或者未充分实施为理由申请强制许可的，申请人应当提供证据，证明其以合理的条件请求专利权人许可其实施专利，但未能在合理的时间内获得许可。而且这种强制许可只能主要用于满足国内市场的需要。

此外，修改后的专利法还增加规定，专利权人行使其专利权的行为被认定为垄断行为的，为了减少或者消除该行为对竞争的不利影响，国家知识产权局可以根据具备实施条件的其他单位或者个人的申请，给予实施该专利的强制许可。

世界贸易组织总理事会于2005年12月通过的《修改 TRIPS 协定议定书》规定，为了帮助不具有制药能力或者能力不足的成员解决公共健康问题，世贸成员可以给予制造并出口专利药品到这些成员的强制许可。中国于2007年10月批准加入该议定书。为履行该议定书，中国专利法增加了第五十条，允许国家知识产权局对专利药品颁发强制许可，以出口到符合条件的国家或者地区。截至2010年6月1日，中国尚未颁发一件强制许可。

4. 关于职务发明创造的奖励报酬　职务发明创造奖酬制度是中国专利法的重要组成部分之一。专利法第十六条规定："被授予专利权的单位应当对职务发明创造的发明人或者设计人给予奖励；发明创造专利实施后，根据其推广应用的范围和取得的经济效益，对发明人或者设计人给予合理的报酬。"本次专利法修改对此规定未作调整。德国、英国、法国、瑞典、日本、韩国等国专利法都明确要求获得专利权的雇主对作为发明人的雇员给予工资之外的额外报酬。

修改前的专利法实施细则在规定奖励和报酬的具体标准时，对不同所有制的单位进行了区分，即该细则规定的标准适用于国有企事业单位，对其他所有制单位是"参照执行"。为保障企业的经营自主权，并保障发明人、设计人的正当权益，创造公平的市场竞争秩序，修改后的专利法实施细则对职务发明创造的奖酬制度作出调整，不再区分单位的所有制性质，并明确允许单位与发明人、设计人就奖励和报酬进行约定。这种约定既可以是在劳动合同中，也可以是在单位的规章制度中，而且奖励和报酬的方式不限于货币形式。约定的标准在符合专利法第十六条规定的"合理"原则的情况下，可以低于专利法实施细则规定的标准。只有在没有约定的情况下，才适用专利法实施细则规定的标准。这就赋予了单位与发明人、设计人就职务发明创造的奖酬进行平等协商的权利，实现了双方利益的合理平衡。

专利法实施细则规定的标准：一项发明专利的奖金最低为3000元，一项实用新型专利或者外观设计专利的奖金最低为1000元；单位实施专利的，每年应当从实施发明或者实用新型专利的营业利润中提取不低于2%或者从实施该项外观设计专利的营业利润中提取不低于0.2%，作为报酬给予发明人或者设计人，或者参照上述比例，给予发明人或者设计人一次性报酬；许可其他单位或者个人实施专利的，单位应当从收取的使用费中提取不低于10%，作为报酬给予发明人或者设计人。

5.关于适度提高专利授权标准 修改后的专利法适度调整了专利权的授权标准。具体而言，修改后的专利法将授予专利权的新颖性标准由"混合新颖性"改为"绝对新颖性"，即在世界任何地方已经公开发表、公开使用或者以其他方式为公众所知的技术方案或者设计方案，都会因不具备新颖性而不能在中国获得专利保护。

同时，为提高外观设计专利的质量，修改后的专利法对外观设计专利权的授予增加了类似创造性的要求，要求被授予专利权的外观设计与现有设计或者现有设计特征的组合相比有明显区别。

6.关于加强专利权的保护 为切实有效地制止侵权行为，维护专利权人的合法权益，修改后的专利法增加了诉前证据保全制度，即对于那些可能灭失或者以后难以取得的证据，专利权人可以在提起侵权诉讼之前就请求法院采取保全措施。

修改后的专利法明确赋予了外观设计专利权人享有禁止他人"许诺销售"外观设计专利产品的权利。因此，在橱窗中展示、在广告中宣传或者在展销会上展出外观设计侵权产品的，权利人就可以要求侵权人停止侵权或者赔偿损失。

修改后的专利法完善了侵权赔偿制度。由于专利侵权赔偿数额的计算在实践中较为复杂和困难。为此，修改后的专利法规定，权利人的损失、侵权人的获利以及专利许可使用费均难以确定的，法院可以根据专利权的类型、侵权行为的性质和情节等因素，确定1万元以上100万元以下的赔偿。修改后的专利法还明确将权利人制止侵权行为所支付的合理开支，例如律师费和调查取证费，纳入赔偿范围。这样使专利权人得到更为充分的保护，降低其维权成本。

7.关于不视为侵犯专利权的例外 为了促进自由贸易，维护消费者的利益，修改后的专利法明确规定允许平行进口。因此，专利产品或者依照专利方法直接获得的产品由专利权人或者被许可人在外国投放市场后，其他单位或者个人无须取得该专利权人的许可，就可以自行进口该产品并将其投放中国市场。TRIPS协定第六条授权各国在权利用尽问题上采取自己的立场，因此中国专利法的前述规定符合TRIPS协定。

同时，修改后的专利法借鉴美国、加拿大、澳大利亚、德国等国的立法，规定了药品和医疗器械实验例外，即为获取行政审批所需的信息，制造、使用、进口药品或者医疗器械专利的行为不视为侵权。这有利于制药或者医疗器械企业为相关药品或者医疗器械的上市审批提前做好准备，使有关药品或者医疗器械在专利权保护期限届满后能够及时上市，保障公众尽快获得价格低廉的药品和医疗器械。

在专利法修改过程中，有人建议增加药品专利保护期延长的规定。立法机关经过研究，没有采纳这一建议，主要理由：①TRIPS协定第三十三条规定专利权的保护期限为自申请日起至少20年，该协议并未规定WTO成员有延长药品专利保护期限的义务；②有关统计表明，几乎所有专利药品的价格在保护期届满后都会大幅降低，因此药品专利的保护期直接关系到我国民众获得药品的成本和机会，延长药品专利保护期的时机尚不成熟。

五、2020年《中华人民共和国专利法》第四次修正

2020年10月17日第十三届全国人民代表大会常务委员会第二十二次会议通过《关于修改<中华人民共和国专利法>的决定》，对专利法进行第四次修正，于2021年6月1日开始实施。截至本书出版，作者尚未检索到专利法第四次修正后国家知识产权局的说明，故将全国人民代表大会常务委员会关于修改《中华人民共和国专利法》的决定附后。

第十三届全国人民代表大会常务委员会第二十二次会议决定对《中华人民共和国专利法》作出如下修改。

（1）将第二条第四款修改为"外观设计，是指对产品的整体或者局部的形状、图案或者其结合以及色彩与形状、图案的结合所作出的富有美感并适于工业应用的新设计"。

（2）将第六条第一款修改为"执行本单位的任务或者主要是利用本单位的物质技术条件所完成的发明创造为职务发明创造。职务发明创造申请专利的权利属于该单位，申请被批准后，该单位为专利权人。该单位可以依法处置其职务发明创造申请专利的权利和专利权，促进相关发明创造的实施和运用"。

（3）将第十四条改为第四十九条。

（4）将第十六条改为第十五条，增加一款，作为第二款："国家鼓励被授予专利权的单位实行产权激励，采取股权、期权、分红等方式，使发明人或者设计人合理分享创新收益。"

（5）增加一条，作为第二十条："申请专利和行使专利权应当遵循诚实信用原则。不得滥用专利权损害公共利益或者他人合法权益。

滥用专利权，排除或者限制竞争，构成垄断行为的，依照《中华人民共和国反垄断法》处理。"

（6）删除第二十一条第一款中的"及其专利复审委员会"。

将第二款修改为"国务院专利行政部门应当加强专利信息公共服务体系建设，完整、准确、及时发布专利信息，提供专利基础数据，定期出版专利公报，促进专利信息传播与利用。"

（7）在第二十四条中增加一项，作为第一项："（一）在国家出现紧急状态或者非常情况时，为公共利益目的首次公开的。"

（8）将第二十五条第一款第五项修改为"（五）原子核变换方法以及用原子核变换方法获得的物质"。

（9）将第二十九条第二款修改为"申请人自发明或者实用新型在中国第一次提出专利申请之日起十二个月内，或者自外观设计在中国第一次提出专利申请之日起六个月内，又向国务院专利行政部门就相同主题提出专利申请的，可以享有优先权"。

（10）将第三十条修改为"申请人要求发明、实用新型专利优先权的，应当在申请的时候提出书面声明，并且在第一次提出申请之日起十六个月内，提交第一次提出的专利申请文件的副本。

申请人要求外观设计专利优先权的，应当在申请的时候提出书面声明，并且在三个月内提交第一次提出的专利申请文件的副本。

申请人未提出书面声明或者逾期未提交专利申请文件副本的，视为未要求优先权"。

（11）将第四十一条修改为"专利申请人对国务院专利行政部门驳回申请的决定不服的，可以自收到通知之日起三个月内向国务院专利行政部门请求复审。国务院专利行政部门复审后，作出决定，并通知专利申请人。专利申请人对国务院专利行政部门的复审决定不服的，可以自收到通知之日起三个月内向人民法院起诉"。

（12）将第四十二条修改为"发明专利权的期限为二十年，实用新型专利权的期限为十年，外观设计专利权的期限为十五年，均自申请日起计算。自发明专利申请日起满四年，且自实质审查请求之日起满三年后授予发明专利权的，国务院专利行政部门应专利权人的请求，就发明专利在授权过程中的不合理延迟给予专利权期限补偿，但由申请人引起的不合理延迟除外。为补偿新药上市审评审批占用的时间，对在中国获得上市许可的新药相关发明专利，国务院专利行政部门应专利权人的请求给予专利权期限补偿。补偿期限不超过五年，新药批准上市后总有效专利权期限不超过十四年"。

（13）将第四十五条、第四十六条中的"专利复审委员会"修改为"国务院专利行政部门"。

（14）将第六章的章名修改为"专利实施的特别许可"。

（15）增加一条，作为第四十八条："国务院专利行政部门、地方人民政府管理专利工作的部门应当会同同级相关部门采取措施，加强专利公共服务，促进专利实施和运用。"

（16）增加一条，作为第五十条："专利权人自愿以书面方式向国务院专利行政部门声明愿意许可任何单位或者个人实施其专利，并明确许可使用费支付方式、标准的，由国务院专利行政部门予以公告，实行开放许可。就实用新型、外观设计专利提出开放许可声明的，应当提供专利权评价报告。

专利权人撤回开放许可声明的，应当以书面方式提出，并由国务院专利行政部门予以公告。开放许可声明被公告撤回的，不影响在先给予的开放许可的效力。"

（17）增加一条，作为第五十一条："任何单位或者个人有意愿实施开放许可的专利的，以书面方式通知专利权人，并依照公告的许可使用费支付方式、标准支付许可使用费后，即获得专利实施许可。

开放许可实施期间，对专利权人缴纳专利年费相应给予减免。

实行开放许可的专利权人可以与被许可人就许可使用费进行协商后给予普通许可，但不得就该专利给予独占或者排他许可。"

（18）增加一条，作为第五十二条："当事人就实施开放许可发生纠纷的，由当事人协商解决；不愿协商或者协商不成的，可以请求国务院专利行政部门进行调解，也可以向人民法院起诉。"

（19）将第六十一条改为第六十六条，将第二款修改为"专利侵权纠纷涉及实用新型专利或者外观设计专利的，人民法院或者管理专利工作的部门可以要求专利权人或者利害关系人出具由国务院专利行政部门对相关实用新型或者外观设计进行检索、分析和评价后作出的专利权评价报告，作为审理、处理专利侵权纠纷的证据；专利权人、利害关系人或者被控侵权人也可以主动出具专利权评价报告"。

（20）将第六十三条改为第六十八条，修改为"假冒专利的，除依法承担民事责任外，由负责专利执法的部门责令改正并予公告，没收违法所得，可以处违法所得五倍以下的罚款；没有违法所得或者违法所得在五万元以下的，可以处二十五万元以下的罚款；构成犯罪的，依法追究刑事责任"。

（21）将第六十四条改为第六十九条，修改为"负责专利执法的部门根据已经取得的证据，对涉嫌假冒专利行为进行查处时，有权采取下列措施：

（一）询问有关当事人，调查与涉嫌违法行为有关的情况；

（二）对当事人涉嫌违法行为的场所实施现场检查；

（三）查阅、复制与涉嫌违法行为有关的合同、发票、账簿以及其他有关资料；

（四）检查与涉嫌违法行为有关的产品；

（五）对有证据证明是假冒专利的产品，可以查封或者扣押。

管理专利工作的部门应专利权人或者利害关系人的请求处理专利侵权纠纷时，可以采取前款第（一）项、第（二）项、第（四）项所列措施。

负责专利执法的部门、管理专利工作的部门依法行使前两款规定的职权时，当事人应当予以协助、配合，不得拒绝、阻挠"。

（22）增加一条，作为第七十条："国务院专利行政部门可以应专利权人或者利害关系人的请求处理在全国有重大影响的专利侵权纠纷。

地方人民政府管理专利工作的部门应专利权人或者利害关系人请求处理专利侵权纠纷，对在本行政区域内侵犯其同一专利权的案件可以合并处理；对跨区域侵犯其同一专利权的案件可以请求上级地方人民政府管理专利工作的部门处理。"

（23）将第六十五条改为第七十一条，修改为"侵犯专利权的赔偿数额按照权利人因被侵权所受到的实际损失或者侵权人因侵权所获得的利益确定；权利人的损失或者侵权人获得的利益难以确定的，参照该专利许可使用费的倍数合理确定。对故意侵犯专利权，情节严重的，可以在按照上述方法确定数额的一倍以上五倍以下确定赔偿数额。

权利人的损失、侵权人获得的利益和专利许可使用费均难以确定的，人民法院可以根据专利权的类型、侵权行为的性质和情节等因素，确定给予三万元以上五百万元以下的赔偿。

赔偿数额还应当包括权利人为制止侵权行为所支付的合理开支。

人民法院为确定赔偿数额，在权利人已经尽力举证，而与侵权行为相关的账簿、资料主要由侵权人掌握的情况下，可以责令侵权人提供与侵权行为相关的账簿、资料；侵权人不提供或者提供虚假的账簿、资料的，人民法院可以参考权利人的主张和提供的证据判定赔偿数额"。

（24）将第六十六条改为第七十二条，修改为"专利权人或者利害关系人有证据证明他人正在实施或者即将实施侵犯专利权、妨碍其实现权利的行为，如不及时制止将会使其合法权益受到难以弥补的损害的，可以在起诉前依法向人民法院申请采取财产保全、责令作出一定行为或者禁止作出一定行为的措施"。

（25）将第六十七条改为第七十三条，修改为"为了制止专利侵权行为，在证据可能灭失或者以后难以取得的情况下，专利权人或者利害关系人可以在起诉前依法向人民法院申请保全证据"。

（26）将第六十八条改为第七十四条，修改为"侵犯专利权的诉讼时效为三年，自专利权人或者利害关系人知道或者应当知道侵权行为以及侵权人之日起计算。

发明专利申请公布后至专利权授予前使用该发明未支付适当使用费的，专利权人要求支付使用费的诉讼时效为三年，自专利权人知道或者应当知道他人使用其发明之日起计算，但是，专利权人于专利权授予之日前即已知道或者应当知道的，自专利权授予之日起计算"。

（27）增加一条，作为第七十六条："药品上市审评审批过程中，药品上市许可申请人与有关专利权人或者利害关系人，因申请注册的药品相关的专利权产生纠纷的，相关当事人可以向人民法院起诉，请求就申请注册的药品相关技术方案是否落入他人药品专利权保护范围作出判决。国务院药品监督管理部门在规定的期限内，可以根据人民法院生效裁判作出是否暂停批准相关药品上市的决定。

药品上市许可申请人与有关专利权人或者利害关系人也可以就申请注册的药品相关的专利权纠纷，向国务院专利行政部门请求行政裁决。

国务院药品监督管理部门会同国务院专利行政部门制定药品上市许可审批与药品上市许可申请阶段专利权纠纷解决的具体衔接办法，报国务院同意后实施。"

（28）删除第七十二条。

（29）将第七十三条改为第七十九条，第七十四条改为第八十条，将其中的"行政处分"修改为"处分"。

知识链接1-1-3

中华人民共和国国家知识产权局

国家知识产权局（China National Intellectual Property Administration，CNIPA），是中华人民共和国国务院负责专利、商标工作和统筹协调涉外知识产权事宜的国务院部委管理的国家局，现由国家市场监督管理总局管理。国家知识产权局主要负责保护知识产权工作，推动知识产权保护体系建设，负责商标、专利、原产地地理标志的注册登记和行政裁决，指导商标、专利执法工作等工作。

1978年3月，中共中央主席、国务院总理华国锋指示，"国家科学技术委员会要把专利工作统一管起来"。明确中国即将开展的专利工作，归口国家科学技术委员会管理，具体由国家科学技术委员会成果局承办，局长宋永林是刚刚从中国计量科学研究院调到中国驻日本大使馆的科技参赞，由国家科学技术委员会副主任武衡分管。

1980年1月14日，根据《关于我国建立专利制度的请示报告》，国家科学技术委员会组建了中华人民共和国专利局，国家科学技术委员会副主任兼任局长。中国专利局由国家科学技术委员会代管。1980年5月，中国专利局搬到王府井和平宾馆开始独立办公，国家科学技术委员会外事局副局长黄坤益出任专利局第二任局长兼分党组书记。1984年3月12日，第六届全国人大常委会第四次会议通过了《中华人民共和国专利法》。1988年8月13日，《国务院关于国务院机构设置的通知》中明确：中华人民共和国专利局是直属局级的部委归口管理的国家局，由国家科学技术委员会归口管理。

1994年3月14日，根据第八届全国人民代表大会第一次会议批准的国务院机构改革方案和《关于国务院机构设置的通知》（国发〔1993〕25号），中华人民共和国专利局改为国务院直属事业单位，经国务院授权，继续承担全国专利工作的政府行政管理职能。

1998年，因应国务院机构改革，调整组建国家知识产权局，作为国务院直属机构。中国专利局改为国家知识产权局直属事业单位，更名为国家知识产权局专利局。国家知识产权局专利局下设办公室、人事教育部、审查业务管理部、自动化部、党委、初审及流程管理部、机械发明审查部、电学发明审查部、通信发明审查部、医药生物发明审查部、化学发明审查部、光电技术发明审查部、材料工程发明审查部、实用新型审查部、外观设计审查部、专利文献部；同时，中国专利局专利复审委员会更名为国家知识产权局专利局专利复审委员会。2001年，国家知识产权局专利局专利复审委员会更名为国家知识产权局专利复审委员会，仍为国家知识产权局专利局直属事业单位。

2003年底，经批准，国家知识产权局专利复审委员会成为具有独立法人资格的国家知识产权局直属事业单位。

2018年3月17日第十三届全国人民代表大会第一次会议通过《第十三届全国人民代表大会第一次会议关于国务院机构改革方案的决定》，批准《国务院机构改革方案》。方案规定："重新组建国家知识产权局。将国家知识产权局的职责、国家工商行政管理总局的商标管理职责、国家质量监督检验检疫总局的原产地地理标志管理职责整合，重新组建国家知识产权局，由国家市场监督管理总局管理。"同时，原属知识产权局的商标、专利执法职责交由市场监管综合执法队伍承担。2020年8月31日，根据国家发展改革委《关于全面推开行业协会商会与行政机关脱钩改革的实施意见》（发改体改〔2019〕1063号），原由知识产权局主管的中国专利保护协会等1家行业协会（商会）与知识产权局分离，依法直接登记、独立运行，剥离行政职能，不再设置业务主管单位。取消对行业协会的直接财政拨款，通过政府购买服务等方式支持其发展。全面实行劳动合同制度，依法依章程自主招聘工作人员。

国家知识产权局职能配置、内设机构和人员编制规定

第一条 根据党的十九届三中全会审议通过的《中共中央关于深化党和国家机构改革的决定》《深化党和国家机构改革方案》和第十三届全国人民代表大会第一次会议批准的《国务院机构改革方案》，制定本规定。

第二条 国家知识产权局是国家市场监督管理总局管理的国家局，为副部级。

第三条 国家知识产权局贯彻落实党中央关于知识产权工作的方针政策和决策部署，在履行职责过程中坚持和加强党对知识产权工作的集中统一领导。主要职责如下。

（一）负责拟订和组织实施国家知识产权战略。拟订加强知识产权强国建设的重大方针政策和发展规划。拟订和实施强化知识产权创造、保护和运用的管理政策和制度。

（二）负责保护知识产权。拟订严格保护商标、专利、原产地地理标志、集成电路布图设计等知识产权制度并组织实施。组织起草相关法律法规草案，拟订部门规章，并监督实施。研究鼓励新领域、新业态、新模式创新的知识产权保护、管理和服务政策。研究提出知识产权保护体系建设方案并组织实施，推动建设知识产权保护体系。负责指导商标、专利执法工作，指导地方知识产权争议处理、维权援

助和纠纷调处。

（三）负责促进知识产权运用。拟订知识产权运用和规范交易的政策，促进知识产权转移转化。规范知识产权无形资产评估工作。负责专利强制许可相关工作。制定知识产权中介服务发展与监管的政策措施。

（四）负责知识产权的审查注册登记和行政裁决。实施商标注册、专利审查、集成电路布图设计登记。负责商标、专利、集成电路布图设计复审和无效等行政裁决。拟订原产地地理标志统一认定制度并组织实施。

（五）负责建立知识产权公共服务体系。建设便企利民、互联互通的全国知识产权信息公共服务平台，推动商标、专利等知识产权信息的传播利用。

（六）负责统筹协调涉外知识产权事宜。拟订知识产权涉外工作的政策，按分工开展对外知识产权谈判。开展知识产权工作的国际联络、合作与交流活动。

（七）完成党中央、国务院交办的其他任务。

（八）职能转变。

1.进一步整合资源、优化流程，有效利用信息化手段，缩短知识产权注册登记时间，提升服务便利化水平，提高审查质量和效率。

2.进一步放宽知识产权服务业准入，扩大专利代理领域开放，放宽对专利代理机构股东或合伙人的条件限制。

3.加快建设知识产权信息公共服务平台，汇集全球知识产权信息，按产业领域加强专利导航，为创业创新提供便捷查询咨询等服务，实现信息免费或低成本开放，提高全社会知识产权保护和风险防范意识。

4.加强对商标抢注、非正常专利申请等行为的信用监管，规范商标注册和专利申请行为，维护权利人合法权益。

（九）有关职责分工。

1.与国家市场监督管理总局的职责分工。国家知识产权局负责对商标专利执法工作的业务指导，制定并指导实施商标权、专利权确权和侵权判断标准，制定商标专利执法的检验、鉴定和其他相关标准，建立机制，做好政策标准衔接和信息通报等工作。国家市场监督管理总局负责组织指导商标专利执法工作。

2.与商务部的职责分工。国家知识产权局负责统筹协调涉外知识产权事宜。商务部负责与经贸相关的多双边知识产权对外谈判、双边知识产权合作磋商机制及国内立场的协调等工作。

3.与国家版权局的职责分工。有关著作权管理工作，按照党中央、国务院关于版权管理职能的规定分工执行。

第四条 国家知识产权局设下列内设机构（副司局级）：

（一）办公室。负责机关日常运转，承担安全、保密、信访、政务公开、信息化等工作。承担政策研究工作。组织开展知识产权宣传工作，承担发布重要政务信息工作。

（二）条法司。协调提出有关知识产权国际条约拟订、修改及有关知识产权对外谈判的方案。提出相关法律法规、规章草案。承担规范性文件的合法性审查工作，承担行政复议、行政应诉等工作。拟订商标、专利、原产地地理标志、集成电路布图设计审查政策和授权确权判断标准，组织实施申请、受理、授权等工作。组织普法宣传工作。

（三）战略规划司。拟订国家知识产权战略和建设知识产权强国的政策措施。组织开展知识产权风险预测预警工作。拟订全国知识产权工作发展规划和商标、专利、原产地地理标志等审查、注册、登记计划。承担部门预决算和局直属单位财务、资产、基建计划等工作。承担知识产权统计调查分析发布工作。

（四）知识产权保护司。承担知识产权保护体系建设相关工作。组织拟订商标、专利侵权判断标准及保护执法的检验、鉴定和其他相关标准。承担商标评审、专利复审和无效等行政裁决工作。承担原产地地理标志、集成电路布图设计、特殊标志和奥林匹克标志、世界博览会标志等官方标志相关保护工作，承担指导地方知识产权争议处理、维权援助和纠纷调处工作。

（五）知识产权运用促进司。拟订和实施强化知识产权创造运用的管理政策和制度。承担指导和规范知识产权无形资产评估工作。承担专利强制许可、商标专利质押登记和转让许可备案管理等有关工作。拟订规范知识产权交易的政策。拟订和组织实施知识产权中介服务体系发展与监管的政策措施。

（六）公共服务司。组织实施全国知识产权信息公共服务体系和信息化建设，承担知识产权信息加工标准制定相关工作，推动信息服务的便利化、集约化、高效化。承担商标、专利等知识产权信息的传播利用相关工作，研究分析和发布知识产权申请、授权、注册、登记等信息工作。

（七）国际合作司（港澳台办公室）。承办统筹协调涉外知识产权事宜。研究国外知识产权发展动态。拟订知识产权涉外工作的政策。承担相关对外谈判工作。承办相关国际联络、合作与交流活动。承办涉及港澳台的相关事项。

（八）人事司。承担机关和直属单位的干部人事、机构编制、劳动工资和教育工作，指导相关人才队伍建设工作。承担机关离退休干部工作。

机关党委。负责机关和在京直属单位的党群工作。

第五条　国家知识产权局机关行政编制143名（含两委人员编制3名、援派机动编制1名）。设局长1名，副局长4名，正副司长职数24名（含机关党委专职副书记1名）。

第六条　国家知识产权局所属事业单位的设置、职责和编制事项另行规定。

第七条　本规定由中央机构编制委员会办公室负责解释，其调整由中央机构编制委员会办公室按规定程序办理。

第八条　本规定自2018年8月1日起施行。

▶**评析**：与发达国家相比，我国知识产权事业起步较晚，其组织机构的设置具有明显的中国特色，比如知识产权的重要组成部分专利、商标和著作权分属不同的机构管理，这种局面对于知识产权的统一规划、管理具有一定影响。

（资料来源：中文维基百科.国家知识产权局，国家知识产权局－中文维基百科【维基百科中文版网站】（3822808.com）2022－12－23；国家知识产权局网站.机构职能［EB/OL］.https：//www.cnipa.gov.cn/col/col2046/index.html2022－12－23.）

第二章 药品知识产权法律制度概述

第一节 知识产权的界定及其特征

一、知识产权的界定

　　"知识产权"来自英文"intellectual propety"，我国法学界曾长期翻译为"智力成果权"，1986年颁布的《中华人民共和国民法通则》将其称为"知识产权"，这是这一术语第一次出现在我国规范性法律文件中，此后，我国开始通用"知识产权"的称谓。

　　当下对知识产权最权威的界定当属1967年在斯德哥尔摩签订的《建立世界知识产权组织公约》第二条的规定：人类智力创造的成果所产生的权利。不过，综观各国知识产权立法、知识产权国际公约，大多数均从划定范围来明确知识产权的概念或给知识产权下定义，这是因为"知识产权"这一概念的内涵和外延非常广泛，并且在学理和立法上也存在广泛的不一致和争议，因此很难对其下一个简单明了而又完整准确的定义。迄今为止，对知识产权范围的划定最权威的包括以下几种。

　　《建立世界知识产权组织公约》第二条划定的"知识产权"的范围包括：①与文学、艺术及科学作品有关的权利，这主要指版权（著作权）；②与表演艺术家的表演活动、与录音制品及广播有关的权利，这主要指著作权的邻接权；③与人类创造性活动的一切领域内的发明有关的权利，这主要指发明专利权、实用新型专利权以及就非专利发明所享有的权利；④与科学发现有关的权利；⑤与工业品外观设计有关的权利；⑥与商品商标、服务商标、商号及其他商业标记有关的权利；⑦与防止不正当竞争有关的权利；⑧一切其他来自工业、科学及文学艺术领域的智力创作活动所产生的权利。

由于目前已经有100多个国家（包括中国）参加了这一公约，并且由于该公约第16条明文规定"对本公约不得作任何保留"，故可以认为世界上大多数国家均已对上述关于知识产权的定义表示接受。

此外，WTO所划定的知识产权范围也被世界上大多数国家所认可。在WTO的TRIPS协定明确了该协议中所包含的知识产权的范围：①版权与邻接权；②商标权；③地理标志权；④工业品外观设计权；⑤专利权；⑥集成电路布图设计权；⑦未披露过的信息专有权。

以上两种知识产权的范围划分从大体上说是一致的。但是，尽管以上两份协议对世界上大多数国家都具有法律约束力，但在各国立法中，真正把世界知识产权组织或世界贸易组织所称的"知识产权"的内容都当作知识产权对待的，并不具有普遍性。而在各个国家（包括中国），无论在理论上还是在实践中，普遍都认为知识产权主要包含专利权、商标权与版权，这一点各国的意见是比较一致的。

经由以上分析，我们可以认为"知识产权"这一概念的具体范围有广义与狭义之分。狭义的或传统的知识产权，一般分为两类：①文学产权（literature property），包括著作权及与著作权有关的邻接权，它是关于文学、艺术、科学作品的创作者和传播者所享有的权利，它将具有原创性的作品及传播这种作品的媒介纳入其保护范围，从而在创造者"思想表达形式"的领域内构造了知识产权保护的独特领域；②工业产权（industrial property），包括专利权和商标权，它们是工业、商业和其他产业中具有实用经济意义的一种无形财产权，又可称为"工业产权"。文学产权（或说是著作权）与工业产权的区分是知识产权的传统的基本分类。我国也基本上采用了这一狭义的范围划分，对专利权、商标权、著作权及其邻接权单独立法予以保护。对于广义知识产权中的其他内容，在我国则散见于《反不正当竞争法》《科学技术促进法》等法律之中予以保护。

广义的知识产权，也就是《建立世界知识产权组织公约》和TRIPS协定中所划定的范围，可以概括为"一切来自工业、科学及文学艺术领域的智力创作活动所产生的权利"，对广义知识产权的范围，还有其他一些划法。例如，国际保护工业产权协会1992年东京大会认为，知识产权分为"创作性成果权利"与"识别性标记权利"两大类。其中前一类包括7项，即发明专利权、集成电路权、植物新品种权、技术秘密权（"Know-How"权）、工业品外观设计权、版权（著作权）、软件权；后一类包括3项，即商标权、商号权（"厂商名称"权）、其他与制止不正当竞争有关的识别性标记权。

二、知识产权的特征

（一）无形性

无形性是知识产权的最本质特征，这主要是相对于"物权"来说的，知识产权的最本质特征也就是"知识产权"与"物权"的根本区别。所谓"无形性"，是指知识产权权利客体的非物质性。知识产权的客体是智力成果，或称为知识产品。而相比之下，物权客体为"物"，或者说是"有形物"或"有体物"。知识产品是一种没有形体的、非物质性的财富，对它的使用不以物质性的实际占有为必要，也不会发生有形的物质损耗。

无形性具体体现为如下特质：①有形财产权一般特性为对某种物的实际占有、控制，而知识产权一般表现为对某项权利的独占，两者表现形式不同；②有形财产权的利用和转移一般表现为有形物的消耗和转移，知识产权的利用和转移一般并不引起相关有形物的消耗和转移；③知识产权的标的具有可复制性，即在同一时间、不同地点可由多人分别按各自的方式加以利用；对于有形财产权的同一有形标的物而言，则不具有可复制性；④对有形财产权的侵害行为直观、明显易辨，而对于知识产权的侵害行为既有直接的，也有间接的，情况多种多样，比较复杂，给侵权的判定增加了难度。

无形性是知识产权的最基本的性质，其他特性都是从这一特征演化而来的。

☸ 知识链接1-2-1

瓦特的蒸汽机专利

人类对蒸汽的认识和利用，经历了一个漫长的过程。早在公元前2世纪，古希腊人就制造过一种利用蒸汽喷射产生反作用的发动机。

1698年，法国物理学家巴本发明了汽缸——活塞装置。这个装置源于高压锅上压力阀所受的重力（自身重量）是由锅内蒸汽的压力（作用在阀上）来平衡的现象。但巴本毕竟是物理学家而不是一位工程师或熟练工人，未能把这个聪明的设想完善到可以实际应用。

英国工程师托马斯·塞维利修改了巴本的设想，在1698年发明了第一台实际应用于矿井抽水的蒸汽机，第一次真正把蒸汽变成工业动力。但是这种机器有许多缺陷，热损失极大，效率很低。由于靠大气压力汲水，使其工作受到限制，而且很不安全。

1705年，英国锻工托马斯·纽可曼在另一位工人考利的帮助下，发明了一种实用的大气活塞式蒸汽机。他将从矿井里抽水的工作机和为它提供动力的蒸汽装置完全分开，并靠摇杆的不平衡在重力作用下使蒸汽装置的活塞运动回程。这样极大地减少了热量损失，保证了蒸汽机安全运行，降低了运行成本。

1763年，格拉斯哥大学请詹姆斯·瓦特修理一台纽可曼蒸汽机。瓦特通过大量实验并根据格拉斯哥大学教授布莱克提出的潜热、比热理论进行分析，深入研究了旧式蒸汽机，找出旧式机器效率低的原因：主要缺陷在于每一冲程都要用冷水将汽缸冷却一次，从而消耗大量热量，使绝大部分蒸汽不能有效利用。针对缺陷，瓦特提出减少蒸汽消耗、提高热机效率的两项措施：①为了使汽缸始终保持蒸汽所必需的温度，必须在汽缸外加上绝热外套或用其他方法对汽缸加热；②使做功后的蒸汽尽可能快地冷却，液化成水并要使这一过程在汽缸外进行。瓦特产生了采用分离冷凝器的最初设想。

1765年，一种全新的蒸汽机在瓦特的手中诞生。瓦特发明的蒸汽机不仅少用煤，而且使人类从此开始拥有自己创造的动力，而不再受制于大自然。后来人们把解决了工业化核心问题的瓦特蒸汽机作为工业革命的标志。瓦特也被称为"工业革命之父"。

此后3年多的时间里，瓦特克服了材料和工艺等各方面的困难，终于在1769年研制出第一台样机。同年，瓦特因这种带有分离冷凝器的蒸汽机而获得他的第一项蒸汽机专利。

自1769年试制出带有分离冷凝器的蒸汽机样机后，瓦特就看出热效率低已不是他的蒸汽机的主要弊病，而活塞只能做往返的直线运动才是根本局限。1781年，瓦特研制出一套被称为"太阳和行星"的齿轮联动装置，终于把活塞往返的直线运动转变为齿轮的旋转运动。为了使轮轴的旋轴增加惯性，从而使圆周运动更加均匀，瓦特还在轮轴上加装了一个飞轮。由于对传统结构的这一重大革新，瓦特的蒸汽机才真正成为能带动一切工作机的动力机。1781年底，瓦特因带有齿轮和拉杆的机械联动装置获得第二项蒸汽机专利。

为了进一步提高蒸汽机的效率，1782年，瓦特根据这一设想，设计了一种带有双向装置的新汽缸，并获得第三项蒸汽机专利。这种高效率的蒸汽机很快取代了旧式的蒸汽机，从此，动力机、传动机和工作机组成了机器生产系统，成为工业化的核心。

由于瓦特对纽可曼机所做的改进非常重要，所以人们认为是他发明了第一台有实用价值的蒸汽机。

晚年的瓦特非常富庶。但他的主要财富来源不是制造蒸汽机的工厂，而是广泛转让的高效能蒸汽机发明专利。

▶**评析：**瓦特将科学原理与实践经验相结合，设计出制造蒸汽机的技术方案并申请专利，与有形的、具体的蒸汽机不同，制造蒸汽机的技术方案属于智力劳动的创造物，它的无形性使其可以无损耗地广泛传播，极大地造福了人类，推动了人类文明的进步，而瓦特本人也因广泛转让的高效能蒸汽机发明专利而获益。

（资料来源：豆丁网.瓦特的蒸汽机专利［EB/OL］.https：//www.docin.com/p-455430527.html2021-06-22）

（二）专有性

专有性，即独占性或垄断性。除权利人同意或法律规定外，权利人以外的任何人不得享有或使用该项权利。这表明权利人独占或垄断的专有权利受严格保护，不受他人侵犯。但是通过"强制许可""征用"等法律程序，可以在一定程度上削弱权利人的专有权。

知识产权的专有性有以下两层含义。

（1）一项知识产品不允许有两个或两个以上同一属性的知识产权并存。例如，甲和乙分别作出完全相同的发明，则在分别申请的情况下，根据法律程序只可能由其中一人获专利权，我国专利法规定，当两个或两个以上的人就同样的技术分别向专利局提出专利申请时，专利权授予最先提出申请的人。如果甲获得了专利权，则甲有权排斥乙将自己作出的发明许可第三者使用或转让给第三者。

（2）一项知识产权为权利人所独占，权利人垄断这种专有权利并受到严格保护，没有法律规定或未经权利人许可，任何人不得使用权利人的知识产品，权利人有权排斥非权利人对知识产品进行不法仿制或剽窃。

专有性是把知识产权与公有领域中的人类智力成果相区分的一个重要特点，知识产权制度通过赋予那些由私人创造、可以造福于人类的智力创造成果在特定时期、特定区域内的专有权来激发人们进行智力创造的意愿。

笼统地讲专有性特点，物权等有形财产权也是具备的。知识产权和物权都属于"绝对权""对世权"，知识产权的专有性与物权的专有性都表现为一定程度的独占性和排他性，从这个意义上说二者的专有性特征并无本质差别。只是，由于知识产权的客体是不同于有体物的知识产品，因而知识产权的专有性相对而言就有着其独特的法律表现。由于有体物本身具有使用价值，权利人可以通过占有、使用、收益、处分有体物本身而获益，但独占无体物本身并不能使权利人直接获益，只有通过将无体物物化、产业化、市场化才能使其使用价值得以体现，因此，知识产权权利人的专有性体现为对其智力创造成果物化、产业化、市场化权利的垄断，一旦获得相应的知识产权，权利主体在法定范围内享有很大程度上的垄断性权利，他可以独享知识产品所带来的巨大市场利益，并有权排除非权利主体对该利益的非法共享。

当然，知识产权的专有性特征并非没有例外。有些知识产权，例如商业秘密权，并不排除在一种商业秘密上存在两个以上独立的合法商业秘密专有权利；有些知识产权，例如专利权，并不排除在某些特殊条件下国家对其实施强制许可的可能性。

▶▶ **【案例】1-2-1**

司法裁判植物新品种权相互许可并互免许可费用——A公司与B公司侵害植物新品种权纠纷案

甲研究所、乙研究所共同培育成功的三系杂交粳稻9优418水稻品种于2000年11月10日通过国家农作物品种审定。9优418水稻品种来源于母本徐9201A、父本C418。2003年12月30日，甲研究所向国家农业部提出C418水稻品种植物新品种权申请，于2007年5月1日获得授权，同日其许可A公司独占实施C418植物新品种权。

2003年9月25日，乙研究所就其选育的徐9201A水稻品种向国家农业部申请植物新品种权保护，于2007年1月1日获得授权。2006年4月3日，乙研究所水稻室与A公司订立《关于"徐9201A"引种使用协议》，约定："徐9201A已申请国家品种权保护，按照知识产权保护要求，外单位引用仅可用于测交配组，不得用于商业开发，并保证不向第三方扩散；使用期间未经同意不得自行繁殖，否则追究侵权责任。"2008年1月3日，乙研究所许可B公司独占实施徐9201A植物新品种权。

经审理查明，B公司和A公司生产9优418使用的配组完全相同，都使用父本C418和母本徐9201A。

A公司、B公司分别向法院提起诉讼，要求确认对方当事人侵犯其独占享有的父本C418、母本徐9201A植物新品种权。

法院经审理认为，9优418的合作培育源于20世纪90年代国内杂交水稻科研大合作，本身系无偿配组。该品种性状优良，在江苏、安徽、河南等地广泛种植，受到广大种植农户的普遍欢迎，已成为中粳杂交水稻的当家品种。9优418本身并无植物新品种权，该品种已进入公有领域，但之后甲研究所与乙研究所又分别通过各自的行为使9优418品种间接获得法律保护。甲研究所于2003年申请了父本C418的植物新品种权，即生产9优418使用父本C418需获得品种权人甲研究所的授权许可；乙研究所亦于2003年申请了母本徐9201A的植物新品种权，而B公司在诉讼中认可目前已将未获品种权保护的母本徐9201A全部封存，故A公司只要生产9优418就只能使用母本徐9201A。在二审期间，法院做了大量调解工作，希望双方当事人能够相互授权许可，使9优418这一优良品种能够继续获得生产，但双方当事人最终未能达成妥协。由于A公司与B公司之间不能达成妥协，致使9优418品种不能继续生产，不仅影响双方的利益，实际上也已经损害了国家粮食生产安全，有损公共利益，且不符合当初甲研究所与乙研究所合作育种的根本目的，也不符合促进植物新品种转化实施的根本要求。9优418是三系杂交组合，综合双亲优良性状，杂种优势显著，在9优418配组中父本与母本具有相同的地位及作用。江苏省高级人民法院判决，9优418水稻品种的合作双方乙研究所和甲研究所及其本案当事人B公司和A公司均有权使用对方获得授权的亲本繁殖材料，且应当相互免除许可使用费，但仅限于生产和销售9优418这一水稻品种，不得用于其他商业目的。因B公司为推广9优418品种付出了许多商业努力并进行种植技术攻关，而A公司是在9优418品种已获得市场广泛认可的情况下进入该生产领域，其明显减少了推广该品种的市场成本，为体现公平合理，法院同时判令A公司给予B公司50万元的经济补偿。同时，因双方当事人各自生产9优418，事实上存在着一定的市场竞争和利益冲突，法院告诫双方当事人应当遵守我国反不正当竞争法的相关规定，诚实经营，有序竞争，确保质量，尤其应当清晰标注各自的商业标识，防止发生新的争议和纠纷，共同维护好9优418品种的良好声誉。

▶评析：通常情况下，知识产权具有排他性，未经权利人许可，他人不得擅自使用知识产权，但知识产权制度的本质并不仅仅在于知识产权的保护，更重要的意义是要通过保护权利，促进知识产权的运用，实现知识产权的价值，推动科技发展和经济社会的进步。该案围绕9优418杂交水稻品种产生的争议，具有特殊的时代背景。9优418系合作双方在20世纪90年代分别提供父本和母本合作攻关育成，但对该品种的后续生产及后续知识产权行使合作双方未作约定，导致本案双方当事人分获涉案父本和相关母本独占实施许可权后相互指控对方侵权。江苏省高级人民法院在调解双方相互达成授权许可不成的情况下，最终并未判令双方当事人停止侵权，均不得使用对方享有植物新品种权的亲本繁殖材料，而是以法律精神为指引，打破常规审判思路，借鉴知识产权法规定的强制许可制度，在平衡双方父本与母本对涉案品种生产具有相同价值的基础上，以司法裁判的方式直接判令双方当事人相互授权许可且互免许可费，促使已广为推广种植的优良杂交水稻品种9优418得以继续生产。这一裁判结果不仅从根本上符合双方的共同利益，更符合国家粮食生产安全的公共利益，亦体现了公平原则和鼓励植物新品种转化实施的基本司法价值导向。该案就涉案植物新品种权纠纷案件提出相互许可的裁判思路，得到双方当事人的认可并自动履行，说明裁判的法律效果与社会效果良好，而该案所体现出的探索与创新精神，对于司法解决类似知识产权争议亦具有积极的启示。

（资料来源：安俐.江苏省高院公布2013年知识产权典型案例（上）［EB/OL］江苏省高院公布2013年知识产权典型案例（上）安俐律师个人主页_找法网（Findlaw.cn）2022-12-24）

（三）地域性

知识产权的地域性，是指知识产权作为一种专有权在空间上的效力并不是无限的，而是要受到地域的限制，其效力一般只限于本国（或本地区）境内，即具有严格的领土性。

知识产权的这一特点有别于有形财产权。一般来说，对所有权的保护原则上没有地域性的限制，无论是公民从一国移居另一国时携带的财产，还是法人因投资、贸易从一国转入另一国的财产，都照样归权利人所有，不会发生财产所有权失去法律效力的问题。而知识产权则不同，按照一国法律获得承认和保护的知识产权，只能在该国发生法律效力。除签有国际公约或双边互惠协定的以外，知识产权没有域外效力，其他国家对这种权利没有保护的义务，任何人均可在自己的国家内自由使用该知识产品，既无须取得权利人的同意，也不必向权利人支付报酬。在一国获得知识产权的权利人，如果要在他国受到法律保护，就必须按照该国法律规定登记注册或审查批准。迄今为止，除知识产权一体化进程极快的地区（如欧盟）外，专利权、商标权、版权这些传统的知识产权，均只能依一定国家的法律产生，又只在其依法产生的地域内有效。

知识产权在全球范围内虽然依然保留有地域性特征，但已受到挑战。从19世纪末起，随着科学技术的发展以及国际贸易的扩大，知识产品的国际性需求与知识产权的地域性限制之间出现了巨大的矛盾。为了解决这一矛盾，各国先后签订了一些保护知识产权的国际公约，成立了一些全球性或区域性的国际组织，在世界范围内形成了一套国际知识产权保护制度。在国际知识产权保护中，国民待遇原则的规定是对知识产权地域性特点的重要补充。国民待遇原则使得一国承认或授予的知识产权根据国际公约在缔约国发生域外效力成为可能。至20世纪下半叶，由于地区经济一体化与现代科学技术的发展，知识产权立法呈现出现代化、一体化的趋势。为了实现经济一体化的目标，某些国家和地区努力建立一个共同的知识产权制度（如欧盟），这就使得知识产权跨出一国地域的限制，从而在多个国家同时发生效力，这对知识产权的地域性特点产生重大影响。知识产权的严格地域性虽然受到挑战，但是知识产权的地域性特征并没有被真正动摇，因为是否授予权利、如何保护权利，仍必须由各缔约国按照其国内法来决定。

✿ 知识链接1-2-2

知识产权一体化的尝试——欧洲专利公约与欧洲共同体专利公约

欧洲是专利制度最早的发源地，各国相互间在立法思想上较为接近，为国家法之间的协调及欧洲专利公约的最终形成奠定了基础。

随着欧洲各国经济、科技的发展，逐渐显露出统一协调欧洲各国专利法，建立一个从申请到授权一体化专利制度的热切愿望。经过几十年一波三折的磨合与磋商，终于在1973年由欧洲14国签订了欧洲专利公约，并于1978年正式生效。

欧洲专利公约是一个地区性国家间专利组织，只对欧洲国家开放。欧洲专利公约为各成员国提供了一个共同的法律制度和统一授予专利的程序。审查程序采取早期公开、延迟审查及授权后的异议制度。提出欧洲专利申请时，可以指定一个、几个或全部成员国。一旦依照公约授予专利权，即可在所有指定的成员国生效，与指定的各成员国依国家法授予的专利具有同等效力，欧洲专利权有效期是自申请日起20年。然而，这仅仅是一个负责审查和授予欧洲专利的公约，对于欧洲专利的维持、行使、保护，以及他人请求宣告欧洲专利无效，均由各指定的成员国依照国家法进行。

欧洲专利公约签署2年后，欧洲共同体专利公约（简称CPC）签订。

为消除地域性专利保护对欧洲共同体内部自由竞争所产生的消极影响，进一步统一欧共体成员国家的专利制度，欧洲共同体成员国于1975年12月15日在卢森堡签订了欧洲共同体专利公约。签订国只限于欧洲共同体成员国，旨在建立共同体专利。与适用于所有欧洲国家的《欧洲专利条约》（第一条约）不同，《欧洲共同体专利公约》仅实行于欧洲共同体国家之间（第二条约），它与《欧洲专利公约》相配合，建立起一套与各成员国国内专利制度并行的跨国专利制度。

根据该公约，授予的专利权不再转化为某一国家的专利权，而作为欧共体的专利权，在欧共体所有成员国均受到保护。专利权的授予、转让、撤销，在实施该公约的所有领域中生效。公约作出规定，欧洲法院有权对缔约国法院审理的专利诉讼案件进行预审裁决。

在该公约生效后，《欧洲专利公约》即可批准跨国专利，批准后的专利则靠它来维护或撤销，届时的专利权不再称为"欧洲专利"，而是称为"共同体专利"。按照规定，"共同体专利"并不要求成员国国内实体法或程序法与之完全一致，各国仍存在着单独的专利。公约规定申请共同体专利的程序；共同体专利可以进行产权转让；维持共同体专利有效的条件之一是实施专利，实施专利时采取"当然许可证"制度；实行只有欧洲专利局或欧洲经济共同体的欧洲法院有权宣布撤销共同体专利的跨国专利法原则；各成员国都必须承认在整个共同体地域内的"专利权穷竭"原则；各成员国必须在公约生效后，对本国专利实行强制许可证制度。上述内容，既与各国专利法并行，但在某些方面又制约着各国专利法。公约还对跨国诉讼案的司法管辖权作了若干规定。

共同体专利权制度的优越性表现在：比欧洲专利权制度前进了一步，在共同体内部基本得到统一，打破了各国专利权地域性界限，在一定程度上具有国际性，对欧共体国家的专利保护起到了积极作用。

▶评析：知识产权属于私权，但人的智力成果具有高度的公共性，与社会文化和产业的发展有密切关系，另外，由于知识产权客体的无形性，使得知识产权权利主体之外的人因故意或不慎而侵犯知识产权的可能性大大高于侵犯有形财产权的可能性。对所有权的侵犯往往很容易被察觉，而对知识产权的侵犯，只要不被权利人发现，其侵权状态便可以一直持续下去。由于以上原因，在世界范围内，公权力对知识产权的规制较物权要广泛和深入得多。比如，从权利的发生维度而言，知识产权的产生大多需要较为严格的行政审批，法律为之规定了各种积极的和消极的条件以及公示的办法。例如专利权的发生必须经申请、审查和批准，著作权虽没有申请、审查、注册这些限制，但也有为繁荣文化艺术而对权利行使进行限制的众多条款。由于科学、技术、文化艺术等发展的不均衡，各国公权力基于各自国情制定了具有民族因素的知识产权制度，由此诞生的各具特色的知识产权因其具有浓厚的政治色彩而很难像物权一样跨越国界，但这为知识产权的跨国申请、维持、行使、保护等设置了屏障，也为世界范围内技术的自由转让带来壁垒。而在政治上具有高度统一性的欧洲及欧洲共同体率先尝试打破了各国专利权的地域性界限，这种探索对知识产权制度的国际化提供了可资借鉴的启示。

（资料来源：参见百度百科.欧洲专利公约［EB/OL］.http：//baike.baidu.com/link?url=lLlPFzVpR_vHeulN8–LtjpWAaSkQkDKjbwDpNeeNXFgfLdFsr698jfrpIOXCF0My2022–06–22；参见百度百科.欧洲共

同体专利公约［EB/OL］.http：//baike.baidu.com/link?url=tOH5pnaSHDTVIkvEBRZsTC_ioy9wQG6ifyNZB6
N90_w6tK0F3rDBa2_WCTx94drvobX3i4VWU9YQxkKEa1-98_2022-06-22）

（四）时间性

知识产权的时间性，是指知识产权仅在法律规定的期限内受到保护，一旦超过法律规定的有效期限，这一权利就自行消灭，相关知识产品即成为整个社会的共同财富，为全人类所共同使用。在权利的存续期上，法律都有特别规定。这一点是知识产权与物权的重大区别。

知识产权不是没有时间限制的永恒权利。根据各类知识产权的性质、特征及本国实际情况，各国法律对著作权、专利权、商标权都规定了长短不一的保护期。这一特点也是知识产权与有形财产权的主要区别之一。物的所有权并不受法定时间限制，只要其客体没有灭失，权利即受到法律保护。依消灭时效或取得时效所产生的后果也只涉及财产权利主体的变更，而财产本身作为权利客体和相应的权利内容并不会发生变化。

知识产权时间性特征一方面反映了知识产品得以产生的社会原因：任何人类现阶段的智力成果，都是在前人相关的智力成果的基础上才能产生，都无法完全脱离一个社会的经济、科技和文化基础而独立出现，因此不应允许一项知识产品的权利人永远独占其产生的利益。知识产权时间性特征另一方面也反映了建立知识产权法律制度的社会需要，不管是发明创造还是文学艺术作品，其对于社会经济、科学和文化事业的发展都具有重要的意义，因此必须规定一定的期限，使智力成果从个人的专有财产适时地变为人类公有的精神财富。

当然，知识产权的时间性特征也不是绝对的，例如对著作权中的人身权（如署名权等）的保护一般是没有时间限制的；又如商业秘密只要不被合法公开，其保护期限也可以永恒存在下去；又如商标权在有效期届满后可以合法续展，通过不断的续展，商标权可以无限延长其有效保护期限。

最后应当指出，在探讨知识产权的性质和特征时，应力求避免绝对化或简单化。知识产权的上述性质和特征是一个不容分割的整体，仅仅从一方面去看，均可以说上述某一点，其他权利中也能反映出来，从而不仅是知识产权所特有的。把以上几方面的因素综合起来，辩证地把握知识产权的性质和特征，无论在理论上还是在实践中都是适当的和有益的。

第二节　药品知识产权的界定及其特征

一、药品知识产权的界定

药品是指用于预防、治疗、诊断人的疾病，有目的地调节人的生理机能并规定有适应证或者功能主治、用法和用量的物质。按不同的标准可以将药品分成不同的类别，我国宪法将药品分为现代药和传统药。"现代药也称为西药，是用现代医学、药学理论方法和化学技术、生物学技术等现代科学技术手段发现或获得的并在现代医学、药学理论指导下用于诊断、预防、治疗疾病的物质。传统药也称为民族药，是人类在与疾病做斗争的漫长历史过程中发现、使用的并一般在传统医学、药学理论指导下用于疾病治疗的物质。"我国药品管理法将药品分为中药、化学药和生物制品等。

药品知识产权法律制度，是指在一定立法理念指导下，关涉药品智力创造活动所产生权利、义务的体系化的法律规范的总和。

二、药品知识产权的特征

（一）知识产权法律制度的宗旨是使人类聪明才智取得的成果能够在社会中发挥出最大的效益

在知识产权制度得以建立并发挥重要作用的诸多领域中，药品领域的知识产权问题无疑是一个备受关注的热点问题。相对于其他领域的产品，药品作为与国民健康权乃至生命权密切相关的特殊商品，在社会经济生活中的地位十分特殊，药品的研发、生产和使用是涉及公共利益乃至社会稳定的重要因素，因此，其在世界各国都是受到极为严格的法律管制。在知识产权领域，一方面，政府希望通过知识产权制度激发制药企业进行技术创新的积极性，研发出高质量的新药以应对不断变化的疾病谱，另一方面，也需要对药品知识产权权利人的权利予以限制，以防止其对公民健康权的侵袭，基于上述理由，药品知识产权凸显出下述特质：药品知识产权是促进制药产业发展的利器。

制药行业是以创新为基础的工业，创新对于制药企业的生存与发展有着决定性意义。为了规避药品带来的风险，世界各国对药品质量均有着较其他商品更为严格的要求，这决定了药品的研究开发需要一个漫长的周期与高昂的投入。世界上每年上市的新药约四十多种，平均每个药物的研究开发费用高达8亿～10亿美元，开发周期长达10～15年。与较长的开发与研究周期和巨大的投资相比，药品的仿制相对容易，且投入低得多。仿制一个新药，平均花费仅数十万美元，平均周期仅1～2年。因此，药品知识产权保护尤其是药品专利权的保护显得更为必要和重要。药品知识产权法律制度的建立与健全，对药品技术成果和经营标记等提供合法性保护，对一国医药企业和医药行业来说无论从微观上还是宏观上都有着不可替代的重大意义。

※ 知识链接1-2-3

完善知识产权保护制度体系建设，为医药持续创新保驾护航

2020年5月30日，由人民网·人民健康主办的2020年全国两会"健康中国人"系列圆桌论坛在京举行。在主题为"加强知识产权保护，促进医药产业创新发展"的圆桌论坛上，与会专家学者就知识产权与医药创新等相关议题进行了深入的讨论，呼吁提升对知识产权保护的认知，达成医药产业知识产权保护的共识。

加强知识产权保护，是完善产权保护制度最重要的内容，也是提高我国经济竞争力和创新力的最大激励。医药行业作为创新密集型行业，近年来对知识产权保护的重视程度也逐渐提升。然而，随着我国医药企业创新能力不断提高，社会对药品知识产权保护提出了更高的要求。

知识产权制度为创新驱动发展提供助力，促进技术进步和社会进步。"中国已经是全球第二大市场，但是中国的技术创新能力还处于世界第三梯队，这意味着我们的技术发展和创新能力没有赶上市场的需求。要解决这个问题，加强知识产权保护很关键"。

同时，保护知识产权为创新者带来合理回报，反哺创新。"药品创新投入周期长、投资费用高、风险高，如果市场不能够为创新者带来回报，那么创新者的积极性将不可持续。"良好的专利保护政策与社会环境能够推动医药创新的可持续发展。一方面能吸引全球创新成果在中国"落地"；另一方面能鼓励本土创新，更好地维护产业利益和公众健康利益，最终真正惠及民生。

医药行业的特点决定了知识产权保护具有特别意义。药品专利的类型多样，除了化合物，还有不同类型的药品专利保护，需要从整个生态链上进行全方位的知识产权保护，不仅保护其商标标识，还需要进行多个维度保护，包括化合物、适应证、晶体、组合物、制剂、中间体、制备工艺专利等多个专利类

型。"一款药品的每个阶段，都可能有最核心和基础的专利。在不同阶段，不同的核心专利连接起来叫专利链。这些专利加起来，形成伞状或网状，这对创新保护得就更充分。"

知识产权制度的建设和落地，同样也离不开司法保护环境的建设和相关执法的强化。政府也陆续出台了鼓励加强创新保护的措施，例如建立药品专利链接制度，适当专利期限补偿和数据保护等。

▶评析：全社会应当加强对药品知识产权的认识，提高对知识产权保护的重视，建立知识产权保护共识，各方协作，营造出良好的知识产权保护环境，促进医药创新的可持续发展。

（资料来源：李轶群、许晓华.2020全国两会"健康中国人"系列圆桌论坛.完善知识产权保护制度体系建设，为医药持续创新保驾护航.http：//health.people.com.cn/n1/2020/0603/c14739-31734201.html2021-06-23）

（二）平衡发展制药产业与公众健康权的关系是药品知识产权领域的核心问题

知识作为人类文明与文化组成的基本单位，其创造、传播、接收、接受、使用等过程都对人类的进步、发展起着至关重要的作用，由于新知识的产生需要投入大量的物质资源及人类劳动，因此，对知识的创造者授予权利具有正当性。知识产权在当下的理解，主要是其经济效果的财产权之属性，而知识产权所具有经济利益的财产权属性与其他权利之间的冲突是一个必须慎思、反思与反省的问题，近年来，药品知识产权与公共健康权的冲突称为知识产权中的热点问题。

随着人类社会的发展，健康权逐渐成为人权中被强调且日益重要的权利，也是近年来不断引发世界性冲突的敏感问题。知识产权与维系生命权之基础的健康权之间的冲突，是引发发达国家与发展中国家、未发达国家之间冲突的根源，也是一个引发国内矛盾的新兴且值得关注的缘由。

就药品知识产权保护与国民健康权的关系而言，笔者观点如下。

1.药品知识产权保护与国民健康权既对立又统一 药品知识产权保护与国民健康权固然存在冲突与对立的一面，但这并不是问题的全部，如果我们从人类道德的角度和法律乃以捍卫人类生命权、健康权至上的现代法律价值取向论之，或许药品知识产权保护应予质疑甚至废止，但是，如将这一问题放于特定时空内就知并不尽然，如从抽象的道德角度来讲，健康权、生命权当然高于财产权，然而，脱离了特定时空的经济条件谈道德是没有意义的，道德要受到经济承受力的限制，在人类生产力尚不甚发达，物质财富还是稀缺资源的今天，人类的道德还不能达到无私奉献的水准。欧盟制药行业协会总裁、阿斯利康CEO麦奇洛对公众用一系列数据描述阿斯利康在新药研发上挑战风险的勇气：医药研发成功率不足三十万分之一，而且整个过程要花10～12年的时间，花费高达10亿美元的资金。新药研发需要如此高的代价，使得研发者不得不考虑利润回报。巨额的利润回报是大中型医药企业能投入其约占销售额16%甚至更高的资金去搞研究开发的原因，同时，也是它们对知识产权尤其是专利十分重视的原因。在市场经济条件下，资本与技术具有趋利性，它们会主动流向利润高的领域，美国著名经济学家曼斯菲尔德的研究表明，如果没有专利保护，60%的药品难以问世，65%不会被利用。也就是说，大部分新药的产生并非由于治疗疾病的现实需要，而是由于专利制度的推动。如果开发新药无利可图，谁肯投资数亿元，耗时几十年去研发新药呢？但是，随着人类社会的发展，人类的疾病谱在不断发生着变化，各种层出不穷的新疾病不断向人类的健康权提出挑战，因此新药的研制与开发就成了人类战胜病魔的生命线，进一步讲，即使一种新药研发成功，根据世界范围的治疗经验，还是有5%～10%的患者会在接受治疗后的2～3年内产生耐药性，有些药物在使用几年之后就会产生大面积耐药反映，就是说新药研发不是一劳永逸的，需要不断超越已有技术，开发新一代替代产品，然而，时至今日，人类研制新药的技术已日臻完善，实现超越愈益困难，加之几次波及世界的药害事件之后，世界范围内对新药的近乎苛刻的要求，也使新药的开发举步维艰，当下，全世界上市的新药与其他行业的新产品、新品种相比，数量越来越少，开发难度越来越大。如果没有知识产权的保护，新药的研发还会大量减少，人类的健康权和生命权岂不更无保障？就我国而言，在对药品专利不予保护时，我们只能仿制外国比较落后、技术含量低、生产工艺相对简单的药品，中国人使用的药品大多为发达国家十几年，甚至几十年前使用的药品，而对药品专利予以保护后，情况大为改观。由40家在华跨国药企组成的研制开发制药企业协会执行总监美国人舒德先生说："目前，西药制药企业在中国上市的药品，大部分是原研制药，几乎覆盖所有的治疗领域。原研制新药的上市时间与国外同样或类似药品的上市时间差不断缩短，有的几乎同步，使中国公民可以跟其他国家的公民一样，能尽快享受到世界上药品开发研究方面的成果。"因此，仅仅强调药品知识产权保护与国民健康权之间的对立、冲突，而忽略其相互促进的一面是有失公允的，在实践中也是有害的。

2.寻求药品知识产权保护与国民健康权的衡平是立法的明智选择　笔者并不否认，作为一种特殊商品，药品知识产权保护与人类的健康权乃至生命权有发生尖锐冲突与对抗的一面，但是，因此而放弃对药品知识产权的保护并不是明智选择，人类一直致力于以智性努力克服知识产权自身存在的弊端，寻求药品知识产权保护与国民健康权的衡平已逐渐成为世界各国的共识，并已经取得一些积极成果，如WTO的TRIPS协定规定，所有WTO成员国必须保护药品在内的知识产权。但TRIPS协定中还有"强制许可"和"平行进口"两个规定，即为了维护社会公共利益，限制专利人滥用独占权。TRIPS协定第31条规定，经过与专利所有者的协商未获得成功，或者当国家面临"紧急状态"和在"非商业性公共利用的情况下"，可以动用强制许可，即在给专利持有人支付一定的使用费后生产已取得专利的药品，并允许从价格较低的国家平行进口所需药物。在WTO争端解决机制（DSP）中，并没有对什么是"紧急状态"进行解释和要求，"启动强制许可的权利在国家自身，判断'紧急状态'的权力也完全在国家"。

国民健康权的实现应采取多种措施，仅仅依靠对知识产权保护的限制来使其完全实现是不现实的。法律是一个完整的体系，我们不能要求每一部法律都能照顾到所有人的所有权利，我们可以通过各部法律间的衡平互补来尽可能实现法律的价值，尽可能保障全部人权的实现。就知识产权制度立法目的而言，它是以鼓励创造、竞争和发展为宗旨，经济理性是其首要的基础，效率是其最高价值追求，这决定了它不能兼顾全面性的原则，国民健康权不能仅仅通过对药品知识产权的限制、侵权甚至否认来实现。对于药品知识产权保护与健康权发生的冲突，我们一方面可以通过完善知识产权制度来加以弥补与补救；另一方面我们也可以在知识产权法以外进行协商、调整、调和以寻求补偿，通过其他配套法规、政策来完善知识产权法的运行机制。当下，"低收入和中等收入国家拥有全世界收入的18%，负担全球卫生费用的11%，然而，在这些国家却生活着84%的世界人口，承担着94%的疾病负担。"这种状况显然不是仅仅依靠对药品知识产权国际保护的限制甚至废止可以解决的，其解决方案应当是全方位的，比如发展中国家应加大医疗费用支出占GDP的比例，增加政府在医疗卫生支出中所占的比重，将优胜劣汰的竞争机制与社会保障及劳动就业和再就业机制相结合，将市场机制与国际人道主义援助相结合等，以尽可能地保障人权的充分实现。

（三）药品知识产权国际保护体系的不平衡是严峻的客观现实

知识产权从产生之日起，就受到了赞誉与责难，几百年来，由于知识产权在激励创新、推动经济、社会发展进程中起到了巨大作用，时至今日，知识产权作为一种财产权的合理性已为国内外多数学者所认可。然而，随着全球化时代的到来，知识产品逐步冲破地域性的限制在世界范围内广泛流通，知识产权的国际保护成为国际关系中的热点问题，由于发达国家在高新技术方面的经济投入与数量产出占有绝对优势与强势，所以特别强调在全球范围内对知识产权应当予以强保护与严格执行侵犯知识产权之处罚的强保护；发展中国家与不发达国家则将知识产权的弱保护作为支持其幼稚民族工业发展的一种形式，因而，关涉知识产权的国际冲突、摩擦时有发生并不断升级，而针对药品这一敏感、极具民族文化特征且颇具争议的独特商品，知识产权国际保护的不平衡带来的知识利益分配的不公则举世关注。

众所周知，制药产业最大的特点是产业的高度专利依赖性和专利药品所属之发达国家的高度垄断性，特别是发达国家对技术资源与技术创新渠道的强力垄断。鉴于药品对国民健康与生命及治疗医学与预防医学的重要性，许多发展中国家对药品的知识产权保护都有所保留。发展中国家往往通过对药品不予专利保护的方式来扶植尚处于幼稚时期的民族制药工业，对国外药品技术的强力规范与层层保护的侵权行为，成为他们迅速吸取工业化国家科学技术成果的最实际手段，如此为之，发展中国家可以用最少的外汇来提升其民族工业的发展水平。但是，随着全球化时代的到来，对药品知识产权不予保护的弊端日益显露，发展中国家开始重新认识知识产权的国际保护与发展民族工业的关系，他们意识到保护落后或将自身置于国际环境之外而未能与国际发展同步成长，使民族工业完全回避国际竞争的政策，不仅是不适当的保护，也永远无法提高自身的竞争力，因此，发展中国家纷纷调整其药品知识产权政策，对药品承诺予以知识产权的国际保护已成一种趋势。笔者认为，药品知识产权国际保护的不平衡是我们面临的客观现实及严峻挑战，但同时也为民族制药工业的发展提供了一定机遇。

1.知识产权的国际保护是全球化时代市场经济的客观要求，是发展民族工业的最佳激励机制　知识产权国际保护是在以西方国家、美国为核心强力主导下进行的价值观、制度式的西化或美国化的过程，还是一种客观发展的必然？如果是在西方国家、美国强势主导下进行的，那必然是挟带西方国家、美国意志的体现，必然会成为进一步剥削世界上的穷人和使富人更富的工具；如果是客观发展规律所致，那就有可能为发展中国家带来利益。为解决上述疑问，我们有必要探究知识产权这一在既定条件下存在了数百年的法权现象所赖以产生的条件。"知识产权得以从中世纪的封建特权向现代意义上的知识产权过渡的基础因素，乃是自17世纪以降西欧资本主义获得大幅发展，市场经济俨然在全社会占据主要地位以及统一市场的形成。"比较中国封建皇权与欧洲封建特权发展的不同结局，我们可以得出结论说，正是由于市场经济模式和市场经济规律的主导性支配，最终使知识产权制度的发展在西欧成为可能。以自然经济立国的中国，由于权利的形成与社会文化的种种熏陶，自始至终处于皇室封建权力的支配下；因此，中国在封建皇权下恩遇的权利最终没有演化为如同西欧人民与权利捍卫者一般对权利所追求的真正意义上的权利；而在以资本配置财产的西方社会变动的环境与资本家权利保护意识下，由封建特权释放给资本家衍生的特许权利在资本流动的压力下，最终演化为一种特殊的权利——知识产权。可见，市场经济在知识产权的形成中起了基础作用，西方国家或美国运用知识产权制度，并不是它们的偏好，也不是它们意志的体现，而是市场经济的客观要求。"知识产权作为一种法律制度，是资本主义商品经济和近代文化、科学技术发展的产物，迄今已有300多年历史的知识产权制度对人类文化艺术的繁荣、科学技术的进步和对经济与社会生活的巨大影响及积极作用，已日益为人们所公认。"全球化使市场经济体制向全球扩散，从而引发了全球经济活动的规则无论是在主动或被动、情愿或受迫下，逐渐趋近甚至趋同。我们制定的市场经济的法律法规，本质上是当下市场交易的规则，反映了当下市场经济共同的客观规律，因而，反映市场要求的知识产权制度的国际化就成为一种客观的必然。

2.药品知识产权的国际保护有利于激发制药企业自主创新的动力、提高创新能力，从而提升其在全球制药行业的竞争力　制药产业是世界公认的朝阳产业，其巨大的市场空间及巨额回报的潜力吸引世界众多企业巨头不惜投入重金进行技术开发，技术创新成为医药企业竞争的主要手段。对药品知识产权不予国际保护的弊端日益显露：①侵权行为招致了发达国家的层层技术封锁，使仿制的难度及费用不断加大，同时也导致了激烈的贸易摩擦和发达国家的强力制裁，使我们在经济上蒙受损失；②对知识产权不予国际保护，最致命的结果便是将会严重减损技术创新动力、降低创新能力。知识产权制度是人类迄今为止创设的在市场经济条件下促进技术创新的最有力手段。其制度设计初衷及最核心的理念就是通过授予技术创新以市场垄断权来吸引资金、人才，激发人们进行技术创新的意愿并提升技术创新能力。众所周知，研发新药需要投入大量的时间、资金和精力，在非保护的情况下，企业可以以很少的代价获得别人研发的新药，这样制药企业就会选择让别人去研发，自己只是通过反向工程等方式来生产，以节省投资和研发成本，仿制现象被普遍化。企业及科研人员都在从事科技含量极低的仿制工作，企业研发投入严重不足，这导致我国医药企业只能在国外大企业的后面亦步亦趋，在竞争中我们只能维持生存，无法谈及真正意义上的发展。同时由于仿制技术含量低，造成中、小制药企业大量重复生产，在技术上不占优势的药品只好在流通领域恶性竞争，造成药价虚高，使消费者蒙受损失。因而对药品知识产权不予国际保护会使我国制药行业成为无源之水、无本之木，丧失发展的动力与源泉，永远无法与国外大型制药企业在同一层次上竞争。因而，我们只有加强知识产权的国际保护，以此促进我国将经济政策从传统的、单一的、侧重生产性的重工业部门调整到奖励科研开发成果的技术密集型产业上来，才能发展我国自己的具有以技术为基础的高新产业，转变长期以来存在的不合理的低附加价值的国际分工的劣势，提高制药企业与国家整体的国际竞争能力。

3.**药品知识产权的国际保护有利于我国改善国际投资环境，充分利用世界先进技术发展民族制药产业，与世界制药大国同步成长** 在全球化时代，资本和生产过程全球化，跨国公司逐渐取代国家成为经济活动的中心，在我国对药品不予专利保护之前，进入中国的大型跨国制药企业较少，专利法修改后，许多大型跨国制药企业进入我国市场，他们将其具有知识产权的众多高技术含量药品在中国投入生产，并由此获得巨额利润，对此有的学者将这些收益归因于知识产权所带来的垄断性定价，认为这种收益不啻为对发展中国家的掠夺，也是对人类财富与创造能力进行豪夺。笔者并不同意这种观点，诚然，知识产权是一种垄断生产权，发达国家确是通过这一权利受益，但它与近代西方国家对殖民帝国的侵略与豪夺不同，众所周知，知识产品与有形财产相比，具有自己的特点：它是一种非排他性、非竞争性的产品，这种非竞争性产品的本质特点是使用者的使用不会发生冲突，知识产品被某人使用的同时并不排除其他人的使用和占有。此外，知识产品的使用具有非消耗性。知识产品的这些特点决定了它比有形财产的社会效用要大得多，知识产权设计的出发点就是通过赋予知识产品所有人以权利，而使知识产品的社会效用得以最大限度的发挥。为此，人类在设计知识产权制度时为达致知识产权所有人与社会公益的平衡作出知性努力，提高效率和协调公益与私益是现有知识产权法律制度关注的核心问题，也是知识财产制度合理性的关键所在。知识产权制度设计的关键之一是对权利财产属性的界定，立法者将知识产权构设为一种"准财产"，也就是说，知识产权只是潜在的财产，拥有知识产权并不意味着直接拥有了财产，它只是获利的法定许可和预期，权利拥有人只有将知识产品投入生产，经过市场的认可方可获益，总体说来，知识产权的收益与其获得市场认可的程度，或者说与其为公益做出的贡献成正比，其收获的利益是其创造利益的一部分，它所带来的社会公益远远大于知识产权人的收益，所以，大型跨国制药企业在我国生产、销售其具有知识产权的新药，在使跨国制药企业受益的同时，也促进了我国制药行业的发展，提升了我国民族制药工业的水平。因此，在全球化时代，知识产权国际保护体系虽有强权存在，却又你中有我，我中有你，相互渗入、渗透，因此，透过知识产权保护程序的公开化及互惠化，是实现双赢乃至多赢的最佳途径。正如我国政府在科学技术蓝皮书中所说："科学技术是没有国界的，当代科学技术的发展，把整个世界编织成一个紧密的大系统，任何国家和民族都不可能置身于这个开放的大系统之外。在封闭、自足和孤立的环境中不可能享受到现代文明的全部赐予。"

4.**药品知识产权的国际保护有利于我们强化知识产权保护意识，防止自身知识产权的大量流失，发**

展民族传统医药产业　由于我国对药品知识产权长期不予保护，许多医药企业对知识产权很陌生，知识产权保护意识淡薄成为阻碍我国医药企业发展的瓶颈。知识产权属于现代权利的一种，"权利是一种概念，也是一种制度。当我们说某人享有权利时，是说他享有或拥有某种资格、利益、能力或主张，别人负有不得侵夺、不得妨碍的义务。若无人承担和履行相应的义务，权利便没有意义了。所以，一项权利的存在，意味着一种让别人承担和履行相应义务的观念和制度的存在，意味着一种文明秩序的存在。"通过上述权利概念，我们可以知悉，所谓权利意识，应该包含两个方面：一方面是对别人权利的尊重；另一方面是对自身权利的争取和保护，而后一方面恰是现代权利理念的核心和旨意所在。不懂得尊重别人权利的人，同时也极可能不会正确地把握自己的权利，中药是中华民族的瑰宝，它的知识产权当然属于中国，但正因为中国人传统上将知识视为文化、文明的无私精神与态度而使中药知识产权已大量流失。"洋中药"大举挺进国际市场。在世界中药市场，中药的发源地——中国只占5%的份额，这个令中国医药界震惊的数字主要源于我们对知识产权保护不利，而知识产权保护意识淡薄又是知识产权保护不利的重要原因。例如，日本将我国的六神丸稍加改进，更换了名字、包装，制成救心丸，年出口额达1亿美元，而且大多销至中国市场；我国某家药业生产公司的负责人将该公司生产的、已经卫生部批准的治癌特效中药的半成品无偿提供给一个外国专家，外国专家在报纸上公开发表，估计因此给这家药业公司造成高达10亿元人民币的损失；我国生产多年的著名药品被外国人抢先注册的事情屡见不鲜。对他人权利的尊重和保护自身的权利不受侵犯，已经是当下将知识产权侧重于经济利益之财产权下的国际环境中的法治国家公民必须具有的权利意识，这种权利意识的培养将有利于我国医药工业融入全球化的浪潮而健康发展。

第三节　药品知识产权法律制度的意义

一、理论意义

1.药品知识产权是我国知识产权保护的薄弱环节　对这一问题的探讨将使我国知识产权保护的理念发生重大转变，将为我国知识产权法律制度的建立提供重要的理论支撑。

制药产业是世界公认的朝阳产业，其巨大的市场空间及巨额回报的潜力吸引世界众多企业巨头不惜投入重金进行技术开发，技术创新成为医药企业竞争的主要手段。由于发达国家牢牢控制着制药产业科技创新的制高点，发展中国家无力与之竞争，在20世纪初、中期，众多发展中国家往往拒绝对药品知识产权予以国际保护，从而通过侵权或合法仿制发达国家的专利药品来扶植幼稚的民族制药工业。但是，随着全球化时代的到来，对知识产权不予国际保护的弊端日益显露，发展中国家开始反思其知识产权法律制度。而立法理念是知识产权法律制度的先导，对更新立法理念的探索将为知识产权法律制度的重建提供坚实的基础。

2.药品知识产权的研究将深化我们对知识产权法律制度理论依据的认识　知识产权设计的最关键问题是知识产权权利人和相对人的权限界分。药品是一种特殊商品，鉴于它与人的健康甚至生命密切相关，世界各国对药品授予知识产权的条件都极为严格。据美国资料显示，在美国获得知识产权投入最大的产业就是制药产业。而由于人类疾病谱在不断发生变化，制药产业又是一个强力需求创新的产业。因而，为了激励制药产业的创新意愿，也为了弥补制药商在获得药品知识产权时的巨大付出，西方国家为药品知识产权权利人设计了较其他商品的知识产权权利人更大的权利，这必然会减损药品知识产权相对人的利益，使他们在消费创新药品时较其他商品支付更高的代价，而药品知识产权相对人的范围相当大，几乎可以囊括所有人。因而，药品知识产权权利人与相对人的矛盾较之其他商品更加尖锐，对药品知识产权权利人及相对人权利平衡的深入研究，将对知识产权法律制度的设计提供极有价值的启迪。

3.药品知识产权的研究将促进传统知识的知识产权法律制度国际化探讨的深入　中药是我国传统知识中的瑰宝，几千年来，它为中华民族的繁衍生息做出了巨大贡献。中药在治疗许多疾病中的独特疗效也不断被实践所证实。但是，包括中药在内的传统知识在知识产权保护领域却遭遇了尴尬。然而，20世纪后期，知识产权的新发展为我们提供了契机，如今，在世界范围内，对传统知识的知识产权保护已提上日程，但传统知识的知识产权保护制度尚未形成，在此背景下，对中药知识产权法律制度国际化的路径进行探索，将对传统知识产权保护制度的国际化有一定的学术意义。

二、现实意义

1.有利于促进新药研发，从而提高国民的健康水平，是构建和谐社会的重要因素　众所周知，药品是一种针对性强、替代性差的商品，而人类的疾病谱在不断发生变化，现在对人类健康乃至生命危害最大的疾病基本都是晚近出现的，所以药品是一种对创新要求很高的商品。只有针对新的疾病不断研发新药，才能保证人类的生息繁衍。因而在药品领域实施保护创新的知识产权法律制度，具有关乎国计民生的重要意义。

2.有利于提升制药产业技术创新能力，促进制药产业的发展，同时也为我国高技术产业的发展提供良好的示范　制药产业不仅与人的生命、健康息息相关，还可以带来巨额的利润，是当今世界公认的发展速度快、市场潜力大、经济回报高的技术先导型产业。我国是一个拥有14亿人口的国家，国内药品市场极为庞大，而且随着人们生活水平的不断提高以及人口老龄化的加剧，对药品的需求也在急剧上升。但我国的药品仍以引进和仿制为主，拥有自主知识产权的化学药品少之又少。而在我国具有传统优势的中药领域，由于我国长期以来缺乏对传统知识的保护意识，中药知识产权大量流失，日本、韩国等国对我国的古方稍加改进后即申请专利，"洋中药"大举挺进国际医药市场。

我国在世界上有影响力的新药屈指可数，药品知识产权问题就是主要因素之一，因为药品知识产权对保护和激励新药研发起决定性的作用。当前，我国制药行业整体创新能力和研究水平还有待提高，导致众多企业将有限的研发资源集中在低水平、低风险、低收益项目的重复研究上，创新没有成为药品研发的主流方向。在这种情况下，从理论及实践层面对药品知识产权问题进行研究，将对我国制定药品知识产权战略，使我国制药产业能跻身于世界药品主流市场有所裨益。同时，以药品为个案的研究，也将对我国技术先导型产业的知识产权法律制度的架构有所启迪和助益，将促进完善我国建设创新型国家的法律制度。

3.对我国制定、完善药品知识产权法律制度的实践有一定助益　知识产权制度在我国运行时间比较短，同发达国家相比，我国对制定药品知识产权法律制度从理论到实践都缺乏相应的准备，从国家到企业都缺乏一个系统的药品知识产权战略思路，也缺乏对药品知识产权的系统研究。目前，我国的药品知识产权法律体系是一个多元化、多层级的保护体系。各保护方式的效力、强度和适用范围都不尽相同，多有交错乃至矛盾之处，有待深入研究、理顺，而本研究将对这一过程有所助益。

第三章 药品知识产权法律制度的法理探析

特定政治背景下的拜尔商标案

拜尔公司在19世纪末发明了"阿司匹林"这种止痛药，其成分是2-（乙酰氧基）苯甲酸（2-ethanoylhydroxybenzoicacid），拜尔公司所起的药名是"乙酰水杨酸"（acetylsalicylicacid）。所选用的商标是"ASPIRIN"，取自aspire（激发灵感）+IN（拉丁语表示药名的词缀）。这是一个创造词，具有强烈的显著性。

在专利有效期内，拜尔独家生产和销售这种药品。1904年专利期满后，其他厂家也开始生产这种药品。但拜尔公司在其产品包装上通常只标出"Aspirin"，有时候加上"Bayer"字样，有时不加。在此案审理时（1921年），大多数药品生产商知道"乙酰水杨酸"这个药名，多数药剂师也知道这个药名，但开药方时通常使用"Aspirin"。证据表明，所有的消费者都只知道"Aspirin"，没人听说过"乙酰水杨酸"这个复杂的拉丁药名，而且，自1917年以后，拜尔公司对于此商标的使用没有任何控制，放任其作为普通药品名称流行于市场。据此，Hand法官认为，ASPIRIN（阿司匹林）这个商标已经退化为普通药品名称，不能再发挥商标的作用，因此，也不能为拜尔公司独家享有。

我们不得不提一下本案的历史背景：拜尔是德国最大的药业公司，1917年美国正式加入一战，站在同盟国一边，同时，拜尔在美国的业务作为敌国财产而被没收。一战结束后，英、法等战胜国在《凡尔赛公约》中强制规定拜尔的几个商标［包括"海洛因"（HEROIN）和"阿司匹林"（ASPIRIN）］无偿成为公众财产。美国并没有采取英、法的强盗式行径，而是通过诉讼（当然也是很勉强的理由）剥夺了拜尔公司的商标权。

▷评析：任何一项法律纠纷的解决，都会面临法律原则与某种利益相冲突的困境，拜尔商标案给我们的启迪是：保护本国利益是一种政策性考量，在处理个案时，这种政策性考量必须运用得当，尽量不要触动法律的基本原则，尽量在法律原则的范围内寻找答案。简单地说，原则不排斥例外，但是太多的例外将会吞噬原则。

（资料来源：参见：郑小军.药品行业中商标与普通商品名称之分——再论"散利痛"与"散列通"的盖棺论定［J］.今日财富（中国知识产权），2010（09）：58-62.）

第一节 知识产权激励机制

鉴于药品知识产权的最核心内容为药品专利制度，因此，本书以药品专利制度的激励机制为样本展示保护智力创造成果的知识产权制度的激励机制。

一、专利激励机制

作为心理学术语，"激励"指持续激发人的动机的心理过程。通过激励，在某种内部或外部刺激的影响下，使人始终维持在一个向既定目标努力的状态中。张维迎教授在分析法律的激励机制时指出："我们任何一种行为带来的后果都分成两部分，内部性的和外部性的。我们每一个人的决策只考虑给自己带来什么，这就是说，个人的最优行为和社会最优的行为是不一样的。社会要解决的问题就是如何使个人能够对自己所有的行为负责任。如果他对所有的行为负责任，个人最好的东西也是对社会最好的东西，我们怎么样让他外部性的东西都内部化，这就是激励机制的一个核心问题，如何对一个行为的外部后果内部化，这就是我理解的法律作为激励机制的核心观点。"本书将专利激励机制界定为：通过一套理性化的制度激发主体进行技术创新的动机，刺激主体投入资金以及智力劳动进行研发、专利申请、技术创新成果产业化、市场化等一系列活动，以此达到促进专利增长，提升自主创新能力的目的。为了阐述的便利，本书将激励机制的过程模式表述为：外部性→激励制度→内部性，内部性指行为为主体带来的个人利益，外部性指行为为社会带来的公共利益，激励制度指将外部性转化为内部性的制度设计，它是连接内部性和外部性的中介和桥梁，一个设计良好的激励制度应以最佳方式最大限度地使主体从技术创新中获益。

专利制度是迄今为止人类设计的激励技术创新的最佳机制，它通过对劳动者和投资者利益的保护，促进技术合理有偿地扩散，增加社会知识存量，促进经济发展。现行专利激励机制的过程模式为：内部性指主体从事技术创新的个人收益，外部性指技术创新带来的社会效益，激励制度指通过赋予权利的方式鼓励人们投入劳动及资金从事技术创新活动。由于技术创新成果具有不同于有体物的特点，专利制度的激励方式与物权有很大不同。物权是一种直接的财产权，而专利权仅仅是一种获益的预期，拥有专利权就拥有一种在一定时期、一定地域、排他性地将其技术创新成果产业化、市场化的权利。专利权人的获益取决于其技术创新成果被市场认可的程度。

▶【案例】1-3-1

A公司与B公司、C种子经销处、D公司侵害植物新品种权纠纷一案

**为涉案植物新品种"利合228"的品种权利人，其授权A公司在中国境内对涉案植物新品种进行商业开发、推广、审定以及分许可的权利。

D公司与××省农业科学院玉米研究所共同申请的玉米品种"哈育189"因与在先申请的**的玉米品种"利合228"相比不具备特异性，被农业部植物新品种保护办公室驳回申请。经生效判决判令，D公司、××省农业科学院玉米研究所向原审定单位提出申请，将"哈育189"名称变更为"利合228"，将审定公告中的育种单位变更为"**"。

后××省农业农村厅发布通告，依据生效判决书，决定将原××省农业委员会发布的《××省农业委员会通告》中的玉米品种"哈育189"更名为"利合228"，育种者由"××省农业科学院玉米研究所、D公司"变更为"**"。

A公司在C经销处购买种子两袋，记载生产者为D公司。B公司认可该批种子是经D公司的委托，由其进行生产。

人民法院经审理认为，D公司并未提交证据推翻该已生效判决书认定的事实，虽然其已向农业部提出对"利合228"宣告无效的申请，但农业部植物新品种复审委员会对于无效宣告请求的受理均为形式审查。

被控侵权人在品种权侵权诉讼中，对涉案品种权提出无效宣告的申请并不影响案件的审理。本案侵权产品"哈育189"系D公司生产经营，B公司委托生产、销售，C种子经销处出售了侵权产品，D公司、B公司、C种子经销处的行为均构成侵权，判决B公司、D公司共同赔偿A公司经济损失125000元，C种

子经销处赔偿A公司经济损失50000元。

▶评析：本案对于侵犯植物新品种权案件审理中育种单位以其已对涉案品种权提出无效宣告的申请为由向法院申请中止侵权纠纷案件审理、受托生产者以其对受托生产品种权利进行审查为由抗辩不构成侵权的情形以及销售者与生产者责任承担的相关问题均予以明确，有效维护了品种权人的权益，解决了新品种权保护中"诉讼周期长、维权成本高"的难题，为种业企业发展营造了良好的营商环境。

那么，专利制度为何如此设计其激励机制呢？这是一种必然抑或仅仅是设计者的偏好？这一问题的解决对构设当下中国的专利激励机制具有重要意义。

（资料来源：权威发布－中华人民共和国最高人民法院（court.gov.cn））

二、专利激励机制的成因

1.专利激励机制的内部性是人的求利本性的客观反映　在近代，人们所从事的技术创新活动与古代的单个发明者的发明不可同日而语，人们必须付出相当的劳动以及资金方能取得成果。到了20世纪，这一活动更多地涉及集体研究、大规模投资、市场以及发明成果的商业化，这些特点决定了技术创新活动大大地依赖于预期的投资回收。因此，一种有效的激励机制，必然是可以给人们带来利益的机制，其带来的利益愈大，激励性愈强。专利制度明确技术创新成果的权属并加以保护，被授予市场垄断权的技术在一定时期内往往给权利人带来超出平均利润之上的利润，劳动及资本对于专利带来利润的追逐也就成为必然。在追逐超额利润的规律支配下，劳动及资本越来越多地投入技术产品的生产中去，同时，投资主体利用市场反馈信息及投资回报进行技术再创新的积极性大大提高。专利制度以利益为核心的激励机制使创新主体形成了创新—高额投资回报—再创新—再高额投资回报的技术创新良性循环。美国总统林肯对专利制度做的著名评论即说明了这一点，他认为："发明者从其发明中没有特别的优势（根据1624年以前的英国法），专利制度改变了这一点，它是在发现新产品和有用的事务中的天才之火添加了利益的柴薪。"美国的判例也认为，授予专利权人对发明的专有权的目的是鼓励发明，从而使公众从科学的发展中受益。

2.专利激励机制的外部性是人类生产方式发展的必然要求　专利权的客体并不是从人类产生之日起就受到保护的，它是随着专利制度保护的客体——技术创新成果在人类发展中拥有重要地位之后才受到保护的。中世纪之前，人类的社会生产力水平低下，人的体力劳动作用于大自然是人类生存的最主要方式，人作用于大自然的具体劳动是赋权的主要依据。启蒙运动之后，人类通过工业化创造了一种可以脱离人自身、具有某种独立性、其效率大大强于人类体力劳动的生产方式，而这种生产方式的主要支撑力量——独立于人自身的生产工具就成为社会生产的关键因素，而通过智力创造对生产工具、生产方式进行创新逐步成为人类劳动的重要方式，并越来越成为经济发展的主要推动力。由此，保护技术创新的专利制度应运而生。进入21世纪以来，人类进入了知识经济时代，如果说工业经济时期经济发展方式的重要进步在于机械力逐步取代人力、畜力成为经济发展的最主要支撑力量，那么，知识经济时期经济发展方式的重要进步则在于智力逐步取代机械力成为经济发展的最主要支撑力量，这种新型经济以高技术产业为第一产业支柱，人类的智力创造成果成为经济发展最重要的动力，技术创新成为国家竞争力的重要体现，激励创新的专利制度成为促进经济发展的重要法律制度，也是当代科技与经济合作的基本环境条件之一。

3.专利激励机制的激励制度是专利客体本质特征的体现　专利权在性质上属于"无形财产权"，专利权保护客体的本质属性是无形性，所谓"无形性"，是指专利权客体的非物质性，专利权客体是智力成果，或称为知识产品，它是一种没有形体的、非物质性的财富。当人们制造有体物时，劳动结束，有体物的使用价值就已具备，它可以直接为人们所用，但专利权的客体是一种新的技术方案，如果它仅仅停留在知识形态，并不必然导致社会财富的增加，只有经过产业化、市场化，它才能由非物质形态转化为物质形态，实现其使用价值。基于专利保护客体的上述特征，法律在设计其激励机制时所采取的赋权方式与物权有很大不同。一般来讲，技术创新包括研发、申请专利、产业化和市场化三个阶段，专利制度对这三个阶段的保护有很大不同，在第一个阶段，专利制度赋予创造者、投资者的权利非常有限，他们只是对其技术创新成果享有署名权等人身权利；在第二阶段，法律开始给予申请者有限的保护，比如，专利公布后授权前的临时保护；第三阶段，法律给予全方位保护，专利权人垄断权利客体的产业化、市场化，并享有由此带来的全部收益。专利制度在研发阶段给创造者、投资者的保护几乎处于空白状态，如果研发成果不能进入第二、第三阶段，创造者、投资者的所有付出将无以回报。专利制度就是通过这种制度设计激励权利人亲自或授权他人完成技术创新的全过程，使专利保护的客体转化为具有物质载体的财富，以促进社会总财富的增值。

三、中国语境下专利激励机制的特质及对策

1.专利激励机制内部性的特质及对策 专利制度用利益吸引劳动和资金投入技术创新活动，这是专利激励机制取得成效的重要因素，也是专利制度的最核心诉求。但是，我们也应意识到，经济主体利己动机的合道德性并不能掩盖经济人的非完全理性，如果不对经济主体的逐利行为加以限制，他们往往会超越权利的限制滥用权利。发达国家的实践证明，专利权滥用是技术进步和市场竞争的一大障碍，该行为不仅侵犯了国家和公众的利益，而且不可避免地给竞争者的正常生产经营和交易活动造成损害，许多发达国家通过严格的立法予以抵制。我国《专利法》第二十条规定："申请专利和行使专利权应当遵循诚实信用原则。不得滥用专利权损害公共利益或者他人合法权益。滥用专利权，排除或者限制竞争，构成垄断行为的，依照《中华人民共和国反垄断法》处理。"对于该条款，业界观点不一：一种观点认为，该条款理清了专利法与反垄断法之间的关系，有利于规制一些不构成垄断，但损害社会公共利益或他人合法权益的滥用专利权行为；另一种观点则认为，该条款是对反垄断法关于禁止滥用知识产权条款的重复宣示，且在实践中不好确定滥用专利权的边界。但无论如何，我们已经意识到，完善的法律制度应是权利授予、保护和对权利行使适当限制共同构成的完整体系，缺失对权利滥用限制的法律会使人的趋利本性无限放纵，会给权利相对人以及社会利益带来巨大隐患。随着我国专利事业的发展，必须逐步加强对专利权行使的限制，以使专利制度更加完善，保证我国专利事业健康发展。

2.专利激励机制外部性的特质及对策 就专利制度激励机制的外部性而言，发达国家是因为技术创新成果发展到一定程度，需要有法律保障，才有专利制度，而我国专利制度的目标在很大程度上是根据我国经济发展的需要人为设计，并由行政权力加以推进的。近40年来，具有中国特色的政府推进型专利制度取得了令世人瞩目的成就，在回顾世界知识产权组织与中国合作的历史时，该组织前总干事阿帕德·鲍格胥博士指出："在知识产权史上，中国用20年的时间能完成这一切的速度是独一无二的。"但是，我们也应意识到：目前，我国对专利制度中行政权力的约束几乎处于空白状态，而我国专利机制中行政权力的介入要比国际惯例广泛和深入得多，这自然可以带来效率和巨大成就，但如果政策发生偏差，其带来的后果也将是全局性的、灾难性的。另外，越是权力集中的地方，越容易滋生揽权和腐败，尤其是在一种绝对权力缺少有效约束的情况下。这对专利事业的发展显然极为不利，我国应尽快制定对公权力规制的法律法规，以使我国政府的专利行为纳入法制轨道。

3.专利激励机制中激励制度的特质及对策 如上所述，在国际惯例中，专利制度的激励主要是市场

激励，权利主体的收益来自其市场盈利，行政权力只是在申请阶段对客体进行技术性审查，在研发及市场化阶段基本依靠权利主体的自主选择以及市场的自发调节，政府的直接扶持或支助并不多见。在我国，由于实施专利制度的背景与发达国家不同，专利激励制度也具有中国特色，在研发阶段为解决科技、经济与社会发展中的关键技术问题，国家实施了一系列科技发展计划，通过财政资金支持科技创新活动。在市场化阶段，国家也采取了一系列积极措施，促进专利转化实施与产业化。比如启动了全国专利技术产业化示范工程、国家专利产业化工程试点，建立全国专利技术展示交易平台等。政府对研发和市场化的行政激励，大大缓解了我国企业研发资金有限、承担风险能力差、专利转化市场不太成熟等现实压力，必然大大激发主体进行技术创新的积极性，是基于我国国情的必然选择。但是，国家对科技创新的大规模投入以及对其市场化的行政扶持，改变了专利制度只靠市场获益的激励机制，激励机制的多元化必然导致技术创新目标的多元化，影响技术创新全过程的顺利实现。因此，在积极发挥政府以行政手段进行协调、引导的同时，要充分发挥市场机制对于配置创新资源、激励创造的基础性作用，完善专利发展动力机制。

第二节　药品知识产权立法理念

最早提出并详尽阐释"理念"含义的人，当属西方哲学的奠基人柏拉图，他相信在人的感官世界之外存在一个不以人的意志为转移的"理念"世界，理念世界按照其自身规律即"理性"或者说"逻各斯"运转，无论是逻各斯还是理性，才是世界的真正本体，它按照一定的目的，井然有序地、能动地推动着世界万物。他的这一思想对西方文化产生极为深远的影响，探求人类感官之外的抽象规律并以其指导实践成为西方文化的重要特色。从某种意义上说，现代意义的法律起源于西方，西方学者以其惯有的思维方式对立法理念进行了较为深入的探讨。在我国，改革开放之后，在非常短的时间内创制了大批法律，当时，我们无暇对这些法律条文背后的理念进行深入探究，以致有些法律缺失贯穿立法过程及法律运行始终的价值取向，有些法律的价值取向已不适合当下的实际，这严重制约了我国的法治进程，也为我国社会、经济的发展带来众多隐患。本书尝试对药品知识产权立法理念进行法理分析，以期对法条背后的理念予以探究，使我们对这一法律有更为深入的了解。

立法理念是立法者创制法律时对法的本质、原则及其运作规律的理性认识，它是法律的灵魂，是其基本精神最凝练的表达，集中体现了法律的基本价值判断准则，直接决定着法律的价值及其在实践中的作用，是立法过程中必须建构的观念基础。任何一项法律的创制都必然受制于一定的立法理念，不过，立法者并不会对这些理念进行清晰表述，它们蕴含于具体的法律规定之中，法律条文是立法理念在现实层面的延伸。

从法理来看，立法"既是一个对诸种利益进行衡量，对利益进行界定、分配并以权利的形式予以保护的过程，也是一个对冲突着的诸价值进行目的判断的价值选择过程。可以说，利益衡量和价值选择是立法思维的主要形式，只有在进行了利益衡量和价值选择之后，才能进行逻辑演绎式的、技术性的操作，进一步将衡量和选择的结果精细化、明确化"。我国对药品知识产权中诸多利益进行衡平的过程就是我国药品知识产权法律发展的进程，本书将对药品知识产权领域我国主要衡平的利益进行阐释。

一、衡平公众健康权和制药产业、原研药与仿制药企业的利益

总体来说，各个法域都有着需要立法者进行衡量和价值判断、选择的各种利益，就药事法域而言，利益冲突最主要体现在公众的健康权和制药产业之间，原研药与仿制药企业之间，立法者对法律的制定

和修改意味着对各方利益的衡量及调整。鉴于这一问题是药事立法领域中的核心问题，而美国在这一领域进行了有益的探索，因此，本书将通过中、美两国的比较来分析中、美两国制药产业中各方的利益是如何分配的，这种分配格局经历怎样的变化，这种变化又给制药产业带来怎样的影响。

就美国而言，近半个世纪以来，制药业在科研开发和市场销售上保持着举足轻重的世界领先地位，而这一地位的取得主要得益于其强大的原研药公司，因之，美国的大型原研药制药公司在药事法制定过程中拥有绝对发言权，其药事法一直倾向于强大的原研药公司的利益，Hatch-Waxman法案通过之前，仿制药的审批程序与原研药相同，这使生产仿制药几乎无利可图，1984年通过Hatch-Waxman法案的时候，仿制药仅占美国处方药市场的18%，这导致市场药物价格居高不下，严重影响了国民健康权的实现，这一现实要求美国政府重新审视原研药企业、仿制药企业以及国民健康权的平衡，Hatch-Waxman法案承担了这一历史使命，它通过"Bolar例外"等条款鼓励仿制药企业的发展，同时也对原研药企业进行了有效补偿，对美国药事领域的利益分配进行了重要调整，对美国制药产业的发展以及国民健康权的实现产生了极为深远的影响。

⚛ 知识链接1-3-1

美国Hatch-Waxman法案

1984年，美国国会通过了Hatch-Waxman法案，有以下两项重要条款。

1.确立原研药的专利期补偿制度　在Hatch-Waxman法案通过以前，美国的药品专利期与其他产品的期限是相同的，这引发了原研药企业的强烈不满。20世纪90年代的数据显示，新药的平均临床前研究周期为6.1年，平均临床研究周期为6.3年，在FDA进行新药申请的平均审批时间为1.8年，全过程的总时间平均为14年左右。而且这一周期还呈普遍延长之势，调查显示，2002—2004年，除去临床前研究的时间，一个新药从临床研发到通过FDA审批平均需要8.5年。而很多国家的发明专利的保护期均从申请日起20年，因此，药品专利的有效保护期平均仅有6年左右。同时，由于对药品安全性及有效性的要求非常高，新药的研发费用平均在10亿~15亿美元，这导致一些原研药企业投入的巨额研发费用得不到市场的补偿，挫伤了他们进行新药研究的热情。

针对上述情况，Hatch-Waxman法案规定了药品专利期补偿制度，根据这项法案，新药申请者可获得的专利延长期间约等于该新药进行人类临床试验时间的一半加上FDA审核其新药申请所需的时间。但是补偿的专利期最长不超过5年，如果该产品的专利在通过认证后仍有14年以上的独占期，则不会给予额外的专利期补偿。

2.建立现代仿制药的审批制度和流程　在Hatch-Waxman法案通过之前，仿制药的审批程序与原研药没有区别，被要求进行同原研药生产商一样的安全和有效性试验，这极大地限制了研制仿制药的商业动力。Hatch-Waxman创造了仿制药的现代审批体系，仿制药申请不再需要重复原研药厂已进行的有几百到几千例的患者参与的临床安全性和有效性试验，只需要证明仿制药与参照药品的生物等效性。

▶**评析：**Hatch-Waxman法案堪称世界范围内衡平公众健康权和制药产业、原研药与仿制药企业利益的经典范例，它使美国的原研药和仿制药企业均获益，极大地促进了美国制药产业的发展，也促进了公众健康权的实现。

（资料来源：袁红梅，尚丽岩，董丽.中美"Bolar例外"及其对制药产业影响的比较［J］.中国医药工业杂志，2010，41（10）：786-790.）

我国的制药产业有着与美国完全不同的生存环境，我国制药产业起步晚、底子薄，中华人民共和国初期，为了解决严重缺医少药的现实，并基于以最低的代价、最快的速度发展制药产业的思路，将制药产业定位为公益事业，其主要的职责是解决公民健康权问题，由此，我国选择了大力发展仿制药的策略，这在特定时期不失为明智选择。

随着时间的推移，原来对药品领域利益分配的原则已逐步丧失合理性，目前，我国西药中仿制药高达98%，这在世界制药产业中是少有的，制药企业自主创新能力差已成为我国制药产业发展的瓶颈，转换制药产业的发展模式，促进具有自主知识产权的原研药的发展已成为我国药事法的价值追求。近年来，我国不断加大药品知识产权保护力度，出台一系列促进药品创新的制度、政策，此部分内容将在后续章节详述，在此不再赘述。

二、衡平行政干预与市场调控

医疗卫生与群众切身利益息息相关，是人生存发展的基本要求，是现代公民应当享有的基本权利，而如何利用有限的资源最大限度地满足国民的医疗卫生需求，则成为长期困扰世界各国尤其是发展中国家的难题，为了解决这一世界性难题，各国政府纷纷根据自身的政治、经济、文化境况构架制度体系，以期通过制度设计为国民提供医疗卫生保障。对于人口众多、人均医疗卫生资源有限的中国来说，政府通过制度设计对医疗卫生资源进行分配则显得至关重要，它既关乎国民健康权益的实现，也关乎制药等相关产业的发展，但是如何衔接政府和市场的关系就成为诸如中国这样发展中国家面临的重要理论及现实问题，就这一问题的探索而言，我国经历了三个时期：计划经济时期（1949—1978年）行政全面干预的尝试；转轨时期（1979—2006年）市场调控全面启动；步入成熟市场经济时期（2007年至今）政府干预与市场调控相结合的探索，展示了处理这一问题的中国式解决方案。

三、衡平发展现代医药与传统医药

2008年12月27日，十一届全国人大常委会对专利法进行第三次修订。此次修订增加了关于遗传资源和传统知识保护的内容，这是我国知识产权法发展里程碑式的标志，表明我们开始尝试对我国拥有绝对优势的遗传资源和传统知识予以专利保护，体现了我国对知识产权制度的创新，我们开始主动利用这一制度保护自身具有优势的知识利益，而不仅仅是迫于压力被动地满足发达国家的要求。但是，我们也应看到，我国对遗传资源和传统知识的保护刚刚起步，此次修正案中有两个地方涉及遗传资源和传统知识，该两项规定只是对遗传资源和传统知识的利用进行一定限制，并未涉及利用专利制度激励遗传资源和传统知识的创新，因此，在遗传资源和传统知识领域，知识产权制度应有的激励创新作用尚未发挥，而这正是我国知识产权法下一步发展的方向。

第三节　药品知识产权制度设计

一、药品知识产权的法律体系

经过不断的修改、完善，我国药品知识产权法律体系已基本形成，可将其归纳为三个层次：我国制定的知识产权基本法律；专门针对药品的知识产权法律法规；我国参加的知识产权国际公约以及签署的双边或多边知识产权保护协议。

（一）我国制定的知识产权相关基本法律

1.《中华人民共和国宪法》 于1982年12月4日通过。第二十一条规定："国家发展医疗卫生事业，发展现代医药和我国传统医药。"该法直接与知识产权法相关的条款主要如下。第十三条："公民的合法的私有财产不受侵犯。"第十四条："国家通过提高劳动者的积极性和技术水平，推广先进的科学技术，完善经济管理体制和企业经营管理制度，实行各种形式的社会主义责任制，改进劳动组织，以不断提高劳动生产率和经济效益，发展社会生产力。"第二十条："国家发展自然科学和社会科学事业，普及科学和技术知识，奖励科学研究成果和技术发明创造。"第四十七条："中华人民共和国公民有进行科学研究、文学艺术创作和其他文化活动的自由。国家对于从事教育、科学、技术、文学、艺术和其他文化事业的公民的有益于人民的创造性工作，给以鼓励和帮助。"这些条款确立了药品知识产权保护的宪法地位，为药品知识产权法律保护体系确立了基本原则。

2.《中华人民共和国科学技术进步法》 由第十三届全国人民代表大会常务委员会第三十二次会议于2021年12月24日修订通过，自2022年1月1日起施行。第四条："国家完善高效、协同、开放的国家创新体系，统筹科技创新与制度创新，健全社会主义市场经济条件下新型举国体制，充分发挥市场配置创新资源的决定性作用，更好发挥政府作用，优化科技资源配置，提高资源利用效率，促进各类创新主体紧密合作、创新要素有序流动、创新生态持续优化，提升体系化能力和重点突破能力，增强创新体系整体效能。"第十三条："国家制定和实施知识产权战略，建立和完善知识产权制度，营造尊重知识产权的社会环境，保护知识产权，激励自主创新。企业事业单位、社会组织和科学技术人员应当增强知识产权意识，增强自主创新能力，提高创造、运用、保护、管理和服务知识产权的能力，提高知识产权质量。"第四十五条："国家保护企业研究开发所取得的知识产权。企业应当不断提高知识产权质量和效益，增强自主创新能力和市场竞争能力。"

3.《中华人民共和国商标法》 于1982年8月23日由全国人民代表大会常务委员会通过，于1983年1月1日起施行，此后又于1993年、2001年、2013年和2019年进行了修订。

4.《中华人民共和国专利法》 于1985年4月1日实施，开始对药品领域的发明创造给予方法专利保护，并在修订后于1993年1月1日开放了药品的产品专利保护。并于2000年、2008年进行了第二次和第三次修正，2020年10月17日，第十三届全国人民代表大会常务委员会第二十二次会议通过修改《中华人民共和国专利法》的决定，自2021年6月1日起施行。

5.《中华人民共和国著作权法》 于1990年9月7日由全国人民代表大会常务委员会通过，2001年10月27日，第九届全国人民代表大会常务委员会第二十四次会议通过《关于修改〈中华人民共和国著作权法〉的决定》，对《中华人民共和国著作权法》进行第一次修正。2010年2月26日，第十一届全国人民代表大会常务委员会第十三次会议通过《关于修改〈中华人民共和国著作权法〉的决定》，对《中华人民共和国著作权法》进行第二次修正。2020年11月11日，第十三届全国人民代表大会常务委员会第二十三次会议通过《全国人民代表大会常务委员会关于修改〈中华人民共和国著作权法〉的决定》，自2021年6月1日起施行。

6.《中华人民共和国反不正当竞争法》 于1993年9月2日由全国人大常委会通过，1993年12月1日起施行，2017年11月4日第十二届全国人民代表大会常务委员会第三十次会议修订，根据2019年4月23日第十三届全国人民代表大会常务委员会第十次会议《关于修改〈中华人民共和国建筑法〉等八部法律的决定》修正。本法中关于反不正当竞争的条款适用于药品知识产权保护中的不正当竞争，其保护商业秘密的条款对中药知识产权的保护有益。

7.《中华人民共和国刑法》 于1979年7月1日第五届全国人民代表大会第二次会议通过，1997年3月14日第八届全国人民代表大会第五次会议修订，现行《中华人民共和国刑法修正案（十一）》于2020年12月26日发布，2021年3月1日起实施。第三章第七节为侵犯知识产权罪，对侵犯知识产权的刑事处罚予以详细规定。

8.《中华人民共和国知识产权海关保护条例》 于2003年11月26日国务院第三十次常务会议通过，自2004年3月1日起施行。2010年3月7日通过《国务院关于修改〈中华人民共和国知识产权海关保护条例〉的决定》，自2010年4月1日起施行。规定海关对与进出口货物有关并受中华人民共和国法律、行政法规保护的商标专用权、著作权和与著作权有关的权利、专利权实施保护。

（二）我国制定的药品知识产权法律、法规、规章

1.**法律** 《中华人民共和国药品管理法》（以下简称《药品管理法》）于1984年9月20日由全国人大常委会通过，并在2001年修改后于12月1日起施行。2019年8月26日，新修订的《药品管理法》经十三届全国人大常委会第十二次会议表决通过，于2019年12月1日起施行。《药品管理法》第五条："国家鼓励研究和创制新药，保护公民、法人和其他组织研究、开发新药的合法权益。"第十六条："国家支持以临床价值为导向、对人的疾病具有明确或者特殊疗效的药物创新，鼓励具有新的治疗机理、治疗严重危及生命的疾病或者罕见病、对人体具有多靶向系统性调节干预功能等的新药研制，推动药品技术进步。国家鼓励运用现代科学技术和传统中药研究方法开展中药科学技术研究和药物开发，建立和完善符合中药特点的技术评价体系，促进中药传承创新。国家采取有效措施，鼓励儿童用药品的研制和创新，支持开发符合儿童生理特征的儿童用药品新品种、剂型和规格，对儿童用药品予以优先审评审批。"《中华人民共和国药品管理法》是我国唯一一部关于药品的基本法律，它规定了药品知识产权保护的基本方式。

2.**行政法规** 《中药品种保护条例》《野生药材资源保护管理条例》《中华人民共和国植物新品种保护条例》《医疗器械监督管理条例》《中华人民共和国著作权法实施条例》《中华人民共和国专利法实施细则》《中华人民共和国商标法实施条例》《中华人民共和国药品管理法实施条例》《中华人民共和国知识产权海关保护条例》等对药品知识产权保护作出具体规定。

3.**部门规章** 《药品注册管理办法》《地理标志产品保护规定》《医疗机构制剂注册管理办法》《中药材生产质量管理规范》等规定了药品知识产权保护的具体措施。

此外，我国大部分省级政府都根据本省具体情况制定了地方发展中医药条例。国家药品监督管理局、国家卫生健康委员会等部门还发布了几百个关于药品知识产权保护的规范性文件。

（三）我国参加的知识产权国际公约以及签署的双边或多边知识产权保护协议

当下，还没有关于药品知识产权保护的国际公约、双边或多边保护协议。但是，药品知识产权国际保护可以参照我国参加的知识产权国际公约以及签署的双边或多边知识产权保护协议。比如《与贸易有关的知识产权协定》《保护工业产权巴黎公约》《专利合作条约》《国际专利分类斯特拉斯堡协定》《国际承认用于专利程序的微生物保存布达佩斯条约》《商标法条约》《商标国际注册马德里协定》《伯尔尼保护文学和艺术作品公约》《建立世界知识产权组织公约》《世界版权公约》《保护原产地名称及其国际注册里斯本协定》《保护植物新品种国际公约》《生物多样性国际公约》《保护非物质文化遗产公约》等。

二、我国药品知识产权保护的主要形式

我国药品知识产权通过各种形式在药品研发、生产、注册、经营等各个阶段对药品知识产权主体提供基本全方位的保护，形成较为完善的知识产权保护网络，目前，我国药品知识产权保护的主要形式如下。

（一）专利保护

专利是对创新者给予鼓励的国际通行的知识产权保护制度，在我国以法律的形式予以保护，是最全面、最高级别的保护；其保护的外延最广，既可以保护产品又可以保护产品的制备工艺和新用途。专利保护具有独占性，这是专利保护显著优于其他保护的特征之一。

（二）商标保护

商标是生产经营者或服务提供者用来将自己的货物或服务与他人的相同或类似的货物或服务相区别的一种标志。这种标志用于标记货物或服务的形象，代表货物生产经营者或服务提供者的商誉，是商誉的一种载体。它具有工业产权的性质，是一种通过使用而产生的无形资产，属于知识产权的一种。

商标保护的目的是促使生产、经营者保证商品质量和维护商标信誉，以保障消费者和生产、经营者的利益，促进商品经济的发展。药品生产厂家可以通过其药品注册商标保护的市场独占权，为其带来巨大的收益；消费者也可以通过注册商标所代表的商品质量和厂家信誉，正确地选择使用安全有效的药品。

《中华人民共和国商标法》（以下简称《商标法》）于2001年进行了第二次修改后，增加了对"驰名商标"和"地理标志"的保护，这对传统医药的知识产权保护尤为有益。在中国，传统医药的历史悠久，有一些"老字号"医药企业经过几十年甚至几百年的发展，早以其高质量的药品和优良的服务享誉海内外，通过《商标法》中的驰名商标对其进行法律保护，将增强对其的保护效力。

（三）著作权保护

著作权是知识产权保护的核心内容，但对于药品领域保护力度较弱。从著作权保护的形式来说，著作权法只保护思想观念的原创性表达，不保护思想观念本身即其内容。而药品的内容是指对某种病症具有治疗功效有机信息组合。这种信息属于"思想"即内容的范畴，所以不受著作权保护。我们假设药品的表达符合独创性的要求，可以给予著作权保护。但是，著作权法的这种弱保护对于药品的内容来说没有实际意义，因为其只能制止他人对该药品表达形式的复制，却不能制止对方根据药品表达的信息制造和销售药品。然而，对药品表达的保护核心是保护其提供的制药信息，著作权法无法就此提供有效保护。如果以著作权方式保护药品的内容即相关技术信息，其实是以著作权保护方式替代现行的专利或者技术秘密保护的方式，从而在事实上造成了著作权人对技术的垄断。这有违知识产权立法的初衷。

（四）药品知识产权保护特殊制度

除了专利、商标、著作权等知识产权的核心内容之外，药品领域还存在发挥重要作用的特殊知识产权保护制度，主要包括药品商业秘密保护、中药品种保护、药品专利纠纷早期解决机制、药品专利期延长、药品实验数据保护等。

本书将结合前述的知识产权基本理论，依据重要的知识产权国际公约及我国知识产权立法，对药品知识产权法律制度中的专利权、商标权、著作权、药品知识产权保护特殊制度等内容逐一介绍。

三、药品知识产权的权利配置

（一）知识产权法律制度的权利主体

知识产权法律制度的权利主体大致分为两类：一类以专利权、商标权的主体为代表；另一类以版权的主体为代表。

专利权的主体为专利权人，对于专利权人的规定，多数国家的情况与我国相同，我国专利权的主体包括：执行本单位的任务或者主要是利用本单位的物质技术条件所完成的发明创造为职务发明创造。职务发明创造申请专利的权利属于该单位；申请被批准后，该单位为专利权人。非职务发明创造，申请专利的权利属于发明人或者设计人；申请被批准后，该发明人或者设计人为专利权人。利用本单位的物质技术条件所完成的发明创造，单位与发明人或者设计人订有合同，对申请专利的权利和专利权的归属作出约定的，从其约定。两个以上单位或者个人合作完成的发明创造、一个单位或者个人接受其他单位或者个人委托所完成的发明创造，除另有协议的以外，申请专利的权利属于完成或者共同完成的单位或者个人；申请被批准后，申请的单位或者个人为专利权人。两个以上的申请人分别就同样的发明创造申请专利的，专利权授予最先申请的人。至于商标权的主体，在不同国家，依照商标权获得的不同途径，商标权的主体可能是经使用而取得专有权的人，也可能是经注册取得专有权的人。一般来讲，商标权的主体不是商标的设计者，而是使用或注册商标的企业。

关于版权的主体，《伯尔尼公约》对版权主体的规定较简单明确：唯作者是原始版权人。因而，版权在国际公约中的归属原则为：付出创造性劳动的自然人是版权的主体。版权主体获得版权一般不需要履行任何手续，"在多数建立了版权制度的国家，版权随着作品的创作完成而依法自动产生，或（对外国人或并非同一公约成员国之人）随着作品的出版及其他形式发表而自动产生，不需要履行任何形式的手续；作品也不需要有任何特别的表示享有版权的形式"。我国著作权法对版权主体的规定与《伯尔尼公约》一致。但是，近年来，版权的主体发生了很大变化，随着如电影、录音录像、软件、数据库等集体作品的大量出现，作品的独立创作已经逐步在向以雇主组织多个创作者进行集体创作的形式转变。由此，作品创作中，作者的人格和个性成分减少，而组织管理多人创作、集体参与创作必需的经济投资成分渐多，作者的利益蛋糕面临着被投资者分享的危险。事实上，尽管目前学界对于保护作者还是保护投资者仍有争论，但法律本身已经开始向投资者倾斜。如对于软件的保护，法律显然不是保护软件设计人员，而是保护对软件生产进行组织和投资的公司。

综上所述，有可能获得知识产权主体资格的有：对智力创造成果付出智力创造性劳动的自然人，如果两个以上的自然人获得同一智力创造成果，先申请人为权利主体；智力创造成果的出资者；商业性标记的使用或注册企业。

（二）知识产权法律制度的权利客体

当下通行的知识产权法律制度保护的客体是智力创造活动成果。智力是与体力相对的，指主要依靠人的思维进行抽象劳动；创造活动指主体进行的创造、制作活动，旨在探求在特定领域、范围内前所未有的新知识；成果是指知识产权法律制度保护的客体，并不是存在于头脑中的纯粹抽象的知识，而是作为抽象知识外在表现的技术方案、书籍、商标设计等。

如前所述，智力创造活动成果有着与有形物不同的特征，这些特性致使保护有形物的制度无法全面地保护它，而仅仅依靠市场的自发调节，也无法达致既鼓励、支持智力创造活动又使智力创造成果能够最大限度地发挥其作用的目的，因而创设保护智力创造活动的制度就成为必需。

综上所述，知识产权法律制度保护的客体是通过抽象劳动而创造、制作的新的技术方案、书籍、商标、商誉等。

（三）知识产权法律制度的权利内容

知识产权从性质上说主要是财产权。郑成思先生认为："过去有的文章、专论，在述及知识产权时，往往有一种共同的误解，认为任何类型的知识产权均由人身权与财产权两部分组成，并把这归纳为知识产权的特点之一。不过，至今也还没有人顺理成章地讲清楚商标权中的人身权究竟指的是什么。至于一些论述中确曾提到的专利权中的人身权，其实指的是发明人就其发明享有的署名权等人身权。而这些论述忘记了一点：专利权是经行政审查、批准、授予后方产生的一种知识产权。而发明人就其发明享有的署名权：①产生在根本无专利可言的获专利之前；②即使专利申请被驳回，发明人就其发明所享有的人身权依然存在着。这表明这些论述中所谈的人身权并非专利权的一部分。只是在版权领域，由于版权在绝大多数国家是作品一经创作完成即依法自动产生的，故作者就其作品享有的人身权，与作为版权之一部分的人身权方才合为一体。这一点与发明专利领域及商标领域有本质不同。所以，只有在版权中（更确切些讲，在作者权中），才谈得上人身权，或称精神权利。"

知识产权主要是一种财产权，但是知识产权和物权有很大不同，物权是一种直接的财产权，而知识产权仅仅是一种获益的预期，并不是直接收益，获益的多少与创造智力成果付出劳动的多少没有直接关系，而与智力创造成果的市场效益直接相关。知识产权法律制度设计的权利是一种受限制的市场垄断权，拥有知识产权就拥有一种在一定时期、一定地域、排他性地将智力创造成果工业化、市场化、商业化的权利，这种权利可以由权利人自己行使，也可以转让或赠予他人行使，在某些情况下，怠于行使权利将受到制裁。权利人财产上的收益要经过两个过程才能实现：第一个过程是通过抽象劳动进行创造、制作活动，而后将这一活动的收获用特定的语言进行表述，使其成为有一定物质载体的知识形态；第二个过程是将处于知识形态的智力成果通过工业化的形式实物化、市场化、商业化，其收益就是知识产权的获益。知识产权属于智力创造活动的劳动者或投资者，他们可以自己直接进行第二个过程，也可以将权利完全或部分转移给受让人进行第二个过程，知识产权法律制度并不关心由谁来进行第二个过程，只关注经济利益的最大化。同时知识产权的实现是受限制的，最主要的限制是对时间和地域的限定。权利人只能在特定时间、特定地域内实现其对智力创造成果的市场垄断权，超过特定时间、地域，权利即告消失，其智力创造成果即进入公共知识领域。

综上所述，知识产权法律制度通过对智力创造活动的劳动者、出资者、运作者赋予市场垄断权，以激励具有市场前景的智力创造物的创造。这种制度通过人为的构设，引导资金、劳动等稀缺资源的流向，以促进智力创造活动的繁盛。

第一章　药品专利制度概述

───────── 【引例】 ─────────

A公司诉B公司"养血清脑颗粒"专利侵权案

A公司于2000年5月22日经受让取得名称为"一种治疗头痛的中药"（简称本专利）的发明专利权，该专利申请日为1993年1月9日，授权公告日为1993年7月7日，专利号为ZL931000××.×。

B公司生产的"养血清脑颗粒"的组分与涉案专利相同，B公司提交的1981年第10期《中级医刊》的《"头痛Ⅱ"治疗偏头痛型血管性头痛45例临床小结》（简称《"头痛Ⅱ"》）一文中公开的"头痛Ⅱ"的组方重量百分比数值与涉案专利权利要求1对比，两者的组方相同，前者数值落入涉案专利权利要求1的保护范围；B公司认为其生产的"养血清脑颗粒"技术方案等同于上述公知技术方案，不侵犯A公司的专利权。

案件审理期间，上诉人A公司曾委托北京中医药大学中药药理系就专利技术与公知技术进行药效学试验的对比研究，研究结果表明：本专利技术对压力所致疼痛的镇痛作用显著强于公知技术。A公司申请天津中医药大学某教授作为专家证人就此试验结论提供证言：试验结论表明两种药存在实质性差别。

一审，法院认为，《"头痛Ⅱ"》一文公开的组方与B公司的"养血清脑颗粒"药品执行标准比对，两者公开的中药成分相同，除当归与川芎两者比值相差1.25%外，其余各味药的比值相差在0.06%~0.4%之间，属于等同技术方案。因此，B公司的"养血清脑颗粒"技术方案存在与公知技术方案相等同的事实，A公司关于B公司生产、销售"养血清脑颗粒"，侵犯其专利权的主张不能成立。

二审，法院认为，由于当归和川芎用量的差异导致两种药物的功用或功效发生改变，治疗效果产生较大差别，本领域的普通技术人员不通过临床试验等测试无法从《"头痛Ⅱ"》公开的技术方案得到被控侵权产品"养血清脑颗粒"的技术方案，因此，《"头痛Ⅱ"》公开的技术方案与B公司被控侵权产品"养血清脑颗粒"不属于等同技术方案。

本案的核心问题在于B公司主张的公知技术抗辩是否成立。当归和川芎为本专利技术方案和被控侵权技术处方中起主要功效的组分。将《"头痛Ⅱ"》一文公开的处方与本专利权利要求2记载的技术方案进行折算，当归和川芎的相对差异率为21.7%，其他组分相对差异率在2.7%~3.1%之间。

药物的组成和药物的剂量是中医组方的两个实质精髓，在许多情况下，即使相同药物组成的药方，因为各药物组成的用量不同，其药物治疗效果也不同。传统的中医理论中存在有"药量加减"的组方原则，根据该原则，可以研究出新药，即在一个已有药物处方的基础上，即使不改变处方的药物组成，通过调整处方中某些药物的用量，也可以使药物的功用或功效发生改变。本案中，当归和川芎是起主要功效的君药，其用量的改变直接导致新的处方的产生。

一审判决认为《"头痛Ⅱ"》公开的技术方案与B公司被控侵权产品"养血清脑颗粒"属于等同技术

方案，但根据最高人民法院《关于审理专利纠纷案件适用法律问题的若干规定》第十七条的规定，等同特征是指与所记载的技术特征以基本相同的手段，实现基本相同的功能，达到基本相同的效果，并且本领域的普通技术人员无须经过创造性劳动就能够联想到的特征。从本案的情况看，一审法院对此的认定错误，应予纠正。A公司关于原审判决适用公知技术抗辩不当的上诉主张有事实依据，应予支持。

公知技术抗辩原则是用于保护社会公众使用自由公知技术的权利。本案中，B公司明确表示其实施了与本专利相同的技术方案，并在被控侵权后才主张以公知技术抗辩。事实表明，B公司主观上具有侵权的故意，客观上实施了侵犯他人专利权的行为，具有明显的恶意，应当承担相应的民事责任。

▶评析：要推进中药现代化、国际化，路径在创新，核心在专利。我国制药企业应将知识产权纳入企业发展战略中，制定并实施企业知识产权战略。走原始创新道路，项目的立项应以获得授权为目标，项目成果以取得专利为标志。本案中，A公司仅仅向被告索赔了1元人民币，希望通过这场知识产权保卫战，提高全社会的知识产权保护意识，推动中药的现代化、国际化。

（资料来源：http：//blog.sina.com.cn/s/blog_970cf72f010182rc.html）

第一节　药品专利概念界定

《中华人民共和国药品管理法》第二条规定："药品是指用于预防、治疗、诊断人的疾病，有目的地调节人的生理机能并规定有适应证或者功能主治、用法和用量的物质，包括中药、化学药和生物制品等。"药品专利即指针对药品本身及相关制备工艺、用途等申请的相应专利，如产品专利、制备工艺专利等。从药品专利的类型划分上，主要包括了化学物质专利、用途专利、制造方法专利以及制剂专利等，其中化学物质专利最为关键，当化学物质专利获得专利发明权，意味着通过其他任何一种方法加工制备的该物质均具备专利发明权。

⚛ 知识链接2-1-1

市场份额三年翻番，专利药迎来黄金时代

1992年以来，我国自主研发的专利药经历了从无到有，再到国际化发展的历程，得益于日渐完善的药品专利保护法规，以及一系列利好行业发展的相关政策出台，打破了以进口专利药和仿制药为主的药品市场格局。随着专利药体系日趋完善和市场需求不断增加，中国亦成为全球医药企业争相布局的高地，多家跨国企业宣布未来将会有更多全球新药在中国同步上市。

据中康CMH统计，截至2021年6月，我国药监局审批上市的专利药品种达568个。从类型来看，以化学药品种数占比居多，达70.2%；中成药次之，占比达16.9%；生物制品占比为12.9%。从治疗领域看，获批上市的专利药主要聚焦在肿瘤、心脑血管疾病、全身用抗感染、神经系统疾病以及慢性阻塞性肺疾病等五大领域，合计品种数占比达46.3%。

从企业性质来看，本土企业研发的专利药品种数占比已超三成，打破了以进口专利药和仿制药为主的药品市场格局。剔除中成药来看，在化学药及生物制药中，本土企业研发的专利药仅占两成。

从份额表现来看，专利药在等级医院市场中的销售额份额从2018Q1的5.9%提升到2021Q1的11.8%，而零售药店市场的销售额份额则从4.3%提升到8.7%，市场需求不容小觑。但美国、日本、欧洲等发达国家和地区，其专利药的销售额占比普遍超过70%，有的甚至达到接近90%的水平，与它们相比，中国专利药市场存在巨大的发展空间，有待厚积薄发。

从产品属性来看，化学药在中国专利药市场占最大比重，在等级医院和零售药店市场占比分别达66%和51%，MAT21Q1销售规模同比增速呈双位数增长；生物制品是同比增速最快的品类，等级医院和零售药店市场MAT21Q1销售规模同比增速分别达83.4%和152.9%，与化学药共同拉动专利药市场增长。中成药MAT21Q1销售规模表现平稳，在等级医院市场呈略微下跌趋势。

2NMPA在2020年度批准了16款创新药（不包括中药和疫苗），其中12个属于全球首次批准，11个为小分子化学药，1个融合蛋白类药物。NMPA的首批新药数量与日本相当，但技术类型种类单一，基本为小分子化学药，反映出我国化学药和生物药的技术水平与世界先进水平有一定差距。在治疗领域方面，药物针对的疾病类型同样以肿瘤为主，其次为以肝炎为代表的感染性疾病。

从行业增长动力来看，国家以"让老百姓吃上负担得起的好药"为目标，通过提升医保覆盖率为药品市场增长奠定了支付基础；随着我国医保2019年基本实现全面覆盖，未来将成为专利药等新品种驱动药品市场增长的黄金时代！

▶️ **评析：** 国内专利药行业的规范化发展，将进一步提高医药企业研发创新的积极性，促进更多真正临床需要的新药上市，解决同质化创新药扎堆的问题，推动行业进入良性可持续发展。

（资料来源：2021西普热点 | 市场份额三年翻番，专利药迎来黄金时代［EB/OL］.https：//mp.weixin.qq.com/s/tZLqng9xC9dQhnjzZyPsWg）

第二节　药品专利制度发展历程

一、国际药品专利制度发展历程

最早的专利制度起源于中世纪的欧洲，市场经济的发展促进了技术的日益产业化、市场化，人们意识到拥有先进的技术，就可以在市场竞争中占有优势，从而导致了专利制度的产生。1474年，世界上第一部专利法在威尼斯城邦共和国诞生，它奠定了现代专利制度的基础。1624年，英国颁布《垄断法》，人们通常称之为第一部具有现代意义的专利法。

美国是世界上较早建立专利制度的国家之一，美国于1790年颁布了第一部专利法，对美洲及东南亚国家影响很大，例如加拿大、阿根廷、墨西哥等国家都基本上采用类似于美国的专利制度。美国专利不仅保护药品制备工艺与技术路线，而且对药品品种给予保护。德国是自1968年开始对药物化合物给予专利保护的，但是只能以产品和制备方法两种方式请求专利保护，而不能以应用方式请求保护。1977年，联邦法院对物质第一次用于医药应用的专利性给予了肯定；1982年，法院又肯定了药物或药品第二适应证应用发明的专利性，使对药品发明的专利保护日趋完善；它对挪威、瑞典、奥地利、瑞士等国家的专利制度建设产生了巨大的影响，特别对日本现行的药品专利有较大影响。

关于药品专利的国际保护是伴随着知识产权的国际保护产生和发展的，知识产权的国际保护是指一国缔结或参加多边公约或双边条约，以国内法在不违反国际公约所规定最低限度的情况下保护他国的知识产权。知识产权国际保护不是指国际条约取代或覆盖国内法，也不是使知识产权的"地域性"消失，而是在一定程度上使得"地域性"削弱了而已。药品专利作为知识产权的一种，它的国际保护途径主要是国际公约和区域公约，如《建立世界知识产权组织公约》《保护工业产权的巴黎公约》《专利合作条约（PCT）》、TRIPS协定。

二、我国药品专利制度发展历程

我国第一部专利法于1984年颁布，1985年4月1日实施，其中规定对"疾病的诊断和治疗方法"和"药品和用化学方法获得的物质"不授予专利权，只有"药物化合物或制剂的制备方法发明"和"医疗器械发明"可以在我国申请专利。1993年第一次修改后的《专利法》，把药品产品列入了专利保护范围，除了"疾病的诊断和治疗方法"外，医药领域的其他发明均可申请专利保护，并且还将专利权的保护期限由原来的15年延长至20年，这一次修改使我国的药品专利保护基本符合了TRIPS协定的要求。2000年、2008年两次《专利法》修改使得我国药品发明的专利保护逐渐与国际先进水平相接轨。如规定药品和医疗器械的实验例外，即为获取行政审批所需的信息，制造、使用、进口药品或者医疗器械专利的行为不视为侵权。这有利于为药品和医疗器械产品提前准备上市审批资料，使有关药品和医疗器械产品在专利权保护期届满后能够及时上市，充分满足公众的用药需求。2020年全国人民代表大会常务委员会通过了《专利法》第四次修改，分别对药品专利有效期补偿及药品专利链接作出了原则性规定，加快了药品专利期补偿及药品专利链接制度在我国落实，促进了我国药品创新研发水平的提升。

第三节　药品专利保护的意义

专利权是一国专利主管部门依该国专利法授予某个单位或个人对某项发明创造在一定时期内享有的一种专有权。专利权基本点包括两个方面：一是以法律手段实现对技术独占；二是以书面的方式实现对技术信息及技术权利状态的公开。专利的技术内容是公开的，人们可以通过专利文献自由查阅，但技术的使用受到限制，他人必须征得专利权人的许可，方可使用获得专利的技术。专利权人可以自己实施自己的发明创造专利，或者可以通过签订实施许可合同的方式允许他人实施，或者将专利权转让给他人。换言之，专利这一无形财产的获取是以公开发明创造的技术方案为前提，以换取国家赋予的、以法律确认的形式在一定时期内享有的对该技术使用的垄断权。

医药专利保护的核心内容主要是药品研究、开发、生产、销售过程中产生的相关技术内容、技术方案等技术成果权利保护问题。专利保护是保护医药产品发明创造和技术创新成果的国际公认的法律制度。对药品发明创造实施专利保护至少有以下三项重要意义。

1.从法律上确定创新技术的产权归属，激励技术创新，促进具有自主知识产权的医药产业的发展　在知识产权法的体系当中，专利法与科技创新、科技进步的联系最为直接、最为紧密。专利创新产生了对专利权保护的要求，专利保护制度是激励创新的一个重要机制。医药行业是资金技术密集型行业，其产品研究活动属于高投入、高产出、高风险的高新技术领域，医药行业又是具有全球竞争性的行业，如果使医药企业具有竞争力的产品在一段时期不被别人或不能被别人仿制，将有利于医药企业在激烈的竞争中取得产品优势，最大范围地获得垄断利润。专利制度就是保护发明创造和技术创新成果的法律制度。对于医药企业来说，获得专利、公开技术信息的目的是在一定期限内垄断该技术，技术的垄断意味着市场的垄断。在加入世界贸易组织、全球专利保护一体化的情况下，拥有某一药品专利就是拥有全球相关治疗的医药市场，这对于高新技术领域的每个医药企业来说都尤为重要。

2.提高研究开发起点，避免低水平重复研究　如果没有医药专利保护制度，新药研究成果得不到充分的保护，药品研发人员自然就不会公开其技术情报，从而也无法避免别人的重复研究。而专利保护制度一方面促进了技术情报的提前公开，使得人们可以在更高的起点上研究开发更新更好的药品或工艺，可以大大避免低水平的重复研究，减少研究开发的社会成本；另一方面，专利保护可以有效地制止仿制，使得人们不得不把有限的人力、财力等资源用于研究开发新药品和新工艺，由此提高了资源利用的效率，世界知识产权组织的研究结果表明，全世界最新的发明创造信息，90%以上是首先通过专利文献披露的，在研究开发工作的各个阶段注重利用专利文献，不仅能够提高研究开发的起点，而且能节约40%的科研开发经费和60%的研究开发时间。

3.医药专利保护是医药企业开拓市场、占领市场、垄断市场，保持持续竞争力的一个重要保障　获得专利保护的创新技术，由于有时间和地域的限制，而且必须向专利局缴纳一定的专利保护费用，如果不及时实施专利技术，对专利权人来说将是得不偿失的。所以，专利给技术向生产力的转化施加了一种压力，而这种压力将会转变成促进技术实施获取经济利益的动力。在制药行业的国际市场竞争中，专利竞争早已成为技术竞争和市场竞争的最有力武器，提高医药专利的保护水平无疑会加强一国医药行业的整体素质和竞争力。总而言之，对药品实施专利保护能够为医药产业和医药事业的不断蓬勃发展提供连绵不断的动力。

第二章 药品专利权的主体、客体和内容

【引例】

A公司侵害B公司发明专利权纠纷案

请求人B公司于2011年10月5日获得名称为"作为胃酸分泌抑制剂的1-杂环基磺酰基、3-氨基甲基、5-（杂）芳基取代的1-H-吡咯衍生物"的发明专利权，专利号为ZL2006800407××.×。2021年6月，请求人向上海市知识产权局提出处理请求，请求确认被控侵权产品落入涉案专利权利要求12的保护范围，认定被请求人A公司制造、销售、许诺销售被控侵权产品的行为构成对B公司涉案专利权的侵犯，并责令其立即停止制造、销售、许诺销售侵犯涉案专利权的产品。2021年7月5日上海市知识产权局立案。

经审理，上海市知识产权局认为：被控侵权产品标注有被请求人的商标、公司英文名称等信息，且并未在产品包装上披露被请求人主张的制造商信息，因此，足以合理推断被请求人系以制造商身份对外公示，依法应认定为被控侵权产品的制造商。

被请求人在其官方网站、ChemicalBook网站展示被控侵权产品"沃诺拉赞"以及"沃诺拉赞富马酸盐"产品名称、库存、销售价和技术规格信息，应当认定被请求人许诺销售行为成立。被请求人向第三方就"沃诺拉赞"产品出具了销售报价单，并实际出售了该产品、开具了销售发票、提供了发货通知单，被请求人在审理中也承认其实施了销售被控侵权产品的行为，应当认定被请求人销售"沃诺拉赞"产品行为成立。

涉案专利权利要求12保护的化合物为"1-［5-（2-氟苯基）-1-（吡啶-3-基磺酰基）-1H-吡咯-3-基］-N-甲基甲胺或其盐"，说明书实施例8记载的化合物名称为"1-［5-（2-氟苯基）-1-（吡啶-3-基磺酰基）-1H-吡咯-3-基］-N-甲基甲胺富马酸盐"，实施例8记载的化合物是权利要求12保护的化合盐的一种具体实施方式。说明书1483段的化学结构式是1484段记载的表15中实施例1-14的化学结构式通式，将通式中的R1b、R2b、R3b、R4b确定为实施例8的具体取代基，可得出权利要求12保护的化合物"1-［5-（2-氟苯基）-1-（吡啶-3-基磺酰基）-1H-吡咯-3-基］-N-甲基甲胺"的结构式，与被控侵权产品"沃诺拉赞"的化学结构式完全一致，被控侵权产品"沃诺拉赞"落入涉案专利权利要求12的保护范围。同时，认定被控侵权产品"沃诺拉赞富马酸盐"也落入涉案专利权利要求12的保护范围。

2021年10月，上海市知识产权局作出行政裁决决定，认定被请求人实施了制造、许诺销售、销售被控侵权产品"沃诺拉赞"，同时许诺销售被控侵权产品"沃诺拉赞富马酸盐"的行为，且被控侵权产品"沃诺拉赞"以及"沃诺拉赞富马酸盐"已落入涉案发明专利权利要求12的保护范围，构成对涉案专利权的侵犯。并责令被请求人立即停止制造、许诺销售、销售侵犯涉案专利权的"沃诺拉赞"产品，立即停止许诺销售侵犯涉案专利权的"沃诺拉赞富马酸盐"产品。

▶评析：本案主要涉及药品发明专利的侵权比对方法，并在裁决书中创设了化学结构式图文比对的新模式。通过被控侵权产品信息中记载的药品通用名称、CAS登记号，对应药品信息的权威工具书，确定被控侵权产品的化学结构式；将其化学结构式与涉案专利权利要求中的技术特征进行比对，结合说明书记载的内容，准确认定被控侵权产品落入涉案专利的保护范围。本案审理难点在于涉案专利权利要求

仅记载了化合物的化学名，无法直接同被控侵权产品化学结构式进行比对，上海市知识产权局采用"实施例化学结构通式权利要求下具体实施例的结构式权利要求记载的化合物的结构式"的思路确定涉案专利权利要求保护的化合物结构，并通过"文字＋结构式"的形式清晰地阐释了推导过程，图文结合将其与被控侵权产品化合物结构进行对比，展现出较高的文书撰写质量。

（资料来源：上海市知识产权局 https：//sipa.sh.gov.cn/）

第一节　药品专利权的主体

一、概述

药品专利的主体包括发明人或设计人、专利申请人、专利权人。

1.发明人或者设计人　是指对发明创造的实质性特点做出创造性贡献的人。在完成发明创造过程中，只负责组织工作的人、为物质技术条件的利用提供方便的人或者从事其他辅助工作的人，不是发明人或者设计人。发明人或设计人，只能是自然人，不能是法人。

2.专利申请　专利申请的主体即专利申请人，是有权提出专利申请的人，如发明人或发明人的单位、发明人的申请受让人、发明人单位的申请权受让人，都可能是有权申请专利的人。

3.专利权人　专利权的主体即专利权人，是有权申请专利且取得专利权，并承担与此相应义务的单位或个人。在允许专利权转让的国家（如我国），专利权人可能是有资格申请并获得专利的人，也可能是专利转让活动中的受让人，获得专利后即成为专利权的主体——专利权人。

同样的发明创造只能授予一项专利权。但是，同一申请人同日对同样的发明创造既申请实用新型专利又申请发明专利，先获得的实用新型专利权尚未终止，且申请人声明放弃该实用新型专利权的，可以授予发明专利权。两个以上的申请人分别就同样的发明创造申请专利的，专利权授予最先申请的人。

二、职务发明

我国《专利法》第六条是关于职务发明创造和非职务发明申请专利的权利及其专利权的归属的特殊规定。职务发明创造是指执行本单位的任务或者主要是利用本单位的物质技术条件所完成的发明创造，职务发明创造申请专利的权利属于该单位，申请被批准后，该单位为专利权人。该单位可以依法处置其职务发明创造申请专利的权利和专利权，促进相关发明创造的实施和运用。利用本单位的物质技术条件所完成的发明创造，单位与发明人或者设计人订有合同，对申请专利的权利和专利权的归属作出约定的，从其约定。

对于非职务发明创造，申请专利的权利属于发明人或者设计人；申请被批准后，该发明人或者设计人为专利权人。对发明人或者设计人的非职务发明创造申请专利，任何单位或者个人不得压制。

三、协作主体

两个以上单位或者个人合作完成的发明创造、一个单位或者个人接受其他单位或者个人委托所完成的发明创造，除另有协议的以外，申请专利的权利属于完成或者共同完成的单位或者个人；申请被批准后，申请的单位或者个人为专利权人。

四、涉外主体

在中国没有经常居所或者营业所的外国人、外国企业或者外国其他组织在中国申请专利的，依照其所属国同中国签订的协议或者共同参加的国际条约，或者依照互惠原则，根据《专利法》办理。

▶【案例】2-2-1 ————————————————————————

上海知识产权法院司法保障营商环境建设典型案例之十六：王某诉A公司等发明创造发明人署名权、专利权权属纠纷案——已处分的专利权利不得再行主张

王某1982年毕业于兰州大学，后获得美国耶鲁大学有机合成化学博士学位，在新药研发科研领域具有较高造诣。被告张某系原告大学同学，在美国投资设立美国A公司，并邀请王某担任科学顾问。王某2004年3月向张某提供了治疗糖尿病药物的原始技术文稿，2004年4月张某设立的上海A公司向中国国家知识产权局申请了名称为"胰高血糖素样肽类似物、其组合物及其使用方法"的发明专利，发明人为张某。

后该涉案专利转让给被告A公司。2010年，王某与被告张某签署合作意向书，承诺将让王某享有300万股浙江A公司（后更名为被告A公司）股份。被告A公司在上市过程中将涉案专利作为核心专利技术记载于招股说明书中。但张某与被告A公司并未兑现对王某的承诺。王某认为其系涉案专利的真正发明人，故提起本案诉讼，要求确认王某系涉案专利的发明人及权利人。

裁判结果：上海知识产权法院一审认为，根据在案证据，可以认定原告王某将涉案英文专利文稿交付于被告张某等，再由上海A公司向国家知识产权局申请涉案专利，原告王某确系涉案专利发明人。但原告王某主动将专利文稿交付被告张某申请专利，且并未有承担专利申请人或专利权人相关义务的意思表示，或实际承担过相关义务。在案证据显示，原告鉴于现实考量放弃将涉案技术申请专利的权利，将专利申请权进行了转让。在专利申请被批准后王某再要求确认其为专利权人，该主张不能成立。据此法院判决确认王某为涉案专利发明人，驳回王某其余诉讼请求。一审判决后，各方当事人均未提起上诉。

▶评析：专利权作为知识产权的重要类型，对创新经济的发展具有极为重要的作用。而在科技成果产权化和商业化的过程中，专利权权属纠纷亦表现得较为突出，妥善审理该类纠纷对于促进科技成果产业化具有重要意义。本案系形成于发明创造流转过程中的典型案例，特别是在专利技术作为技术出资或交易过程中，如何准确界定发明创造的发明人和专利权归属成为案件的争议焦点和审理难点。法院裁判在梳理当事人间的纷繁复杂关系后，认定王某系涉案专利的发明人。但鉴于王某未实际承担过相关义务，且与张某之间亦有关于申请专利产业化后的利润分配约定，在此情况下，王某在专利申请被批准后要求确认其为专利权人的观点不能成立。

（资料来源：http://m.iprdaily.cn/article_18781.html）

第二节　药品专利权的客体

一、概述

关于专利的客体，不同国家有着不同的法律规定。在我国，专利的客体包括发明、实用新型与外观设计。

世界各国和地区法律对专利保护客体的规定不尽相同。在一些国家，专利只保护发明，而在一些国家中，除发明外还对实用新型和外观设计授予专利，但不是由专利法统一保护。另有少数国家和地区由统一的专利法保护发明、实用新型和外观设计。在我国和我国台湾地区都将发明、实用新型和外观设计（台湾地区称"新式样"）作为专利制度保护的客体。我国澳门特别行政区则在《工业产权法律制度》中将发明专利、设计及新型（相当于外观设计和实用新型）纳入保护。只有我国香港特别行政区比较特殊，在其《专利条例》中保护的对象只是发明，仅包括标准专利和短期专利。短期专利是我国香港特别行政区根据其自身经济结构和特点而设立的一项专利制度，它类似内地的实用新型，但短期专利既保护产品发明，也保护方法发明，这一点与内地的实用新型不同，中国内地所保护的实用新型只限于对有形产品的改进，不包括技术方法。至于外观设计，我国香港特别行政区则是通过制定专门的外观设计法给予保护。而有些国家可作为专利客体的，如植物新品种、不够发明专利条件的小方法发明等，在我国则不能作为专利权客体。

二、发明

发明是专利法的主要保护对象。按照世界知识产权组织主持起草的发展中国家发明示范法对发明所下的定义，发明是发明人的一种思想，是利用自然规律解决实践中特定问题的技术方案。我国《专利法》第二条第二款规定："发明，是指对产品、方法或者其改进所提出的新的技术方案。"主要包括产品发明和方法发明两类。产品发明是指人工制造的各种有形物品的发明，如新的机器、设备、材料、工具、用具等的发明。方法发明是指关于把一个物品或物质改变成另一个物品或物质所采用的手段的发明，如新的制造方法、化学方法、生物方法的发明等。由于发明是可以产生一种全新的产品或者方法的技术方案，是科技含量和创造性都较高的一种发明创造，因此，各国专利法都将发明作为专利保护的基本对象。

药品发明专利包括产品发明和方法发明。

1.药品产品发明

（1）新物质（新化合物），指具有一定化学结构式或物理、化学性能的单一物质。包括有一定医疗用途的新化合物；新基因工程产品；新生物制品；用于制药的新原料、新辅料、新中间体、新代谢物和新药物前体；新异构体；新的有效晶型；新分离或提取得到的天然物质等。

（2）药物组合物，指两种或两种以上元素或化合物按一定比例组成具有一定性质和用途的混合物。包括中药新复方制剂；中药的有效部位；药物的新剂型等。

（3）生物制品、微生物及其代谢产物。可授予专利权的微生物及其代谢产物必须是经过分离成为纯培养物，并且具有特定工业用途。

（4）制药设备及药物分析仪器、器械等。

（5）为疾病的诊断和治疗而使用的物质、材料、仪器、设备和器具等，如核磁共振仪、频谱治疗仪等。

2.药品方法发明

（1）制备和生产方法　如化合物的制备方法、组合物的制备方法、天然药物的提取分离方法、纯化方法等。

（2）用途发明　如化学物质的新的医药用途、药物的新的适应证等。

▶【案例】2-2-2

上诉人A公司因与被上诉人B公司侵害发明专利权纠纷一案

中华人民共和国最高人民法院

民事判决书

上诉人A公司因与被上诉人B公司侵害发明专利权纠纷一案，不服江苏省南京市中级人民法院于2019年11月20日作出的（2019）苏01民初1253号民事判决，向本院提出上诉。本院于2020年4月10日立案后，依法组成合议庭，并于2020年11月17日公开开庭审理了本案，上诉人A公司的法定代表人周某及其委托诉讼代理人唐某某、谭某某，被上诉人B公司的委托诉讼代理人汪某某、原委托诉讼代理人陆某某到庭参加诉讼；于2021年4月27日询问当事人，上诉人A公司的法定代表人周某及其委托诉讼代理人唐某某、谭某某，被上诉人B公司的委托诉讼代理人万某到庭参加询问。本案现已审理终结。

A公司上诉请求：1.撤销原审判决；2.判令B公司停止使用名称为"一种多表位TK1抗体的制备及其在人群体检筛查中早期肿瘤检测和风险预警中的应用"、专利号为ZL2011103539××.×的发明专利（以下简称涉案专利）方法以及停止使用依照该方法直接获得的产品进行许诺销售、向药品监督行政管理部门申请医疗器械许可的行为；3.判令B公司赔偿A公司经济损失100万元；4.判令B公司支付A公司维权合理开支15万元；5.判令本案一审、二审诉讼费用均由B公司承担。事实和理由：（一）涉案专利产品系新产品，系新的精确度，其敏感性为0.798、特异性为0.997、精确度为0.96。涉案专利提供了一种高特异性、高灵敏度的多表位抗人TK1–IgY组合抗体的制备方法，采用胸苷激酶1（TK1）单体C端31肽作抗原并筛选出多点位特别抗原决定簇组合制备抗体，通过前述组合获得的新的精确度。与现有技术TK1–IgG单克隆抗体相比，依照涉案专利方法制造的多表位IgY抗体形成了区别于专利申请日前同类产品的功能特征，使得制备的新产品在灵敏度和特异性比专利申请日前同类产品具有显著进步，解决了已有同类产品在健康人群体检的肿瘤早期筛查中精确度不足的技术难题，应属于新产品。（二）B公司抄袭涉案专利的精确度（0.96）和阈值（2.0pmol/L），被诉侵权产品与涉案专利新产品相同。首先，B公司宣传彩页中产品宣传的肿瘤早筛的精确度为0.96，阈值即产品参考值为2.0pmol/L，受试者工作ROC曲线图所代表的精确度完全相同，展会的公开宣传会让市场消费者认为被诉侵权产品的精确度也是0.96。因此，被诉侵权产品在健康人群体检的肿瘤早期筛查中与涉案专利产品具有相同的精确度，足以认定B公司推广宣传的产品跟涉案专利产品相同。其次，B公司关于宣传彩页ROC曲线图是合法引用的抗辩理由不能成立。从被诉侵权产品宣传册的使用方式和目的来看，公开展会上发布产品宣传册旨在介绍新产品，普通消费者会认为其ROC曲线图的精确度代表其产品。从宣传册的内容篇幅来看，产品临床表现的ROC曲线所占篇幅较大，而右下角的脚注不显著，没有声明"引用"，没有中文翻译，公众不会认为有合理来源，亦未指明作品的作者姓名、期刊中文名称，不符合引用规范，容易让公众误认为文献由B公司所发表。被诉侵权产品宣传的时间晚于文献发表的时间，后者又晚于涉案专利申请的时间，可以认定B公司使用了与涉案方法制备相同的产品。（三）涉案专利为方法专利，原审法院关于举证责任分配适用法律存在错误。在A公司完成初步举证证明被诉侵权产品与涉案专利产品是相同产品后，应适用举证责任倒置，由B公司证明被诉侵权产品制造方法不同于涉案专利方法。B公司应证明其所称的鼠抗人TK1单克隆IgG抗体具有相同的精确度，而其仅提交了产品说明书，未完成举证责任。B公司持有鉴定所需的样品材料而拒不提供，应依法推定被诉侵权产品采用了涉案专利方法制备相同产品。（四）B公司所主张的鼠抗人TK1单克隆IgG抗体检测试剂盒既不能用于血清TK1检测，也不能用于健康人群体检筛查。首先，从A公司原审证据14《关于鼠抗人TK1单克隆IgG抗体达不到B公司宣传的技术效果的说明》可知，对健康人群体检的肿瘤筛查用的试剂盒其ROC曲线下面积（AUC）必须达到0.95以上，但目前鼠抗人TK1单克隆IgG抗体检测试剂盒的曲线下面积均不超过0.90，故B公司所称的产品达不到健康人群体检肿瘤早期筛查用的要求。其次，鼠抗人TK1单克隆IgG抗体只能识别TK1抗原上单一表位，小鼠制备的单克隆抗体灵敏度低，无法达到宣传所称的精确度，不适用于健康人群体检筛查中的肿瘤早期风险预警。即便鼠抗人TK1单克隆IgG抗体产品能达到相同的精确度，但B公司未进行相应举证，应承担举证不能的后果。（五）A公司的鉴定实验申请合法合理，以及申请调取江苏省药品监督管理局备案的被诉侵权产品相关申报资料属于《中华人民共和国民事诉讼法》（以下简称民事诉讼法）第六十四条第二款、第三款以及《最高人民法院关于适用的解释》第九十四条规定的证据，均应予准许。（六）原审法院就相关事实认定错误。1.原审法院关于"目前申报资料已通过食品药品监督管理局技术审评机构的内容实质性审查、申报产品已通过依据产品技术要求的注册检验以及江苏省食品药品监督管理部门的质量管理体系现场核查"的事实认定缺乏证据。2.被诉侵权产品选取"参考值：<2pM"、绘制相同的ROC曲线图，与涉案专利产品用于肿瘤早筛具有相同的精确度。3.被诉侵权产品的上市销售会给公共利益造成不可弥补的损害。

B公司辩称：（一）A公司在本案诉讼期间始终没有提交B公司生产的产品与依照涉案专利方法直接获得的产品是相同产品的初步证据。A公司仅依据B公司宣传彩页中的附图与涉案专利说明书中的ROC曲线相同、彩页介绍中标注的参考值与涉案专利说明书中记载的参考值相同就认为二者"产品相同"是错误的。B公司的宣传彩页附图源自A公司的一篇公开文献，使用该附图仅是为表明TK1的临床表现，向专业人士宣传和说明检测TK1这一生化标志物本身可以达到较好的临床效果。同时，该附图上方也提示了"TK1优异的临床表现"，并标注了图片来源，属于合理引用。参考值（<2pM）是帮助检测人员判断结果是否在正常范围内的一个数值，参考用于对患者结果进行划分。这一数据是可以根据不同情况设定的，与试剂盒产品本身的性能、效果没有关联，更不能得出B公司产品与实施涉案专利方法直接获得的产品相同的结论。由于A公司未完成其举证责任，原审法院未准许A公司的鉴定及调取证据申请并无不当。（二）B公司的技术方案不同于涉案专利技术。B公司提交的国家药品监督管理局官网上公示的经江苏省药品监督管理局批准的注册证编号为"苏械注准201924014××"、名称为"胸苷激酶1检测试剂盒（化学发光法）"产品信息中关于型号规格的记载已可证明被诉侵权产品的抗体来源为"鼠"，与涉案专利权利要求1中记载的"免疫母鸡"而获取免疫球蛋白IgY多克隆抗体相比，两种产品以及产品制造方法存在本质区别，属于不同技术方案，被诉侵权产品及生产方法均未落入涉案专利权的保护范围。（三）A公司提出的赔偿请求缺乏事实依据。A公司原审主张B公司实施了使用、销售、许诺销售的侵权行为，其主张的使用行为是基于B公司合法的医疗器械申请注册的行为，但该行为本身不涉及实际使用及生产行为；A公司主张的销售、许诺销售行为也没有直接证据支持。综上，A公司的上诉理由均不成立，请求驳回上诉，维持原判。

A公司向原审法院提起诉讼，原审法院于2019年5月6日立案受理。A公司起诉请求：1.B公司立即停止使用涉案专利方法及使用依照该方法直接获得的产品的行为；2.B公司向A公司支付因侵权行为而遭受的经济损失100万元；3.B公司向A公司支付律师费、公证费等维权合理开支15万元；4.本案的诉讼费用由B公司承担。

B公司原审辩称：A公司诉称B公司侵犯其涉案专利权缺乏事实依据。涉案专利是一种多表位抗人组合体抗体，而被诉侵权产品是单表位单抗体。涉案专利所使用的是母鸡免疫水萃取的方法，而被诉侵权产品使用的是鼠免疫双抗体夹心法。基于以上事实，A公司要求B公司赔偿其经济损失100万元及所谓维权开支的请求亦缺乏事实和法律依据。

原审法院认定事实：

（一）A公司的权利

2011年10月28日，周某、李某、斯文、艾伦向国家知识产权局申请名称为"一种多表位TK1抗体的制备及其在人群体检筛查中早期肿瘤检测和风险预警中的应用"的发明专利，于2013年10月30日获得授权和公告，专利号为ZL2011103539××.×。2014年权利人变更为A公司。该专利权至今合法有效。权利要求书如下：

"1.一种高特异性、高灵敏度的多表位抗人TK1-IgY组合抗体的制备方法，其特征在于，分别将人宫颈癌细胞TK1单体N端23肽（3-25）：CINLPTVLPGSPSLTRGQIQVIL、C端20肽（206-225）：CPVPGKPGEAVAARKLFAPQ和C端28肽（198-225）：AGPDNKENCPVPGKPGEAVAARKLFAPQ与KLH交联，分别免疫母鸡，提取卵黄液体，采用水萃取制备抗体溶液，分别用所述的N端23肽、C端20肽、C端28肽制备的亲和层析柱纯化抗体，初筛出高特异性、高灵敏度的单一抗体；所述的抗人TK1-IgY组合抗体由按质量百分数计下述抗体组成：所述23肽免疫的单一抗体为25%~45%，所述20肽免疫的单一抗体为20%~40%，28肽免疫的单一抗体为20%~55%，所述3种抗体的质量百分数之和为100%。

2.一种利用权利要求1所述的方法所得的多表位抗人TK1-IgY组合抗体，其特征在于所述的抗人TK1-IgY组合抗体由按质量百分数计下述抗体组成：所述23肽免疫的单一抗体为25%~30%，所述20肽免疫的单一抗体为20%~25%，28肽免疫的单一抗体为50%~55%，所述3种抗体的质量百分数之和为100%。

3.一种权利要求2所述的抗人TK1-IgY组合抗体，其特征在于所述的组合抗体选择的TK1蛋白，包括：具有酶活性/非活性的单体、2或4聚体TK1蛋白质，或TK1蛋白质与其他分子形成的蛋白复合物或抑制物。

4.一种对权利要求2中所述的抗人TK1-IgY组合抗体的检测方法：所述检测方法包括硝酸纤维素膜点印染/免疫增强发光检测系统（ECL）的缩时检测方法、抗体直接标记生物素方法。

5.一种利用权利要求2所述的抗人TK1-IgY组合抗体制备的试剂盒，其特征在于利用所述抗人TK1-IgY组合抗体与化学发光检测系统结合制得。

6.如权利5所述的试剂盒，其特征在于所述试剂盒用于人群体检筛查中早期肿瘤检测和风险预警中。"

涉案专利说明书实施例11中记载"如图6采用ROC（受试者工作曲线，Analysis-It统计学软件计算）证实了该抗体灵敏度的提高"和"ROC曲线下面积值=0.96（p＜0.0001）"的内容。涉案专利说明书附图5中记载"B1-3：临界血清TK1＜2pM"的内容。被诉侵权产品宣传册内记载"ROC曲线附图""参考值：＜2pM"的内容。被诉侵权产品说明书中记载"正常参考值：＜2pM"的性能参数。

本案中A公司请求保护涉案专利权利要求1-6。

（二）被诉侵权行为

B公司成立于2008年7月16日，经营范围为医疗器械生产、销售；生物试剂（不含危化品）；体外诊断试剂（不含危化品）、仪器的研发、生产、销售及技术转让；企业投资、营销策划及咨询；物联网软件技术开发；自营和代理各类商品及技术的进出口业务（依法必须经批准的项目，经相关部门批准后方可开展经营活动）。

B公司于2018年8月31日向江苏省食品药品监督管理局提出被诉侵权产品（胸苷激酶1检测试剂盒）拟上市注册的行政许可申请，其注册类别为境内第二类体外诊断试剂拟上市注册，目前被诉侵权产品的申报资料已通过技术审评机构的内容实质性审查，申报产品已通过依据产品技术要求的注册检验以及江苏省食品药品监督管理部门的质量管理体系核查，并于2019年4月17日获得江苏省食品药品监督管理局认证审评中心的技术审评上报行政审核通告。原审判决作出时，尚未获得医疗器械注册证，亦未上市销售。

2019年4月26日，公证申请人C律师事务所的代理人唐某某、江苏省南京市钟山公证处（以下简称钟山公证处）公证人员蒋某到南京市浦口区交接处的B公司。唐某某在该公司产品宣传架上取得相关公司产品宣传册，公证人员对现场的产品宣传架进行拍照。2019年4月28日，钟山公证处就上述公证事项出具了（2019）宁钟证经内字第3406号公证书。公证书中附件3：唐海佳现场取得材料复印件，该材料第3页为B公司产品清单，其中记载有"产品名称：ＴＫ1（胸苷激酶1）"即被诉侵权产品的名称。

2019年6月3日，公证申请人A公司的代理人倪某某在广东省深圳市南山公证处（以下简称南山公证处）公证人员郑某的监督下，使用自带的手机，打开"微信"应用，进入名称为"南京B生物"的公众号，查看该公众号的更多资料、账号主体、历史消息等，对相关显示界面进行手机截屏。2019年6月3日，南山公证处就上述公证事项出具了（2019）深南证经内字第14809号公证书。公证书中附件1：实时截屏页面共二十张，其中第四页记载"2019 B新品来袭"及"年初即重磅上市全自动化学发光法胸苷激酶1（TK1）和定量CRP+SAA二联条两个新品"。

原审A公司明确，以上述两份公证书的内容证明B公司通过其公司线下的产品宣传册推广涉案侵权产品，是B公司的许诺销售行为。且B公司通过微信公众号对被诉侵权产品进行线下扩大宣传。

（三）比对情况

由于被诉侵权产品尚未上市销售，A公司未能获得该产品，无法将实物与专利进行直接比对。原审庭审中，A公司根据其查阅到的被诉侵权产品宣传册内"ROC曲线附图""正常参考值：＜2pM"的性能指数与涉案专利说明书中实施例11完全相同，推断B公司必然使用涉案方法专利，侵害了A公司享有的涉案专利权。

B公司认为：A公司所述的被诉侵权产品宣传册内"ROC曲线附图"系来源于公开文献《血清胸苷激酶1作为早期肿瘤检测生物标志物的应用——一项采用高敏化学发光斑点印迹法对35365人的健康筛查研究》；"正常参考值：＜2pM"的性能指数与涉案专利说明书中实施例11相同，并非是针对涉案产品全部性能指数的阐述，据此推断必然使用涉案专利方法是没有科学依据的。

A公司、B公司均提交的证据，即期刊文献Sensors.（2011）11：11064—11080《血清胸苷激酶1作为早期肿瘤检测生物标志物的应用——一项采用高敏化学发光斑点印迹法对35365人的健康筛查研究》中含有涉案的"ROC曲线附图"，该文献的作者之一为周某，即A公司的法定代表人及涉案专利的发明人，且该文献中的"ROC曲线附图"即来源于A公司。

就侵权比对材料和比对方法，A公司在原审审理过程中提出了多项申请。A公司于2019年5月30日申请法院调取江苏省食品药品监督管理局受理的关于B公司注册胸苷1检测试剂盒（化学发光法）二类医疗器械的申报资料中的"5.综述资料、6.主要生产工艺及反应体系的研究资料、7.生产制造信息、8.阳性判断值或参考区间确定资料、9.稳定性研究资料、10.产品技术要求、11.临床评价资料、14.产品注册检验报告、17.产品符合现行国家标准、行业标准的清单"。涉案相关资料主要为申报资料中的"7.生产制造信息"。A公司后对申报资料的真实性存疑，于2019年9月27日申请法院责令B公司提交"胸苷激酶1检测试剂盒"制备工艺方法。A公司于2019年9月12日申请法院责令B公司提交"胸苷激酶1检测试剂盒"及检测设备，同时申请法院对被诉侵权产品进行同一性鉴定，具体鉴定事项为：以A公司生产的试剂盒与被诉侵权产品进行临床性能的比对。A公司还于2019年10月20日申请法院调取广东省药品监督管理局于4月8日许可的D公司"胸苷激酶1（TK1）测定试剂盒（酶联免疫法）第二类体外诊断试剂注册申请备案资料"中的"4.主要原材料的研究资料、6.分析性能评估资料、7.阳性判断值或参考区间确定资料、10.临床评价资料"。

A公司另于2019年9月27日、2019年10月20日提交的情况说明中陈述：1.B公司声明的"B公司的溯源试剂样品来自D公司"是不符合ISO 17511标准技术要求的；2.被诉侵权产品的说明书显示其校准品不符合ISO 17511标准对厂家校准品的技术要求；3.被诉侵权产品缺乏科学完整的量值溯源传递链；4.大肠埃希菌无法产生单克隆抗体。

B公司分别回应如下：A公司申请法院向江苏省食品药品监督管理局调取的生产工艺的研究资料是由申报单位保存即由B公司保存，如技术评审需要时提供。被诉侵权产品说明书中记载："检验原理——本试剂盒采用双抗体夹心法检测胸苷激酶1（TK1）浓度"和"主要组成成分——吖啶酯标记试剂：标记吖啶酯的特异性胸苷激酶1（TK1）抗体（鼠）"，该内容与涉案专利权利要求1中所述："一种高特异性、高灵敏度的多表位抗人TK1-IgY组合抗体的制备方法"和"分别免疫母鸡，提取卵黄液体，采用水萃取制备抗体溶液"已经构成制备方法的不同，且制备工艺方法涉及其商业秘密。A公司向原审法院申请以司法鉴定产品临床性能的方式进行比对不具有可行性。因为被诉侵权产品尚未获得医疗器械注册证，用于申报注册的所有样品均已过期，在获得医疗器械注册证前，B公司没有也不可能安排新产品的生产，无法提供符合要求的产品用于鉴定。此外，A公司怀疑被诉侵权产品所使用的免疫方案与申报的说明书不同而与其专利方案相同，也明显违反常识。

另，A公司在原审庭审陈述以提交的情况说明中提及：在现今TK1检测试剂盒市场上，多数生产者采用抗人TK1-IgG单克隆抗体。

A公司曾于2019年5月30日申请原审法院依法裁定B公司立即停止使用涉案专利方法及依照该方法直接获得产品的行为。

（四）A公司主张的维权开支

就本案争议的解决，A公司支出公证费用两笔，分别为4000元和1200元。

原审法院认为：

（一）关于B公司必定使用涉案专利方法的推论不能成立

A公司主张被诉侵权产品宣传册内"ROC曲线附图"与涉案专利说明书实施例11中"ROC曲线附图"相同，进而认为被诉侵权产品必然使用了涉案专利方法。原审法院认为，在被诉侵权产品宣传册含有"ROC曲线附图"的彩页中，其右下角标有引用出处"Sensors.（2011）11：11064-11080"，也就是说，该图是引用了期刊文献Sensors.（2011）11：11064—11080《血清胸苷激酶1作为早期肿瘤检测生物标志物的应用——一项采用高敏化学发光斑点印迹法对35365人的健康筛查研究》中的"ROC曲线"。同时，该期刊文献中的"ROC曲线"附图又来自A公司提供的资料，两者相同是必然的结果，并不代表被诉侵权产品的"ROC曲线"与涉案专利说明书实施例11中"ROC曲线"相同。退一步说，针对同一数据源，使用不同的统计软件计算方法以及后期对数据采取不同的修饰方法均可能绘制出不相同的"ROC曲线"。即使针对同一产品不同批次的样品，也可能绘制出不完全相同的"ROC曲线"。反之，两条相同的"ROC曲线"，也不能必然推定其采用的试验数据或制备方法就一定相同。

A公司还主张被诉侵权产品宣传册内有一项参数即"参考值：<2pM"与涉案专利说明书附图5中相同，进而认为被诉侵权产品必然使用了涉案专利方法。原审法院认为，根据《体外诊断试剂注册管理办法》《医疗器械临床试验技术指导原则》的规定，在体外诊断试剂注册申报过程中，除新品种申报外，已有同品种注册申报的厂家，需要选取已上市产品作为对比参照物，并满足临床试验要求中一致性和相关性的要求。也就是说，非新品种的注册申报过程中，生产厂家需要选取已上市产品作为对比参照物，并保持与该上市产品性能参数的相似。因此，如果不同的生产厂家选取了相同的已上市产品作为对比参照物，那么其产品的性能参数也是相似的，但这并不意味着这些生产厂家均采用了相同的制备方法。此外，从A公司提交的证据材料中，既未发现上述参数具有特异性、专属性的证据，也未发现被诉侵权产

品仅能采用涉案专利方法制备的证据。且，在A公司提交的说明及原审庭审中也陈述，"在现今TK1检测试剂盒市场上，多数生产者采用抗人TK1-IgG单克隆抗体"，即采用了非涉案专利方法制备产品。

（二）A公司未能证明被诉侵权技术方案落入涉案专利权的保护范围

A公司申请原审法院向江苏省食品药品监督管理局调取B公司"胸苷激酶1检测试剂盒"的申报资料，后申请原审法院责令B公司提交申报资料，以该申报资料与涉案专利进行比对。原审中，B公司提交了申报资料之一的被诉侵权产品说明书。原审法院认为，该说明书中记载的内容"主要组成成分——吖啶酯标记试剂：标记吖啶酯的特异性胸苷激酶1（TK1）抗体（鼠）"，表明被诉侵权产品与涉案专利权利要求1至少有以下不同：涉案专利为"免疫母鸡，提取卵黄液体"，而被诉侵权产品为免疫鼠。由此，足以认定被诉侵权技术方案不具备涉案专利权利要求1记载的全部技术特征，不落入涉案专利权利要求1的保护范围。根据权利要求2-6与权利要求1之间的引述关系，被诉侵权产品亦不落入涉案专利权利要求2-6的保护范围。

A公司又对申报资料内容的真实性提出疑问，尤其是质疑说明书中记载的抗体来源和检测方法的真实性，并且申请原审法院责令B公司提交"胸苷激酶1检测试剂盒"制备工艺方法。因A公司已不认可其内容的真实性，原审法院对A公司向江苏省食品药品监督管理局调取申报资料，以及责令B公司提交申报资料的申请不再作处理。针对责令B公司提交"胸苷激酶1检测试剂盒"制备工艺方法的申请，原审法院认为，首先，被诉侵权产品按照境内第二类体外诊断试剂进行拟上市注册申报，目前申报资料已通过食品药品监督管理局技术审评机构的内容实质性审查，申报产品已通过依据产品技术要求的注册检验以及江苏省食品药品监督管理部门的质量管理体系现场核查。B公司提供的涉案产品说明书系被诉侵权产品申报材料的一部分，说明书中记载的抗体来源和检测方法，不仅会在说明书中体现，也会在注册申报的其他申报材料中相互印证。其次，制备工艺方法的调取涉及B公司的技术秘密。如前所述，B公司必定使用涉案专利方法的推论不能成立，A公司未能提交B公司侵权的初步证据，亦未提交申报资料作假的初步证据，在此情况下调取B公司相关制备工艺可能会损害B公司合法权益。原审法院对A公司该项申请不予准许。

A公司后续主张以涉案专利产品性能与被诉侵权产品性能进行比对，并申请原审法院责令B公司提交"胸苷激酶1检测试剂盒"及检测设备以供鉴定之需。首先，从其提交的同一性鉴定申请内容来看，具体鉴定内容为：比对A公司生产的TK1检测试剂盒与被诉侵权产品（未上市）的TK1检测试剂盒的临床性能，包括临床敏感度、临床特异性和ROC曲线绘制。该试验内容无法验证和比对涉案专利权利要求1记载的任何一项技术特征，遑论对被诉侵权技术方案与权利要求1全部技术特征的比对。权利要求1为涉案专利的独立权利要求和所有技术方案组合的基础权利要求，如果无法进行权利要求1的比对，则A公司主张保护的所有技术方案均无法进行比对。因此该鉴定没有进行的必要。其次，B公司表示其尚未获得涉案产品的医疗器械注册证，用于申报注册的样品均已过期，在获得医疗器械注册证前，没有也不可能安排新产品的生产，无法提供符合要求的产品用于鉴定。该陈述符合涉案产品的申请流程规定，具有合理性，故原审法院予以采信。综上，原审法院对A公司责令B公司提交"胸苷激酶1检测试剂盒"及检测设备的申请，以及鉴定申请均不予准许。

A公司还申请原审法院向广东省药品监督管理局调取D公司"胸苷激酶1（TK1）测定试剂盒（酶联免疫法）第二类体外诊断试剂注册申请备案资料"。因侵权比对是被诉侵权技术方案与涉案专利权利要求记载的技术特征之间的比对，A公司该项申请与本案侵权比对没有关联，故原审法院不予准许。

综上，A公司未能举证证明被诉侵权技术方案，亦未提供可行的比对方法，因此无从进行被诉侵权技术方案的技术特征与涉案专利权利要求记载的全部技术特征之间的比对。A公司认为被诉侵权技术方案落入涉案专利权保护范围，原审法院不予采信。

鉴于在本案审理过程中，A公司始终未能提交被诉侵权技术方案落入涉案专利权保护范围的初步证据，故原审法院认为A公司行为保全的申请，即请求法院裁定B公司立即停止使用涉案发明专利方法及依照该专利方法直接获得产品的行为，缺乏依据，不予准许。

（三）A公司的诉讼请求不获支持

A公司对侵权构成要件事实负有证明责任。现有证据不足以证明被诉侵权技术方案落入涉案专利权利要求保护范围，A公司未能举证证明B公司实施了侵权行为，故其主张B公司行为构成侵权，原审法院不予采信，对其要求B公司承担侵权责任的诉讼请求，原审法院不予支持。

原审法院判决：驳回A公司的诉讼请求。案件受理费15150元，由A公司负担。

本院二审期间，A公司向本院申请向江苏省药品监督管理局调取该局批准的由B公司申请的名称为"胸苷激酶1检测试剂盒（化学发光法）"、注册证编号为"苏械注准201924014××"的《医疗器械产品注册证》（苏械注准201924014××）的备案资料，具体包括"5.主要原料的研究资料""6.主要生产工艺及反应体系的研究资料""7.分析性能评估资料""8.阳性判断值或参考区间确定资料""9.稳定性研究资料""11.临床评价资料""14.产品注册检验报告""17.产品符合现行国家标准、行业标准的清单"。本院根据A公司提出的上述申请，向江苏省药品监督管理局发出《协助调取证据函》。该局于2021年2月26日复函（苏药监审批函〔2021〕19号），并提供了注册卷宗中的以下资料复印件："7.分析性能评估资料""8.阳性判断值或参考区间确定资料""9.稳定性研究资料""11.临床评价资料""14.产品注册检验报告""17.产品符合现行国家标准、行业标准的清单"。该复函还说明，根据原国家食品药品监督管理总局《关于公布体外诊断试剂注册申报资料要求和批准证明文件格式的公告》（2014第44号）附件3《体外诊断试剂注册申报资料要求及说明》中的有关规定，《协助调取证据函》中要求协助提供的"5.主要原料的研究资料""6.主要生产工艺及反应体系的研究资料"属于"注册申请时不需要提供，由申报单位保存，如技术审评需要时提供"的资料，因该产品拟上市注册技术审评时无须企业提供上述两项资料，故该局相关档案中无相关资料。

B公司称向江苏省药品监督管理局调取的上述资料并不涉及抗体的生产工艺，且资料中包含大量B公司的技术秘密，故不同意将调取的资料完整提供给A公司质证，可以将技术处理后的上述资料交给A公司质证。

本院另行责令B公司提供"5.主要原料的研究资料""6.主要生产工艺及反应体系的研究资料"，B公司提交了保存于其公司电脑中的相关资料打印件，并对其认为是技术秘密的部分进行了技术处理。

A公司就上述经过技术处理后的从江苏省药品监督管理局调取的资料以及B公司提供的资料发表质证意见：调取的备案资料中主要内容全部被遮挡，无法查阅；B公司自行提供的"5.主要原料的研究资料""6.主要生产工艺及反应体系的研究资料"也进行了遮挡，无法进行质证，因此对证据的真实性、合法性、关联性均不予认可。

二审中，A公司为证明其主张，向本院提交了如下证据：1.医用耗材买卖合同、发票及收款回单，用以证明B公司的侵权行为给A公司造成巨大经济损失；2.某资产评估公司出具的《无形资产估值分析报告》，用以证明A公司专利及非专利技术对企业受益贡献率占比为33.7%；3.B公司微信公众号宣传资料，用以证明B公司就被诉侵权产品实施许诺销售行为。

B公司的质证意见为：对于A公司以上证据的真实性不持异议，但认为证据1仅是销售金额，无法直接证明A公司的利润金额；证据2无法看出评估的是涉案专利，也无法得知评估的专利技术价值占比33.7%的数据来源，因此对证明目的不予认可，且B公司不存在侵权行为，故上述证据与本案无关联性；证据3未提及B公司相关产品的情况，不具有关联性。

B公司为证明其胸苷激酶1检测试剂盒（化学发光法）使用的抗体来源为"鼠"，向本院提交了以下两份证据：1.《胸苷激酶1检测试剂盒（化学发光法）说明书》；2.国家药品监督管理局国产医疗器械产品（注册）说明，该说明中记载产品名称为"胸苷激酶1检测试剂盒（化学发光法）"，注册证编号为"苏械注准201924014××"，结构及组成/主要成分部分记载："磁珠试剂：包被链亲和素的磁性微粒（>0.5mg/ml）标记生物素的胸苷激酶1（TK1）抗体（鼠）……"

A公司的质证意见为：1.对B公司提交的说明书的真实性、合法性、关联性均不予认可；2.对国家药品监督管理局国产医疗器械产品（注册）说明的形式真实性认可，对合法性、内容真实性和关联性不予认可。首先，该说明仅属于形式公开，被诉侵权产品（注册）备案并未提交抗体制备的研究资料，其公开的数据亦不符合法律规定。其次，该说明在"结构及组成/主要组成成分"的"磁珠试剂""吖啶酯标记试剂"分别标注了标记生物素的胸苷激酶1（TK1）抗体（鼠）、标记吖啶酯的特异性胸苷激酶1（TK1）抗体（鼠）的含量，未说明抗体为鼠的主要研究资料及其制备方法，B公司未完成其举证责任。再次，即使B公司生产的试剂盒采用鼠抗体TK1为关键原材料，但不能证明其检测性能指标达到被诉侵权试剂盒宣传的效果。目前全球现有的商用鼠单抗TK1试剂盒性能尚达不到体检筛查用的要求；A公司利用TK1-IgY专利技术获得的体检筛查数据已在国际上经同行评议公开发表，而利用鼠TK1-IgG抗体的体检筛查数据目前仍无公开发表报道。

原审查明的事实基本属实，本院予以确认。

本院另查明：国家知识产权局于2021年2月1日作出第48160号无效宣告请求审查决定，维持涉案专利权有效。B公司原名为"南京B生物技术有限公司"，南京市江北新区管理委员会行政审批局于2020年12月25日发出《公司准予变更登记通知书》，核准其更名为"南京B生物技术股份有限公司"。

本院二审期间，A公司坚持提出以下申请：1.行为保全申请，请求本院责令B公司立即停止使用涉案专利方法以及制造、许诺销售依照涉案专利方法制备的产品；2.同一性鉴定申请，依据B公司提交的样品就产品同一性进行鉴定。

本院认为，根据双方当事人诉辩主张，本案的争议焦点问题是：（一）本案是否应当适用《专利法》第六十一条第一款关于举证责任倒置的规定；（二）B公司是否使用了落入涉案专利权保护范围的制备方法；（三）对于A公司的相关申请是否应当准许。

（一）关于本案是否应当适用《专利法》第六十一条第一款关于举证责任倒置的规定的问题

《专利法》第六十一条第一款规定："专利侵权纠纷涉及新产品制造方法的发明专利的，制造同样产品的单位或者个人应当提供其产品制造方法不同于专利方法的证明。"在涉及新产品制造方法专利的侵权纠纷中，要由被诉侵权人承担证明其产品制造方法不同于专利方法的举证责任，需满足一定的前提条件，即权利人首先能够证明依照专利方法制造的产品属于新产品且被诉侵权人制造的产品与依照专利方法制造的产品属于同样的产品。所谓"新产品"是指该产品系在专利申请日之前，市场上从未出现过的产品。因此，本争议焦点主要涉及两个问题：一是涉案专利产品是否属于"新产品"；二是A公司所诉的B公司"产品"与依照涉案专利方法直接获得的产品是否属于同样的产品。

1.关于涉案专利产品是否属于"新产品"的问题

A公司主张，涉案专利既是方法专利，也是产品专利，涉案专利产品属于"新产品"，是指新的精确度，即敏感性为0.798、特异性为0.997。对此，本院认为，根据涉案专利权利要求书及说明书的记载，涉案专利产品是一种依照涉案专利方法制造的抗人TK1-IgY组合抗体以及制备的试剂盒，说明书中所声称的敏感性、特异性数值是该产品的技术效果，并不因其比现有技术具有更好的技术效果而当然推知其为"新产品"。另外，其产品专利之所以具备创造性，是因为采用了涉案专利的制备方法，也即产品专利是用方法特征进行限定的。所以，产品专利具备创造性也不意味着产品本身当然是"新"的。在A公司未提交其他证据证明专利产品为"新产品"的情况下，尚不能适用《专利法》第六十条第一款所规定的举证责任倒置。

2. 关于A公司所诉的B公司生产的"产品"与依照涉案专利方法直接获得的产品是否属于同样的产品的问题

A公司主张被诉侵权产品与涉案产品是相同产品，其主要依据是B公司宣传彩页中刊载的ROC曲线与涉案专利产品相同，且声称的敏感性、特异性与涉案专利产品相同，故两种产品必然相同。B公司认可宣传彩页中刊载的ROC曲线图来源于A公司，但认为其已在宣传彩页中标注来源，该曲线图仅表明通过对胸苷激酶1（TK1）数值进行检测这项技术ROC值可以达到0.96，不能证明B公司使用了相同的制备方法制备抗体。对此，本院认为，如前所述，敏感性、特异性均是对产品性能的描述，并非产品本身，也非涉案专利权利要求所限定的技术方案。在涉案专利说明书中第0008段也记载："采用人TK1-C端31肽制备的抗人TK1-IgY抗体蛋白和非活性的TK1蛋白，也能检测TK1蛋白质与其他分子形成的复合物。尽管该血清试剂盒-增强发光免疫点印迹法检测系统试用于体检筛查中，检测范围在$0.3 \sim 2pM$之间，但在$0.1 \sim 1pM$时，误差有时会大于30%，采用人群常规体检血清TK1和癌症患者血清TK1进行ROC值分析，ROC曲线下面积为0.96，特异性为0.991…但灵敏度在0.51%"，可见，宣传彩页中刊载的ROC曲线图体现出现有技术表明ROC值已可以达到0.96，并非是涉案专利所带来的技术贡献。

A公司还主张被诉侵权产品宣传册内有一项参数即"参考值：$<2pM$"与涉案专利说明书附图5中相同，进而认为被诉侵权产品必然使用了涉案专利方法。A公司提交的《血清胸苷激酶1是一种适用于早期肿瘤检测的生物学标志物》一文记载："另外，由于大部分恶性患者（65%~90%）所表达的STK1浓度>2.0pM"，且此处该文标注引用了2005年的文献，本院认为，由上述记载可知，在涉案专利申请日之前，"参考值：$<2pM$"是本领域已知的，并非是涉案专利所特有的。

因此，A公司提交的在案证据尚不足以证明B公司生产的"产品"与依照涉案专利方法直接获得的产品属于同样的产品。

综合上述分析，在A公司未能够证明依照涉案专利方法制造的产品属于"新产品"且未能够证明B公司制造的产品与依照涉案专利方法制造的产品属于同样的产品的情况下，本案适用《专利法》第六十一条第一款举证责任倒置的条件尚未成就，故对于A公司的相关上诉主张，本院不予支持。A公司仍应承担证明B公司使用了落入涉案专利权保护范围的制备方法的举证责任。

（二）关于B公司是否使用了落入涉案专利权保护范围的制备方法的问题

根据《最高人民法院关于审理侵犯专利权纠纷案件应用法律若干问题的解释》第七条的规定，人民法院判定被诉侵权技术方案是否落入专利权的保护范围，应当审查权利人主张的权利要求所记载的全部技术特征。被诉侵权技术方案包含与权利要求记载的全部技术特征相同或者等同的技术特征的，人民法院应当认定其落入专利权的保护范围；被诉侵权技术方案的技术特征与权利要求记载的全部技术特征相比，缺少权利要求记载的一个以上的技术特征，或者有一个以上技术特征不相同也不等同的，人民法院应当认定其没有落入专利权的保护范围。

如上文所述，本案适用《专利法》第六十一条第一款举证责任倒置的条件尚未成就，A公司仍应承担证明B公司使用了落入涉案专利权保护范围的方法的举证责任。即便如此，B公司仍提交了被诉侵权产品说明书以及国家药品监督管理局官网上公示的国产医疗器械产品（注册）说明，用以证明被诉侵权产品未使用涉案专利的制备方法。其提交的说明书记载："检验原理——本试剂盒采用双抗体夹心法检测胸苷激酶1（TK1）浓度"和"主要组成成分——吖啶酯标记试剂：标记吖啶酯的特异性胸苷激酶1（TK1）抗体（鼠）"，B公司自国家药品监督管理局下载的公示信息亦记载了相同的内容，上述记载与涉案专利权利要求1中所述"一种高特异性、高灵敏度的多表位抗人TK1-IgY组合抗体的制备方法"和"分别免疫母鸡，提取卵黄液体，采用水萃取制备抗体溶液"已经构成不同的制备方法。A公司认为B公司实际使用的抗体并非"鼠"，但未能提供证据推翻B公司提供的上述经批准备案的产品信息，故本院对A公司的该主张不予采信。同时，根据A公司的主张，如果使用"鼠"进行提取，则达不到与涉案专利同样的技术效果，A公司也未提交其他证据证明使用"鼠"与涉案专利中使用"母鸡"对于本领域技术人员而言属于技术手段、功能以及技术效果基本相同的技术特征，故该两项技术特征亦不构成等同。因此，B公司使用的方法并未落入涉案专利权利要求1的保护范围。

涉案专利权利要求2所保护的抗体是利用权利要求1限定的制备方法所得的，因此，在B公司能够证明其使用的制备方法不同于涉案专利权利要求1限定的制备方法，即未落入涉案方法权利要求1的保护范围的情况下，可以认定B公司使用其方法制备所得的抗体亦不落入涉案专利权利要求2的保护范围。根据权利要求3-6与权利要求2之间的引用关系，亦可认定B公司使用其制备方法所得的抗体或试剂盒，或者B公司对其制得的抗体所采用的检测方法均不落入涉案专利权利要求3-6的保护范围。

（三）关于对于A公司的相关申请是否应当准许的问题

根据A公司的申请，本院向江苏省药品监督管理局调取了B公司申请《医疗器械产品注册证》的部分备案资料，而其中"5.主要原料的研究资料""6.主要生产工艺及反应体系的研究资料"两部分资料系由B公司自行保管，鉴于在案证据已能证明被诉侵权产品及其制造方法未落入涉案专利权的保护范围，在B公司不同意将完整资料交由A公司质证的情况下，本院对上述证据不予采信。

关于A公司二审中坚持提出的行为保全申请及同一性鉴定申请。本院认为，A公司在本案一审、二审诉讼阶段提交的证据尚不足以证明B公司存在侵害涉案专利权的行为，故A公司提出的行为保全申请缺乏事实和法律依据，本院不予准许。根据上述分析，在案证据已能证明B公司使用的制备方法未落入涉案专利权的保护范围，故B公司的同一性鉴定申请亦缺乏事实和法律依据，本院不予支持。对于A公司二审期间提交的证明其经济损失的相关证据，本院不再予以评述。

综上所述，A公司的上诉请求不能成立，应予驳回；原审判决认定事实清楚，适用法律正确，应予维持。依照《中华人民共和国民事诉讼法》第一百七十条第一款第一项之规定，判决如下：

驳回上诉，维持原判。

二审案件受理费15150元，由A公司负担。

本判决为终审判决。

裁判观点：《专利法》第六十一条第一款规定："专利侵权纠纷涉及新产品制造方法的发明专利的，制造同样产品的单位或者个人应当提供其产品制造方法不同于专利方法的证明。"在涉及新产品制造方法专利的侵权纠纷中，要由被诉侵权人承担证明其产品制造方法不同于专利方法的举证责任，需满足一定的前提条件，即权利人首先能够证明依照专利方法制造的产品属于新产品且被诉侵权人制造的产品与依照专利方法制造的产品属于同样的产品。

（资料来源：中国裁判文书网 https://wenshu.court.gov.cn/）

【案例】2-2-3

A公司与B公司专利侵权纠纷案

A公司系"夹紧及切割装置"发明专利的专利权人。应该公司申请，2008年4月25日，甘肃省知识产权局认定B公司生产、销售"一次性使用脐带剪"产品的行为侵犯了该公司的专利权，并责令其立即停止生产、销售被控侵权产品，销毁库存侵权产品及用于生产该产品的专用设备、模具，并立即撤销产品注册证号。2012年12月3日、2013年1月30日，A公司分别对其在B公司现场购买被控侵权产品的过程，及对B公司网站的宣传页面、备案信息打印的过程予以公证后，向兰州市中级人民法院提起诉讼，请求判令B公司停止侵权并赔偿经济损失200万元。

兰州市中级人民法院一审认为，本案被控侵权行为地为中国甘肃省兰州市，应适用中国法律。经过比对，两公司产品的设计结构、工作原理中所包含的技术点一一对应，被控侵权产品的技术特征全面覆盖诉争专利的技术特征，落入了原告专利产品的保护范围，构成侵权。遂判令B公司立即停止侵权行为，并酌情赔偿经济损失30万元。宣判后，双方均未提出上诉。

评析：由于知识产权既缺乏物权所具有的天然物理边界，又缺乏债权所具有的清晰法律边界，因此，司法实践在强调依法保护知识产权的同时，也防止不适当地扩张权利保护范围、压缩创新空间、损害创新能力和公共利益。本案是一起专业性较强的专利侵权案件，主要涉及如何准确界定专利权客体保护范围、合理划定专利权与公有领域的法律界限这一法律问题。审理中不仅对被控侵权产品按其结构、功能包含的技术特征进行了全面归纳，亦对专利权利要求书中记载的技术方案包含的技术特征进行了归纳总结。通过较为细化的分解、解释和比对，使复杂晦涩的专业技术性问题一目了然，结论得出水到渠成。同时，重点对B公司抗辩其产品具有创造性改进的部分进行比对和审查，认定该种改进并非必须通过创造性劳动才能做出的改变，不能达到对诉争专利技术特征进行实质性、创造性替换的程度。该案灵活运用了"全面覆盖原则"和"等同原则"，突破了以往大部分专利侵权案件只简单从被控侵权产品中寻找相关技术特征与专利权利要求书中的技术特征进行比对的方式，为审理同类案件提供了启示。本案入选2013年甘肃法院知识产权司法保护十大案例。

（资料来源：甘肃省高院.甘肃高院发布全省2013年知识产权保护十大典型案例【EB/OL】.http：//www.chinagscourt.gov.cn/detail.htm?id=23775222014-05-06 兰州市中级人民法院（2013）兰民三初字第42号民事判决书）

【案例】2-2-4

A公司与B公司专利侵权、不正当竞争纠纷案

中华人民共和国上海市高级人民法院

民事判决书

（2006）沪高民三（知）终字第112号

上诉人（原审被告）A公司，住所地中华人民共和国江苏省连云港市经济技术开发区黄河路××号。

法定代表人孙某某，董事长。

委托代理人蒋某某，××律师事务所律师。

委托代理人刘某某，男，汉族，1971年12月18日生，住中华人民共和国北京市丰台区西四环南路××号××栋×号。

被上诉人（原审原告）B公司，住所地法国安东尼阿洪雷蒙街20号（20Avenue Raymond Aron 92160

ANTONY France）。

法定代表人Magali LE PENNEC。

委托代理人史某某，××律师事务所律师。

委托代理人陈某某，××律师事务所律师。

原审被告C公司，住所地中华人民共和国上海市杨浦区长海路188号。法定代表人郑某，经理。上诉人A公司因专利侵权、不正当竞争纠纷一案，不服上海市第二中级人民法院（2003）沪二中民五（知）初字第56号民事判决，向本院提起上诉。本院依法组成合议庭，于2007年1月9日与2007年4月28日两次公开开庭审理了本案。上诉人A公司的委托代理人蒋某某、刘某某，被上诉人B公司的委托代理人史某某、陈某某到庭参加诉讼。原审被告C药房经传票传唤，无正当理由，未到庭参加诉讼。本案现已审理终结。原审法院经审理查明：

一、关于专利侵权之诉

1999年11月，B公司经中华人民共和国国家知识产权局授权，获得名称为"制备塔三烷衍生物的新起始物和其用途"（专利号：ZL931182××.×）发明专利（以下简称93专利）。该项发明专利的权利要求详见附件一。

2001年7月，B公司经中华人民共和国国家知识产权局授权，获得名称为"新型内酸紫杉烯酯三水合物的制备方法"（专利号：ZL951939××.×）发明专利（以下简称95专利）。该发明专利的权利要求详见附件二。

1997年12月，B公司制造的"多西紫杉醇（泰索帝）注射剂"药品取得中华人民共和国卫生部药政管理局颁发的《进口药品注册证》。93专利的申请日是1993年9月28日，95专利的申请日是1995年7月7日，在B公司申请两项发明专利之前，B公司制造的"多西紫杉醇（泰索帝）注射剂"药品为新产品。2001年起，B公司制造的"多西紫杉醇（泰索帝）注射剂"药品在中国市场销售。

A公司于2002年9月取得制造"艾素（注射用多西他赛）"新药证书，之后开始制造并销售"艾素（注射用多西他赛）"药品。C药房销售了该药品，售价每盒人民币1480元。

2003年6月19日，原审法院根据B公司的申请，裁定保全A公司制造"艾素（注射用多西他赛）"药品的工艺资料和销售账册。当日上午9时许，原审法院执行证据保全的法官告知："被告今天向本院提交上述证据，本院将作为直接证据，如果不提供或提供不确切、不完整，将承担法律责任。"A公司表示："没有书面的（材料），操作规程是口头的，生产制剂操作规程国家要求书面的，我们为了保密，没有书面的。"当日下午3时30分许，A公司仅向原审法院提交其整理后的《艾素（注射用多西他赛）上市以来销售数量》一份、《多西他赛主链岗位原始记录》一份，在后一份材料中没有制造"艾素（注射用多西他赛）"药品的完整工艺资料，且当原审法官问及A公司"这份记录中结构式和侧链酸结构式是原始记录还是现在补记的"时，A公司明确表示"是现在补记的"。

原审法院于2003年9月，委托科学技术部知识产权事务中心进行技术鉴定。鉴定中，鉴定专家在A公司处提取了A公司提交的当时制造的多西他赛药品样品。同年12月26日，科学技术部知识产权事务中心向原审法院传真，计划对鉴定专家到A公司现场提取的多西他赛药品样品进行检测，包括检测：①样品是三水合物还是无水合物，区分结合水和吸附水，由此涉及A公司是否使用B公司的95专利；②检测A公司现场演示其工艺过程第二步中的关键原料和中间产物，由此涉及A公司是否使用B公司的93专利。之后，鉴定机构委托清华大学分析中心进行了第②项检测，但未进行第①项检测。2004年11月，科学技术部知识产权事务中心出具《技术鉴定报告书》，结论如下：

（1）A公司的多西他赛产品起始物的生产技术方案与93专利技术方案最主要的区别技术特征（93专利在五元环的2位有两个基团，一个是氢原子，一个是R3，代表氢原子、烷氧基或被取代的芳基；被控侵权技术在五元环的2位有两个取代基都是甲基），属于两种不同的技术手段，两者该技术特征既不相同，也不等同。故被控侵权技术方案未落入93专利权的保护范围。

（2）A公司的多西他赛终产品的后处理技术方案与95专利技术方案最主要的区别技术特征（95专利涉及三水合物的制备方法，采用的是醇结晶工艺，得到三水合物；被控侵权技术采用的是色谱纯化工艺，不涉及三水合物的制备，终产品中并不包含结合水），属于两种不同的技术手段，两者该技术特征既不相同，也不等同。故被控侵权技术方案未落入95专利权的保护范围。

（3）仅凭现有鉴定材料，专家鉴定组无法对A公司提交的制造多西他赛产品的工艺方法是否是其以前实际使用或专家不在现场时使用的工艺方法进行评判。但从现场勘验所见的生产技术路线以及现场取样的检测分析来看，A公司的制造多西他赛产品的工艺方法与B公司提交的制造多西他赛产品的工艺方法相符。

一审庭审中，B公司对技术鉴定中未对鉴定专家到A公司现场提取的样品进行第①项检测提出异议，并对上述鉴定结论提出异议。之后，B公司提交了清华大学分析中心于2005年3月3日出具的《NMR检测报告》和《质谱组检测报告》，证实B公司提交检测的"艾素（注射用多西他赛）"样品中含有专利侧链酸。

二、关于不正当竞争之诉

A公司制作的"艾素（注射用多西他赛）"宣传册中有下述内容：青出于蓝而胜于蓝；艾素，新一代半合成紫杉类衍生物，更高的抗癌活性和更广的治疗瘤谱；经二期临床验证，艾素疗效显著，是肿瘤临床治疗的首选：比较艾素＋顺铂和泰索帝＋顺铂两联合化疗方案对NSCLC的临床疗效和安全性……；艾素与泰索帝的临床疗效相比，无显著性差异（$p > 0.05$）；国内Ⅱ期临床研究显示；两联合用药组间有效率无显著性差异（$p = 0.7840$）；艾素＋顺铂治疗组的有效率为23.53%，ITT有效率为21.05%，泰索帝＋顺铂对照组的有效率为27.27%，ITT有效率为24.32%；经二期临床验证，艾素具有优越的效价比，是肿瘤临床治疗的首选；本研究可评价不良反应115例，艾素联合治疗组显示出极佳的安全性：血液学毒素性方面，艾素联合治疗组的WBC、ANC不良反应发生率（75.68%，75.68%）显著低于泰索帝组（97.30%，94.59%），有统计学差异（$P = 0.0176$，$P = 0.0020$）；非血液学毒性方面，两联合用药组无显著性差异；艾素显著的价格优势，为肿瘤患者的治疗提供了更为经济的选择，艾素与泰索帝的一个疗程价格比较（价格更低）；艾素临床推荐，以艾素为基础的化疗方案，可作为淋巴结阳性的乳腺痛患者术后辅助治疗的首选；艾素联合蒽环类，可作为一线治疗局部晚期或转移性乳腺癌的联合化疗方案；艾素与顺铂联合，是一线治疗晚期非小细胞肺癌的理想方案；在蒽环类治疗失败或耐药的转移性乳腺癌患者中，艾素作为二线用药，疗效确切；以铂类为基础化疗失败的晚期或转移性非小细胞肺癌中，艾素仍为活性很高的单药；艾素与卡培他滨联合，可作为二线治疗晚期乳腺癌的首选；艾素尚适合卵巢癌、胃肠道癌、头颈部癌等治疗等。

A公司制作的另种版本的"艾素（注射用多西他赛）"宣传册写有下述内容：艾素（多西他赛）与顺铂联合，是一线治疗晚期非小细胞肺癌的最理想方案。今为正NSCLC研究规模最大的日期临床试验（TAX326）显示：①多西他赛联合顺铂方案总经解率为32%……②多西他赛联合顺铂方案的中位生存时间优于对照组治疗方案……③多西他赛联合顺铂治疗组的总体生存质量（LCSS量表）和临床效益均明显优于对照治疗组……④多西他赛联合顺铂治疗组的3/4度贫血和胃肠道不良反应发生率明显低于对照治疗组……。大规模随机期临床试验（TAX320）表明：①多西他赛75ma/m^{2}与去甲长春花碱或显环磷酰胺比较，提高了有效率、疾病控制率（43%，32%）和1年生存率（32%）；②对晚期NSCLC患者的二线治疗，多西他赛更明显提高了患者临床效益和生存质量；③在二线治疗晚期NSCLC的药物中，多西他赛是目前唯一在随机Ⅲ期临床试验中被评估的单药；艾素（多西他赛），与蒽环类联合化疗方案是局部晚期和转移性乳腺痛一线化疗的新兴标准；大规模随机Ⅲ期临床试验（TAX306）证实：较传统化疗方案（阿霉素＋环磷酰胺），多西他赛＋阿霉素具有更高的临床疗效及更低的心脏毒性；BCIRG001临床研究证实；以艾素（多西他赛）为基础的术后辅助化疗方案（多西他赛/多柔比星/环磷酰胺）较目前标准的含蒽环类辅助化疗方案（FAC）更具优势，且化疗相关不良反应易于处理（$n = 1491$）；多西他赛是唯一疗效优于蒽环类药的单药；艾素（多西他赛）是目前卵巢癌的标准治疗方案；艾素（多西他赛），针对消化道肿瘤（胃癌）的临床探讨：Ⅱ期临床研究显示，多西他赛+顺铂+5-FU三药联合治疗胃癌的缓解率为30.6%……；艾素与进口多西紫杉醇的临床疗效比较，临床疗效和安全性方面无显著性差异；WBC、ANC不良反应发生率较进口产品组低，其他如过敏、外周水肿等，两组无显著性差异；艾素（多西他赛）是治疗以铂类为基础化疗失败的晚期或转移性非小细胞肺癌活性最高的单药；多西他赛联合蒽环类是唯一欧盟批准用于一线治疗局部晚期或转移性乳腺癌的紫杉类联合化疗方案；以艾素（多西他赛）为基础的辅助化疗方案能提高早期乳腺癌患者生存率，并降低复发的危险性；多西他赛是唯一疗效优于蒽环类药的单药，在蒽环类治疗失败或蒽环类耐药的转移性乳腺癌患者中，多西他赛疗效确切；多西他赛与非蒽环类（顺铂、去甲长春花碱、卡培他滨）联合治疗乳腺癌，可产生较高的疗效，且不良反应轻微；艾素（多西他赛），优越的效价比，肿瘤临床治疗的首选等。

A公司没有证据证明其所宣传的上述内容具有事实依据。经国家药品监督管理局核准，A公司制造的"艾素（注射用多西他赛）"药品的适应证为晚期或转移性乳腺癌；晚期或转移性非小细胞肺癌，不包括原发和复发性卵巢癌及消化道肿瘤（胃癌）。经国家药品监督管理局核准，A公司制造的"艾素（注射用多西他赛）"药品适用于先期化疗失败的晚期或转移性乳腺癌的治疗，除非属于临床禁忌，先期治疗应包括蒽环类抗癌药，适用于使用过以顺铂为主的化疗失败的晚期或转移性非小细胞肺癌的治疗，属于国家批准的二线治疗药品，并非一线治疗药品。A公司宣传册中关于非小细胞肺癌（NSCLC）疗效的实验数据，BCIRG001临床研究数据，TAX326、TAX320、TAX306临床研究数据，与B公司在先公布的"多西紫杉醇（泰索帝）"的同类实验数据基本相同。B公司制造的"多西紫杉醇（泰索帝）"，经国家药品监督管理局核准。可以同时适用于一线和二线治疗。

A公司向经销商散发了上述宣传册。

B公司为本案诉讼所支付的律师费、公证费、调查费共计人民币1124600余元。

原审法院认为：

一、B公司获得的两项专利是新产品制造方法的发明专利，制造同类产品的A公司未能举证证明其制造"艾素（注射用多西他赛）"产品的方法不同于B公司的两项发明专利的方法，A公司应当承担侵犯B公司两项专利权的民事责任。

（一）B公司提交的证据证明，在该公司申请93与95两项发明专利之前，国家没有颁发过多西他赛类药品的生产批准证书，也没有颁发过多西他赛类药品的进口批准证书，因此，B公司获得的两项专利是涉及新产品制造方法的发明专利。

（二）根据A公司制作的"艾素（注射用多西他赛）"产品及其说明书和宣传册，可以认定A公司制造的"艾素（注射用多西他赛）"是同类产品。依照《专利法》的规定，制造同类产品的A公司应当提供其产品制造方法不同于B公司专利方法的证明。但是，A公司没有提供此类证明。

1. A公司在一审法院证据保全时，拒不提供此类证明。本案中，证据保全的意义在于最为客观、真实地固定A公司制造"艾素（注射用多西他赛）"产品方法的证据。然而A公司在证据保全时拒不提交其制造"艾素（注射用多西他赛）"产品方法的证据，而是在事后提交经过其"补记"的证据，且这些事后提交的证据也没有完整地显示其制造方法。

2.《技术鉴定报告书》不能免除A公司的举证责任。首先，B公司93专利涉及侧链酸专利技术特征，《技术鉴定报告书》没有排除A公司制造的样品中包含专利侧链酸的可能性，而B公司认为技术鉴定中所作的检测显示样品中含有专利侧链酸，即样品中包含专利侧链酸和非专利侧链酸（二甲基侧链酸）的混合物。B公司委托的同一家检测机构所做的检测进一步证实样品中含有专利侧链酸。一审庭审中，A公司对B公司提交检测的"艾素（注射用多西他赛）"样品来源提出质疑。但是，B公司提交检测的样品的身份已经检测机构通过技术手段予以确认，样品的来源不会影响检测的结论。一审庭审中，鉴定专家认为二甲基侧链酸与吡啶成盐时也会出现专利侧链酸的质谱信号。鉴定专家对如何计算得出质谱信号值未作解释。B公司认为根据公知的氮规律，不使用专利侧链酸，在样品中不会出现相应的质谱信号。B公司的解释更为合理。其次，B公司95专利涉及多西他赛三水合物的制造方法，技术鉴定中没有检测A公司制造的样品是三水合物还是无水合物，即得出样品是无水合物的意见，显然是缺乏事实依据的。鉴于技术鉴定中没有排除样品使用专利侧链酸的可能性，也没有对样品进行是否含有三水合物的检测，《技术鉴定报告书》第①、②项关于A公司制造多西他赛产品的方法未落入B公司93专利及95专利保护范围的结论，缺乏事实依据，不予采用。

（三）A公司的辩解不合理。A公司制造的"艾素（注射用多西他赛）"产品是用于治疗癌症的药品，无论是根据国家法令法规，还是按照行业的惯例和常理，A公司都理应具备制造"艾素（注射用多西他赛）"产品方法的书面材料，A公司辩解出于保密需要而不具备书面材料，对其辩解不采信。

二、A公司制作并散发"艾素（注射用多西他赛）"产品宣传册的行为构成对B公司的不正当竞争，应当承担侵权的民事责任。

1. A公司没有证据证明：①其制造的"艾素（注射用多西他赛）"药品的适应证包括原发和复发性卵巢癌及消化道肿瘤（胃癌）；②该药品属于国家批准的一线治疗药品；③其经过试验取得非小细胞肺癌（NSCLC）疗效的实验数据，BCIRG001临床研究数据，TAX326、TAX320、TAX306临床研究数据。A公司在宣传册中的上述宣传都是引人误解的虚假宣传。

2. A公司制作并散发的"艾素（注射用多西他赛）"产品宣传册中，将其制造的"艾素（注射用多西他赛）"产品与B公司制造的"多西紫杉醇（泰索帝）"产品的功效和安全性进行毫无事实依据的直接比较，其行为的实质在于虚构"艾素（注射用多西他赛）"产品的优点和"多西紫杉醇（泰索帝）"产品的缺点，进而贬低"多西紫杉醇（泰索帝）"产品，构成捏造、散布虚假事实，损害B公司商业信誉、商品声誉的不正当竞争行为。

A公司应当承担停止侵权、赔偿损失、赔礼道歉的民事责任。C公司销售依照B公司专利方法直接获得的产品，构成侵权，应当承担停止侵权的民事责任。

综上，原审法院依照《专利法》第十一条第一款、第五十七条第二款，《最高人民法院关于审理专利纠纷案件适用法律问题的若干规定》第二十一条，《中华人民共和国反不正当竞争法》第二条、第九条、第十四条、第二十条，《中华人民共和国民法通则》第一百三十四条第一款第（一）、（七）、（十）项之规定，判决：一、被告A公司停止对原告B公司取得的93专利、95专利两项发明专利权的侵犯；二、被告A公司停止对原告B公司的不正当竞争行为；三、被告A公司自本判决生效之日起30日内，就其实施的不正当竞争行为，在《中国医药报》《法制日报》的显著位置上向原告B公司公开赔礼道歉，内容必须经本院审定。四、被告A公司自本判决生效之日起10日内，赔偿原告B公司经济损失人民币400000元；五、被告A公司自本判决生效之日起10日内，赔偿原告B公司因本案诉讼而支付的合理费用人民币100000元；六、被告C药房停止销售被告A公司制造的"艾素（注射用多西他赛）"产品。一审案件受理费人民币10010元、鉴定费人民币80000元，均由被告A公司负担。

判决后，A公司不服，向本院提起上诉，请求：一、撤销一审判决；二、依法确认B公司基于93专利提起的侵权诉讼以及B公司在本案中提起的不正当竞争诉讼，不属于本案审理范围，告知B公司可以另行向有管辖权的法院起诉；三、依法驳回B公司基于95专利提起的全部一审诉讼请求。上诉人A公司上诉的主要理由是：

第一，一审法院审判程序违法。

1. 本案涉及三个诉，第一个诉是针对93专利的侵权之诉，第二个诉是针对95专利的侵权之诉，第三个诉是不正当竞争之诉，一审法院将三个诉合并审理违反诉讼程序。B公司实际是指控C药房销售的"艾素"是"多西他赛三水合物"，第一个诉中涉讼事实与行为仅与A公司有关，与C药房无关，根据《民事诉讼法》关于共同诉讼的规定，与C药房无关的第一个诉不属于本案共同诉讼的诉讼标的和审理范围。并且，一审法院对第一个诉也无管辖权。第三个诉单独指向A公司，不涉及C药房，不能将该诉主张并入针对A公司与C药房提出的共同侵权诉讼当中。一审法院对第三个诉也无管辖权。

2. 在中国销售的进口"泰索帝"多西紫杉醇注射液药品并非由被上诉人B公司生产或者销售到中国，故上诉人A公司与被上诉人B公司之间在中国市场上不存在竞争关系，B公司不具备提起本案不正当竞争之诉的主体资格。

第二，一审判决对93专利侵权之诉在实体审理方面存在错误。

1. 93专利有两项独立权利要求，B公司是以该专利独立权利要求2作为第一个诉的诉讼依据的，故应当先由B公司举证证明A公司在生产"多西他赛"时使用了93专利权利要求1所述的化合物作为原料，然后A公司才需要针对相关制造方法承相倒置的举证责任。由于B公司未能举证证明A公司使用了93专利权利要求1所述化合物，故其应承相败诉的后果。

2.《技术鉴定报告书》关于"艾素"产品生产工艺未落入93专利的保护范围的结论，完全符合事实，应予以采信。B公司依据其单方送检所获的检测报告否定《技术鉴定报告书》的鉴定结论，不能成立。

第三，在95专利侵权之诉中，B公司并未完成其法定在先的举证义务，A公司依法不需要承担倒置的举证责任。

95专利侵权之诉是涉及新产品"多西他赛三水合物"制造方法发明专利的侵权之诉，主张权利的B公司首先应当证明被控侵权产品与专利方法生产的产品是"同样产品"，但B公司并未证明A公司生产的产品是与95专利直接获得的产品相同的"多西他赛三水合物"产品。

A公司向一审法院提交了记载有完整的"艾素"原料药生产工艺的全套"艾素"药品审批资料，其中载明的生产工艺与A公司实际使用工艺方法之间的一致性，已由鉴定机构按照经过一审法院和B公司认可且在其监督和参与下操作的现场勘验方案予以查验确认，并得出两者相符的结论。A公司提供的生产工艺资料所载明的生产工艺不涉及95专利所保护的技术方案。鉴定专家现场勘验认定A公司采用的是色谱纯化工艺，不涉及三水合物的制备，终产品中并不包含有结合水。

被上诉人B公司辩称：

第一，一审法院对三个诉均有管辖权。根据《民事诉讼法》第三十八条的规定，当事人对管辖权有异议的，应当在提交答辩状期间提出；根据《民事诉讼法》第二百四十五条的规定，涉外民事诉讼的被告对人民法院的管辖不提出异议并应诉答辩的，视为承认该人民法院为有管辖权的法院。上诉人A公司在一审中没有对一审法院的管辖权提出异议并且进行了应诉和答辩，A公司已经承认一审法院的管辖权。

第二，进口多西紫杉配注射液药品的《进口药品注册证》是被上诉人B公司的，被上诉人的药品在中国销售，且与上诉人A公司的产品存在同业竞争关系。被上诉人是进口"泰索帝"多西紫杉醇注射液药品在中国市场上的实际经营者。即使不是生产商或者销售商，但只要是经营者就可以成为不正当竞争之诉的适格主体。

第三，一审法院对于93专利和95专利的举证责任的分配是完全正确的，A公司没有尽到举证责任。另外，B公司认为，《技术鉴定报告书》没有排除A公司样品中含有专利侧链酶的可能性，并向本院申请对A公司样品进行补充鉴定。原审被告C药房没有答辩意见。

二审中，上诉人A公司向本院提供了4份证据材料。第一，上海医药工业研究院出具的《上海医药工业研究院的分析报告》，该份证据材料要证明被上诉人根据清华大学分析中心所得检测报告所作的推论是错误的，上诉人的样品中不含有专利侧链酸。第二，（2007）京证经字第00072号公证书及所附材料，该份证据材料要证明多西他赛和多西他赛三水合物是两种不同的化合物。第三，（2006）京证经字第0178号公证书及相应材料，第四，经公证、认证的英国D公司的工商登记资料。该第三与第四份证据材料均是要证明D公司为有限责任公司，具有独立法人资格。

经质证，被上诉人B公司表示对第一与第二份证据材料的真实性无法确认。被上诉人确认英国的D公司是具有独立法人资格的公司，但认为第三份证据材料的证明方式不对。被上诉人对第四份证据材料的真实性与关联性均予以确认。

本院认为，上诉人A公司提供的第一份证据材料与本案案件事实的关联性有待证实，上诉人提供的第二份证据材料也与本案案件事实无关联性，故对上诉人提供的第一与第二份证据材料不予采纳。另外，对于多西他赛和多西他赛三水合物是两种不同的化合物的事实，无须其他证据证明，本院予以确认。被上诉人对第三、第四份证据材料的真实、关联性与合法性均未提供异议，且被上诉人B公司对第三、第四份证据材料所要证明的事实已经予以确认，故本院对第三及第四份证据材料予以采信。

二审中，被上诉人B公司及原审被告C药房均未向本院提供证据材料。

经审理查明，1997年12月25日中华人民共和国卫生部药政管理局颁发编号为X970473与X970474的《进口药品注册证》，该证上的药厂（公司）名称栏记载：May and Baker Ltd.（英国）；产品名称栏记载：多西紫杉醇（泰索帝）。2001年9月8日国家药品监督管理局颁发编号为X20010340与X20010341的《进口药品注册证》，该证上的公司名称栏记载：Rhone Poulenc Rorer S.A.（法国）；药品名称栏记载：多西紫杉醇注射液；生产厂栏记载：Rhone Poulenc Rorer（英国）。其中，公司名称栏记载的Rhone Poulenc Rorer S.A（法国）为被上诉人B公司的原公司名称。故一审法院关于在中国市场上销售的进口药品"多西紫杉醇（泰索帝）注射剂"由B公司制造的认定有误，一审法院查明的其他事实基本属实。

另查明，进口"泰索帝"多西紫杉醇注射液药品说明书上记载的制造商——D公司，具有独立法人资格。将"泰索帝"多西紫杉醇注射液药品从境外销售到中国的是英国的B公司，被上诉人B公司没有提供证据证明其作为销售商直接从境外将"泰索帝"多西紫杉醇注射液药品销到中国。

一审程序中双方当事人所称的专利侧链酸是指93专利权利要求1所限定的化合物，即93专利独立权利要求2中制备塔三烷衍生物的新的起始物；二甲基侧链酸是指《技术鉴定报告书》中图6所示结构的化合物，亦即《技术鉴定报告书》中认定的A公司制造多西他赛的起始物。93专利独立权利要求2中所称塔三烷衍生物是多西他赛的上位概念，多西他赛属于一种具体的塔三烷衍生物。多西他赛与多西紫杉醇系同一药物产品；95专利"新型丙酸紫杉烯酯三水合物的制备方法"是制备多西他赛三水合物的方法，需先制备多西他赛，然后再由多西他赛制备多西他赛三水合物。进口药"泰索帝"多西紫杉醇注射液一词中，多西紫杉醇注射液为药品名称，"泰索帝"为商标。A公司制造销售的"艾素（注射用多西他赛）"药品名称中，"艾素"为商品名，注射用多西他赛为药品名称。

一审证据保全时A公司提供的《多西他赛主链岗位原始记录》，仅其中的10-DNA结构式和侧链酸结构式是补记的，且是根据证据保全法官的要求，对原始记录中的代号进行的说明。证据保全时，A公司主动要求提供样品，B公司以未申请保全样品为由予以拒绝；关于A公司在证据保全时称无书面生产操作规程，A公司当时还陈述"邓某说操作规程是口头的，是说我们按照向SDA电报资料中操作的，不属于规范"。一审庭审过程中，当发现技术鉴定机构现场勘验样品取样不足，不能对样品是否含水进行检测时，B公司拒绝当天下午到上诉人A公司处提取样品。

一审庭审过程中，B公司就《技术鉴定报告书》中的有关质谱信号提出疑问，并由此认为《技术鉴定报告书》没有排除A公司样品中含有专利侧链酸的可能性。技术鉴定机构的鉴定专家对相关技术问题进行了解释，并认为B公司的观点不能成立。一审庭审过程中，针对B公司提交的其单方委托清华大学分析中心出具的《NMR检测报告》与《质谱组检测报告》，技术鉴定机构的鉴定专家认为，该两份检测报告：不能证明B公司想要证明的问题。技术鉴定机构根据一审法院移交的鉴定材料，结合现场勘验所见的A公司的有关技术资料，以及对现场取样的检测分析，作出了相关技术鉴定结论。

B公司的代理人及其技术人员参与了技术鉴定机构在A公司进行的现场勘验过程，包括检测样品提取的过程。一审法院向技术鉴定机构移交的技术鉴定材料包括：①B公司提交的证据材料一册；②A公司提交的证据材料一册；③一审法院到A公司证据保全的材料一册；④一审法院到卫生部调取的材料一册（包括向国家药品监督管理局提交的新药证书/生产申请表、多西他赛生产工艺的试验资料及文献资料、多西他赛结构确证的试验资料及文献资料等材料）。

原审被告C药房名称已变更为C公司。

本院认为：

一、本案涉及的93专利侵权之诉、95专利侵权之诉与不正当竞争之诉在二审中应当继续合并审理，上诉人A公司的相应上诉理由不能成立。理由如下：

第一，B公司指控C公司销售"艾素（注射用多西他赛）"药品侵犯其涉案93专利与95专利，在法院未进行实体审理之前，并不能确定是否构成侵权，或是对哪一项专利构成侵权。93专利侵权之诉与95专利侵权之诉的诉讼标的是同一种类的，且两诉的当事人相同，一审法院又对两诉均有管辖权，故93专利侵权之诉与95专利侵权之诉依法可以合并审理。

第二，虽然本案中的不正当竞争之诉的诉讼标的、被告与两个专利侵权之诉不同，且原审法院本来对不正当竞争之诉无管辖权，但基于以下两点原因，二审程序中仍然可以继续将不正当竞争之诉与两个专利侵权之诉合并审理。一是A公司在一审程序中由两位专业律师代理诉讼，其应当知道《民事诉讼法》有关管辖及合并审理的规定，但其没有提出相关异议。且根据《民事诉讼法》第三十八条、第二百四十五条的规定，由于A公司未在法定期限内提出管辖权异议，故应当视为承认原审法院对本案中的不正当竞争之诉有管辖权。二是如果裁定撤销原审法院关于不正当竞争之诉的判决，并将该诉移送其他有管辖权的法院审理，不仅会增加当事人讼累，耗费更多的司法资源，而且会造成不必要的诉讼迟延。

二、B公司关于93专利独立权利要求2的侵权指控不能成立。理由如下：

第一，《技术鉴定报告书》的鉴定结论应当予以采信。一审法院委托科学技术部知识产权事务中心对涉案技术问题进行技术鉴定，程序合法，且B公司的代理人与技术人员亦参与了技术鉴定机构在A公司进行的现场勘验过程，包括送检样品的提取过程。对技术鉴定机构出具的《技术鉴定报告书》的鉴定结论，B公司并没有提供足以推翻鉴定结论的证据与理由，故《技术鉴定报告书》的鉴定结论应当予以采信。

第二，B公司委托清华大学分析中心出具的检测报告不能推翻《技术鉴定报告书》的鉴定结论。因为B公司提交清华大学分析中心做检测的样品是其单方提供的样品，并非A公司制造的样品，因此，即使B公司认为根据清华大学分析中心出具的《NMR检测报告》和《质谱组检测报告》，能够推论出B公司提交的样品中含有专利侧链酸，也并不能得出A公司制造多西他赛的起始物质中含有专利侧链酸的结论。另外，一审庭审中，针对B公司提交的《NMR检测报告》和《质谱组检测报告》，技术鉴定机构的鉴定专家已明确陈述相应的检测不足以证明B公司想要证明的问题。另外，《技术鉴定报告书》已经明确认定A公司制造多西他赛的起始物质是二甲基侧链酸，而非专利侧链酸。B公司认为，《技术鉴定报告书》没有排除A公司样品中含有专利侧链酸的可能性，申请对A公司的样品进行补充鉴定，本院不予准许。

第三，证据保全时A公司没有提供全部产品制造方法，没有提供书面生产操作规程，不能成为认定A公司构成专利侵权的理由。

新产品制造方法发明专利侵权纠纷中，在要求被控侵权人承担证明其制造方法不同于专利方法的举证责任时，应顾及被控侵权人合法商业秘密的保护。并非要求被控侵权人提供制造其产品的全部制造方法，而应当将被控侵权人提供的证明其产品制造方法的证据限定在必要的范围内，以足以证明其产品制造方法与专利权人的专利方法不同为必要。只要被控侵权人能够证明其产品制造方法的技术方案中有一项技术特征与专利方法技术方案中相应技术特征既不相同也不等同，专利权人的侵权指控就不能成立。

一审证据保全时，A公司向法院提供了《多西他赛主链岗位原始记录》，技术鉴定机构根据包括该份证据在内的鉴定材料，已经认定A公司制造多西他赛方法中起始物技术特征与93专利独立权利要求2方法中起始物技术特征不相同不等同，故现有的证据已经证明A公司制造多西他赛的方法不同于93专利独立权利要求2的方法。A公司在证据保全时未提供其制造"艾素（注射用多西他赛）"产品的完整方法，A公司在证据保全时即使有书面的生产操作规程而未向法院提供，均不能成为认定A公司未尽举证义务，进而认定其构成侵权的理由。

上诉人A公司关于93专利有两项独立权利要求，被上诉人B公司是以该专利独立权利要求2作为第一个诉的诉讼依据的，应当先由B公司举证证明A公司在生产"多西他赛"时使用了93专利权利要求1所述的化合物作为原料的上诉理由，并无法律依据。B公司主张权利的93专利的独立权利要求2是制造多西他赛（一种具体的塔三烷衍生物）的方法，只要B公司举证证明了A公司制造的产品是相同的多西他赛产品，且说明依据93专利独立权利要求2直接获得的多西他赛产品为新产品，证明A公司制造多西他赛的方法不同于93专利独立权利要求2的举证责任就需倒置由A公司承担。当然，如前所述，本案的现有证据（包括A公司的举证以及《技术鉴定报告书》）已经证明A公司制造多西他赛产品方法的技术方案没有落入93专利独立权利要求2的保护范围。

三、B公司关于95专利的侵权指控不能成立。理由如下：

第一，B公司未举证证明A公司制造了多西他赛三水合物，应承担不利的诉讼后果。

新产品制造方法发明专利侵权纠纷中，在认定依专利方法直接获得的产品为新产品的前提条件下，首先需要由专利权人举证证明被控侵权人生产的产品与依专利方法直接获得的产品是同样的产品，然后才能倒置由被控侵权人承担证明其制造同样产品的方法不同于专利方法的举证责任。在认定依95专利方法直接获得的多西他赛三水合物是新产品的前提条件下，应当首先由B公司举证证明A公司制造了多西他赛三水合物，然后才能倒置由A公司承担证明其生产同样多西他赛三水合物的方法不同于95专利方法的举证责任。B公司尚未举证证明A公司制造了多西他赛三水合物。一审法院以A公司生产的产品为同类产品为由，要求A公司承担举证责任证明其生产同类产品的方法不同于95专利方法，没有法律依据。在证据保全时，A公司主动要求提供样品，B公司以未申请保全样品为由予以拒绝；B公司作为当事人一方参与了A公司现场勘验时样品的提取过程，由于提取样品数量有限，导致不能对样品是否是三水合物进行检测；一审庭审中，B公司再次拒绝当天下午到A公司处提取样品。由于应由B公司承担证明A公司生产的产品是多西他赛三水合物的举证责任，在B公司丧失机会证明A公司生产的产品是多西他赛三水合物的情况下，B公司应当承担相应举证不能的不利诉讼后果。

第二，《技术鉴定报告书》已明确认定侵权指控不能成立。

多西他赛三水合物的制备过程是需先制备多西他赛，然后再由多西他赛制备多西他赛三水合物。如果A公司制造的多西他赛终产品是多西他赛三水合物，其必然在制备多西他赛工艺结束后，存在相应的由多西他赛制备多西他赛三水合物的工艺。技术鉴定机构依据包括A公司申报新药的报批文件及证据保全时保全的《多西他赛主链岗位原始记录》等证据在内的鉴定材料，并结合现场勘验所见的情况，已经明确认定A公司制备多西他赛产品的后处理技术采用的是色谱纯化工艺，不涉及多西他赛三水合物的制备。故尽管技术鉴定机构没有对A公司制造的多西他赛样品是三水合物还是无水合物进行过检测，但技术鉴定机构认定A公司的生产工艺中不涉及三水合物的制备，因而其多西他赛终产品并非三水合物，理由是充分的。

由于《技术鉴定报告书》已明确认定A公司的多西他赛终产品中不包含有结合水，相应生产工艺中不涉及多西他赛三水合物的制备。故即使举证责任倒置，由A公司举证证明其没有使用95专利方法，现有证据也已经证明A公司所使用的方法没有落入95专利的保护范围。

四、B公司的不正当竞争指控成立，A公司应当承担相应的法律责任。理由如下：

第一，B公司是适格的不正当竞争之诉的诉讼主体。市场竞争中的竞争主体应作广义理解，经营者不要求一定是生产商或者销售商。本案中，被上诉人B公司是相应《进口药品注册证》的持证人，对在中国市场上销售的"泰索帝"多西紫杉醇注射液药品有利害关系，B公司应当被认定为相应进口药品在中国市场上的经营者，故B公司作为本案不正当竞争之诉的诉讼主体是适格的。上诉人A公司关于B公司不具备提起本案不正当竞争之诉主体资格的上诉理由不能成立。

第二，A公司的行为构成不正当竞争。一审法院认定A公司制作散发产品宣传册的行为构成不正当竞争是正确的，上诉人A公司在上诉中对其相应行为构成不正当竞争也未提出任何异议，故应当认定A公司的相应行为构成不正当竞争，并根据A公司不正当行为的性质、情节、时间、影响范围等因素酌情确定其应当承担的民事责任。

综上所述，B公司关于涉案两项专利侵权指控不能成立，应当撤销一审法院关于93专利、95专利侵权之诉的判决，驳回B公司的相应诉讼请求。A公司制作散发其产日宣传册的行为，对B公司构成不正当竞争，A公司应当承担停止不正当竞争行为、登报公开赔礼道歉、赔偿经济损失的民事责任。本案一审案件受理费计算有误，应予以纠正。依照《专利法》第五十六条第一款、第五十七第二款，《最高人民法院关于审理专利纠纷案件适用法律问题的若干规定》第十七条，《中华人民共和国民事诉讼法》第一百三十条、第一百五十三条第一款第（二）项、第一百五十七条、第一百五十八条之规定，判决如下：

一、维持上海市第二中级人民法院（2003）沪二中民五（知）初字第56号民事判决的第（二）、（三）项，即（二）被告A公司停止对原告B公司的不正当竞争行为；（三）被告A公司自本判决生效之日起30日内，就其实施的不正当竞争行为，在《中国医药报》《法制日报》的显著位置上向原告公开赔礼道歉，内容须必须本院审定。

二、撤销上海市第二中级人民法院（2003）沪二中民五（知）初字第56号民事判决的第（一）、（四）、（五）、（六）项，即（一）被告A公司停止对原告B公司取得的"制备塔三烷衍生物的新起始物和其用途"（专利号：ZL931182××.×）、"新型内酸紫杉烯酯三水合物的制备方法"（专利号：ZL951939××.×）两项发明专利权的侵犯。（四）被告A公司自本判决生效之日起10日内，赔偿原告B公司经济损失人民币400000元；（五）被告A公司自本判决生效之日起10日内，赔偿原告B公司因本案诉而支付的合理费用人民币100000元；（六）被告C药房停止销售被告A公司制造的"艾素（注射用多西他赛）"产品。

三、上诉人A公司自本判决生效之日起10日内赔偿被上诉人B公司包括为制止不正当竞争行为所支付合理费用在内的经济损失人民币100000元。

四、被上诉人B公司的其余诉讼请求不予支持。

负有金钱给付义务的当事人如未按本判决指定的期间履行给付义务，应当依照《中华人民共和国民事诉讼法》第二百三十二条之规定，加倍支付迟延履行期间的债务利息。

本案一审案件受理费人民币18133元，由上诉人A公司负担人民币5370元，由被上诉人B公司负担人民币12763元。鉴定费人民币80000元，由被上诉人B公司负担。本案二审案件受理费人民币18133元，由上诉人A公司负担人民币5370元，由被上诉人B公司负担人民币12763元。

本判决为终审判决。

（资料来源：上海市高级人民法院网－裁判文书 http：//www.hshfy.sh.cn/shfy/web/cpws.jsp）

三、实用新型

实用新型，也称小发明，其定义则因国而异。我国《专利法》第二条第三款规定："实用新型是指对产品的形状、构造或者其组合所提出的新的技术方案"。实用新型必须是一项新的技术方案，其实质也是一种发明，只不过其创造性和技术水平的要求要低于发明专利。

药品实用新型包括如下。

（1）某些与功能相关的药物剂型、形状、结构的改变，如通过改变药品的外层结构达到延长药品疗效的技术方案。

（2）诊断用药的试剂盒与功能有关的形状、结构的创新。

（3）生产药品的专用设备的改进。

（4）某些与药品功能有关的包装容器的形状、结构和开关技巧等。

▶▶【案例】2-2-5

邹某某、A修造厂侵害实用新型专利权纠纷二审民事判决书

安徽省高级人民法院

民事判决书

（2017）皖民终517号

上诉人（一审原告）：邹某某。

委托诉讼代理人：汤某某，××知识产权代理有限公司专利代理人。

被上诉人（一审被告）：A修造厂，经营地址安徽省亳州市道东开发区。

经营者：楚某某。

被上诉人（一审被告）：刘某某。

上述两被上诉人共同的委托诉讼代理人：王某，安徽××律师事务所律师。

上诉人邹某某因与被上诉人A修造厂、刘某某侵害实用新型专利权纠纷一案，不服安徽省合肥市中级人民法院（2016）皖01民初351号民事判决，向本院提起上诉。本院受理后，依法组成合议庭，公开开庭进行了审理。上诉人邹某某及其委托诉讼代理人汤某某，被上诉人刘某某及其与A修造厂共同的委托诉讼代理人王某到庭参加了诉讼，本案现已审理终结。

邹某某上诉请求：撤销一审判决，改判支持其全部诉讼请求。事实与理由：一审判决未从整体上考量技术方案，将技术特征彼此割裂。专利权利要求1中在技术特征"压滚轴两端由轴承套固定于机架上"之后还同时记载了技术特征"刀门装于轴承套上"，作为转动部件的压滚轴，只要其能够转动就必须设置与之配合的轴承座，压滚要上下移动就必须提供导轨一类的导向限位机构，这是机械领域的公知常识。一审判决置常识于不顾，又主观臆断涉案专利技术方案权利要求书不清楚。本案在一审过程中，刘某某对本专利提起了无效宣告请求，国家知识产权局专利复审委已经作出第31711号审查决定书，在确

认本专利权利要求清楚的基础上维持专利有效。

刘某某辩称：一、被控侵权产品未落入涉案专利的保护范围，两者存在至少四处实质性差异。一是专利权利要求1中的特征"滑竿穿过固定于机架上的滑套由螺母固定于一横杆上"，被控侵权产品的对应特征为：滑竿穿过滑套后与横杆不相连接，刀框上部横梁固接了一根长度可调节的立杆，立杆平行于滑竿向下，下端由螺母固定于横杆上。该技术特征消除了涉案专利存在的滑竿与滑套磨损的不足，且轴承套固定于机架上，消除了刀口的晃动问题，提高了切片的精度。二是特征"压滚轴两端由轴承套固定于机架上"，被控侵权产品的对应特征为：压滚轴两端由轴承套固定于刀门，刀门两端沿垂直方面各设置一短滑套，短滑套被固定于机架立框的两根立杆穿过。该特征属于功能性技术特征，涉案专利说明书及附件均未给出该功能的具体实现方式，因而无法就两者是否等同进行比较。三是涉案专利权利要求2中的特征"无极轮由链条与装于变速轴上的链轮连接，链轮由链条与压滚连接"，被控侵权产品的对应特征为：无极轮由链条与装于变速轴上的第一链轮连接，与第一链轮同轴固定的第二链轮由链条与压滚连接。涉案专利使用的是具有两圈齿轮的链轮，加工难度大，成本高，一旦其中一圈齿轮磨损，就必须更换整个链轮。四是电机、无极轮等与机架的关系，两者存在方位上的差别。涉案专利的电机、无极轮分布于机架的两侧，而被控侵权产品的电机、无极轮位于机架的同侧，便于工作人员的操作。二、被控侵权产品使用的是现有技术。被控侵权产品的刀架机构、传送机构与名称为"一种截断机"（申请号：2003101089××.×）对应部位完全一致；驱动机构、压紧机构与名称为"后驱动往复式切药机"（申请号：032555××.×）的对应部位完全一致。

A修造厂同意刘某某的答辩意见，并主张其销售的产品是刘某某生产，刘某某也向其出具了专利证书，已经尽到合理的审查义务。如果法院最终认定被控侵权产品侵害了邹某某的专利权，也仅承担停止侵权的民事责任。

邹某某起诉请求判令A修造厂、刘某某：1.立即停止生产、销售侵权产品，并销毁侵权产品；2.立即销毁所有推广用说明书、广告；3.赔偿经济损失20万元；4.承担案件合理费用3万元。

一审查明的事实：邹某某是专利号为ZL20082021×××.1、名称为"一种食品、药材的直切式切片机"的实用新型专利权人，该专利的申请日为2008年11月26日，授权公告为2009年9月9日，该专利合法有效。

邹某某请求以涉案专利权利要求1、2确认保护范围，涉案专利权利要求书对该两项权利要求的内容为：

1.一种食品、药材的直切式切片机，包括机架、直切装置、传动装置和装于机架上的输送带，其特征在于：a.所述的直切装置包括刀框、滑竿、刀门，其上装有刀片的刀框两侧分别与一根滑竿的上端连接，滑竿穿过固定于机架上的滑套由螺母固定于一横杆上，刀框内侧装有一压滚，压滚轴两端由轴承套固定于机架上，刀门装于轴承套上；b.传动装置包括电机、由皮带与电机的传动轮连接的工作轮、装于工作轮主轴上的偏心轮和装于机架左侧的无极轮，工作轮主轴穿过机架左侧，其端部装有调节块，调节块由拉杆与无极轮连接，装于偏心轮的轴承套上的连接块上端部固定于横杆上，无极轮由链条与装于变速轴上的链轮连接，链轮由链条与压滚连接。

2.根据权利要求1所述的食品、药材的直切式切片机，其特征在于：刀口上装有一与压力轴连接的压杆，压力轴上装有调节块。

涉案专利说明书记载，已有的切片机由于结构不合理，因此切出的食品、药材片不仅不平整、不光滑、不美观，而且速度慢，同时切出碎渣很多……本实用新型的目的是针对现存问题，提供一种可使各类食品、药材切出的片不仅平整、光滑、美观，而且速度快，同时切出碎渣很少的食品、药材的直切式切片机……本实用新型由于前有刀框且刀框内侧装有一压滚，从而使被切的食品、药材可被压紧，因此可使各类食品、药材切出的片不仅平整、光滑、美观，而且速度快，同时切出碎渣很少。

2016年6月8日，邹某某的委托代理人周某某以普通消费者的身份，向A修造厂购买了一台被控侵权产品BQYJ-200型系列往复式切片机，价格为8000元。应邹某某申请，安徽省亳州市亳州公证处对购买过程进行了公证，并出具（2016）皖亳公证字第2305号公证书。邹某某支付公证费2000元。

庭审中，邹某某展示了被控侵权产品，刘某某认可由其生产，A修造厂认可由其销售。邹某某进行比对后主张，权利要求1述及的零部件在被控侵权产品中均存在，连接关系也大致相同；双方在滑竿、刀框与下方横杆的连接方式方面存在差异，但效果相同，构成等同；双方组成传动装置的零部件相同，连接方式也完全相同；关于权利要求2，被控侵权产品的压力轴下压时，可看到刀门的移动，因此具备了权利要求2的技术特征；由此，应认定被控侵权产品落入了权利要求1、2所限定的保护范围。

A修造厂、刘某某认为被控侵权产品与涉案专利存在明显不同，涉案专利的穿过滑道固定于下方的横杆，横杆与下方偏心轮的轴承套相连，偏心轮转动时，两根滑竿必然前后移动，磨损滑套；被控侵权产品是在刀框两侧另安装两根滑竿，滑竿穿过固定于机架上的滑套，中间的两根连接杆上端与刀框相接；被控侵权产品的上述结构消除了专利存在的滑竿与滑套磨损的不足，且轴承套固定与机架上消除了刀口的前后左右移动，提高了切片的精度；权利要求1中的其他连接特征，属于公知技术。权利要求2缺乏创造性。

结合双方当事人的比对主张，就邹某某对涉案专利主张的保护范围与被控侵权产品的相应技术特征进行比对，确认两者主要存在四处差别。一是涉案专利权利要求1中的特征"滑竿穿过固定于机架上的滑套由螺母固定于一横杆上"，被控侵权产品的对应特征为：滑竿穿过滑套后与横杆不相连接，刀框上部横梁固接了一根长度可调节的立杆，立杆平行于滑竿向下，下端由螺母固定于横杆上。二是特征"压滚轴两端由轴承套固定于机架上"，被控侵权产品的对应特征为：压滚轴两端由轴承套固定于刀门，刀门两端沿垂直方面各设置一短滑套，短滑套被固定于机架立框的两根立杆穿过。三是涉案专利权利要求2中的特征"无极轮由链条与装于变速轴上的链轮连接，链轮由链条与压滚连接"，被控侵权产品的对应特征为：无极轮由链条与装于变速轴上的第一链轮连接，与第一链轮同轴固定的第二链轮由链条与压滚连接。四是电机、无极轮等与机架的位置关系不同。

2015年1月29日，刘某某提出一项实用新型专利申请，名称为"一种药材往复式直切机"，专利号ZL20152007×××××.××，于2015年7月15日取得授权。

刘某某曾经在邹某某处工作，2014年春节前后离职。

一审法院认为：刘某某自有的在后专利对本案审理不产生影响。本案的争议焦点在于被控侵权产品是否落入了涉案专利的保护范围。

关于被控侵权产品与涉案专利的第一处差别，被控侵权产品的滑竿穿过滑套后不与下部横杆相连，而是另以立杆来实现刀框横梁和下部横杆之间的连接，该种方式与涉案专利对应技术特征相比，缺乏创造性，在技术效果方面也看不出差别，应认定两者构成等同技术特征。

关于两者的第三处差别，根据涉案专利的文字表述，可得出的结论是，无极轮、压滚连接的是同一个链轮；由于普通链轮只能安装一根链条，不可能同时安装两根链条，似乎涉案专利此处的技术特征表述有误；不过，涉案专利说明书附图2显示，来自无极轮、压滚的链条分别与链轮连接时，两链条在链轮上形成的两个圆周不是重合的，两圆的直径存在长短之分；据此可知，涉案专利此处的链轮应是一种具有两圈齿轮的链轮，相当于两个普通链轮的黏合。被控侵权产品使用的是两个普通链轮，其效果相当于将涉案专利的链轮一分为二，因此该处差别并无实际意义，两者构成等同。

关于两者的第四处差别，被控侵权产品的部分部件在左右方位上的简单调换无任何意义，构成相同技术特征。

关于两者的第二处差别，对涉案专利"压滚轴两端由轴承套固定于机架上"这一特征，应当理解为压滚轴、机架之间仅通过轴承套实现连接；被控侵权产品的压滚轴未与机架连接，而是固定于刀门，再由刀门经短滑套与固定于机架的立杆相连接；与涉案专利相比不相同也不等同。涉案专利该处的"固定于机架"用语容易使人理解为，压滚轴能够绕自身纵轴转动，除此之外，压滚轴相对机架被"固定"。不过，根据涉案专利说明书记载的专利目的、技术效果以及现有背景技术，涉案专利中的压滚能使各类被切食品、药材可被压紧，切出的片不仅平整、光滑、美观，而且切片速度快，同时切出碎渣很少。据此可知，压滚的位置应当能够调节，以适应厚度不一的各类被切物。另外，涉案专利权利要求2给出的技术方案，也给出了刀门位置可以上下调节的提示；因为若不能调节，权利要求2将变得无意义。由上述两点，该处"固定于机架"用词不准确，应当理解为连接于机架，即压滚轴两端经由轴承套而与机架相连接，但压滚轴可以上下调节，即涉案专利隐含有一项技术特征，即压滚轴可上下调节。被控侵权产品关于该差别对应的结构，使得其上的压滚轴也可以上下调节，故两者均具备压滚轴可上下调节的特点。不过，该特征属于功能性技术特征，《最高人民法院关于审理侵犯专利权纠纷案件应用法律若干问题的解释》第四条规定，对于权利要求中以功能或者效果表述的技术特征，人民法院应当结合说明书和附图描述的该功能或者效果的具体实施方式及其等同的实施方式，确定该技术特征的内容。由于涉案专利文件未给出上述功能的具体实施方式，依上述规定，该技术特征的内容无法确定。故无法针对被控侵权产品的对应结构，来比较两者是否构成相同；也无法适用等同原则，来判定两者是否构成等同。

对第二处差别，可能的一种观点是，被控侵权产品的轴承套与立杆之间的部件，可视为一个固接于轴承套的短滑套，由此被控侵权产品对应特征可表述为"压滚轴两端由轴承套、短滑套连接于机架上"；涉案专利"压滚轴两端由轴承套固定于机架上"这一陈述，未排除轴承套以外的其他部件；由此，该陈述包括了被控侵权产品的上述特征。该观点亦不能成立。"压滚轴两端由轴承套固定于机架上"描述的不是一种组合物特征，而属于一种连接结构特征，不仅限定了参与连接的部件，而且限定了部件之间的连接关系，是对部件及其连接关系的描述，应当理解为仅由压滚轴、机架、轴承套构成，前两者通过后者实现连接的结构。相对该陈述，短滑套不是必然和必不可少的，也不是易于令人联想的部件，不属于无须提及的部件。二是权利要求1存在另一陈述"滑竿穿过固定于机架上的滑套由螺母固定于一横杆上"，可简化为"滑竿由螺母固定于一横杆上"，与"压滚轴两端由轴承套固定于机架上"陈述的语言结构相同，应作同样的理解。三是分析"压滚轴两端由轴承套固定于机架上"陈述，"固定"一词如前所述，实际上是表达连接的含义，陈述中又指出了轴承套作为连接部件，则应当理解该陈述已排除还含有其他连接部件的可能，陈述所描述的连接就是仅通过轴承套实现的连接。

综上，由于不能认定被控侵权产品存在涉案专利"压滚轴两端由轴承套固定于机架上"这一技术特征，被控侵权产品未落入涉案专利权的保护范围。根据《中华人民共和国民事诉讼法》第六十四条第一款、《最高人民法院关于适用〈中华人民共和国民事诉讼法〉的解释》第九十条的规定，判决：驳回邹某某的诉讼请求。案件受理费4750元，由邹某某负担。

二审中，邹某某提交一份新证据：国家知识产权局专利复审委员于2017年3月29日作出的第31711号无效审查决定书，证明涉案专利现合法有效，国家知识产权局专利复审委员会认定本专利权利要求书记载清楚。A修造厂、刘某某对该证据的真实性无异议，但认为该证据并未就被控侵权产品是否落入涉案专利保护范围作出认定。无效审查决定书第11页已经载明："证据2实质公开了本专利的滑竿穿过固定于机架上的滑套固定于一横杆上的技术特征"，表明该技术特征是公开技术。

A修造厂、刘某某在二审中提交两份新证据：①"一种截断机"（申请号：2003101089××.×）的发明专利申请公开说明书，证明目的：被控侵权产品的刀架机构、传送机构与该申请的对应部位完全一致；②一种"后驱动往复式切药机"（专利号：032555××.×）实用新型专利说明书，证明目的：被控侵权产品的驱动机构、压紧机构与其对应部位完全一致。邹某某对该两份证据的真实性无异议，认为该两份证据已经作为前述无效审查决定书的对比文件，均仅公开了涉案专利的部分技术特征，而不是完整的技术方案。

本院认证认为，对于邹某某在二审中提交的证据，A修造厂、刘某某对其真实性无异议，可以证明涉案专利目前的法律状态，本院予以确认。对于A修造厂、刘某某在二审中提交的证据，邹某某认可其真实性，本院予以确认，能否实现当事人的证明目的结合其他在案证据予以说明。

本院二审对一审查明的事实予以确认。

本院认为，综合当事人举证、质证及诉辩意见，本案二审争议的焦点为：一、刘某某生产、楚某某修造厂销售的被控侵权产品是否落入了邹某某涉案专利的保护范围；二、刘某某、楚某某修造厂主张的现有技术抗辩能否成立；三、如侵权成立，刘某某、A修造厂应当如何承担民事责任。

关于争议焦点一。根据《专利法》第五十九条第一款之规定，发明或者实用新型专利权的保护范围以其权利要求的内容为准，说明书及附图可以用于解释权利要求。本案中，邹某某请求以涉案专利权利要求1、2作为保护范围。经一审法院及本院二审组织双方当事人比对，确认被控侵权产品与涉案专利权利要求1、2相比，在字面上存在四处差异：一是涉案专利权利要求1中的特征"滑竿穿过固定于机架上的滑套由螺母固定于一横杆上"，被控侵权产品的对应特征为：滑竿穿过滑套后与横杆不相连接，刀框上部横梁固接了一根长度可调节的立杆，立杆平行于滑竿向下，下端由螺母固定于横杆上。二是涉案专利权利要求1中的特征"压滚轴两端由轴承套固定于机架上，刀门装于轴承套上"，被控侵权产品的对应特征为：压滚轴两端由轴承套固定于刀门，刀门两端沿垂直方面各设置一短滑套，短滑套被固定于机架立框的两根立杆穿过。三是涉案专利权利要求1中的特征"无极轮由链条与装于变速轴上的链轮连接，链轮由链条与压滚连接"，被控侵权产品的对应特征为：无极轮由链条与装于变速轴上的第一链轮连接，与第一链轮同轴固定的第二链轮由链条与压滚连接。四是电机、无极轮等与机架的位置关系不同。

关于上述第一处差异。涉案专利权利要求1采用的技术手段是滑套由螺母与一根横杆相连接，被控侵权产品是滑套与横杆平行的立杆连接，下端由螺母固定于机架上。两者所采用的技术手段略有差异，区别在于将横向连接替换为竖向连接，该差异对本领域的技术人员而言无须经过创造性的劳动即可实现。两者实现的功能均是起导向作用，实现向下的往复运动，两者实现的效果亦完全相同。因此，被控侵权产品的该技术特征与涉案专利权利要求1的对应技术特征相比，是以基本相同的手段，实现相同的功能和效果，构成等同技术特征。

关于上述第二处差异。首先，被控侵权人主张该技术特征包含了压滚的位置能够上下调节，以适应厚度不一的各类被切物的功能，因而该技术特征属于功能性技术特征。关于该技术特征是否属于功能性技术特征，本院认为，功能性技术特征是指对于结构、组分、步骤、条件或其之间的关系等，通过其在发明创造中所起的功能或者效果进行限定的技术特征。因此，功能性技术特征是由于申请人对权利要求的撰写采用了功能性描述所造成的，涉案专利关于该技术特征的描述，给出了压滚轴、轴承套、机架以及刀门之间的连接和位置关系，并未涉及任何功能性描述，故该技术特征不属于功能性技术特征。其次，被控侵权人主张从权利要求2可以推知该技术特征隐含了压滚的位置能够上下调节的功能，侵权比对应当考虑该隐含的技术特征。本院认为，隐含技术特征是本领域技术人员结合权利要求书和说明书可以明确地、毫无疑义地确定权利要求书中隐含地包含了某项技术特征，则在解释权利要求时应当考虑该项隐含的限定特征。本案中，权利要求1为独立权利要求，权利要求2为从属权利要求，被控侵权人以权利要求2反推权利要求1存在隐含技术特征，没有事实和法律依据。最后，即便认可该技术特征隐含了压滚可以上下调节的功能，压滚作为转动装置在机械领域惯常的使用方式即设置与之配合的轴承座，整体置于导向限位机构中往复运动，或是使之绕压滚轴自体循环运动，这是本领域的公知常识，因而无须另行在说明书中载明实现压滚运动的具体方式。综上，该技术特征不属于功能性技术特征，被控侵权人关于该技术特征权利要求书公开不充分，未得到说明书支持的抗辩理由不能成立。

关于第三处差异。被控侵权人主张涉案专利限定的是具有两圈齿轮的链轮，被控侵权产品使用两个普通链轮。对此，本院认为，该技术特征要解决的技术问题是无极轮、链轮以及压滚之间的连接问题，本专利并未限定作为中间连接载体的链轮应为何种链轮。涉案专利说明书附图2给出了一种实施例，来自无极轮、压滚的链条分别与链轮连接时，两链条在链轮上形成的两个圆周不是重合的，两圆的直径存在长短之分，被控侵权产品采用两个普通链轮分别连接无极轮和压滚，两者并无实质性差异。

关于第四处差异。涉案专利的电机与无极轮位于机架的不同侧，被控侵权产品的电机与无极轮位于机架的相同一侧。两者在技术手段方面仅存在零部件安装位置的变化，进行这样的替换对本领域普通技术人员而言，无须经过创造性劳动即可实现。经过这样的技术替换之后，两者的功能、效果亦没有发生变化。故被控侵权产品的该技术特征与涉案专利权利要求1对应技术特征相比无实质性差异。

综上所述，被控侵权产品具备涉案专利权利要求1、2的全部技术特征，落入涉案专利的保护范围。

关于争议焦点二。《最高人民法院关于审理侵犯专利权纠纷案件应用法律若干问题的解释》第十四条规定："被诉落入专利权保护范围的全部技术特征，与一项现有技术方案中的相应技术特征相同或者无实质性差异的，人民法院应当认定被诉侵权人实施的技术属于专利法第六十二条规定的现有技术。"在本案中，A修造厂、刘某某主张其所采用的现有技术，已经在国家知识产权局专利复审委员会第31711号无效审查决定书中作为对比文件使用，无效审查决定书认定：申请号为2003101089××.×的"一种截断机"发明专利申请公开说明书，专利号为032555××.×的一种"后驱动往复式切药机"实用新型专利说明书，均未公开涉案专利权利要求所述的"压滚轴两端由轴承套固定于机架上，刀门装于轴承套上"的技术特征，同时没有证据表明该技术特征属于本领域的常规技术手段或公知常识。而被控侵权产品完全具备上述技术特征。此外，A修造厂、刘某某亦主张"一种截断机"发明专利申请公开说明书公开了被控侵权产品的刀架机构、传送机构，一种"后驱动往复式切药机"实用新型专利说明书公开了被控侵权产品的驱动机构、压紧机构，两份现有技术仅公开了被控侵权产品的部分技术特征，而未完全公开被控侵权产品所使用的全部技术方案，A修造厂、刘某某关于被控侵权产品属于现有技术的抗辩不能成立。

关于争议焦点三。《中华人民共和国专利法》第六十条规定："未经专利人许可，实施其专利，即侵犯专利权。"本案中，刘某某、A修造厂未经专利权人许可，刘某某生产、A修造厂销售侵害邹某某专利权的被控侵权产品，应承担相应的民事责任。刘某某未经专利人许可，擅自使用邹某某案涉专利权实施生产行为，应承担停止侵权、赔偿损失的民事责任。关于本案赔偿数额的确定，根据《中华人民共和国专利法》第六十五条第二款的规定，权利人的损失、侵权人获得的利益和专利许可使用费均难以确定的，人民法院可以根据专利权的类型、侵权行为的性质和情节等因素，确定给予1万元以上100万元以下的赔偿。根据业已查明的事实，邹某某为购买被控侵权实物支出8000元，支付公证费2000元，上述费用均为邹某某为制止侵权所支付的合理开支，本院予以支持。鉴于邹某某未举证证明其损失、侵权人获得的利益和专利许可使用费等情况，本院结合案涉专利产品的销售价格，侵权行为持续时间、性质以及邹某某为制止侵权所支付的合理费用等因素，酌情确定本案赔偿数额为5万元。A修造厂主张其销售的产品具有合法来源，对此邹某某亦认可A修造厂销售的被控侵权产品系刘某某生产、制造，A修造厂在销售前审查了刘某某提交的实用新型专利证书，已经尽到销售者的合理注意义务，根据《中华人民共和国专利法》第七十条的规定，不承担赔偿损失的民事责任，但仍应停止侵权，并对邹某某为制止侵权所支付的合理费用1万元承担连带赔偿责任。

综上，邹某某的上诉请求部分成立。原判认定事实清楚，但适用法律不当，应予纠正。依照《中华人民共和国专利法》第五十九条第一款、第六十条、第六十五条第二款、第七十条,《最高人民法院关于审理侵犯专利权纠纷案件应用法律若干问题的解释》第十四条,《中华人民共和国民事诉讼法》第一百七十条第一款第(二)项之规定,判决如下:

一、撤销安徽省合肥市中级人民法院(2016)皖01民初351号民事判决;

二、刘某某自本判决生效之日起立即停止生产、销售侵害邹某某专利号为ZL2008202170××.×的切药机产品;

三、A修造厂自本判决生效之日起立即停止销售侵害邹某某专利号为ZL2008202170××.×的切药机产品;

四、刘某某自本判决生效之日起赔偿邹某某经济损失5万元(含为制止侵权所支付的合理费用1万元);A修造厂在1万元范围内承担连带赔偿责任;

五、驳回邹某某的其他诉讼请求。

一审案件受理费4750元,由邹某某负担2000元,刘某某、A修造厂负担2750元;二审案件受理费4750元,由邹某某负担2000元,刘某某、A修造厂负担2750元。

本判决为终审判决。

(资料来源:https://wenshu.court.gov.cn/)

四、外观设计

外观设计,是指对产品的整体或者局部的形状、图案或者其结合以及色彩与形状、图案的结合所作出的富有美感并适于工业应用的新设计。

药品外观设计如下。

(1)药品的外观,如便于给儿童服用的制成小动物形状的药片。

(2)药品包装的外观,如药品的包装盒。

(3)富有美感和特色的说明书等。

▶▶【案例】2-2-6

A药业公司与B医疗器械公司、C药房侵害外观设计专利权纠纷二审民事判决书

江苏省高级人民法院
民事判决书

(2021)苏知终7号

上诉人(原审被告):A药业公司,住所地安徽省阜阳市临泉县田桥开发区。

法定代表人:韦某,该公司执行董事兼总经理。

委托诉讼代理人:王某,河南良秦律师事务所律师。

委托诉讼代理人:狄某某,安徽京阜律师事务所律师。

被上诉人(原审原告):B医疗器械公司,住所地安徽省芜湖市无为县十里墩乡吕港村(某某)。

法定代表人:吴某某,该公司总经理。

委托诉讼代理人:武某,××律师事务所律师。

原审被告:C药房,住所地江苏省昆山市玉山镇玉杨路某某某某厂房某某北侧东间/div>法定代表

人：崔某某，该公司董事长。

委托诉讼代理人：王某某，该公司法务。

上诉人A药业公司因与被上诉人B医疗器械公司、原审被告C药房侵害外观设计专利权纠纷一案，不服江苏省苏州市中级人民法院（2019）苏05知初1166号民事判决，向本院提起上诉。本院于2021年1月25日立案后，依法组成合议庭审理了本案。本案现已审理终结。

A公司上诉请求：撤销一审判决，改判驳回B公司的全部诉讼请求，一、二审诉讼费由B公司负担。事实和理由："火泥三伏贴"与"老泥三伏贴"两者外观不构成近似，存在诸多较为明显的差异。一审判决认定的20万元赔偿数额亦无任何法律依据。

B公司辩称，一审判决认定事实清楚，适用法律正确。被控侵权产品外观与涉案外观设计专利高度近似，A公司所称的差异均不构成实质性差异。一审判决的赔偿数额正确，应当予以维持。

C药房述称，同意一审法院认定的我方无须承担责任的结论。我方认为被控侵权产品外观与涉案外观设计专利不构成近似。

B公司向一审法院提出诉讼请求，请求判令A公司、C药房：1.停止侵害涉案外观设计专利权的行为即停止生产及销售专利侵权产品；2.赔偿B公司经济损失50万元；3.承担本案维权合理费用，包括律师费5万元、公证费6240元、差旅费6000元；4.承担本案全部诉讼费。

一审法院认定事实：

一、B公司及涉案专利的基本情况

B公司成立于2016年4月27日，注册资本500万元，经营范围：一类医疗器械生产、销售；农副产品购销；艾草、艾绒、竹炭、暖宝、口罩制品研发、加工、销售。

2017年7月4日，案外人D公司向国家知识产权局提交了名称为"包装盒（火泥三伏贴）"的外观设计专利申请，于2017年11月10日获得专利授权，专利号为ZL20173028×××.0。该专利现处于有效状态。涉案专利图片或照片包括主视图、后视图、左视图、右视图、俯视图、仰视图和立体图。简要说明部分记载该外观设计产品的用途是用于盛放物品的盒子，设计要点在于整体外观及图形，最能表明设计要点的图片或者照片为主视图。

2017年8月22日，国家版权局根据《作品自愿登记试行办法》的规定发布了登记号为"国作登字-2017-F-004826××"的《作品登记证书》，作品名称：火泥三伏贴；作品类别：美术作品；著作权人：D公司；首次发表时间：2015年9月8日。该作品与涉案专利主视图相同。

2017年7月5日，D公司与B公司签订《外观专利授权协议》，约定D公司授权B公司使用涉案专利生产及销售"包装盒（火泥三伏贴）"外观专利产品。授权外观专利被第三方侵权，由B公司负责处理并承担处理过程中的全部费用，授权期限为2017年7月5日至2027年7月4日。

二、A公司、C药房基本情况及被诉侵权行为

A公司成立于2003年6月2日，注册资本138万元，经营范围：许可经营项目：医疗器械二类：6826物理治疗及康复设备、6864卫生材料及敷料、6866医用高分子材料及制品生产、线上线下销售；一类医疗器械生产、线上线下销售；预包装食品、生肉线上线下销售。

C药房成立于1995年12月18日，注册资本6000万元，经营范围：药品零售；医疗器械销售；食品销售；道路普通货物运输；消毒用品销售等。

B公司对A公司、C药房在江苏省昆山市和互联网平台上销售被诉侵权产品的情况分别向江苏省昆山市正信公证处、北京市精诚公证处申请办理了保全证据公证，上述公证处为此出具了（2019）苏昆正信证民内字第4246、4247、4248号及（2019）京精诚内经字第04548号公证书。根据上述公证书记载的内容，在2019年8月中旬，C药房昆山华城店、昆山樾阁店、昆山前鑫店以及C药房京东商城店铺"百佳惠大药房官方旗舰店"均有销售被诉侵权产品"老泥三伏贴（医用冷敷贴）"。同时，在C药房淘宝店铺"百佳惠大药房旗舰店"亦有销售被诉侵权产品。上述线上线下店铺销售价格分别为26元、25.33元每盒。

三、侵权比对、合法来源抗辩相关事实

一审庭审中，B公司提交了公证购买的被诉侵权产品"老泥三伏贴（医用冷敷贴）"。产品正面左上角标注了"艾景天"商标，背面标注了A公司（生产企业）的企业名称、生产地址、电话号码、生产备案号等。将被诉侵权产品与涉案专利进行比对，B公司认为被诉侵权产品与涉案专利通过整体比对和局部比对，在产品整体外观形状和各个视图的图形文字等构成要素以及其排列布局等方面均高度近似，落入了涉案专利权的保护范围，构成侵权。A公司和C药房认为被诉侵权产品与涉案专利存在明显区别，主要包括主视图右侧的女孩图案和植物图案不相同、左上角的商标不同、文字字体不同，其他视图上两者也存在差异。

2019年5月15日至7月12日，C药房通过其关联公司E医药公司（该公司股东为C药房法定代表人）向A公司采购被诉侵权产品。其中，2019年5月15日采购12000盒，每盒9元，合计108000元；6月21日采购200盒，合计1800元；7月12日采购6000盒，合计54000元；以上共计163800元。一审庭审中，A公司主张其生产的被诉侵权产品均委托C药房的线上线下渠道进行销售。

四、其他

案外人刘某是第35591546号"艾景天"注册商标的注册人，2019年6月1日，刘某将该商标授权给A公司使用，授权时间至2020年5月31日。2019年12月16日，刘某向国家知识产权局提交了名称为"药品包装盒（老泥三伏贴）"的外观设计专利申请，于2020年7月14日获得专利授权，专利号为ZL20193070×××.4。2020年7月15日，刘某授权A公司使用上述外观设计专利在其产品包装上使用，授权期限至2021年7月14日。

案外人时某于2019年4月25日向国家知识产权局申请注册"老泥三伏贴"商标。

B公司主张其为制止侵权行为共支付公证费6240元、律师费5万元及相关差旅费，并提供相关票据加以佐证。

一审法院认为：

关于被诉侵权产品是否落入涉案专利权的保护范围。人民法院认定外观设计是否相同或者近似时，应当根据授权外观设计、被诉侵权设计的设计特征，以外观设计的整体视觉效果进行综合判断。被诉侵权产品与涉案专利均系药品包装盒，属于相同产品。将被诉侵权产品设计与涉案专利设计进行比对，从整体形状看，两者均呈长方体；从主视图、后视图等各个角度观察，两者构成要素均包括商标、产品名称、适用范围、使用说明、女孩和植被的图案，且上述构成要素在位置排列布局上均基本一致，上述相同点体现了涉案专利的整体外观和图形上的主要设计要点。A公司和C药房就二者比对提出的相关细微差别不会对被诉侵权产品的整体视觉效果产生实质性影响。综上，以一般消费者的知识水平和认知能力进行综合判断，二者在整体视觉效果上无实质性差异，应当认定构成近似，被诉侵权产品落入了涉案专利权的保护范围。

关于侵权责任。A公司制造、销售被诉侵权产品，侵害了B公司的涉案专利权，应承担停止侵权、赔偿损失的民事责任。C药房从B公司购买被诉侵权产品且无证据证明C药房明知该产品侵害涉案专利权而予以销售，故一审法院认定C药房主张的合法来源抗辩成立，其在本案中无须承担侵权赔偿责任，但应立即停止销售被诉侵权产品。

关于A公司应承担的侵权赔偿数额。由于B公司无确切证据证实其因侵权行为遭受的实际损失或A公司因侵权所获得的利益，一审法院综合考虑涉案专利的类型、侵权行为持续的时间、A公司侵权行为

性质和情节、主观故意程度、被诉侵权产品售价及专利贡献程度等因素以及B公司为本案调查取证、维权所支出的合理费用，依法酌定本案侵权赔偿数额为20万元。

综上，依照《中华人民共和国专利法》第十一条第二款、第五十九条第二款、第六十五条，《最高人民法院关于审理侵犯专利权纠纷案件应用法律若干问题的解释》第八条、第十条、第十一条规定，一审法院判决：一、A药业公司、C药房立即停止涉案侵犯B医疗器械公司ZL20173028×××．0号外观设计专利权的行为；二、A药业公司于判决生效之日起十日内赔偿B医疗器械公司经济损失及为制止本案侵权行为所支付的合理费用共计20万元；三、驳回B医疗器械公司的其他诉讼请求。一审案件受理费9422元，由A药业公司负担。

二审中，A公司提交如下新证据：1.ZL20193070×××．4号外观设计专利证书，证明A公司使用的是自己的专利；2.C药房退货清单一组，证明A公司销售产品数量不多；3.部分三伏贴产品的外观网络打印件，证明涉案被控侵权产品的外观未落入涉案外观设计专利的保护范围。

B公司对上述证据质证意见：证据1真实性认可，但属于在后专利，不能达到证明目的；证据2因是自行制作，真实性不予认可；证据3真实性认可，其中有一个涉及F公司的外观专利，该公司与B公司有关联关系，不能达到A公司的证明目的。

C药房对A公司提交的证据1-3真实性认可，证明目的也认可；同时认为证据2的退货清单不完整，其补充提交5张退货清单，共退货3212盒。

B公司对C药房的退货清单真实性、证明目的不予认可。

A公司对C药房的退货清单真实性、证明目的均认可。

本院认证意见：对A公司提交的证据1、3的真实性认可，但其中涉及的专利的申请日均晚于本案涉案专利的申请日，故对其关联性不予认可。对A公司提交证据2以及C药房提交的退货清单，两者可以互相印证，对其真实性认可，关联性将在裁判理由部分说明。

一审法院查明的事实均有相关证据证实，本院予以确认。

本案二审争议焦点：1.被控侵权产品外观是否落入涉案外观设计专利的保护范围；2.一审判决确定的赔偿额是否适当。

本院认为：

一、被控侵权产品外观落入涉案外观设计专利的保护范围

《最高人民法院关于审理侵犯专利权纠纷案件应用法律若干问题的解释》第十一条规定，人民法院认定外观设计是否相同或者近似时，应当根据授权外观设计、被诉侵权设计的设计特征，以外观设计的整体视觉效果进行综合判断。本案中，虽然被控侵权产品与涉案外观专利在商标、女孩和植物的图案等方面存在一定差异，但是两者在各设计要素的排列布局、颜色、大小结构等方面均基本一致，故两者之间存在的差异对整体视觉效果并不构成实质性影响，可以认定两者构成近似。一审法院认定被控侵权产品外观落入涉案外观设计专利的保护范围，具有事实和法律依据。

二、一审判决确定的赔偿额适当

因A公司的侵权获利以及B公司因侵权所受损失不能确定，一审法院依据涉案专利的类型、侵权行为性质和情节、持续时间并结合B公司维权支出的合理费用，酌情确定赔偿额，符合法律规定。虽然二审中A公司与C药房提交了部分退货清单，但在案证据并不足以证明被控侵权产品的全部生产销售数量，证据中所载明的退货数量亦不足以对一审法院酌定考量的相关因素产生实质性影响，故本院认为一审法院确定的20万元赔偿额并无不当。A公司上诉称一审法院确定赔偿额无任何法律依据不能成立，本院不予支持。

综上所述，A公司的上诉请求不能成立，应予驳回；一审判决认定事实清楚、适用法律正确，应予

维持。依照《中华人民共和国民事诉讼法》第一百七十条第一款第（一）项规定，判决如下：

驳回上诉，维持原判。

二审案件受理费4300元，由A药业公司负担。

本判决为终审判决。

（资料来源：https：//wenshu.court.gov.cn/）

五、不授予专利权的客体

对发明创造授予专利权必须有利于其推广应用，促进我国科学技术进步和创新及适应社会主义现代化建设的需要。考虑到国家和社会的利益，专利法对专利保护的范围作出某些限制性规定，一方面，《专利法》第五条规定，对违反法律、社会公德或者妨害公共利益的发明创造不授予专利权；另一方面，《专利法》第二十五条规定了不授予专利权的客体。

（一）依据《专利法》第五条不授予专利权的发明创造

根据《专利法》第五条的规定，发明创造的公开、使用、制造违反了法律、社会公德或者妨害了公共利益的，不能被授予专利权。

1.违反法律的发明创造　发明创造本身的目的与国家法律相违背的，不能被授予专利权。例如，用于赌博的设备、机器或工具；吸毒的器具；伪造国家货币、票据、公文证件、印章、文物的设备等都属于违反法律的发明创造，不能被授予专利权。

发明创造本身的目的并没有违反法律，但是由于被滥用而违反法律的，则不属此列。例如，以医疗为目的的各种毒药、麻醉品、镇静剂、兴奋剂和以娱乐为目的的棋牌等。

《专利法实施细则》第十条规定，《专利法》第五条所称违反法律的发明创造，不包括仅其实施为国家法律所禁止的发明创造。其含义是，如果仅仅是发明创造的产品的生产、销售或使用受到法律的限制或约束，则该产品本身及其制造方法并不属于违反法律的发明创造。例如，以国防为目的的各种武器的生产、销售及使用虽然受到法律的限制，但这些武器本身及其制造方法仍然属于可给予专利保护的客体。

2.违反社会公德的发明创造　社会公德是指公众普遍认为是正当的，并被接受的伦理道德观念和行为准则。发明创造在客观上与社会公德相违背的，不能被授予专利权。例如，带有暴力凶杀或者淫秽的图片或者照片的外观设计，非医疗目的的人造性器官或者其替代物，人与动物交配的方法等发明创造违反道德风俗，不能被授予专利权。

3.妨害公共利益的发明创造　妨害公共利益，是指发明创造的实施或使用会给公众或社会造成危害，或者会使国家和社会的正常秩序受到影响。例如：发明创造以致人伤残或损害财物为手段的，如一种目的在于使盗窃者双目失明的防盗装置及方法，不能被授予专利权；发明创造的实施或使用会严重污染环境、破坏生态平衡的，不能被授予专利权；专利申请的文字或者图案涉及国家重大政治事件或宗教信仰、伤害人民感情或民族感情或者宣传封建迷信的，不能被授予专利权。

但是，如果因为对发明创造的滥用而可能造成妨害公共利益的，或者发明创造在产生积极效果的同时存在某种缺点的，例如对人体有某种副作用的药品，则不能以"妨害公共利益"为理由拒绝授予专利权。

（二）依据《专利法》第二十五条不授予专利权的客体

专利申请要求保护的主题属于《专利法》第二十五条第一款所列6种不授予专利权的客体的，不能被授予专利权。《专利法》第二十五条第一款前5项所列的不授予专利权的客体不仅适用于发明，也适用于实用新型，第6项适用于外观设计。

1. 科学发现　是指对自然界中客观存在的现象、变化过程及其特性和规律的揭示。科学理论是对自然界认识的总结，是更为广义的发现。它们都属于人们认识的延伸。这些被认识的物质、现象、过程、特性和规律不同于改造客观世界的技术方案，不是专利法意义上的发明创造，因此不能被授予专利权。

2. 智力活动的规则和方法　智力活动，是指人的思维运动，它源于人的思维，经过推理、分析和判断产生出抽象的结果，或者必须经过人的思维运动作为媒介才能间接地作用于自然产生结果，它仅是指导人们对信息进行思维、识别、判断和记忆的规则和方法，由于其没有采用技术手段或者利用自然法则，也未解决技术问题和产生技术效果，因而不构成技术方案，属于《专利法》第二十五条第一款第（二）项规定的情形。因此，指导人们进行这类活动的规则和方法不能被授予专利权。

3. 疾病的诊断和治疗方法　疾病的诊断和治疗方法是指以有生命的人体或者动物体为直接实施对象，进行识别、确定或消除病因或病灶的过程。

出于人道主义的考虑和社会伦理的原因，医生在诊断和治疗过程中应当有选择各种方法和条件的自由。另外，这类方法直接以有生命的人体或动物体为实施对象，无法在产业上利用，不属于专利法意义上的发明创造。因此疾病的诊断和治疗方法不能被授予专利权。

但是，用于实施疾病诊断和治疗方法的仪器或装置，以及在疾病诊断和治疗方法中使用的物质或材料属于可被授予专利权的客体。

（1）不属于诊断方法的发明　并非所有与诊断有关的发明方法都不给予专利保护。有些发明方法看起来与疾病诊断有关，或者终极目的仍然是诊断疾病，但是它们的直接目的不是诊断疾病，则不能依据《专利法》第二十五条第一款第（三）项的规定拒绝授予其专利权，以下几类发明方法就属于这种情况。

1）直接目的不是获得诊断结果，而只是从活的人体或动物体获取作为中间结果的信息和（或）处理信息（形体参数、生理参数或其他参数）的方法（对此需要说明的是，只有当根据现有技术中的医学知识从所获得的信息本身不能够直接得出疾病的诊断结果时，这些信息才能被认为是中间结果）；

2）对已经脱离人体或动物体的组织、体液或排泄物进行处理或检测的方法；

3）在已经死亡的人体或动物体上实施的病理解剖方法。

（2）不属于治疗方法的发明　如果一种以人体或者动物体为实施对象的方法本身的目的不是治疗，或者其直接目的不是治疗，则不得依据《专利法》第二十五条第一款第（三）项的规定拒绝授予其专利权。例如以下几类方法。

1）为治疗肢体或器官残缺目的而制造假肢或者假体的方法，以及为制造该假肢或者假体而实施的测量方法。如一种制造假牙的方法，该方法包括在患者口腔中制作牙齿模具，而在体外制造假牙，虽然其最终目的是治疗，但是该方法本身的目的是制造出合适的假牙。

2）通过非外科手术方式处置动物体以改变其生长特性的畜牧业生产方法。例如，通过对活羊施加一定的电磁刺激促进其增长、提高羊肉质量或增加羊毛产量的方法。

3）动物屠宰方法。

4）对于已经死亡的人体或动物体采取的处置方法。例如解剖、整理遗容、尸体防腐、制作标本的方法。

5）单纯的美容方法，即不介入人体或不产生创伤的美容方法，包括在皮肤、毛发、指（趾）甲、牙齿外部可为人们所视的部位局部实施的、非治疗目的的身体除臭、保护、装饰或者修饰方法。

6）为使处于非病态的人或者动物感觉舒适、愉快，或者在诸如潜水、防毒等特殊情况下输送氧气、负氧离子、水分的方法。

7）杀灭人体或者动物体外部（皮肤或毛发上，但不包括伤口和感染部位）的细菌、病毒、虱子、跳蚤的方法。

（3）外科手术方法　是指使用器械对有生命的人体或者动物体实施的剖开、切除、缝合、纹刺等创伤性或者介入性治疗或处置的方法，这种外科手术方法不能被授予专利权。但是，对于已经死亡的人体或者动物体实施的外科手术方法，只要该方法不违反《专利法》第五条，则属于可授予专利权的客体。

以治疗为目的的外科手术方法，属于治疗方法，根据《专利法》第二十五条第一款第（三）项的规定不授予其专利权。

4.动物和植物品种　动物和植物是有生命的物体。根据《专利法》第二十五条第一款第（四）项的规定，动物和植物品种不能被授予专利权。

《专利法》所称的动物，是指不能自己合成，而只能靠摄取自然的碳水化合物及蛋白质来维系其生命的生物。

《专利法》所称的植物，是指可以借助光合作用，以水、二氧化碳和无机盐等无机物合成碳水化合物、蛋白质来维系生存，并通常不发生移动的生物。动物和植物品种可以通过《专利法》以外的其他法律保护，例如，植物新品种可以通过《植物新品种保护条例》给予保护。

根据《专利法》第二十五条第二款的规定，对动物和植物品种的生产方法，可以授予专利权。但这里所说的生产方法是指非生物学的方法，不包括生产动物和植物主要是生物学的方法。

一种方法是否属于"主要是生物学的方法"，取决于在该方法中人的技术介入程度；如果人的技术介入对该方法所要达到的目的或者效果起了主要的控制作用或者决定性作用，则这种方法不属于"主要是生物学的方法"，可以被授予专利权。例如，采用辐照饲养法生产高产牛奶的乳牛的方法；改进饲养方法生产瘦肉型猪的方法等可以被授予发明专利权。

所谓微生物发明，是指利用各种细菌、真菌、病毒等微生物去生产一种化学物质（如抗生素）或者分解一种物质等的发明。微生物和微生物方法可以获得专利保护。

5.原子核变换方法和用原子核变换方法获得的物质　这关系到国家的经济、国防、科研和公共生活的重大利益，不宜为单位或私人垄断，因此不能被授予专利权。

6.对平面印刷品的图案、色彩或者二者的结合作出的主要起标识作用的设计

第三节　药品专利权的内容

一、概述

专利权是法律赋予专利权人的专利权能，主要包括独占权、转让权、许可实施权、标志权。专利权的核心是独占权，在某种意义上，也可以说是垄断权。专利法的立法宗旨：为了保护专利权人的合法权益，鼓励发明创造，推动发明创造的应用，提高创新能力，促进科学技术进步和经济社会发展。但是，在任何国家，专利赋予其权利人的独占权又总是相对的、有限的，而不是绝对的、无限的。我国《专利法》第二十条规定：申请专利和行使专利权应当遵循诚实信用原则。不得滥用专利权损害公共利益或者他人合法权益。滥用专利权，排除或者限制竞争，构成垄断行为的，依照《中华人民共和国反垄断法》处理。就具体规定而言，专利权的地域有限性和时间有限性就是对专利权的两种限制，这在各国立法中都是普遍认可的。此外，各国普遍规定了对专利权的限制，我国专利法规定了五种不视为侵犯专利权的实施专利行为，这也是对专利权的必要的限制。

二、独占权

独占权旨在从制度上保障专利权人"独占性"或者"排他性"地享有实施其发明创造的权利，能够通过自己实施其发明创造或许可他人实施其发明创造回收创新的成本获得预期的经济利益。

1.产品发明专利和实用新型的独占权 产品发明专利和实用新型专利权被授予专利权后，除专利权的限制以及专利权的强制许可使用等情况外，任何单位或者个人未经专利权人许可，都不得实施其专利，即不得为生产经营目的制造、使用、许诺销售、销售、进口其专利产品。禁止他人未经许可，以生产经营目的制造的产品，不管如何制造、制造多少；禁止他人未经许可，以生产经营目的使用专利产品；禁止他人未经许可，以盈利为目的许诺销售专利产品；禁止他人未经许可，以盈利为目的销售专利产品；禁止他人未经许可，以生产经营目的进口专利产品。

2.方法专利的独占权 未经方法专利权人的许可，不得以生产经营为目的使用其专利方法，也不得以生产经营为目的，使用、许诺销售、销售、进口依照该专利方法直接获得的产品。

3.外观设计专利的独占权 外观设计专利权被授予后，任何单位或者个人未经专利权人许可，都不得实施其专利，即不得为生产经营目的制造、许诺销售、销售、进口其外观设计专利产品。

▶【案例】2-2-7

A公司诉B公司侵害发明专利权纠纷案

【基本案情】

A公司诉称：A公司经国家知识产权局授权取得"注射羟基喜树碱冻干粉针剂及制备方法"发明专利权，B公司未经许可，生产、销售侵犯其专利权的产品，违反了我国《专利法》的相关规定，应当承担相应的侵权责任，请求人民法院判令B公司：（1）立即停止生产、销售侵犯A公司专利权的产品；（2）赔偿A公司经济损失40万元（人民币，下同）；（3）承担A公司支付的律师费、调查费等共计3万元；（4）承担本案的诉讼费用。

B公司辩称：涉案专利的权利要求1是封闭式权利要求，被诉侵权药品没有落入涉案专利的权利要求1的保护范围，被诉侵权药品的生产方法也没有落入涉案专利的权利要求2的保护范围，因此，请求驳回原告A公司的诉讼请求。

法院经审理查明：2002年8月15日，A公司申请了专利号为ZL021389××.×，名称为"注射羟基喜树碱冻干粉针剂及制备方法"的发明专利，并于2005年1月5日被国家知识产权局授予专利权，目前该专利权处于有效的法律状态。涉案专利授权公告的权利要求1为"注射羟基喜树碱冻干粉针剂，其药用原料为活性物质羟基喜树碱；冻干粉针剂赋形剂甘露醇；助溶剂氨基乙酸；注射用水，其羟基喜树碱、甘露醇、氨基乙酸的重量比为（5：160）~（200：10.0）~20.00"，权利要求2为"一种如权利要求1所述注射羟基喜树碱冻干粉针剂的制备方法，其特征：将所述药用固体原料溶于注射用水后加入其他原料，然后调整pH至8.5~10.0之间，通过微孔过滤膜过滤，在冷冻干燥机中冷冻干燥"。该专利实施例中记载："为了使制剂使用方便合理，制定注射用羟基喜树碱粉针剂的规格为5mg/瓶，进行辅料筛选：以氢氧化钠溶液调节注射用水的pH为（9.5±0.5）作为溶剂，以帮助羟基喜树碱溶解，选择助溶剂氨基乙酸、β-环糊精、碳酸钠帮助羟基喜树碱溶解，选择甘露醇、注射用乳糖、注射用葡萄糖、右旋糖酐、氯化钠、甘氨酸钠、磷酸二氢钠、氨基乙酸中的一种为赋形剂。"涉案专利申请公开文本中，其权利要求1为"注射羟基喜树碱冻干粉针剂，其主要药用原料包括：活性物质羟基喜树碱、医学上可接受的冻干粉针剂赋形剂；助溶剂；注射用水"。2003年12月19日，国家知识产权局作出第一次审查意见通知书，认为权利要求1将稳定性相对较差的注射剂做成相对稳定的粉针剂是本领域技术人员显而易见的，不需要花费创造性劳动，而且转换剂型后的效果也是可以预见的，不会产生意料不到的效果。因此，权利要求1~7都不具备创造性。申请人对权利要求书进行了修改，修改后的权利要求1为"注射羟基喜树碱冻干粉针剂，其主要药用原料包括：活性物质羟基喜树碱；冻干粉针剂赋形剂甘露醇；助溶剂氨基乙酸；注射用水，其羟基喜树碱、甘露醇、氨基乙酸的重量比为（5160~200）：（10.0~20.00）"2004年6月11日，国家知识产权局作出第二次审查意见通知书，认为权利要求1所要求保护的羟基喜树碱粉针剂，根据其撰写方式为一开放式的权利要求，"主要……包括"表示该粉针剂还可以有权利要求1中未指出的其他组分，而根据说明书所公开的内容，无法直接或概括得出含有其他组分的技术方案，因此，权利要求1得不到说明书的支持，应当将权利要求1限定为封闭式的权利要求，即只含有所述物质。申请人在答复第二次审查意见通知书时，同意按照审查意见进行修改，并将权利要求1中"其主要药用原料包括"修改为"其药用原料为"。本案被诉侵权药品名称为"注射用羟喜树碱"（5mg），该药品说明书载明：本品主要成分为羟喜树碱，辅料为甘氨酸、甘露醇、氢氧化钠；该药品处方为羟喜树碱（20.0g）、氢氧化钠（20.0g）、甘氨酸（174.0g）、甘露醇（720g）和注射用水（适量）。经换算，羟喜树碱、甘露醇、甘氨酸三者的重量比为5：180：43.5。其中，羟喜树碱即羟基喜树碱，甘氨酸又名氨基乙酸。本案庭审中，A公司当庭确认以B公司提交的申报资料所记载的药品处方及生产工艺作为比对依据，A公司主张以独立权利要求1和独立权利要求2作为涉案专利权的保护范围，B公司当庭确认其在本案中主张不侵权抗辩，放弃现有技术抗辩和先用权抗辩。将被诉侵权药品与涉案专利权利要求1进行比对，A公司认为，权利要求1属于半开放式权利要求，除了甘氨酸的比重略有不同外，被诉侵权药品覆盖了权利要求1的全部必要技术特征，两者构成等同。B公司则认为，依据专利审查档案的记载内容，权利要求1应当属于封闭式权利要求，其权利保护范围仅限于指出的组分而排除所有其他的组分，被诉侵权药品除了含有羟喜树碱、甘露醇、甘氨酸三种原料外，还包括了氢氧化钠成分，因此没有落入权利要求1的保护范围。将被诉侵权药品的生产工艺与涉案专利权利要求2进行比对，A公司认为，被诉侵权药品的生产工艺与专利方法构成相同侵权。B公司则认为，被诉侵权药品的生产工艺与专利方法既不相同也不等同。

【裁判结果】

湖北省武汉市中级人民法院于2012年7月26日作出（2011）武知初字第00672号民事判决：驳回A公司的诉讼请求。宣判后，A公司提出上诉。湖北省高级人民法院于2013年2月5日作出（2012）鄂民三终字第207号民事判决：驳回上诉，维持原判。

【裁判理由】

湖北省高级人民法院生效裁判认为：第一，关于涉案专利的权利要求1是否为封闭式权利要求，被诉侵权药品的技术方案是否落入权利要求1的保护范围的问题。国家知识产权局在涉案专利的第二次审查意见通知书中提出，只有将涉案专利的权利要求1限定为封闭式的权利要求，即只含有所述物质，涉案专利的申请才有可能被授予专利权。A公司明确陈述将按照该审查意见修改文件。据此可以认定，涉案专利被授予专利权的前提条件是权利要求1必须为封闭式的权利要求，A公司在专利授权程序中为获得授权，已经通过意见陈述放弃封闭式权利要求之外的其他技术方案。A公司在本案侵犯专利权纠纷中将权利要求1的修改结果解释为半开放式权利要求，违反了禁止反悔原则。本案中，权利要求1是封闭式的权利要求，其权利保护范围限定为羟基喜树碱、甘露醇和氨基乙酸以及三者的含量；被诉侵权药品的处方为羟基喜树碱、氢氧化钠、甘露醇和氨基乙酸，包含了涉案专利的权利保护范围之外的氢氧化钠成分，据此，被诉侵权药品未落入权利要求1的保护范围。第二，关于被诉侵权药品的生产方法是否落入权利要求2的保护范围的问题。涉案专利的权利要求2是"一种如权利要求1所述注射羟基喜树碱冻干粉针剂的制备方法"，被诉侵权药品的生产方法落入方法专利的权利要求2的保护范围的前提是，被诉侵权药品落入产品专利的权利要求1的保护范围。本案中，被诉侵权药品不落入专利权利要求1的保护范围，故生产该产品的被诉生产方法必然不落入专利权利要求2的保护范围。

（资料来源：https://www.pkulaw.com/pfnl/a25051f3312b07f39776124b734deabf1446e5fd5e0780bcbdfb.html?keyword=%E8%8D%AF%E5%93%81%E4%B8%93%E5%88%A9%E6%B3%95%E5%8D%81%E4%B8%80%E6%9D%A1%20）

▶【案例】2-2-8

A公司、B公司侵犯发明专利权纠纷一案

请求人A公司名称为"取代的噁唑烷酮和其在血液凝固领域中的应用"的发明专利申请于2006年7月5日获得授权，专利号为ZL008189××.×。涉案专利权在请求人提起侵权纠纷处理请求时合法有效。

请求人称，被控侵权产品在被请求人B公司官网首页"产品展示"项下的"医药中间体"栏目中有明确展示，在其后的"CAS号"中注明"366789-02-8"，并给出产品的化学结构式。被请求人产品的名称、CAS号以及化学结构式与涉案专利完全一致。同时，被请求人在Chemical book网站上公开许诺销售利伐沙班化合物。请求人在发现被请求人正在销售利伐沙班化合物后，遂自被请求人处购买了该化合物，并对整个过程进行了公证。请求人向河北省石家庄市知识产权局提出专利侵权纠纷处理请求，请求确认被请求人生产、销售的利伐沙班化合物侵犯了其发明专利权，责令被请求人立即停止生产、许诺销售、销售、使用侵犯请求人专利权的化合物的行为。2020年3月26日，石家庄市知识产权局依法予以立案。

经审理，石家庄市知识产权局认为，被请求人在其官网展示的CAS号为"366789-02-8"的化合物构成了许诺销售专利产品行为，并落入涉案专利权利要求2的保护范围。被请求人陈述意见、所提供的营业执照及采购合同等证据证明被请求人没有生产资质，案件调查中也未发现其有生产专利产品的行为。因此，被请求人构成了许诺销售、销售专利产品行为，侵犯了请求人的专利权。石家庄市知识产权局作出行政裁决，责令被请求人立即停止许诺销售、销售未经专利权人许可的结构式与涉案专利相同的化合物，立即下架在其官网上展示的侵权产品。

▶评析：此案的典型意义主要体现在以下两方面：一是维护了专利权人的合法权益，满足了快速有效制止侵权行为的需求，有助于坚定药品侵权案件中的专利权人通过行政程序维护自己合法权益的信心，有利于构建公平竞争的市场环境和良好的营商环境。二是此案涉及复杂的专业性问题，对于药品类专利权人维权有较强的指导和示范意义。办案机关在决定书中结合在案证据，认真仔细陈述处理过程，摆明事实根据，得出"被请求方构成了许诺销售、销售专利产品行为侵犯了请求人的专利权，侵权行为成立"的结论。依法、高效、专业的处理，注重说理的观念和做法，凸显行政裁决的优势，具有指导和示范作用。（中国人民大学法学院教授 杨建顺）

（资料来源：2020年度知识产权行政保护典型案例发布——国家知识产权局https://www.cnipa.gov.cn/art/2021/4/26/art_53_158880.html）

▶ 【案例】2-2-9

张某某诉A公司、B公司等侵犯发明专利权纠纷再审案

【裁判摘要】

《中华人民共和国专利法》第十一条规定："发明和实用新型专利权被授予后，除本法另有规定的以外，任何单位或者个人未经专利权人许可，都不得实施其专利，即不得为生产经营目的制造、使用、许诺销售、销售、进口其专利产品，或者使用其专利方法以及使用、许诺销售、销售、进口依照该专利方法直接获得的产品。"根据前述规定，在涉及新产品制造方法专利的侵权纠纷案件中，方法专利权的保护范围只包含依照专利方法直接获得的原始产品，不包括对原始产品作进一步处理后获得的后续产品。

【基本案情】

申请再审人A公司因与被申请人张某某、二审上诉人B公司、C公司、一审被告D公司侵犯发明专利权纠纷一案，不服吉林省高级人民法院2006年11月21日作出的（2006）吉民三终字第146号民事判决，向本院申请再审。本院于2009年6月17日作出（2009）民申字第2号民事裁定，提审本案。本院依法组成合议庭，于2010年5月5日公开开庭审理了本案。C公司、B公司、A公司的共同委托代理人李某某、A公司的委托代理人郭某某、B公司的委托代理人李某某、张某某及其委托代理人侯某某到庭参加诉讼。经本院合法传唤，D公司未到庭参加诉讼。本案现已审理终结。

2005年2月，张某某起诉至吉林省长春市中级人民法院（简称一审法院）称，本人是专利号为001027××.×，名称为"氨氯地平对映体的拆分"发明专利的专利权人，该专利是制造左旋氨氯地平新产品的方法专利。马来酸左旋氨氯地平和马来酸左旋氨氯地平片新药由C公司研发，B公司生产了马来酸左旋氨氯地平（原料药），A公司生产了马来酸左旋氨氯地平片（终端产品，商品名"玄宁"），D公司销售了侵权产品。请求判令：1.C公司、B公司、A公司停止侵权行为并在全国性医药媒体上刊载马来酸左旋氨氯地平、马来酸左旋氨氯地平片侵权的声明；2.D公司停止销售侵权产品；3.C公司、B公司、A公司和D公司承担本案全部诉讼费用以及因本案发生的鉴定费、律师费和其他费用。

一审法院审理查明，2000年2月21日，张某某申请了专利号为001027××.×，名称为"氨氯地平对映体的拆分"发明专利（简称涉案专利），2003年1月29日被授予专利权。涉案专利公开了制造左旋氨氯地平的方法，由左旋氨氯地平可进一步制得马来酸左旋氨氯地平、苯磺酸左旋氨氯地平等下游产品。2001年6月，案外人E公司被授予专利号为951922××.×，名称为"由阿罗地平的非对映体的酒石酸分离其对映体"发明专利权（简称238专利）。上述两项专利均为制造左旋氨氯地平的方法专利，在此之前，我国国内没有制造左旋氨氯地平的工业技术。

马来酸左旋氨氯地平和马来酸左旋氨氯地平片新药由C公司研发，马来酸左旋氨氯地平（原料药）由B公司生产，马来酸左旋氨氯地平片（终端产品，商品名"玄宁"）由A公司生产并销售，C公司、B公司、A公司同属××制药集团，各自为独立法人。2004年，××制药集团在其网站对"玄宁"进行了宣传。经查询国家食品药品监督管理局及其药品审评中心相关网页，国内生产的左旋氨氯地平产品为B公司、A公司生产的马来酸左旋氨氯地平及其片剂，以及张某某生产的苯磺酸左旋氨氯地平及其片剂。

C公司、B公司、A公司向一审法院提交了公开号为CN1609102A、名称为"一种光学活性氨氯地平的拆分方法"发明专利申请公开说明书，用以证明其制造被诉侵权产品的方法与涉案专利方法不同。张某某向一审法院提出鉴定申请，请求对该说明书中记载的氨氯地平拆分方法进行试验检验。一审法院委托法源司法科学证据鉴定中心（简称法源中心）进行鉴定，法源中心出具检验报告称："在相同试验条件下，采用发明专利CN1609102A说明书中公开最充分，且对映体过量最高的实施例1中描述的氨氯地平药物生成方法进行试验，试验结果与说明中的表述在对映体过量方面存在重大差异，使用发明专利CN1609102A提供的化学方法，本试验不能达到拆分氨氯地平的目的。"

一审法院认为，1.《中华人民共和国专利法（第二次修正）》（简称《中华人民共和国专利法》）第五十七条第二款规定："专利侵权纠纷涉及新产品制造方法的发明专利的，制造同样产品的单位或者个人应当提供其产品制造方法不同于专利方法的证明。"该规定中所称的"新产品"，是指在专利产品之前，国内市场上没有上市的产品。目前国内市场上只有原告生产的苯磺酸左旋氨氯地平及其片剂，以及A公司生产的马来酸左旋氨氯地平及其片剂，而原告产品的上市时间早于A公司产品。虽然E公司已在中国被授予238专利，但其产品尚未在中国上市。另外，原告的左旋氨氯地平产品于2001年5月被原国家经济贸易委员会认定为2001年度国家重点新产品，2001年6月被原国家经济贸易委员会评为"九五"国家技术创新优秀项目奖，被告虽然认为原告的产品不是新产品，但是未提供充分的证据反驳。因此，涉案专利应为新产品的制造方法专利。2.左旋氨氯地平作为一种化合物，并不能直接供消费者消费，其必须与马来酸、苯磺酸等经成盐工艺成为马来酸左旋氨氯地平、苯磺酸左旋氨氯地平后，才真正成为产品，因此，涉案专利能够延及至被告生产的马来酸左旋氨氯地平及其片剂。3. 根据《中华人民共和国专利法》第五十七条第二款的规定，C公司、B公司、A公司应当提供证据证明其制造马来酸左旋氨氯地平及其片剂的方法不同于涉案专利方法。经法源中心鉴定，C公司、B公司、A公司提供的专利方法不能实现拆分氨氯地平的目的。C公司、B公司、A公司未能证明其产品制造方法不同于涉案专利方法，应依法承担相应的侵权责任。4.张某某未能提供充分的证据证明D公司的侵权事实存在。据此，一审法院依照《中华人民共和国专利法》第十一条、第五十七条第二款、第六十条之规定，判决：1.C公司、B公司、A公司停止对涉案专利权的侵害行为。2.对张某某的其他诉讼请求不予支持。案件受理费1000元、鉴定费200000元，由C公司、B公司、A公司负担。

C公司、B公司、A公司不服该一审判决，向吉林省高级人民法院（简称二审法院）提起上诉。

二审法院审理查明，一审法院认定的事实属实。

二审法院认为，本案的争议焦点：1.涉案专利是否新产品制造方法发明专利；2.涉案专利权的保护范围是否延及C公司、B公司、A公司开发和生产的马来酸左旋氨氯地平及其片剂；3.C公司、B公司、A公司开发和生产被诉侵权产品所使用的方法是否与涉案专利方法相同或等同；4.一审法院委托鉴定的程序是否合法，鉴定结论是否正确，能否证明C公司、B公司、A公司侵权；5.本案是否应中止审理；6.C公司的研发行为是否构成侵权。

关于第一个焦点问题。根据国家食品药品监督管理局及其药品审评中心网页公布的有关"左旋氨氯地平"专利及法律状态的检索结果，目前国内市场上只有涉案专利实施企业F公司生产的苯磺酸左旋氨氯地平及其片剂，以及A公司生产的马来酸左旋氨氯地平及其片剂，除此之外没有其他的左旋氨氯地平药品，E公司的左旋氨氯地平产品也未在中国上市。C公司、B公司、A公司没有提供证据证明在利用涉案专利方法生产左旋氨氯地平之前，国内市场上已有其他企业生产和销售同类药品。因此，C公司、B公司、A公司关于涉案专利不属于新产品制造方法专利的主张缺乏事实和法律根据，不予支持。

关于第二个焦点问题。左旋氨氯地平作为一种化合物，本身并不能成为直接供消费者消费的产品。涉案专利为左旋氨氯地平的拆分方法，依照该方法不能直接得到产品，而左旋氨氯地平化合物与马来酸、苯磺酸等经过成盐工艺成为马来酸左旋氨氯地平、苯磺酸左旋氨氯地平后，才真正成为产品，所以上述产品应为依照左旋氨氯地平的拆分方法直接获得的产品。涉案专利能够延及C公司、B公司、A公司生产的马来酸左旋氨氯地平及其片剂。

关于第三、四个焦点问题。二审法院在二审中组织各方当事人以及鉴定人员到庭对鉴定结论进行了质询。除程序问题外，C公司、B公司、A公司还认为鉴定结论不科学，仅依照专利文件分离不出左旋氨氯地平是正常的，除专利文献外，还有许多技术诀窍和控制方法是专利文献中没有记载的。法源中心的答复意见：1.法源中心具备药物方面的鉴定资质，C公司、B公司、A公司在一审时曾请求北京市司法局撤销鉴定结论，北京市司法局已书面答复异议不成立。2.鉴定人员具备相应的资格和专业能力，鉴定程序合法，送检材料已经过鉴定部门检验，并且用E公司的专利方法已成功拆分出左旋氨氯地平，说明设备状态稳定，人员操作正确。3.关于C公司、B公司、A公司提出的鉴定过程中仅使用40ml 2-丁酮的问题。法源中心解释为笔误，并出示了原始试验记录，证明当时加入的是60ml 2-丁酮。二审法院认为：1.法源中心是司法部和最高人民法院认可并公布的具有法医、药理、药物学等鉴定资质的鉴定机构，具有对药物、药理进行鉴定的资格，相关鉴定人员均为药物学、药理学的专家，具备鉴定资格。2.鉴定程序虽存在一些瑕疵，但为了减少当事人诉累，在不影响案件实体审理结果的前提下，可以在二审中采取措施对鉴定程序存在的问题进行补正，如果经过补正可以认定鉴定结论的合法性，则无须重新组织鉴定或发回重审，为此，二审法院组织各方当事人进行了调查和质疑：（1）关于一审法院委托鉴定时未通知C公司、B公司、A公司到庭。根据一审卷宗记载，C公司、B公司、A公司在第一次选择鉴定机构未果后，已给一审法院发函，明确表示不同意鉴定，并不是一审法院不通知其到庭。（2）关于送检材料。送检材料是张某某购买的氨氯地平原料，由于该材料不是证据，不存在质证问题。送检材料虽未经双方确认，但鉴定部门为确保试验的公正性和科学性，已对送检材料进行了鉴定和确认，并且依照E公司的专利方法成功制得左旋氨氯地平。（3）关于申请回避问题。二审法院询问C公司、B公司、A公司是否申请鉴定人员回避，但C公司、B公司、A公司未提出具体的回避意见，仅认为属于程序瑕疵。3.关于鉴定结论。C公司、B公司、A公司认为不同的试验、不同的人以及对搅拌速度、温度的控制等都可能对试验结果产生影响，但未说明究竟是什么原因导致不能实现氨氯地平的拆分，如何才能实现氨氯地平的拆分。鉴定人员都是本领域的专家，显然具备相应的专业知识和操作技能，其按C公司、B公司、A公司提供的专利方法不能实现拆分出左旋氨氯地平的目的，C公司、B公司、A公司未能提供充分的证据证明其产品制造方法不同于涉案专利方法，应承担举证不能的责任。

关于第五个焦点问题。虽然涉案专利已经被国家知识产权局专利复审委员会宣告部分无效，但该案的双方当事人均已提起行政诉讼。同时，A公司已经以张某某和F公司使用了与其相同的方法生产左旋氨氯地平原料药及成品药为由，向河北省石家庄市中级人民法院提起民事诉讼，这与C公司、B公司、A公司在本案中的诉讼主张相矛盾，因此本案不宜中止审理。

关于第六个焦点问题。由于C公司、B公司、A公司同属××制药集团，C公司负责研发，B公司生产原料药，A公司生产成品药，在生产左旋氨氯地平原料药以及成品药的过程中三者缺一不可，因此对C公司不承担侵权责任的主张不予支持。

二审法院依照《中华人民共和国民事诉讼法》第一百五十三条第一款第（一）项之规定，判决：驳回上诉，维持原判。一、二审案件受理费4000元、鉴定费210000元，由C公司、B公司、A公司负担。

A公司不服该二审判决，向本院申请再审称，1.法源中心出具的检验报告错误，一、二审法院采信该检验报告不当。2.A公司提交了专利申请文件、备案工艺流程、生产记录等证据，用于证明其产品制造方法不同于涉案专利方法；A公司还提交了现场勘验申请，请求二审法院对被诉侵权产品的制造方法进行现场勘验，证明其依照自有方法能够制得左旋氨氯地平，但二审法院不予理睬，仅以法源中心出具的检验报告为依据，认定A公司依照自有方法不能制得左旋氨氯地平，认定事实错误。3.依照涉案专利权利要求1记载的方法，得到的产品是"结合一个DMSO-d6的（S）-（-）-氨氯地平的D-酒石酸盐"，或"结合一个DMSO-d6的（R）-（+）-氨氯地平的L-酒石酸盐"，被诉侵权产品与上述产品不同，涉案专利也不属于新产品制造方法专利。二审法院错误地以产品是否上市作为"新产品"的认定标准，并且在张某某尚未举证证明A公司也制造了上述产品的情况下，即要求A公司承担证明其产品制造方法不同于涉案专利方法的举证责任，认定事实与适用法律均存在错误。4.A公司的产品制造方法与涉案专利方法存在重要差异，属于不同的技术方案。二审法院将涉案专利权的保护范围延及马来酸左旋氨氯地平及其片剂，亦属错误。请求本院：1.撤销吉林省长春市中级人民法院（2005）长民三初字第36号民事判决以及吉林省高级人民法院（2006）吉民三终字第146号民事判决。2.认定C公司、B公司、A公司不侵犯涉案专利权。3.判令张某某承担鉴定费用以及本案全部诉讼费用。

张某某辩称,1.法源中心是司法部和最高人民法院认可的具有药物、药理鉴定资质的鉴定机构,法源中心组织的鉴定人员都是本领域的专家,具备相应的专业知识和操作技能,因此,原审法院采信法源中心出具的检验报告并无不当。2.依照涉案专利方法制得的左旋氨氯地平为新产品,A公司应当承担证明其产品制造方法不同于涉案专利方法的举证责任。经试验验证,依照A公司提供的专利方法无法制得左旋氨氯地平,因此,A公司应当承担举证不能的责任。3.A公司有关其专利技术的实施需要技巧和诀窍的主张缺乏事实依据和科学根据。4.C公司、B公司、A公司未经其许可,以生产经营为目的,研制、制造、销售马来酸左旋氨氯地平及其片剂,应承担侵权责任。

本院审理查明,一、二审法院认定的事实基本属实。

本院另查明以下事实:

(一)有关涉案专利的事实

涉案专利授权公告的权利要求1为"1.一种从混合物中分离出氨氯地平的(R)-(+)-和(S)-(-)-异构体的方法。其特征在于:包含下述反应,即在手性助剂六氘代二甲基亚砜(DMSO-d6)或含DMSO-d6的有机溶剂中,异构体的混合物同拆分手性试剂D-或L-酒石酸反应,结合一个DMSO-d6的(S)-(-)-氨氯地平的D-酒石酸盐,或结合一个DMSO-d6的(R)-(+)-氨氯地平的L-酒石酸盐而分别沉淀,其中氨氯地平与酒石酸的摩尔比约等于0.25。"涉案专利的说明书记载:"拆分氨氯地平的过程是,在手性助剂六氘代二甲基亚砜(DMSO-d6)或含DMSO-d6的有机溶剂中分别溶解氨氯地平和酒石酸,然后搅拌混合,氨氯地平同D-或L-酒石酸反应,结合一个DMSO-d6的(S)-(-)-氨氯地平的D-酒石酸盐,或结合一个DMSO-d6的(R)-(+)-氨氯地平的L-酒石酸盐而分别沉淀,用于沉淀物的分离方法有过滤、离心分离或移注。沉淀物的进一步处理可以得到(R)-(+)-氨氯地平或(S)-(-)-氨氯地平。除去沉淀物后的母液可以用0.25当量相反极性的酒石酸(如首先用的是L-酒石酸,现在则用D-酒石酸)处理,相反极性的氨氯地平及其酒石酸和DMSO-d6配合物可生成沉淀。……用于酒石酸盐重结晶的溶剂是醇类,例如:甲醇。"涉案专利的说明书实施例5中还记载了由(S)-(-)-氨氯地平制造苯磺酸(S)-(-)-氨氯地平的方法。涉案专利中所称的"(S)-(-)-氨氯地平"即左旋氨氯地平,"(R)-(+)-氨氯地平"即右旋氨氯地平。

(二)有关E公司238专利的事实

E公司于1995年3月6日申请238专利,2001年6月13日被授予专利权,授权公告号为CNl067055C。其说明书记载:"本发明提供了由其混合物中分离阿罗地平的(R)-(+)-及(S)-(-)-异构体的方法,其中包括将混合物与L-或D-酒石酸在含有足够量二甲基亚砜的有机溶剂中反应,分别将(R)-(+)-阿罗地平的L-酒石酸盐的DMSO溶剂化物或(S)-(-)-阿罗地平的D-酒石酸盐的DMSO溶剂化物沉淀""沉淀的DMSO溶剂化物可用几种方法进一步处理。由有机溶剂中重结晶可得到不含DMSO的阿罗地平酒石酸盐。可用碱进一步处理得到游离的对映体纯的阿罗地平异构体。"238专利中所称的阿罗地平即氨氯地平。

(三)有关A公司申请专利的事实

2003年12月5日,A公司申请了专利号为2003101193××.×,名称为"一种光学活性氨氯地平的拆分方法"发明专利(简称335专利),该专利申请于2005年4月27日公开,公开号为CN1069102A,2005年12月14日被授予专利权。335专利授权公告的权利要求1为"一种(S)-(-)-氨氯地平的制造方法,其特征是将消旋氨氯地平和L-(+)-酒石酸溶解于含有2-丁酮的有机溶剂中,反应产生(S)-(-)-氨氯地平和L-(+)酒石酸盐的沉淀,经过过滤或离心后,再采用乙醇、甲醇或异丙醇溶剂进行重结晶,得到上述固体,然后加入二氯甲烷,用氢氧化钠溶液中和,得到(S)-(-)-氨氯地平"。335专利的说明书中记载:"氨氯地平是钙离子拮抗剂,临床用于治疗高血压和稳定型心绞痛。目前临床上应用的氨氯地平主要为消旋体，……其药理活性主要成分是（S）-（-）-氨氯地平。""另一对映体（R）-（+）-氨氯地平具有治疗动脉粥样硬化的活性。……制备氨氯地平对映体的方法主要是拆分消旋氨氯地平。"335专利的说明书实施例1中记载了一种具体的（S）-（-）-氨氯地平的制造方法，包括如下步骤："将5克（0.012mol）氨氯地平溶于40ml 2-丁酮中，加入溶有1.0克（0.0066mol）L-（+）-酒石酸的60ml 2-丁酮溶液，室温搅拌反应1小时，析出沉淀，过滤，用少量2-丁酮洗涤，得2.1克固体。将母液蒸馏回收2-丁酮，将所得固体在乙醇中重结晶，得（S）-（-）-氨氯地平 L-（+）-酒石酸盐1.7克。在1.7克（S）-（-）-氨氯地平 L-（+）-酒石酸盐中，加入二氯甲烷18ml，2N氢氧化钠溶液10ml，搅拌反应30分钟，静置，分出有机层，加入适量无水碳酸钠干燥，过滤，用少量二氯甲烷洗涤滤饼，将滤液减压浓缩，加入适量正己烷，搅拌结晶，过滤，真空干燥过夜，得（S）-（-）-氨氯地平1.2克。利用手性组HPLC测定其对映体过量值（ee）为99.0%，收率48%。"

（四）有关法源中心出具检验报告的事实

法源中心出具的检验报告记载："本次试验检验人在相同的条件下分别对发明专利CN1067055C实施例1、4、5、8和发明专利CN1609102A实施例1所描述的氨氯地平药物生成化学反应方法进行了重复试验，试验结果如下：1.采用CN1067055C实施例1、4、5、8所描述氨氯地平药物生成方法，所得的试验结果与其说明书中表述一致，证明检验人试验能力与原料试剂的可靠性。2.在相同试验条件下，采用发明专利CN1609102A说明书中公开最充分，且对映体过量最高的实施例1描述的氨氯地平药物生成方法进行试验，试验结果与其说明中的表述在对映体过量方面存在重大差异，使用该发明专利CN1609102A提供的化学方法，本试验不能达到拆分氨氯地平的目的。"检验报告中所称的发明专利CN1609102A即A公司的335专利，发明专利CN1067055C即E公司的238专利。法源中心的司法鉴定许可证载明，该中心的鉴定业务范围包括法医病理鉴定、法医临床鉴定、法医物证鉴定、法医毒物鉴定、文书司法鉴定、痕迹司法鉴定、司法会计鉴定、建筑工程司法鉴定、资产评估司法鉴定，但不包括知识产权司法鉴定。

2006年3月3日，法源中心出具技术鉴定费收费发票一张，发票载明的技术鉴定费金额为200000元。原审判决认定技术鉴定费为210000元有误。

（五）关于A公司提交的有关左旋氨氯地平制造方法的证据

本案一、二审中，A公司先后提交了335专利申请公开说明书以及授权公告的发明专利说明书、在国家食品药品监督管理局备案的工艺流程记录、生产记录、河北省石家庄市食品药品监督管理局出具的现场检查笔录、《马来酸左旋氨氯地平工艺规程SOP-MPP-W017（00）》等证据，用于证明其系使用自有方法制造左旋氨氯地平，并未使用涉案专利方法，将335专利申请公开说明书、备案工艺流程记录、生产记录以及《马来酸左旋氨氯地平工艺规程SOP-MPP-W017（00）》进行比较，虽然所述证据中记载的左旋氨氯地平制造方法在部分原料、用量、具体反应条件等方面有所差异，但均以L-（+）-酒石酸和2-丁酮为原料，对氨氯地平进行拆分以制得左旋氨氯地平。

（六）有关现场勘验的事实

本案二审中，C公司、B公司、A公司以实施335专利尚需一定的经验、技巧和诀窍为由，曾共同向二审法院提出现场勘验申请，请求二审法院组织各方当事人以及相关技术专家对被诉侵权产品的制造方法进行现场勘验，二审法院未进行现场勘验。本案再审期间，C公司、B公司、A公司以及张某某均向本院提出现场勘验申请，请求本院对被诉侵权产品的制造方法进行现场勘验，验证依照A公司的335专利方法能否制得左旋氨氯地平。

2010年2月23日，本院审判人员、张某某的委托代理人以及C公司、B公司、A公司的委托代理人共同到A公司的仓库，对A公司购买的试验原料进行现场取样，每种原料取四份样品，其中一份由张某某的委托代理人带回检测，A公司留存一份，另外两份交由本院保存备查。取样后，在各方当事人在场并且无异议的情况下，本院审判人员将原料封存于该仓库的一个保险柜内。在本院指定的期限内，张某某未对原料提出异议。

2010年4月10日至12日，本院审判人员、张某某的委托代理人及其两名助理人员，以及C公司、B公司、A公司的委托代理人来到A公司进行现场试验。经核对原料封存情况完好并且各方当事人无异议后，A公司的三名工作人员依照335专利实施例1记载的原料和配比，分别进行了三组共九次氨氯地平拆分试验。试验中，工作人员将60ml 2-丁酮溶液陆续加入氨氯地平溶液中，在34℃的水浴温度下进行搅拌反应。其后，工作人员将九次拆分试验获得的固体混合后，合并进行重结晶，获得试验最终产物。张某某的委托代理人对试验获得的母液、沉淀物以及最终产物进行了现场取样，每份样品取样四份，由张某某和A公司各持一份，本院留存2份备查。试验结束后，在各方当事人确认无误的情况下，本院对剩余原料再次予以封存。经A公司检测，现场试验获得的最终产物为左旋氨氯地平，纯度为99.7%，对映体含量值为99.4。

现场试验过程中，张某某的委托代理人对A公司现场试验的有关步骤提出如下异议：1.依照335专利的实施例1，应将溶有1克L-（+）-酒石酸的2-丁酮溶液60ml全部加入氨氯地平溶液后，室温搅拌反应1小时，但在试验过程中，工作人员是将60ml 2-丁酮溶液陆续加入，并且在34℃的水浴温度下进行搅拌反应。2.A公司将九次拆分试验获得的固体合并后，再进行后续的重结晶等步骤，而根据335专利的实施例1，应当对九次拆分试验获得的固体分别进行重结晶。据此，张某某认为A公司采用的试验方法与335专利的实施例1不同，不能证明依照335专利可实现氨氯地平的拆分。经A公司与张某某协商，A公司同意进行第二次试验，由三名工作人员分别进行氨氯地平拆分试验，并将拆分试验获得的固体分别进行重结晶。

2010年4月23日，本院审判人员、张某某的委托代理人到A公司进行第二次试验。经检查，第一次试验后剩余原料封存情况完好，张某某的委托代理人未提出异议。但张某某的委托代理人以第一次试验时原料可能没有混匀，并且原料一直由欧意公司保管，第一次试验所用的原料与试验前的取样可能不一致为由，要求在进行第二次试验之前再次对原料取样检测。A公司认为，张某某及其委托代理人要求对原料再次取样检测的目的是拖延诉讼，如果张某某认为第一次试验所用的原料存在问题，可以将剩余原料带走检测，无须进行第二次试验；如果张某某对试验原料予以认可，可以进行第二次试验。因双方无法协商一致，第二次试验未能进行。张某某的委托代理人未将剩余原料带走检测。

本院认为，本案焦点在于：1.原审法院对举证责任的分配是否正确；2.A公司制造左旋氨氯地平的方法是否落入涉案专利权的保护范围；3.法源中心出具的检验报告能否采信。

（一）关于原审法院对举证责任的分配是否正确

《中华人民共和国专利法》第五十七条第二款规定："专利侵权纠纷涉及新产品制造方法的发明专利的，制造同样产品的单位或者个人应当提供其产品制造方法不同于专利方法的证明。"根据该规定，在此类专利侵权纠纷案件中，由被诉侵权人承担证明其产品制造方法不同于专利方法的举证责任，需满足一定的前提条件，即权利人能够证明依照专利方法制造的产品属于新产品，并且被诉侵权人制造的产品与依照专利方法制造的产品属于同样的产品。

在认定一项方法专利是否属于新产品制造方法专利时，应当以依照该专利方法直接获得的产品为依据。所谓"依照专利方法直接获得的产品"，是指使用专利方法获得的原始产品，而不包括对该原始产品作进一步处理后获得的后续产品。根据涉案专利的权利要求1，虽然其主题名称是"一种从混合物中分离出氨氯地平的（R）-（+）-和（S）-（-）-异构体的方法"，但从权利要求1记载的内容看，依照涉案专利方法直接获得的产品是"结合一个DMSO-d6的（S）-（-）-氨氯地平的D-酒石酸盐"，或"结合一个DMSO-d6的（R）-（+）-氨氯地平的L-酒石酸盐"，其中前者即制造左旋氨氯地平的中间产物，而非左旋氨氯地平本身；而后者即制造右旋氨氯地平的中间产物，亦非右旋氨氯地平本身。由于在涉案专利的申请日之前，上述中间产物并未为国内外公众所知悉，可以认定依照涉案专利方法直接获得的产品是新产品，涉案专利属于新产品制造方法专利。A公司虽提交了E公司的238专利，用于证明涉案专利不属于新产品制造方法专利，但由于238专利和涉案专利系分别使用不同的手性助剂DMSO、DMSO-d6对氨氯地平进行拆分，在依照两项专利方法制造左旋氨氯地平或者右旋氨氯地平的过程中，形成的中间产物并不相同，因此，238专利并未公开依照涉案专利方法直接获得的产品，不足以证明涉案专利不属于新产品制造方法专利。

虽然涉案专利是一项新产品制造方法专利，但要由被诉侵权人C公司、B公司、A公司承担证明其产品制造方法不同于专利方法的举证责任，还必须由权利人张某某证明被诉侵权人制造的产品与依照专利方法直接获得的产品属于同样的产品。如前所述，依照涉案专利权利要求1记载的方法，直接获得的产品是"结合一个DMSO-d6的（S）-（-）-氨氯地平的D-酒石酸盐"，或"结合一个DMSO-d6的（R）-（+）-氨氯地平的L-酒石酸盐"，张某某提供的证据虽然能够证明B公司、A公司制造了马来酸左旋氨氯地平及其片剂，并且马来酸左旋氨氯地平的制造必须以左旋氨氯地平为原料，但并没有提供证据证明B公司、A公司在制造马来酸左旋氨氯地平及其片剂时，也制造了"结合一个DM-SO-d6的（S）-（-）-氨氯地平的D-酒石酸盐"中间产物，因此，张某某提供的证据并不足以证明B公司、A公司制造的产品与依照涉案专利方法直接获得的产品属于同样的产品，本案不应由B公司、A公司承担证明其产品制造方法不同于专利方法的举证责任。

原审法院认定涉案专利属于新产品制造方法专利，虽然结论正确，但将依照涉案专利方法直接获得的产品认定为左旋氨氯地平，明显有误。由于原审法院对依照涉案专利方法直接获得的产品认定错误，在张某某没有提供充分的证据证明B公司、A公司制造的产品与依照涉案专利方法直接获得的产品属于同样的产品的情况下，即认定由B公司、A公司承担证明其产品制造方法不同于专利方法的举证责任，亦显然错误。

（二）关于A公司制造左旋氨氯地平的方法是否落入涉案专利权的保护范围

在本案一、二审过程中，A公司先后提交了335专利申请公开说明书以及授权公告的发明专利说明书、在国家食品药品监督管理局备案的工艺流程记录、生产记录、《马来酸左旋氨氯地平工艺规程SOP-MPP-W017（00）》等证据，用于证明其系使用自有方法制造左旋氨氯地平，并未使用涉案专利方法。张某某主张依照上述证据中记载的左旋氨氯地平制造方法不能实现氨氯地平的拆分，无法制得高纯度的左旋氨氯地平，并提交了法源中心出具的检验报告。为了验证A公司依照自有方法能否制得左旋氨氯地平，本院根据C公司、B公司、A公司以及张某某的请求，对A公司制造左旋氨氯地平的方法进行了现场勘验，由A公司依照335专利中记载的左旋氨氯地平制造方法进行现场试验。试验结果表明，A公司依照335专利中记载的方法，以2-丁酮以及L-（+）-酒石酸为原料实现了氨氯地平的拆分，制得了含量为99.7%，对映体含量值为99.4的左旋氨氯地平。张某某对该试验结果当庭表示认可。

张某某虽然对A公司现场试验中的有关试验步骤以及试验原料提出了异议，但这些异议均不能成立。1.关于60ml 2-丁酮的加入方式以及反应温度。从查明的事实看，335专利权利要求1中与上述步骤对应的技术特征为"将消旋氨氯地平和L-（+）-酒石酸溶解于含有2-丁酮的有机溶剂中，反应生成……"实施例1中的对应技术特征为"加入溶有1.0克L-（+）-酒石酸的60ml 2-丁酮溶液，室温搅拌反应1小时"。上述技术特征均没有对2-丁酮的具体加入方式以及具体的反应温度进行限定，A公司在现场试验中将60ml 2-丁酮溶液陆续加入，并且由于试验当天气温较低，故在34℃的水浴温度下进行搅拌反应，并没有超出上述技术特征限定的范围，因此，张某某的该项异议不能成立。2.关于A公司现场试验时将九次拆分试验获得的固体合并进行重结晶。现场试验时，欧意公司确实是将九次拆分试验获得的固体合并进行重结晶，当张某某的委托代理人提出异议后，A公司表示同意进行第二次现场试验，将拆分试验获得的固体分别进行重结晶。但是，在剩余原料封存情况完好的情况下，张某某又提出对试验原料进行重新检测的要求，致使第二次现场试验未能进行。其实，从查明的事实看，335专利实施例1中与重结晶对应的技术特征是"将所得固体在乙醇中重结晶"，授权公告的权利要求1中对应的技术特征是"再采用乙醇、甲醇或异丙醇溶剂进行重结晶"。因此，A公司将九次拆分试验获得的固体合并进行重结晶，并没有超出上述技术特征限定的范围。而且根据本领域的常识，对于拆分试验获得的固体是合并进行重结晶还是分别进行重结晶，对于能否拆分出左旋氨氯地平并无影响，因此，张某某的该项异议亦不能成立。3.关于试验原料是否真实。庭审中，张某某对A公司现场试验时使用的原料提出质疑，认为该原料与取样时的原料不同，并且其对现场试验中取得的沉淀物等样品进行检测后，结果与其自行完成的对比试验存在明显差异，故怀疑A公司在现场试验时系使用高纯度的左旋氨氯地平作为原料。为支持其主张，张某某向本院提交了其自行完成的对比试验报告。事实上，在对A公司购买的试验原料进行取样后，即由本院审判人员在各方当事人在场并认可的情况下对原料就地进行了封存，张某某的委托代理人对原料的取样以及封存并未提出异议。现场试验开始前，张某某的委托代理人对原料封存情况以及试验现场、试验设备进行了检查，在其确认原料封存完好并且未提出异议的情况下，A公司才将原料拆封进行试验。试验过程中，张某某的委托代理人及其两名助手对试验全过程进行了监督，张某某的委托代理人在此期间并没有对原料的取用情况提出异议。现场试验结束后，在各方当事人均无异议的情况下，本院再次对剩余原料予以封存。综上，试验原料的取样、封存、使用以及再次封存等均是在各方当事人的共同监督下进行的，足以保证试验原料的客观、真实。张某某仅仅依据其自行完成的对比试验报告，对试验原料的真实性提出质疑，其真实性与科学性均不足信。因此，张某某就试验原料提出的异议亦不成立。

A公司的现场试验结果与A公司提交的备案工艺流程记录、生产记录、《马来酸左旋氨氯地平工艺规程SOP-MPP-W017（00）》等证据相互印证，可以证明A公司使用2-丁酮和L-（+）-酒石酸为原料，能够实现对氨氯地平的拆分，制得左旋氨氯地平。与之相比较，涉案专利权利要求1系使用六氘代二甲基亚砜（DMSO-d6）以及D-酒石酸为原料，二者使用的原料既不相同也不等同，A公司制造左旋氨氯地平的方法没有落入涉案专利权的保护范围。庭审中，张某某亦认为以2-丁酮和L-（+）-酒石酸为原料制造左旋氨氯地平的方法与涉案专利方法不同，只是认为依照该方法不可能制得左旋氨氯地平。但是，现场试验结果证明，使用该方法能够制得高纯度的左旋氨氯地平，因此，A公司关于依照自有方法制造左旋氨氯地平的抗辩理由成立。原审法院认定A公司依照自有方法不能制得左旋氨氯地平，并据此认定C公司、B公司、A公司侵犯了张某某的涉案专利权，显然缺乏事实依据。

另需指出的是，根据《中华人民共和国专利法》第十一条的规定，方法专利权的保护范围只能延及依照该专利方法直接获得的产品，即使用专利方法获得的原始产品，而不能延及对原始产品作进一步处理后获得的后续产品。如前所述，实施涉案专利权利要求1限定的方法后，直接获得的是"结合一个DMSO-d6的（S）-（-）-氨氯地平的D-酒石酸盐"，或"结合一个DMSO-d6的（R）-（+）-氨氯地平的L-酒石酸盐"，B公司、A公司生产的马来酸左旋氨氯地平、马来酸左旋氨氯地平片以及左旋氨氯地平，均属于对上述产品作进一步处理后获得的后续产品，不属于依照涉案专利方法直接获得的产品。因此，涉案专利权的保护范围不能延及左旋氨氯地平、马来酸左旋氨氯地平及其片剂。"依照该专利方法直接获得的产品"的认定与该产品能否直接供消费者使用无关，一审法院以"左旋氨氯地平作为一种化合物，本身并不能成为直接供消费者消费的产品，……涉案专利为左旋氨氯地平的拆分方法，依据该方法不能直接得到产品，而左旋氨氯地平化合物与马来酸、苯磺酸等经过成盐工艺成为马来酸左旋氨氯地平、苯磺酸左旋氨氯地平后，才真正成为产品"为由，将涉案专利权的保护范围延及B公司、A公司生产的马来酸左旋氨氯地平及其片剂，适用法律亦显然不当。

（三）关于法源中心出具的检验报告能否采信

正如前述，A公司依照335专利方法已经成功制得左旋氨氯地平，现场试验结果足以证明法源中心出具的检验报告的结论是错误的。因此，A公司关于该检验报告不能采信的再审理由成立，本院予以支持。其实，在进行化学试验时，操作人员的经验以及对操作技巧和诀窍的掌握程度均可能对试验结果产生实质性的影响。例如，在本案中，A公司在335专利的实施例1中仅以"将所得固体在乙醇中重结晶"对重结晶步骤进行了相对概括的描述，但在现场试验过程中，A公司的工作人员实际上对重结晶步骤进行了认真、细致的观察和操作。因此，虽然法源中心组织的鉴定人员依照335专利无法制得左旋氨氯地平，但并不足以据此认定A公司依照该专利方法亦无法制得左旋氨氯地平。原审法院忽视了试验操作人员所掌握的经验、技巧以及诀窍对试验结果可能带来的实质影响，在A公司明确提出其在实施335专利时还拥有一定的经验、技巧和诀窍的情况下，对于A公司要求由其工作人员进行试验操作的请求置之不理，轻易采信法源中心的检验报告，以致造成错误判决。

综上，原审判决认定事实和适用法律均有错误，应予纠正。依照《中华人民共和国专利法》第十一条、第五十七条第二款，《中华人民共和国民事诉讼法》第一百八十六条第一款、第一百五十三条第一款第（二）、（三）项之规定，判决如下：

一、撤销吉林省高级人民法院（2006）吉民三终字第146号民事判决和吉林省长春市中级人民法院（2005）长民三初字第36号民事判决。

二、驳回张某某的诉讼请求。一审案件受理费1000元、二审案件受理费3000元、鉴定费200000元，共204000元；由张某某负担。

本判决为终审判决。

（资料来源：https：//www.pkulaw.com/pfnl/a25051f3312b07f3f5a94dc47cac18373d9d8df8260f1279bdfb.html?keyword=%e5%bc%a0%e5%96%9c%e7%94%b0）

三、转让权

《专利法》第十条规定，专利申请权和专利权可以转让。中国单位或者个人向外国人、外国企业或者外国其他组织转让专利申请权或者专利权的，应当依照有关法律、行政法规的规定办理手续。转让专利申请权或者专利权的，当事人应当订立书面合同，并向国务院专利行政部门登记，由国务院专利行政部门予以公告。专利申请权或者专利权的转让自登记之日起生效。

1.专利申请权和专利权属于财产权　有些国家的专利法明文规定，专利申请权和专利权都是财产权，因此就和普通财产权一样是可以转移的。专利申请权和专利权的转移既可以因为法律事件的发生而依照有关法律的规定直接发生。例如，在自然人死亡，法人或非法人组织分立、合并等情况下，专利申请权和专利权依法转移给继承人，或者依照有关法律转移给有权继受其权利的单位或者组织。在这种情况下，继承人和继受人应当向国家知识产权局说明理由，附具有关证件，请求进行权利转移的登记。

专利申请权和专利权的转移还可因权利主体的法律行为而发生，例如转让、赠予等。专利权作为一种财产权，权利人理应享有予以转让的权利。这是权利人对其专利权行使处分权的基本方式。《专利法》第十条规定，专利申请权和专利权可以转让。这就明确赋予了权利主体转让专利申请权和专利权的权利。

应当指出的是专利法中"专利申请权"，不同于"申请专利的权利"。"专利申请权"是指申请人在向国家知识产权局提出申请以后对其专利申请享有的权利，即对该专利申请的所有权。这种所有权主要体现在申请人有权决定是继续进行申请手续还是放弃其专利申请，是自己继续保留该专利申请还是将该专利申请转让给他人，是许可他人实施该专利申请中要求保护的发明还是自己予以实施等。转让专利申请权需要履行专利法第十条第二款和第三款规定的手续，才能使其专利行为产生法律效力。"申请专利的权利"，是指在发明创造作出之后、提出专利申请之前，有关单位或者个人享有的决定是否对该发明创造申请专利、何时申请专利、申请何种专利以及向哪些国家申请专利等权利。申请专利的权利也可以转让，然而由于转让行为发生在提出专利申请之前，与国家知识产权局的程序没有任何关联，因此也无须履行专利法规定的手续。

申请专利的权利与专利申请权有紧密联系，体现在一旦享有申请专利的权利的主体行使该权利提交专利申请后，其申请专利的权利就"转化"为专利申请权。因此专利申请权实际上是申请专利的权利在提出专利申请之后的继续，是权利人行使申请专利权利的结果。

2.向外国人转让专利申请权和专利权　专利申请权和专利权作为民事权利，根据尊重当事人意思自治的原则，其转让原则上不受限制，只要当事人达成协议即可。但是，根据《专利法》第十条第二款的规定，中国单位或者个人向外国人、外国企业或者外国其他组织转让专利申请权或者专利权的，应当依照有关法律、行政法规的规定办理手续。如果专利申请权和专利权的转让人是中国单位或者个人，受让人是外国人、外国企业或者外国其他组织，就应当依照有关法律、行政法规的规定办理有关手续，这些"法律、行政法规"，分别是指《对外贸易法》和《技术进出口管理条例》。

3.专利申请权和专利权转让合同的订立　我国专利法规定专利申请权和专利权转让合同应当采用书面形式。是因为作为专利申请权和专利权客体的发明创造是无形的，专利申请人、专利权人和受让人无法如同对有形财产那样，对发明创造进行实际占有和转移占有，专利申请权和专利权的归属只能以国家知识产权局的登记簿为准。如果允许以口头方式订立专利申请权和专利权的转让合同，任何人都有可能自称是受让人而要求国家知识产权局对登记簿记载的专利申请人和专利权人进行变更。由于国家知识产权局对其主张很难进行查证，如果不予变更会导致很多争议纠纷；如果允许变更又有可能损害专利申请人和专利权人的合法权利；为了避免这样的困境，专利法规定转让专利申请权和专利权的，当事人应当订立书面合同。

专利申请是申请人提交给国家知识产权局的具有一定法律效力的文件，转让专利申请权必然涉及变更国家知识产权局掌管的申请文件记载的申请人。这一转让是否由国家知识产权局予以登记，直接关系到专利申请的审批程序，关系到申请人的利益。专利权是国家主管部门经过审查而授予的权利，其存在与否、期限长短、权利人是谁等法律状态是由国家知识产权局负责登记，因此专利权的转让不仅涉及双方当事人的利益，也涉及公众的利益。参照《物权法》中物权变动的公示原则，专利权作为一种类似于物权的财产权，其变动也需要进行公示。由于专利权的客体是一种无形财产，无法像有形财产那样被占有和交付，因此专利权的变动只能如同不动产的变动那样采用登记的公示方式，而不能如同动产的变动那样采用交付的公示方式。

《专利法》第十条第三款规定，转让专利申请权或者专利权的，当事人应当订立书面合同，并向国务院专利行政部门登记，由国务院专利行政部门予以公告。国家知识产权局予以登记和公告的事项是专利申请权或者专利权的转让这一民事法律行为，而不是专利申请权或者专利权转让合同。转让专利申请权或者专利权的，应当规定办理著录事项变更手续，手续合格的，国家知识产权局才能予以登记和公告。

四、许可实施权

（一）许可实施权的相关规定

专利权人享有许可他人实施专利的权利，《专利法》第十二条规定："任何单位或者个人实施他人专利的，应当与专利权人订立实施许可合同，向专利权人支付专利使用费。被许可人无权允许合同规定以外的任何单位或者个人实施该专利。"

《专利法》第十三条规定："发明专利申请公布后，申请人可以要求实施其发明的单位或者个人支付适当的费用。"

《专利法》第十五条第一款规定："专利申请权或者专利权的共有人对权利的行使有约定的，从其约定。没有约定的，共有人可以单独实施或者以普通许可方式许可他人实施该专利；许可他人实施该专利的，收取的使用费应当在共有人之间分配。"

除前款规定的情形外，行使共有的专利申请权或者专利权应当取得全体共有人的同意。

应当指出，依据实施专利的许可合同，被许可人对合同涉及的发明创造仅享有实施权，而不享有所有权。因此，被许可人无权允许合同约定以外的任何单位或者个人实施该项专利。但是，这一规定不应当被理解为法律禁止专利权人授权被许可人许可第三方实施其专利。如果合同约定被许可人许可第三方实施的权利，则被许可人可以在合同约定的范围内许可第三方予以实施。

专利权人可以允许被许可人在专利权的整个有效期限内以及在专利权效力所及的全部地域内从事各种类型的实施专利行为，即制造、使用、许诺销售、销售、进口专利产品，使用专利方法，以及使用、许诺销售、销售、进口依照专利方法直接获得的产品；也可以对被许可人的实施行为施加种种限制，例如限定实施的行为仅仅是上述行为中的某些行为，而不一定包括所有的实施行为；限定实施的地域仅仅是国内某一地区，而不一定包括全国；限定实施的时间期间仅仅为若干年。而不一定是自订立合同之日起的整个专利权有效期。专利实施许可合同可以约定，在被许可人超越这些限制条件的情况下，专利权人保留控告被许可人侵犯其专利权的权利。

专利实施许可的类型和内容按照被许可人取得的实施权的范围，可以将专利实施许可分为以下几种类型。

1.独占实施许可 简称独占许可，是指在一定期间以及专利权的有效地域范围内，专利权人只许可一个被许可人实施其专利，而且专利权人自己也不得实施该专利。

2.排他实施许可 简称排他许可，也称独家许可，是指在一定期间以及专利权的有效地域范围内，专利权人只许可一个被许可人实施其专利，但专利权人自己有权实施该专利。排他许可与独占许可的区别就在于许可合同不排除专利权人自己实施其专利的权利，而独占许可中的专利权人自己也不能实施该专利。

3.普通实施许可 简称普通许可，是指在一定期间以及在专利权的有效地域范围内，专利权人许可他人实施其专利，同时保留许可第三人实施该专利的权利。这样，在同一地域内，被许可人同时可能有若干家，专利权人自己也可以实施。普通许可是专利实施许可中最常见的一种类型。

4.交叉实施许可 简称交叉许可，也称作互换实施许可，是指两个专利权人互相许可对方实施自己的专利。订立这种许可的，两个专利的价值大体是相等的，所以一般可以彼此免交许可使用费，但如果二者的技术效果或者经济效益差距较大，也可以约定由一方给予另一方以适当的补偿。

5.分实施许可 简称分许可，是针对基本许可而言的，即基本许可的被许可人依照与专利权人的约定，再许可第三人实施同一专利，被许可人与第三人订立的这种实施许可就是分许可。基本许可的被许可人签订这种分许可合同必须得到专利权人的同意。

> 【案例】2-2-10

A公司与余某某发明专利实施许可合同纠纷上诉案

上诉人A公司因与被上诉人余某某发明专利实施许可合同纠纷一案，不服江苏省南京市中级人民法院（2015）宁知民初字第197号民事判决，向本院提起上诉。本院于2016年12月19日立案受理后，于2017年1月12日公开开庭进行了审理。上诉人A公司的委托诉讼代理人董某，被上诉人余某某的委托诉讼代理人肖某到庭参加诉讼。本案现已审理终结。

A公司上诉请求：撤销一审判决，改判驳回余某某的全部诉讼请求，并由其承担一、二审诉讼费用。事实和理由：1.一审判决认定余某某担任A公司法定代表人时间、涉案药物批准文号有效期以及认定双方曾就专利实施许可费问题进行过协商，均与事实不符。且一审法院庭审中并未要求A公司提交涉案专利产品的销售利润。2.一审判决在双方没有约定的情况下，就涉案专利使用费进行裁判的理由不能成立。一审判决认定双方之间形成专利实施许可合同关系，却在没有判决合同解除的情况下对停止实施专利的解除后果作出判决，属于适用法律错误。3.专利许可使用费属于合意的范畴，一审判决对此进行裁判缺乏法律依据和裁判标准，亦是对合同自由的干预。

余某某答辩认为：1.余某某担任A公司法定代表人时间是从2003年12月至2015年2月，对此没有异议；2.关于涉案药品的批准文号，一审期间原来的批号没有到期，一审法院认定批号的有效期并无不当。原来国家不允许个人持有药品的生产批号，所以涉案药品的药品批号才给A公司，这个药物的批准文号也应该属于余某某；3.双方的确就专利实施许可费进行过协商，一审法院查明事实正确；4.我方在起诉时提交了一张A公司的利润表，因为上诉人不认可所以法院要求其提供相关的利润情况。

余某某向一审法院起诉请求：1.A公司向其支付涉案ZLQ21174××.×号专利使用费666.7万元，支付违约金133.3万元，并立即停止实施该专利；2.A公司承担本案诉讼费用。事实和理由：2002年4月19日，余某某向国家知识产权局申请一项名为"一种抗神经衰弱的药物"的发明专利，并于2004年12月1日获得授权，专利号为ZL0211×××.8。该专利权至今合法有效。2000—2015年2月，余某某担任A公司的法定代表人和董事长一职，并持有5%的公司股份。A公司于2002年起开始实施涉案专利，并承诺视生产经营情况向余某某支付报酬，但至今合计销售"新乐康片"专利产品6667万元，未向余某某支付任何专利使用费。依据《合同法》第三十六条规定，余某某已履行合同义务，A公司亦已将涉案专利投入生产运营。虽然双方并未签订书面合同，但是双方关于专利权实施的普通许可之合同业已成立并生效，因此A公司负有向余某某及时支付专利使用费的合同义务。A公司未向余某某支付任何专利使用费的行为已经构成根本违约，依据《合同法》第九十四条的规定，余某某有权解除合同。同时，依据《合同法》第三百五十二条规定，A公司未及时支付专利使用费，应停止实施涉案专利，并承担违约责任。

A公司一审辩称，1.余某某主张按照销售额10%的固定比例支付专利使用费，没有事实及合同依据。2.涉案药品"新乐康片"原为保健药品，由A公司的前身B制药厂自1996年开始试生产。余某某与B制药厂在2000年12月28日签订了合作生产销售协议。后"新乐康片"由保健品变更为药品，双方又于2001年7月1日签订了新的生产销售协议。在B制药厂改制为A公司后，余某某亦入股并继续向A公司提供专利，A公司提供原材料、人员及生产设备等。A公司销售药品并适当分配利润给予余某某，但该药品自生产以来一直处于亏损状态。综上，余某某要求支付违约金亦没有事实及合同依据。3.余某某要求支付相应费用的诉讼时效应为2年，现该诉讼时效已超期，故余某某获取赔偿之要求不应得到法庭支持。

一审法院认定事实：

一、余某某涉案专利权及其他相关专利权

1999年1月11日，余某某向国家知识产权局申请名为"一种抗神经衰弱的中药"的发明专利，2001年8月1日获准授权公告，专利号为991001××.×。该专利权利要求1为：一种抗神经衰弱的中药，其特征在于制备该药物是由下述原料药制成的：钩藤1000～1500重量份、酸枣仁500～900重量份、远志100～180重量份、萝芙木300～400重量份。

2002年4月19日，余某某向国家知识产权局申请名为"一种抗神经衰弱的药物"的发明专利。2004年12月1日，该专利获得授权，专利号为ZL0211×××.8。该专利权至今合法有效。该专利独立权利要求（权利要求1）为：一种抗神经衰弱的药物组合物，其特征在于该药物组合物是由如下原料药制成的：钩藤1000～2000重量份、酸枣仁500～1000重量份、萝芙木总碱2～20重量份。专利说明书记载，该药物组合物可制成任何临床可接受的剂型。该发明具有改善记忆、抗疲劳、耐缺氧镇静、催眠或抗惊厥的作用。

二、"新乐康片"药品（保健药品）生产情况

1996年8月20日，江苏省卫生厅下发批复，同意C研究所和B制药厂试生产中药保健药品"新乐康片"，批准文号为苏卫药健字（1996）第1651号，并发放了药品批准证书。

2000年12月28日，余某某（甲方）与B制药厂（乙方）订立《"新乐康"保健药品合作生产销售协议》。协议确定"新乐康"保健药品的配方是余某某经过二十余年的潜心研究及临床验证并已被批准为苏卫健字号（1651）号保健药品。双方约定：1.甲方作为该专利技术的所有人（专利号为991001××.×），因不具备生产和销售的条件，现甲方以该产品的专利技术评估价值为350万元，乙方以其厂名、商标、两证一照等无形资产互相合作生产和销售该保健药品。2.甲方以乙方名义向医药监督局申报保健药品整顿、提供相关资料及该次整顿所发生的相关费用，利用乙方的厂名进行申报，申报后甲方享有该产品的专有技术权及专利权，合作期间乙方享有生产权。3.甲方按产品的销售利润支付给乙方，具体为：每年销售该产品最低提成基数（360万片）为16万，不足部分应补足16万元；360万～660万片按每片0.05元给付；660万片以上按0.06元给付，剩余利润由甲方享有。4.该产品压片所需辅助材料由乙方负责，压片以外包括其铝箔包装、小包装、中包装、大包装及其药检对照品由甲方负责等。

2001年7月1日，余某某（甲方）与B制药厂（乙方）重新订立《"新乐康"保健药品合作生产销售协议》一份。所确定前序内容部分与上一合同相同。双方约定：1.甲方作为该专利技术的所有人（专利号为99100142.7），因不具备生产和销售的条件，现甲方以该产品的专利技术评估价值为600万元，乙方以其厂名、商标、两证一照等无形资产互相合作生产、销售该保健药品。2.合作期间乙方享有生产权。3.为了将该产品推向市场，甲方出资50万元由乙方为甲方注册一个二级法人的销售公司，用于专门销售该产品，在江浦领取发票，公司所发生的税上缴江浦，税后利润归甲方所有。4.加工费用支付办法：该产品所需的原材料由甲方负责提供，乙方负责加工。具体为：每年销售该产品最低提成基数（360万片）为16万，不足部分应补足16万元；360万～660万片按每片0.05元给付；660万片以上按0.06元给付。5.该产品压片所需辅助材料由乙方负责，压片以外包括其铝箔包装、小包装、中包装、大包装及其药检对照有甲方负责。6.本协议为长期协议，直到甲方提出异议并另行协商。

2002年10月30日，国家药品监督管理局发放2002B1250号批件。其中记载药品名称：新乐康片；剂型：片剂；规格：0.25g；生产企业：A公司；审批结论：同意生产，并核发要求批准文号，注销原批准文号，继续考察本品的稳定性等；药品批准文号：国药准字B20020529；原批准文号：苏卫药健字

（1996）第1651号；标准编号：×××–5509（B–0509）–2002。

2010年8月24日，江苏省食品药品监督管理局发放2010R001313号药品再注册批件。其中药品名称：新乐康片；剂型：片剂；规格：0.25g；药品类型：中药；药品标准：国家药品监督管理局标准（试行）WS–5509（B–0509）–2002；药品有效期：24个月；生产企业：A公司；审批结论：经审查，本品符合《药品注册管理办法》的有关规定，同意再注册；药品批准文号：国药准字B20020529；药品批准文号有效期：2015－08－23。

余述南提交了"新乐康片"药品外包装和说明书。其中记载：成分：钩藤、酸枣仁、萝芙木总碱；性状：本品为薄膜包衣片，除去包衣片后呈褐色，气味特异、味微酸；功能主治：平肝养心安神；规格：0.25g；包装：12片/板×4板/盒；有效期：24个月；执行标准：国家药品监督管理局标准（试行）WS–5509（B–0509）–2002；批准文号：国药准字B20020529；生产企业：立业制药股份有限公司等。

2002—2014年，A公司合计销售"新乐康片"药品6481519盒，获得销售收入6667万元。

三、A公司的演变情况

A公司（原B制药厂）成立于1990年11月14日。A公司的法定代表人在2000—2015年2月期间由余某某担任，并于2015年2月9日变更为张某某。该公司经营范围为片剂、颗粒剂、滴眼剂、滴鼻剂、软胶囊剂、原料药。后其经营范围扩大为研发、生产片剂、胶囊剂、颗粒剂、滴眼剂、溶液剂（外用）、软胶囊剂、原料药（以药品生产许可证核准的内容为准）、中药提取；销售自产产品及相关技术的出口业务；中成药、化学药制剂、抗生素制剂、生化药品零售、批发（不含国家专控药品）；进出口业务（药品进出口按国家规定办理、涉及行政许可的在许可证期限内生产经营）。

四、其他需要查明的事实

余某某针对上述合作生产销售协议所涉及销售金额的分配作了进一步说明：一盒药是36片，售价为49元，生产成本7.6元，一片的销售价格为1.36元，生产成本约为0.21元。按照协议，在年销售量未达到360万片时，余某某应支付加工费0.04元，约占销售价格的2.9%，扣除每片成本，余某某自得收益1.11元，约占销售价格的81.6%；在年销售量在360万~660万片时，余某某支付加工费0.05元，约占销售价格的3.68%，扣除每片成本，余某某自得收益1.1元，约占销售价格的80.9%；在年销售量超过660万片时，余某某支付加工费0.06元，约占销售价格的4.4%，扣除每片成本，余某某自得收益1.09元，约占销售价格的80.1%。

江苏省南京市中级人民法院（2011）宁知民初字第544号民事判决查明，C公司（甲方）与周建群（乙方）签订了《顾问协议》，约定C公司聘请周某某为海外顾问，周某某负责项目推荐、与国外公司沟通交流、促进项目合作进展等工作。关于报酬，该协议约定，周某某向C公司提供项目，促进C公司与项目提供方（第三方）签订合作协议，C公司必须向周某某支付相应的劳务报酬，相关主要条款为：1.C公司与周某某签订长期战略伙伴协议，聘请周某某担任C公司驻北美洲海外顾问，C公司每月支付3000元人民币顾问费。2.如因周某某的帮助和引导促成C公司与项目提供方（第三方）签订合作协议的，C公司向周某某支付协议金额的5%作为佣金，并在每次C公司与项目提供方（第三方）签订合作协议时以备忘录形式就具体项目重述。

江苏省南京市中级人民法院（2015）宁知民终字第209号民事判决认为，《中华人民共和国促进科技成果转化法》（1996年10月1日实施）第二十九条规定，科技成果完成单位将其职务科技成果转让给他人的，单位应当从转让该项职务科技成果所取得的净收入中，提取不低于20%的比例，对完成该项科技成果及其转化做出重要贡献的人员给予奖励。一审法院综合现有证据，提取净收入中的21%奖励给技术成果完成人，并无不当。

上海市高级人民法院（2015）沪高民三（知）终字第49号民事判决查明，2011年5月—2012年10

月，原告共向被告汇款2272818.18元，被告为此开具了名目为"咨询费"的等值发票。2013年1月8日，被告出具《情况说明》一份，上载："D公司，以下简称本公司。本公司拥有'在物件表面热转印的方法'的发明专利权，于2011年5月许可E公司使用本公司上述发明专利，由于客观原因，双方并未签订合同。E公司自2011年5月开始，每月按营业额的40%向本公司支付上述发明专利的许可使用费，至今共计支付人民币贰佰贰拾陆万陆佰伍拾壹圆贰角壹分2260651.21元，本公司以咨询费的方式向其开具服务性发票。"诉讼中，双方确认原告所汇款项2272818.18元即原告按其营业额的40%支付给被告的钱款。

一审法院认为：

一、A公司实施了涉案ZL0211×××.8号发明专利权

首先，从药物成分方面看，A公司2002年后生产和销售的"新乐康片"药物成分与余某某ZL0211×××.8号发明专利中公开的药物成分是相同的。余某某于2002年4月19日申请了名为"一种抗神经衰弱的药物"的发明专利，于2004年12月1日获得授权，专利号为ZL0211×××.8。该专利独立权利要求公开了一种抗神经衰弱的药物组合物，由钩藤、酸枣仁、萝芙木总碱按照一定的重量份制成。该专利权与余某某于1999年1月11日申请的名为"一种抗神经衰弱的中药"、专利号为99100142.7的发明专利不同。后者公开了一种抗神经衰弱的中药，由钩藤、酸枣仁、远志、萝芙木制成。两个专利相比，一方面是两者的药物成分不同，另一方面是其中各个成分的重量份也不同。余某某提交的新乐康片药品说明书记载了"新乐康片"的成分为钩藤、酸枣仁、萝芙木总碱，与涉案ZL0211×××.8专利公开的药物成分相同。由是观之，可以认为A公司使用的是余某某ZL0211×××.8号发明专利技术生产的"新乐康片"药品。

其次，从所使用的药品批准文号也可以认定A公司使用的是余某某ZL0211×××.8号发明专利技术。A公司（包括其前身）为生产"新乐康片"前后三次获得了药品生产批号，即江苏省卫生厅于1996年8月20日下发的苏卫药健字（1996）第1651号、国家药品监督管理局于2002年10月30日发布的2002B1250号批件及其药品批准文号国药准字B20020529、江苏省食品药品监督管理局于2010年8月24日发布的2010R001313号药品再注册批件及其沿用的药品批准文号国药准字B20020529。余某某提交的新乐康片药品说明书记载的批准文号国药准字B20020529。余某某ZL0211×××.8号发明专利的申请日是2002年4月19日，授权公告日是2004年12月1日。在该批准文号形成时的2002年，虽然该专利处于已申请未获得授权的状态，但是从专利说明书记载的内容看，余某某已经完成技术方案的研发和临床试验工作，并提交了专利申请。作为技术方案已经完成并可以实施。A公司根据该技术方案申请药品生产并获得批文，并依据该批文生产和销售药品，是合法和合理的。由此可以认定所使用技术或者是药物成分就是药品说明书中记载的成分，即余某某涉案专利技术。

再次，从双方（原告与被告前身）订立的两份《"新乐康"保健药品合作生产销售协议》看，该协议目的是要求代加工，使用的余某某所有的99100142.7号专利，而非余某某ZL0211×××.8涉案专利。该两份协议并不影响A公司使用余某某涉案专利生产"新乐康片"药品。

综上，可以认为A公司使用了余某某涉案ZL0211×××.8号发明专利技术生产了"新乐康片"药品，并进行市场销售。

二、余某某和A公司之间形成专利实施许可合同关系，A公司应当向余某某支付专利使用费

虽然双方没有订立书面专利实施许可合同，但是一方面A公司实际使用了余某某涉案专利技术生产"新乐康片"药品；另一方面余某某在2000—2015年2月期间担任A公司的法定代表人，且双方在庭审中亦陈述曾就专利实施许可费问题进行过商谈，可以认为余某某本人对于A公司实施其涉案专利事宜应该是知晓的，或者是经过其同意或者安排的。因此，双方存在实际的专利实施许可合同关系，只是没有

订立书面实施许可合同，但是这并不影响合同关系的成立。

专利的价值在于转化为现实生产力，产生经济效益和社会效益。余某某的创新和创造对此产生了至关重要的影响。因此，在余某某主张的情况下，A公司实施涉案专利，应当向余某某支付许可使用费。

当然，专利使用费首先应当属于双方协商并形成合意的范畴。双方可以就许可的内容、方式、时间、许可费及其计算方法和支付方式等进行商谈并达成协议。然而，就本案而言，双方曾经就许可费问题进行过商谈，但是没有达成一致意见，而且A公司已经在实施余某某涉案专利并形成销售和获利。因此，一审法院基于以下理由就涉案专利使用费进行裁判。首先，《中华人民共和国专利法》第十二条规定："任何单位或者个人实施他人专利的，应当与专利权人订立实施许可合同，向专利权人支付专利使用费。"这是A公司应当向余某某支付专利使用费的直接的法律依据。其次，国家在政策层面鼓励创新和发明创造，并在法律层面上规定了一定的奖励比例。我国为了促进科技成果转化为现实生产力，规范科技成果转化活动，加速科学技术进步，推动经济建设和社会发展，专门制定了《中华人民共和国促进科技成果转化法》。其中第四十五条第一款规定："科技成果完成单位未规定、也未与科技人员约定奖励和报酬的方式和数额的，按照下列标准对完成、转化职务科技成果做出重要贡献的人员给予奖励和报酬：（一）将该项职务科技成果转让、许可给他人实施的，从该项科技成果转让净收入或者许可净收入中提取不低于百分之五十的比例。"该条款规定的比例比该法2015年修订前第二十九条规定不低于百分之二十的比例有了大幅度提高。《中华人民共和国专利法》第十五条规定："被授予专利权的单位应当对职务发明创造的发明人或者设计人给予奖励；发明创造专利实施后，根据其推广应用的范围和取得的经济效益，对发明人或者设计人给予合理的报酬。"《中华人民共和国专利法实施细则》第七十八条规定："被授予专利权的单位未与发明人、设计人约定也未在其依法制定的规章制度中规定专利法第十五条规定的报酬的方式和数额的，在专利权有效期限内，实施发明创造专利后，每年应当从实施该项发明或者实用新型专利的营业利润中提取不低于2%，作为报酬给予发明人，或者参照上述比例，给予发明人或者设计人一次性报酬；被授予专利权的单位许可其他单位或者个人实施其专利的，应当从收取的使用费中提取不低于10%，作为报酬给予发明人或者设计人。"虽然上述是有关职务技术成果转化后给予技术成果完成人或者专利发明人的奖励，而本案并非如此，但是鼓励发明创造和成果转化并给予完成人员一定的奖励应该是一种法律共识。本案中，第一，余某某独立完成了涉案发明专利的研发和验证工作，并由A公司实施，A公司按照一定比例支付专利使用费应该是法律应有之意。这些规定对于本案的裁判具有参考作用。第二，结合从相关实践来看，相关合同的约定具有一定的参考性。如江苏省南京市中级人民法院（2011）宁知民初字第544号民事判决书查明的有关药品专利居间合同费用、计算方法和支付方式；上海市高级人民法院（2015）沪高民三（知）终字第49号民事判决书查明的双方当事人就相关专利使用费及其支付方式等所达成的协议等。这些事实均来自实践，系双方当事人基于对专利及其相关产品市场认识等的基础上所达成的一致，对于本案专利使用费的裁判是一种合理性要件的支撑，具有一定的参考价值。第三，双方曾就涉案专利的专利使用费问题进行过商谈，只是未能达成一致，表明A公司有支付的意愿。第四，双方曾就余某某所有的99100142.7号发明专利达成过两份《"新乐康"药品合作生产销售协议》。该专利与涉案专利具有一定的相关性。余某某陈述了该专利产品的价格、给予A公司的加工费、利润率及其分配等，具有一定的参考价值。第五，余某某请求按照涉案专利产品销售总额的10%提起专利使用费，具有合理性。一审法院庭审中曾要求A公司提交涉案专利产品的销售利润，但是其拒绝提交，因此一审法院无法据此并参照其他相关因素进行酌定。一审法院基于前述五点理由并参考其中合理因素，认定余某某的诉讼请求有事实和法律依据，应予支持。

对于余某某要求A公司支付违约金的诉讼请求，因双方协商未达成一致，并有合作的基础和理由，一审法院对此不予支持。

对于余某某要求停止实施该专利的诉讼请求，因双方未能就专利使用费达成一致并订立书面实施许可合同，缺乏进一步合作的基础，且现用药品批准文号有效期于2015年8月23日到期，故对此予以支持。

关于A公司提出的诉讼时效抗辩，因余某某陈述一直向A公司主张，A公司亦没有相关证据证明，故对此不予采纳。

据此，依照《中华人民共和国专利法》第十二条，《中华人民共和国合同法》第三十六条、第九十四条、第三百五十二条之规定，一审法院判决：一、A公司于本判决生效之日起15日内向余某某支付ZLQ21174××.×号专利使用费666.7万元；二、A公司于判决生效之日起立即停止实施余某某所有的ZLQ21174××.×号专利；三、驳回余某某的其他诉讼请求。案件受理费67800元，由A公司负担。

二审中，A公司提交了新乐康片的药品再注册批件，其中药品批准文号有效期到2020年8月18日。

余某某对该证据真实性认可。

本院对该证据真实性、关联性予以确认。

本院二审另查明：1.余某某担任A公司法定代表人时间为2003年12月18日—2015年2月9日，而非一审法院查明的2000年—2015年2月期间。2.原新乐康片药品批准文号在2015年8月23日到期，2015年8月19日，江苏省食品药品监督管理局批准了新乐康片的药品再注册，药品批准文号有效期到2020年8月18日。3.双方当事人在二审庭审中对双方之间存在事实上的专利许可法律关系不持异议。

一审法院查明的其他事实，双方当事人均无异议，本院予以确认。

本院认为，一审法院根据查明的事实判决A公司支付余某某专利使用费666.7万元并立即停止实施涉案专利，并无不当。具体理由如下：

首先，《中华人民共和国专利法》第十二条规定："任何单位或者个人实施他人专利的，应当与专利权人订立实施许可合同，向专利权人支付专利使用费。"二审中，A公司对其实施了涉案专利不持异议，即其认可与余某某间就涉案专利存在着事实上的许可法律关系。故A公司应就其实施涉案专利而向余某某支付相应的专利使用费。

其次，从余某某与A公司2000年12月28日及2001年7月1日签订的《"新乐康"保健药品合作生产销售协议》来看，余某某通过许可实施专利而可获得的利益约占整个药品销售价格的80%。虽然该两份生产销售协议所约定使用的是991001××.×号专利而非涉案专利，但从两份专利的功能、药品组成成分等来看，涉案专利系991001××.×号专利的改进及延续。且根据药品批准文号间的相应关系，可以认定A公司在2002年之前生产的新乐康片使用的是991001××.×号专利，在2002年之后使用的是涉案专利。因此在双方未就实施涉案专利签订新的生产销售协议或专利实施许可合同的情形下，可以视双方间的权利义务关系实际仍适用2000年12月28日及2001年7月1日签订的生产销售协议中的相关条款。而本案中，余某某仅主张药品销售价格的10%作为涉案专利的许可使用费，并未超过双方在2000年及2001年生产销售协议中的约定。故一审法院对该合理许可使用费予以支持，并无不当。

再次，鉴于余某某本案主张的许可使用费合理，应予支持。在此情形下，A公司如认为该费用远超其实际利润而不合理，则应由A公司对此主动提供相应证据予以证明，而无须等待人民法院要求其提供。

最后，一审法院判决A公司立即停止实施余某某的涉案专利，是对双方间业已存在的事实上的专利许可法律关系进行解除。A公司认为一审判决未解除双方之间的实施许可合同而仅对解除后果作出判决系法律适用错误的主张，与事实不符，本院不予支持。

综上所述，A公司的上诉请求不能成立，应予驳回；一审判决认定事实清楚，适用法律正确，应予维持。依照《中华人民共和国民事诉讼法》第一百七十条第一款第（一）项规定，判决如下：

驳回上诉，维持原判。

二审案件受理费58469元，由A公司负担。

本判决为终审判决。

（资料来源：http://www.pkulaw.cn/fulltext_form.aspx?Db=chl&Gid=417f520f8bcb8de2bdfb&keyword=%e4%b8%93%e5%88%a9%e6%b3%95&EncodingName=&Search_Mode=accurate&Search_IsTitle=0）

【案例】2-2-11

B公司与C公司、A公司专利合同纠纷一审民事判决书

广西壮族自治区桂林市中级人民法院

民事判决书

（2015）桂市民三初字第7号

原告B公司，住所地广西壮族自治区桂林市金星路1号。

法定代表人邹某某，B公司董事长。

委托代理人黄某某，广西君健律师事务所律师。

被告C公司，住所地辽宁省桓仁满族自治县恒仁镇新安街。

法定代表人黄某某，C公司执行董事。

委托代理人黄某某，辽宁贞观律师事务所律师。

被告A公司，住所地辽宁省恒仁满族自治县桓仁镇向阳街。

法定代表人王晶，该公司总经理。

原告B公司与被告C公司、A公司专利实施许可合同纠纷一案，本院于2015年1月28日受理后，依法组成由审判员丁勇担任审判长，审判员潘文华和代理审判员阳志辉参加的合议庭，于2015年3月23日公开开庭审理了本案。书记员盘林云担任记录。原告B公司的委托代理人黄某某，被告C公司的法定代表人黄庆柏及其委托代理人黄化青到庭参加诉讼。被告A公司经本院传票合法传唤无正当理由拒不到庭参加，本院依法缺席审理。本案现已审理终结。

原告B公司诉称，原、被告于2010年1月5日在桂林签订《专利实施许可合同》，约定原告同意将拥有专利权的"一种治疗泌尿系统疾病的药物组合物及其制备方法的专利"（专利证号为ZL031240××.×）许可被告实施，许可时间为合同生效之日起十年，被告C公司应在协议签署后三年内获得许可专利药品的生产许可证，如未能取得专利产品生产许可证，或不能生产合同合格产品，原告有权终止合同。合同还约定被告使用原告专利应自合同生效之日起支付使用费，第一年和第二年按照固定使用费缴纳，支付时间为第一年在合同生效后五日内，第二年度为当年度开始第一周内。第三年度的使用费按照年度销售额3%计算，每年2月25日前先付20万，并在当年度3月25日前向原告提交独立会计师事务所出具的上一年度销售额和纳税情况的《专项审计报告》，提交上年度财务报表单独产品销售台账，以核算当年度应交的3%使用费，不按时提供审计报告的，原告有权终止合同。应交使用费如延期支付的，按照当年度应付使用费每日万分之五承担违约金，原告有权终止合同，拒绝支付的，承担当年度应付使用费二倍的违约金，原告有权终止合同。合同还对专利实施许可涉及的相关问题及其他问题进行了约定，第二被告A公司作为签约时第一被告C公司实际控制股东，为C公司履行合同义务承担连带责任担保。合同签订后，被告自第四年度开始未按照合同约定正确履行义务，逾期支付第四年度使用费，不按约定提供产品单项生产销售专项审计报告。原告多次敦促被告履行合同，被告直到2013年8

月才支付本应在当年度2月25日预支付的20万元使用费，但未能提供专利产品销售情况财务报表、台账，未提供上一年度该产品销售和纳税的《专项审计报告》和财务报表。原告无法获得合同约定包括是否取得专利产品生产许可证在内的任何相关情况。2014年度应在2月25日前预交的使用费及上年度产品专项审计报告及相关财务资料，虽经原告敦促履行至今仍未履行义务。鉴于被告持续违约并"拒付"的事实，根据双方合同约定，已经构成终止合同的多种情形，原告依据合同已经正式通知被告解除合同，请求人民法院依法判决：一、解除终止原、被告之间签订的《专利实施许可合同》，被告自2015年1月16日起不得实施使用原告专利证号ZL031240××.×专利；二、被告承担违约责任，连带承担违约金400000元，并承担延期2013年使用费每日万分之五的违约金25000元；三、本案诉讼费用由被告承担。

原告对其陈述事实在举证期限内提供的证据有：

证据一、《专利实施许可合同》，证明原被告之间存在合同法律关系，合同约定了权利义务及争议管辖等内容；

证据二、2013年7月24日敦促履行专利许可费支付义务的通知，证明被告自2013年开始违约；

证据三、2013年8月1日银行转讫凭证，证明被告逾期支付2013年使用费的违约情况；

证据四、督促履行专利许可费支付责任的通知及邮寄回执，证明被告2014年持续违约的事实；

证据五、解除合同通知及邮寄回执，证明原告已行使解除通知权，合同自2015年1月13日通知发出送达被告方时解除；

证据六、原告营业执照复印件，证明原告主体资格。

被告C公司辩称，双方签订合同后，前三年被告履行无误，第四年实施许可费按约定时间晚交付，第五年未付。由于国家食品药品监督管理总局的原因，被告始终未获得药品生产许可证，这是国家行为，属于不可抗力，被告没有实现合同之目的，在本案中被告只履行了义务没有享受权利。2015年1月4日，国家食品药品监督管理总局恢复审批，原告在这个关键时间点提起诉讼要求解除合同并索赔是没有道理的，请求人民法院依法驳回原告的诉讼请求。

被告为其辩解在举证期限内提供的证据有：

《专利实施许可合同备案证明》，证明该备案证明是双方专利实施许可合同的一部分，双方的许可合同是完整有效的。

经过开庭质证，原告对被告提供的证据无异议。

被告对原告提供的六份证据的真实性无异议，但认为并不能证明原告要证明的事实。

本院对上述当事人均无异议的证据予以认定。综合全案证据，本院确认以下法律事实：

2010年1月5日，以原告B公司为甲方，以被告C公司为乙方，双方签订了一份《专利实施许可合同》，该合同约定原告（甲方）将其拥有的"一种治疗泌尿系统疾病的药物组合及其制备方法"的专利（专利号：ZL031240××.×）以普通许可方式许可被告C公司（乙方）使用，许可的范围为合同所指专利技术的全部资料及制造、使用、销售合同产品，仅限于许可使用生产本合同产品即三金滴丸，许可实施的期限为合同约定生效日起十年；乙方如未能在协议签字生效后三年内获得专利实施许可合同产品的药品生产许可证，甲方可终止合同。该合同约定乙方使用甲方专利应支付使用费，第一年和第二年固定使用费为20万元，自第三年起按销售额3%计算收取年度使用费，于每年2月25日前预付当年度基础专利许可费20万元，并在当年度3月25日前向甲方提交独立会计师事务所出具的上一年度销售额和纳税情况的《专项审计报告》，提交乙方上一年度财务报表以核算当年度应交的3%使用费。合同双方还在合同中约定了违约责任，乙方拒付当年度使用费的，乙方应承担支付当年度使用费二倍金额的违约金，甲方有权终止合同（逾期支付经甲方书面催告后两个月仍不支付的，双方同意即确认为"拒付"）；乙方延期支付使用费的，按欠付当年度使用费实际数额日万分之五承担违约金，逾期超过三十日，甲方有权终止合同。该合同还对专利实施许可涉及的其他相关问题进行了约定，并约定合同争议管辖由桂林市有管辖权的法院管辖。被告A公司作为乙方C公司的担保方的身份在该合同上签字盖章。合同签订后，原告将该合同提交国家知识产权局进行了专利实施许可合同备案，双方均按照合同约定开始履行各自义务，被告C公司亦按时支付了前三个年度的专利使用费。2013年7月24日，原告给被告发出了《敦促履行专利许可费支付义务的通知》，提出被告未按合同约定支付第四年度的专利许可费，也没有按照约定提供相应财务报表和有关产品台账，敦促被告立即履行合同义务。同年8月1日，被告C公司通过银行转账方式支付了专利许可费20万元。2014年8月11日，原告向被告发出《敦促履行专利许可费支付责任的通知》，提出被告未能按照约定支付第五年度的专利许可费，也没有按照约定提供相关财务报表和有关产品台账，希望被告方能严格遵守协议约定履行合同义务。此后，被告方一直未按照双方合同约定支付第五年度专利许可费和其他合同义务，也未取得专利实施许可合同产品的药品生产许可证。2015年1月13日，原告向C公司发出《解除合同通知》，提出鉴于C公司未履行主要合同义务，已构成解除合同条件，正式通知C公司解除《专利实施许可合同》。同年1月28日，原告向本院提起诉讼，要求判决解除与被告签订的《专利实施许可合同》，并要求被告方承担合同约定的违约责任。2015年2月27日，国家知识产权局专利局向本院寄送了《无效宣告案件审查状态通知书》（发文序号：201502170029×××），该通知书载明C公司已于2015年2月16日对A公司的"一种治疗泌尿系统疾病的药物组合物及其制备方法、用途"专利（专利号ZL031240××.×），向专利复审委员会提出了无效宣告请求，已被受理。2015年3月11日，被告C公司向本院寄送了《中止诉讼申请书》，以其已向国家知识产权局请求宣告双方签订专利实施许可合同中所涉及的专利（专利号为ZL031240××.×）无效为由，申请本院中止本案诉讼。

本院认为：首先，关于本案是否应该中止诉讼的问题。根据《最高人民法院〈关于审理技术合同纠纷案件适用法律若干问题的解释〉》第四十五条第二款规定："专利实施许可合同诉讼中，受让人或者第三人向专利复审委员会请求宣告专利权无效的，人民法院可以不中止诉讼。在案件审理过程中专利权被宣告无效的，按照专利法第四十七条第二款和第三款的规定处理。"本案原告向人民法院提起诉讼后，被告C公司向国家知识产权局专利复审委员会请求宣告本案涉案专利即原告享有专利权的"一种治疗泌尿系统疾病的药物组合物及其制备方法、用途"专利（专利号ZL031240××.×）无效，C公司执专利复审委员会的《无效宣告请求受理通知书》向本院提出中止本案诉讼的申请，鉴于该情形不是法律规定必须中止诉讼的情形且相关司法解释亦对涉案专利权如被宣告无效的处理做了规定，故C公司的该项申请，事实和法律依据均不充分，本院不予准许。其次，关于本案《专利实施许可合同》是否可以解除的问题。原被告双方于2010年1月5日签订的《专利实施许可合同》，是双方当事人经过充分协商之后签订的合同，是双方当事人真实意思表示，合同内容亦不违反法律和行政法规的强制性规定，应属有效合同。根据《中华人民共和合同法》第九十三条第二款的规定："当事人可以约定一方解除合同的条件。解除合同的条件成就时，解除权人可以解除合同。"本案双方当事人在签订的《专利实施许可合同》中约定在被告C公司在合同签订后三年内不能获得专利实施许可合同产品的药品生产许可证及不能生产出合同产品的情况下，原告有权终止合同；C公司延期支付或拒付专利使用费的情况下，原告亦有权终止合同。本案合同签订后，被告C公司仅在前三个年度履行了支付专利使用费的义务，第四年度在原告敦促下延期支付了该年度使用费，第五年度则拒付了该年度的使用费，且直至本案诉讼期间，C公司一直未能获得专利实施许可合同产品的药品生产许可证，也无法生产出合同产品，原告在此情形下请求解除与被告C公司签订的《专利实施许可合同》，事实和法律依据充分，理由成立，本院予以支持。被告C公司在《专利实施许可合同》解除后，不得使用原告享有专利权的"一种治疗泌尿系统疾病的药物组合物及其制备方法、用途"专利（专利号ZL031240××.×）。再次，本案被告C公司违约责任如何承担的问题。根据《中华人民共和合同法》第一百一十四条第一款的规定："当事人可以约定一方违约时应当根据违约情况向对方支付一定数额的违约金，也可以约定因违约产生的损失赔偿额的计算方法。"本案双方当事人在《专利实施许可合同》中约定乙方即C公司拒付当年度使用费的，乙方即C公司应承担支付当年度使用费二倍金额的违约金（逾期支付经甲方书面催告后两个月仍不支付的，双方同意即确认为"拒付"）；乙方即C公司延期支付使用费的，按欠付当年度使用费实际数额日万分之五承担违约金。被告C公司本应按合同约定在2013年2月25日前支付当年度专利使用费20万元，直至2013年8月1日才实际支付，延期支付156天，按合同约定计算违约金为15600元。被告C公司拒付2014年度专利使用费，按合同约定计算违约金为400000元。上述违约金计算合计为415600元。根据《中华人民共和国合同法》第一百一十七条规定："因不可抗力不能履行合同的，根据不可抗力的影响，部分或者全部免除责任，但法律另有规定的除外。当事人延迟履行后发生不可抗力的，不能免除责任。本法所称不可抗力，是指不能预见、不能避免并不能克服的客观情况。"本案中，被告C公司本应在合同签订后三年内向国家药监局申请专利实施许可合同产品的药品生产许可证，但由于在此期间国家药监局停止了一切药品生产许可证的审批工作，致使被告C公司客观上无法履行合同约定的相关义务，本院依法酌情免除其部分责任，故违约责任由其减半承担，即承担违约金207800元。根据《中华人民共和国担保法》第十九条规定："当事人对保证方式没有约定或者约定不明确的，按照连带责任保证承担保证责任。"被告A公司以C公司担保方的身份在本案涉案《专利实施许可合同》上签字盖章，其是C公司履行《专利实施许可合同》的保证人。鉴于各方当事人未在合同中约定保证方式，被告A公司依法应与C公司承担连带责任。原告B公司要求二被告承担425000元违约责任的请求，本院予以部分支持。

据此，依照《中华人民共和国合同法》第九十三条第二款、第一百一十四条第一款、第一百一十七条，《中华人民共和国担保法》第十九条，《最高人民法院〈关于审理技术合同纠纷案件适用法律若干问题的解释〉》第四十五条第二款之规定，判决如下：

一、解除原告B公司与被告C公司于2010年1月5日签订的《专利实施许可合同》；

二、被告C公司给付原告B公司违约金207800元，被告A公司对该款项承担连带责任；

三、驳回原告B公司的其他诉讼请求。

案件受理费13800元（原告B公司预交），由原告B公司负担1800元，由被告C公司、A公司负担12000元。

上述债务，义务人应于本案判决生效之日起15日内履行完毕，逾期则应加倍支付迟延履行期间的债务利息。权利人可在本案生效判决规定的履行期限最后一日二年内，向本院申请执行。如不服本判决，可在判决书送达之日起15日内，向本院或广西壮族自治区高级人民法院递交上诉状正本一份，副本二份，上诉于广西壮族自治区高级人民法院，并于上诉期限届满之日起七日内预交上诉费13800元。逾期不交也不提出缓交申请的，按自动撤回上诉处理。

（资料来源：https://wenshu.court.gov.cn/website/wenshu/181107ANFZ0BXSK4/index.html?docId=/cBhFbWCg4uocpQnElJJPpeUlVMbPWNktYIHEOcbAXn52t7QOT54VZO3qNaLMqsJpQn7kndy00v0Xo1bY3X6oKmSuJ+PoRzScOT8WTmTb/9UuyltR7Q8F+Ut/92yNCrP）

（二）专利实施的特别许可

1.开放许可　我国《专利法》第四十八条规定："国务院专利行政部门、地方人民政府管理专利工作的部门应当会同同级相关部门采取措施，加强专利公共服务，促进专利实施和运用。"

第五十条规定："专利权人自愿以书面方式向国务院专利行政部门声明愿意许可任何单位或者个人实施其专利，并明确许可使用费支付方式、标准的，由国务院专利行政部门予以公告，实行开放许可。

就实用新型、外观设计专利提出开放许可声明的，应当提供专利权评价报告。专利权人撤回开放许可声明的，应当以书面方式提出，并由国务院专利行政部门予以公告。开放许可声明被公告撤回的，不影响在先给予的开放许可的效力。"

第五十一条规定："任何单位或者个人有意愿实施开放许可的专利的，以书面方式通知专利权人，并依照公告的许可使用费支付方式、标准支付许可使用费后，即获得专利实施许可。开放许可实施期间，对专利权人缴纳专利年费相应给予减免。实行开放许可的专利权人可以与被许可人就许可使用费进行协商后给予普通许可，但不得就该专利给予独占或者排他许可。"

第五十二条规定："当事人就实施开放许可发生纠纷的，由当事人协商解决；不愿协商或者协商不成的，可以请求国务院专利行政部门进行调解，也可以向人民法院起诉。"

2. 强制许可　是指国务院专利行政部门依照专利法规定，不经专利权人同意，直接允许其他单位或个人实施其发明创造的一种许可方式，又称非自愿许可。实施强制许可制度的目的是防止专利权的滥用，保障公共利益的重要法律制度，对实现立法宗旨，促进专利技术的推广应用，维护国家和公众的利益都具有重要意义。

依据我国《专利法》第五十三条规定，有下列情形之一的，国务院专利行政部门根据具备实施条件的单位或者个人的申请，可以给予实施发明专利或者实用新型专利的强制许可。

（1）专利权人自专利权被授予之日起满3年，且自提出专利申请之日起满4年，无正当理由未实施或者未充分实施其专利的。

（2）专利权人行使专利权的行为被依法认定为垄断行为，为消除或者减少该行为对竞争产生的不利影响的。

这表明，只有发明专利和实用新型专利才能给予强制许可。强制许可的规定也没有国籍限制，即无论是中国人还是外国人，在中国取得的专利权都可以依法给予强制许可。

所谓"未实施专利"是指专利权人没有自己在中国实施其专利，也没有许可他人在我国实施专利。所谓"为充分实施其专利"是指专利权人及其被许可人实施其专利的方式或者规模不能满足国内对专利产品或者专利方法的需求。

依据《反垄断法》，由反垄断执法机构认定为有下列行为之一的垄断行为时，为消除或者减少该行为对竞争产生的不利影响，给予强制许可。

（1）经营者达成垄断协议。

（2）经营者滥用市场支配地位。

（3）具有或者可能具有排除、限制竞争效果的经营者集中。

另外，强制许可制度也体现了一种维护国家利益和公共利益的措施。按照我国《专利法》第五十四条关于强制许可的特殊规定，在国家出现紧急状态或者非常情况时，或者为了公共利益的目的，国务院专利行政部门可以给予实施发明专利或者实用新型专利的强制许可。其中，国家出现紧急状态或者非常情况，主要指出现战争、暴乱等危及国家安全的紧急情况，以及出现自然灾害或者疾病流行等其他影响社会稳定的特别严重的情况；公共利益是指为了公共卫生、环境保护等情况需要给予强制许可的情况。

强制许可的实施特别强调应当主要为了供应国内市场。这主要是出于专利的地域性特点的考虑，也是为了保障专利权人的利益。

为了帮助那些不具有制造专利药品能力或者能力不足的国家解决其遇到的公共问题，我国《专利法》第五十五条规定："为了公共健康目的，对取得专利权的药品，国务院专利行政部门可以给予制造并将其出口到符合中华人民共和国参加的有关国际条约规定的国家或者地区的强制许可。"这里取得专利权的药品，是指解决公共健康问题所需的医药领域中的任何专利产品或者依照专利方法直接获得的产品，包括取得专利权的制造该产品所需的活性成分以及使用该产品所需的诊断用品。

✿知识链接 2-2-1

印度颁布首个药品强制许可（我国还未出现过强制许可情况）

据英国《知识产权管理》杂志网站报道，印度知识产权局局长K在离职前夕颁布了印度首个药品强制许可，允许本国仿制药厂商A生产索拉非尼（B公司拥有专利权的一种抗癌药物）。这意味着A公司可以生产用于治疗肾癌和肝癌的索拉非尼并在印度销售。该决定被患者称赞为"开创性举动"，但被药品原始权利公司称为"令人失望的行为"。

A公司在其申请中称，目前这种药只能在印度最大的4个城市（德里、孟买、钦奈和加尔各答）获取，仅能满足对此药需求的1%。并且，一个月用量需要花费280428卢比（约合5700美元），远超出大部分印度人的经济承受能力。

印度专利法规定：应尽最大可能在印度合理使用专利。但B公司没有遵照执行，这一情况被A公司在其申请中用作论据。这对于印度的强制许可是个非常重要的问题，因为进口一种专利产品是否意味着使用一件发明尚不明确。B公司目前正在向印度引进该药品，但并没有在印度国内进行生产制造。A曾在2011年12月向B公司申请生产该药的许可，但遭到了拒绝。

A公司的强制许可申请是关于复合索拉非尼的专利，B公司销售的多吉美（Nexavar）使用了该专利，是一种治疗肾癌的药品。A公司声称其申请符合专利法中规定的强制许可适用的所有情形：①公众对于该专利发明的合理需求未得到满足；②公众不能以合理的可支付价格获取该专利发明；③该专利发明未在印度领土范围内使用。基于以上3个理由，印度知识产权局局长签署了此项强制许可。

B公司发言人称，公司对于这项决定非常失望，并正在寻求各种途径以维护其专利权。无国界医生组织坚决拥护此项决定，因为其主张药品应更容易获取。该组织有成员认为，如果此先例应用于其他药品并扩大至出口商品，将对无国界医生的药品支付能力产生直接影响，并有助于其在所工作国家获取急需药品。

K在62页的强制许可决定中写道："我十分确信'在印度领土范围内使用'表示在印度的生产制造应达到合理的程度。"这意味着即使药品进口到印度，也要受制于成功的强制许可申请。

强制许可将一直持续到专利权期满，A公司需要支付销售额的6%作为专利许可费，并且每年要将该药品免费提供给600名急需该药的贫困患者。同时，还必须将价格控制在月支出8880卢比（约合177美元）以下。

6%的专利许可费是参考了联合国开发计划署发布的指导方针而定的，该方针建议专利许可费在2%~6%之间。考虑到本案情形和所处环境，K认为如果许可费低于6%，则会显得不具公平合理性。

▶评析：根据印度专利法，在某一专利授权3年后，国内公司可以向该专利的原始权利公司提出许可请求。如果未能达成一致，国内公司可以向印度知识产权局申请强制许可。印度药品生产商组织（OPPI）称，强制许可只能适用于特殊情况，如国民健康危机时期。如果滥用强制许可，将破坏药品行业的创新能力，从长远看，将危害到患者。以药品研制为主的制药企业支持明智而审慎地使用这项法律条款。

（资料来源：http://www.sipo.gov.cn/dtxx/gw/2012/201204/t20120406_665259.html）

五、专利标识标注权

专利标识是指与专利有关的文字、数字或图形，如专利号、专利类别、与专利有关的公示语等。《专利法》第十六条规定："发明人或者设计人有权在专利文件中写明自己是发明人或者设计人。专利权人有权在其专利产品或者该产品的包装上标明专利标识。"

标注专利标识的，应当标明下述内容：①采用中文标明专利权的类别，例如中国发明专利、中国实用新型专利、中国外观设计专利；②国家知识产权局授予专利权的专利号。

除上述内容之外，可以附加其他文字、图形标记，但附加的文字、图形标记及其标注方式不得误导公众。

《专利标识标注办法》第六条规定："在依照专利方法直接获得的产品、该产品的包装或者该产品的说明书等材料上标注专利标识的，应当采用中文标明该产品系依照专利方法所获得的产品。"

专利权被授予前在产品、该产品的包装或者该产品的说明书等材料上进行标注的，应当采用中文标明中国专利申请的类别、专利申请号，并标明"专利申请，尚未授权"字样。

例如：甲中药有限公司在其生产的口炎清颗粒产品包装上标注有"中国专利号：ZL20071××××××××.×"。经查证，甲中药有限公司为涉案专利的专利权人，专利标识系该公司在专利权有效期内标注，专利技术内容与产品相一致。

该公司在专利权被授予后的有效期内标注了专利标识，产品与专利技术相一致，标注实施人为专利权人。但上述标注内容没有标注专利权类别，不符合《专利标识标注办法》第五条的规定。甲中药有限公司的这一标注行为构成专利标识标注不规范行为，应当责令其改正。正确的标注应当是"中国发明专利，专利号 ZL20071××××××××.×"。

根据《专利标识标注不规范案件办理指南（试行）》的规定，管理专利工作的部门认定标注不规范行为成立的，可以责令行为人采取下列改正措施。

（1）在产品或者其包装上标注不规范的专利标识或专利申请标记的，立即停止错误的标注行为，消除或者修正尚未售出的产品或者其包装上的专利标识或者专利申请标记。

（2）销售、许诺销售第（1）项所述产品的，立即消除或者修正尚未售出的产品或者其包装上的专利标识或者专利申请标记；产品上的专利标识或者专利申请标记难以消除或者修正的，停止销售、许诺销售行为。

（3）在产品说明书等材料中标注不规范的专利标识或者专利申请标记的，立即停止错误的标注行为，消除或者修正尚未发出的材料上的专利标识或者专利申请标记；难以消除或者修正的，销毁尚未发出的材料。

（4）责令标注不规范的参展方采取从展会上撤出专利展品、消除或者修正相应的宣传材料、更换或者遮盖相应的展板等措施。

（5）其他必要的改正措施。

六、药品专利权侵权例外

专利是一种独占权，在某种意义上，也可说是垄断权。但是，这仅仅是事情的一面。在任何国家，专利赋予其权利人的独占权又总是相对的、有限的，而不是绝对的、无限的。一方面，专利权的地域有限性和时间有限性就是对专利权的两种限制，这在各国立法中都是普遍认可的；另一方面，各国普遍规定了对专利权的限制，我国专利法规定了5种不视为侵犯专利权的实施专利行为，这也是对专利权的必要的限制。

根据《专利法》第七十五条规定，有下列情形之一的，不视为侵犯专利权。

（1）专利产品或者依照专利方法直接获得的产品，由专利权人或者经其许可的单位、个人售出后，使用、许诺销售、销售、进口该产品的（"权利用尽"原则）。

（2）在专利申请日前已经制造相同产品、使用相同方法或者已经做好制造、使用的必要准备，并且仅在原有范围内继续制造、使用的（"在先使用"原则）。

（3）临时通过中国领陆、领水、领空的外国运输工具，依照其所属国同中国签订的协议或者共同参加的国际条约，或者依照互惠原则，为运输工具自身需要而在其装置和设备中使用有关专利的（"临时过境"原则）。

（4）专为科学研究和实验而使用有关专利的（"非商业性使用"原则）。

（5）为提供行政审批所需要的信息，制造、使用、进口专利药品或者专利医疗器械的，以及专门为其制造、进口专利药品或者专利医疗器械的（Bolar例外）。

▶【案例】2-2-12

A公司、B公司诉C公司侵犯专利权纠纷案（中国"Bolar例外"第一案）

北京市第二中级人民法院

民事判决书

（2006）二中民初字第04134号

A公司于1992年2月21日向中华人民共和国国家知识产权局（以下简称国家知识产权局）提出"用于治疗或预防高血压症的药物组合物的制备方法"发明专利申请，并于2003年9月24日被授予专利权（专利号为ZL971263××.×）。B公司是该专利普通实施许可合同的被许可人。

C公司向国家食品药品监督管理局（以下简称国家食药监局）申请"奥美沙坦酯片"的新药注册。该受理号表明的药品注册申请已经进入申请上市阶段。根据《药品注册管理办法》的规定，申请新药注册分为临床前研究、临床试验、申请新药生产（申请上市）几个阶段。在临床试验阶段，申请人应当向临床试验单位提供临床试验药物，该药物应是申请人自己制备的；在申请新药生产阶段，国家食药监局应对生产情况及条件进行现场核查，抽取连续3个生产批号的产品。据此，可以证明为申请新药注册已经生产"奥美沙坦酯片"。而将奥美沙坦与药用辅料混合制成片剂的行为落入涉案专利的保护范围，因此A公司认为生产涉案药品的行为侵犯了涉案方法发明专利权。且其为申请新药生产许可所生产的3批产品，在取得药品生产批准文号后可以上市销售，因此生产了可供销售的涉案药品。A公司认为在申请新药注册和生产许可的过程中生产了大量"奥美沙坦酯片"产品，侵犯了涉案专利权。

C公司辩称：第一，药品在上市销售前需要进行一系列的实验研究并通过国家相关部门审批，由于C公司尚未取得涉案药品的新药证书和生产批件，因此其生产的涉案药品"奥美沙坦酯片"不可能上市销售，不可能进行任何商业性质的生产经营行为。该公司生产涉案药品"奥美沙坦酯片"的目的，是专门为了获得和提供该药品申请行政审批所需要的信息，并将该信息报送给国家食药监局，以获得该药品的新药证书和生产批件。因此，C公司的涉案行为不属于侵犯专利权的行为；第二，由于药品在上市前进行临床试验及获得注册审批需要几年的时间，所以制药企业为在专利期限届满后将药品推向市场，往往在期限届满前开始临床试验和申报注册工作。

▶评析：此案为中国涉及Bolar例外案件。根据事实，C公司申请注册的涉案药品为"奥美沙坦酯片"，该化学药品的结构式与涉案专利所涉及的产品结构式相同，因此二者属于相同产品；且相关药品专利授权文件及新药注册情况等现有证据均表明，涉案药品"奥美沙坦酯片"为新产品。依据国家食药监局提供的C公司申报的相关材料表明，C公司使用的方法与涉案专利方法基本相同。

C公司侵权的涉案药品"奥美沙坦酯片"尚处于药品注册审批阶段，虽然C公司为实现进行临床试验和申请生产许可的目的使用涉案专利方法制造了涉案药品，但其制造行为是为了满足国家相关部门对于药品注册行政审批的需要，以检验其生产的涉案药品的安全性和有效性。鉴于万生公司的制造涉案药品的行为并非直接以销售为目的，不属于《中华人民共和国专利法》所规定的为生产经营目的实施专利的行为，故本院认定C公司的涉案行为不构成对涉案专利权的侵犯。

（资料来源：http://www.110.com/panli/panli_72245.html）

▶【案例】2-2-13

E公司诉L制药厂侵犯专利权纠纷案

【案情简介】

原告E公司拥有专利号为ZL021230××.×号，名称为"丁苯酚环糊精或环糊精衍生物包含物及其制备方法和用途"的发明专利（简称涉案专利）的专利权。

E公司从药品评审中心网站上发现，国家食品药品监督管理总局药品评审中心（简称药品评审中心）受理了L制药厂的受理号为CYHS1600199的"丁苯酚氯化钠注射液"仿制药（简称涉案仿制药）的生产注册申请。根据国家食品药品监督管理总局发布的相关规定，涉案仿制药的活性成分、剂型、规格、适应证、给药途径和用法用量，必然与E公司的涉案专利完全相同。因此，E公司认为L制药厂申请的涉案仿制药的行为，侵犯了E公司的涉案专利，请求法院判令L制药厂立即撤回申请，赔礼道歉，并赔偿其经济损失100万元。

【法院认定】

2018年3月23日，北京知识产权法院作出一审判决，认定L制药厂对涉案仿制药进行生产注册申请的行为并未侵犯E公司的涉案专利，故判决驳回E公司的诉讼请求。E公司不服一审判决，向北京市高级人民法院提起上诉。2018年9月29日，北京市高级人民法院作出二审判决，驳回E公司的上诉请求，维持一审判决。

【法律分析】

本案涉及仿制药企业在向有关机关进行生产注册申请以及为申请所做的药品制造行为是否构成专利侵权。

首先，我国《专利法》第十一条第一款规定："发明和实用新型专利权被授予后，除本法另有规定的以外，任何单位或者个人未经专利权人许可，都不得实施其专利，即不得为生产经营目的制造、使用、许诺销售、销售、进口其专利产品，或者使用其专利方法以及使用、许诺销售、销售、进口依照该专利方法直接获得的产品。"因此，被控侵权人如果为生产经营目的实施了上述行为，则构成对专利权人享有的专利权的侵权；如未实施上述行为，则不构成侵犯专利权的行为。

本案中，E公司主张L制药厂向药品评审中心申报涉案仿制药的行为构成侵犯其专利权的行为，并请求法院判令L制药厂撤回其申报申请。对于向药品评审中心进行药品生产注册申报的行为，一审法院认为该行为系一种请求行政机关给予行政许可的行为，其直接目的并非为生产经营目的。二审法院则认为，L制药厂向药品评审中心申报涉案仿制药，显然是为了在获得审查批准后将上述仿制药推向市场销售，具有明显的生产经营目的，对此纠正了一审法院的观点。但不论L制药厂向药品评审中心申报涉案仿制药的行为是否具有生产经营目的，一审、二审法院均认为，向国家药品行政管理机关提供药品行政审批的行为不属于《专利法》第十一条所规定的制造、使用、许诺销售、销售、进口等行为中的任一行为。因此，单纯的药品申报行为本身并不属于《专利法》第十一条第一款规定的侵害专利权的行为。

其次，在为生产制造相关药品而向主管机关进行申报的过程中，为获取并向主管机关提交相关信息，通常情况下会涉及产品的制造行为，虽然该行为具有生产经营目的，若其落入相关专利权的保护范围，将构成对该专利权的侵害。但是，《专利法》第七十五条规定，为提供行政审批所需要的信息，制造、使用、进口专利药品或者专利医疗器械的，以及专门为其制造、进口专利药品或者专利医疗器械的，不视为侵犯专利权。因此，即便L制药厂在申报涉案仿制药过程中为提供行政审批所需要的信息而制造、使用了涉案专利，该行为也属于为提供行政审批所需要的信息而实施，依照《专利法》第七十五条之规定，亦不构成侵犯专利权的行为。

最后，由于L制药厂向药品评审中心申报涉案仿制药的行为及其在申报涉案仿制药过程中为提供行政审批所需要的信息而制造、使用涉案专利的行为均不构成侵权专利权的行为，故在此前提下已经没有必要再对涉案仿制药与涉案专利的权利要求进行比对，从而确定涉案仿制药是否落入涉案专利权利要求的保护范围内了。综上，一审法院及二审法院作出了前述判决。

【典型意义】

本案涉及专利侵权纠纷中对于医药专利的特殊规定——Bolar例外，它源起于美国。20世纪80年代，美国拥有发达的药品制造工业，主要分为生产品牌专利药品的原研药厂商和生产仿制药的厂商两个阵营。博拉（Bolar）制药公司是一家仿制药生产厂商，其试图仿制另一家公司罗氏（Roche）公司享有专利的处方安眠药。但当时要获得仿制药的相关审批耗时超过2年。为了在罗氏公司的处方安眠药专利到期后迅速抢占市场，博拉公司未等罗氏公司的专利到期，就对该药品进行药代动力学方面的研究，并请求美国医药监管机构批准其销售。罗氏公司获悉该情况后，向法院提起诉讼，指控博拉公司侵犯其享有的药品专利权。

此案最终上诉到美国联邦巡回上诉法院，法院根据美国当时的专利法，认为博拉公司的使用行为是基于商业目的，故构成专利侵权。判决后美国的仿制药厂商积极活动，以期国会可以修改法律以改变不利现状。在相关厂商的努力下，美国国会最终通过了《药品价格竞争和专利期恢复法》，规定仿制药厂商在药品专利到期前进行的临床试验及收集审批需要的数据，不视为侵权。这一规定后被加入美国专利法中，成为一条专利侵权的例外规定。

Bolar例外是药品管理制度和专利制度碰撞的产物。由于药品的行政审批需要一段时间才能通过，如果待专利药品的专利期限届满后才开始仿制药试验和报批，则仿制药的实际上市流通时间会晚于专利权的截止日期，专利权人实际上会获得超过专利保护期限的额外保护，这对其他社会公众并不公平。因此，Bolar例外这种制度能够较好地纠正上述问题，使价格更便宜的仿制药能够尽快上市供应消费者。

在我国发展仿制药更能满足人们对医疗资源的巨大需求，所以我国在2008年修改专利法时，正式引入了Bolar例外制度，在专利法第七十五条第（五）项，为提供行政审批所需要的信息，制造、使用、进口专利药品或者专利医疗器械的，以及专门为其制造、进口专利药品或者专利医疗器械的，不视为侵犯专利权。本案就是该种情形。

（资料来源：北京知识产权法院2019年发布http://bjzcfy.chinacourt.gov.cn/article/detail/2019/01/id/3653653.shtml）

第三章 药品专利授权条件

最高法公布2014年十大知识产权案件之九:"治疗乳腺增生性疾病的药物组合物及其制备方法"发明专利权无效行政纠纷案

【案情摘要】

A公司是名称为"治疗乳腺增生性疾病的药物组合物及其制备方法"发明专利(简称本专利)的专利权人。B公司针对本专利提出无效宣告请求,其提交的证据1、证据3分别为《中国药典》公开的"乳块消片"的功能主治、处方以及颗粒剂的相关制法。专利复审委员会作出第15409号决定认定本专利不具有创造性,宣告全部无效。A公司不服,提起行政诉讼。北京市第一中级人民法院认为,根据证明,证据1的临床有效率低于本专利的公证书即反证4,本专利颗粒剂的总有效率为95.70%,证据1中片剂的总有效率为89.32%,本专利权利要求1具有显著的进步。遂判决撤销第15409号决定。专利复审委员会不服,提起上诉。北京市高级人民法院二审判决撤销一审判决,维持第15409号决定。A公司不服,申请再审。最高人民法院认为,在反证4没有公开总有效率的具体测定方法的情况下,无法认定反证4与本专利的总有效率是在等效等量情况下,以同一种测定方法做出的,上述对比数据不能证明本专利是否具有临床疗效上的显著进步;即便认可上述对比数据,由于本专利制备颗粒剂时省去了减压干燥步骤,对药物活性成分的影响也相应减少,本领域技术人员能够合理预期,省略减压干燥步骤将会使药物的整体有效率有所提高,专利权人并未举证证明其超出了本领域技术人员的合理预期。遂裁定驳回A公司的再审申请。

【典型意义】

最高人民法院在本案中明确了未记载在说明书中的技术贡献不能作为要求获得专利权保护的基础,以及判断发明是否存在预料不到的技术效果时,应当综合考虑发明所述技术领域的特点,尤其是技术效果的可预见性、现有技术中存在的技术启示等因素。此外,还明确了区别技术特征的认定应当以记载在权利要求中的技术特征为基础。本案裁判对于审理药物专利授权确权行政纠纷具有重要指导意义。

(资料来源:http://www.hncourt.gov.cn/public/detail.php?id=157224)

授予专利权的实质性条件一般包括"新颖性""创造性"和"实用性"等要求,简称"三性"要求。根据我国《专利法》的规定,授予专利权的发明与实用新型,应当具备新颖性、创造性和实用性。而授予专利权的外观设计,则应符合如下实质性授权条件:不属于现有设计;不存在抵触申请;与现有设计或者现有设计特征的组合相比,应当具有明显区别;不得与他人在申请日以前已经取得的合法权利相冲突。

第一节　发明与实用新型授予专利权的条件

一、新颖性

《专利法》第二十二条规定："授予专利权的发明和实用新型，应当具备新颖性、创造性和实用性。新颖性，是指该发明或者实用新型不属于现有技术；也没有任何单位或者个人就同样的发明或者实用新型在申请日以前向国务院专利行政部门提出过申请，并记载在申请日以后公布的专利申请文件或者公告的专利文件中。本法所称现有技术，是指申请日以前在国内外为公众所知的技术。"

"现有技术"是一个用来衡量发明是否具有新颖性的客观参照物。现有技术，是指申请日以前在国内外为公众所知的技术。处于保密状态的技术内容由于公众不能得知，因此不属于现有技术。一般来说，现有技术包含5种情况：①已经在文字出版物、录音录像制品、计算机软件、计算机终端等有形物上面公布出来的技术；②已经被口头公布过的技术；③已经在实际中使用的技术；④已经陈列或展出的技术；⑤潜在的"现有技术"，即那些已经提交的、但尚未公布的专利申请案。它可以用来否定在后申请案中的"发明"的新颖性，因为相同发明的一个申请案即使比另一个申请案仅仅早一天提交，也肯定能够被作为参照物来排斥另一个申请案取得专利。

丧失新颖性的例外。在某些特殊情况下，尽管申请专利的发明或者实用新型在申请日或者优先权日前公开，但在一定的期限内提出专利申请的，则不丧失新颖性。我国专利法对此作了具体规定，即申请专利的发明创造在申请日以前6个月内，有下列情况之一的，不丧失新颖性：①在国家出现紧急状态或者非常情况时，为公共利益目的首次公开的；②在中国政府主办或者承认的国际展览会上首次展出的；③在规定的学术会议或者技术会议首次发表的；④他人未经申请人同意而泄露其内容的。

中国政府承认的国际展览会，是指国际展览会公约规定的在国际展览局注册或者由其认可的国际展览会。学术会议或者技术会议，是指国务院有关主管部门或者全国性学术团体组织召开的学术会议或者技术会议。申请专利的发明创造有专利法第二十四条第（二）项或者第（三）项所列情形的，申请人应当在提出专利申请时声明，并自申请日起2个月内提交有关国际展览会或者学术会议、技术会议的组织单位出具的有关发明创造已经展出或者发表，以及展出或者发表日期的证明文件。申请专利的发明创造有专利法第二十四条第（四）项所列情形的，国务院专利行政部门认为必要时，可以要求申请人在指定期限内提交证明文件。申请人未依照本条第四款的规定提出声明和提交证明文件的，或者未依照本条第四款的规定在指定期限内提交证明文件的，其申请不适用专利法第二十四条的规定。

▶▶ 【案例】2-3-1

A公司诉中华人民共和国国家知识产权局专利复审委员会发明专利权无效行政纠纷案——新颖性的判断中，仅体现于用药行为中的特征对权利要求请求保护的制药方法是否具有限定作用

【基本案情】

原告A公司主要诉称：（1）本专利具备新颖性。权利要求1中的"不产生骨骼肌毒性"特征对该用途权利要求具有限定作用。在评价权利要求的新颖性时，所有对权利要求具有限定作用的技术特征，包括与给药相关的特征在内，均需要考虑。（2）本专利具备创造性。本专利的技术方案产生了令人意料不到的技术效果，解决了人们一直渴望解决但始终未能获得成功的技术难题，而且权利要求1的给药方案

所显示出的技术效果是无法从现有技术中预测出来的。现有技术的证据6-8中均没有披露权利要求1中限定的以较低频率给药较高浓度的潜霉素的方案能够治疗细菌感染而不产生骨骼肌毒性,而采用本专利的以较低频率给药较高浓度的潜霉素不仅能够治疗细菌感染,而且能够意料不到地不产生骨骼肌毒性。第13188号决定对事实认定不清、适用法律错误。请求撤销专利复审委员会作出的第13188号无效决定。

专利复审委员会辩称:相对于证据6、证据7、证据8或证据9公开的内容,本专利权利要求进一步包括了"不产生骨骼肌毒性",以及给药剂量和给药间隔的限定。但是没有证据表明对潜霉素不产生骨骼肌毒性的副作用的进一步认识能使本专利权利要求保护的制药用途区别于上述证据公开的已知制药用途;同时,给药剂量、重复给药和给药间隔特征是医生在治疗过程中针对患者进行选择和确定的信息,属于用药过程的信息,与制药过程无关。药剂量、重复给药和给药间隔特征对药物本身不产生限定作用。因此本专利不具备新颖性、创造性。

第三人肖某述称:用药方法特征不会对制药时选用的各原料成分的品种、不同成分的配比或含量、制备工艺等制药要素必然产生限定性的影响,对"制药用途"不起到限定作用。"不产生骨骼肌毒性"的特征并不是限定"制药用途"技术方案的技术特征,在判断新颖性和创造性的时候不应予以考虑。

2008年6月4日,肖某针对本专利向专利复审委员会提出无效宣告请求。其提交的证据6为《玫瑰孢链霉菌及氟链红菌产生的脂肽抗生素》英文文献及其中文译文。证据6公开了在2mg/kg每24小时剂量下,潜霉素显示出有效治疗多种革兰阳性感染,在3mg/kg每12小时的剂量下注意到偶发的副作用,并公开了潜霉素的抗菌机理。证据7为《潜霉素一种新的抗革兰阳性菌感染药物》英文文献及其中文译文,公开了潜霉素可用于治疗细菌感染,患者单独用潜霉素与潜霉素加氨基糖苷类(庆大霉素或托普霉素)治疗相比,取得了类似百分比的有利效果,还公开了潜霉素与阿米卡星的联合给药。证据8为名称"无水-和异构体-A-21978环肽"的美国专利及其中文译文。公开了制药学纯化的LY146032(潜霉素)或其盐可以配制为口服或非胃肠给药的制剂,用于治疗或预防细菌感染。证据9为《潜霉素(LY146032)单独使用或同阿米卡星联合应用与万古霉素的血清细菌滴度和杀菌速率的体外研究》英文文献及其中文译文。公开了潜霉素单独以及与阿米卡星联合抗菌的试验,潜霉素与庆大霉素或头孢曲松的联用对抗粪肠球菌通常具有协同作用。

2009年4月7日,专利复审委员会作出第13188号决定,宣告本专利权全部无效。主要理由为:

(1)关于权利要求1的新颖性。①没有证据表明对潜霉素不产生骨骼肌毒性的副作用的进一步认识能使权利要求1保护的制药用途区别于证据6公开的已知制药用途;同时,本领域技术人员公知给药剂量、重复给药和时间间隔特征是医生在治疗过程中,针对患者进行选择和确定的信息,属于用药过程的信息,与制药过程无关。因此,给药剂量、重复给药和时间间隔特征对药物本身不产生限定作用,不能使权利要求1的制药用途区别于证据6公开的已知制药用途,权利要求1的制药用途与证据6公开的用途实质相同,不具备新颖性。②权利要求1与证据7或证据8相比,虽然进一步包括"其中用于所述治疗的剂量是3~75mg/kg的潜霉素,其中重复给予所述的剂量,其中所述的剂量间隔是每隔24小时一次至每隔48小时一次"的内容。但是,这些信息不能使权利要求1的制药用途中的药剂区别于证据7或证据8中公开的潜霉素药物制剂,不能使权利要求1的制药用途区别于证据7或证据8公开的已知用途。权利要求1的制药用途与证据7或证据8公开的用途实质相同,不具备新颖性。

(2)关于创造性。阿米卡星和庆大霉素是氨基糖苷类抗生素,头孢曲松属于头孢菌素类及相关药物,权利要求6与证据9相比,区别仍在于权利要求6进一步包括了潜霉素的给药剂量和时间间隔的特征。由于给药剂量和时间间隔与制药过程无关,对药物本身没有限定作用,不能使权利要求6中将所述抗生素限定为选自氨基糖苷类和头孢菌素类及相关药物的技术方案以及权利要求7中将所述抗生素限定为选自阿米卡星和庆大霉素的技术方案区别于证据9的技术方案。权利要求6中将所述抗生素限定为选自除氨基糖苷类外和头孢菌素类及相关药物之外的其他抗生素的技术方案和权利要求7中将所述抗生素限定为亚胺培南、奈替米星、磷霉素和替考拉宁的技术方案与证据9相比，区别在于权利要求6进一步包括了潜霉素的给药剂量和时间间隔以及与潜霉素一起使用的抗生素的种类，权利要求6c和7c中进一步限定的抗生素都是本领域已知用于治疗细菌感染的抗生素，本领域技术人员可以预见潜霉素与这些已知抗生素一起仍可用作治疗细菌感染的药物，且没有证据表明潜霉素与权利要求6c和7c中进一步限定的抗生素一起产生了意料不到的技术效果，故权利要求6c和7c的技术方案相对于证据9不具有突出的实质性特点和显著进步，相对于证据6与证据9的结合显然也不具备创造性。权利要求8与证据7区别在于权利要求8进一步包括了潜霉素的给药剂量和时间间隔以及将潜霉素与其他抗生素一起制备成口服、皮下或静脉给药形式的特征。口服、皮下和静脉内给药形式是制药领域最惯用的给药形式，本领域技术人员在证据7的基础上，显然能够预见潜霉素与其他抗生素一起制成口服、皮下或静脉内给药制剂后仍可用于治疗细菌感染，并且根据说明书的记载，没有证据表明对口服、皮下或静脉给药形式的进一步限定产生了意料不到的技术效果，因此，权利要求8相对于证据7不具备创造性。权利要求12将引用权利要求1的技术方案的给药剂量进一步限定为口服、皮下或静脉内剂量，权利要求12将引用权利要求2的技术方案的给药剂量进一步限定为口服剂量，或者皮下或静脉内剂量，所述剂量分别隐含了对皮下、口服或静脉内给药剂型的限定。证据8公开了潜霉素或其盐可以配制为口服或非胃肠给药的制剂用于治疗或预防细菌感染。证据6公开了潜霉素作为抗生素可治疗细菌感染。权利要求12的技术方案不具备创造性。

A公司不服第13188号无效决定，向北京市第一中级人民法院提起诉讼。

【裁判结果】

北京市第一中级人民法院于2009年12月23日作出行政判决维持了第13188号决定。宣判后，A公司不服该一审判决，向北京市高级人民法院提起上诉。北京市高级人民法院于2010年8月23日作出行政判决判令，驳回上诉，维持原判。A公司不服二审行政判决，向最高人民法院申请再审。最高人民法院于2013年11月19日作出行政裁定，驳回A公司的再审申请。

【裁判要点】

实践中，给药对象、给药形式、给药剂量、时间间隔等是此类权利要求中经常出现的特征，分析各个技术特征体现的是制药行为还是用药行为，以及新用途与已知用途是否实质不同，是判定所要求保护的技术方案与现有技术是否具备新颖性的关键。

物质的医药用途发明是一种方法发明，其权利要求属于方法类型。这类权利要求约束的是制造某一用途药品的制造商的制造行为，应从方法权利要求的角度来分析其技术特征。

通常能直接起到限定作用的是原料、制备步骤和工艺条件、药物产品形态或成分以及设备等。对于仅涉及药物使用方法的特征，如果这些特征与制药方法之间并不存在直接关联，其实质上属于在实施制药方法并获得药物后，将药物施用于人体的具体用药方法，与制药方法没有直接、必然的关联性。这种仅体现于用药行为中的特征不是制药用途的技术特征，对权利要求请求保护的制药方法本身不具有限定作用。

（资料来源：https://www.pkulaw.com/pfnl/a25051f3312b07f30c85c31d37cea027fdc814ca033deb38bdfb.html?keyword=%E8%8D%AF%E5%93%81%E4%B8%93%E5%88%A9%E6%B3%95%E6%96%B0%E9%A2%96%E6%80%A7）

二、创造性

"创造性"（inventiveness）在不同的国家的专利法中往往用不同的术语来表达。《欧洲专利公约》的成员国大都使用"创造性"或"进步性"（inventive step），美国使用"非显而易见性"（unobviousness），德国则使用"本质性区别"。这些不同的术语都是一个意思：能够获得专利的发明与现有技术相比，不仅要更新颖，而且要更先进；它不能够仅仅是从现有技术中简单地演绎出来的，而必须与现有技术存在着本质上的不同；它对一个在相同技术领域具有一般技术水平的人来讲，必须不是一望而知的，亦即不是显而易见的。

我国《专利法》第二十二条第三款对发明和实用新型的创造性的规定是"与现有技术相比，该发明具有突出的实质性特点和显著的进步，该实用新型具有实质性特点和进步。"这里讲的"突出的实质性特点"，是指对所属技术领域的技术人员来说，发明相对于现有技术是非显而易见的。如果发明是所属技术领域的技术人员在现有技术的基础上仅仅通过合乎逻辑的分析、推理或者有限的试验可以得到的，则该发明是显而易见的，也就不具备突出的实质性特点。这里讲的"显著的进步"，是指发明与现有技术相比能够产生有益的技术效果。例如，发明克服了现有技术中存在的缺点和不足，或者为解决某一技术问题提供了一种不同构思的技术方案，或者代表某种新的技术发展趋势。上文所述的"所属技术领域的技术人员"，也可称为本领域的技术人员，是指一种假设的"人"，假定他知晓申请日或者优先权日之前发明所属技术领域所有的普通技术知识，能够获知该领域中所有的现有技术，并且具有应用该日期之前常规实验手段的能力，但他不具有创造能力。如果所要解决的技术问题能够促使本领域的技术人员在其他技术领域寻找技术手段，他也应具有从该其他技术领域中获知该申请日或优先权日之前的相关现有技术、普通技术知识和常规实验手段的能力。

对于创造性来说，在药品发明领域常常会发生"模仿性创新"（me-too）的情况。新药的研制有两种思路：一种是独创某种新药，并不是做已有药品结构的改造，这就是自主创新；另一种是模仿性创新，又称为"仿制式开发"，即通过结构改变而找到新药，这是当今世界各国广泛采用的一种知识产权战略。专利申请人为了获得专利必须将其研究成果公诸于众，并且任何一项技术成果也不可能尽善尽美，因此先前的药品专利技术为后来的研究者提供了方便，也留下了开发空间，即在别人成果上进行研究寻找突破口。药物化合物申请往往是以通式化合物进行申请的，对药物开发者来说，在申请专利时不可能合成出通式中包括的所有化合物，也不可能对已合成的化合物进行充分的药理研究。因此对于这种专利文献，后来者即可找到具有良好活性的已在他人专利保护范围之外的新化合物，或者找到虽在专利保护范围内，但是没有被公开的具有更好活性的新化合物。模仿性创新是一种十分普遍的创新行为，是多数企业在发展初期或创新能力较弱时的合理选择。

▶ 【案例】2-3-2

A公司与B公司等宣告专利无效纠纷再审案——药品专利创造性判断中的法律问题

【基本案情】

原告（二审上诉人、再审被申请人）：B公司。

被告（二审被上诉人）：国家知识产权局专利复审委员会（以下简称专利复审委员会）。

第三人（申请再审人）：A公司。

本案涉及专利号为971089××.×，名称为"抗β-内酰胺酶抗菌素复合物"的发明专利（以下简称涉案专利）。涉案专利的授权公告日为2000年12月6日，授权公告的专利权人为C公司（二审中该公司名称变更为B公司）。授权公告的权利要求1为："一种抗β–内酰胺酶抗菌素复合物，其特征在于它由舒巴坦与氧哌嗪青霉素或头孢氨噻肟所组成，舒巴坦与氧哌嗪青霉素或头孢氨噻肟以（0.5～2）：（0.5～2）的比例混合制成复方制剂"。

针对涉案专利权，A公司于2002年12月3日向专利复审委员会提出无效宣告请求，理由为涉案专利不具有新颖性和创造性。为支持其主张，A公司向专利复审委员会提交了"International Journal of Antimicrobial Agents 1996（6）"上发表的有关外文文献及其中文译文作为证据（以下简称对比文件）。2003年8月27日，专利复审委员会作出第8113号无效宣告请求审查决定（以下简称第8113号决定），以涉案专利不具有创造性为由，宣告涉案专利权全部无效。C公司不服第8113号决定，向北京市第一中级人民法院提起行政诉讼。

【裁判结果】

一审法院认为，权利要求1与对比文件公开的技术方案相比，区别在于权利要求1的技术方案为舒巴坦与氧哌嗪青霉素或者头孢氨噻肟组成，舒巴坦与氧哌嗪青霉素或者头孢氨噻肟以（0.5～2）：（0.5～2）的比例混合制成复方制剂的复合物。对比文件虽然公开了舒巴坦与哌拉西林或者头孢氨噻肟可以联用，但并未公开舒巴坦与哌拉西林或者头孢氨噻肟混合形成的复方制剂。在对比文件公开的利用不同药品联合治疗某种疾病可以产生良好疗效的基础上，本领域技术人员容易想到采用常规技术将舒巴坦与哌拉西林或者头孢氨噻肟混合制成复合物。因此，权利要求1相对于对比文件不具有创造性，据此判决维持第8113号决定。

C公司不服该一审判决，提起上诉。二审过程中，涉案专利的专利权人由C公司变更为B公司。

二审法院认为，权利要求1与对比文件的区别技术特征在于，前者是舒巴坦与哌拉西林或者头孢氨噻肟混合制成复方制剂，后者为输注前将舒巴坦与哌拉西林或者头孢氨噻肟配制为混合液。虽然对比文件公开了舒巴坦与哌拉西林或者头孢氨噻肟可以在输注前配制为混合液，但是，对比文件并没有公开将舒巴坦与哌拉西林或者头孢氨噻肟混合制成复方制剂。第8113号决定没有就有关"将舒巴坦与哌拉西林或者头孢氨噻肟混合制成复方制剂是本领域技术人员容易想到的"的认定提供相关的依据，其作出的认定理由不充分。一审判决的有关认定缺乏依据。B公司有关对比文件公开的联合用药与涉案专利中的复方制剂系完全不同的概念，二者具有本质区别，并非本领域技术人员显而易见的上诉理由成立。二审法院据此判决撤销一审判决和第8113号决定。

A公司不服二审判决，向最高人民法院申请再审。最高人民法院裁定提审本案。

最高人民法院再审认为，涉案专利权利要求1仅仅限定了将舒巴坦与氧哌嗪青霉素或者头孢氨噻肟以特定比例混合制成复方制剂，并没有限定复方制剂的具体剂型。专利权人有关根据权利要求1的封闭式撰写方式以及涉案专利说明书，只能将权利要求1中的复方制剂解释为（冻干）粉针剂的主张，是对权利要求进行事实上的修改，而不是解释权利要求。因此，对于该主张不予支持。

权利要求1中明确限定了将舒巴坦与氧哌嗪青霉素或者头孢氨噻肟以特定比例混合制成复方制剂。复方制剂属于药物生产、制备技术领域的技术术语，其性质不同于临床上或者医学试验中为了治疗、试验等目的，将不同药物临时配置而形成的联合用药或者药物组合。因此，权利要求1相对于对比文件具有新颖性。

虽然临床联合用药与复方制剂属于不同的技术领域，性质有所不同，但亦具有十分紧密的联系。在临床联合用药公开了足够的技术信息的情况下，本领域技术人员能够从中获得相应的技术启示。在对比文件公开的相关技术内容的基础上，本领域技术人员能获得足够的启示并有足够的动机，想到采用常规工艺将舒巴坦与哌拉西林或者头孢氨噻肟制为复方制剂，以便于联合用药的用药方便。从舒巴坦与哌拉西林、头孢氨噻肟的本身性质来看，亦不存在不宜将其制为复方制剂的反面教导或者明显障碍。B公司亦未提供任何证据，证明在制备涉案专利复方制剂的过程中需要克服何种技术难题。因此，权利要求1相对于对比文件不具有创造性。

对于涉及药品的发明创造而言，在其符合专利法中规定的授权条件的情况下，即可授予专利权，无须另行考虑该药品是否符合其他法律法规中有关药品研制、生产的相关规定。B公司主张其为了解决涉案专利的安全性、有效性、稳定性，还进行了一系列试验和研究，但由于相关技术内容并未记载于涉案专利说明书中，则不能体现出涉案专利对现有技术进行了创新性的改进与贡献。因此，这些试验和研究不能作为认定权利要求1的创造性的依据。

综上，最高人民法院再审判决撤销二审判决，维持一审判决和第8113号决定。

📌**评析：**本案主要涉及权利要求解释，以及复方制剂药品发明专利的新颖性、创造性判断等法律问题。

本案关于发明创造性的判断主要涉及以下问题：现有技术是否给出足够的技术启示；是否需要考虑与专利产品有关的药品审批标准；如何考虑专利权人主张的未在说明书中记载的技术效果。

（一）关于现有技术是否给出足够的技术启示

《专利法》第二十二条第三款规定："创造性，是指同申请日以前已有的技术相比，该发明有突出的实质性特点和显著的进步，该实用新型有实质性特点和进步。"根据上述规定，一项发明创造与现有技术仅仅是有所区别的话，是不足以获得专利权的。其必须与现有技术具有实质性差异，体现出足够的创新高度，才能够获得专利权的保护。相对于新颖性的判断而言，创造性的判断具有较强的主观性，其中争议的焦点，往往在于现有技术是否给出了足够的技术启示，使得本领域普通技术人员基于现有技术公开的技术内容，能够显而易见地想到专利技术方案。

对比文件中虽公开了相应的联合用药和药物组合，但均属于为了治疗、试验目的配置的药物，具有临时性、动态性的特点。与之相比，权利要求1中的"复方制剂"属于药物生产、制备技术领域的技术术语，相对稳定，性质具有明显差异。因此，权利要求1具有新颖性。

在确定二者性质具有差异的基础上，对于创造性的判断，需进一步考虑临床联合用药与药物复方制剂制备之间的关联性，以及现有技术是否整体上给出了足够的技术启示，使得本领域普通技术人员能够显而易见地想到涉案专利技术。

关于临床联合用药与复方制剂制备之间的关系，是一个相对专业的技术问题。结合相关证据，最高人民法院再审认为，临床联合用药与复方制剂虽属于不同的技术领域，性质有所不同，但亦具有十分紧密的联系，并非专利权人所主张的具有本质区别。第一，从《药剂学》中记载的有关内容来看，在制剂生产中将二种或二种以上药物配成复方制剂，以方便服用、提高疗效和减少不良反应；在临床治疗上采用合并用药，以提高药物疗效或降低药物的毒副作用，是药剂配伍使用的两种具体方式。二者均面临配伍变化、配伍是否合理等问题，需要医药人员密切配合，共同开展合理用药工作，为合理解决配伍用药问题而努力。第二，从《药理学》中记载的有关内容来看，联合用药既包括二种或二种以上药物同时使用，也包括二种或二种以上药物前后使用。而为了方便服用，将需要同时使用的二种或二种以上药物制备为复方制剂，是实现联合用药的具体方式之一。第三，从国家食品药品监督管理局下发的《关于印发 β-内酰胺酶抑制剂抗生素复方制剂技术评价原则的通知》中记载的有关内容来看，对于首次将某抗生素与某酶抑制剂组成的新组方品种，该通知明确要求"应有充分的临床前有效性和安全性试验依据，提示组方和配比的合理性""应通过规范的合理设计的临床试验证明立题的合理性"，亦表明临床医学实践与 β-内酰胺酶抑制剂抗生素复方制剂的研制具有十分密切的关系。第四，从《中华人民共和国药典临床用药须知》《医药商品学》以及《医用药理学基础》中记载的有关舒巴坦钠、舒巴坦的相关内容来看，舒巴坦为 β-内酰胺酶抑制剂，由于其本身的抗菌力很弱，故将舒巴坦与氨苄西林、头孢哌酮等 β-内酰胺类抗生素合用，或者制为复方制剂，是涉案专利申请日前抗生素领域中使用舒巴坦的典型方式。将舒巴坦与氨苄西林制为复方制剂，即为临床上实现二者合用的具体给药方式。第五，即使是从涉案专利说明书本身来看，其中亦明确记载："临床上采取将β-内酰胺酶抑制剂与抗生素配伍使用的策略，取得了良好的效果，两者制成的复方，不仅使抗生素的抗菌活性增强，同时还扩大了抗菌谱。目前已上市的产品有……舒巴坦分别与氨苄青霉素及头孢哌酮的复方制剂、优立新和舒乐哌酮。"表明具有良好效果的临床配伍使用与制备复方制剂之间存在密切联系。涉案专利的技术背景仅仅在于"目前尚未有将舒巴坦与氧哌嗪青霉素或头孢氨噻肟制成复方制剂在临床使用的报道"。综上，包括联合用药在内的临床医学实践，是研发以及验证β-内酰胺酶抑制剂抗生素复方制剂的重要基础和源泉；而将联合用药的多种药物制备为复方制剂，则是实现β-内酰胺酶抑制剂与抗生素联合用药的具体方式。二者之间的密切关系，也正是俗语"医药不分家"在该技术领域中的具体体现。在临床联合用药公开了足够的技术信息的情况下，本领域技术人员能够从中获得有关复方制剂产品的技术启示。

在认定对比文件中是否给出足够的技术启示时，不宜孤立地看待其中的单个技术信息，而是应当综合考虑对比文件中的相关技术内容，尤其是其背景、技术方案、解决的技术问题、功能和效果以及给出的建议等。本案对比文件实质是一个完整、系统的医学实验方案，其在德国12家医院采用公开的多中心研究方法，由155位患有不同疾病的患者参与，对舒巴坦分别与美洛西林、哌拉西林和头孢氨噻肟联合用于严重细菌感染时的功效和耐受性进行了较为系统、全面的研究。除公开联合用药的具体药物组成以及比例外，还明确披露了舒巴坦与哌拉西林、头孢氨噻肟合用以解决细菌耐药性问题的机理；合用药物具有良好的临床疗效和耐受性；以琼脂扩散实验检验合用药物的细菌学效应；以及临床结果与细菌学结果有很好的相关性。并明确给出了以下结论："舒巴坦与美洛西林、哌拉西林或头孢氨噻肟联合使用耐受性很好，β-内酰胺抗生素与舒巴坦组合可以充分发挥它们的功效，对付能产生β-内酰胺酶的致病微生物，扩大它们的抗菌谱""用舒巴坦与不同的抗生素组合，……对解决细菌的耐药性问题起到了实质性的作用"。因此，对比文件除了公开联合用药的具体配方和配比外，还公开了与该联合用药有关的一系列医学实验信息，而这些医学实验信息正是开展复方制剂药物产品研发所需的关键信息，对于复方制剂产品的成功研制具有重要的指导作用。因此，在对比文件给出了如此丰富、翔实的技术内容的基础上，本领域技术人员已能获得足够的启示并有足够的动机，想到采用常规工艺将舒巴坦与哌拉西林或者头孢氨噻肟制为复方制剂，以便于联合用药的用药方便。

应当注意的是，由于复方制剂是将不同的药物活性成分制备在一起，因此，还应当考虑不同的药物活性成分的物理、化学特性，以确定其是否能够稳定共存。如果联合用药中使用的不同药物活性成分的性质相冲突，很容易发生反应；或者组合在一起后会影响其稳定性或者活性，那么无疑是一种相反的教导，会促使本领域普通技术人员避免将其制备为复方制剂，或者需要付出额外的创造性劳动，以实现复方制剂的制备。然而在本案中，从舒巴坦与哌拉西林、头孢氨噻肟的本身性质来看，并不存在不宜将其制为复方制剂的反面教导或者明显障碍。因此，第8113号决定认定权利要求1相对于对比文件不具有创造性，并无不当。

（二）是否需要考虑与专利产品有关的药品审批标准

对于一项专利而言，基于相关行业、产业的特殊性质或者公共管理、公共利益的需要，在实施专利技术或者专利产品进入市场时，可能还需要满足特定的审批标准或者准入要求。与之相比较，专利法保护的是以技术方案为对象的智力成果，其立法目的在于"保护发明创造专利权，鼓励发明创造，有利于发明创造的推广应用，促进科学技术进步和创新"。因此，对一项发明创造授予专利权，并不代表该专利亦能符合相关行业的审批标准或者准入要求。相应地，符合相关行业的审批标准或者准入要求，也不代表该发明创造具有足够的创新性，能够被授予专利权，这二者之间并无必然关联。

对于药品而言，《药品管理法》第一条规定："为加强药品监督管理，保证药品质量，保障人体用药安全，维护人民身体健康和用药的合法权益，特制定本法。"与之相比，专利法的立法目的、规范对象以及具体标准均有实质性的区别。因此，对于涉及药品的发明创造，在其符合专利法规定的授权条件时，即可授予专利权，无须另行考虑该药品是否符合其他法律法规中有关药品研制、生产的相关规定。反之，一项药品符合药品注册的相关要求，并不足以证明该药品符合专利法中有关创造性的要求。

（三）如何考虑未在说明书中记载的技术效果

专利权是一种法定的独占权，专利权人向社会公众公开其发明创造，通过国务院专利行政部门的专利审查，方能获得专利法的保护。由于我国专利制度采取的是先申请原则，专利权被授予给最先提出专利申请的人。现有技术的认定，亦是以专利申请日作为时间基准。因此，在完成发明创造后及时提出专利申请以获得较早的申请日，对于专利授权具有重要的意义。专利申请人在其申请专利时提交的专利说明书中公开的技术内容，是国务院专利行政部门审查专利的基础，亦是社会公众了解、传播和利用专利技术的基础。因此，作为一项基本原则，专利申请人未能在专利说明书中公开的技术方案、技术效果等，一般不得作为评价专利权是否符合法定授权确权标准的依据。否则会诱使专利申请人在尚未完成发明创造，或者发明创造的技术方案尚不完善时，即抢先提出专利申请，以抢占较早的申请日，然后再通过后续的研究完善其技术方案，在面对质疑时补充相关技术信息维护其专利权。上述情况一旦发生，一方面会导致权利人不当地享有较早的申请日，与专利法规定的先申请原则相抵触。另一方面，亦不利于引导专利权人在申请专利时充分披露专利技术信息，丰富现有技术，甚至给专利申请人刻意隐瞒专利技术信息留下漏洞，导致专利申请文件中的信息不成熟、不完整、不真实，损害社会公众的利益。

在申请专利时，必须处理好确保专利技术具有创造性与说明书充分公开发明创造之间的关系。《专利法》第二十六条第三款规定："说明书应当对发明或者实用新型作出清楚、完整的说明，以所属技术领域的技术人员能够实现为准。"上述规定中有关专利说明书应当对发明创造充分公开的规定，是对撰写专利说明书的最低限度要求。对于发明专利而言，一旦将相关技术信息写入专利说明书，就会导致相关技术信息的公开，无法再通过技术秘密加以保护，影响权利人的竞争优势。因此，在满足充分公开的前提下，专利申请人可以根据发明创造的技术特点，决定其在专利说明书中公开的技术内容的具体范围和程度，适当保留其技术要点，以充分发挥技术秘密与专利协同保护的优势，实现其最大利益。但是在此种情况下，由于权利人对现有技术以及专利技术的认识会不可避免地存在局限性，如果未能在专利说明书中充分披露专利技术方案及其有益效果，也可能使得专利权的创造性缺乏证据支持，并由此可能带来不利后果。因此，在面对是否公开的取舍时，权利人理应对现有技术进行深入分析，对其中潜在的风险有清醒的认识。

（资料来源：https://www.pkulaw.com/pfnl/a25051f3312b07f32a0b8beba0d4778491b6cc947bb4cfd1bdfb.html?keyword=%E8%8D%AF%E5%93%81%E4%B8%93%E5%88%A9%E6%B3%95%E5%88%9B%E9%80%A0%E6%80%A7）

▶【案例】2-3-3

申请再审人A公司与被申请人国家知识产权局专利复审委员会、B公司、C公司发明专利权行政纠纷案

【基本案情】

申请再审人A公司因与被申请人国家知识产权局专利复审委员会（以下简称专利复审委员会）、B公司、C公司发明专利权行政纠纷一案，不服北京市高级人民法院（2010）高行终字第566号行政判决，向本院申请再审。本院依法组成合议庭对本案进行了审查，现已审查终结。

A公司申请再审称：1.A公司在无效宣告程序中提交的反证7（证据3）的真实性应当被认可。专利

复审委员会以及一、二审法院以证据4和证据5在无效宣告请求审查阶段没有提交为由不予采纳，同时也没有认可反证7的真实性，存在错误，应当予以纠正。反证7包括两部分实验报告：第一份实验报告是证明吡格列酮与格列美脲联用具有意料不到的技术效果。该实验报告在本专利的审查过程中曾经提交给中华人民共和国国家知识产权局，并被接受和认可，专利权人在答复第三次审查意见通知书时所附的实验报告证据4可以证明。因此，第一份实验报告的真实性不容置疑。第二份实验报告是证明吡格列酮和格列美脲的联用与其他格列酮类化合物和格列美脲的联用相比，具有意料不到的技术效果。在本专利相应的第EP01203170.4号欧洲专利申请的审查过程中，曾将该实验报告提交给欧洲专利局，欧洲专利局接受和认可了这份实验报告和相应的意见陈述，肯定了专利申请的创造性，最终决定授予专利权。因此，第二部分实验报告的真实性也是不容置疑的。专利权人提交的本专利审查档案和欧洲同族专利审查档案均不是新证据，它不仅包含反证7，也包含本专利申请在中国和欧洲审查过程中的全部必要文件，不仅能够证明反证7的真实性，也能够证明反证7在中国及欧洲专利审查过程曾经被提交的事实。2.发明相对于现有技术到底有没有效果，这是无法改变的客观事实，不能因为在提交专利申请时没有提交相应的证据就认为发明没有这个效果。专利权人在专利权被宣告无效后，可以在诉讼程序中提交相应的证据。反证7是用于证明技术效果的，该证据应当采纳。3.专利复审委员会以及一、二审判决认定权利要求1与证据6和公知常识相比不具备创造性错误。证据6充其量只是公开了磺酰脲与胰岛素敏感性增强剂联用可以用于治疗胰岛素非依赖性糖尿病中特定血糖范围的患者，没有公开权利要求1所要保护的吡格列酮或其药理学可接受的盐与磺酰脲的组合。本领域技术人员在阅读证据6后，不会预料到选取磺酰脲与吡格列酮联用的这一具体组合具有预料不到的技术效果。4.有证据证明存在选择曲格列酮而避免选择吡格列酮和环格列酮作为胰岛素敏感性增强剂的技术偏见。专利复审委员会以及一、二审判决没有认可技术偏见的理由在于证据8公开于本专利的优先权日之后，不能证明在本专利的优先权日时存在曲格列酮要优于吡格列酮的技术偏见。然而，尽管证据8在本专利的优先权日之后公开，但这恰恰证明了即使是在本专利的优先权日之后，还存在着曲格列酮要优于吡格列酮的技术偏见，也即说明在本专利的优先权日时该技术偏见更加根深蒂固。此外，第三人在无效宣告请求审查程序提交的证据8-15均不涉及对吡格列酮的研究，或者研究后没有发现有价值的成果因而没有发表出来。专利复审委员会以及一、二审法院因上述证据均不涉及对吡格列酮的研究，就认定不存在避免使用吡格列酮的技术偏见，逻辑错误。5.权利要求1的吡格列酮或其盐与磺酰脲的组合治疗方案与其他治疗方案相比有预料不到的技术效果。根据本专利说明书实验实施例2的记载，吡格列酮与作为磺酰脲的优降糖联用与它们单独使用相比，具有预料不到的协同作用。又根据反证7，吡格列酮与作为胰岛素分泌增强剂的格列美脲联用与它们单独使用相比，同样具有预料不到的协同作用。此外，仍根据反证7，通过比较可知，吡格列酮与格列美脲联用的治疗方案导致血糖浓度显著降低，与其他联合用药方案相比具有预料不到的技术效果。由此证明，仅仅在选择吡格列酮与磺酰脲联用时，才能够产生预料不到的技术效果。权利要求1与证据6和公知常识相比，具备创造性，符合《专利法》第二十二条第三款的规定。6.针对修改后的权利要求2，专利复审委员会依职权引入了当事人未提及的无效理由，宣告修改后的权利要求2无效，未给予A公司陈述意见的机会，没有遵循听证原则。原审法院对此违法程序未予纠正，有所不当。独立权利要求1将胰岛素分泌增强剂限定为磺酰脲这一上位概念，从属权利要求2将磺酰脲进一步限定为20种具体的化合物，属于下位概念，专利复审委员会以及一、二审判决没有具体分析这些下位概念的化合物的创造性，仅以它们的上位概念没有创造性为由，认为这些下位概念也没有创造性，显然不合理。7.权利要求4是独立权利要求1的从属权利要求，在独立权利要求1具备创造性的基础上，其从属权利要求也具备创造性。从说明书的公开内容，本领域技术人员能够了解到吡格列酮与格列美脲联用具有协同作用。8.根据与独立权利要求1相同的原因，独立权利要求5、9也具备创造性。在此基础上，引用独立权利要求9的从属权利要求10也具备创造性。综上所述，A公司请求本院撤销北京市高级人民法院作出的（2010）高行终字第566号行政判决，撤销专利复审委员会作出的第12712号无效宣告请求审查决定（以下简称第12712号无效决定）。

B公司以及C公司提交答辩意见称：1.反证7是来自国外的实验报告的复印件，应当履行公证认证等手续，且应当提供原件。本专利审查档案和欧洲同族专利审查档案是A公司为证明反证7的真实性而在一审诉程序中提交的证据，针对无效宣告请求程序而言，其属于新证据。2.证据6存在磺酰脲类降糖药、胰岛素增敏剂合用的技术启示，而证据6又描述了胰岛素增敏剂包括吡格列酮等三种药物。本领域技术人员在此基础上将吡格列酮和磺酰脲类降糖药制备成药物组合物不需要付出创造性劳动。3.A公司没有提供现有技术中存在技术偏见的充分证据。4.第12712号无效决定并没有违反听证原则。对权利要求2的修改没有改变该权利要求的整体内容，只是删除了20多项组分中的一个组分格列美脲。因此，无效请求人对修改后的权利要求2仍然坚持口头审理中的意见，没有提出新的意见。综上，第12712号无效决定认定事实清楚，适用法律法规正确，审理程序合法，请求人民法院维持该决定。

一、二审法院审理查明：本案涉及专利名称为"用于治疗糖尿病的药物组合物"的发明专利，其申请日为1996年6月19日，优先权日为1995年6月20日，授权公告日为2005年7月27日、专利号为96111063.5，专利权人为A公司。

针对该专利权，B公司、C公司分别于2008年6月13日和2008年7月18日向专利复审委员会提出无效请求，其无效宣告理由和所提交的证据均相同，认为本专利权利要求1、2、4、5、9、10不符合《专利法》第二十二条第三款的规定，权利要求4不符合《专利法》第三十三条和第二十六条第四款的规定。其提交了如下证据：

证据1："經口糖尿病藥一新藥と新しい治療フラン一"，石田俊彦等，综合临床，第43卷第11期，1994年；

证据2："Oncologic, Endocrine & Metabolic, Thiazolidinediones", Randall W Whitcomb & Alan R Saltiel, Expert Opinion on Investigational Drugs, 第4卷第12期，1995年；

证据3：包含论文"Improved metabolic control by addition of toglitazone to glibenclamide therapy in noninsulin dependent diabetics"的摘要的期刊；

证据4："A pilot clinical trial of a new oral hypoglycemic agent, CS –045, in patents with non – insulin dependent diabetes mellitus, Takeshi Kuzuya 等人, Diabetes Research and Clinical Practice, 第11卷, 1991年；

证据5：" Clinicla profile of glimepiride ", Eberhard Draeger, Diabetes Research and Clinical Practice, 第28卷增刊，1995年；

证据6：Clinicla profile of the novel sulphonylurea glimepmde", R. Robka– mp 等人, Diabetes Research and Clinical Practice, 第31卷增刊，1996年；

证据7：Stimulation of glucose utilization in 3T3 adipocytes and rat diaphragm in vitro by the sulphonylureas, glimepiride and glibenclamide, is correlated with modulations of the cAMP regulatory cascade", Gunter Muller 等人, Biochemical Pharmacology, 第48卷第5期，1994年；

证据8："Relations between structure and biological activity of sulfonamides", Thoma H. Maren 等人, 1976年；

证据9：本专利的优先权文件，申请号特平7–153500，申请日1995年6月20日。

2008年8月11日和9月11日，A公司分别针对上述两个无效请求，提交了相同的意见陈述书和7份反证，其中反证7为实验数据（英文共3页，中文译文3页）。

2008年10月16日，专利复审委员会举行了口头审理，在口头审理当庭，专利权人提交了修改的权利要求书，其中所作修改为将授权公告中的权利要求2中格列美脲的并列技术方案删除。

专利复审委员会于2008年10月31日作出第12712号无效决定，其审查文本以2008年10月16日口头审理时，A公司提交的经修改的权利要求书和授权公告的说明书为基础。该无效决定确定的无效宣告请求的理由和范围为：权利要求4修改不符合《专利法》第三十三条的规定；权利要求4不符合《专利法》第二十六条第四款的规定；权利要求1、2、4、5、9、10相对于证据1与公知常识的结合不符合《专利法》第二十二条第三款的规定。该决定对证据1-9和反证1-6的真实性、合法性、关联性予以确认。对反证7的真实性不予采信。关于创造性，该无效决定认为：本专利权利要求1涉及用于预防或治疗糖尿病、糖尿病综合征、糖代谢紊乱或脂质代谢紊乱的药物组合物，其含有选自吡格列酮或其药理学可接受的盐的胰岛素敏感性增强剂和作为胰岛素分泌增强剂的磺酰脲。证据1公开了如下技术内容：胰岛素非依赖型糖尿病（NIDDM）是胰岛素分泌不足和胰岛素抵抗性增加两方面引起的。如果进入糖尿病状态，根据病状，针对分泌不足和抵抗性的平衡性程度尝试多种不同的用药组合，其中包括空腹时血糖140~199mg/dl时，单独给予磺脲剂、并用磺脲剂和胰岛素敏感性增强剂（又称胰岛素增敏剂或胰岛素抵抗性改善剂）、与α-糖苷酶抑制剂三者并用的疗法。其中对于胰岛素增敏剂，证据1第Ⅲ部分列举了吡格列酮和曲格列酮，并且指出两种制剂具有相同的降血糖作用机制。证据1第Ⅳ部分指出，尽管糖吸收抑制剂和胰岛素敏感性增强剂等作为新型糖尿病药物而备受关注，但是无论哪一种药物均因其血糖降低作用缓慢，与单独使用相比，与磺脲剂或胰岛素的并用效果更值得期待。该部分列举了作为胰岛素分泌刺激剂（或称为胰岛素分泌增强剂）的磺脲剂格列美脲和与磺脲剂完全不同的化合物AG-EE 623 ZW（NN-623）。本专利权利要求1的技术方案与证据1公开的内容相比，区别仅在于权利要求1选择了具体的胰岛素敏感性增强剂即吡格列酮或其药理学可接受的盐，并将其与作为胰岛素分泌增强剂的磺酰脲一起制成药物组合物用于预防或治疗糖尿病、糖尿病综合征、糖代谢紊乱或脂质代谢紊乱。然而，如上所述，证据1已指出吡格列酮与曲格列酮具有相同的降血糖作用机制，可以用作胰岛素敏感性增强剂，而且证据1明确教导了胰岛素敏感性增强剂与磺脲剂或胰岛素的并用效果更值得期待，在此教导下，选择吡格列酮作为胰岛素敏感性增强剂与磺脲剂一起制成药物组合物用于预防或治疗糖尿病对于本领域技术人员来说是显而易见的，不具备突出的实质性特点。并且从本专利说明书记载的内容也看不到这种选择相对于证据1取得了任何意料不到的技术效果。对于吡格列酮的药理学可接受的盐，本领域技术人员知晓其为吡格列酮在使用时的一种具体形式，与吡格列酮具有相同的药理活性。因此，使用吡格列酮的药理学可接受的盐的技术方案也是显而易见的，不具备突出的实质性特点。故权利要求1的技术方案相对于证据1公开的内容不具备创造性，不符合《专利法》第二十二条第三款的规定。

第12712号无效决定认为，虽然证据1未记载权利要求1所述组合具有更好的效果，但证据1给出了权利要求1所述组合可用于治疗糖尿病的启示。

证据2、3、5、6公开于本专利的优先权日之后，在评价本专利的创造性时不能作为现有技术使用；证据4、7和8不涉及吡格列酮的研究，其并不能表明吡格列酮不能用作胰岛素增敏剂。因此，证据2-8不能证明本领域存在吡格列酮不能用作人类药物的技术偏见。证据4并不能表明曲格列酮与磺酰脲联用对处于任何糖尿病状态的所有糖尿病患者均没有协同作用。正如证据1所表明的，针对处于不同糖尿病状态的糖尿病患者个体应尝试不同的治疗方案，这种情况下，曲格列酮与磺酰脲联用对于一些患者能够显示出协同效果，而对于另一些患者不能显示出协同效果，例如证据4中文译文第151页表2表明，曲格列酮与其他口服降血糖药（OHA）联用与单独服用曲格列酮的治疗方案在显著改善的比例上存在明显差异，分别为20.0%和11.1%。因此，证据4不能证明本专利权利要求1的技术方案取得了预料不到的技术效果。由于无法确认反证7的真实性，因此不能以反证7来证明本专利权利要求1的技术方案取得了预料不到的技术效果。

权利要求 2 具体限定了权利要求 1 中所述的磺酰脲，但本领域技术人员已知其中所列举的具体化合物均为磺酰脲，在证据 1 给出了磺酰脲可作为降糖药与胰岛素敏感性增强剂并用以治疗糖尿病的情况下，权利要求 2 的技术方案相对于证据 1 公开的内容仍然是显而易见的，况且从本专利说明书记载的内容来看，具体选择所述磺脲类胰岛素分泌增强剂并不能使权利要求 2 的技术方案相对于证据 1 取得任何意料不到的技术效果。因此，权利要求 2 中所包含的技术方案相对于证据 1 仍然不具备突出的实质性特点和显著的进步，不具备创造性。

权利要求 4 具体限定权利要求 1 中所述的磺酰脲为格列美脲，如前所述，证据 1 明确指出格列美脲可作为胰岛素分泌刺激剂用于糖尿病的治疗，且由本专利说明书可知，具体选择格列美脲并不能为权利要求 4 的技术方案带来任何意料不到的技术效果，因此，在权利要求 1 不具备创造性的前提下，权利要求 4 的技术方案相对于证据 1 仍不具备创造性。

权利要求 5 涉及权利要求 1 的药物组合物在制备用于预防或治疗糖尿病的药物中的应用，其与证据 1 的区别仅在于其选择了具体的胰岛素敏感性增强剂即吡格列酮或其药理学可接受的盐，并用与磺酰脲一起制成的药物组合物制备预防或治疗糖尿病的药物。由于权利要求 1 用于预防或治疗糖尿病、糖尿病综合征、糖代谢紊乱或脂质代谢紊乱的药物组合物相对于证据 1 不具备创造性，因而用权利要求 1 的药物组合物制备预防或治疗糖尿病的药物是显而易见的，相对于证据 1 没有取得任何显著的进步。因此，权利要求 5 不符合《专利法》第二十二条第三款的规定。

权利要求 9 涉及选自吡格列酮或其药理学可接受的盐的胰岛素敏感性增强剂，与选自磺酰脲的胰岛素分泌增强剂联合在制备用于预防或治疗糖尿病的药物中的应用。其与证据 1 的区别仅在于其选择了具体的胰岛素敏感性增强剂即吡格列酮或其药理学可接受的盐，并将其与磺酰脲联合制备用于预防或治疗糖尿病的药物。由于证据 1 已指出吡格列酮与曲格列酮具有相同的降血糖作用机制，可以用作胰岛素敏感性增强剂，而且证据 1 明确教导了胰岛素敏感性增强剂与磺脲剂或胰岛素的并用效果更值得期待，在此教导和启示下，选择吡格列酮作为胰岛素敏感性增强剂与磺脲剂联合用于制备预防或治疗糖尿病的药物对于本领域技术人员来说是显而易见的，不具备突出的实质性特点和显著的进步，并且从本专利说明书记载的内容也看不到这种选择相对于证据 1 取得了任何意料不到的技术效果。对于吡格列酮的药理学可接受的盐，本领域技术人员知晓其为吡格列酮在使用时的一种具体形式，与吡格列酮具有相同的药理活性。因此，使用吡格列酮的药理学可接受的盐的技术方案也是显而易见的，不具备突出的实质性特点。权利要求 9 的技术方案相对于证据 1 公开的内容不具备创造性，不符合《专利法》第二十二条第三款的规定。

权利要求 10 具体限定权利要求 9 中所述的胰岛素敏感性增强剂和胰岛素分泌增强剂分别是单独配制的，而本领域技术人员公知所谓"联合"用药为将联用药物制成药物组合物使用或者分别单独配制使用。证据 1 中的"并用"即包含这两种联用方式，选择其中一种方式并不具备突出的实质性特点，而且将胰岛素敏感性增强剂和胰岛素分泌增强剂分别单独配制使用也没有取得任何预料不到的技术效果。因此，在权利要求 9 不具备创造性的基础上，权利要求 10 不具备创造性。综上所述，第 12712 号无效决定宣告本专利权利要求 1、2、4、5、9 和 10 无效，以权利要求 3、6-8、11-19 为基础维持本专利权有效。

A 公司不服上述无效决定，向北京市第一中级人民法院提起行政诉讼称：1.A 公司在无效宣告程序中提交的反证 7 是用于评价本专利创造性的关键证据。结合在一审诉讼程序中提交的证据 4、5，反证 7 的真实性应予认可。2.专利复审委员会对于现有技术中不存在曲格列酮优于吡格列酮的技术偏见的认定有误。3.专利复审委员会依职权引入无效请求人未提及的无效理由，对修改后的权利要求 2 宣告无效，违反听证原则。4.权利要求 4 是独立权利要求 1 的从属权利要求，在独立权利要求 1 具备创造性的基础上，其从属权利要求也具备创造性。根据与独立权利要求 1 相同的原因，独立权利要求 5、9 也具备创造性。

在此基础上，引用独立权利要求9的从属权利要求10也具备创造性。综上，请求人民法院撤销第12712号无效决定。

在一审程序中，A公司提交了7份证据，其中包括国家知识产权局在本专利实质审查过程中发出的第三次审查意见通知书，A公司于2004年8月18日提交的意见陈述书及其附件，以及与本专利对应的欧洲专利申请（EP01203170.4）审查过程中的部分文件的公证认证及中文译文。

专利复审委员会答辩认为：1.无法确认反证7的真实性，A公司提交的本专利审查档案和欧洲同族专利审查档案亦不能证明反证7的真实性；2.证据2、3、5、6不是公开于本专利申请日（优先权日）之前的现有技术，不能用作现有技术评价本专利的创造性，证据4、7、8不涉及吡格列酮的研究并不代表吡格列酮不能用作胰岛素增敏剂，证据2-8不能证明现有技术存在避免使用吡格列酮的技术偏见。3.第三人在无效宣告请求书中已明确其要求宣告权利要求2无效，在无效宣告请求审查程序中给予了原告和第三人充分陈述意见的机会，第12712号无效决定没有违背听证原则。请求一审法院维持第12712号无效决定。

B公司以及C公司同意专利复审委员会的意见，提交了发表在《糖尿病》上的文章作为证据，用以证明A公司所提的技术偏见的理由不能成立。

北京市第一中级人民法院一审审理认为：1.反证7是A公司提交的对比试验数据，B公司以及C公司对其真实性不予认可，由于反证7记载的内容没有显示其实验结果由哪一机构或个人作出，A公司在无效宣告请求审查程序中也没有提供证据证实反证7的真实性，故专利复审委员会对反证7的真实性不予认可正确。2.关于创造性：本专利权利要求1的技术方案与证据1公开的内容相比，区别仅在于权利要求1选择了具体的胰岛素敏感性增强剂即吡格列酮或其药理学可接受的盐，并将其与作为胰岛素分泌增强剂的磺酰脲一起制成药物组合物用于预防或治疗糖尿病、糖尿病综合征、糖代谢紊乱或脂质代谢紊乱。然而，证据1已指出吡格列酮与曲格列酮具有相同的降血糖作用机制，可以用作胰岛素敏感性增强剂，而且证据1明确教导了胰岛素敏感性增强剂与磺脲剂或胰岛素的并用效果更值得期待，在此教导下，选择吡格列酮作为胰岛素敏感性增强剂与磺脲剂一起制成药物组合物用于预防或治疗糖尿病对于本领域技术人员来说是显而易见的，不具备突出的实质性特点。并且从本专利说明书记载的内容也看不到这种选择相对于证据1取得了任何意料不到的技术效果。对于吡格列酮的药理学可接受的盐，本领域技术人员知晓其为吡格列酮在使用时的一种具体形式，与吡格列酮具有相同的药理活性。因此，使用吡格列酮的药理学可接受的盐的技术方案也是显而易见的，不具备突出的实质性特点。故权利要求1的技术方案相对于证据1公开的内容不具备创造性，不符合《专利法》第二十二条第三款的规定。虽然证据1未记载权利要求1所述组合具有更好的效果，但证据1给出了权利要求1所述组合可用于治疗糖尿病的启示。证据2、3、5、6公开于本专利的优先权日之后，在评价本专利的创造性时不能作为现有技术使用；证据4、7和8不涉及吡格列酮的研究，其并不能表明吡格列酮不能用作胰岛素增敏剂。因此，证据2-8不能证明本领域存在吡格列酮不能用作人类药物的技术偏见。证据4并不能表明曲格列酮与磺酰脲联用对处于任何糖尿病状态的所有糖尿病患者均没有协同作用。正如证据1所表明的，针对处于不同糖尿病状态的糖尿病患者个体应尝试不同的治疗方案，这种情况下，曲格列酮与磺酰脲联用对于一些患者能够显示出协同效果，而对于另一些患者不能显示出协同效果，因此，证据4不能证明本专利权利要求1的技术方案取得了预料不到的技术效果。由于无法确认反证7的真实性，因此不能以反证7来证明本专利权利要求1的技术方案取得了预料不到的技术效果。在独立权利要求1不具备创造性的基础上，同意专利复审委员会关于权利要求4、5、9、10也不具备创造性的认定理由。3.在无效宣告请求审查程序中，专利复审委员会给予了A公司和无效请求人充分的陈述意见的机会，并未违反听证原则。权利要求2具体限定了权利要求1中所述的磺酰脲，但本领域技术人员已知其中所列举的具体化合物均为磺酰脲，在证据1给出了磺酰脲可作为降糖药与胰岛素敏感性增强剂并用以治疗糖尿病的情况下，权利要求2的技术方案相对于证据1公开的内容仍然是显而易见的,况且从本专利说明书记载的内容来看,具体选择所述磺酰脲类胰岛素分泌增强剂并不能使权利要求2的技术方案相对于证据1取得任何意料不到的技术效果,因此,权利要求2中所包含的技术方案相对于证据1仍然不具备突出的实质性特点和显著的进步,不具备创造性。依据《中华人民共和国行政诉讼法》第五十四条第(一)项之规定,北京市第一中级人民法院于2009年12月18日作出(2009)一中行初字第1371号行政判决:维持专利复审委员会第12712号无效决定。一审案件受理费100元,由A公司负担。

A公司不服一审判决,向北京市高级人民法院提起上诉。

北京市高级人民法院二审审理认为:专利复审委员会对于反证7不予认可是正确的。专利复审委员会认定本专利权利要求1不具备突出的实质性特点正确。基于本专利独立权利要求1不具备创造性,专利复审委员会关于本专利权利要求4、5、9、10也不具备创造性的认定正确,所作第12712号无效决定合法,并未违反行政程序。一审判决维持正确,A公司的上诉理由缺乏事实和法律依据,不予支持。依照《中华人民共和国行政诉讼法》第六十一条第(一)项的规定,判决驳回上诉,维持一审判决。二审案件受理费100元,由A公司负担。

一、二审法院审理查明的事实属实,本院予以确认。本院审查认为:本案争议的焦点问题在于,第12712号无效决定对反证7不予采信是否错误;本专利权利要求1、2、4、5、9和10相对于证据1是否具有创造性;第12712号无效决定对权利要求2的评价是否符合听证原则。

1.第12712号无效决定对反证7不予采信是否错误

本专利审查档案和欧洲同族专利审查档案是A公司在一审诉讼程序中针对反证7而提交的补强性证据,用于进一步证明在无效行政程序中已经提交的反证7的真实性,对本专利审查档案和欧洲同族专利审查档案的证据,应当予以采纳。本案反证7涉及的两份对比试验材料记载了试验目的、所采用的试验方案和试验手段、试验设备,介绍了具体实验过程并给出了明确的实验结果,是A公司单方提交,欲证明吡格列酮与格列美脲联用与它们单独使用相比,具有预料不到的协同作用;吡格列酮和格列美脲联用的治疗方案与环格列酮和格列美脲联用、曲格列酮和格列美脲联用,以及曲格列酮和优降糖联用的治疗方案相比具有预料不到的技术效果。根据查明的事实,在国家知识产权局发出的第三次审查意见通知书中,审查员指出权利要求1中的"磺酰脲"概括了较大的范围,从而导致该权利要求不符合《专利法》第二十六条第四款的规定。针对这一意见,A公司不仅提交了所述的反证7的第一组实验数据以证明吡格列酮与磺酰脲相比具有意想不到的技术效果,而且提交了附件证明磺酰脲是一类结构相似的化合物,并结合说明书的内容陈述了意见。国家知识产权局随后作出了授权决定,并无证据证明审查员是因为接受了反证7的试验数据而作出了授权决定。从A公司提交文件的内容来看,无证据证明涉案专利的同族专利的申请过程中,欧洲专利局接受和认可了反证7中第二组实验数据和相应的意见陈述。况且,根据专利制度的地域性原则,国家知识产权局按照中国专利法、专利法实施细则以及专利审查指南的相关规定对专利申请进行审查,他国的专利审查实践对我国没有约束力。由于反证7存在于本专利审查档案和欧洲同族专利审查档案的事实仅能证明本专利在授予专利权的实质审查阶段,A公司曾提交过上述材料,而由于反证7并非实验记录的原件,没有出处,其内容也没有显示是由哪一机构或个人作出的试验,也没有任何公证手续,且B公司以及C公司对其真实性不予认可,一、二审法院对反证7未予采信,并无不当。

专利申请人在申请专利时提交的专利说明书中公开的技术内容,是国务院专利行政部门审查专利的基础和申请人对申请文件进行修改的依据,亦是社会公众了解、传播和利用专利技术的基础。说明书应当满足充分公开发明或者实用新型的要求。化学领域属于实验性科学领域,影响发明结果的因素是多方面、相互交叉且错综复杂的。说明书的撰写应该达到所属技术领域的技术人员能够实施发明的程度。根据现有技术，本领域技术人员无法预测请求保护的技术方案能够实现所述用途、技术效果时，说明书应当清楚、完整地记载相应的实验数据，以使所属技术领域的技术人员能够实现该技术方案，解决其技术问题，并且产生预期的技术效果。凡是所属领域的技术人员不能从现有技术中直接、唯一地得出的有关内容，均应当在说明书中予以表述。如果所属领域的技术人员根据现有技术不能预期该技术方案所声称的治疗效果时，说明书还应当给出足以证明所述技术方案能够产生所声称效果的实验数据。没有在专利说明书中公开的技术方案、技术效果等，一般不得作为评价专利权是否符合法定授权确权标准的依据。申请日后补交的实验数据不属于专利原始申请文件记载和公开的内容，公众看不到这些信息，如果这些实验数据也不是本申请的现有技术内容，在专利申请日之前并不能被所属领域技术人员所获知，则以这些实验数据为依据认定技术方案能够达到所述技术效果，有违专利先申请制原则，也背离专利权以公开换保护的制度本质，在此基础上对申请授予专利权对于公众来说是不公平的。当专利申请人或专利权人欲通过提交对比试验数据证明其要求保护的技术方案相对于现有技术具备创造性时，接受该数据的前提必须是针对在原申请文件中明确记载的技术效果。A公司提供反证7欲证明吡格列酮与格列美脲的联合用药方案相对于单独用药方案以及其他联合用药方案均取得了意料不到的降血糖效果。但是，本专利说明书仅通过吡格列酮与伏格列波糖联用以及吡格列酮与优降糖联用的实验结果，证明胰岛素敏感性增强剂与胰岛素分泌增强剂联用相对于其中一类药物单独用药有更好的降血糖效果，并没有提及各种不同的药物联用方案之间效果的优劣。A公司提交实验数据所要证明的技术效果是原始申请文件中未记载，也未证实的，不能以这样的实验数据作为评价专利创造性的依据。A公司关于其在申请日后补交的实验证据是在证明客观存在的技术效果，该类证据应当予以采纳的申请再审理由，本院不予支持。

2.权利要求1、2、4、5、9和10相对于证据1是否具有创造性

根据证据1公开的技术内容，本专利权利要求1的技术方案与证据1公开的内容相比，区别仅在于权利要求1选择了具体的胰岛素敏感性增强剂即吡格列酮或其药理学可接受的盐，并将其与作为胰岛素分泌增强剂的磺酰脲一起制成药物组合物用于预防或治疗糖尿病、糖尿病综合征、糖代谢紊乱或脂质代谢紊乱。由于证据1已指出吡格列酮与曲格列酮具有相同的降血糖作用机制，可以用作胰岛素敏感性增强剂，而且明确教导了胰岛素敏感性增强剂与磺脲剂或胰岛素并用的技术方案更值得期待。在证据1的技术启示下，本领域技术人员会在其公开的有限的胰岛素敏感性增强剂（吡格列酮和曲格列酮）中进行选择，并进行药物联用试验，而一旦做出选择，根据两种药物各自的作用机理以及通过常规的试验，取得比二者单独使用更好的技术效果也是本领域技术人员可以预料到的。因此，选择吡格列酮作为胰岛素敏感性增强剂与磺脲剂一起制成药物组合物用于预防或治疗糖尿病对于本领域技术人员来说是显而易见的，不具备突出的实质性特点。对于吡格列酮的药理学可接受的盐，本领域技术人员知晓其为吡格列酮在使用时的一种具体形式，与吡格列酮具有相同的药理活性。因此，使用吡格列酮的药理学可接受的盐的技术方案也是显而易见的，不具备突出的实质性特点，不符合《专利法》第二十二条第三款关于创造性的规定。在认定独立权利要求1相对于证据1不具备创造性的基础上，对A公司关于权利要求2、4、5、9和10相对于证据1具备创造性的申请再审理由，本院亦不予支持。

A公司申请再审还主张有证据证明存在选择曲格列酮而避免选择吡格列酮和环格列酮作为胰岛素敏感性增强剂的技术偏见。技术偏见是指在某段时间内、某个技术领域中，技术人员对某个技术问题普遍存在的、偏离客观事实的认识，它引导人们不去考虑其他方面的可能性，阻碍人们对该技术领域的研究和开发。B公司和C公司在无效宣告请求审查程序中提交的证据2、3、5、6公开于本专利的优先权日之后，在评价本专利的创造性时不能作为现有技术使用。即便考虑证据2、3、5、6的技术内容，其中也没有公开本领域认定曲格列酮优于吡格列酮因而在糖尿病的治疗中倾向于不选择吡格列酮的技术内容。况且，科学技术总是处在不断的发展变化之中，有时还会出现曲折反复，优先权日之后的技术状况不必然与之前的技术状况一致，仅仅因为一些文献中没有选择吡格列酮作为胰岛素敏感性增强剂而选择了其他类型的胰岛素敏感性增强剂，并不能说明吡格列酮具有副作用从而不适于作为人类药物。此外，证据4、7和8不涉及吡格列酮的研究，并不能表明吡格列酮不能用作胰岛素敏感性增敏剂，不代表现有技术中没有对吡格列酮进行研究。以上内容远不能形成吡格列酮不适用于人类药物的普遍认识，也不可能阻碍人们对相关技术领域的研究和开发。A公司主张本专利由于克服了本领域的技术偏见而具备创造性的理由，不能成立。

3.第12712号无效决定对权利要求2的评价是否符合听证原则

B公司和C公司在无效宣告请求书中，明确表明了请求宣告本专利权利要求2无效，而不仅仅宣告权利要求2中包含的涉及格列美脲的一个技术方案无效，并不存在专利复审委员会依职权引入新理由的问题；且根据口头审理记录表，专利复审委员会已经给予各方当事人充分陈述意见的机会，A公司关于第12712号无效决定违反听证原则的申请再审理由，本院不予支持。

综上所述，一、二审法院的判决认定事实清楚，适用法律正确，符合法定程序。申请再审人A公司的再审申请不符合《中华人民共和国行政诉讼法》第六十三条第二款、《最高人民法院关于执行〈中华人民共和国行政诉讼法〉若干问题的解释》第七十二条规定的再审条件，依据《最高人民法院关于执行〈中华人民共和国行政诉讼法〉若干问题的解释》第七十四条之规定，裁定如下：

驳回A公司的再审申请。

【裁判要点】

根据《专利法》第二十二条的规定，授予专利权的发明，应当具备新颖性、创造性和实用性。而创造性是指与现有技术相比，该发明有突出的实质性特点和显著性进步。所谓突出的实质性特点，是指对所属技术领域的技术人员来说，在现有技术的基础上仅仅通过合乎逻辑的分析、推理或者有限的试验并不能轻易得到的技术。由此可见，本领域技术人员的公知常识是判断一项专利技术是否具有创造性的重要标准，因此，对于发明专利申请人在其专利说明书中要求的权利，如果本领域内的专业人员只需要根据已公开的专利并通过简单的实验即可轻易获得的，那么其使用的技术方案是显而易见的，并不具有突出的实质性特点，也不具有创造性，专利复审委员完全可以以此为由而驳回其专利申请。

（资料来源：https://www.pkulaw.com/pfnl/a25051f3312b07f33990b4f42288e95fcdbd2d6f116ffbb3bdfb.html?keyword=%E8%8D%AF%E5%93%81%E4%B8%93%E5%88%A9%E6%B3%95%E5%8D%81%E4%B8%80%80%E6%9D%A1%20）

▶ **【案例】2-3-4**

A中心等与国家知识产权局申请发明专利纠纷案——专利创造性与说明书充分公开等法律要求的界限

【裁判要旨】

创造性判断与说明书充分公开、权利要求应该得到说明书支持等法定要求在专利法上具有不同的功能，遵循不同的逻辑。将属于说明书充分公开等法律要求所应审查的内容纳入创造性判断中予以考虑，不利于创造性判断法律标准的稳定性和一致性，又可能致使说明书充分公开、权利要求应该得到说明书支持、修改超范围等法律要求被搁置，原则上应予以避免。

【基本案情】

A中心克雷格为名称为"结合分子"的发明专利申请人。

本案涉及生物医药领域的抗体制作。抗体是机体由于抗原的刺激而产生的具有保护作用的蛋白质，人和绝大多数哺乳动物的抗体都有四条链，包括两条重链和两条轻链，而骆驼的抗体天然的只有两条重链，其相对于一般的四条链的抗体，更加小型化并具有更好的水溶性。而在研究人用抗体的生物制药领域，抗体小型化具有组织穿透性好、易表达、易改造、体内半衰期短等优点，而利用同物种的基因生产的抗体的话，抗体对该物种具有更低的免疫原性和更高的安全性。本案专利申请的技术方案可简单理解为：一种利用人的天然的V基因片段，通过转基因技术在小鼠体内生产小型化抗体的方法；而对比文件公开的是利用骆驼化的V基因片段生产抗体的方法。

经实质审查，国家知识产权局原审查部门驳回了上述申请。申请人提出复审请求并修改了其权利要求，国家知识产权局复审后维持了原驳回决定。国家知识产权局认为，在对比文件的基础上结合本领域的常规基因工程试验手段即可获得本申请的合理成功预期，且出于降低抗体免疫原性、提高人体安全性和治疗效果的考虑，本领域技术人员有动机以人的天然的V基因片段生产小型化仅有重链的抗体，本申请不具有创造性。申请人不服，向北京知识产权法院提起行政诉讼。

【裁判结果】

北京知识产权法院经审理后认为：对比文件中的V基因片段是骆驼化的VH外显子/区，即对不同来源的V基因片段进行骆驼化，故其实质上使用的仍然是骆驼的V基因片，未公开使用了人源的V基因片段制造抗体的方法。在以实验科学为基础的生物制药领域，即使在努力的方向已经明确的情况下，仍需要本领域普通技术人员付出相当大的智力劳动，才能克服种种难以预料的困难以取得技术上的进步。不能仅因为努力的方向对于本领域普通技术人员而言是明确的，就认为在此方向上取得的研究成果就是显而易见的，没有创造性。北京知识产权法院遂判决撤销被诉决定，国家知识产权局就A中心、克雷格针对名称为"结合分子"的发明专利申请提出的驳回复审请求重新作出审查决定。

国家知识产权局不服原判，向最高人民法院提起上诉，主要理由为：（一）原审判决对于创造性判断的事实认定错误。确定本申请所解决的技术问题时，要以本申请文件中已验证的技术效果为基础，本申请并未证明使用包含源自人的天然存在的V基因片段的仅重链基因座能够产生功能性人源仅重链可溶抗体的技术效果，因此在确定发明解决的技术问题时不予考虑。本申请实际解决的技术问题仅是提供一种表达包含其他异源基因片段的异源重链基因座的仅VH重链抗体的方法。基于该技术问题，在对比文件1公开了包含异源基因片段的异源重链基因座的转基因小鼠产生异源仅重链抗体的技术方案，且抗体小型化和人源仅有重链的抗体已是基因工程抗体的确定的研究方向时，本领域普通技术人员有动机使用人的天然V基因片段进行异源表达。（二）原审判决关于创造性判断的法律适用错误。虽然本申请权利要求1限定所述V基因片段是源自人的天然存在的V基因片段，基于降低抗体免疫原性、提高治疗效果的普遍认知，期望提供一种产生表达包含天然人V基因片段的仅有VH重链的抗体的方法，但本申请仅在说明书中记载了相应的方案，仅是一种设想，无具体实验数据支持和验证，该种技术效果不能作为创造性判断的依据。原审判决未考虑本申请未对现有技术做出实际贡献，仅以不能因研究方向明确因而认为对本领域普通技术人员而言显而易见，在创造性判断上法律适用错误。

A中心、克雷格共同答辩称：（一）本申请实际解决的技术问题是提供一种产生表达包含天然人V基因片段的仅有VH重链的可溶抗体的方法。首先，国家知识产权局上诉理由中主张的所解决的技术问题与被诉决定中并不相同。其次，确定专利实际解决的技术问题应当基于与最接近现有技术确定的区别技术特征所能达到的技术效果来认定，确定的所解决的技术问题仅仅是制备出产品而该产品没有任何功能违反了创造性判断的本意。（二）对比文件1和现有技术不仅没有对本申请给出正面启示，甚至给出了相反的技术启示。对比文件1仅公开了一种在哺乳动物中利用骆驼化VH外显子/区生产单重链抗体的方法，没有给出在小鼠中利用源自人的天然存在的V基因片段生产仅有重链的抗体。骆驼的天然仅有重链的抗体是可溶的，而人的天然仅有重链的抗体，由于疏水区域的存在是不可溶的，因此本领域普通技术人员无法预期可以利用源自人的天然存在的V基因片段用于在小鼠中生产仅有重链的可溶的抗体。（三）

被诉决定没有提出本申请说明书是否充分公开的问题，国家知识产权局关于本申请说明书缺少所述技术效果的数据导致效果无法预期的理由超出被诉决定认定范围，不应予以考虑。创造性判断与说明书充分公开属于不同的法律问题，不应混淆。被诉决定的理由是本申请不具有创造性，故应当推定发明符合充分公开的要求。另外，本申请说明书利用功能性实验反映了抗体的溶解性，实际上公开了效果数据，符合说明书充分公开要求。

最高法院二审另查明人体天然重链抗体溶解性差、本申请公开的仅重链抗体的水溶性等事实。

最高法院判决认为，国家知识产权局关于技术效果未得到验证而在技术问题的确定时不予考虑的上诉理由，既否定了区别特征作为发明实际解决的技术问题的基础，又在客观上混淆了创造性判断与说明书充分公开、权利要求应该得到说明书支持等不同法律标准。本申请没有囿于天然人的仅重链的抗体会发生黏着和聚集的认知，使用天然人的V基因片段生产仅重链抗体，具有创造性。因此，二审判决驳回上诉，维持原判。

▎评析▎创造性判断所运用的"问题—解决方案"思路中，一般遵循三个步骤：确定最接近的现有技术；确定发明的区别特征和发明实际解决的技术问题；判断要求保护的发明对本领域普通技术人员而言是否显而易见。在第二个步骤中，确定发明实际解决的问题时，通常是以最接近的现有技术为参照，在分析发明与最接近的现有技术相比所存在的区别特征的基础上，考虑区别特征整体上所能达到的技术效果来确定。因此，发明所要解决的技术问题是改进最接近的现有技术以提供比该最接近现有技术更好的技术效果的目标和任务。在这一意义上，发明所解决的技术问题是客观的，区别特征的确定是理解发明实际解决的技术问题的基础。在此基础上，还应考虑本领域普通技术人员在阅读说明书所记载的内容后能够得出的技术效果。本申请权利要求1相对于对比文件1的区别特征在于：（1）所述可变区包含的D、J基因片段是天然存在的；（2）所述V基因片段是源自人的天然存在的V基因片段，而对比文件1公开的是骆驼化的VH外显子/区；（3）该哺乳动物内源性的免疫球蛋白重链基因座缺失或被沉默。结合本申请权利要求1的区别特征以及说明书的记载，本申请所要实际解决的技术问题应该是：提供一种产生表达包含天然人V基因片段的仅有VH重链的可溶抗体的方法。

国家知识产权局上诉主张所确定的本申请所解决的技术问题明显与其被诉决定所确定的技术问题不同，实质变更了被诉决定的相关认定内容，不符合正当程序原则，不应得到支持。其次，国家知识产权局的上诉主张将本申请相对于对比文件1所解决的技术问题概括为"提供一种表达包含其他异源基因片段的异源重链基因座的仅重链抗体的方法"，实质上是质疑本申请说明书是否公开了制备包含天然人V基因片段的仅有VH重链的具有水溶性的抗体这一效果，并认为由于说明书没有公开已经制备上述抗体，缺乏数据支持和验证，因而可以脱离本申请权利要求1相对于对比文件1的区别特征，特别是"所述V基因片段是源自人的天然存在的V基因片段"这一区别特征，对本申请所要解决的技术问题进行了更宽泛的上位概括。这种做法既否定了区别特征作为发明实际解决的技术问题的基础，与创造性判断的"问题解决方案"思路不符，又在客观上混淆了创造性判断与说明书充分公开、权利要求应该得到说明书支持等不同法律标准。创造性判断与说明书充分公开、权利要求应该得到说明书支持等法定要求在专利法上具有不同的功能，遵循不同的逻辑，将本质上属于说明书充分公开、权利要求应该得到说明书支持等法律要求所应审查的内容纳入创造性判断中予以考虑，既可能使创造性判断不堪重负，不利于创造性判断法律标准的稳定性和一致性，又可能在一定程度上制约了申请人对说明书充分公开、权利要求应该得到说明书支持等问题进行实质论辩，还可能致使说明书充分公开、权利要求应该得到说明书支持、修改超范围等法律要求被搁置，原则上应予避免。因此，在专利实质审查程序中，既要重视对新颖性、创造性等实质授权条件的审查，又要重视说明书充分公开、权利要求应该得到说明书支持、修改超范围等授权条件的适用，使各种授权条件各司其职、各得其所，而不宜只关注新颖性、创造性等实质授权条件。

根据专利实质审查的一般规律，原则上可以先审查判断专利申请是否符合说明书充分公开、权利要求应该得到说明书支持、修改超范围等授权条件，在此基础上再进行新颖性、创造性的判断，否则可能导致新颖性、创造性审查建立在不稳固的基础上，在程序上是不经济的。本案中，国家知识产权局上诉主张中关于本申请是否公开了制备人源可溶仅有重链的抗体及是否有数据支持和验证等问题，更适合在说明书是否充分公开这一法律问题下予以审查，不宜一概纳入创造性判断中予以考虑。

面对所要解决的客观的技术问题，本领域普通技术人员从现有技术中可以获知的启示原则上应该是具体、明确的技术手段，而不是抽象的想法或者一般的研究方向。仅仅依据研究方向的一致性和本领域的抽象、普遍需求来认定现有技术给出的启示，隐含着后见之明的危险，容易低估发明的创造性。基于本申请所解决的技术问题，虽然对比文件1给出了使用骆驼化V基因片段形成单重链抗体的方法，且本领域确实存在降低抗体免疫原性、提高治疗效果的需求，但是基于人的天然的仅有VH重链的抗体会发生聚集或者黏着，而骆驼化V基因片段形成的仅有重链的抗体具有更好水溶性的认知，本领域普通技术人员难以有动机以"源自人的天然存在的V基因片段"替代"骆驼化V基因片段"，制备仅有重链的抗体，因此本申请对本领域普通技术人员并非显而易见，具有创造性。

（资料来源：https://www.pkulaw.com/pfnl/a6bdb3332ec0adc4134e9e78c9adfc00be7eba877f913609bdfb.html?keyword=%E5%8C%BB%E8%8D%AF%E4%B8%93%E5%88%A9%E5%88%9B%E9%80%A0%E6%80%A7）

三、实用性

有些国家的专利法（如我国），把实用性（Utility）表述为工业实用性，我国《专利法》第二十二条第四款对发明和实用新型的创造性的规定是"该发明或者实用新型能够制造或者使用，并且能够产生积极效果。"在产业上能够制造或者使用的技术方案，是指符合自然规律、具有技术特征的任何可实施的技术方案。这些方案并不一定意味着使用机器设备，或者制造一种物品，还可以包括例如驱雾的方法，或者将能量由一种形式转换成另一种形式的方法；能够产生积极的效果，是指发明或者实用新型专利申请在提出申请之日，其产生的经济、技术和社会的效果是所属技术领域的技术人员可以预料到的。这些效果应当是积极的和有益的。

不具有实用性的几种情况如下。

1.无再现性 具有实用性的发明或者实用新型专利申请主题，应当具有再现性。反之，无再现性的发明或者实用新型专利申请主题不具备实用性。

2.违背自然规律 具有实用性的发明或者实用新型专利申请应当符合自然规律。违背自然规律的发明或者实用新型专利申请是不能实施的，因此，不具备实用性。

3.利用独一无二的自然条件的产品 具备实用性的发明或者实用新型专利申请不得是由自然条件限定的独一无二的产品。利用特定的自然条件建造的自始至终都是不可移动的唯一产品不具备实用性。应当注意的是，不能因为上述利用独一无二的自然条件的产品不具备实用性，而认为其构件本身也不具备实用性。

4.人体或者动物体的非治疗目的的外科手术方法 外科手术方法包括治疗目的和非治疗目的的手术方法。以治疗为目的的外科手术方法属于《专利法》第二十五条中不授予专利权的客体；非治疗目的的外科手术方法，由于是以有生命的人或者动物为实施对象，无法在产业上使用，因此不具备实用性。

5.测量人体或者动物体在极限情况下的生理参数的方法 测量人体或动物体在极限情况下的生理参

数需要将被测对象置于极限环境中，这会对人或动物的生命构成威胁，不同的人或动物个体可以耐受的极限条件是不同的，需要有经验的测试人员根据被测对象的情况来确定其耐受的极限条件，因此这类方法无法在产业上使用，不具备实用性。

6. 无积极效果 具备实用性的发明或者实用新型专利申请的技术方案应当能够产生预期的积极效果。明显无益、脱离社会需要的发明或者实用新型专利申请的技术方案不具备实用性。

以上"三性"要求基本上是各国专利立法的通行规定，属于授予专利权的"实质条件"。至于授予专利权的"形式条件"，即专利权审查批准的具体程序以及专利的撤销或宣告无效程序，由于各国行政管理体制有较大差别而有较大不同。但是，专利权不能自动获得，而必须由国家机关通过法定程序授予，这一点是相同的。

具体到药品发明创造来说，同样必须具备"三性"要求才有可能获得专利。由此可见，药品专利保护的是世界范围内最新的付出了创造性的劳动后方才开发出来的药品或制备工艺，而所有填补国内空白的仿制药则不具有专利法意义上的新颖性，因此是不能得到专利保护的。然而在实用性方面，药品专利只要求该药品或者制备工艺能够在产业上应用，也即具有产业化前景即可；而且这种产业化应用主要是就其从技术上对疾病的治疗效果而言，而不对其毒性及安全性进行严格的审查。一般来讲，为了抢时间，由动物实验证明了药品的治疗效果后即可申请专利，而不必等到临床试验完成以后。至于药品发明的先进性，如前所述，很大程度上是一个药品专业领域的技术判断的过程。

第二节 外观设计授予专利权的条件

根据我国《专利法》第二十三条的规定：授予专利权的外观设计，应当不属于现有设计；也没有任何单位或者个人就同样的外观设计在申请日以前向国务院专利行政部门提出过申请，并记载在申请日以后公告的专利文件中。

授予专利权的外观设计与现有设计或者现有设计特征的组合相比，应当具有明显区别。授予专利权的外观设计不得与他人在申请日以前已经取得的合法权利相冲突。现有设计，是指申请日以前在国内外为公众所知的设计。

▶▶【案例】2-3-5

郑某某与A公司专利权无效行政纠纷案

中华人民共和国北京市高级人民法院

刑事判决书

（2008）高行终字第41号

郑某某于2001年10月24日向国家知识产权局提出名称为"生物试条（B）"的外观设计专利申请，2002年8月14日被授权公告，专利号为013502××.×。

针对上述专利权，A公司于2005年11月4日向专利复审委员会提出无效宣告请求，理由为：A公司自1999年起即与B公司合作，销售诊断盒，该诊断盒上印有与本专利完全相同的图片，可以说明本专利在其申请日之前已经在国内公开使用过，由此本专利不符合《专利法》第二十三条的规定。

本案关键的证据为附件7、8、9、25和附件27，其中附件27为附件25中由肇庆市公证处封存的诊断盒实物。就上述证据而言，上诉人仅对附件27的真实性提出质疑，对其他证据未提出异议，本院予以确认。证据27为广东省肇庆市公证处（2005）肇内证字第743号公证书所封存的"快速秀一步法早孕诊断盒"，其内包装上压印有"01年9月28日"的字样，内包装内的产品实物亦与上诉人申请的外观设计完全一致。该证据与附件9（内容为B公司出具的出库单，出单时间为2001年9月30日，收货单位为A公司，品名为快速秀诊断盒，批号为010928）结合，可以得出如下结论，即公证保全的诊断盒内包装上载明的日期与出库单上注明的批号在数字上完全一致，产品实物与本专利完全一致，虽然二者的产品名称存在差异，但主要名称相同。根据民事证据高度盖然性的原则，可以认定公证保全的诊断盒内包装上载明的日期为生产日期，与B公司出库单注明的批号为同一批次产品，即生产时间为2001年9月28日，批号为010928。综合考虑附件7、8、9、25和附件27，法院认为郑某某曾为B公司的企业负责人，该企业与A公司在本专利申请日之前即存在销售关系，A公司与肇庆市计生药具管理站亦存在销售关系，A公司在本专利申请日前向肇庆市计生药具管理站出售过快速秀诊断盒，B公司向A公司所销售的产品外观与本专利相同，该批产品的销售时间为2001年9月30日。上述证据已经形成证据链，足以证明在本专利申请日之前，A公司已经在国内销售过与本专利相同的外观设计产品。由于上述证据足以证明在本专利申请日之前已有与本专利相同的外观设计产品在国内公开销售，故本专利不符合《专利法》第二十三条的规定，应当被宣告无效。

▶ **评析**：本案的审理重点在于本专利是否在申请日之前在国内销售公开。根据《专利法》第二十三条规定，授予专利权的外观设计，应当同申请日以前在国内外出版物上公开发表过或者国内公开使用过的外观设计不相同和不相近似，并不得与他人在先取得的合法权利相冲突。

（资料来源：http://ipr.court.gov.cn/bj/zlq/200804/t20080418_109581.html）

第四章 药品专利的申请、审查和批准

─────────────────────────── 【引例】 ───────────────────────────

"以塔三烷衍生物为主组分的新组合物"无效宣告的纠纷

国家知识产权局于2006年12月27日公告授予的、名称为"以塔三烷衍生物为主组分的新组合物"的第021472××.×号发明专利权（下称本专利），其优先权日为1992年12月2日，申请日为1993年10月29日，专利权人为A公司。本专利是申请号为931196××.×，名称为"以塔三烷衍生物为主组分的新组合物"的发明专利申请的分案申请。

请求人认为：

本专利权利要求1的修改超出了原始公开的范围，不符合《专利法》第三十三条的规定。权利要求1缺乏必要技术特征，不符合《专利法实施细则》第二十一条第二款的规定。本专利的权利要求1得不到说明书的支持，不符合《专利法》第二十六条第四款的规定。本专利的权利要求1没有创造性，不符合《专利法》第二十二条三款的规定。

本专利的权利要求1请求保护"含有塔三烷类衍生物的可注射组合物"，但是其组分为"多西他赛的溶液"，同时并存上下位概念，不符合《专利法实施细则》第二十条第一款的规定。

而专利权人针对上述请求，一一进行了反驳。

合议组经过审理认为，本案中请求人在无效宣告请求书以及补充意见陈述中提出无效宣告请求的理由和范围是：本专利权利要求1的修改不符合《专利法》第三十三条的规定，权利要求1不符合《专利法》第二十六条第四款、第二十二条第三款以及《专利法实施细则》第二十一条第二款、第二十条第一款的规定。请求人提出的本专利权利要求1的修改不符合《专利法》第三十三条的规定所依据的事实包括：（1）本专利最终授权的权利要求1中限定"另一个室带有选自葡萄糖、甘油、山梨醇、甘露糖醇、甘氨酸、聚乙二醇、丙二醇、苄醇、乙醇的稀释添加剂"，而不是原始说明书中的"稀释添加剂水溶液"；（2）原始说明书第4页和权利要求书中记载"其中一个室为带有乙醇的……"，这样制备的组合物中必然会含有乙醇，而最终授权的权利要求1中将"带有乙醇"删除，扩大了保护范围；（3）专利权人将原权利要求1中"添加剂与表面活性剂的重量比小于或等于101.2%"修改为"38%"。

在口头审理过程中，请求人明确表示放弃上述（2）和（3），但同时指出本专利最终授权的权利要求1中将含有塔三烷类衍生物的可注射组合物限定为"由两个室组成"也超出了原始文本公开的范围。专利权人认为新增的这一点事实并未在请求人提交的无效宣告请求书以及补充意见陈述中涉及，因此属于提出无效宣告请求之日起一个月后新增加的无效理由。对此，合议组认为，审查指南第四部分第三章第4.2节规定：请求人在提出无效宣告请求之日起一个月后增加无效宣告理由的，专利复审委员会一般不予考虑，但下列情形除外：（i）针对专利权人以合并方式修改权利要求，在专利复审委员会指定期限内增加无效宣告理由，并在该期限内对所增加的无效宣告理由具体说明的；（ii）对明显与提交的证据不相对应的无效宣告理由进行变更的。但上述事实和理由并非属于上述例外情形，合议组对请求人上述新增加的理由不予考虑。因此，合议组审理的请求人关于《专利法》第三十三条的无效理由具体为：本专利最终授权的权利要求1中限定"另一个室带有选自葡萄糖、甘油、山梨醇、甘露糖醇、甘氨酸、聚乙二醇、丙二醇、苄醇、乙醇的稀释添加剂"，而不是原始说明书中的"稀释添加剂水溶液"超出了原始申请文件公开的范围。

鉴于本专利权利要求1的修改不符合《专利法》第三十三条的规定，导致被诉专利被全部无效。

▶评析：《专利法》第三十三条规定，申请人可以对其专利申请文件进行修改，但是，对发明和实用新型专利申请文件的修改不得超出原说明书和权利要求书记载的范围。

分案申请的内容不得超出原申请公开的范围，该"公开的范围"应当理解为《专利法》第三十三条所述的"记载的范围"。如果申请的内容通过增加、改变和（或）删除其中的一部分，致使所属技术领域的技术人员看到的信息与原申请记载的信息不同，而且不能从原申请记载的信息中直接地、毫无疑义地确定，那么，这种修改就是不允许的。鉴于本专利权利要求的修改不符合《专利法》第三十三条的规定，导致本专利被全部无效。

（资料来源：国家知识产权局无效宣告请求审查决定第11271号 http：//search.cnipr.com/cnipr_fs_plugin/fs-data-detail!fsjd.jhtml?an=93119653.1）

第一节　药品专利申请的受理

一、药品专利申请的受理与不受理

专利申请有下列情形之一的，专利局不予受理。

（1）发明专利申请缺少请求书、说明书或者权利要求书的；实用新型专利申请缺少请求书、说明书、说明书附图或者权利要求书的；外观设计专利申请缺少请求书、图片或照片或者简要说明的。

（2）未使用中文的。

（3）申请文件未打字或印刷；字迹线条不清楚；附图、图片有涂改；附图、图片为易擦除笔绘制。

（4）请求书中缺少申请人姓名或者名称，或者缺少地址的。

（5）外国申请人因国籍或者居所原因，明显不具有提出专利申请的资格的。

（6）在中国内地没有经常居所或者营业所的外国人、外国企业或者外国其他组织作为第一署名申请人，没有委托专利代理机构的。

（7）在中国内地没有经常居所或者营业所的香港、澳门或者台湾地区的个人、企业或者其他组织作为第一署名申请人，没有委托专利代理机构的。

（8）直接从外国向专利局邮寄的。

（9）直接从香港、澳门或者台湾地区向专利局邮寄的。

（10）专利申请类别（发明、实用新型或者外观设计）不明确或者难以确定的。

（11）分案申请改变申请类别的。

医药专利申请文件除符合以上不受理情形外，都应当予以受理。有其他缺陷的，例如缺少摘要，摘要附图等，可以在后续初步审查中予以补正。

二、受理地点

医药专利申请的受理部门包括专利局受理处和专利局各代办处。

（1）专利局受理处负责受理专利申请及其他有关文件。

（2）专利局在各地方设置的代办处按照相关规定受理专利申请及其他有关文件。代办处受理的专利申请类别以及相关文件的种类有所限制。

三、受理与不受理程序

专利局受理处及代办处收到医药专利申请后，应当检查和核对全部文件，作出受理或者不受理决定。

（一）受理程序

医药专利申请符合受理条件的，受理程序如下。

1.确定收到日 根据文件收到日期，在文件上注明受理部门收到日，以记载受理部门收到该申请文件的日期。

2.核实文件数量 清点全部文件数量，核对请求书上注明的申请文件和其他文件名称与数量，并记录核实情况。对于涉及核苷酸或者氨基酸序列的发明专利申请，还应当核实是否提交了包含相应序列表的计算机可读形式的副本，例如光盘或者软盘等。

3.确定申请日 向专利局受理处或者代办处窗口直接递交的专利申请，以收到日为申请日；通过邮局邮寄递交到专利局受理处或者代办处的专利申请，以信封上的寄出邮戳日为申请日；寄出的邮戳日不清晰无法辨认的，以专利局受理处或者代办处收到日为申请日，并将信封存档。通过速递公司递交到专利局受理处或者代办处的专利申请，以收到日为申请日。邮寄或者递交到专利局非受理部门或者个人的专利申请，其邮寄日或者递交日不具有确定申请日的效力，如果该专利申请被转送到专利局受理处或者代办处，以受理处或者代办处实际收到日为申请日。分案申请以原申请的申请日为申请日，并在请求书上记载分案申请递交日。

4.给出申请号 按照专利申请的类别和专利申请的先后顺序给出相应的专利申请号，号条贴在请求书和案卷夹上。

5.记录邮件挂号号码 通过邮局挂号邮寄递交的专利申请，在请求书上记录邮寄该文件的挂号号码。

6.审查费用减缓请求书 根据专利费用减缓办法，对与专利申请同时提交的费用减缓请求书进行审查，作出费用减缓审批决定，并在请求书上注明相应标记。

7.采集与核实数据 依据请求书中的内容，采集并核实数据，打印出数据校对单，对错录数据进行更正。

8.发出通知书 作出专利申请受理通知书、缴纳申请费通知书或者费用减缓审批通知书送交申请人。专利申请受理通知书至少应当写明申请号、申请日、申请人姓名或者名称和文件核实情况，加盖专利局受理处或者代办处印章，并有审查员的署名和发文日期。缴纳申请费通知书应当写明申请人应当缴纳的申请费、申请附加费和在申请时应当缴纳的其他费用，以及缴费期限；同时写明缴纳费用须知。费用减缓审批通知书应当包括费用减缓比例、应缴纳的金额和缴费的期限以及相关的缴费须知。

9.扫描文件 对符合受理条件的专利申请的文件应当进行扫描，并存入数据库。电子扫描的内容包括申请时提交的申请文件和其他文件。此外，专利局发出的各种通知书（如专利申请受理通知书、缴纳申请费通知书或者费用减缓审批通知书）的电子数据，也应当保存在数据库中。

（二）不受理程序

医药专利申请不符合受理条件的，不受理程序如下。

1.**确定收到日**　根据文件收到日期，在文件上注明受理部门收到日，以记载受理部门收到该申请文件的日期。

2.**采集数据并发出文件不受理通知书**　采集数据，作出文件不受理通知书，送交当事人。文件不受理通知书至少应当记载当事人姓名或者名称、详细地址、不受理原因及不受理文档编号，加盖专利局受理处或者代办处印章，并有审查员署名及发文日期。

3.**不符合受理条件的申请文件存档备查，原则上不退回当事人**　在专利局受理处或者代办处窗口直接递交的专利申请，不符合受理条件的，应当直接向当事人说明原因，不予接收。

（三）分案申请的受理程序

1.**国家申请的分案申请的受理程序**　对于国家申请的分案申请除按照一般专利申请的受理条件对分案申请进行受理审查外，还应当对分案申请请求书中是否填写了原申请的申请号和原申请的申请日进行审查。分案申请请求书中原申请的申请号填写正确，但未填写原申请的申请日的，以原申请号所对应的申请日为申请日。分案申请请求书中未填写原申请的申请号或者填写的原申请的申请号有误的，按照一般专利申请受理。对符合受理条件的分案申请，专利局应当受理，给出专利申请号，以原申请的申请日为申请日，并记载分案申请递交日。

2.**进入国家阶段的国际申请的分案申请的受理程序**　国际申请进入国家阶段之后提出的分案申请，审查员除了按照一般专利申请的受理条件对分案申请进行受理审查外，还应当核实分案申请请求书中是否填写了原申请的申请日和原申请的申请号，该原申请的申请日应当是其国际申请日，原申请的申请号是进入国家阶段时专利局给予的申请号，并应当在其后的括号内注明原申请的国际申请号。

3.**受理程序中错误的更正**　专利局受理处或者代办处在受理工作中出现的错误一经发现，应当及时更正，并发出修改更正通知书，同时修改有关数据。对专利局内部错投到各审查部门的文件应当及时退回受理处，并注明退回原因。

4.**查询**　专利局受理处设置收文登记簿。当事人除能提供专利局或者专利局代办处的收文回执或者受理通知书外，以收文登记簿的记载为准。

查询时效为1年，自提交该文件之日起算。

第二节　药品专利申请的初步审查

一、发明专利申请的初步审查

根据《专利法》第三十四条的规定，专利局收到医药发明专利申请后，经初步审查认为符合专利法要求的，自申请日起满18个月，即行公布。专利局也可以根据申请人的请求早日公布其申请。因此，医药发明专利申请的初步审查是受理发明专利申请之后、公布该申请之前的一个必要程序。

（一）审查原则

初步审查程序中，审查员应当遵循以下审查原则。

1.**保密原则**　审查员在专利申请的审批程序中，根据有关保密规定，对于尚未公布、公告的专利申请文件和与专利申请有关的其他内容，以及其他不适宜公开的信息负有保密责任。

2.**书面审查原则**　审查员应当以申请人提交的书面文件为基础进行审查，审查意见（包括补正通知）和审查结果应当以书面形式通知申请人。初步审查程序中，原则上不进行会晤。

3.听证原则 审查员在作出驳回决定之前，应当将驳回所依据的事实、理由和证据通知申请人，至少给申请人一次陈述意见和（或）修改申请文件的机会。审查员作出驳回决定时，驳回决定所依据的事实、理由和证据，应当是已经通知过申请人的，不得包含新的事实、理由和（或）证据。

4.程序节约原则 对于存在可以通过补正克服的缺陷的申请，审查员应当进行全面审查，并尽可能在一次补正通知书中指出全部缺陷。

（二）初步审查程序

发明专利被受理后，在期限内缴纳申请费、公布印刷费（包括附加费）后，专利局启动初审流程。

1.审查内容 医药发明专利初步审查包括对申请文件的形式、申请文件的明显实质性缺陷、相关手续的合法性以及费用进行审查。

（1）对申请文件的审查 申请文件存在缺陷，需要以补正形式克服缺陷的，发出补正通知书，并指定答复期限。不能通过补正方式克服的明显实质性缺陷，发出审查意见通知书，并指定答复期限。

（2）对手续文件的审查 手续性文件包括专利代理委托手续、要求优先权手续、要求不丧失新颖性宽限手续、要求提前公布手续等。

对手续文件审查发现不符合规定的，专利局所发出的通知书包括：办理手续补正通知书、视为未要求优先权通知书、视为未提出通知书等文件。

2.通知书的答复 申请人在收到补正通知书或者审查意见通知书后，应当在指定的期限内补正或者陈述意见。申请人对专利申请进行补正的，应当提交补正书和相应修改文件替换页。对申请文件的修改，应当针对通知书指出的缺陷进行。修改的内容不得超出申请日提交的说明书和权利要求书记载的范围。

3.初步审查合格 经初步审查，对于申请文件符合专利法及其实施细则有关规定并且不存在明显实质性缺陷的专利申请，包括经过补正符合初步审查要求的专利申请，应当认为初步审查合格。医药发明专利申请初步审查合格后，自申请日（优先权日）起满18个月即行公布。因各种原因尚未初审合格的，迟延公布。

4.申请的驳回 专利申请文件存在明显实质性缺陷，在审查员发出审查意见通知书后，经申请人陈述意见或者修改后仍然没有消除的，或者申请文件存在形式缺陷，审查员针对该缺陷已发出过两次补正通知书，经申请人陈述意见或者补正后仍然没有消除的，审查员可以作出驳回决定。

5.视为撤回 申请人期满未答复补正通知书或者审查意见通知书，申请视为撤回。

6.撤回 申请人声明撤回专利申请的，审查终止。

7.其他 申请人因正当理由难以在指定的期限内作出答复的，可以提出延长期限请求。对于因不可抗拒事由或者因其他正当理由耽误期限而导致专利申请被视为撤回的，申请人可以在规定的期限内向专利局提出恢复权利的请求。

（三）对提前公布声明的审查

国务院专利行政部门收到发明专利申请后，经初步审查认为符合要求的，自申请日（有优先权的，指优先权日）起满18个月，即行公布。国务院专利行政部门可以根据申请人的请求早日公布其申请。

提前公布声明只适用于发明专利申请。

申请人提出提前公布声明不能附有任何条件。

提前公布声明不符合规定的，审查员应当发出视为未提出通知书（不发补正通知书）；符合规定的，在专利申请初步审查合格后立即进入公布准备。进入公布准备后，申请人要求撤销提前公布声明的，该要求视为未提出，申请文件照常公布。

二、实用新型专利、外观设计专利申请的初步审查

医药实用新型专利申请的初步审查是受理医药实用新型专利申请之后、授予专利权之前的一个必经程序。

（一）审查原则

初步审查程序中，审查员应当遵循以下审查原则。

1.保密原则　审查员在专利申请的审批程序中，根据有关保密规定，对于尚未公布、公告的专利申请文件和与专利申请有关的其他内容，以及其他不适宜公开的信息负有保密责任。

2.书面审查原则　审查员应当以申请人提交的书面文件为基础进行审查，审查意见（包括补正通知）和审查结果应当以书面形式通知申请人。初步审查程序中，原则上不进行会晤。

3.听证原则　审查员在作出驳回决定之前，应当将驳回所依据的事实、理由和证据通知申请人，至少给申请人一次陈述意见和（或）修改申请文件的机会。审查员作出驳回决定时，驳回决定所依据的事实、理由和证据，应当是已经通知过申请人的，不得包含新的事实、理由和（或）证据。

4.程序节约原则　对于存在可以通过补正克服的缺陷的申请，审查员应当进行全面审查，并尽可能在一次补正通知书中指出全部缺陷。

（二）审查范围

1.申请文件的形式审查

2.申请文件的明显实质性缺陷审查　包括专利申请是否明显属于《专利法》第五条、第二十五条规定的情形，是否明显不符合《专利法》第二条第三款、第二十二条第二款或第四款、第二十六条第三款及第四款、第三十一条第一款、第三十三条，是否依照《专利法》第九条规定不能取得专利权等（医药实用新型的初步审查不包括明显不具有创造性的情形）。

3.其他文件的形式审查　包括与专利申请有关的其他手续和文件是否符合规定。

4.有关费用的审查　包括专利申请是否缴纳了相关费用。

（三）初步审查程序

1.授予专利权通知　医药实用新型专利申请经初步审查没有发现驳回理由的，审查员应当作出授予实用新型专利权通知。能够授予专利权的医药实用新型专利申请包括不需要补正就符合初步审查要求的专利申请，以及经过补正符合初步审查要求的专利申请。

2.审查意见通知书　初步审查中，对于申请文件存在可以通过补正克服的缺陷的专利申请，审查员应当进行全面审查，并发出补正通知书。

申请人在收到补正通知书或者审查意见通知书后，应当在指定的期限内补正或者陈述意见。对申请文件的修改，应当针对通知书指出的缺陷进行。修改的内容不得超出申请日提交的图片或者照片表示的范围。

3.明显实质性缺陷的处理　初步审查中，如果审查员认为申请文件存在不可能通过补正方式克服的明显实质性缺陷，应当发出审查意见通知书。

4.通知书的答复　申请人在收到补正通知书或者审查意见后，应当在指定的期限内补正或者陈述意见。对于补正和意见通知书期满未答复的，审查员应当根据情况发出申请视为撤回通知书或者其他通知

书。

5.申请的驳回 审查员发出审查意见通知书后，在指定的期限内申请人未提出有说服力的意见陈述和（或）证据，也未针对通知书指出的缺陷进行修改，审查员可以作出驳回决定。申请文件存在可以通过补正方式克服的缺陷，审查员针对该缺陷已发出过两次补正通知书，并且在指定的期限内经申请人陈述意见或者补正后仍然没有消除的，审查员可以作出驳回决定。

三、对请求书、委托书和著录项目变更申报书的初步审查

（一）对请求书表格项目的初步审查

1.发明人（外观设计的设计人） 应当是个人，请求书中不得填写单位或者集体，例如不得写成"××课题组"等。发明人应当使用本人真实姓名，不得使用笔名或者其他非正式的姓名。多个发明人的，应当自左向右顺序填写。外国发明人中文译名中可以使用外文缩写字母，姓和名之间用圆点分开，圆点置于中间位置，例如M·琼斯。

发明人可以请求专利局不公布其姓名。提出专利申请时请求不公布发明人姓名的，应当在请求书"发明人"一栏所填写的相应发明人后面注明"（不公布姓名）"。不公布姓名的请求提出之后，经审查认为符合规定的，专利局在专利公报、专利申请单行本、专利单行本以及专利证书中均不公布其姓名，并在相应位置注明"请求不公布姓名"字样，发明人也不得再请求重新公布其姓名。提出专利申请后请求不公布发明人姓名的，应当提交由发明人签字或者盖章的书面声明，但是专利申请进入公布准备后才提出该请求的，视为未提出请求，审查员应当发出视为未提出通知书。

2.申请人

（1）申请人是本国人 申请人是个人的，应当使用本人真实姓名，不得使用笔名或者其他非正式的姓名。申请人是单位的，应当使用正式全称，不得使用缩写或者简称。请求书中填写的单位名称应当与所使用的公章上的单位名称一致。对于申请人为单位的，不能填写为"××大学科研处"或者"××研究所××课题组"。

不符合规定的，审查员应当发出补正通知书。申请人改正请求书中所填写的姓名或者名称的，应当提交补正书、当事人的声明及相应的证明文件。

（2）申请人是外国人、外国企业或者外国其他组织 《专利法》第十七条规定："在中国没有经常居所或者营业所的外国人、外国企业或者外国其他组织在中国申请专利的，依照其所属国同中国签订的协议或者共同参加的国际条约，或者依照互惠原则，根据本法办理。"

在中国有经常居所或者营业所的涉外主体，与我国的国民享有同等的待遇，有在中国申请专利的权利。申请人在中国有营业所的，应当提供当地工商行政管理部门出具的证明文件。申请人在中国有经常居所的，应当要提交公安部门出具的可在中国居住一年以上的证明文件。

在确认申请人是在中国没有经常居所或者营业所的外国人、外国企业或者外国其他组织后，应当审查请求书中填写的申请人国籍、注册地是否符合下列三个条件之一：①和中国共同参加了国际条约，例如《巴黎公约》《与贸易有关的知识产权协定》等；②和中国签订有相互给予专利保护的协议；③根据互惠原则，相互给予专利保护。

3.联系人 申请人是单位且未委托专利代理机构的，应当填写联系人，联系人是代替该单位接收专利局所发信函的收件人。联系人应当是本单位的工作人员，必要时审查员可以要求申请人出具证明。申请人为个人且需由他人代收专利局所发信函的，也可以填写联系人。联系人只能填写一人。填写联系人

的，还需要同时填写联系人的通信地址、邮政编码和电话号码。

4.代表人 申请人有两人以上且未委托专利代理机构的，在请求书中所填申请人中指定一人为代表人。没有进行指定声明的，以第一署名申请人为代表人。如果申请人已经委托专利代理机构的，不需要填写代表人。对于电子申请，申请人有两人以上且未委托专利代理机构的，以提交电子申请的电子申请用户为代表人。除直接涉及共有权利的手续外，代表人可以代表全体申请人办理在专利局的其他手续。直接涉及共有权利的手续包括：提出专利申请，委托专利代理，转让专利申请权、优先权或者专利权，撤回专利申请，撤回优先权要求，放弃专利权等。直接涉及共有权利的手续应当由全体权利人签字或者盖章。

代表人可以代表申请人办理提前公开、补正、答复审查员意见通知书、延期请求、恢复权利等手续。

5.请求书表格的其他事项 请求书中还应填写：申请文件（摘要、摘要附图、权利要求书、说明书、说明书附图的页数），就同日申请实用新型发明的声明，要求优先权，依赖遗传资源的声明，生物保藏声明，要求提前公开声明，代理机构信息，代理人，不丧失新颖性宽限期声明，保密请求等。

（二）委托书

申请人委托专利代理机构向专利局申请专利和办理其他专利事务的，应当提交委托书。

委托书应当使用专利局制定的标准表格，写明委托权限、发明创造名称、专利代理机构名称、专利代理师姓名，并应当与请求书中填写的内容一致。在专利申请确定申请号后提交委托书的，还应当注明专利申请号。

委托书不符合规定的，审查员应当发出补正通知书，通知专利代理机构在指定期限内补正。对于不要强制委托（申请人为中国内地单位或者个人，以及第一署名申请人是中国内地单位或者个人）期满未答复或者补正后仍不符合规定的，应当向双方当事人发出视为未委托专利代理机构通知书。需要强制委托（申请人为涉外主体以及第一署名申请人为涉外主体）期满未答复的，审查员应当发出视为撤回通知书；补正后仍不符合规定的，该专利申请应当被驳回。

（三）著录项目变更申报书

办理著录项目变更手续应当提交著录项目变更申报书。申报书的要求如下。

（1）一件专利申请的多个著录项目同时发生变更的，只需提交一份著录项目变更申报书。

（2）一件专利申请同一著录项目发生连续变更的，应当分别提交著录项目变更申报书。

（3）多件专利申请的同一著录项目发生变更的，即使变更的内容完全相同，也应当分别提交著录项目变更申报书。

审查员应当依据当事人提交的著录项目变更申报书和附具的证明文件进行审查。著录项目变更申报手续不符合规定的，应当向办理变更手续的当事人发出视为未提出通知书；著录项目变更申报手续符合规定的，应当向有关当事人发出手续合格通知书，通知著录项目变更前后的情况，应当予以公告的，还应当同时通知准备公告的卷期号。

著录项目变更涉及权利转移的，手续合格通知书应当发给双方当事人。同一次提出的申请人（或专利权人）涉及多次变更的，手续合格通知书应当发给变更前的申请人（或专利权人）和变更最后的申请人（或专利权人）。手续合格通知书中的申请人（或专利权人）应当填写变更后的申请人（或专利权人）。涉及专利代理机构更换的，手续合格通知书应当发给变更前和变更后的专利代理机构。

著录项目变更手续自专利局发出变更手续合格通知书之日起生效。专利申请权（或专利权）的转让自登记日起生效，登记日即上述的手续合格通知书的发文日。

四、特殊医药专利申请的初步审查

本小节集中讲解特殊医药专利申请的初步审查的规定，分别是分案申请、对要求优先权的申请的初步审查、涉及生物材料的申请、涉及遗传资源的申请。

（一）分案申请

1.分案申请的核实　一件专利申请包括两项以上发明的，申请人可以主动提出或者依据审查员的审查意见提出分案申请。原申请不存在单一性的缺陷，申请人也可以主动提出分案申请。

（1）分案申请的类别应当与原申请的类别一致。不一致的，不予受理。

（2）分案申请应当在请求书中填写原申请的申请日。

申请日填写有误的，审查员应当发出补正通知书，通知申请人补正。补正符合规定的，重新确定申请日。

（3）分案申请应当在请求书中填写原申请的申请号。

请求书中应当正确填写原申请的申请号。原申请是国际申请的，申请人还应当在所填写的原申请的申请号后的括号内注明国际申请号。不符合规定的，审查员应当发出补正通知书，通知申请人补正。期满未补正的，审查员应当发出视为撤回通知书。

（4）对于已提出过分案申请，申请人需要针对该分案申请再次提出分案申请的，还应当在原申请的申请号后的括号内填写该分案申请的申请号。

（5）原申请是国际申请的，申请人还应当在所填写的原申请的申请号后的括号内注明国际申请号。

2.分案申请的递交时间　在专利审查过程中，程序未结束以前，都可以提出分案申请。具体规定如下。

（1）收到授予专利权通知书之日起2个月期限（办理登记手续的期限）届满之前提出分案申请。

（2）对于驳回的申请，自申请人收到驳回决定之日起3个月内，不论申请人是否提出复审请求，均可以提出分案申请；提出复审请求以后以及对复审决定不服提起行政诉讼期间，申请人也可以提出分案申请。

（3）原申请被视为撤回，需办理恢复权利手续，再提出分案申请。

分案申请递交日不符合规定的，审查员应当发出分案申请视为未提出通知书，并作结案处理。

3.分案申请提交的文件　分案申请除应当提交申请文件外，还应当提交原申请的申请文件副本以及原申请中与本分案申请有关的其他文件副本（如优先权文件副本）。原申请中已提交的各种证明材料，可以使用复印件。原申请的国际公布使用外文的，除提交原申请的中文副本外，还应当同时提交原申请国际公布文本的副本。不符合规定的，审查员应当发出补正通知书，通知申请人补正。期满未补正的，审查员应当发出视为撤回通知书。电子申请原案已经提交的各种材料，不需要重新提交。

4.分案申请的期限和费用　分案申请适用的各种法定期限，例如提出实质审查请求的期限，应当从原申请日（优先权日）起算。对于已经届满或者自分案申请递交日起至期限届满日不足2个月的各种期限，申请人可以自分案申请递交日起2个月内或者自收到受理通知书之日起15日内补办各种手续；期满未补办的，审查员应当发出视为撤回通知书。

对于分案申请，应当视为一件新申请收取各种费用。对于已经届满或者自分案申请递交日起至期限届满日不足2个月的各种费用，申请人可以在自分案申请递交日起2个月内或者自收到受理通知书之日起15日内补缴；期满未补缴或未缴足的，审查员应当发出视为撤回通知书。

5.分案申请内容的要求 分案申请的内容不得超出原申请记载的范围。分案申请应当在其说明书的起始部分，即发明所属技术领域之前，说明本申请是哪一件申请的分案申请，并写明原申请的申请日、申请号和发明创造名称。分案以后的原申请与分案申请的权利要求书应当分别要求保护不同的发明；而它们的说明书可以允许有不同的情况。

例如，分案前原申请有A、B两项发明；分案之后，原申请的权利要求书若要求保护A，其说明书可以仍然是A和B，也可以只保留A；分案申请的权利要求书若要求保护B，其说明书可以仍然是A和B，也可以只是B。

（二）对要求优先权的申请的初步审查

《专利法》第二十九条规定："申请人自发明或者实用新型在外国第一次提出专利申请之日起12个月内，或者自外观设计在外国第一次提出专利申请之日起6个月内，又在中国就相同主题提出专利申请的，依照该外国同中国签订的协议或者共同参加的国际条约，或者依照相互承认优先权的原则，可以享有优先权。

申请人自发明或者实用新型在中国第一次提出专利申请之日起12个月内，或者自外观设计在中国第一次提出专利申请之日起6个月内，又向国务院专利行政部门就相同主题提出专利申请的，可以享有优先权。"

1.在先申请文件副本
（1）作为优先权基础的在先申请文件的副本应当由该在先申请的原受理机构出具。

申请人要求本国优先权并且在请求书中写明了在先申请的申请日和申请号的，视为提交了在先申请文件副本。

（2）要求多项优先权的，应当提交全部在先申请文件副本。

（3）在先申请文件副本应当在提出在后申请之日起3个月内提交；期满未提交的，视为未要求优先权。

（4）依照国家知识产权局与在先申请的受理机构签订的协议，专利局通过电子交换等途径从该受理机构获得在先申请文件副本的，不需要再提交纸件复本。

2.在后申请的申请人
（1）外国优先权 要求国外优先权的在后申请的申请人与在先申请文件副本中记载的申请人应当一致，或者是在先申请文件副本中记载的申请人之一。

申请人完全不一致，且在先申请的申请人将优先权转让给在后申请的申请人的，应当在提出在后申请之日起3个月内提交由在先申请的全体申请人签字或者盖章的优先权转让证明文件。

（2）本国优先权 要求本国优先权的在后申请的申请人与在先申请中记载的申请人应当一致；不一致的，在后申请的申请人应当在提出在后申请之日起3个月内提交由在先申请的全体申请人签字或者盖章的优先权转让证明文件。

3.要求本国优先权在先申请视为撤回程序
申请人要求本国优先权的，其在先申请自在后申请提出之日起即视为撤回。被视为撤回的在先申请不得请求恢复。

4.优先权要求的撤回
（1）申请人要求优先权之后，可以撤回优先权要求。申请人要求多项优先权之后，可以撤回全部优先权要求，也可以撤回其中某一项或者几项优先权要求。

（2）申请人要求撤回优先权要求的，应当提交全体申请人签字或者盖章的撤回优先权声明。

（3）要求本国优先权的，撤回优先权后，已被视为撤回的在先申请不得因优先权要求的撤回而请求恢复。

（4）优先权要求撤回后，导致该专利申请的最早优先权日变更时，自该优先权日起算的各种期限尚未届满的，该期限应当自变更后的最早优先权日或者申请日起算，撤回优先权的请求是在原最早优先权日起15个月之后到达专利局的,则在后专利申请的公布期限仍按照原最早优先权日起算。

本国优先权与外国优先权手续的区别见表2-4-1。

表2-4-1　本国优先权与外国优先权手续的区别

	本国优先权	外国优先权
在先申请主题	一致,且不能授权、要求过优先权	一致,首次申请
申请人	完全一致	可以是部分成员
外观设计	不可以要求	可以要求
在先申请副本	可以不提交	在先申请受理国出具,申请人提交,电子交换
在先申请状态	在后申请之日起视为撤回	不影响在先申请状态
发明人	无要求	无要求

(三)涉及生物材料的申请

在生物技术领域,有时文字很难描述生物材料的具体特征,即使有了描述,所属领域的技术人员仍然不能实施发明。当申请专利的发明涉及新的生物材料,该生物材料公众不能得到,并且对该生物材料的说明不足以使所属领域的技术人员实施其发明的,除应当符合专利法和实施细则细则的有关规定外,申请人还应当办理生物保藏手续。

初步审查中,对于已在规定期限内提交保藏证明的,审查员应当根据保藏证明核实下列各项内容。

1.保藏单位　应当是国家知识产权局认可的生物材料样品国际保藏单位,不符合规定的,审查员应当发出生物材料样品视为未保藏通知书。

2.保藏日期　应当在申请日之前或者在申请日(有优先权的,指优先权日)当天。不符合规定的,审查员应当发出生物材料样品视为未保藏通知书。

但是,保藏证明写明的保藏日期在所要求的优先权日之后,并且在申请日之前的,审查员应当发出办理手续补正通知书,要求申请人在指定的期限内撤回优先权要求或者声明该保藏证明涉及的生物材料的内容不要求享受优先权,期满未答复或者补正后仍不符合规定的,审查员应当发出生物材料样品视为未保藏通知书。

3.保藏及存活证明和请求书的一致性　保藏及存活证明与请求书中所填写的项目应当一致,不一致的,审查员应当发出补正通知书,通知申请人在规定期限内补正。期满未补正的,审查员应当发出生物材料样品视为未保藏通知书。

初步审查中,对于未在规定期限内提交保藏证明的,该生物材料样品视为未提交保藏,审查员应当发出生物材料样品视为未保藏通知书。在自申请日起4个月内,申请人未提交生物材料存活证明,又没有说明未能提交该证明的正当理由的,该生物材料样品视为未提交保藏,审查员应当发出生物材料样品视为未保藏通知书。

提交生物材料样品保藏过程中发生样品死亡的,除申请人能够提供证据证明造成生物材料样品死亡并非申请人责任外,该生物材料样品视为未提交保藏,审查员应当发出生物材料样品视为未保藏通知书。申请人提供证明的,可以在自申请日起4个月内重新提供与原样品相同的新样品重新保藏,并以原提交保藏日为保藏日。

涉及生物材料的专利申请,申请人应当在请求书和说明书中分别写明生物材料的分类、命名,保藏该生物材料样品的单位名称、地址、保藏日期和保藏编号,并且相一致。申请时请求书和说明书都未写明的,申请人应当自申请日起4个月内补正,期满未补正的,视为未提交保藏。请求书和说明书填写不一致的,申请人可以在收到专利局通知书后,在指定的期限内补正,期满未补正的,视为未提交保藏。

（四）涉及遗传资源的申请

遗传资源，是指取自人体、动物、植物或者微生物等含有遗传功能单位并具有实际或者潜在价值的材料。

就依赖遗传资源完成的发明创造申请专利，申请人应当在请求书中对于遗传资源的来源予以说明，并填写遗传资源来源披露登记表，写明该遗传资源的直接来源和原始来源。申请人无法说明原始来源的，应当陈述理由。对于不符合规定的，审查员应当发出补正通知书，通知申请人补正。期满未补正的，审查员应当发出视为撤回通知书。补正后仍不符合规定的，该专利申请应当被驳回。

第三节　药品发明专利申请的实质审查

一、实质审查基本程序

（一）申请人启动

实质审查请求应当在自申请日（有优先权的，指优先权日）起3年内提出，并在此期限内缴纳实质审查费。无正当理由逾期不请求实质审查的，该申请即被视为撤回。

（二）专利局启动

国务院专利行政部门认为必要的时候，可以自行对发明专利申请进行实质审查。

二、实质审查程序的基本原则

（一）请求原则

除另有规定外，实质审查程序只有在申请人提出实质审查请求的前提下才能启动。

（二）听证原则

在实质审查过程中，审查员在作出驳回决定之前，应当给申请人提供至少一次针对驳回所依据的事实、理由和证据陈述意见和（或）修改申请文件的机会。

（三）程序节约原则

除非确认申请根本没有被授权的前景，审查员应当在第一次审查意见通知书中，将申请中不符合专利法及其实施细则规定的所有问题通知申请人，要求其在指定期限内对所有问题给予答复，尽量减少与申请人通信的次数，以节约程序。

但审查员应当注意，不得以节约程序为理由违反请求原则和听证原则。

三、实质审查

（一）审查的文本

审查员首次审查所针对的文本通常是申请人按照专利法及其实施细则规定提交的原始申请文件或者应专利局初步审查部门要求补正后的文件。

1. 以符合主动修改时机的文本为准　申请人在提出实质审查请求时，或者在收到专利局发出的发明专利申请进入实质审查阶段通知书之日起的 3 个月内，对发明专利申请进行了主动修改的，无论修改的内容是否超出原说明书和权利要求书记载的范围，均应当以申请人提交的经过该主动修改的申请文件作为审查文本。

2. 多次主动修改的，以最后一次为准　申请人在上述规定期间内多次对申请文件进行了主动修改的，应当以最后一次提交的申请文件为审查文本。

3. 不符合主动修改时机的，一般不接受　申请人在上述规定以外的时间对申请文件进行的主动修改，一般不予接受，其提交的经修改的申请文件，不应作为审查文本。

4. 例外规定　如果申请人进行的修改不符合主动修改的时机，但审查员在阅读该经修改的文件后认为其消除了原申请文件存在的应当消除的缺陷，又符合《专利法》第三十三条的规定，且在该修改文本的基础上进行审查将有利于节约审查程序，则可以接受该经修改的申请文件作为审查文本。

（二）对公众意见的处理

（1）任何人对不符合专利法规定的发明专利申请向专利局提出的意见，都应当存入该申请文档中供审查员在实质审查时考虑。

（2）如果公众的意见是在审查员发出授予专利权的通知之后收到的，就不必考虑。

（3）专利局对公众意见的处理情况，不必通知提出意见的公众。

（三）第一次审查意见通知书

审查员对申请进行实质审查后，通常以审查意见通知书的形式，将审查的意见和倾向性结论通知申请人。在审查意见通知书正文中，审查员必须根据专利法及其实施细则具体阐述审查的意见。审查的意见应当明确、具体，使申请人能够清楚地了解其申请存在的问题。

（1）为了使申请人尽快地作出符合要求的修改，必要时审查员可以提出修改的建议供申请人修改时参考。如果申请人接受审查员的建议，应当正式提交经过修改的文件，审查员在通知书中提出的修改建议不能作为进一步审查的文本。

（2）为了加快审查程序，应当尽可能减少审查意见通知书的次数。因此，除该申请因存在严重实质性缺陷而无授权前景，或者审查员因申请缺乏单一性而暂缓继续审查之外，第一次审查意见通知书应当写明审查员对申请的实质方面和形式方面的全部意见。

（3）在审查文本不符合《专利法》第三十三条规定的情况下，审查员也可以针对审查文本之外的其他文本提出审查意见，供申请人参考。

（4）在审查意见通知书中，审查员应当指定答复期限。答复第一次审查意见通知书的期限为 4 个月。

（四）继续审查

在申请人答复第一次审查意见通知书之后，审查员应当对申请继续进行审查，考虑申请人陈述的意见和（或）对申请文件作出的修改。审查员应当在审查程序的各阶段，使用相同的审查标准。

在继续审查前，审查员应当核实答复文件中的申请号、申请人、专利代理机构及代理人、发明名称等事项，以避免差错。

（1）如果申请人同时提交了经修改的说明书和（或）权利要求书，审查员首先应当按照《专利法》第三十三条和《专利法实施细则》第五十一条第三款的规定，分别审查修改是否超出原说明书和权利要求书记载的范围以及修改是否按照审查意见通知书要求进行。

（2）如果申请仍存在某些缺陷，则审查员应当再次通知申请人消除这些缺陷。

（3）在继续审查（包括复审后的审查）中，必要时，审查员应当进行补充检索。

（4）答复一通之后的再次审查意见通知书的期限为2个月。

（五）会晤

在实质审查过程中，审查员可以约请申请人会晤，以加快审查程序。申请人亦可以要求会晤，此时，只要通过会晤能达到有益的目的，有利于澄清问题、消除分歧、促进理解，审查员就应当同意申请人提出的会晤要求。某些情况下，审查员可以拒绝会晤要求，例如，通过书面方式、电话讨论等，双方意见已经表达充分、相关事实认定清楚的。

1.会晤地点　会晤应当在专利局指定的地点进行，审查员不得在其他地点同申请人就有关申请的问题进行会晤。

2.参加会晤的人员

（1）申请人委托了专利代理机构的，会晤必须有代理人参加。

（2）申请人没有委托专利代理机构的，申请人应当参加会晤；共有专利申请的单位或者个人都应当参加会晤。

（3）必要时，发明人受申请人的指定或委托，可以同代理人一起参加会晤，或者在申请人未委托代理机构的情况下受申请人的委托代表申请人参加会晤。

（4）参加会晤的申请人或代理人等的总数，一般不得超过两名。

3.会晤记录　会晤结束后，审查员应当填写会晤记录。会晤记录中应当写明讨论的问题、结论或者同意修改的内容。会晤记录不能代替申请人的正式书面答复或者修改。

如果在会晤中，对申请文件的修改没有取得一致意见，审查工作将通过书面方式继续进行。

如果会晤时，申请人提出了新的文件，而会晤前审查员没有收到这些文件，审查员可以决定中止会晤。

（六）电话讨论

在实质审查过程中，审查员与申请人可以就发明和现有技术的理解、申请文件中存在的问题等进行电话讨论，也可以通过视频会议、电子邮件等其他方式与申请人进行讨论。必要时，审查员应当记录讨论的内容，并将其存入申请案卷。

对于讨论中审查员同意的修改内容，除审查员可依职权修改的内容以外，对审查员同意的修改内容均需要申请人正式提交经过该修改的书面文件，审查员应当根据该书面修改文件作出审查结论。

（七）取证和现场调查

一般说来，在实质审查程序中审查员不必要求申请人提供证据。如果申请人不同意审查员的意见，可提供证据来支持其主张。申请人提供的证据可以是书面文件或者实物模型。例如，申请人提供有关发明的技术优点方面的资料，以证明其申请具有创造性；又如，申请人提供实物模型进行演示，以证明其申请具有实用性等。

如果某些申请中的问题，需要审查员到现场调查方能得到解决，则应当由申请人提出要求，经负责审查该申请的实质审查部的部长批准后，审查员方去现场调查。调查所需的费用由专利局承担。

四、针对审查意见的答复

（一）答复的形式

申请人的答复可以仅仅是意见陈述书，也可以进一步包括经修改的申请文件替换页和（或）补正书。

申请人可以请求专利局延长指定的答复期限。但是，延长期限的请求应当在期限届满前提出。

（二）答复的方式

对于审查意见通知书，申请人应当采用专利局规定的意见陈述书或补正书的方式，在指定的期限内作出答复。申请人的答复应当提交给专利局受理部门。直接提交给审查员的答复文件或征询意见的信件不视为正式答复，不具备法律效力。

（三）答复的签署

（1）申请人委托了专利代理机构的，其答复应当由其所委托的专利代理机构盖章，并由委托书中指定的专利代理师签字或者盖章。专利代理人变更之后，由变更后的专利代理人签字或者盖章。如果其答复没有专利代理机构盖章，或者由申请人本人作出了答复，审查员应当将该答复退回初步审查部门处理。

（2）申请人未委托专利代理机构的，其提交的意见陈述书或者补正书，应当有申请人的签字或者盖章；申请人是单位的，应当加盖公章；申请人有两名以上的，可以由其代表人签字或者盖章。如果其答复没有申请人的签字或者盖章（当申请人有两名以上时，应当有全部申请人的签字或盖章，或者至少有其代表人的签字或盖章），审查员应当将该答复退回初步审查部门处理。

五、修改

（一）修改的种类

对申请文件的修改分为主动修改和被动修改两种。主动修改可以修改权利要求的保护范围、实质性缺陷或者形式缺陷。被动修改是指针对审查意见作出的修改。

（二）主动修改的时机

申请人仅在下述两种情形下可对其发明专利申请文件进行主动修改。

（1）在提出实质审查请求时。

（2）在收到专利局发出的发明专利申请进入实质审查阶段通知书之日起的3个月内。

在答复专利局发出的审查意见通知书时，不得再进行主动修改。

（三）答复审查意见通知书时的修改要求

1.**不能修改超范围** 根据《专利法》第三十三条的规定，申请人可以对其专利申请文件进行修改，但是，对医药发明专利申请文件的修改不得超出原说明书和权利要求书记载的范围。

（1）原说明书和权利要求书记载的范围包括原说明书和权利要求书文字记载的内容、根据原说明书和权利要求书文字记载的内容，以及说明书附图能直接地、毫无疑义地确定的内容。

（2）申请人向专利局提交的申请文件的外文文本和优先权文件的内容，不能作为判断申请文件的修改是否符合《专利法》第三十三条规定的依据。

（3）进入国家阶段的国际申请的原始提交的外文文本可以作为修改依据。

2.**不能进行主动修改** 根据《专利法实施细则》第五十一条第三款的规定，答复审查员意见通知书时，应当针对通知书指出的缺陷进行修改，不能主动修改。

当出现下列情况时，即使修改没有超出原始公开范围，修改也不予接受。

（1）主动删除独立权利要求中的技术特征，扩大了该权利要求请求保护的范围。

（2）主动改变独立权利要求中的技术特征，导致扩大了请求保护的范围。

（3）主动将仅在说明书中记载的与原来要求保护的主题缺乏单一性的技术内容作为修改后权利要求的主题。

（4）主动增加新的独立权利要求，该独立权利要求限定的技术方案在原权利要求书中未出现过。

（5）主动增加新的从属权利要求，该从属权利要求限定的技术方案在原权利要求书中未出现过。

如果申请人答复审查意见通知书时提交的修改文本不是针对通知书指出的缺陷作出的，修改文本不予接受。

（四）对权利要求书的修改

允许的对权利要求书的修改，包括下述各种情形。

（1）在独立权利要求中增加技术特征，对独立权利要求作进一步的限定，只要增加了技术特征的独立权利要求所述的技术方案未超出原说明书和权利要求书记载的范围，这样的修改就应当被允许。

（2）变更独立权利要求中的技术特征，只要变更了技术特征的独立权利要求所述的技术方案未超出原说明书和权利要求书记载的范围，这种修改就应当被允许。

对于含有数值范围技术特征的权利要求中数值范围的修改，只有在修改后数值范围的两个端值在原说明书和（或）权利要求书中已确实记载且修改后的数值范围在原数值范围之内的前提下，才是允许的。

例如，权利要求的技术方案中，某温度为20～90℃，对比文件公开的技术内容与该技术方案的区别是其所公开的相应的温度范围为0～100℃，该文件还公开了该范围内的一个特定值40℃，因此，审查员在审查意见通知书中指出该权利要求无新颖性。如果发明专利申请的说明书或者权利要求书还记载了20～90℃范围内的特定值40℃、60℃和80℃，则允许申请人将权利要求中该温度范围修改成60～80℃或者60～90℃。

（3）变更独立权利要求的类型、主题名称及相应的技术特征，以克服原独立权利要求类型错误或者缺乏新颖性或创造性等缺陷。只要变更后的独立权利要求所述的技术方案未超出原说明书和权利要求书记载的范围，就可允许这种修改。

（4）删除一项或多项权利要求，这样的修改不会超出原权利要求书和说明书记载的范围，因此是允许的。

（5）将独立权利要求相对于最接近的现有技术正确划界。这样的修改不会超出原权利要求书和说明书记载的范围，因此是允许的。

（6）修改从属权利要求的引用部分，改正引用关系上的错误，使其准确地反映原说明书中所记载的实施方式或实施例。这样的修改不会超出原权利要求书和说明书记载的范围，因此是允许的。

（7）修改从属权利要求的限定部分，清楚地限定该从属权利要求的保护范围，使其准确地反映原说明书中所记载的实施方式或实施例，这样的修改不会超出原说明书和权利要求书记载的范围，因此是允许的。

（五）对说明书及其摘要的修改

允许的对说明书及其摘要的修改包括下述各种情形。

（1）修改发明名称，使其准确、简要地反映要求保护的主题的名称。

（2）修改发明所属技术领域。应当允许修改发明所属技术领域，使其与国际专利分类表中最低分类位置涉及的领域相关。

（3）修改背景技术部分，使其与要求保护的主题相适应。如果审查员通过检索发现了比申请人在原说明书中引用的现有技术更接近所要求保护的主题的对比文件，则应当允许申请人修改说明书，将该文件的内容补入这部分，并引证该文件，同时删除描述不相关的现有技术的内容。应当指出，这种修改实际上使说明书增加了原申请的权利要求书和说明书未曾记载的内容，但由于修改仅涉及背景技术而不涉及发明本身，且增加的内容是申请日前已经公知的现有技术，因此是允许的。

（4）修改发明内容部分中与该发明所解决的技术问题有关的内容，使其与要求保护的主题相适应。

（5）修改发明内容部分中与该发明技术方案有关的内容，使其与独立权利要求请求保护的主题相适应。

（6）修改发明内容部分中与该发明的有益效果有关的内容。只有在某（些）技术特征在原始申请文件中已清楚地记载，而其有益效果没有被清楚地提及，但所属技术领域的技术人员可以直接地、毫无疑义地从原始申请文件中推断出这种效果的情况下，才允许对发明的有益效果作出合适的修改。

（7）修改附图说明。申请文件中有附图，但缺少附图说明的，允许补充所缺的附图说明；附图说明不清楚的，允许根据上下文作出合适的修改。

（8）修改最佳实施方式或者实施例。这种修改中允许增加的内容一般限于补入原实施方式或者实施例中具体内容的出处以及已记载的反映发明的有益效果数据的标准测量方法（包括所使用的标准设备、器具）。如果由检索结果得知原申请要求保护的部分主题已成为现有技术的一部分，则申请人应当将反映这部分主题的内容删除，或者明确写明其为现有技术。

（9）修改附图。删除附图中不必要的词语和注释，可将其补入说明书文字部分之中；修改附图中的标记使之与说明书文字部分相一致；在文字说明清楚的情况下，为使局部结构清楚起见，允许增加局部放大图；修改附图的阿拉伯数字编号，使每幅图使用一个编号。

（10）修改摘要。通过修改使摘要写明发明的名称和所属技术领域，清楚地反映所要解决的技术问题、解决该问题的技术方案的要点以及主要用途；删除商业性宣传用语；更换摘要附图，使其最能反映发明技术方案的主要技术特征。

（11）修改由所属技术领域的技术人员能够识别出的明显错误，即语法错误、文字错误和打印错误。对这些错误的修改必须是所属技术领域的技术人员能从说明书的整体及上下文看出的唯一的正确答案。

（六）不允许的增加

不能允许的增加内容的修改，包括下述几种。

（1）将某些不能从原说明书（包括附图）和（或）权利要求书中直接明确认定的技术特征写入权利要求和（或）说明书。

（2）为使公开的发明清楚或者使权利要求完整而补入不能从原说明书（包括附图）和（或）权利要求书中直接明确地写出不能由所属技术领域技术人员的常识直接获得的信息。

（3）增加的内容是通过测量附图得出的尺寸参数技术特征。

（4）引入原申请文件中未提及的附加组分，导致出现原申请没有的特殊效果。

（5）补入了所属技术领域的技术人员不能直接从原始申请中导出的有益效果。

（6）补入实验数据以说明发明的有益效果，和（或）补入实施方式和实施例以说明在权利要求请求保护的范围内发明能够实施。

（7）增补原说明书中未提及的附图，一般是不允许的；如果增补背景技术的附图，或者将原附图中的公知技术附图更换为最接近现有技术的附图，则应当允许。

（七）不允许的改变

不能允许的改变内容的修改，包括下述几种。

（1）改变权利要求中的技术特征，超出了原权利要求书和说明书记载的范围。

（2）由不明确的内容改成明确具体的内容而引入原申请文件中没有的新的内容。

（3）将原申请文件中的几个分离的特征，改变成一种新的组合，而原申请文件没有明确提及这些分离的特征彼此间的关联。

（4）改变说明书中的某些特征，使得改变后反映的技术内容不同于原申请文件记载的内容，超出了原说明书和权利要求书记载的范围。

例如，一件有关多层层压板的发明专利申请，其原申请文件中描述了几种不同层状安排的实施方式，其中一种结构是外层为聚乙烯。如果申请人修改说明书，将外层的聚乙烯改变为聚丙烯，那么，这种修改是不允许的。因为修改后的层压板完全不同于原来记载的层压板。

（八）不允许的删除

不能允许删除某些内容的修改，包括下述几种。

（1）从独立权利要求中删除在原申请中明确认定为发明的必要技术特征的那些技术特征，即删除在原说明书中始终作为发明的必要技术特征加以描述的那些技术特征；或者从权利要求中删除一个与说明书记载的技术方案有关的技术术语；或者从权利要求中删除在说明书中明确认定的关于具体应用范围的技术特征。

（2）从说明书中删除某些内容而导致修改后的说明书超出了原说明书和权利要求书记载的范围。

例如，一件有关多层层压板的发明专利申请，其说明书中描述了几种不同层状安排的实施方式，其中一种结构是外层为聚乙烯。如果申请人修改说明书，将外层的聚乙烯这一层去掉，那么，这种修改是不允许的。因为修改后的层压板完全不同于原来记载的层压板。

（九）修改的具体形式

说明书或者权利要求书的修改部分，应当按照规定格式提交替换页。替换页的提交有两种方式。

（1）提交重新打印的替换页和修改对照表。

（2）提交重新打印的替换页和在原文复制件上作出修改的对照页。

（十）审查员依职权修改

在发出授予专利权的通知书前，允许审查员对准备授权的文本依职权作出如下的修改，并通知申请人。

1.说明书方面　修改明显不适当的发明名称和（或）发明所属技术领域；改正错别字、错误的符号、标记等；修改明显不规范的用语；增补说明书各部分所遗漏的标题；删除附图中不必要的文字说明等。

2.权利要求书方面　改正错别字、错误的标点符号、错误的附图标记、附图标记增加括号。但是，可能引起保护范围变化的修改，不属于依职权修改的范围。

3.摘要方面　修改摘要中不适当的内容及明显的错误。

六、驳回决定和授予专利权的通知

审查员应当在尽可能短的时间内完成申请的实质审查。通常，在发出一次或者两次审查意见通知书后，审查员就可以作出驳回决定或者发出授予专利权的通知书。决定或者通知书一经发出，申请人的任何呈文、答复和修改均不再予以考虑。

（一）驳回的情形

（1）属于《专利法》第五条、第二十五条规定的情形。

专利申请的主题违反法律、社会公德或者妨害公共利益；或者申请的主题是违反法律、行政法规的规定获取或者利用遗传资源，并依赖该遗传资源完成的发明创造；或者是科学发现、智力活动规则、疾病诊断治疗方法、动植物新品种、原子核变换方法以及用原子核变换方法获得的物质。

（2）不符合《专利法》第二条第二款的规定。

专利申请不是对产品、方法或者其改进所提出的新的技术方案。

（3）不符合《专利法》第十九条第一款的规定。

专利申请所涉及的发明在中国完成，且向外国申请专利前未报经专利局进行保密审查的。

（4）不符合《专利法》第二十二条的规定。

专利申请的发明不具备新颖性、创造性或实用性。

（5）不符合《专利法》第二十六条第三款、第四款、第五款的规定。

专利申请没有充分公开请求保护的主题，或者权利要求未以说明书为依据，或者权利要求未清、简要地限定要求专利保护的范围；专利申请是依赖遗传资源完成的发明创造，申请人在专利申请文件中没有说明该遗传资源的直接来源和原始来源；对于无法说明原始来源的，也没有陈述理由。

（6）不符合《专利法》第三十一条第一款的规定。

专利申请不符合专利法关于发明专利申请单一性的规定。

（7）不符合《专利法》第九条规定。

专利申请的发明属于同样的发明创造，不能取得专利权。

（8）不符合《专利法》实施细则第二十条第二款的规定

独立权利要求缺少解决技术问题的必要技术特征。

（9）不符合《专利法》第三十三条，或分案申请不符合《专利法实施细则》第四十三条第一款的规定。

不符合申请的修改或者分案的申请超出原说明书和权利要求书记载的范围。

（二）发出授予专利权的通知书的条件

医药发明专利申请经实质审查没有发现驳回理由的，专利局应当作出授予专利权的决定。在作出授予专利权的决定之前，应当发出授予发明专利权的通知书。授权的文本，必须是经申请人以书面形式最后确认的文本。

七、实质审查程序的终止、中止和恢复

（一）程序的终止

医药发明专利申请的实质审查程序，因审查员作出驳回决定且决定生效，或者发出授予专利权的通知书，或者因申请人主动撤回申请，或者因申请被视为撤回而终止。对于驳回或者授权的申请，审查员应当在其案卷封面上的"实审"一栏内写明"驳回"或者"授权"字样，并且盖章。对于每件申请，审查员应当建立个人审查档案，便于今后的查询、统计。

（二）程序的中止

实质审查程序可能因专利申请权归属纠纷的当事人根据《专利法实施细则》第八十六条第一款的规定提出请求而中止或因财产保全而中止。一旦审查员接到程序中止调回案卷的通知，应当在规定的期限内将案卷返还流程管理部门。

（三）程序的恢复

专利申请因不可抗拒的事由或正当理由耽误专利法或其实施细则规定的期限或者专利局指定的期限造成被视为撤回而导致程序终止的，根据《专利法实施细则》第六条第一款和第二款的规定，申请人可以向专利局请求恢复被终止的实质审查程序，权利被恢复的，专利局恢复实质审查程序。

对于因专利申请权归属纠纷当事人的请求而中止的实质审查程序，在专利局收到发生法律效力的调解书或判决书后，凡不涉及权利人变动的，应及时予以恢复；涉及权利人变动的，在办理相应的著录项目变更手续后予以恢复。若自上述请求中止之日起1年内，专利申请权归属纠纷未能结案，请求人又未请求延长中止的，专利局将自行恢复被中止的实质审查程序。审查员在接到流程管理部门送达的有关恢复审查程序的书面通知和专利申请案卷后，应当重新启动实质审查程序。

八、关于化学领域发明专利申请审查的若干规定

大部分医药发明专利属于化学领域，而化学领域发明专利申请的审查存在着许多特殊的问题。例如，在多数情况下，化学发明能否实施往往难以预测，必须借助于试验结果加以证实才能得到确认；有的化学产品的结构尚不清楚，不得不借助于性能参数和（或）制备方法来定义；发现已知化学产品新的性能或用途并不意味着其结构或组成的改变，因此不能视为新的产品；某些涉及生物材料的发明仅仅按照说明书的文字描述很难实现，必须借助于保藏生物材料作为补充手段。

（一）不授予专利权的化学发明专利申请

1.天然物质 人们从自然界找到以天然形态存在的物质，仅仅是一种发现，属于《专利法》第二十五条第一款第（一）项规定的"科学发现"，不能被授予专利权。但是，如果是首次从自然界分离或提取出来的物质，其结构、形态或者其他物理化学参数是现有技术中不曾认识的，并能被确切地表征，且在产业上有利用价值，则该物质本身以及取得该物质的方法均可依法被授予专利权。

2.物质的医药用途 如果是用于诊断或治疗疾病，则因属于《专利法》第二十五条第一款第（三）项规定的情形，不能被授予专利权。但是如果它们用于制造药品，则可依法被授予专利权。

（二）化学发明的充分公开

1.化学产品发明的充分公开 这里所称的化学产品包括化合物、组合物以及用结构和（或）组成不能够清楚描述的化学产品。要求保护的发明为化学产品本身的，说明书中应当记载化学产品的确认、化学产品的制备以及化学产品的用途。

（1）化学产品的确认 对于化合物发明，说明书中应当说明该化合物的化学名称及结构式（包括各种官能基团、分子立体构型等）或者分子式，对化学结构的说明应当明确到使本领域的技术人员能确认该化合物的程度；并应当记载与发明要解决的技术问题相关的化学、物理性能参数（例如各种定性或者定量数据和谱图等），使要求保护的化合物能被清楚地确认。此外，对于高分子化合物，除了应当对其重复单元的名称、结构式或者分子式按照对上述化合物的相同要求进行记载之外，还应当对其分子量及分子量分布、重复单元排列状态（如均聚、共聚、嵌段、接枝等）等要素作适当的说明；如果这些结构

要素未能完全确认该高分子化合物，则还应当记载其结晶度、密度、二次转变点等性能参数。

对于组合物发明，说明书中除了应当记载组合物的组分外，还应当记载各组分的化学和（或）物理状态、各组分可选择的范围、各组分的含量范围及其对组合物性能的影响等。

对于仅用结构和（或）组成不能够清楚描述的化学产品，说明书中应当进一步使用适当的化学、物理参数和（或）制备方法对其进行说明，使要求保护的化学产品能被清楚地确认。

（2）化学产品的制备　对于化学产品发明，说明书中应当记载至少一种制备方法，说明实施所述方法所用的原料物质、工艺步骤和条件、专用设备等，使本领域的技术人员能够实施。对于化合物发明，通常需要有制备实施例。

（3）化学产品的用途和（或）使用效果　对于化学产品发明，应当完整地公开该产品的用途和（或）使用效果，即使是结构首创的化合物，也应当至少记载一种用途。

对于新的药物化合物或者药物组合物，应当记载其具体医药用途或者药理作用，同时还应当记载其有效量及使用方法。如果本领域技术人员无法根据现有技术预测发明能够实现所述医药用途、药理作用，则应当记载对于本领域技术人员来说，足以证明发明的技术方案可以解决预期要解决的技术问题或者达到预期的技术效果的实验室试验（包括动物实验）或者临床试验的定性或者定量数据。说明书对有效量和使用方法或者制剂方法等应当记载至所属技术领域的技术人员能够实施的程度。

对于表示发明效果的性能数据，如果现有技术中存在导致不同结果的多种测定方法，则应当说明测定它的方法，若为特殊方法，应当详细加以说明，使所属技术领域的技术人员能实施该方法。

2.化学方法发明的充分公开

（1）对于化学方法发明，无论是物质的制备方法还是其他方法，均应当记载方法所用的原料物质、工艺步骤和工艺条件，必要时还应当记载方法对目的物质性能的影响，使所属技术领域的技术人员按照说明书中记载的方法去实施时能够解决该发明要解决的技术问题。

（2）对于方法所用的原料物质，应当说明其成分、性能、制备方法或者来源，使得本领域技术人员能够得到。

3.化学产品用途发明的充分公开　对于化学产品用途发明，在说明书中应当记载所使用的化学产品、使用方法及所取得的效果，使得本领域技术人员能够实施该用途发明。如果所使用的产品是新的化学产品，则说明书对于该产品的记载应当满足相关要求。如果本领域的技术人员无法根据现有技术预测该用途，则应当记载对于本领域的技术人员来说，足以证明该物质可以用于所述用途并能解决所要解决的技术问题或者达到所述效果的实验数据。

4.关于实施例　由于化学领域属于实验性学科，多数发明需要经过实验证明，因此说明书中通常应当包括实施例，例如产品的制备和应用实施例。

说明书中实施例的数目，取决于权利要求的技术特征的概括程度，例如并列选择要素的概括程度和数据的取值范围；在化学发明中，根据发明的性质不同，具体技术领域不同，对实施例数目的要求也不完全相同。一般的原则是，应当能足以理解发明如何实施，并足以判断在权利要求所限定的范围内都可以实施并取得所述的效果。

5.关于补交的实验数据　判断说明书是否充分公开，以原说明书和权利要求书记载的内容为准。

对于申请日之后补交的实验数据，审查员应当予以审查。补交实验数据所证明的技术效果应当是所属技术领域的技术人员能够从专利申请公开的内容中得到的。

（三）化学发明的权利要求

1.化合物权利要求　应当用化合物的名称或者化合物的结构式或分子式来表征。化合物应当按通用的命名法来命名，不允许用商品名或者代号；化合物的结构应当是明确的，不能用含糊不清的措辞。

2.组合物权利要求

（1）开放式、封闭式及它们的使用要求　组合物权利要求应当用组合物的组分或者组分和含量等组成特征来表征。组合物权利要求分开放式和封闭式两种表达方式。开放式表示组合物中并不排除权利要求中未指出的组分；封闭式则表示组合物中仅包括所指出的组分而排除所有其他的组分。开放式和封闭式常用的措辞如下。

1）开放式，例如"含有""包括""包含""基本含有""本质上含有""主要由……组成""主要组成为""基本上由……组成""基本组成为"等，这些都表示该组合物中还可以含有权利要求中所未指出的某些组分，即使其在含量上占较大的比例。

2）封闭式，例如"由……组成""组成为""余量为"等，这些都表示要求保护的组合物由所指出的组分组成，没有别的组分，但可以带有杂质，该杂质只允许以通常的含量存在。

使用开放式或者封闭式表达方式时，必须要得到说明书的支持。例如，权利要求的组合物A+B+C，如果说明书中实际上没有描述除此之外的组分，则不能使用开放式权利要求。另外，还应当指出的是，一项组合物独立权利要求为A+B+C，假如其下面一项权利要求为A+B+C+D，则对于开放式的A+B+C权利要求而言，含D的这项为从属权利要求；对于封闭式的A+B+C权利要求而言，含D的这项为独立权利要求。

（2）组合物权利要求中组分和含量的限定

1）如果发明的实质或者改进只在于组分本身，其技术问题的解决仅取决于组分的选择，而组分的含量是本领域的技术人员根据现有技术或者通过简单实验就能够确定的，则在独立权利要求中可以允许只限定组分；但如果发明的实质或者改进既在组分上，又与含量有关，其技术问题的解决不仅取决于组分的选择，而且还取决于该组分特定含量的确定，则在独立权利要求中必须同时限定组分和含量，否则该权利要求就不完整，缺少必要技术特征。

2）在某些领域中，例如在合金领域中，合金的必要成分及其含量通常应当在独立权利要求中限定。

3）在限定组分的含量时，不允许有含糊不清的用词，例如"大约""左右""近"等，如果出现这样的词，一般应当删去。组分含量可以用"$0 \sim X$""$< X$"或者"X以下"等表示，以"$0 \sim X$"表示的，为选择组分，"$< X$""X以下"等的含义为包括$X = 0$。通常不允许以"$> X$"表示含量范围。

4）一个组合物中各组分含量百分数之和应当等于100%，几个组分的含量范围应当符合以下条件。

a.某一组分的上限值 + 其他组分的下限值 ≤ 100。

b.某一组分的下限值 + 其他组分的上限值 ≥ 100。

5）用文字或数值难以表示组合物各组分之间的特定关系的，可以允许用特性关系或者用量关系式，或者用图来定义权利要求。图的具体意义应当在说明书中加以说明。

6）用文字定性表述来代替数字定量表示的方式，只要其意思是清楚的，且在所属技术领域是众所周知的，就可以接受，例如"含量为足以使某物料湿润""催化量的"等。

（3）组合物权利要求的其他限定　组合物权利要求一般有3种类型，即非限定型、性能限定型以及用途限定型。例如：①"一种水凝胶组合物，含有分子式（Ⅰ）的聚乙烯醇、皂化剂和水"［分子式（Ⅰ））略］；②"一种磁性合金，含有10%～60%（重量）的A和90%～40%（重量）的B"；③"一种丁烯脱氢催化剂，含有Fe_3O_4和K_2O……"。

以上①为非限定型，②为性能限定型，③为用途限定型。

当该组合物具有两种或者多种使用性能和应用领域时，可以允许用非限定型权利要求。例如，上述①的水凝胶组合物，在说明书中叙述了它具有可成型性、吸湿性、成膜性、黏结性以及热容量大等性能，因而可用于食品添加剂、上胶剂、黏合剂、涂料、微生物培养介质以及绝热介质等多种领域。

如果在说明书中仅公开了组合物的一种性能或者用途，则应写成性能限定型或者用途限定型，例如②、③。在某些领域中，例如合金，通常应当写明发明合金所固有的性质和（或）用途。大多数药品权利要求应当写成用途限定型。

3.仅用结构和（或）组成特征不能清楚表征的化学产品权利要求　对于仅用结构和（或）组成特征不能清楚表征的化学产品权利要求，允许进一步采用物理—化学参数和（或）制备方法来表征。

（1）允许用物理—化学参数来表征化学产品权利要求的情况　仅用化学名称或者结构式，或者组成不能清楚表征结构不明的化学产品。参数必须是清楚的。

（2）允许用制备方法来表征化学产品权利要求的情况　用制备方法之外的其他特征不能充分表征的化学产品。

4.化学方法权利要求　化学领域中的方法发明，无论是制备物质的方法还是其他方法（如物质的使用方法、加工方法、处理方法等），其权利要求可以用涉及工艺、物质以及设备的方法特征来进行限定。

（1）涉及工艺的方法特征　包括工艺步骤（也可以是反应步骤）和工艺条件，例如温度、压力、时间、各工艺步骤中所需的催化剂或者其他助剂等。

（2）涉及物质的方法特征　包括该方法中所采用的原料和产品的化学成分、化学结构式、理化特性参数等。

（3）涉及设备的方法特征　包括该方法所专用的设备类型及其与方法发明相关的特性或者功能等。

对于一项具体的方法权利要求来说，根据方法发明要求保护的主题不同、所解决的技术问题不同以及发明的实质或者改进不同，选用上述3种技术特征的重点可以各不相同。

5.物质的医药用途权利要求　物质的医药用途如果以"用于治病""用于诊断病""作为药物的应用"等这样的权利要求申请专利，则属于《专利法》第二十五条第一款第（三）项"疾病的诊断和治疗方法"，因此不能被授予专利权；但是由于药品及其制备方法均可依法授予专利权，因此物质的医药用途发明以药品权利要求或者例如"在制药中的应用""在制备治疗某病的药物中的应用"等属于制药方法类型的用途权利要求申请专利，则不属于《专利法》第二十五条第一款第（三）项规定的情形。

上述属于制药方法类型的用途权利要求可撰写成例如"化合物 X 作为制备治疗 Y 病药物的应用"或与此类似的形式。

（四）化学发明的新颖性

1.化合物的新颖性

（1）专利申请要求保护一种化合物的，如果在一份对比文件里已经提到该化合物，即推定该化合物不具备新颖性，但申请人能提供证据证明在申请日之前无法获得该化合物的除外。这里所谓"提到"的含义是，明确定义或者说明了该化合物的化学名称、分子式（或结构式）、理化参数或制备方法（包括原料）。

（2）通式不能破坏该通式中一个具体化合物的新颖性。一个具体化合物的公开使包括该具体化合物的通式权利要求丧失新颖性，但不影响该通式所包括的除该具体化合物以外的其他化合物的新颖性。一系列具体的化合物能破坏这系列中相应的化合物的新颖性。一个范围的化合物（例如C1～C4）能破坏该范围内两端具体化合物（C1和C4）的新颖性，但若C4化合物有几种异构体，则C1～C4化合物不能破坏每个单独异构体的新颖性。

（3）天然物质的存在本身并不能破坏该发明物质的新颖性，只有对比文件中公开的与发明物质的结构和形态一致或者直接等同的天然物质，才能破坏该发明物质的新颖性。

2.组合物的新颖性

（1）仅涉及组分时的新颖性判断　一份对比文件公开了由组分A+B+C组成的组合物甲，如果：（i）发明专利申请为组合物乙（组分：A+B），并且权利要求采用封闭式撰写形式，如"由A+B组成"，即使该发明与组合物甲所解决的技术问题相同，该权利要求仍有新颖性；（ii）上述发明组合物乙的权利要求采用开放式撰写形式，如"含有A+B"，且该发明与组合物甲所解决的技术问题相同，则该权利要求无新颖性；（iii）上述发明组合物乙的权利要求采取排除法撰写形式，即指明不含C，则该权利要求仍有新颖性。

（2）涉及组分含量时的新颖性判断　适用本部分数值与数值范围的规定。

3.用物理化学参数或者用制备方法表征的化学产品的新颖性

（1）对于用物理化学参数表征的化学产品权利要求　如果无法依据所记载的参数对由该参数表征的产品与对比文件公开的产品进行比较，从而不能确定采用该参数表征的产品与对比文件产品的区别，则推定用该参数表征的产品权利要求不具备《专利法》第二十二条第二款所述的新颖性。

（2）对于用制备方法表征的化学产品权利要求　其新颖性审查应针对该产品本身进行，而不是仅仅比较其中的制备方法是否与对比文件公开的方法相同。制备方法不同并不一定导致产品本身不同。如果申请没有公开可与对比文件公开的产品进行比较的参数以证明该产品的不同之处，而仅仅是制备方法不同，也没有表明由于制备方法上的区别为产品带来任何功能、性质上的改变，则推定该方法表征的产品权利要求不具备《专利法》第二十二条第二款所述的新颖性。

4.化学产品用途发明的新颖性　一种新产品的用途发明由于该产品是新的而自然具有新颖性。一种已知产品不能因为提出了某一新的应用而被认为是一种新的产品。例如，产品X作为洗涤剂是已知的，那么一种用作增塑剂的产品X不具有新颖性。

但是，如果一项已知产品的新用途本身是一项发明，则已知产品不能破坏该新用途的新颖性。这样的用途发明属于使用方法发明，因为发明的实质不在于产品本身，而在于如何去使用它。例如，上述原先作为洗涤剂的产品X，后来有人研究发现将它配以某种添加剂后能作为增塑剂用。那么如何配制、选择什么添加剂、配比多少等就是使用方法的技术特征。这时，审查员应当评价该使用方法本身是否具备新颖性，而不能凭产品X是已知的认定该使用方法不具备新颖性。

对于涉及化学产品的医药用途发明，其新颖性审查应考虑以下方面。

（1）新用途与原已知用途是否实质上不同。仅仅表述形式不同而实质上属于相同用途的发明不具备新颖性。

（2）新用途是否被原已知用途的作用机理、药理作用所直接揭示。与原作用机理或者药理作用直接等同的用途不具有新颖性。

（3）新用途是否属于原已知用途的上位概念。已知下位用途可以破坏上位用途的新颖性。

（4）给药对象、给药方式、途径、用量及时间间隔等与使用有关的特征是否对制药过程具有限定作用。仅仅体现在用药过程中的区别特征不能使该用途具有新颖性。

（五）化学发明的创造性

1.化合物的创造性

（1）结构上与已知化合物不接近的、有新颖性的化合物，并有一定用途或者效果，审查员可以认为它有创造性而不必要求其具有预料不到的用途或者效果。

（2）结构上与已知化合物接近的化合物，必须要有预料不到的用途或者效果。此预料不到的用途或者效果可以是与该已知化合物的已知用途不同的用途；或者是对已知化合物的某一已知效果有实质性的改进或提高；或者是在公知常识中没有明确的或不能由常识推论得到的用途或效果。

（3）两种化合物结构上是否接近，与所在的领域有关，审查员应当对不同的领域采用不同的判断标准。

（4）应当注意，不要简单地仅以结构接近为由否定一种化合物的创造性，还需要进一步说明它的用途或效果是可以预计的，或者说明本领域的技术人员在现有技术的基础上通过合乎逻辑的分析、推理或者有限的试验就能制造或使用此化合物。

（5）若一项技术方案的效果是已知的必然趋势所导致的，则该技术方案没有创造性。

2. 化学产品用途发明的创造性

（1）新产品用途发明的创造性　对于新的化学产品，如果该用途不能从结构或者组成相似的已知产品预见到，可认为这种新产品的用途发明有创造性。

（2）已知产品用途发明的创造性　对于已知产品的用途发明，如果该新用途不能从产品本身的结构、组成、分子量、已知的物理化学性质以及该产品的现有用途显而易见地得出或者预见到，而是利用了产品新发现的性质，并且产生了预料不到的技术效果，可认为这种已知产品的用途发明有创造性。

（六）化学发明的实用性

1. 菜肴和烹调方法　不适于在产业上制造和不能重复实施的菜肴，不具备实用性，不能被授予专利权；依赖于厨师的技术、创作等不确定因素导致不能重复实施的烹调方法不适于在产业上应用，也不具备实用性，不能被授予专利权。

2. 医生处方　指医生根据具体患者的病情所开的药方。医生处方和医生对处方的调剂以及仅仅根据医生处方配药的过程，均没有工业实用性，不能被授予专利权。

（七）化学发明的单一性

1. 马库什权利要求的单一性

（1）基本原则　如果一项申请在一个权利要求中限定多个并列的可选择要素，则构成"马库什"权利要求。如果一项马库什权利要求中的可选择要素具有相类似的性质，则应当认为这些可选择要素在技术上相互关联，具有相同或相应的特定技术特征，该权利要求可被认为符合单一性的要求。这种可选择要素称为马库什要素。

当马库什要素是化合物时，如果满足下列标准，应当认为它们具有类似的性质，该马库什权利要求具有单一性：①所有可选择化合物具有共同的性能或作用；②所有可选择化合物具有共同的结构，该共同结构能够构成它与现有技术的区别特征，并对通式化合物的共同性能或作用是必不可少的；或者在不能有共同结构的情况下，所有的可选择要素应属于该发明所属领域中公认的同一化合物类别。

"公认的同一化合物类别"是指根据本领域的知识可以预期到该类的成员对于要求保护的发明来说其表现是相同的一类化合物。也就是说，每个成员都可以互相替代，而且可以预期所要达到的效果是相同的。

2. 中间体与最终产物的单一性　基本原则如下。

（1）中间体与最终产物之间同时满足以下两个条件，则有单一性：①中间体与最终产物有相同的基本结构单元，或者它们的化学结构在技术上密切相关，中间体的基本结构单元进入最终产物；②最终产物是直接由中间体制备的，或者直接从中间体分离出来的。

（2）由不同中间体制备同一最终产物的几种方法，如果这些不同的中间体具有相同的基本结构单元，允许在同一件申请中要求保护。

（3）用于同一最终产物的不同结构部分的不同中间体，不能在同一件申请中要求保护。

（八）生物技术领域发明专利申请的审查

1.对要求保护的客体的审查　下列情况不能被授予专利权的发明。

（1）依据《专利法》第五条对要求保护的客体的审查

1）人类胚胎干细胞及其制备方法。

2）处于各形成和发育阶段的人体，包括人的生殖细胞、受精卵、胚胎及个体。

3）违反法律、行政法规的规定获取或者利用遗传资源，并依赖该遗传资源完成的发明创造。

（2）根据《专利法》第二十五条对要求保护的客体的审查。

1）微生物：包括细菌、放线菌、真菌、病毒、原生动物、藻类等。由于微生物既不属于动物，也不属于植物的范畴，因而微生物不属于《专利法》第二十五条第一款第（四）项所列的情况。

但是未经人类的任何技术处理而存在于自然界的微生物由于属于科学发现，所以不能被授予专利权。只有当微生物经过分离成为纯培养物，并且具有特定的工业用途时，微生物本身才属于可给予专利保护的客体。

2）基因或DNA片段：无论是基因或是DNA片段，其实质是一种化学物质。这里所述的基因或DNA片段包括从微生物、植物、动物或人体分离获得的，以及通过其他手段制备得到的。人们从自然界找到以天然形态存在的基因或DNA片段，仅仅是一种发现，属于《专利法》第二十五条第一款第（一）项规定的"科学发现"，不能被授予专利权。但是，如果是首次从自然界分离或提取出来的基因或DNA片段，其碱基序列是现有技术中不曾记载的，并能被确切地表征，且在产业上有利用价值，则该基因或DNA片段本身及其得到方法均属于可给予专利保护的客体。

3）动物和植物个体及其组成部分：动物的胚胎干细胞、动物个体及其各个形成和发育阶段例如生殖细胞、受精卵、胚胎等，属于"动物品种"的范畴，根据《专利法》第二十五条第一款第（四）项规定，不能被授予专利权。动物的体细胞以及动物组织和器官（除胚胎以外）不符合"动物"的定义，因此不属于《专利法》第二十五条第一款第（四）项规定的范畴。可以借助光合作用，以水、二氧化碳和无机盐等无机物合成碳水化合物、蛋白质来维系生存的植物的单个植株及其繁殖材料（如种子等），属于"植物品种"的范畴，根据《专利法》第二十五条第一款第（四）项规定，不能被授予专利权。植物的细胞、组织和器官如果不具有上述特性，则其不能被认为是"植物品种"，因此不属于《专利法》第二十五条第一款第（四）项规定的范畴。

4）转基因动物和植物：通过基因工程的重组DNA技术等生物学方法得到的动物或植物。其本身仍然属于"动物品种"或"植物品种"的范畴，根据《专利法》第二十五条第一款第（四）项规定，不能被授予专利权。

5）涉及遗传工程的发明的新颖性

①基因：如果某蛋白质本身具有新颖性，则编码该蛋白质的基因的发明也具有新颖性。

②重组蛋白：如果以单一物质形式被分离和纯化的蛋白质是已知的，那么由不同的制备方法定义的、具有同样氨基酸序列的重组蛋白的发明不具有新颖性。

③单克隆抗体：如果抗原A是新的，那么抗原A的单克隆抗体也是新的。但是，如果某已知抗原A′的单克隆抗体是已知的，而发明涉及的抗原A具有与已知抗原A′相同的表位，即推定已知抗原A′的单克隆抗体就能与发明涉及的抗原A结合。在这种情况下，抗原A的单克隆抗体的发明不具有新颖性，

除非申请人能够根据申请文件或现有技术证明，申请的权利要求所限定的单克隆抗体与对比文件公开的单克隆抗体的确不同。

2.说明书的充分公开

（1）生物材料的保藏　通常情况下，说明书应当通过文字记载充分公开申请专利保护的发明。在生物技术这一特定的领域中，有时由于文字记载很难描述生物材料的具体特征，即使有了这些描述也得不到生物材料本身，所属技术领域的技术人员仍然不能实施发明。在这种情况下，应按规定将所涉及的生物材料到国家知识产权局认可的保藏单位进行保藏。

如果申请涉及的完成发明必须使用的生物材料是公众不能得到的，而申请人却没有按《专利法实施细则》第二十四条的规定进行保藏，或者虽然按规定进行了保藏，但是未在申请日或者最迟自申请日起4个月内提交保藏单位出具的保藏证明和存活证明的，审查员应当以申请不符合《专利法》第二十六条第三款的规定驳回该申请。

对于涉及公众不能得到的生物材料的专利申请，应当在请求书和说明书中均写明生物材料的分类命名、拉丁文学名，保藏该生物材料样品的单位名称、地址，保藏日期和保藏编号。在说明书中第一次提及该生物材料时，除描述该生物材料的分类命名、拉丁文学名以外，还应当写明其保藏日期、保藏该生物材料样品的保藏单位全称及简称和保藏编号；此外，还应当将该生物材料的保藏日期、保藏单位全称及简称和保藏编号作为说明书的一个部分集中写在相当于附图说明的位置。如果申请人按时提交了符合《专利法实施细则》第二十四条规定的请求书、保藏证明和存活证明，但未在说明书中写明与保藏有关的信息，允许申请人在实质审查阶段根据请求书的内容将相关信息补充到说明书中。

以下情况被认为是公众可以得到，而不要求进行保藏。

1）公众能从国内外商业渠道买到的生物材料，应当在说明书中注明购买的渠道，必要时，应提供申请日（有优先权的，指优先权日）前公众可以购买得到该生物材料的证据。

2）在各国专利局或国际专利组织承认的用于专利程序的保藏机构保藏的，并且在向我国提交的专利申请的申请日（有优先权的，指优先权日）前已在专利公报中公布或已授权的生物材料。

3）专利申请中必须使用的生物材料在申请日（有优先权的，指优先权日）前已在非专利文献中公开的，应当在说明书中注明了文献的出处，说明了公众获得该生物材料的途径，并由专利申请人提供了保证从申请日起20年内向公众发放生物材料的证明。

在国家知识产权局认可的机构内保藏的生物材料，应当由该单位确认生物材料的生存状况，如果确认生物材料已经死亡、污染、失活或变异的，申请人必须将与原来保藏的样品相同的生物材料和原始样品同时保藏，并将此事呈报专利局，即可认为后来的保藏是原来保藏的继续。

国家知识产权局认可的保藏单位是指《布达佩斯条约》承认的生物材料样品国际保藏单位，其中包括位于我国北京的中国微生物菌种保藏管理委员会普通微生物中心（CGMCC）和位于武汉的中国典型培养物保藏中心（CCTCC）。

（2）涉及遗传工程的发明　"遗传工程"指基因重组、细胞融合等人工操作基因的技术。涉及遗传工程的发明包括基因（或DNA片段）、载体、重组载体、转化体、多肽或蛋白质、融合细胞、单克隆抗体等的发明。

1）产品发明：对于涉及基因、载体、重组载体、转化体、多肽或蛋白质、融合细胞、单克隆抗体本身的发明，说明书应当包括下列内容：产品的确认，产品的制备，产品的用途和（或）效果。

产品的确认：对于涉及基因、载体、重组载体、转化体、多肽或蛋白质、融合细胞、单克隆抗体等的发明，说明书应明确记载其结构，如基因的碱基序列，多肽或蛋白质的氨基酸序列等。在无法清楚描述其结构的情况下，应当描述其相应的物理—化学参数生物学特性和（或）制备方法等。

产品的制备：说明书中应描述制造该产品的方式，除非本领域的技术人员根据原始说明书、权利要求书和附图的记载和现有技术无须该描述就可制备该产品。

对于涉及基因、载体、重组载体、转化体、多肽或蛋白质、融合细胞、单克隆抗体等的发明，如果说明书中描述的制备所述产物的方法，是本领域技术人员不能重复实施的方法，则获得的导入了基因、载体、重组载体的转化体（包括产生多肽或蛋白质的转化体）或融合细胞等应当按照《专利法实施细则》第二十四条的规定进行生物材料的保藏。

对于制备基因、载体、重组载体、转化体、多肽或蛋白质、融合细胞、单克隆抗体等的方法，如果其实施过程中使用了在申请日（有优先权的，指优先权日）前公众不能获得的生物材料，则应当按照《专利法实施细则》第二十四条的规定将所述的生物材料进行保藏。具体可采用下列方式进行描述。

a. 基因、载体或者重组载体：对于产生基因、载体或重组载体的方法，应当描述其各自的起源或来源，获得所述基因、载体或重组载体的方法，所用的酶、处理条件、收集和纯化它的步骤、鉴定方法等。

b. 转化体：对于制备转化体的方法，应当描述导入的基因或重组载体、宿主（微生物、植物或动物）、将基因或重组载体导入宿主的方法、选择性收集转化体的方法或鉴定方法等。

c. 多肽或者蛋白质：对于以基因重组技术制备多肽或蛋白质的方法，应当描述获得编码多肽或蛋白质的基因的方法、获得表达载体的方法、获得宿主的方法、将基因导入宿主的方法、选择性收集转化体的方法、从导入基因的转化体收集和纯化多肽或蛋白质的步骤或鉴定所获得的多肽或蛋白质的方法等。

d. 融合细胞：对于制备融合细胞（例如杂交瘤等）的方法，应当描述亲本细胞的来源、对亲本细胞的预处理、融合条件、选择性收集融合细胞的方法或其鉴定方法等。

e. 单克隆抗体：对于制备单克隆抗体的方法，应当描述获得或制备免疫原的方法、免疫方法、选择性获得产生抗体的细胞的方法或鉴定单克隆抗体的方法等。

当发明涉及满足特定条件（例如用特定的结合常数来说明其与抗原A的亲和性）的单克隆抗体时，即使按照上文"d.融合细胞"部分所述记载了制备产生满足所述特定条件的单克隆抗体的杂交瘤的方法，但是由于实施该方法获得某一特定结果是随机的，不能重复再现，因此所述杂交瘤应当按照《专利法实施细则》第二十四条的规定进行保藏，但申请人能够提供足够的证据证明本领域技术人员可根据说明书的记载重复制备该杂交瘤的除外。

产品的用途和（或）效果：对于涉及基因、载体、重组载体、转化体、多肽或蛋白质、融合细胞、单克隆抗体等的发明，应在说明书中描述其用途和（或）效果，明确记载获得所述效果所需的技术手段、条件等。

例如，应在说明书中提供证据证明基因具有特定的功能，对于结构基因，应该证明所述基因编码的多肽或蛋白质具有特定的功能。

2）制备产品的方法发明：对于制备基因、载体、重组载体、转化体、多肽或蛋白质、融合细胞和单克隆抗体等的方法的发明，说明书应当清楚、完整地描述所述方法以使本领域技术人员能使用该方法制备所述的产品，而且当所述产品为新物质时，应记载所述产品的至少一种用途。

（3）核苷酸或氨基酸序列表　当发明涉及由10个或更多核苷酸组成的核苷酸序列，或由4个或更多L-氨基酸组成的蛋白质或肽的氨基酸序列时，应当递交根据国家知识产权局发布的《核苷酸和（或）氨基酸序列表和序列表电子文件标准》撰写的序列表。

序列表应作为单独部分来描述并置于说明书的最后。此外，申请人还应当提交记载有核苷酸或氨基酸序列表的计算机可读形式的副本。

如果申请人提交的计算机可读形式的核苷酸或氨基酸序列表与说明书和权利要求书中书面记载的序列表不一致，则以书面提交的序列表为准。

（4）涉及微生物的发明　经保藏的微生物应以分类鉴定的微生物株名、种名、属名进行表述。如未鉴定到种名的应当给出属名。在说明书中，第一次提及该发明所使用的微生物时，应用括号注明其拉丁文学名。如果该微生物已按《专利法实施细则》第二十四条的规定在国家知识产权局认可的保藏单位保藏，应当在说明书中写明其保藏日期、保藏单位全称及简称和保藏编号。在说明书的其他位置可以用该保藏单位的简称以及该微生物的保藏编号代表所保藏的微生物。

当涉及的微生物属于新种时，要详细记载其分类学性质，要写明鉴定为新种的理由，并给出作为判断基准的有关文献。

（九）生物技术领域发明的权利要求书

对于涉及基因、载体、重组载体、转化体、多肽或蛋白质、融合细胞和单克隆抗体等的发明，其权利要求可按下面所述进行描述。

（1）基因　①直接限定其碱基序列；②对于结构基因，可限定由所述基因编码的多肽或蛋白质的氨基酸序列；③当该基因的碱基序列或其编码的多肽或蛋白质的氨基酸序列记载在序列表或说明书附图中时，可以采用"直接参见序列表或附图"的方式进行描述。

（2）载体　①限定其DNA的碱基序列；②利用DNA的裂解图谱、分子量、碱基对数量、载体来源、生产该载体的方法、该载体的功能或特征等进行描述。

（3）重组载体　可通过限定至少一个基因和载体来描述。

（4）转化体　可通过限定其宿主和导入的基因（或重组载体）来描述。

（5）多肽或蛋白质　①限定氨基酸序列或编码所述氨基酸序列的结构基因的碱基序列；②当其氨基酸序列记载在序列表或说明书附图中时，可以采用"直接参见序列表或附图"的方式进行描述。

（6）融合细胞　可通过限定亲本细胞，融合细胞的功能和特征，或产生该融合细胞的方法等进行描述。

（7）单克隆抗体　针对单克隆抗体的权利要求可以用产生它的杂交瘤来限定。

第四节　药品专利申请的复审程序

根据《专利法》第四十一条规定，专利申请人对国务院专利行政部门驳回申请的决定不服的，可以自收到通知之日起3个月内向国务院专利行政部门请求复审。国务院专利行政部门复审后，作出决定，并通知专利申请人

一、药品专利申请的复审工作流程

复审程序是因申请人对驳回决定不服而启动的救济程序，同时也是专利审批程序的延续。其工作流程图如图2-4-1、图2-4-2所示。

发明专利申请审查程序

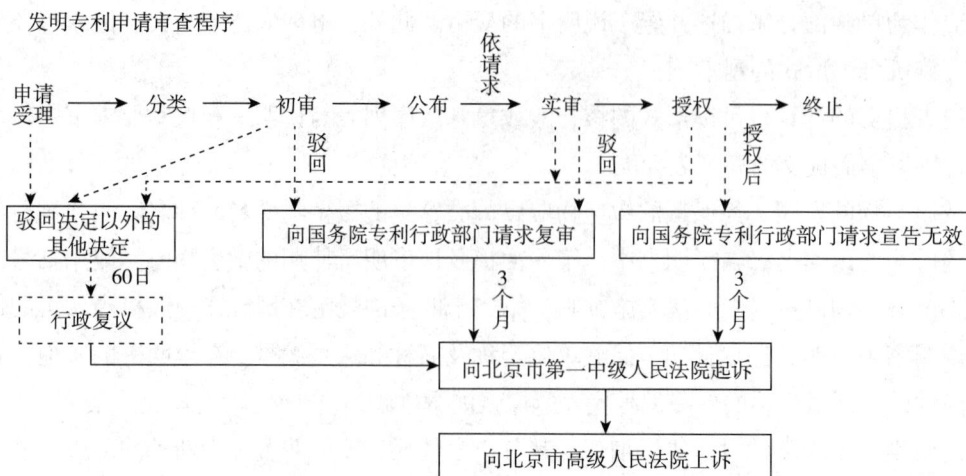

图2-4-1　发明专利申请审查程序

实用新型、外观设计专利申请审查程序

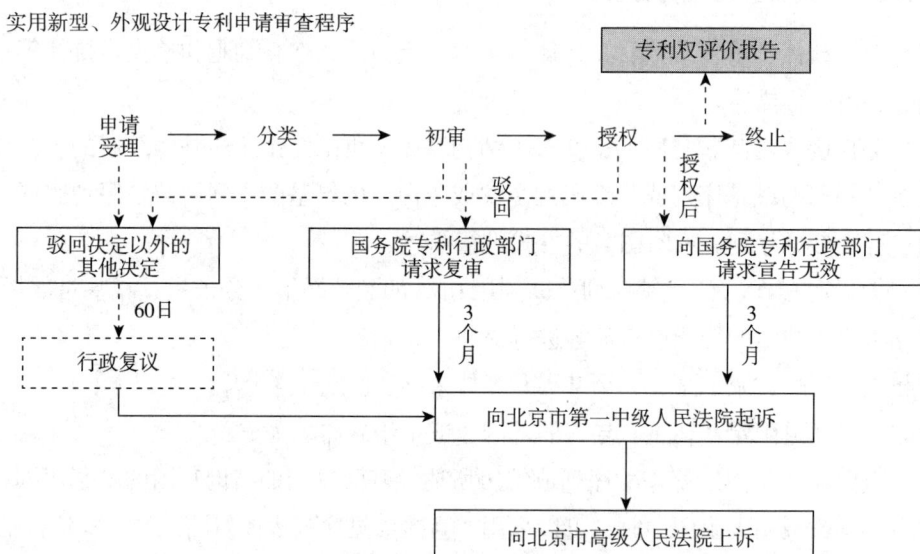

图2-4-2　实用新型、外观设计专利申请审查程序

复审程序设置的目的是防止出现本应获得专利权的申请得不到批准的现象，从而减少差错，提高对专利申请的审批质量，维护专利申请人的正当权益。

（1）复审请求必须在收到国家知识产权局驳回专利申请的决定的通知之日起3个月内提出，未在规定期限内提出复审请求的，国家知识产权局作出的有关决定即发生法律效力。

（2）国务院专利行政部门收到复审请求决定书后，首先进行形式审查。形式审查主要是对是否有主体资格、复审请求书是否按规定的格式填写以及其他对复审请求的要求是否符合规定进行审查。

复审请求人资格：①复审请求人应当是专利申请人。被驳回申请的申请人可以向专利复审委员会提出复审请求。复审请求人不是被驳回申请的申请人的，其复审请求不予受理。②复审请求人应当是全部专利申请人。被驳回申请的申请人属于共同申请人的，如果复审请求人不是全部申请人，国务院专利行政部门应当通知复审请求人在指定期限内补正；期满未补正的，其复审请求视为未提出。

（3）经形式审查，可能产生3种结果：①符合相关要求，专利复审委员会决定受理，发"复审请求受理通知书"；②不符合要求，也未按复审"补正通知书"要求在收到通知书之日起15天内进行补正的，被视为未提出过复审请求，发"复审请求视为未提出通知书"；③不符合相关规定的，不予受理，发

"复审请求不予受理通知书"。

（4）被受理的复审请求，进入前置审查阶段。即先由原审查部门进行重新审查。前置审查后，出具前置审查意见。

（5）前置审查意见共分3种：①复审请求成立，同意撤销原驳回决定；②复审请求人提交的申请文件修改文本克服了申请中存在的缺陷，同意在修改文本的基础上撤销驳回申请决定；③复审请求人陈述的意见和提交的申请文件修改文本都不足以驳回决定被撤销，因而坚持驳回决定。

（6）复审请求人在专利复审委员会作出决定前，可以撤回其复审请求。

（7）请求人在提出复审请求、答复复审通知书（包括复审请求口头审理通知书）或者参加口头审理时，可以修改专利申请文件；但是，修改应当仅限于消除驳回决定或者复审通知书指出的缺陷。

二、药品专利申请的复审程序的终止

复审程序终止的情形如下。

（1）复审请求因期满未答复而被视为撤回的，复审程序终止。

（2）在作出复审决定前，复审请求人撤回其复审请求的，复审程序终止。

（3）已受理的复审请求因不符合受理条件而被驳回请求的，复审程序终止。

（4）复审决定作出后复审请求人不服该决定的，可以在收到复审决定之日起3个月内向人民法院起诉；在规定的期限内未起诉或者人民法院的生效判决维持该复审决定的，复审程序终止。

三、司法救济

对国务院专利行政部门决定不服的，当事人应当自收到国务院专利行政部门作出的审查决定之日起3个月内向人民法院起诉。

不服国务院专利行政部门作出的审查决定向法院起诉的，由北京市知识产权法院管辖。

【案例】2-4-1

A公司诉专利复审委专利复审行政纠纷一案

2002年8月30，A公司申请了名称为"经修饰的运铁蛋白融合蛋白"的发明专利（本申请），优先权日为2001年8月30日和2001年11月30日、公开日为2005年6月15日，于2004年4月29日进入中国国家阶段。专利复审委员会2009年11月10日作出的第20124号决定系就A公司申请的028216××.×号名称为"经修饰的运铁蛋白融合蛋白"的发明专利申请（简称本申请）被中华人民共和国国家知识产权局（简称国家知识产权局）驳回所提出的复审请求。

专利复审委员会在该决定中认定：

1. A公司在复审阶段未对申请文件作出任何修改，因此本复审决定所针对的文本是驳回决定针对的文本。

2. 本申请请求保护经修饰的运铁蛋白融合蛋白、编码该融合蛋白的核酸分子及其载体、宿主细胞、表达、生产融合蛋白的方法及上述融合蛋白在制备药物中的用途。而本申请说明书中指出本申请的发明目的是达到使治疗性蛋白质或肽在血清中的稳定性增加，即延长血清半衰期或体内半衰期，采用将运铁蛋白与治疗性蛋白质或肽与运铁蛋白进行融合，形成融合蛋白的技术手段，从而提高其血清中稳定性以实现本申请的发明目的。本申请说明书中虽然记载了多种治疗性蛋白可与运铁蛋白C端和（或）N端进行融合的方法的实施例（化学产品的制备），以及涉及的部分蛋白的部分序列片段（相当于化学产品的确认），但始终未给出某种具体的治疗性蛋白质或肽与运铁蛋白的融合蛋白在血清中稳定性增加的实验数据，即血清半衰期延长或体内半衰期延长的定性或定量的实验数据，在说明书中未提供证据证明上述融合蛋白具有如本申请所述的血清稳定性增加，进而达到有效治疗疾病的效果。说明书的实施例（如实施例3）对于上述融合蛋白的效果的描述也仅是断言性的，整个说明书未记载足以证明本申请技术方案可以实现所述用途和（或）达到预期效果的定性或者定量的实验数据。换言之，说明书中没有公开上述化学产品的用途和（或）效果，因此不符合《审查指南》关于化学产品充分公开的相关规定，不符合《专利法》第二十六条第三款的规定。

综上，决定对本申请作出驳回决定。

A公司不服被告专利复审委员会作出的第20124号复审决定，于法定期限内向北京市第一中级人民法院提起诉讼。北京市第一中级人民法院于2010年5月26日受理本案后，依法组成合议庭，并于2010年7月19日公开开庭进行了审理。

经实质审查，国家知识产权局于2007年4月6日发出驳回决定，驳回了本申请专利申请，其理由：本申请说明书未对发明作出清楚、完整的说明，致使所属技术领域的技术人员不能实现该发明，因此不符合《专利法》第二十六条第三款的规定。驳回决定所依据的文本为2006年12月25日提交的权利要求第1-59项、进入中国国家阶段时提交的说明书第1-278页、核苷酸和氨基酸序列表第1-20页、说明书附图1-12页及说明书摘要。

A公司不服上述驳回决定，于2007年7月23日向专利复审委员会提出复审请求，未对申请文件作出修改。

经形式审查合格后，专利复审委员会于2007年8月30日依法受理了上述请求，并在其后进行了审查，于2009年4月23日发出复审通知书，指出本申请说明书公开不充分，不符合《专利法》第二十六条第三款的规定。

针对上述复审通知书，A公司于2009年8月10日提交了复审意见陈述书陈述了本申请符合《专利法》第二十六条第三款规定的理由，并未对申请文件作出修改。

至此，专利复审委员会认为本案事实已经清楚，依法作出第20124号决定。

北京市第一中级人民法院认为：

《专利法》第二十六条第三款规定，说明书应当对发明或者实用新型作出清楚、完整的说明，以所属技术领域的技术人员能够实现为准。

本申请涉及一种治疗用途的化合物，其属于医药领域，而医药领域为实验性科学领域，对其产生影响的因素是多方面、相互交叉、错综复杂的，设计的技术方案不一定能够解决发明要解决的技术问题。原告也认可决定治疗性蛋白质或肽与运铁蛋白的融合蛋白半衰期的原理未明，本领域技术人员面对某一特定的融合蛋白时，并不知晓其半衰期是否会延长，需要通过公知的实验方法予以确认。因此本申请的技术方案能否解决延长铁蛋白半衰期的技术问题必须依靠实验数据予以证实。然而本申请说明书未记载足以证明本申请技术方案可以解决上述技术问题的定性或者定量的实验数据，因此，本申请不符合《审查指南》关于化学产品充分公开的相关规定，不符合《专利法》第二十六条第三款的规定。原告主张血清半衰期方法已知，因此没给出实验数据并不影响本申请的充分公开的主张北京市第一中级人民法院不予支持。

专利复审委员会作出的第20124号决定认定事实清楚，适用法律正确，审查程序合法，应予维持。依照《中华人民共和国行政诉讼法》第五十四条第（一）项之规定，北京市第一中级人民法院判决维持中华人民共和国国家知识产权局专利复审委员会于二〇〇九年十一月十日作出的第20124号复审决定。

（资料来源：https：//www.110.com/panli/panli_22893030.html）

第五节　药品专利进入国家阶段的国际申请的审查程序

按照专利合作条约（PCT）提出的国际申请，指明希望获得中国的发明专利或者实用新型专利保护的，在完成国际阶段的程序后，应当根据《专利法实施细则》第一百零三条、第一百零四条的规定，向专利局办理进入中国国家阶段（以下简称国家阶段）的手续，从而启动国家阶段的程序。国家阶段程序包括：在专利合作条约允许的限度内进行的初步审查、国家公布，参考国际检索和国际初步审查结果进行的实质审查、授权或驳回，以及可能发生的其他程序。

一、进入国家阶段的国际申请的初步审查

（一）国际申请进入国家阶段手续的审查

国际申请希望在中国获得专利保护的，申请人应当在优先权日起30个月内，办理进入中国国家阶段的手续；申请人未在该期限内办理该手续的，在缴纳宽限费后，可以在自优先权日起32个月内办理进入中国国家阶段的手续。

国际申请在中国没有效力或者在中国的效力丧失的，不能进入国家阶段。办理进入国家阶段手续的，应当符合《专利法实施细则》第一百零四条的规定。

申请人在办理进入国家阶段手续时提出撤回优先权要求的，办理该手续的期限仍按照原最早优先权日起算。

因中国对专利合作条约及其实施细则的有关规定作出保留，而使国际申请的优先权在国家阶段不成立的，办理进入国家阶段手续的期限仍按照原最早优先权日起算。

（二）国际申请进入国家阶段的处理

按照规定办理进入国家阶段手续的国际申请，凡是经审查在中国具有效力，且符合《专利法实施细则》第一百零四条第一款第（一）项至第（三）项要求的，专利局应当给予国家申请号，明确国际申请进入国家阶段的日期（以下简称进入日），并发出国际申请进入中国国家阶段通知书。进入日是指向专利局办理并满足《专利法实施细则》第一百零四条第一款第（一）项至第（三）项规定的进入国家阶段手续之日。上述满足要求的进入国家阶段手续是在同一日办理的，该日即为进入日。上述满足要求的进入国家阶段手续是在不同日办理的，以进入国家阶段手续最后办理之日为进入日。在随后的审批程序中，申请人办理各种手续、审查员发出的各种通知应当使用国家申请号予以标明。

（三）进入国家阶段时提交的申请文件的审查

1.进入国家阶段的书面声明

（1）国际申请日　进入声明中填写的国际申请日应当与国际公布文本扉页上的记载相同。

（2）发明名称　应当与国际公布文本扉页上的记载一致。译文没有多余词汇的情况下，可以超过25个字。

（3）发明人　国际阶段曾经变更的，直接填写变更以后的信息，不需要再办理著录项目变更。

发明人已经死亡的，仍应作为发明人填写在声明中。

（4）申请人　国际阶段做过变更的，视为已经在国家知识产权局作过变更。

已经死亡的申请人，在进入国家阶段时，不应写入声明中，已经死亡申请人的继承人尚未确定的

除外。

2.说明书和权利要求书的译文　国际申请以外文提出的，应当提交原始国际申请的说明书和权利要求书的中文译文。译文应当完整，并忠实于原文。申请人不得将任何修改的内容加入原始申请的译文中。

3.附图　附图中有文字的，将其替换为对应的中文文字。

进入国家阶段时未提交附图副本的，申请人可以在国家知识产权局指定的期限内补交，国家知识产权局不会以申请人补交附图副本之日重新确定该国际在中国的申请日或进入日。

4.摘要译文和摘要附图　摘要译文应当与国际公布文本扉页记载的摘要内容一致。在没有多余词语的情况下，字数可以超过300字。

5.遗传资源来源披露登记表　国际申请涉及的发明创造依赖遗传资源完成的，申请人应当在国际申请进入中国国家阶段的书面声明中予以说明，并填写国务院专利行政部门制定的表格。

6.生物材料样品的保藏　提交生物材料样品保藏证明和存活证明的期限是自办理进入手续之日起4个月。

（四）进入多家阶段的其他文件的审查

1.委托书　国际申请进入国家阶段时，提交的委托书应当写明国际申请号、申请人（委托人）的原文姓名或名称以及中文译名。申请人的原文姓名或名称，除有变更的情况外，应当与国际公布文本扉页的记载使用相同的语言并且内容完全一致；国际阶段作过变更的，应当与"记录变更通知书"上记载的变更后的内容完全一致。译名应当与进入声明中的记载完全一致。在进入国家阶段的同时办理变更申请人手续的，可以只提交变更后申请人签署的委托书。

2.优先权　申请人在国际阶段要求了一项或者多项优先权，而且在进入国家阶段时该优先权要求继续有效的，应当视为已经按照规定提出了书面声明。

申请人应当在进入声明中准确地写明其在先申请的申请日、申请号及受理国的名称或政府间组织的名称，内容应当与国际公布文本扉页中记载一致。

进入国家阶段时不能提出新的优先权。

（五）进入国家阶段后对申请文件的修改

《专利法实施细则》第一百一十二条规定，申请人可以在办理进入国家阶段手续之后在规定的期限内提出对专利申请文件的修改，此种修改称为国家阶段的修改。

要求获得实用新型专利权的国际申请，申请人可以自进入日起2个月内对专利申请文件主动提出修改。

要求获得发明专利权的国际申请，可以按照《专利法实施细则》第五十一条第一款的规定对申请文件主动提出修改。

当国际申请进入国家阶段时，申请人明确要求以按照《专利合作条约》第二十八条或第四十一条作出的修改为审查基础的，可以在提交原始申请译文的同时提交修改文件，该修改视为按照《专利法实施细则》第一百一十二条的规定主动提出的修改。

申请人提交修改文件时应当附有详细的修改说明。修改说明可以是修改前后内容的对照表，也可以是在原文件复制件上的修改标注。修改是在进入国家阶段时提出的，在修改说明上方应当注明"按照专利合作条约第二十八条（或第四十一条）作出修改"的字样。

修改的内容应当以替换页的形式提交，替换页与被替换页的内容应当相互对应，与被替换页的前、后页内容相互连接。

（六）改正译文错误

1.主动改正 申请人发现提交的说明书、权利要求书或者附图中的文字的中文译文存在错误的，可以在下列规定期限内依照原始国际申请文本提出改正。

（1）在国务院专利行政部门作好公布发明专利申请或者公告实用新型专利权的准备工作之前.

（2）在收到国务院专利行政部门发出的发明专利申请进入实质审查阶段通知书之日起3个月内。

2.应要求改正 申请人按照国务院专利行政部门的通知书的要求改正译文的，应当在指定期限内办理改正译文手续；期满未办理规定手续的，该申请视为撤回。

3.手续 申请人改正译文错误，应当提出书面请求，同时提交译文的改正页和缴纳规定的改正译文错误手续费。

（七）国家公布

国家公布仅适用于进入中国的发明专利的国际申请。

根据《专利法实施细则》第一百一十四条第一款的规定，对要求获得发明专利权的国际申请，国务院专利行政部门经初步审查认为符合专利法和其实施细则有关规定的，应当在专利公报上予以公布；国际申请以中文以外的文字提出的，应当公布申请文件的中文译文。

专利局对进入国家阶段的国际申请进行初步审查，认为合格之后，应当及时进行国家公布的准备工作。专利局完成国家公布准备工作的时间一般不早于自该国际申请进入国家阶段之日起2个月。

二、进入国家阶段的国际申请的实质审查

进入国家阶段的国际申请的实质审查，是指对符合专利法及其实施细则的规定进入国家阶段要求获得发明专利保护的国际申请的实质审查。进入国家阶段的国际申请，可以是根据《专利合作条约》第22条未经国际初步审查的国际申请，也可以是根据《专利合作条约》第39条经过国际初步审查的国际申请。

（一）实质审查原则

根据《专利合作条约》第27条（1）的规定，任何缔约国的本国法不得对国际申请的形式或内容提出与专利合作条约及其实施细则的规定不同的或其他额外的要求。《专利合作条约》第27条（5）又规定，专利合作条约及其实施细则中，没有一项规定的意图可以解释为限制任何缔约国按其意志规定授予专利权的实质条件的自由。尤其是专利合作条约及其实施细则关于现有技术的定义的任何规定是专门为国际程序使用的，因而各缔约国在确定国际申请中请求保护的发明是否可以被授予专利权时，可以自由适用本国法关于现有技术的标准。

基于专利合作条约的规定，对于进入国家阶段的国际申请，应当根据以下原则进行审查。

（1）申请的形式或内容，适用专利法及其实施细则和审查指南的规定，但上述规定与专利合作条约及其实施细则的规定不同的，以专利合作条约及其实施细则的规定为准。

（2）授予专利权的实质条件，适用专利法及其实施细则和审查指南的规定。

（二）实质审查依据文本的确认

1.申请人的请求 在进入国家阶段时，国际申请的申请人需要在书面进入声明中确认其希望专利局

依据的审查文本。国际申请国家阶段的实质审查，应当按申请人的请求，依据其在书面声明中确认的文本以及随后提交的符合有关规定的文本进行。

2.审查依据的文本　作为实质审查基础的文本可能包括如下内容。

（1）对于以中文作出国际公布的国际申请，原始提交的国际申请；对于使用外文公布的国际申请，原始提交的国际申请的中文译文。

（2）对于以中文作出国际公布的国际申请，根据《专利合作条约》第19条提交的修改的权利要求书；对于使用外文公布的国际申请，根据《专利合作条约》第19条提交的修改的权利要求书的中文译文。

（3）对于以中文作出国际公布的国际申请，根据《专利合作条约》第34条提交的修改的权利要求书、说明书和附图；对于使用外文公布的国际申请，根据《专利合作条约》第34条提交的修改的权利要求书、说明书和附图的中文译文。

（4）根据《专利法实施细则》第四十四条和（或）第一百零四条提交的补正文本。

（5）根据《专利法实施细则》第一百一十二条第二款或第五十一条第一款提交的修改文本。根据《专利合作条约》第28条或第41条提交的修改的权利要求书、说明书和附图视为根据《专利法实施细则》第一百一十二条第二款或第51条第一款提交的修改文本。

作为审查基础的文本以审查基础声明中指明的为准。审查基础声明包括：进入国家阶段时在进入国家阶段的书面声明（以下简称进入声明）规定栏目中的指明，以及进入国家阶段之后在规定期限内以补充声明的形式对审查基础的补充指明。后者是对前者的补充和修正。

对于国际阶段的修改文件，进入国家阶段未指明作为审查基础的，或者虽指明但未按规定提交中文译文的，不作为实质审查的基础。

此外，申请人在国际申请进入国家阶段后提出实质审查请求时，或者在收到专利局发出的发明专利申请进入实质审查阶段通知书之日起3个月内，可以根据《专利法实施细则》第五十一条第一款的规定对申请文件进行修改。

3.原始提交的国际申请文件的法律效力　对于以外文公布的国际申请，针对其中文译文进行实质审查，一般不需核对原文；但是原始提交的国际申请文件具有法律效力，作为申请文件修改的依据。对于国际申请，《专利法》第三十三条所说的原说明书和权利要求书是指原始提交的国际申请的权利要求书、说明书及其附图。

（三）实质审查所涉及的内容和审查要求

本小节重点说明进入国家阶段的国际申请的实质审查与国家申请实质审查的区别之处。

1.优先权的审查　国际检索报告中列出了PX、PY类对比文件的，审查员应当对国际申请的优先权进行核实。

国际申请的优先权不能成立的，审查员应当通知申请人。在这种情况下，这些标有PX、PY的对比文件在对国际申请进行新颖性、创造性审查时可作为评价其新颖性、创造性的现有技术。

国际申请的优先权成立的，则应当对其中标有PX的对比文件进行核查。若标有PX的对比文件是中国的专利申请（或专利），或者是指定中国的国际申请，且其申请日早于该国际申请的优先权日，则在对该国际申请进行新颖性审查时，应当判断该对比文件是否构成抵触申请。

国际检索报告中列出了E类对比文件，且对比文件是中国的专利申请（或专利），或者是进入中国国家阶段的国际申请，并且其申请日介于该国际申请的优先权日和申请日之间的，则也应当核实国际申请的优先权。国际申请的优先权不能成立的，在对国际申请进行新颖性审查时，应当判断该对比文件是否构成抵触申请。

在进入国家阶段的国际申请的实质审查中检索到了在国际申请的优先权日与申请日之间公开，并影响其新颖性、创造性的对比文件，或者检索到了在国际申请的优先权日与申请日之间由任何单位或者个人向专利局提出申请并已公开的、影响其新颖性的在先申请或在先专利，审查员应当对国际申请的优先权进行核实。

2. 新颖性和创造性的审查 对于专利性国际初步报告中列出、但没有被国际初步审查意见考虑的某些已公布的文件和非书面公开，在进入国家阶段的国际申请的实质审查中，对发明的新颖性和创造性进行判断时应予考虑。

专利性国际初步报告中列出的非书面公开：在国际申请的申请日或者有效的优先权日之前，通过口头公开、使用、展览或者其他非书面方式向公众公开，而且这种非书面公开的日期记载在与国际申请的申请日或者有效的优先权日同日或者在其之后公众可以得到的书面公开之中。这种非书面公开在国际初步审查阶段不构成现有技术。

专利性国际初步报告中列出的某些已公布的文件是指：在国际申请的申请日或者有效的优先权日之前提出申请，并且是在该日期之后或与该日期同日公布的专利申请文件或专利文件，或者要求享有一项在该日期之前提出的在先申请优先权的专利申请公布文件。这类已公布的申请或者专利在国际初步审查阶段不构成现有技术。

3. 单一性的审查 审查员应当注意，在申请人提出的作为审查基础的申请文件中，要求保护的发明是否存在缺乏单一性的多项发明。

对于缺乏单一性的多项发明，需要核实以下内容。

（1）缺乏单一性的多项发明中是否包含了在国际阶段由于申请人没有应审查员要求缴纳因缺乏单一性所需的附加检索费或附加审查费，而导致未做国际检索或国际初步审查的发明。

（2）缺乏单一性的多项发明是否包含了申请人在国际阶段未缴纳附加检索费或附加审查费而表示放弃的发明（例如申请人在国际阶段选择对某些权利要求加以限制而舍弃的发明）。

（3）对于存在上述（1）或（2）中的情形，国际单位作出的发明缺乏单一性的结论是否正确。

经审查认定国际单位所作出的结论是正确的，审查员应当发出缴纳单一性恢复费通知书，通知申请人在2个月内缴纳单一性恢复费。如果申请人在规定期限内未缴纳或未缴足单一性恢复费，并且没有删除缺乏单一性的发明的，审查员应当发出审查意见通知书，通知申请人国际申请中上述未经国际检索的部分将被视为撤回，并要求申请人提交删除这部分内容的修改文本。审查员将以删除了该部分内容的文本继续审查。

对于申请人因未缴纳单一性恢复费而删除的发明，根据《专利法实施细则》第一百一十五条第二款、第四十二条第一款的规定，申请人不得提出分案申请。除此情形外，国际申请包含两项以上发明的，申请人可以依照《专利法实施细则》第一百一十五条第一款的规定提出分案申请。

经审查认定申请人提出的作为审查基础的申请文件中要求保护的主题不存在缺乏单一性问题，但是与国际单位所作出的结论不一致的，则应当对所有要求保护的主题进行审查。

4. 避免重复授权的审查 如果进入国家阶段的国际申请要求的是在中国提出的在先申请的优先权，或者要求的是已经进入中国国家阶段的在先国际申请的优先权，则可能造成重复授权。

在上述两种情形中，如果出现了视为未要求优先权或优先权不成立的情况，则在先申请可能成为破坏该国际申请新颖性的现有技术或抵触申请。

5. 改正译文错误 申请人自己发现提交的权利要求书、说明书及其附图中文字的中文译文存在错误，可以在下述期限内提出改正请求。

（1）在专利局作好公布发明专利申请的准备工作之前。

（2）在收到专利局发出的发明专利申请进入实质审查阶段通知书之日起3个月内。

申请人改正译文错误，应当提出书面请求，同时提交译文的改正页和缴纳规定的改正译文错误手续费。未按规定缴纳费用的，视为未提出改正请求。对于提出书面请求并缴纳规定的改正译文错误手续费的，审查员应当判断是否属于译文错误。如果不属于译文错误，则应当拒绝改正译文错误的请求；如果属于译文错误，则需要核实改正的译文是否正确。在确认改正的译文正确的情况下，应当以此改正的文本为基础做进一步审查；如果改正的译文仍与原文不符，则应当通知申请人提交与原文相符的改正译文。

对于进入国家阶段后又提出分案申请的情况，如果在实质审查阶段申请人自己发现其原申请译文错误而导致分案申请也存在译文错误，则申请人可以办理改正译文错误手续，根据其原申请在提出国际申请时所提交的国际申请文本改正译文错误。审查员按照上述要求对改正的译文文本进行审查。

对于以外文公布的国际申请，针对其译文进行实质审查，一般不需核对原文。但是如果审查员在实质审查过程中发现由于译文错误而造成的某些缺陷在原始提交的国际申请文本或者国际阶段作出修改的原文中不存在，而在译文中存在，则应当在审查意见通知书中指出存在的缺陷。若申请人在答复时提交的修改文本超出了原中文译文记载的范围，但未办理请求改正译文错误手续，则审查员应当发出改正译文错误通知书。若申请人未在规定的期限内办理改正译文错误手续，则申请被视为撤回。

✾ 知识链接 2-4-1

丙肝新药专利申请被驳的背后

丙型肝炎作为一种全球性流行疾病，可导致肝脏慢性炎症坏死和纤维化，部分患者可发展为肝硬化甚至肝癌。为了在这个日渐膨胀的市场中"分一杯羹"，全球各大医药集团争相开发丙肝治疗药物，并加速专利申请步伐。位于德国的医药集团A公司便是其中之一，随着丙型肝炎治疗市场的成长，A公司也逐步涉足该领域。

目前在世界范围内，丙肝的标准治疗方案是干扰素与利巴韦林联合治疗。干扰素是一种广谱抗病毒剂，并不直接杀伤或抑制病毒，而主要是通过细胞表面受体作用使细胞产生抗病毒蛋白，从而提高患者免疫系统功能；而利巴韦林可以抑制病毒的复制。据了解，如果患者在感染丙型肝炎病毒后半年内通过干扰素疗法进行治疗，有90%的概率可以在其发展成慢性肝炎前治愈。因此，干扰素已经成为被国际上广泛认可的丙肝治疗首选药物。

2004年5月，A公司就名称为"丙型肝炎抑制剂化合物"的发明提出PCT专利申请，并于2005年11月21日进入中国国家阶段。该专利申请涉及的正是一种新型干扰素药物。在中国国家阶段，经过实质审查，A公司提起的名称为"丙型肝炎抑制剂化合物"的发明专利申请因权利要求1-27、30-38、40-44不具备《专利法》第二十二条第二款规定的创造性而被驳回。A公司不服驳回决定，对权利要求书修改后，于2009年6月29日向专利复审委员会提出复审请求并提交了对比实验数据，同时以本案已经在欧洲专利局被授权为由请求撤回驳回决定。经形式审查合格，专利复审委员会于2009年7月28日依法受理了该复审请求，并将其转送至国家知识产权局原审查部门进行前置审查。国家知识产权局原审查部门在前置审查意见书中认为，本领域的技术人员在对比文件1的基础上得到本申请权利要求书请求保护的技术方案是显而易见的。仅用文字描述但未有相应活性实验数据支持的结论性或断言性的优异性质不属于可接受的实验效果，不能够作为证明本发明化合物具有预料不到的技术效果的有力证据。此外，虽然复审请求人提交了对比实验数据，但是该实验模型并未记载在本申请原始提交的说明书中，也未记载在对比文件

1 中，因此，上述申请日后提交的对比实验模型及数据不能够作为证明创造性的证据而被接受。基于以上理由，原审查部门坚持驳回决定。据了解，对比文件 1 是 A 公司自己早先的专利申请文件，其权利要求通式中涵盖了非常广泛的化合物类型，涉案专利申请是在对比文件 1 基础上的选择和改进。

随后，专利复审委员会成立合议组对该案进行了审理。合议组认为，对比文件 1 中的化合物具有 HCV NS3 蛋白酶的增强效果，本领域技术人员可以根据对比文件 1 中技术启示对取代基的取代类型和位置进行常规选择，并可以预期这样的选择所得到的化合物最终都能够作为 HCV NS3 蛋白酶抑制剂，用于 HCV（丙型肝炎病毒）感染的治疗。因此权利要求 1 相对于对比文件 1 不具备突出的实质性特点和显著的进步，不具备《专利法》第二十二条第三款规定的创造性。从属权利要求 2-38 分别对权利要求 1 进行了进一步限定，这些进一步限定的化合物均为本领域技术人员在上述权利要求 1 通式范围内所做的常规选择，且没有产生预料不到的技术效果；权利要求 39-42 分别要求保护的药物组合物、制药用途等主题在前述权利要求不具备创造性的基础上相对于对比文件 1 也不具备突出的实质性特点和显著的进步，不具备创造性。对于复审请求人提供的附件 1 中用于证明本申请具备预料不到的技术效果的对比实验数据，这样的实验数据必须针对在原申请文件中明确记载且给出了相应实验数据的技术效果，而附件 1 中的药理学实验方案及实验数据均未记载于本申请的原始申请文件中，因此，附件 1 所记载的实验数据对于证明权利要求的创造性不具有证明力。

申请人之后又修改权利要求 1，将其缩小至 4 个化合物组成的通式。修改后的通式与对比文件 1 实施化合物 333 相比，主结构相同，用途相同，但取代基不同。该案复审合议组在仔细对比本案权利要求 1 和对比文件 1 的技术内容后，发现对比文件 1 通式中的基团定义包含了大部分权利要求 1 与实施例化合物 333 不同的那些取代基，因而对比文件 1 从整体上已经给出将实施例化合物 333 进行结构改造，制备具备同样技术效果的本案权利要求所述化合物的技术启示，虽然在对比文件 1 中具备这些基团的化合物并不属于其中的优选化合物，但是并不妨碍本领域的技术人员根据对比文件 1 中的启示得到该技术方案，并对该技术方案所获得的技术效果进行验证；而且如上所述，复审请求人提交的附件 1 中用于证明本申请请求保护化合物的技术效果优于对比文件 1 化合物的对比实验数据在原始申请文件中并未记载，因此维持驳回决定。

（资料来源：知识产权报 2014-04-10）

第五章　药品专利权的期限、终止和无效

【引例】

A公司与B公司等侵害发明专利权纠纷上诉案

【案情及裁判】

上诉人A公司因与被上诉人B公司、C公司侵害发明专利权纠纷一案，不服北京市第二中级人民法院（2014）二中民（知）初字第8523号驳回起诉的民事裁定书，向本院提起上诉。本院依法组成合议庭对本案进行了审理。本案现已审理终结。

A公司在一审中起诉称，案外人D公司是专利号为ZL018178××.×、名称为"胃肠基质肿瘤的治疗"的发明专利权共有人之一。根据案外人D公司与其他专利权共有人之间的《专利实施协议》，以及案外人D公司与A公司之间的《专利许可协议》，A公司可在中国境内单独维护涉案专利权，无须任何专利权共有人参与。A公司发现，在由B公司制造、销售、许诺销售的仿制药"昕维"中，在其包装盒及药品说明书中部分信息表明了该药品可用于胃肠基质肿瘤（GIST）患者的治疗。据此，A公司认为，B公司的上述行为已构成对其涉案专利权的侵犯，C公司销售、许诺销售了上述药品，亦构成对涉案专利权的侵害。A公司认为，B公司、C公司的行为侵犯了其专利权，故诉至法院，请求判令：1. B公司停止在制造、销售、许诺销售"昕维"甲磺酸伊马替尼药品过程中，C公司停止在销售、许诺销售"昕维"甲磺酸伊马替尼药品过程中，使用在"药代动力学"部分含有"给予同样的剂量（400mg/d），GIST患者其稳态时的药物暴露量是CML患者的1.5倍。依据初步的GIST患者的群体药代动力学研究，伊马替尼的药代动力学有3项指标的变化（白蛋白、白细胞和胆红素）在统计学上有显著性影响。低白蛋白水平降低清除，正如较高的白细胞水平。但是这些影响并不足以断定剂量需要调整"表述的说明书。2. B公司停止以治疗GIST为目的生产、销售、许诺销售"昕维"甲磺酸伊马替尼药品，包括不得以治疗GIST为目的申请"昕维"甲磺酸伊马替尼药品进入医保或进行投标的行为。3. B公司召回使用上述药品说明书的"昕维"甲磺酸伊马替尼药品。4. C公司停止以治疗GIST为目的销售、许诺销售"昕维"甲磺酸伊马替尼药品。5. B公司赔偿A公司经济损失1000000元。6. B公司赔偿诺华公司合理支出520000元。7. 诉讼费由B公司承担。

本案在原审法院审理过程中，B公司针对涉案专利，于2014年9月5日向国家知识产权局专利复审委员会提起无效宣告请求，国家知识产权局专利复审委员会于2015年10月23日作出第27371号无效宣告请求审查决定，宣告涉案专利权全部无效。

一审法院裁定认为，涉案发明专利被宣告全部无效，根据《专利法》第四十七条第一款的规定，宣告无效的专利权视为自始即不存在，涉案专利应视为自始不存在，A公司的起诉不符合法定条件，依法应当驳回。

据此，原审法院依据《民事诉讼法》第一百一十九条第（三）项、第一百五十四条第一款第（三）项之规定，于2015年12月裁定：驳回A公司的起诉。

A公司不服一审法院裁定，向本院提起上诉。其上诉理由为：首先，专利复审委第27371号决定还未生效，不能认定涉案专利已经无效。其次，在审查决定尚未发生法律效力的情况下，一审法院直接裁定驳回上诉人的起诉，对上诉人显失公平。故要求法院支持其诉讼请求。

经连云港市工商行政管理局批准，B′公司于2015年12月24日变更名称为B公司。

经北京市工商行政管理局丰台分局批准，C′公司于2015年12月25日变更名称为C公司。

本院认为：根据《专利法》第四十五条规定，自国务院专利行政部门公告授予专利权之日起，任何单位或者个人认为该专利权的授予不符合本法有关规定的，可以请求专利复审委员会宣告该专利权无效。当专利复审委员会宣告该专利权无效后，因专利权人可以针对无效决定提起行政诉讼，专利权效力处于不稳定状态。在本案一审审理期间，专利复审委员会针对涉案专利作出第27371号决定，宣告涉案专利权全部无效。尽管A公司已经就第27371号决定向法院提起行政诉讼，但是，第27371号决定宣告专利权无效的事实足以证明涉案专利效力不稳定。鉴于原审法院裁定驳回A公司起诉并不影响A公司的诉权，如果法院撤销第27371号决定，A公司可以重新提起侵权诉讼，因此，原审裁定并无不当。A公司的上诉理由不能成立，本院不予支持。

综上，依据《民事诉讼法》第一百七十条第一款第（一）项、第一百七十一条、第一百七十五条之规定，裁定如下：

驳回上诉，维持原裁定。

本裁定为终审裁定。

（资料来源：https://www--pkulaw--com--dwjj.h.gou5juan.com/pfnl/a25051f3312b07f3c03e58f8d4e860b1071177170f4ffdbe0bdfb.html?keyword=%E8%8D%AF%E5%93%81%E4%B8%93%E5%88%A9%E6%B3%95%E5%9B%9B%E5%8D%81%E4%BA%94%20）

第一节　药品专利权的期限

《专利法》第四十二条规定："发明专利权的期限为二十年，实用新型专利权的期限为十年，外观设计专利权的期限为十五年，均自申请日起计算。自发明专利申请日起满四年，且自实质审查请求之日起满三年后授予发明专利权的，国务院专利行政部门应专利权人的请求，就发明专利在授权过程中的不合理延迟给予专利权期限补偿，但由申请人引起的不合理延迟除外。为补偿新药上市审评审批占用的时间，对在中国获得上市许可的新药相关发明专利，国务院专利行政部门应专利权人的请求给予专利权期限补偿。补偿期限不超过五年，新药批准上市后总有效专利权期限不超过十四年。"其中，2020年新修改的专利法将外观设计的期限由原来的十年延长至十五年，并规定对不合理延迟给予专利权期限补偿，特别对新药专利补偿期作出了进一步规定。

由于我国实行早期公开、延迟审查制，在一种新药品发明申请专利后但尚未向社会公开之前，其他人实际上还无法得知该发明的内容，因而就谈不上侵犯专利权，如果有相同的药品发明在此期间被公开制造，也不能要求对方赔偿损失，原因是专利权尚未产生，而对方既不能再申请专利，也不能破坏该专利申请的新颖性，因此，该阶段可以视为双方互不干涉的过渡期；在专利申请公开后但尚未授予专利权之前，由于公众已经可以得知发明的内容，如果有人在此期间实施其发明，申请人就可以要求其支付适当的费用，此期间称为临时保护期；专利权被授予后，任何单位或者个人未经专利权人许可，都不得实施其专利，即不得为生产经营目的制造、使用、许诺销售、销售、进口依照该专利方法直接获得的产品，在此期间，如果有人未经许可而实施其专利，专利权人或利害关系人既可以向人民法院起诉，也可以请求专利管理机关对侵权人进行处理，要求其停止侵权行为并赔偿损失。

第二节　药品专利权的终止

《专利法》第四十四条规定，有下列情形之一的，专利权在期限届满前终止：①没有按照规定缴纳年费的；②专利权人以书面声明放弃其专利权的。

专利权在期限届满前终止的，由国务院专利行政部门登记和公告。

《专利法》第四十三条规定，专利权人应当自被授予专利权的当年开始缴纳年费。专利权人应按照年度收费表中规定的数额缴纳年费。专利年费滞纳期满仍未缴纳或者缴足专利年费或者滞纳金的，自滞纳期满之日起两个月后审查员应当发出专利权终止通知书。专利权人未启动恢复程序或者恢复权利请求未被批准的，专利局应当在终止通知书发出四个月后，进行失效处理，并在专利公报上公告。

专利权人应当自被授予专利权的当年开始缴纳年费。缴纳方式有网上缴纳和直接缴纳。费用金额分别如下。

1.发明专利　第1~3年每年900元；第4~6年每年1200元；第7~9年每年2000元；第10~12年每年4000元；第13~15年每年6000元；第16~20年每年8000元。

2.实用新型专利　第1~3年每年600元；第4~5年每年900元；第6~8年每年1200元；第9~10年每年1200元。

3.外观设计专利　第1~3年每年600元；第4~5年每年900元；第6~8年每年1200元；第9~10年每年2000元。

授予专利权后，专利权人随时可以主动要求放弃专利权，专利权人放弃专利权的，应当提交放弃专利权声明，并附具全体专利权人签字或者盖章同意放弃专利权的证明材料，或者仅提交由全体专利权人签字或者盖章的放弃专利权声明。委托专利代理机构的，放弃专利权的手续应当由专利代理机构办理，并附具全体申请人签字或者盖章的同意放弃专利权声明。主动放弃专利权的声明不得附有任何条件。放弃专利权只能放弃一件专利的全部，放弃部分专利权的声明视为未提出。

第三节　药品专利权的无效

《专利法》第四十五条规定，自国务院专利行政部门公告授予专利权之日起，任何单位或者个人认为该专利权的授予不符合本法有关规定的，可以请求国务院专利行政部门宣告该专利权无效。

《专利法》第四十六条规定，国务院专利行政部门对宣告专利权无效的请求应当及时审查和作出决定，并通知请求人和专利权人。宣告专利权无效的决定，由国务院专利行政部门登记和公告。对国务院专利行政部门宣告专利权无效或者维持专利权的决定不服的，可以自收到通知之日起三个月内向人民法院起诉。人民法院应当通知无效宣告请求程序的对方当事人作为第三人参加诉讼。

根据中央机构改革部署，2019年3月15日起，国家知识产权局专利复审委员会变更为国家知识产权局专利局复审和无效审理部。其中，2020年新修改的专利法将原法条中第四十五条、第四十六条中的"专利复审委员会"修改为"国务院专利行政部门"。

《专利法》第四十七条规定，宣告无效的专利权视为自始即不存在。宣告专利权无效的决定，对在宣告专利权无效前人民法院作出并已执行的专利侵权的判决、调解书，已经履行或者强制执行的专利侵权纠纷处理决定，以及已经履行的专利实施许可合同和专利权转让合同，不具有追溯力。但是因专利权人的恶意给他人造成的损失，应当给予赔偿。依照前款规定不返还专利侵权赔偿金、专利使用费、专利权转让费，明显违反公平原则的，应当全部或者部分返还。

▶【案例】2-5-1

A公司、B公司与中华人民共和国国家知识产权局专利复审委员会
发明专利权无效二审行政判决书

【基本案情】

上诉人B公司因与被上诉人国家知识产权局专利复审委员会（简称专利复审委员会）、原审第三人A公司发明专利权无效行政纠纷一案，不服北京市第一中级人民法院（2015）一中行（知）初字第975号行政判决，向本院提起上诉。本院于2017年2月15日受理本案后，依法组成合议庭于2017年7月13日公开开庭进行了审理。上诉人B公司的委托代理人陈某、毛某，被上诉人专利复审委员会的委托代理人潘某、刘某，原审第三人A公司的委托代理人林某、张某到庭参加了诉讼。本案现已审理终结。

北京市第一中级人民法院经审理查明：

本案涉及中华人民共和国国家知识产权局于2012年7月25日授权公告的名称为"固体药物剂型"专利号为2004800247××.×的发明专利（简称涉案专利），其申请日为2004年8月23日，优先权日为2003年8月28日，授权公告时的专利权人为C公司，2013年6月19日专利权人变更为B公司。

2013年8月22日，A公司向专利复审委员会提出无效宣告请求（4W102482案），其理由为：（1）权利要求1-26修改超范围，不符合2000年修订的《专利法》（以下简称2000年专利法）第三十三条的规定；（2）说明书未充分公开权利要求1-26的技术方案，不符合2000年专利法第二十六条第三款的规定；（3）权利要求1-22、24和25不符合2002年修订的《专利法实施细则》（以下简称2002年专利法实施细则）第二十条第一款的规定；（4）权利要求1-22、24和25得不到说明书的支持，不符合2002年专利法第二十六条第四款的规定；（5）权利要求1-26不具有创造性，不符合2000年专利法第二十二条第三款的规定，请求宣告涉案专利全部无效，同时提交了证据1-11和附件1-4。

经形式审查合格，专利复审委员会受理了上述无效宣告请求。

2013年11月25日，B公司提交了意见陈述书，表示不认可无效理由，不同意证据5第4页的中文翻译，并提交了对证据5第4页的中文译文校对页（共1页），以及21份反证。

2014年2月19日，专利复审委员会针对4W102482案举行了口头审理。

2014年3月4日，A公司再次向专利复审委员会提出无效宣告请求（4W102836案），其理由为：若权利要求1按专利权人解释为包括利托那韦与其他一种或多种HIV蛋白酶抑制剂的方案时，针对这样的技术方案：（1）权利要求1-26得不到说明书的支持，不符合2000年专利法第二十六条第四款的规定；（2）说明书未充分公开权利要求1-26的技术方案，不符合2000年专利法第二十六条第三款的规定；（3）权利要求1-22、24和25不符合2000年专利法实施细则第二十条第一款的规定；（4）权利要求1-26修改超范围，不符合2000年专利法第三十三条的规定；（5）权利要求1-26不具有创造性，不符合2000年专利法第二十二条第三款的规定，请求宣告涉案专利全部无效，同时提交了9份证据和3份附件。

经形式审查合格，专利复审委员会受理了上述无效宣告请求。

2014年3月12日，A公司提交了证据15、16、18-20的盖有中国科学院文献情报中心红章的馆藏复制证明，同时请求将本案与4W102482一案合并审理。

2014年5月4日，B公司提交了意见陈述书和反证目录，表示不认可上述无效理由，指出继续使用第一次无效请求（4W102482案）中所提交的反证3-21，同时还进一步提交了反证和附件。

2014年6月5日，专利复审委员会举行了口头审理。

2014年6月25日，专利复审委员会作出第23217号无效宣告请求审查决定（简称被诉决定）。该决定的主要内容如下：

一、关于法律适用

被诉决定适用2000年专利法及2002年专利法实施细则。

二、关于审查文本

被诉决定的审查基础为涉案专利的授权公告文本。专利复审委员会确认涉案专利实施例6第【0104】段所描述的200重量份的利托那韦应当为洛匹那韦，各方对此予以确认。

三、关于证据

1.4W102482案

专利复审委员会对A公司提交的证据1-14的真实性、合法性、关联性予以认可；对B公司提交的反证1-2、4-21的真实性、合法性、关联性予以认可，对反证3不予接受；双方认可证据5的中文译文第4页以B公司提供的更正页为准，证据3、4、6-9、10-11的中文译文，以及证据5中文译文的其他部分以A公司提供的中文译文为准，专利复审委员会对此予以确认；双方认可反证1中文译文第1、2、8页，反证4中文译文第3页和反证5中文译文第1页以A公司首次提交的中文译文为准，反证2、3、6-11、13-20以及反证1、4、5的其他部分中文译文以B公司提交的中文译文为准，专利复审委员会对此予以确认。

2.4W102836案

专利复审委员会对A公司提交的证据1-20的真实性、合法性、关联性予以认可；对B公司提交的反证1-2、4-21的真实性、合法性、关联性予以认可，对反证3不予接受。双方认可证据5的中文译文第4页以B公司提供的更正页为准，证据3、4、6-9、10-11的中文译文，以及证据5中文译文的其他部分以A公司提供的中文译文为准，专利复审委员会对此予以确认，同时也确认证据15-20的中文译文；双方认可反证1中文译文第1、2、8页，反证4中文译文第3页和反证5中文译文第1页以A公司首次提交的中文译文为准，反证2、3、6-11、13-20以及反证1、4、5的其他部分中文译文以B公司提交的中文译文为准，专利复审委员会对此予以确认；B公司在4W102836一案中再次提交了反证2中文译文，相对于4W102482一案的译文，增加了部分翻译内容，并提交了反证22的中文译文，专利复审委员会亦予以接受。

四、关于权利要求1的保护范围

专利复审委员会认为：首先，如何理解权利要求1的保护范围应当考察该权利要求中记载的全部内容。权利要求1限定所述固体药物制剂中包含"至少一种HIV蛋白酶抑制剂"，其中的"至少"通常视为表达具有一种或一种以上相应组分的含义，是对相应组分的种类或数量下限的界定；尽管修改后授权的权利要求1限定"所述HIV蛋白酶抑制剂为（2S，3S，5S）-5-（N-（N-（N-甲基-N-（（2-异丙基4-噻唑基）甲基）氨基）羰基）-L-缬氨酰基）氨基-2-（N-（（5-噻唑基）甲氧基-羰基）-氨基）-氨基-1，6-二苯基-3-羟基己烷（利托那韦）"，但这种对所述HIV蛋白酶抑制剂的具体限定应合理地理解为涉案专利权利要求1的固体药物制剂至少必须包括利托那韦这一种特定的HIV蛋白酶抑制剂。其次，依据涉案专利说明书以及权利要求1的从属权利要求整体内容，涉案专利权利要求1所述的固体药物制剂并未排除利托那韦与其他HIV蛋白酶抑制剂组合的固体剂型的方案，例如授权的从属权利要求8，再如说明书第【0029】段记载的"在另一个实施方案中，本发明提供一种其中所述HIV蛋白酶抑制剂是利托那韦或利托那韦与至少一种其他HIV蛋白酶抑制剂的组合的剂型"。由此可以表明，涉案专利提供了包含至少利托那韦作为一种HIV蛋白酶抑制剂的固体药物剂型，而并非仅涉及活性成分仅为利托那韦的固体药物剂型。再次，参考涉案专利授权程序中权利人所做的修改和意见陈述，专利权人是针对实质审查程序中被指出的权利要求1中固体药物剂型中HIV蛋白酶抑制剂为洛匹那韦的技术方案不具有新颖性缺陷作出删除式修改，而后授权的权利要求1保留为"所述HIV蛋白酶抑制剂为利托那韦"。从该审查过程来看，专利权人并未明确放弃活性成分包含利托那韦以及它与其他HIV蛋白酶抑制剂组合的任何技术方案，甚至没有放弃洛匹那韦与利托那韦组合的固体剂型方案。因此，从涉案专利的审查程序来考察，并不能得出权利要求1是仅包含利托那韦作为HIV蛋白酶抑制剂的技术方案。综上，结合原始申请文件整体描述以及审查全过程，就活性成分而言，授权公告的权利要求1的保护范围应当被合理地理解为既可包含利托那韦这一种具体HIV蛋白酶抑制剂的固体剂型，也可以在包含利托那韦的同时包含其他相应HIV蛋白酶抑制剂的固体剂型。

五、涉案专利权利要求1-26符合2000年专利法第三十三条的规定

六、关于2000年专利法第二十二条第三款

A公司提出影响涉案专利权利要求1-26创造性的第一组证据组合方式为：证据5作为最接近的现有技术文献；权利要求1-2、4、6-8、10-11、13、15、18-19、21-22、25，使用证据5+6；权利要求3、5、12、24，使用证据5+6或证据5+6+公知常识；权利要求23、26，使用证据5+6+公知常识（证据14）；权利要求9、14、20，使用证据5+6+2；权利要求16-17，使用证据5+6+公知常识，或证据5+6+9。

专利复审委员会认为：涉案专利权利要求1与证据5实施例1B的区别技术特征为：（1）所述水溶性聚合物的含量不同，涉案专利权利要求1中限定了具有至少50℃的Tg的水溶性聚合物含量为剂型的50wt%~85wt%，证据5实施例1B公开了作为所述水溶性聚合物的聚乙烯吡咯烷酮，其含量为10.5%；（2）涉案专利权利要求1限定了剂型中还包含2wt%~20wt%的所述具有4~10的HLB值的可药用非离子表面活性剂，证据5实施例1B中不包含表面活性剂，发明内容中公开了该固体剂型中可以包含可药用表面活性剂，但未公开具体含量以及表面活性剂位于固体分散体中。基于上述区别技术特征，涉案专利权利要求1实际解决的技术问题是：如何提供一种具有良好的稳定性和生物利用度的包含利托那韦的固体药物剂型。

对于区别技术特征（1），证据5中已经指出现有技术已知聚乙烯吡咯烷酮可以添加到药物组合物中（参见其中文译文第2页第23-第3页第2段），并指出加入聚乙烯吡咯烷酮的好处在于可以加快溶解，其具有较高的Tg因而可以抑制结晶（参见中文译文第4页第17-22行），因此，证据5已经给出可以选择聚乙烯吡咯烷酮作为涉案专利权利要求1所限定的水溶性聚合物来改善包含难溶性药物利托那韦为活性成分的固体药物剂型的稳定性，并加快溶解，从而得到具有改善的稳定性和生物利用度的固体制剂的教导，本领域技术人员根据证据5的教导，可以通过常规实验选择出50wt%~85wt%的作为所述水溶性聚合物的聚乙烯吡咯烷酮的总体含量。对于权利要求1中要求保护的除了聚乙烯吡咯烷酮之外的其他具有所述特性的水溶性聚合物，证据5中也已经指出，对于水溶性聚合物而言，可以用羟丙基甲基纤维素等代替聚乙烯吡咯烷酮（参见中文译文说明书第3页第5-6行），同样可以得到具有预期技术效果的固体剂型，其含量范围也是可以通过常规制剂实验根据固体剂型的理化要求来进行调整；结合涉案专利说明书第【0050】段的描述也可进一步佐证，羟丙基甲基纤维素等同样属于涉案专利权利要求1限定的所述水溶性聚合物的一种。因此，当所述水溶性聚合物选自除了聚乙烯吡咯烷酮之外的其他具有至少50℃的Tg的水溶性聚合物时，其种类和含量也是可以根据证据5结合常规实验显而易见地选择得出。另外，同属于固体分散体剂型的证据6中也公开了可以包含至少一种成骨架赋形剂，所述成骨架赋形剂是水溶性可药用聚合物如N-乙烯吡咯烷酮的均聚物和共聚物，例如共聚维酮，且并不必须包含PEG（参见中文译文第3页倒数第3段），这也进一步佐证了向所述固体剂型中引入所述水溶性赋形剂的种类而无须同时引入PEG是显而易见的，至于其具体含量，则可以结合常规实验进一步加以选择。

对于区别技术特征（2），首先，证据5还指出其可以含有可药用表面活性剂（参见其权利要求10）。其次，证据6中公开了一种用于口服给药的机械稳定的药物剂型，该制剂通过挤出熔融法制备，包含一种或多种活性成分，以及至少一种成骨架赋形剂，和10wt%～40wt%的HLB值为2-18的表面活性剂（参见中文译文第1页第11-13行）；并具体指出：对于低溶解性的活性成分，活性成分在赋形剂骨架中呈分子分散体的形式（固体分散体的形式）对于增加生物利用度是有利的（参见中文译文第1页倒数第3-2行）；对于易于结晶的低溶解性的活性成分而言，为了获得最佳的吸收速率，添加表面活性物质是适宜的（参见中文译文第2页）；所述活性成分特别适宜的是蛋白酶抑制剂等（参见中文译文第2页倒数第2行），所述制剂中包含的成骨架赋形剂是水溶性可药用聚合物如N-乙烯吡咯烷酮的均聚物和共聚物（参见中文译文第3页倒数第3段）；适宜的表面活性剂是HLB值为7～18，优选10～15，在20℃下是液体或者滴点在20～50℃范围内的低分子量表面活性剂（参见中文译文第3页第3段），特别适宜并且优选的表面活性物质包括：脱水山梨醇脂肪酸酯（"司盘/Span"）或乙氧基化脱水山梨醇脂肪酸酯（"吐温/Tween"）（参见中文译文第3页第5-6段）。证据6最终形成的同样是均匀分散于水溶性成骨架聚合物和表面活性剂中活性成分的固体药剂，其中所述活性成分含量与涉案专利权利要求1限定的表面活性剂含量范围重叠；虽然证据5没有明确指出所述表面活性剂位于固体分散体中，对于表面活性剂的HLB值，证据6给出的范围更宽，实施例中也采用了HLB值大于10的具体表面活性剂，然而证据6已经列举部分优选的表面活性剂例如脱水山梨醇脂肪酸酯等HLB值小于10的表面活性剂，本领域技术人员已经能够根据证据6中所列举的上述部分优选的表面活性剂选择出适宜于涉案专利的HLB值介于4～10之间的表面活性剂，并根据证据6公开的其制剂形式和制备方法，通过常规实验选择出2wt%～20wt%的含量范围，将其应用于包含难溶性药物利托那韦作为活性成分的固体分散体制剂中用于改善该固体剂型。并且，涉案专利说明书也未证实涉案专利对于上述两项区别技术特征的选择在涉案专利的固体药物剂型的稳定性和生物利用度的改善方面产生了预料不到的技术效果。具体来说，关于稳定性，证据5和证据6中均公开了采用其技术手段所得的固体药物剂型，同样是为了实现更好的稳定性（如可参见证据5中文译文第3页第3、5、7、9行，第4页第5-9行；证据6中文译文第2页第20-21行、第5页第4-11行）。关于生物利用度，证据5和6中均明确指出选择其技术手段可以使所述固体剂型具有改善的生物利用度（如可参见证据5第1页第12-22行、第4页第29-30行、第5页第4-5、9-12行；证据6第1页第24-27行），且证据5、6所述固体制剂的活性成分均可以是HIV蛋白酶抑制剂。结合前述分析可知，在证据5、6的基础上，涉案专利权利要求1的固体剂型良好的生物利用度和稳定性也是可以预期的。同时，结合涉案专利说明书描述可知，涉案专利的实施例用于作为对比的比较对象并非证据5或证据6的技术方案，从涉案专利说明书尤其是实施例来看，也无法看出涉案专利选择上述区别技术特征（1）、（2）产生了预料不到的技术效果。

综上，在证据5和6的基础上，本领域技术人员可以显而易见地得到涉案专利权利要求1的技术方案，并且权利要求1的技术方案也未取得预料不到的技术效果，因此，权利要求1不具有创造性。权利要求2进一步限定所述固体分散体是玻璃态溶液或固溶体，证据5中同样对所述药物制剂形态进行了定义（参见中文译文第1页倒数第5-2行），指出该剂型是固体分散体的形态，并通过DSC实验证实了所述固体制剂以高能无定形状态存在于分散体中（参见中文译文第3页发明概述和实施例1），玻璃态溶液或固溶体是常规的固体分散体，这是本领域技术人员根据制剂学领域的常识可以选择得出的，并且结合涉案专利说明书描述，权利要求2的附加限定也未取得预料不到的技术效果，结合对权利要求1的评述可知，在证据5和6的基础上，权利要求2不具备创造性。权利要求3在权利要求2的基础上进一步限定固体分散体还包含另一种可药用表面活性剂，为了更好地实现稳定和促进分散的效果，添加多种表面活性剂是药物制剂领域的常规技术；权利要求4在权利要求2的基础上进一步限定固体分散体中所述表面活性剂是脱水山梨醇脂肪酸酯，结合对权利要求1-2的评述可知，该附加技术特征已经在证据6中被公开（参见证据6中文译文第3页第10行、第12-13行）；基于评述权利要求2相同的理由，权利要求3-4相对于证据5和6不具备创造性。权利要求5在权利要求2的基础上进一步限定所述固体剂型中利托那韦、表面活性剂含量，以及任选添加剂及其含量。关于利托那韦的含量，证据5实施例1A描述了利托那韦的含量可以为10wt%、20wt%或30wt%，实施例1B公开的利托那韦的含量为30wt%，该活性成分含量范围的附加特征已被证据5公开；关于表面活性剂的含量，在证据6公开的表面活性剂具体含量基础上可以显而易见地得出；至于额外任选的添加剂及其含量，也是本领域技术人员根据药物制剂技术领域的常规技术可以选择得出的；并且上述选择均未产生预料不到的技术效果。因此，在证据5和6的基础上，权利要求5不具有创造性。权利要求6限定利托那韦血浆浓度的剂量调整AUC，该特征属于对所述剂型所达到的药物释放效果限定，是通过权利要求1所限定的具体固体药物剂型而实现的，如前所述，权利要求1的技术方案相对于证据5和6是显而易见的，在此基础上，权利要求6也不具有创造性。权利要求7在权利要求2的基础上进一步限定所述至少一种HIV蛋白酶抑制剂是利托那韦和洛匹那韦的组合，证据5中已经公开所述固体药物制剂中，HIV蛋白酶抑制剂可以是利托那韦和洛匹那韦的组合（参见中文译文第2页第1段，第5-6页式I、式II，权利要求7、17、21），即公开了权利要求7的附加技术特征，在其引用的权利要求2不具备创造性的前提下，权利要求7不具有创造性。权利要求8在权利要求7的基础上进一步限定了固体药物剂型在非禁食状态的犬中，显示利托那韦血浆浓度的剂量调整AUC，该限定内容属于效果特征限定，是通过权利要求7所限定的具体固体药物剂型而实现的，如前所述，权利要求7的技术方案相对于证据5和6是显而易见的，在此基础上，权利要求8的技术方案相对于证据5和6不具有创造性。权利要求9在权利要求2的基础上进一步限定了所述水溶性聚合物的Tg值范围，然而证据5已经公开具体的水溶性聚合物例如聚乙烯吡咯烷酮，证据2中进一步明确聚乙烯吡咯烷酮的Tg值为175℃（参见证据2第111页表5-6），落入80～180℃的范围内，可见证据5中公开的所述聚乙烯吡咯烷酮即属于权利要求9所进一步限定的水溶性聚合物，结合前述对权利要求2的评述，本领域技术人员结合现有技术的整体教导，可以显而易见地得到权利要求9的技术方案，权利要求9的技术方案相对于证据5和6以及证据2不具有创造性。权利要求10、11在权利要求2的基础上进一步限定了水溶性聚合物的具体种类，如前所述，证据5和6中均已经公开所述水溶性聚合物可选自聚乙烯吡咯烷酮，即证据5、6均已经公开权利要求10附加限定的水溶性聚合物，证据6中还进一步具体指出所述可药用聚合物优选N-乙烯基吡咯烷酮与羧酸乙烯酯例如乙酸乙烯酯的共聚物，如共聚维酮等（参见中文译文第3页第22-24行），因此证据6已经公开权利要求11附加限定的水溶性聚合物，结合对其引用的权利要求2的评述可知，权利要求10、11的技术方案相对于证据5和6不具有创造性。权利要求12在权利要求2的基础上进一步限定了该剂型包含至少一种选自流动调节剂、崩解剂、增量剂或润滑剂的添加剂，证据5中指出该制剂中还可以包含其他可药用赋形剂，可药用填充剂、稀释剂、润滑剂、崩解剂等（参见证据5中文译文第5页第3段），在证据5的教导下，本领域技术人员能够显而易见地将权利要求12所限定的其他添加剂加入该固体药物制剂中，从而得到权利要求12的剂型，结合对权利要求2的评述可知，权利要求12的技术方案相对于证据5和6不具有创造性。权利要求13在权利要求2的基础上进一步限定所述制剂的稳定性，该限定内容属于稳定性效果，是通过权利要求2所限定的具体固体药物剂型结构和组成特征来实现的，如前所述，权利要求2的技术方案相对于证据5和6是显而易见的，在此基础上，权利要求13的技术方案相对于证据5和6不具有创造性。权利要求14在权利要求1的基础上进一步限定了所述水溶性聚合物的Tg值范围，以及表面活性剂的HLB值和含量，结合对权利要求1中表面活性剂特性和含量的评述，以及对权利要求9中水溶性聚合物Tg值范围的评述可知，权利要求14的附加技术特征是本领域技术人员在证据5和6以及证据2的基础上显而易见即可选择得出的，在其引用的权利要求1不具备创造性的前提下，权利要求14的技术方案相对于证据5和6以及证据2不具有创造性。权利要求15在权利要求1的基础上进一步限定了水溶性聚合物的具体种类，以及表面活性剂的具体种类和含量，结合对权利要求1和4中表面活性剂特性和含量的评述，以及对权利要求10、11中水溶性聚合物种类的评述可知，权利要求15的附加技术特征是本领域技术人员在证据5和6的基础上显而易见即可选择得出的，在其引用的权利要求1不具备创造性的前提下，权利要求15的技术方案相对于证据5和6不具有创造性。权利要求16的附加技术特征被证据9公开，因此，权利要求16相对于证据5、6和9的结合不具备创造性。

权利要求17进一步对权利要求16的方法进行了限定，证据5中已经公开在制备得到固体分散体之后进行研磨筛分，然后压成片剂的处理措施（参见中文译文第5页第1段，权利要求13、9，实施例1A至1D），权利要求17的附加技术特征是在证据5的基础上可以显而易见地选择得出的，结合对权利要求16的评述可知，权利要求17相对于证据5、6和9的结合不具备创造性。

权利要求18要求保护一种固体药物剂型。权利要求18与证据5的区别技术特征在于：（1）所述水溶性聚合物的含量不同，涉案专利权利要求18中聚乙烯吡咯烷酮含量为剂型的50wt%～85wt%，证据5实施例1B为10.5%；（2）涉案专利权利要求18限定了剂型中还包含2wt%～20wt%的所述具有4～10的HLB值的可药用非离子表面活性剂；（3）活性成分不同，涉案专利权利要求18活性成分为利托那韦和洛匹那韦，而证据5实施例1B中则是利托那韦。基于上述区别技术特征，涉案专利权利要求18实际解决的技术问题是：如何提供一种具有良好稳定性和生物利用度的包含利托那韦和洛匹那韦的固体药物剂型。对于区别技术特征（1）、（2）而言，结合对权利要求1的评述可知，是本领域技术人员在证据5和6的基础上可以显而易见地得出的；对于区别技术特征（3），证据5中已经明确指出活性成分可以是利托那韦和洛匹那韦的组合（参见中文译文第2页第1段，第5-6页式I、式Ⅱ、权利要求7、17、21），即证据5已经给出选择区别技术特征（3）的技术启示；上述区别技术特征的选择也均未产生预料不到的技术效果。因此，在证据5和6的基础上，本领域技术人员可以显而易见得到涉案专利权利要求18的技术方案，权利要求18不具有创造性。

权利要求19-22、24是权利要求18的从属权利要求，结合对权利要求2、9、11、15、12的评述可知，基于类似理由，在权利要求1和权利要求18相对于证据5和6不具备创造性的基础上，权利要求19、21-22、24附加限定的所述技术方案是在证据5和6的基础上可以显而易见地得出的，权利要求20的技术方案是在证据5、6和证据2的基础上可以显而易见地得出的。因此，权利要求19、21-22、24相对于证据5和6，权利要求20相对于证据5和6以及证据2不具有创造性。

权利要求23在权利要求18的固体药物剂型的基础上进一步限定其中所述水溶性聚合物是共聚维酮，所述表面活性剂是脱水山梨醇单棕榈酸酯，结合对权利要求10、11的评述可知，证据5和6中均已经公开所述水溶性聚合物可选自聚乙烯吡咯烷酮，证据6中还进一步具体指出所述可药用聚合物优选N-乙烯基吡咯烷酮与羧酸乙烯酯例如乙酸乙烯酯的共聚物，如共聚维酮等（参见中文译文第3页第22-24行），在此基础上，选择出共聚维酮用作水溶性聚合物是显而易见的；证据6中指出所述表面活性剂可优选为脱水山梨醇脂肪酸酯（司盘），权利要求23所限定的脱水山梨醇单棕榈酸酯（司盘40）即属于证据6中优选推荐的脱水山梨醇脂肪酸酯的一种常见类型，证据14也对常规的非离子表面活性剂HLB值范围和特性进行了介绍（参见第701右栏倒数第1段，第702页表5），在上述证据的基础上，本领域技术人员能够结合常规实验选择出该具体的表面活性剂并应用于涉案专利的固体药物剂型中。涉案专利说明书并未证实上述具体可药用水溶性聚合物和表面活性剂的选择产生了预料不到的技术效果。因此，结合对权利要求18的评述可知，在证据5和6以及证据14的基础上，权利要求23不具有创造性。

权利要求25要求保护一种固体药物剂型，权利要求25与证据5实施例1B中公开的固体药物剂型的区别技术特征在于：（1）所述水溶性聚合物种类及含量不同，涉案专利权利要求25中限定为 *N*- 乙烯吡咯烷酮和醋酸乙烯酯的共聚物，且限定含量为剂型的50wt%～85wt%，证据5实施例1B为聚乙烯吡咯烷酮，含量为10.5%；（2）涉案专利权利要求1限定了剂型中还包含2wt%～20wt%的脱水山梨醇脂肪酸酯；（3）活性成分不同，涉案专利权利要求25活性成分为利托那韦和洛匹那韦，而证据5实施例1B中则是利托那韦。基于上述区别技术特征，涉案专利权利要求25实际解决的技术问题是：如何提供一种具有较好稳定性和生物利用度的包含利托那韦和洛匹那韦的固体药物剂型。对于区别技术特征（1）、（2）而言，结合对权利要求1、15的评述可知，是本领域技术人员在证据5和6的基础上可以通过常规实验显而易见地得出的；对于区别技术特征（3），结合对权利要求18的评述可知，在证据5中已经给出选择区别技术特征（3）的明确教导。因此，在证据5和6的基础上，本领域技术人员结合常规实验，可以显而易见地得到涉案专利权利要求25的技术方案，权利要求25不具有创造性。

权利要求26在权利要求25的基础上进一步限定了水溶性共聚物为共聚维酮，以及所述脱水山梨醇脂肪酸酯是脱水山梨醇单棕榈酸酯，结合对权利要求23的评述可知，在其引用的权利要求不具备创造性的前提下，权利要求26相对于证据5和6以及证据14不具备创造性。鉴于已经得出涉案专利全部权利要求不具备创造性，不符合2000年专利法第二十二条第三款规定的结论，专利复审委员会对A公司主张的其他无效理由和证据未再予以评述。

综上，专利复审委员会宣告涉案专利全部无效。

B公司不服被诉决定，向北京市第一中级人民法院提起行政诉讼。在一审庭审中，B公司明确表示在权利要求1具备创造性的基础上，其从属权利要求也具备创造性，若权利要求1被认定不具备创造性，不再坚持其从属权利要求的创造性。上述事实有被诉决定、涉案专利授权公告文本、证据5、证据6及当事人陈述等证据在案佐证。

北京市第一中级人民法院认为：

涉案专利权利要求1要求保护一种固体药物剂型，其包含至少一种HIV蛋白酶抑制剂在至少一种可药用水溶性聚合物和至少一种可药用表面活性剂中的固体分散体，其中所述HIV蛋白酶抑制剂为（2*S*，3*S*，5*S*）-5-（*N*-（*N*-（*N*-甲基-*N*-（（2-异丙基4-噻唑基）甲基）氨基）羰基）-L-缬氨酰基）氨基-2-（*N*-（（5-噻唑基）甲氧基-羰基）-氨基）-氨基-1，6-二苯基-3-羟基己烷（利托那韦），并且所述可药用水溶性聚合物具有至少50℃的Tg，且以占剂型重量50%～85%的量存在，其中所述可药用表面活性剂是具有4～10的HLB值的可药用非离子表面活性剂，并且可药用表面活性剂以占剂型重量2%～20%的量存在。

证据5公开了一种不存在结晶的稳定的固体分散体药物制剂。该制剂是包含药物化合物、水溶性载体以及包含稳定的固体分散体和其他可药用载体、稀释剂或赋形剂的药物组合物，其中的药物化合物具体可为利托那韦和洛匹那韦。证据5的实施例1B描述了一种30%的利托那韦在85/15的PEG 8000（聚乙二醇8000）/聚乙烯吡咯烷酮的固体分散体，并公开了其制备方法：30%利托那韦在95/5的PEG 8000/PVP中的固体分散体通过在250ml圆底烧瓶中将利托那韦和PVP17PF溶于少量无水乙醇中而制备。方法的其余部分如上所述。还以类似方式制备了30%利托那韦在85/15的PEG 8000/PVP中的分散体以及不含药物的10%或20% PVP17PF在PEG 8000的分散体。

经比对，权利要求1与证据5实施例1B的区别技术特征为：1.所述水溶性聚合物的含量不同，权利要求1中限定了具有至少50℃的Tg的水溶性聚合物含量为剂型的50wt%～85wt%，证据5实施例1B公开了作为所述水溶性聚合物的聚乙烯吡咯烷酮，其含量为10.5%；2.权利要求1限定了剂型中还包含2wt%～20wt%的所述具有4～10的HLB值的可药用非离子表面活性剂，证据5实施例1B中不包含表面活性剂，发明内容中公开了该固体剂型中可以包含可药用表面活性剂，但未公开具体含量以及表面活性剂位于固体分散体中。基于上述区别技术特征，涉案专利权利要求1实际解决的技术问题是：如何提供一种具有良好的稳定性和生物利用度的包含利托那韦的固体药物剂型。

针对上述区别技术特征1，由于证据5已经给出可以选择聚乙烯吡咯烷酮作为涉案专利权利要求1所限定的水溶性聚合物来改善包含难溶性药物利托那韦为活性成分的固体药物剂型的稳定性并加快溶解，从而得到具有改善的稳定性和生物利用度的固体制剂的技术启示，本领域技术人员在此基础上，可通过常规实验选择出50wt%～85wt%的作为所述水溶性聚合物的聚乙烯吡咯烷酮的总体含量。对于除了聚乙烯吡咯烷酮之外的其他具有所述特性的水溶性聚合物，证据5也指出，对于水溶性聚合物而言，可用羟丙基甲基纤维素等代替聚乙烯吡咯烷酮，同样可得到具有预期技术效果的固体剂型，其含量范围也是可以通过常规制剂实验根据固体剂型的理化要求来进行调整。涉案专利说明书的内容描述也可佐证羟丙基甲基纤维素等同样属于水溶性聚合物的一种。因此，当所述水溶性聚合物选自除了聚乙烯吡咯烷酮之外的其他具有至少50℃的Tg的水溶性聚合物时，其种类和含量也是可以根据证据5结合常规实验容易选择得出的，不需要付出创造性劳动。

针对区别技术特征2，证据6公开的表面活性剂的HLB值为2～18，优选为7～18，特别优选为10～15，表面活性剂的含量与涉案专利权利要求1限定的范围重叠，且还列举了部分优选的表面活性剂如脱水山梨醇脂肪酸酯等。本领域技术人员基于证据6公开的内容，能够选择出适宜于涉案专利的HLB值介于4～10之间的表面活性剂，并通过常规实验选择出2wt%～20wt%的含量范围，且在案证据也不能证明涉案专利由于上述区别技术特征而在固体药物剂型的稳定性和生物利用度上取得了预料不到的技术效果。

综上，涉案专利权利要求1相对于证据5结合证据6不具备2000年专利法第二十二条第三款规定的创造性，专利复审委员会的相关认定正确，予以支持。

鉴于B公司在庭审中已明确表示在权利要求1具备创造性的基础上，其从属权利要求也具备创造性，若权利要求1被认定不具备创造性，不再坚持其从属权利要求的创造性，故在权利要求1不具备创造性的基础上，权利要求2-6、8-17也不具备创造性。权利要求7在权利要求2的基础上进一步限定所述至少一种HIV蛋白酶抑制剂是利托那韦和洛匹那韦的组合，而证据5中已经公开HIV蛋白酶抑制剂可以是利托那韦和洛匹那韦的组合，故权利要求7也不具备创造性。权利要求18要求保护一种固体药物剂型。经比对，其与证据5的区别技术特征在于：1.所述水溶性聚合物的含量不同，涉案专利权利要求18中聚乙烯吡咯烷酮含量为剂型的50wt%～85wt%，证据5实施例1B为10.5%；2.涉案专利权利要求18限定了剂型中还包含2wt%～20wt%的所述具有4～10的HLB值的可药用非离子表面活性剂；3.活性成分不同，涉案专利权利要求18活性成分为利托那韦和洛匹那韦，而证据5实施例1B中则是利托那韦。如前所述，上述区别技术特征1、2已被证据5、6公开，而证据5中也已明确指出活性成分可以是利托那韦和洛匹那韦的组合。因此，权利要求18也不具备2000年专利法第二十二条第三款规定的创造性。

权利要求19-22、24是权利要求18的从属权利要求，其附加技术特征分别对应于权利要求2、9、15、10、12，基于同上述权利要求相同的理由，权利要求19-22、24也不具备创造性。权利要求23的附加技术特征为所述水溶性聚合物是共聚维酮，所述表面活性剂是脱水山梨醇单棕榈酸酯。证据5、6均已公开所述水溶性聚合物可选自聚乙烯吡咯烷酮，证据6中还进一步具体指出所述可药用聚合物优选N-乙烯基吡咯烷酮与羧酸乙烯酯例如乙酸乙烯酯的共聚物，如共聚维酮等，在此基础上，选择出共聚维酮用作水溶性聚合物是显而易见的。证据6指出所述表面活性剂可优选为脱水山梨醇脂肪酸酯，而脱水山梨醇单棕榈酸酯即属于脱水山梨醇脂肪酸酯的一种常见类型。因此，在权利要求18不具备创造性的基础上，权利要求23也不具备创造性。

权利要求25要求保护一种固体药物剂型。经比对，权利要求25与证据5实施例1B的区别技术特征在于：1.所述水溶性聚合物种类及含量不同，权利要求25中限定为N-乙烯吡咯烷酮和醋酸乙烯酯的共聚物，且限定含量为剂型的50wt%~85wt%，证据5实施例1B为聚乙烯吡咯烷酮，含量为10.5%；2.权利要求25限定了剂型中还包含2wt%~20wt%的脱水山梨醇脂肪酸酯；3.活性成分不同，权利要求25活性成分为利托那韦和洛匹那韦，而证据5实施例1B则是利托那韦。如前所述，上述区别技术特征1、2已被证据5、6公开，而证据5中也已明确指出活性成分可以是利托那韦和洛匹那韦的组合。因此，权利要求25也不具备2000年专利法第二十二条第三款规定的创造性。权利要求26的附加技术特征为所述共聚物是共聚维酮，所述脱水山梨醇脂肪酸酯是脱水山梨醇单棕榈酸酯。基于同权利要求23相同的理由，权利要求26也不具备创造性。

综上所述，被诉决定认定事实清楚，适用法律正确，程序合法，B公司的诉讼理由不能成立，不予支持。据此，依照《中华人民共和国行政诉讼法》第六十九条之规定，判决：驳回B公司的诉讼请求。

B公司不服原审判决，向本院提起上诉，请求撤销原审判决和被诉决定，由专利复审委员会承担一、二审全部诉讼费用。其主要上诉理由：一、证据5的技术方案不足以实现涉案专利的技术效果。二、在证据5的基础上结合证据6的教导也不足以实现涉案专利的技术效果。三、证据5、6均未给出如何获得涉案专利的技术效果的启示。四、涉案专利取得的技术效果属于预料不到的技术效果。五、被诉决定认为涉案专利的实施例无法证明涉案专利的技术效果的观点是错误的。六、涉案专利技术方案解决了一直渴望解决但始终未能获得成果的技术难题，且获得了商业上的成果，具备创造性。综上，原审判决和被诉决定认定事实不清，适用法律错误，应当撤销。

专利复审委员会、A公司服从原审判决。本院审理查明，一审法院查明的事实属实，依法予以确认。

本院认为：本案的争议焦点是涉案专利权利要求是否具有创造性。2000年专利法第二十二条第三款规定："创造性，是指同申请日以前已有的技术相比，该发明有突出的实质性特点和显著的进步，该实用新型有实质性特点和进步。"

创造性的判断通常遵循"三步法"：第一步，确定最接近的现有技术；第二步，确定发明的区别特征和发明实际解决的技术问题；第三步，判断要求保护的发明对本领域的技术人员来说是否显而易见。在该步骤中，要从最接近的现有技术和发明实际解决的技术问题出发，判断要求保护的发明对本领域的技术人员来说是否显而易见。判断过程中，要确定的是现有技术整体上是否存在某种技术启示，即现有技术中是否给出将上述区别特征应用到该最接近的现有技术以解决其存在的技术问题（发明实际解决的技术问题）的启示，这种启示会使本领域的技术人员在面对所述技术问题时，有动机改进该最接近的现有技术并获得要求保护的发明。如果现有技术存在这种技术启示，则发明是显而易见的，不具有突出的实质性特点。在"三步法"的适用过程中，应当将发明的技术方案作为一个整体对待，考察其整体上相对于现有技术是否显而易见，而不能肢解、割裂对待其中的技术特征。

涉案专利权利要求1要求保护一种固体药物剂型。证据5公开了一种不存在结晶的稳定的固体分散体药物制剂。原审判决认定涉案专利权利要求1与证据5实施例1B的区别技术特征为：（1）所述水溶性聚合物的含量不同，权利要求1中限定了具有至少50℃的Tg的水溶性聚合物含量为剂型的50wt%~85wt%，证据5实施例1B公开了作为所述水溶性聚合物的聚乙烯吡咯烷酮，其含量为10.5%；（2）权利要求1限定了剂型中还包含2wt%~20wt%的所述具有4~10的HLB值的可药用非离子表面活性剂，证据5实施例1B中不包含表面活性剂，发明内容中公开了该固体剂型中可以包含可药用表面活性剂，但未公开具体含量以及表面活性剂位于固体分散体中。各方当事人对此认定均无异议，本院经审查予以确认。基于上述区别技术特征，涉案专利权利要求1实际解决的技术问题：如何提供一种具有良好的稳定性和生物利用度的包含利托那韦的固体药物剂型。

针对上述区别技术特征1，证据5已经给出可以选择聚乙烯吡咯烷酮作为涉案专利权利要求1所限定的水溶性聚合物来改善包含难溶性药物利托那韦为活性成分的固体药物剂型的稳定性并加快溶解，从而得到具有改善的稳定性和生物利用度的固体制剂的技术启示，本领域技术人员在此基础上，可通过常规实验选择出50wt%～85wt%的作为所述水溶性聚合物的聚乙烯吡咯烷酮的总体含量。对于除了聚乙烯吡咯烷酮之外的其他具有所述特性的水溶性聚合物，证据5也指出，对于水溶性聚合物而言，可用羟丙基甲基纤维素等代替聚乙烯吡咯烷酮，同样可得到具有预期技术效果的固体剂型，其含量范围也是可以通过常规制剂实验根据固体剂型的理化要求来进行调整。涉案专利说明书的内容描述也可佐证羟丙基甲基纤维素等同样属于水溶性聚合物的一种。因此，当所述水溶性聚合物选自除了聚乙烯吡咯烷酮之外的其他具有至少50℃的Tg的水溶性聚合物时，其种类和含量也是可以根据证据5结合常规实验容易选择得出的，不需要付出创造性劳动。特别是，本案中无证据证明涉案专利权利要求1选择50wt%～85wt%的水溶性聚合物具有预料不到的技术效果。

针对区别技术特征2，证据6公开的表面活性剂的HLB值为2～18，优选为7～18，特别优选为10～15，表面活性剂的含量与涉案专利权利要求1限定的范围重叠，且还列举了部分优选的表面活性剂如脱水山梨醇脂肪酸酯等。本领域技术人员基于证据6公开的内容，能够选择出适宜于涉案专利的HLB值介于4-10之间的表面活性剂，并通过常规实验选择出2wt%～20wt%的含量范围，且在案证据也不能证明涉案专利由于上述区别技术特征而在固体药物剂型的稳定性和生物利用度上取得了预料不到的技术效果。

B公司认为本领域技术人员无法结合证据5、6以得到涉案专利权利要求1的技术方案。对此，本院认为，证据5实施例1B制备的组合物由HIV蛋白酶抑制剂（利托那韦）、PEG、PVP构成，该组合物具有较好的溶解性。证据5的"发明背景"部分还记载："有多种因素可影响口服给药时药物的生物利用度，这些因素包括水溶性、在整个肠胃道中的药物吸收……"由此可见，药物的生物利用度是本领域技术人员普通关注的话题和追求的技术目标。站在证据5实施例1B的基础上，本领域技术人员有动机去进一步改进其生物利用度，提升其药物吸收性。证据6明确记载，添加表面活性剂可有效改进药物的生物利用度，表面活性剂的HLB值为2～18，优选为7～18，特别优选为10～15，表面活性剂的含量与涉案专利权利要求1限定的范围重叠。证据6还记载，其表面活性剂的占比大于10%，至多40%。证据6另记载，其可以使用的活性成分是所有人类和兽用药物以及食品补充剂中所用的活性成分，特别适宜的活性成分包括逆转录酶抑制剂等。由此可见，证据6中的活性成分可以是涉案专利权利要求1中的HIV蛋白酶抑制剂。站在证据5实施例1B的基础上，本领域技术人员基于进一步改进其生物利用度的普遍技术追求，完全有动机将证据6中的HLB值为2～18的表面活性剂结合到证据5实施例1B中，并将其HLB进行常规的调整，限定为4～10，同时对其比重进行常规的调整，限定为2%～20%，另外再对水溶性聚合物的比重进行常规的调整，限定为50%～85%。本案并无证据证明涉案专利权利要求1中的水溶性聚合物的特定比重、表面活性剂的特定比重及特定HLB值对技术效果有何预料不到的技术效果，故这种数值限定完全可以通过常规的实验得到，属于常规的限定，不具有特别的技术意义。

综上，涉案专利权利要求1相对于证据5和证据6的结合不具备2000年专利法第二十二条第三款规定的创造性，原审判决的相关认定正确，本院予以支持。

原审判决认定其他权利要求亦不具备创造性，本院经审查亦予以认可。

综上所述，原审判决认定事实清楚，适用法律正确，应当予以维持。B公司的上诉理由不能成立，对其诉讼请求，本院不予支持。依照《中华人民共和国行政诉讼法》第八十九条第一款第一项之规定，判决如下：驳回上诉，维持原判。一、二审案件受理费各人民币100元，均由B公司负担（均已交纳）。

本判决为终审判决。

（资料来源：https：//www--pkulaw--com--dwjj.h.gou5juan.com/pfnl/a6bdb3332ec0adc4ac14aa59e0b85f734ffa5e9543f96a52bdfb.html?keyword=%E8%8D%AF%E5%93%81%E4%B8%93%E5%88%A9%E6%97%A0%E6%95%88%20）

▶【案例】2-5-2

A公司等诉中华人民共和国国家知识产权局专利复审委员会发明专利权无效行政纠纷案

【基本案情】

上诉人A公司因与被上诉人中华人民共和国国家知识产权局专利复审委员会（简称专利复审委员会）及原审第三人B公司发明专利权无效行政纠纷一案，不服中华人民共和国北京知识产权法院（简称北京知识产权法院）（2015）京知行初字第5236号行政判决，向本院提起上诉。本院于2017年8月3日受理本案后，依法组成合议庭于2017年10月10日公开开庭进行了审理。上诉人A公司的委托代理人杨某某、牛某某，被上诉人专利复审委员会的委托代理人候某、宋某，原审第三人C公司的委托代理人林某某到庭参加诉讼。本案现已审理终结。

北京知识产权法院经审理查明：本案涉及专利号为2007800431××.×，名称为"结晶型1-（β-D-吡喃葡糖基）-4-甲基-3-［5-（4-氟苯基）-2-噻吩基甲基］苯半水合物"的发明专利（简称涉案专利），涉案专利的优先权日为2006年12月4日，申请日为2007年12月3日，授权公告日为2012年6月20日，专利权人为A公司。

涉案专利说明书"背景技术"部分记载有如下内容："专利WO2005/012326小册子（证据1）公开为钠依赖性葡萄糖转运体（SGLT）抑制剂的化合物群，及这些化合物处于处理糖尿病、肥胖、糖尿病并发症等的治疗用途；一般而言，为了商业用途，重要的是产物应具备良好的操作性质，另外，亦需要制造纯质与结晶型的该产物，使配方可符合严格的医药上的要求与规格；且理想的是该产物应为可易于过滤与容易干燥的型式，另外，经济上理想的是无须特殊保存条件即可在一段延长的时间内为稳定的产物；但要从有机溶剂获得式（Ⅰ）化合物的结晶型存在困难；现已发现可以商业规模可重现的方法产生结晶型式（Ⅰ）化合物的半水合物。"涉案专利说明书"发明内容"及"具体实施方式"部分中记载：本发明提供式（Ⅰ）化合物的半水合物结晶型作为新颖的材料，特别是以医药上可接受的型式。涉案专利的发明人已发现可从含水的溶剂中结晶出式（Ⅰ）化合物，且该式（Ⅰ）化合物的半水合物的结晶型具备良好的操作性质与特性。典型地，可自以下的混合物获得化合物（Ⅰ）的半水合物的结晶型：式（Ⅰ）的化合物、良溶剂及水、任选含有的不良溶剂。已发现为适当的良溶剂的实例包含酮类（如丙酮、2-丁酮）、酯类（如乙酸乙酯、乙酸甲酯）、醇类（如甲醇、乙醇、异丙醇），与该溶剂的混合物。不良溶剂的实例包含烷类（如己烷、庚烷）、芳族烃类（如苯、甲苯）、醚类（如乙醚、二甲基醚、二异丙基醚）与这些溶剂的混合物。

该式（Ⅰ）化合物的半水合物的结晶型的一个优选制剂，典型地，包括使依据专利WO2005/012326小册子（证据1）所描述的方法所制备的式（Ⅰ）的粗产物或非晶形化合物溶解于良溶剂中（如酮类或脂类），并加入水及不良溶剂（如烷类或醚类）至该所得溶液，接着过滤。在可溶于水的良溶剂的情况中，无须使用不良溶剂，且可将水加入该式（Ⅰ）化合物于良溶剂中的溶液，依此，可降低该式（Ⅰ）在该溶液中的溶解性。形成该式（Ⅰ）化合物的半水合物的结晶型的精确条件可依经验而决定。

在该条件下，优选可在降低的、常温的，或升高的温度下进行结晶作用。

该式（Ⅰ）化合物的半水合物的结晶型明显较非晶型化合物容易分离，且可在冷却后从该结晶作用的基质过滤并洗涤和干燥，并且本发明的结晶型较式（Ⅰ）化合物的非晶型更为稳定。

针对涉案专利，B公司于2014年4月21日向专利复审委员会提出了无效宣告请求，其理由是涉案专利说明书不符合2000年实施的《专利法》第二十六条第三款的规定，权利要求4、6不符合专利法第二十六条第四款的规定；权利要求4不符合2002年实施的《专利法实施细则》第二十一条第二款的规定，权利要求1-6不符合专利法第二十二条第三款的规定，请求宣告涉案专利权利要求1-6无效。在无效申请理由中，B公司认为："在完成化合物的开发后，接着研究更具利用价值的晶体是本领域技术人员普遍的研究思路，并且，利用本领域技术人员对于晶体一般性质和效果的知识和常规的制备晶体的实验手段即可完成这些研究，证据1也给出了利用重结晶等方法制备晶体的启示。因此，涉案专利权利要求1中的记载的粉末X线衍射图谱参数都是本领域技术人员根据证据1的启示以及常规技术手段能够得到的，对本领域技术人员是显而易见的。此外，涉案专利说明书中的记载也可以看出，制备式（Ⅰ）化合物的半水合物的方法为本领域的常规技术手段，且形成该式（Ⅰ）化合物的半水合物的结晶型的精确条件可依经验而决定。虽然A公司声称结晶型的式（Ⅰ）化合物的半水合物较非晶型更为稳定，但是，说明书并没有对该效果进行验证。并且，即使认为涉案专利的式（Ⅰ）化合物的半水合物相对于非晶型具有较好的稳定性，该效果也是本领域技术人员可以预期的。因此，权利要求1相对于证据1和公知常识的结合不具有创造性。"B公司同时提交了证据1和证据2。

经形式审查合格，专利复审委员会于2014年5月4日受理了B公司的无效宣告请求并将无效宣告请求书及证据副本转给A公司，并于2015年1月16日举行口头审理，口头审理中无效请求人B公司确认其无效宣告请求理由与请求书一致。

2015年3月18日，专利复审委员会作出第25492号专利无效宣告请求审查决定（简称被诉决定）。该决定的主要内容如下：

（一）审查基础

本无效宣告请求审理的文本为涉案专利的授权公告文本。

（二）关于无效宣告理由和证据

证据1为中国专利文献，证据2是美国专利文献，A公司认可其真实性，经核实，专利复审委员会对上述证据的真实性均予认可。A公司认可证据2的译文准确性，在此基础上，专利复审委员会认可上述译文的准确性。证据1和2的公开日均早于涉案专利的优先权日，可以作为现有技术评价涉案专利的创造性。

（三）关于创造性

关于涉案专利权利要求1，证据1公开了涉案专利权利要求1中涉及具体化合物本身，二者的区别在于：证据1中并未公开化合物是晶体型半水合物，也没有公开其粉末X线衍射图谱。较之证据1中公开的技术方案，涉案专利权利要求1实际解决的技术问题是化合物稳定并且容易操作，所述的问题是通过将化合物转变为结晶形式的半水合物实现的。证据1中给出了式（Ⅰ）化合物可以进行重结晶的信息，尽管证据1没有公开其涉及的具体化合物的最终形式，但本领域技术人员能够从证据1的上述记载获得这样的教导——证据1中式（Ⅰ）化合物，包括涉案专利所涉及的具体化合物在内，是可以尝试将其结晶化合物，且结晶是精制纯化此类化合物的方法之一。证据1已经给出式（Ⅰ）化合物是一种可形成晶体的化合物的技术教导，此外，晶体是内部的构造质点（如原子、分子）呈平移周期性规律排列的固体，并具备晶格能，与具有相同化学成分的非晶体相比，晶体更具稳定性，这些内容均促使所属领域技术人员通常会尝试将药物活性物质转化为相应的晶体，且A公司也持"晶体较之无定形状态更稳定是本领域公知常识"的观点，因此，本领域技术人员出于提高化合物稳定性的目的，有动机对化合物进行结晶化实践尝试，继而对所获晶体的具体技术参数（例如X线衍射图谱）进行测定，进而形成涉案专利的权利要求1的方案。进一步考虑涉案专利的制备方法，可见，涉案专利的制备方法没有超出本领域技术人员对重结晶的一般认识，且证据1公开了乙酸乙酯是式1化合物的良溶剂，本领域技术人员在尝试获得涉案专利晶体时，可以从中获得有关适用于重结晶的溶剂的启示，进而获得涉案专利的结晶型半水合物。此外，涉案专利说明书中没有提供所述结晶型半水合物的任何实验数据，以证明该化合物在稳定性或者其他方面较之非晶体或其他类型的晶体具有超出本领域技术人员预期的更佳效果。同时，除非特别指出，重结晶操作后得到的产物应当是晶体，在证据1明确教导式（Ⅰ）化合物可以进行重结晶操作，且涉案专利涉及的化合物是优选化合物的基础上，本领域技术人员结合公知常识获得涉案专利权利要求1的技术方案，无须付出创造性的劳动。因此，权利要求1的技术方案相对于证据1和公知常识的结合是显而易见的，不具备《专利法》第二十二条第三款规定的创造性。

关于权利要求2和3，本领域的技术人员知道，一旦晶体形式确定，其X线图谱和IR图谱随即确定，因此，权利要求2和3的保护范围与权利要求1实质上相同，基于权利要求1不具备创造性理由相同，权利要求2和3不具备创造性。

关于权利要求4，如前所述，重结晶是提纯化合物的常见手段，权利要求4限定的形成溶液、沉淀、再结晶等步骤没有超过重结晶的一般操作方式，在权利要求1-3不具备创造性的基础上，权利要求4也不具备创造性。

关于权利要求5，证据1中公开了式（Ⅰ）化合物可形成药物组合物，在权利要求1-3不具备创造性基础上，权利要求4和5不具备创造性。

关于权利要求6，证据1公开了式（Ⅰ）化合物可用于治疗糖尿病或糖尿病并发症，如糖尿病视网膜病变、糖尿病神经病变、糖尿病肾病以及延迟性伤口愈合等疾病，本领域技术人员公知，化合物的主要活性主要取决于化合物的结构，在化合物结构相同的前提下，不同晶体仅仅是化合物微观结构不同，通常不会改变化合物的活性。因此，将该化合物制成结晶型半水合物后仍然能够用于与化合物相同的医疗用途，这对于本领域技术人员是显而易见的，因此，在权利要求1-3不具备创造性的基础上，权利要求6也不具备创造性。

综上所述，基于以上证据已经得出涉案专利的所有权利要求不具备《专利法》第二十二条第三款规定的创造性、应被宣告无效的结论，在此情形下，专利复审委员会对B公司提出的其他证据和无效宣告理由不再予以评述。

基于以上事实和理由，专利复审委员会宣告涉案专利权全部无效。

A公司不服被诉决定，向北京知识产权法院提起行政诉讼。

在一审诉讼过程中，A公司补充提交了证据。

专利复审委员会提交了已生效的中华人民共和国北京市高级人民法院2010年12月10日作出的（2010）高行终字第751号行政判决书，在评述涉案发明专利的创造性时，法院认为："虽然某种化合物是否存在晶体形式、存在多少种晶体形式以及存在何种晶体形式是不可预期的，但却是客观的，且晶体一般是对已知化合物采用公知结晶方法后得到的必然产物，即某种化合物确实存在采用公知结晶方法就能够获得的晶体，本领域的技术人员如果想要获得该化合物的晶体，并不需要付出创造性的劳动就可以获得，除非该化合物晶体存在意想不到的技术效果。"

一审庭审中，A公司明确表示在涉案专利权利要求1不具备创造性的基础上，不再坚持权利要求2-5的创造性。

上述事实，有涉案专利授权公告文本、证据1、当事人提交的其他证据及当事人陈述等证据在案佐证。

北京知识产权法院认为：

（一）关于专利复审委员会在被诉决定第8页第4段中引入涉及"重结晶"的公知常识是否属于程序性错误。首先，B公司在无效申请理由中已经明确其认为涉案专利的权利要求1相对于证据1和公知常识的结合不具备创造性，虽然没有明确表述为"重结晶"，但在其无效理由中明确"在完成化合物的开发后，接着研究更具利用价值的晶体是本领域技术人员普遍的研究思路，并且，利用本领域技术人员对于晶体一般性质和效果的知识和常规的制备晶体的实验手段即可完成这些研究，证据1也给出了利用重结晶等方法制备晶体的启示"。在此基础上，专利复审委员会对于"重结晶"属于公知常识的论述，未违反《专利审查指南》的规定。其次，证据1说明书中已出现过关于"重结晶"的相关表述，专利复审委员会引入"公知常识"是用于解读具体术语、说明本领域相关技术情况，并未超出证据1公开的范围。再次，公知常识属于本领域技术人员内化于心且能够根据需要熟练应用的技术手段，其性质不是对比文件，专利复审委员会可以根据具体情况进行引用和说明。综上，专利复审委员会在无效决定中关于"重结晶"的公知常识的评述并无不当。

（二）关于涉案专利权利要求1是否具备创造性。证据1已经公开涉案专利权利要求1中涉及的具体化合物本身，故涉案专利权利要求1与证据1的区别技术特征在于，证据1未公开该化合物是结晶型半水合物，也没有公开其粉末X线衍射图谱。该区别技术特征实际要解决的技术问题为使化合物稳定并容易操作。解决上述技术问题所采用的技术方案是提供涉案专利式（I）化合物的半水合物的结晶型，即将化合物转变为结晶形式的半水合物。

根据证据1说明书中的记载，其公开了"由此所得到的本发明化合物可由有机合成化学中的传统公知方法例如重结晶、柱色谱法等分离与纯化"的内容，故证据1公开了可以对证据1中的式（I）进行重结晶，以实现化合物纯化的技术内容。虽然证据1中未明确说明式（I）的所有化合物均具有晶体形式，但根据本领域的一般公知常识，结晶体为原子、离子或分子按一定的空间次序排列而形成的固体，证据1实施例中载明该发明的化合物可为无色粉末、淡黄色粉末等结晶体形态，故证据1披露的信息足以给出此类化合物可以尝试进行结晶进而通过重结晶等进行分离或纯化的启示。A公司认为证据1公开的是"获得结晶型"，不同于"重结晶"，"重结晶"是在晶体本身已切实存在的情况下，对该晶体和杂质进行分离的过程，而非将非晶型化合物转变为稳定结晶型的过程。对此，本院认为，如前文所述，证据1中实施例中已经公开证据1式（I）的化合物可以为无色粉末等形态，因此，A公司认为证据1中公开的是将非晶型化合物转变为结晶型，不是"重结晶"，是对证据1的错误理解，本院对此不予支持。

A公司主张："证据1的发明点在于发现了具有特定活性的通式化合物，本领域技术人员能够理解其中的优选化合物应当是从活性角度而言的优选化合物，这种'优选'与这些化合物是否结晶并无关联。被诉决定对于本领域技术人员能够获得'针对特定化合物该如何获得其稳定晶型的技术启示'的认定错误。"

对此主张，首先，证据1说明书已经指出本发明化合物可由重结晶等方法分离与纯化，给出了一般性的教导；其次，证据1实施例108给出了该发明的一个化合物可进行结晶得到无色粉末，进一步给出了此类化合物可进行结晶的具体示例；再次，证据1的实施例1中公开了用乙酸乙酯从碳酸氢钠水溶液中萃取该实施例中的混合物，尽管萃取与重结晶的概念不同，但本领域技术人员可以得到乙酸乙酯是该类化合物的良溶剂的启示，在重结晶时使用良溶剂溶解、不良溶剂等促使结晶析出是通常会尝试的方法，本领域技术人员根据具体化合物情况采用公知的结晶方法进行试验属于本领域的常规技术手段，而涉案专利采用的也属于常规方法；另外，优选化合物通常是基于活性而言进行选择的，而在此基础上进一步去获得更具稳定性等良好性能的结晶型也是容易想到的。因此，根据证据1公开的内容和本领域的公知常识，基于提高化合物稳定性的目的，本领域技术人员有动机采用常规的结晶方法对证据1中涉及的式（I）化合物（包括涉案专利权利要求1的化合物）进行结晶，以得到涉案专利权利要求1的结晶型半水合物，并进而对所获晶体的具体技术参数，包括X线衍射图谱进行测定。从而形成涉案专利权利要求1的技术方案。

关于A公司主张涉案专利权利要求1较之现有技术具有突出的实质性特点一节，化学领域发明专利申请的审查存在许多特殊的问题，《专利审查指南》第二部分第十章6.1部分中规定，结构上与已知化合物接近的化合物，必须要有预料不到的用途或者效果，此预料不到的用途或者效果可以是与该已知化合物的已知用途不同的用途，或者是对已知化合物的某一已知效果有实质性的改进或提高，或者是在公知常识中没有明确的或不能由尝试推论得到的用途或效果。北京市高级人民法院（2010）高行终字第751号行政判决书中也有相应论述："虽然某种化合物是否存在晶体型式、存在多少种晶体型式以及存在何种晶体型式是不可预期的，但却是客观的，且晶体一般是对已知化合物采用公知结晶方法后得到的必然产物，即某种化合物确实存在采用公知结晶方法就能够获得的晶体，本领域的技术人员如果想要获得该化合物的晶体，并不需要付出创造性的劳动就可以获得，除非该化合物晶体存在意想不到的技术效果"。而本案中，涉案专利说明书也没有提供所述结晶型半水合物的任何实验数据，证明该化合物在稳定性或者其他方面较之非晶体或其他类型的晶体具有超出本领域技术人员预期的更佳效果。故对于A公司的该项主张，本院亦不予支持。

综上，根据证据1公开的内容和本领域的公知常识，本领域技术人员有动机采用常规的结晶方法对证据1中涉及的式（Ⅰ）化合物（包括涉案专利权利要求1的化合物）进行结晶，进而得到涉案专利权利要求1的结晶型半水合物及其X射线衍射图谱。涉案专利说明书也没有提供关于权利要求1的结晶型半水合物的任何实验数据，以证明其结晶型具有超出预期的效果。故涉案专利权利要求1不具备《专利法》第二十二条第三款所述的创造性。

（三）关于涉案专利权利要求2-6是否具备创造性。权利要求2-5是权利要求1的从属权利要求，鉴于A公司明确表示在权利要求1不具备创造性的基础上，不再坚持权利要求2-5的创造性问题，故在上文已认定权利要求1不具备创造性的情况下，对于被诉决定中认定权利要求2-5不具备创造性的部分，予以认可，不再评述。

关于权利要求6的创造性问题，证据1公开了式（Ⅰ）化合物（包括涉案专利权利要求1的化合物）可用于治疗糖尿病或糖尿病并发症，如糖尿病视网膜病变、糖尿病神经病变、糖尿病肾病以及延迟性伤口愈合，与涉案专利权利要求6中所述的医疗用途相同。在证据1已经公开涉案专利权利要求1化合物的前提下，将化合物制成结晶型半水合物用于相同的医疗用途对本领域技术人员来说是显而易见的。因此，在权利要求1不具备创造性的基础上，权利要求6也不具备创造性。

综上，被诉决定认定事实清楚、审理程序合法、适用法律及结论正确，田边株式会社的诉讼请求缺乏事实和法律依据，依照《中华人民共和国行政诉讼法》第六十九条之规定，判决：驳回A公司的诉讼请求。

田边株式会社不服原审判决，向本院提起上诉，请求撤销原审判决和被诉决定。其主要上诉理由是：（一）专利复审委员会在被诉决定第8页第3段中依职权引入关于重结晶的公知常识，属于程序错误。（二）证据1中对于涉案专利权利要求1的结晶型没有任何教导或者暗示，也没有证据表明通过公知常识即可获得涉案专利权利要求1的结晶型，故权利要求1相对于证据1具有突出的实质性特点和显著的进步，具有创造性。基于类似的理由，权利要求2-6也具有创造性。专利复审委员会作出被诉决定在程序上存在错误，在事实认定、法律适用及结论方面均有错误，应当撤销。原审判决未予纠正，亦应当撤销。

专利复审委员会、B公司服从原审判决。

本院审理查明，一审法院查明的事实属实，依法予以确认。

本院认为：本案的争议焦点是专利复审委员会作出被诉决定的程序是否合法以及涉案专利权利要求是否具有创造性。

关于专利复审委员会作出被诉决定是否存在程序性错误，原审判决进行了充分的论述，认定专利复审委员会的做法并无不当。本院经审查，同意原审判决的相关认定，A公司的该项上诉理由无法成立，本院不予支持。

《专利法》第二十二条第三款规定，发明的创造性，是指同申请日以前已有的技术相比，该发明有突出的实质性特点和显著的进步。

创造性的判断通常遵循"三步法"：第一步，确定最接近的现有技术；第二步，确定发明的区别特征和发明实际解决的技术问题；第三步，判断要求保护的发明对本领域的技术人员来说是否显而易见。在该步骤中，要从最接近的现有技术和发明实际解决的技术问题出发，判断要求保护的发明对本领域的技术人员来说是否显而易见。判断过程中，要确定的是现有技术整体上是否存在某种技术启示，即现有技术中是否给出将上述区别特征应用到该最接近的现有技术以解决其存在的技术问题（发明实际解决的技术问题）的启示，这种启示会使本领域的技术人员在面对所述技术问题时，有动机改进该最接近的现有技术并获得要求保护的发明。如果现有技术存在这种技术启示，则发明是显而易见的，不具有突出的实质性特点。

本案中，证据1已经公开涉案专利权利要求1中涉及的具体化合物本身，故涉案专利权利要求1与证据1的区别技术特征在于证据1未公开该化合物是结晶型半水合物，也没有公开其粉末X线衍射图谱。该区别技术特征实际要解决的技术问题为使化合物稳定并容易操作。解决上述技术问题所采用的技术方案是提供涉案专利式（Ⅰ）化合物的半水合物的结晶型，即将化合物转变为结晶形式的半水合物。

根据证据1说明书中的记载，其公开了"由此所得到的本发明化合物可由有机合成化学中的传统公知方法例如重结晶、柱色谱法等分离与纯化"的内容，故证据1公开了可以对证据1中的式（Ⅰ）采用重结晶、柱色谱法等方法进行分离与纯化，以实现化合物纯化的技术内容。虽然证据1中未明确说明式（Ⅰ）的所有化合物均具有晶体形式，但根据本领域的一般公知常识，结晶体为原子、离子或分子按一定的空间次序排列而形成的固体，证据1实施例中载明该发明的化合物可为无色粉末、淡黄色粉末等结晶体形态，故证据1披露的信息给出了对此类化合物可以尝试利用结晶方法和技术进行分离或纯化的启示。在此情况下，本领域技术人员完全有动机去尝试常规的结晶方法获得权利要求1的化合物晶体。

A公司强调涉案专利采用了特殊的结晶方法，获得权利要求1所示的晶型化合物，其结晶方法并不是公知常识的方法，采用其特定的结晶方法获得权利要求1的化合物，需要付出创造性劳动。对此，本院认为，首先，权利要求1是产品权利要求，并未用制备方法予以限定，故对权利要求1是否具备创造性的认定不需考虑其结晶方法，而只需考虑其化合物本身；其次，除了涉案专利说明书公开的结晶方法外，并不能排除其他结晶方法可以获得权利要求1的化合物；再次，在证据1已给出采用结晶方法可以获得其公开的化合物的晶体型式的技术启示的情况下，本领域技术人员有动机去尝试各种结晶方法来获得权利要求1中的化合物晶体。因此，A公司强调其结晶方法的特殊性，并据此认为权利要求1具有创造性的主张缺乏依据，本院不予支持。A公司关于权利要求1具有创造性的其他理由亦不能成立。

综上，根据证据1公开的内容和本领域的公知常识，本领域技术人员有动机采用常规的结晶方法对证据1中涉及的式（Ⅰ）化合物（包括涉案专利权利要求1的化合物）进行结晶，进而得到涉案专利权利要求1的结晶型半水合物及其X线衍射图谱。涉案专利说明书也没有提供关于权利要求1的结晶型半水合物的任何实验数据，以证明其结晶型具有超出预期的效果。故涉案专利权利要求1不具备《专利法》第二十二条第三款所述的创造性。

权利要求2-5是权利要求1的从属权利要求，A公司明确表示在权利要求1不具备创造性的基础上，认可被诉决定及原审判决关于权利要求2-5不具备创造性的认定，鉴于本院已认定权利要求1不具备创造性，在此情况下，对于被诉决定和原审判决中关于定权利要求2-5不具备创造性的认定，本院经审查予以确认。

关于权利要求6是否具有创造性的问题，证据1公开了式（Ⅰ）化合物（包括涉案专利权利要求1的化合物）可用于治疗糖尿病或糖尿病并发症，如糖尿病视网膜病变、糖尿病神经病变、糖尿病肾病以及延迟性伤口愈合，与涉案专利权利要求6中所述的医疗用途相同。在证据1已经公开涉案专利权利要求1化合物的前提下，将化合物制成结晶型半水合物用于相同的医疗用途对本领域技术人员来说是显而易见的。因此，在权利要求1不具备创造性的基础上，权利要求6也不具备创造性。

综上所述，原审判决认定事实基本清楚，适用法律正确，审理程序合法。A公司的上诉理由缺乏事实和法律依据，本院对其诉讼请求不予支持。依照《中华人民共和国行政诉讼法》第八十九条第一款第一项之规定，判决如下：

驳回上诉，维持原判。

一、二审案件受理费各人民币100元，均由A公司负担（均已交纳）。

本判决为终审判决。

（资料来源：https://www--pkulaw--com--dwjj.h.gou5juan.com/pfnl/a25051f3312b07f3c81c6f16236573ac348ed7203930acf5bdfb.html?keyword=%E8%8D%AF%E5%93%81%E4%B8%93%E5%88%A9%E6%97%A0%E6%95%88%20）

第一章　药品商标制度概述

--- 【引例】 ---

湖北法院服务和保障供给侧结构性改革（破产）和食品药品安全八大典型案例（2017年）之六：
被告人张某、邹某犯假冒注册商标罪及被告人王某某犯销售非法制造的注册商标标识罪案

案号：一审案号〔2014〕鄂襄阳中知刑初字第00002号

　　　二审案号（2015）鄂知刑终字第00001号

案由：假冒注册商标罪、销售非法制造的注册商标标识罪

【裁判要点】

为他人假冒注册商标提供帮助的行为人，应当区分情况认定其构成假冒注册商标罪的共同犯罪或者是独立构成非法制造、销售非法制造的注册商标标识罪。行为人为他人假冒注册商标提供生产、制造侵权产品的主要原材料、辅助材料、半成品、生产技术、配方等帮助，或者是为其提供不包含注册商标的包装材料、标签标识，应以假冒注册商标罪的从犯论处；行为人为他人假冒注册商标提供的包装材料上印制有注册商标，或其提供的标签标识本身就是注册商标，应当认定为单独构成非法制造、销售非法制造的注册商标标识罪。

【基本案情】

公诉机关：湖北省襄阳市人民检察院。

被告人（二审上诉人）：张某，男，汉族，初中文化，个体工商户。

被告人（二审上诉人）：邹某，女，汉族，中专文化，个体工商户，系张某妻子。

被告人（二审上诉人）：王某某，男，汉族，初中文化，无固定职业。

湖北省襄阳市人民检察院于2014年9月9日公诉称：2012年以来，被告人张某为制造假冒调味品进行牟利，从被告人王某某处购买未经授权非法制造的包装袋，后被告人张某、邹某购买一般品牌的味精、鸡精，进行包装后冒充"太太乐"鸡精、"莲花"味精产品进行销售，并自己配方制造调味品，冒充"南德"调味料进行销售，销售额达116515元（人民币，下同），依照刑法相关规定，应当以假冒注册商标罪追究被告人张某、邹某的刑事责任，应当以销售非法制造的注册商标标识罪追究王某某的刑事责任。

被告人张某辩解称：对公诉机关指控罪名无异议，但指控其销售商品金额多于实际金额。

被告人邹某辩解称：对公诉机关指控罪名无异议，但其只参与生产，未参与销售。

被告人王某某辩解称：对公诉机关指控事实和罪名均无异议。

法院审理查明：2012年以来，被告人张某为了制造假冒的调味品进行牟利，从被告人王某某处购买未经授权非法制造的南德调味料包装袋10000套、莲花味精包装袋25000套，并向王某某汇款5250元。

后被告人张某、邹某购买一般品牌的味精、鸡精，进行包装后冒充名牌产品"太太乐"鸡精、"莲花"味精产品进行销售，并自己配方，用食盐、味精、香料等制造调味品，冒充名牌产品"南德"调味料进行销售，销售额达115565元。2013年8月14日，老河口市公安局对张某、邹某二人租住地方及租用的仓库进行了搜查，发现了大量的制假设备、原料以及假冒的"南德"调味品、"太太乐"鸡精、"莲花"味精包装、商标标识。经鉴定，上述包装和商标标识均系未经授权的伪造产品。

另查明：A公司于1998年9月28日受让取得第1141227号"南街村及图"商标，该商标核定使用商品为第30类，即方便面、调味品等，现该商标在核准的法定有效期限内。2004年11月12日，该商标被中华人民共和国国家工商行政管理总局认定为驰名商标。B公司系第1506180号"太太乐"商标的商标注册人，该商标核定使用商品为第30类，即佐料、味精、调味品等。C公司经B公司授权许可使用上述商标，该商标尚在核准的法定有效期限内，同时该商标亦被认定为驰名商标。D公司于2000年12月28日受让取得第919410号"莲花"商标，该商标核定使用商品为第30类，即咖啡调味品、味精等，现该商标在核准的有效期限内，且该商标亦为驰名商标。被告人张某、邹某所使用的"南德"调味料、"太太乐"鸡精以及"莲花"味精外包装袋上均印制有与上述商标相同的商标标识。

【裁判结果】

湖北省襄阳市中级人民法院于2015年1月19日作出（2014）鄂襄阳中知刑初字第00002号刑事判决：一、被告人张某犯假冒注册商标罪，判处有期徒刑2年，并处罚金人民币60000元（限于本判决生效后1个月内缴纳）；刑期从判决执行之日起计算。判决执行以前先行羁押的，羁押一日折抵刑期一日，即自2013年8月14日起至2015年8月13日止。二、被告人邹某犯假冒注册商标罪，判处有期徒刑1年，并处罚金人民币50000元（限于本判决生效后1个月内缴纳）；刑期从判决执行之日起计算。判决执行以前先行羁押的，羁押一日折抵刑期一日，即应扣除2个月零10天，即自2015年1月19日起至2015年11月8日止。三、被告人王某某犯销售非法制造的注册商标标识罪，判处有期徒刑1年，并处罚金人民币10000元（限于本判决生效后1个月内缴纳）；刑期从判决执行之日起计算。判决执行以前先行羁押的，羁押一日折抵刑期一日，即应扣除22天，即自2015年1月19日起至2015年12月26日止。四、对被告人邹某的非法所得予以追缴，上缴国库（老河口市公安机关已追缴）。五、查获的制假设备、原料以及假冒的"南德"调味品、"太太乐"鸡精、"莲花"味精包装、商标标识等予以没收，由老河口市公安机关负责处理。张某、邹某、王某某均不服一审判决，分别向湖北省高级人民法院提出上诉。湖北省高级人民法院于2015年6月17日作出（2015）鄂知刑终字第00001号刑事裁定：一、维持湖北省襄阳市中级人民法院〔2014〕鄂襄阳中知刑初字第00002号刑事判决第一项、第二项、第四项、第五项。二、维持湖北省襄阳市中级人民法院〔2014〕鄂襄阳中知刑初字第00002号刑事判决第三项对上诉人王某某的定罪和量刑部分，对上诉人王某某的刑期重新计算。三、上诉人王某某犯销售非法制造的注册商标标识罪，判处有期徒刑1年，并处罚金人民币10000元（限于本判决生效后1个月内缴纳）；刑期从判决执行之日起计算。判决执行以前先行羁押的，羁押一日折抵刑期一日，即自2015年1月19日起至2015年12月16日止。

【典型意义】

在侵犯知识产权罪的司法实践中，经常涉及侵权商品同时存在食品安全的问题。本案就是一起典型的涉及广大消费者食品安全问题的知识产权刑事案件，入选了最高人民法院评选的"2015年中国法院十大知识产权案件"。本案所涉法律问题具有以下三个方面的典型意义和代表性：一是正确界定了侵犯知识产权罪中此罪与彼罪的界限，厘清了帮助行为在何种情况下以共犯论处或者是独立构成犯罪；二是案件实体处理结果兼顾了加大打击犯罪力度与加强人权保障的知识产权刑事司法理念；三是本案涉及多个驰名商标，社会影响较大，新闻媒体高度关注，案件审理结果的社会效果好。

一、本案厘清了假冒注册商标罪的从犯与独立构成销售非法制造的注册商标标识罪的界限。在侵犯知识产权罪的司法实践中，认定构成假冒注册商标罪的从犯与独立构成销售非法制造的注册商标标识罪十分容易混淆。本案中，被告人邹某与被告人王某某均为被告人张某假冒注册商标的犯罪行为提供了帮助，但法院认定被告人邹某构成假冒注册商标罪的共同犯罪，而认定被告人王某某独立构成销售非法制造的注册商标标识罪。这其中涉及两个知识产权犯罪的法律适用问题。

（一）关于此罪与彼罪的问题。《刑法》第二百一十三条规定："未经注册商标所有人许可，在同一种商品、服务上使用与其注册商标相同的商标，情节严重的，处三年以下有期徒刑，并处或者单处罚金；情节特别严重的，处三年以上十年以下有期徒刑，并处罚金。"《刑法》第二百一十五条规定："伪造、擅自制造他人注册商标标识或者销售伪造、擅自制造的注册商标标识，情节严重的，处三年以下有期徒刑，并处或者单处罚金；情节特别严重的，处三年以上十年以下有期徒刑，并处罚金。"按照上述法律规定，假冒注册商标罪与销售非法制造的注册商标标识罪的区别在于客观行为表现方式的不同。销售非法制造的注册商标标识罪在客观上，表现为销售伪造、擅自制造的注册商标标识的行为，至于行为人是否将伪造、擅自制造的商标标识用于注册商标核定使用的同一种商品上，不影响本罪的成立；而假冒注册商标罪在客观上，强调的是行为人违反了商标管理法规，没有经过注册商标权利人的许可，在同一种商品上，使用与其注册商标相同的商标的行为。至于商标标识是否是行为人自己制造的，不影响犯罪的成立。就本案而言，被告人张某的犯罪行为是一种典型的未经商标权人许可在同一种商品上使用与其注册商标相同的商标的行为，应当构成假冒注册商标罪；而被告人王某某则只是向他人销售了非法制造的注册商标标识，其并未直接将商标标识使用在商品上，故被告人王某某不构成假冒注册商标罪，而是触犯了销售非法制造的注册商标标识罪。

（二）共同犯罪与独立构罪的问题。《刑法》第二十五条第一款规定："共同犯罪是指二人以上共同故意犯罪。"《最高人民法院最高人民检察院 公安部关于办理侵犯知识产权刑事案件适用法律若干问题的意见》第十五条规定："明知他人实施侵犯知识产权犯罪，而为其提供生产、制造侵权产品的主要原材料、辅助材料、半成品、包装材料、机械设备、标签标识、生产技术、配方等帮助，或者提供互联网接入、服务器托管、网络存储空间、通讯传输通道、代收费、费用结算等服务的，以侵犯知识产权犯罪的共犯论处。"本案中，被告人张某负责生产、洽谈、送货、收款等业务，被告人邹某负责记账并帮助张某装袋生产假冒商品，二人的行为属于在假冒注册商标行为中的不同分工，但有着共同的犯罪故意，故构成共同犯罪。其中，张某在共同犯罪中起主要作用，系主犯，邹某在共同犯罪中起次要作用，系从犯。被告人王某某为张某提供的包装材料，不同于一般的包装材料，其印制有他人的注册商标。但王某某主观上明知是非法制造的他人注册商标标识却仍然故意销售，而没有在商品上使用与其注册商标相同的标识的主观故意，故王某某与张某不具有假冒注册商标的共同故意。对于被告人王某某的犯罪行为，《刑法》第二百一十五条已经作出专门规定，被告人王某某的行为应当认定为单独构成销售非法制造的注册商标标识罪，而不能以假冒注册商标罪的共犯论处。

二、本案兼顾了加大打击犯罪力度与加强人权保障的知识产权刑事司法理念。本案犯假冒注册商标罪的主犯张某、从犯邹某在租用的仓库中，采用自己配方等方式制造调味品，假冒"太太乐""莲花"和"南街村"商标的商品销售，非法经营数额达115565元，情节严重；本案犯销售非法制造的注册商标标识罪的被告人王某某向张某销售两种非法制造的注册商标标识合计35000件，情节严重。本案终审判决三被告人有期徒刑并处罚金，对被告人要求判处缓刑的上诉请求不予支持，有力地打击了假冒"太太乐""莲花""南街村"等驰名商标的犯罪行为，维护了市场经济秩序，保障了广大消费者的合法权益。同时，二审法院对一审法院计算被告人王某某羁押时间的错误予以纠正，将一审漏算的羁押时间折抵刑期，重新计算羁押王某某的刑期，切实体现了依法保障人权的司法理念。

三、本案涉及多个驰名商标，社会影响较大，新闻媒体高度关注，案件审理结果的社会效果好。涉案"太太乐"商标、"莲花"商标和"南街村"商标均为驰名商标，且核定使用商品为食品，事关人民群众的食品安全，本案的审理受到了新闻媒体和社会公众的高度关注，新浪网、荆楚网、《楚天都市报》等众多新闻媒体对案件审理结果进行了追踪报道并给予了充分肯定和高度评价。2016年7月27日，《中国知识产权报》第9版"精品案例评析栏目"刊载了《帮助他人假冒注册商标应当如何定罪——评被告人张某、邹某犯假冒注册商标罪及被告人王某某犯销售非法制造的注册商标标识罪案》一文。2016年4月，该案被最高人民法院评选的"2015年中国法院十大知识产权案件"。

【专家点评】

本案属于典型保障民生食品安全案件，人民法院在本案审理中体现了很高的司法裁判水平和社会关怀。一方面，正确界定了假冒注册商标罪和销售非法制造的注册商标标识罪；另一方面，对多种犯罪行为中涉及共犯形态与独立罪名的竞合进行了划分，对法院审理此类案件具有指导性。此案与2017年年初，新闻媒体广泛报道的天津市查处的"北方调料造假中心"相互呼应。食品安全犯罪的上下游犯罪链条的参与人员的犯罪行为都进行了定性。表明了我省对此类犯罪行为也已经进行严厉打击，对有意侵犯食品安全的人员，有震慑警醒作用。此案入选了"2015年中国法院十大知识产权案件"，是国家加大知识产权力度保护局势下的积极成果。本案犯罪行为所侵犯的法益涉及"南德""南街村""太太乐"等多个驰名商标，法院经此裁判保护了所涉企业的合法权益。将其列入我省的民生案件典型案例，也能为新闻媒体继续保持食品安全问题提供素材，给社会传递正能量，给公众传递了正面的社会影响力。

（资料来源：湖北法院服务和保障供给侧结构性改革（破产）和食品药品安全八大典型案例（2017年）- 案例 - 中国审判流程信息公开网（court.gov.cn））

第一节 药品商标界定

商标是一种能将商品或者服务的来源加以区别的标志，换言之，商标是一种用于商品上或者服务中的特定标记，消费者通过这种标记，识别或者确认该商品、服务的生产经营者和服务提供者。商标是一种智力成果，属于知识产权范畴，包含注册商标和未注册商标。所谓注册商标，是指经商标局核准注册的商标。药品商标属于知识产权范畴，按照《类似商品和服务区分表》，人用药品属于第五大类第一小类（0501）。

药品作为一种特殊商品，消费者重点关注的是它的功效与安全性，但是消费者并不具备判别药品质量的能力，因此就将注意力转向了商标，尤其是在一个具有众多类似品种的市场中，有无商标、商标形象如何成为消费者购买与否的主要判别指标之一。尽管没有一个医药商标可以没有安全性和疗效而取得成功，但商标对与消费者之间建立情感纽带是重要的，具有医师和患者认可的良好药品商标可发挥产品上市后的最大潜能。因此商标对于企业来说是一种重要的无形资产，对商标专用权的确认和保护也因此成为必然。此外，对药品商标权的保护对于指导安全合理用药、保障人们身体健康也有着重要的意义。

就商标权的法律保护与专利权的法律保护之关系而言，后者保护着新产品或新产品的制作方法，前者则保护着产品来源的信誉，指示着产品的质量。实际上一个企业往往利用商标和专利的双重保护来加强自己在某种产品市场上的垄断地位。

与药品商标有关的一个概念是药品的"通用名"。一般来说，所谓"药品名称"包括"通用名"和"商品名"。药品的通用名称是指一国国家药品标准所规定的相同药品所共有的名称；药品的商品名称是一个企业生产的药品所特有的名称。同一通用名称的药品可以有不同的商品名称。药品的商品名称可以申请注册商标，而药品的通用名称是不允许申请注册商标的。为了避免将药品的通用名称与商品名称相混淆，尤其是为了避免把知名的药品商标当作药品通用名称使用，目前各国商标注册机关均以WHO出版的《国际非专利药物名称》（International Non-proprietary Names for Pharmaceutical Substance，INN）作为审查药品商标的权威依据。WHO出版的这部书，上面按外文26个字母顺序列有各种药品专用药名，其中有很多药品名称的下面还列有字体较小的若干个药厂生产的同上面的这种药品有同一疗效的药品，并列有该药厂自己专门使用的注册商标。这种小字体的商标后面，一般都带有一个"®"标记，注明它们是注册商标，同时说明带有这些商标的药品，其疗效和上面带名称的药品相同。此外，实践中加强药品监督部门与工商管理部门之间的行政协调也很重要。

第二节　国际商标发展历程

一、美国

早在1870年，美国国会根据商业发展的要求，制定了一部联邦商标法，规定商标可以申请和获得注册，并规定了一些实体性权利。然而到了1879年的"商标案"，美国最高法院却宣告1870年的联邦商标法违宪。一方面，商标既不属于作品，也不属于发明，因而不能依据美国宪法的"版权与专利条款"制定。另一方面，商标权作为一项财产权，系依据商标的实际使用和市场影响力而产生，与美国宪法的"贸易条款"也没有关系。美国最高法院认为，即使依据美国宪法的"贸易条款"制定联邦商标注册法，也应当限于州际贸易和与印第安人的贸易，以及相关的国际贸易。进入20世纪以后，制定了一部联邦商标法，规范州际贸易中使用的，甚至是国际贸易中使用的商标。到了1946年，美国国会经过多年努力，终于制定了联邦一级的商标注册法，称之为《美国兰哈姆法》，几经修订，一直沿用到现在。

二、英国

为了适应国内市场一体化和国际贸易不断发展的需要，在相关市场主体的推动下，英国国会于1875年制定了《英国商标注册法》。按照该法律，市场主体对于已经使用的商标，可以向主管部门申请注册，然后在注册簿上予以公示。根据相关研究，1875年的《英国商标注册法》在很大程度上受到了1857年《法国商标注册法》（《关于以使用原则和不审查原则为内容的制造标记和商标的法律》）的影响。按照《英国商标注册法》，在发生商标仿冒的情况下，英国法院通常不会审理涉案的注册商标是否具有一定的市场影响力，而是将纠纷审理的重点放在被告是否侵权、被告仿冒原告商标的行为是否造成了消费者混淆的问题上。一般说来，只要被告有意模仿了原告的商标，就表明原告的商标已经获得相应的市场影响力，可以作为财产获得保护。

三、其他

现行的《巴黎公约》第6条是关于商标注册保护的条文。根据规定，申请和注册商标的条件，由成员国自行确定。经由成员国注册的商标相互独立，不因是否在其他成员国申请注册、获准注册和续展注册而受到影响。这是商标保护的独立性原则。在此基础之上，第6条还就官方标志的禁止注册和使用、商标的转让、服务商标的保护，以及禁止代理人或者代表人未经同意而以自己的名义进行商标注册，作出了详细的规定。

《巴黎公约》第6条在规定商标注册事宜的同时，还规定了对于未注册驰名商标的保护。根据第6条之二，成员国应当保护未注册驰名商标。如果申请注册的商标，是复制、模仿或者翻译他人的未注册驰名商标，使用在同类或者类似商品上，容易导致消费者混淆的，应当拒绝注册。已经注册的，则应当撤销注册，并且禁止使用。又据规定，如果相关的商标已经为他人注册和使用，驰名商标的所有人可以在5年内提出撤销注册和禁止使用的请求。如果是恶意注册和恶意使用，则提出撤销注册和禁止使用的期间，不限于5年。显然，对于未注册驰名商标提供保护，禁止他人的注册和使用，反映了侵权责任法和反不正当竞争法对于未注册商标的保护。

第三节　我国药品商标发展历程

目前我国商标法经历了四次修改，相关的药品专门法律法规也作出多次修正，在各次的改版过程中，药品商标的相应规定也有了不同的发展历程。

一、药品商标注册的强制期

1983年颁布的《中华人民共和国商标法实施细则》（以下简称《商标法实施细则》）第四条规定："药品必须使用注册商标。"并规定申请药品商标注册，应"附送省、自治区、直辖市卫生厅、局的批准生产的证明文件"。据此说明，《中华人民共和国商标法》（以下简称《商标法》）施行初期对药品等特殊商品实行强制注册，其他商品则采用自愿注册原则。

1984年版《药品管理法》第四十一条规定："除中药材、中药饮片外，药品必须使用注册商标；未经核准注册的，不得在市场销售。注册商标必须在药品包装和标签上注明。"

国家工商行政管理局于1988年1月14日下发《关于公布必须使用注册商标的商品的通知》，具体确定必须使用注册商标的人用药品"包括中成药（含药酒）、化学原料药及其制剂、抗生素、生化药品、放射性药品、血清疫苗、血液制品和诊断药品"。

二、药品商标注册的权利限制空窗期

1990年第一次修改《药品管理法》时，取消有关药品必须使用注册商标的规定，2001年12月1日修订后的《药品管理法》也未对有关药品必须使用注册商标作出规定。

但1993年第一次及2001年第二次修改《商标法》时，对有关强制注册商标的规定均未作修改。直到2002年9月15日，在施行的《商标法实施条例》第四条中规定："商标法第六条所称国家规定必须使用注册商标的商品，是指法律、行政法规规定的必须使用注册商标的商品。"根据这一规定，必须使用注册商标的商品限于法律、行政法规规定的商品。据此，从2002年9月15日起，对人用药品不再实行强制注册。

三、药品商标不得使用药品通用名称

对于药品通用名称，2001年修改后的《药品管理法》取消了地方药品标准，其第五十条重新作出规定：列入国家药品标准的药品名称为药品通用名称。已经作为药品通用名称的，该名称不得作为药品商标使用。同时该法第三十二条第二款规定，国务院药品监督管理部门颁布的《中华人民共和国药典》和药品标准为国家药品标准。

四、《药品说明书和标签管理规定》进一步规制了药品商标的使用

国家食品药品监督管理局2006年24号令《药品说明书和标签管理规定》出台，该规定第二十七条明确阐释："药品说明书和标签中禁止使用未经注册的商标以及其他未经国家食品药品监督管理局批准的药品名称。"

第四节　药品商标保护的意义

一、药品商标具有不可估量的经济价值

药品同一般商品一样，为适应市场竞争，需要通过商标表示其不同出处或不同特征的标志。

当前，药品的商标化与市场化已迫在眉睫，在研发的初期就应开始商标化进程。一个成功的药品公司一直是以专利形式体现其经济价值的，但商标会使这一来之不易的财富进一步增值，成为公司新的利润增长点。我们有理由相信，商标的潜在价值是难以估量的。新药的巨额花费使制药公司有足够的动力加强商标建设，以保证其专利使用期间及过期后的利益。

对于一个企业，保护商标，能够促进科研和建立商品信誉，而高品质的产品和良好的商品信誉是企业占有和提升市场份额的必要条件，市场占有率直接关系到企业科研经费的收回和利润率的高低。对于社会，保护商标就是对发明创造积极性的保护，只有这样才能建立起公平的竞争环境，达到促进社会生产力发展的目的，从根本上发展我国的医药事业，缩短和国际大型医药企业的差距，真正保护人民的健康。

二、药品商标是企业的无形资产

无形资产是21世纪财富创造的主要资源，虽然没有物质实体，但却有较高的价值。商标专用权是一种无形财产权，也是一种私权。商标作为三大知识产权之一，是企业重要的生产要素，它承载着企业形象，凝结着市场信誉，代表了该企业的产品质量和服务保证。商标所有人的信誉越高，该商标也就越受人欢迎，使用该商标的商品也就畅销，从而帮助企业不断拓宽市场销路，获得良好的经济效益。不仅如此，商标还可经评估作价，折合成股份或以货币形式入股，当商标专用权受到侵害后，还可获得赔偿。所以说商标作为知识产权是有价值的，是企业的无形资产，并且是可无限增值的无形资产。

三、注册药品商标可以防止他人的假冒和抢注

在现代经济生活中，假冒商标药品时有出现，不仅掠夺了制药企业的市场份额，而且在普通民众无法辨识的状况下，严重损害了企业的声誉，干扰市场的正常经营活动，是一种不正当反竞争行为。更重要的是，药品作为一种特殊商品，它关系到人们的生命健康安全，假冒商标药品实质上是对生命的践踏。

药品注册商标后，就取得了商标专用权，其具有排他性，未经相关权利人许可，任何人不得使用，否则会受到法律的制裁。《刑法》第二百一十三条规定："未经注册商标所有人许可，在同一种商品上使用与其注册商标相同的商标，情节严重的，处三年以下有期徒刑，并处或者单处罚金；情节特别严重的，处三年以上十年以下有期徒刑，并处罚金。"《刑法》第二百一十四条规定："销售明知是假冒注册

商标的商品，违法所得数额较大或者有其他严重情节的，处三年以下有期徒刑，并处或者单处罚金；违法所得数额巨大或者有其他特别严重情节的，处三年以上十年以下有期徒刑，并处罚金。"商标所有人据此可以提起诉讼，维护自己的合法权益。

抢注药品商标在我国已经形成一条灰色的产业链。在我国，申请注册商标本着自愿原则，并且我国施行的是商标申请在先原则，只有同一天申请的才是使用在先原则，这就给那些嗅到商机的个人或团体可乘之机。中药老字号"王老吉""保济丸""片仔癀"等都在海外遭商标抢注，这对于国内老字号中药企业走向海外市场造成了很大阻碍。在新商标法中明确规定，不得以不正当手段抢先注册他人已经使用并有一定影响的商标。

无论是国内注册，还是国外注册，注册商标是保护制药企业自身品牌与市场的非常重要的途径。

▶▶ 【案例】3-1-1

国家知识产权局撤销"金银花"商标及系列索赔案件

2022年1月18日，A公司以其持有"金银花"商标，在全国发起数百起商标侵权诉讼，索赔超千万元。绝大多数法院在一审中均判决A公司胜诉，并判被诉企业赔偿数万元至数十万元不等。该603857号"金银花"商标早在1994年就因注册不当被撤销，但在2010年被转让给A公司，并进行了续展。"金银花"商标因此被质疑"碰瓷式维权"恶意敛财。

今年3月最高法宣布提审"金银花"商标案，但至今尚未宣判。同年8月，广东中山中院在二审中直接改判A公司败诉。在全国多家高院提审该案后，A公司表示撤回原起诉。

据此前报道，"金银花"商标案的曝光，源于全国花露水生产企业被相继以商标侵权起诉。其中，江西省保健与消毒产品行业协会60家企业总起诉金额就达1200万元，绝大多数判决中，企业均被判构成侵权并赔偿。

这些企业在生产花露水产品时，添加了金银花提取物，并在瓶身标注"金银花花露水"，而被诉侵犯A公司持有的"金银花"商标。

多家企业对于法院的败诉判决不能接受，因为其产品本身都有自己的注册商标，其标注"金银花"仅仅是作为描述性使用"金银花"名称，以提示消费者，并不存在侵权他人商标行为。

知名日化品牌的金银花花露水，一审也被判侵权A公司的商标，赔偿15万元，二审江苏高院维持原判。

江西省保健与消毒产品行业协会秘书长介绍，面对败诉判决和A公司的索赔压力，协会大量企业签署了5万~15万元不等的所谓商标谅解协议书，并支付了赔偿款；很多赔偿款支付给A公司股东，或者案外人私人银行卡号，或者支付到涉诉律师事务所账号。目前有据可查的赔偿款已经达到几百万元。

被诉不只是江西的企业。相关代理律师统计，A公司的金银花商标案自2019年开始批量发起，有200多起，每起索赔10万元左右，总索赔金额超千万元。

B公司代理律师在金银花案再审申请时发现，金银花商标本身存在重大权利瑕疵。

国家知识产权局的"金银花"商标档案显示，涉案"金银花"商标系1992年由C日用化学品厂注册，1994年1月27日，"金银花"商标被国家工商行政管理局商标评审委员会予以撤销，并被要求交回《注册商标证》。撤销理由：该商标用在化妆品中时直接表示了商品的主要原料，违反了《商标法》，"已属注册不当"。撤销公告时间为1995年，且根据当时法律，该裁定为一裁终局，不能复议。

该被撤销商标在未显示权利恢复的情况下，却"死而复生"进行了两次转让，并最终于2010年左右由A公司受让取得。该商标经过三次续展，其有效期到2032年7月29日。2019年起，A公司开始批量进行金银花商标维权诉讼。

2022年3月24日，最高法下达裁定，决定提审B公司申请的"金银花"案，再审期间，原判决被中止执行。

最高法的提审裁定被披露后，多地法院对于"金银花"案的处理出现转向。

今年4月开始，江苏南京中院、四川高院等法院，对其二审、再审的"金银花"案均裁定中止诉讼。6月24日、30日，广东中山中院更是在二审中直接对两起"金银花"商标案改判，撤销原支持A公司的一审判决，改判被诉企业不构成商标侵权。

最近，多名被告代理律师收到全国多家法院发来的撤案裁定——A公司决定撤回起诉。这意味着原一审判决不生效。

在2022年9月6日发布的商标公告中，本案"金银花"商标于2022年8月15日被撤销商标转让、续展，期发文编号为"国知商标审撤字〔2022〕233号"。其收件人名称为C日用化学品厂。

这意味着国家知识产权局认可1994年下达给C日用化学品厂的撤销裁定，基于该"金银花"商标早就被撤销无效，所以其后续的转让、续展权利全部不再认可。

9月8日，A公司相关负责人表示，他们已获悉国家知识产权局的该撤销公告，对此，他们将由专业团队提起行政诉讼。

A公司2019年起以诉讼方式碰瓷式维权，给全国化妆品行业、消毒产品行业带来无尽麻烦和巨大损失，严重扰乱了正常的市场秩序，大量企业被迫在电商平台下架自己的产品，丧失了两三年市场机会。还有些企业息事宁人，被迫支付了5万~15万不等的赔偿款。现在国家知识产权局对"金银花"商标的撤销，使得"金银花"商标系列案件迎来彻底反转，下一步受害企业可以拿起法律的武器，维护自己的合法权益，让A公司退回之前赔偿款，赔偿被诉企业损失。

（资料来源：https：//www.thepaper.cn/newsDetail_forward_19817738）

第二章 药品商标权的主体、客体和内容

【引例】

涉"双飞人"商标侵权及不正当竞争纠纷案

最高人民法院（2020）最高法民再23号

民事判决书

【案情摘要】 A公司是"双飞人"注册商标权利人，该商标核定使用商品为第3类的花露水、化妆品等。同时，A公司还是两个核定使用在爽水产品上的"双飞人"立体商标的权利人。C制药厂拥有指定使用在第3类商品上的"利佳"注册商标，B公司独家代理在中国境内宣传、推广、分销和销售"利佳"品牌化妆品。A公司以B公司等生产、销售利佳薄荷水侵害其注册商标专用权，并同时实施了不正当竞争行为为由，向法院提起诉讼。一审法院认为，利佳薄荷水与"双飞人"商标核定使用的"双飞人爽水"属于相同商品。经对比，被诉侵权产品包装与A公司的立体商标构成近似并可能导致相关公众混淆误认，B公司侵害了A公司的立体商标专用权。同时，B公司为实现商业目的，在产品宣传中强调其产品为"双飞人"产品（双飞人药水），构成对"双飞人"文字商标的侵权。此外，利佳薄荷水的包装装潢与A公司知名商品的包装装潢近似，B公司的行为构成不正当竞争。B公司等不服提起上诉，二审法院判决驳回上诉、维持原判。B公司向最高人民法院申请再审。最高人民法院再审认为，B公司提交的证据可以证明，C制药厂自20世纪90年代起在中国大陆部分地区的报纸上刊登"A药水"广告，持续时间较长，发行地域和发行量较大，可证明C制药厂在先使用的"A药水"所采用的"蓝、白、红"包装有一定影响力。A公司明知"双飞人药水"存在于市场，却恶意申请注册与"双飞人药水"包装近似的立体商标并行使权利，其行为难言正当，B公司的在先使用抗辩成立。A公司关于B公司构成侵害注册商标专用权及不正当竞争的主张均不能成立。最高人民法院遂判决撤销一审、二审判决，驳回A公司的诉讼请求。

【典型意义】 本案涉及商标先用权抗辩的审查问题。先用权抗辩制度的目的，是保护善意的在先使用者在原有范围内继续使用其有一定影响的商业标识的利益，是诚实信用原则在商标法领域的重要体现。再审判决有效保护了诚信经营带来的使用权益，是人民法院加强知识产权诉讼诚信体系建设的有益探索。

（资料来源：https://baijiahao.baidu.com/s?id=17312148730642448090&wfr=spider&for=pc）

第一节 药品商标权的主体

商标权的主体是指依法享有商标权的人。在我国，只有依照法定程序注册商标才能取得商标权。

一、注册人

现行《商标法》第四条规定："自然人、法人或者其他组织在生产经营活动中，对其商品或者服务

需要取得商标专用权的，应当向商标局申请商标注册。不以使用为目的的恶意商标注册申请，应当予以驳回。本法有关商品商标的规定，适用于服务商标。"

第五条规定："两个以上的自然人、法人或者其他组织可以共同向商标局申请注册同一商标，共同享有和行使该商标专用权。"

第十五条规定："未经授权，代理人或者代表人以自己的名义将被代理人或者被代表人的商标进行注册，被代理人或者被代表人提出异议的，不予注册并禁止使用。

就同一种商品或者类似商品申请注册的商标与他人在先使用的未注册商标相同或者近似，申请人与该他人具有前款规定以外的合同、业务往来关系或者其他关系而明知该他人商标存在，该他人提出异议的，不予注册。"

第十七条规定："外国人或者外国企业在中国申请商标注册的，应当按其所属国和中华人民共和国签订的协议或者共同参加的国际条约办理，或者按对等原则办理。"

二、受让主体

《商标法》第四十二条规定："转让注册商标的，转让人和受让人应当签订转让协议，并共同向商标局提出申请。受让人应当保证使用该注册商标的商品质量。"

商标权的继受取得在中国主要有4种情况。

1.合同转让取得 转让人通过合同，规定转让注册商标的内容、相互间的权利、义务和违约责任等，这种形式的转让一般是有偿的，即转让人通过转让注册商标专用权而收取一定的转让费用。

2.继承取得 即自然人通过继承、遗产分配的方式取得共有商标权。可以分为两种情形：①单一主体商标权权利人死亡，继承人为多数人时，该多数继承人可以依继承法的有关规定继承该商标权，从而成为商标权共有人；②共有商标权权利人死亡，由其继承人继承该权利人的地位成为商标权共有人。

3.承继取得 作为注册商标所有人的企业被合并或被兼并时的继受移转。

企业因合并、兼并或者改制而发生商标移转的，应提交合并、兼并或者改制文件和登记部门出具的证明，合并、兼并或者改制文件应证明商标权由受让人继受，登记部门应证明原注册人与受让人的关系、原注册人已经不存在的现实状态；因法院判决而发生商标移转的，应提交法院出具的法律文书，法律文书上的被执行人名称和接受该商标的企业名称应当与申请书中的转让人名称和受让人名称相符。

4.因行政命令而发生的转让 这种转让形式一般发生在公有制国家。这里说的行政命令主要是那些引起财产流转的计划和行政。例如我国国有企业根据行政命令发生分立、合并、解散或转产，必然会发生注册商标主体变化的问题。

第二节 药品商标权的客体

商标权的客体，就是商标权人所拥有的商标。在我国只有注册商标的所有人才能成为商标权的主体，也只有注册商标才能是商标权的客体。未注册的商标，其使用人不享有商标权，因此，也不能成为商标权的客体。

一、商标的种类

《商标法》第三条规定：经商标局核准注册的商标为注册商标，包括商品商标、服务商标和集体商标、证明商标；商标注册人享有商标专用权，受法律保护。

1.商品商标　就是生产者或者经营者在生产、制造、加工、拣选或经销的商品上所使用的商标。是在有形产品上使用的标志。

2.服务商标　是指提供服务的经营者，为将自己提供的服务与他人提供的服务相区别而使用的标志。是在无形服务上使用的标志。

3.集体商标　是指以团体、协会或者其他组织名义注册，供该组织成员在商事活动中使用，以表明使用者在该组织中的成员资格的标志。

4.证明商标　是指由对某种商品或者服务具有监督能力的组织所控制，而由该组织以外的单位或者个人使用于其商品或者服务，用以证明该商品或者服务的原产地、原料、制造方法、质量或者其他特定品质的标志。

二、商标的法定构成要素

《商标法》第八条规定："任何能够将自然人、法人或者其他组织的商品与他人的商品区别开的标志，包括文字、图形、字母、数字、三维标志、颜色组合和声音等，以及上述要素的组合，均可以作为商标申请注册。"

三、注册商标的实质条件——显著性

《商标法》第九条规定："申请注册的商标，应当有显著特征，便于识别，并不得与他人在先取得的合法权利相冲突。"

由国家工商总局商标评审委员会制定的《商标审查标准》（2009年4月8日）中，对商标含有不具备显著特征的标志的审查规定如下。

（1）商标由不具备显著特征的标志和其他要素构成，其中不具备显著特征的标志应当与其指定使用商品的特点相一致，或者依据商业惯例和消费习惯，不会造成相关公众误认。

（2）商标由不具备显著特征的标志和其他要素构成，使用在其指定的商品上容易使相关公众对商品的特点产生误认的，即使申请人声明放弃专用权的，仍应适用《商标法》第十条第一款第（八）项的规定予以驳回。

（3）商标由不具备显著特征的标志和其他要素构成，但相关公众难以通过该其他要素或者商标整体识别商品来源的，判定为缺乏显著特征，适用《商标法》第十一条第一款第（三）项的规定予以驳回。

四、注册商标的具体限制

商标制度建立的主要目的是将一个产品与其竞争对手区分开来。商标既然是使买主能识别商品而使用，所以法律对商标没有"新颖性""先进性"之类特殊要求，一般只要求具备"识别性"就行了。不过，还是有一些内容是大多数国家都不允许作为商标使用的。在《巴黎公约》中，规定了下述内容在未经有关当局同意的情况下，都不可以当作商标取得注册：与主权国家的名称、国旗、国徽、军旗相同或近似的文字、图案；与政府间的国际组织的名称、旗帜或其他标记相同或近似的文字、图案。另外，作为一般国家所遵循的惯例，下列内容通常不允许作为商标使用：被标示的商品本身的通用名称或图案（例如以"饼干"二字作为饼干的商标）；直接表示商品质量、数量、原料、功能、用途及其他主要特点的文字或图案（例如以"优质白酒"作为酒的商标）；带有欺骗性的文字或图案等。

（一）我国《商标法》第十条规定

下列标志不得作为商标使用。

同中华人民共和国的国家名称、国旗、国徽、国歌、军旗、军徽、军歌、勋章等相同或者近似的，以及同中央国家机关的名称、标志、所在地特定地点的名称或者标志性建筑物的名称、图形相同的；

同外国的国家名称、国旗、国徽、军旗等相同或者近似的，但经该国政府同意的除外；

同政府间国际组织的名称、旗帜、徽记等相同或者近似的，但经该组织同意或者不易误导公众的除外；

与表明实施控制、予以保证的官方标志、检验印记相同或者近似的，但经授权的除外；

同"红十字""红新月"的名称、标志相同或者近似的；

带有民族歧视性的；

带有欺骗性，容易使公众对商品的质量等特点或者产地产生误认的；有害于社会主义道德风尚或者有其他不良影响的。

县级以上行政区划的地名或者公众知晓的外国地名，不得作为商标。但是，地名具有其他含义或者作为集体商标、证明商标组成部分的除外；已经注册的使用地名的商标继续有效。

（二）《商标法》第十一条规定

下列标志不得作为商标注册。

（1）仅有本商品的通用名称、图形、型号的；

例如："痛可宁""消炎片""活血膏""脑心舒""川贝精片""桔丸""桑菊感冒片""藿香正气丸"等，就不能作为商标申请注册。

（2）仅直接表示商品的质量、主要原料、功能、用途、重量、数量及其他特点的；

例如："肺益清""舒脑宁""脉栓通""脑心通""肝得健"等，这些商标直接使用了人体生理部位及表示药品功能、用途疗效的字词，与药品通用名称十分相近，商标使用的文字已在药品通用名称中广泛使用的就失去了商标的显著特征。还有的商标例如"舒痛贴""安泻灵""施舒生""利血宝"等，与功能疗效过于贴近，并为《商标法》所禁用。

（3）其他缺乏显著特征的。

前款所列标志经过使用取得显著标志，并便于识别的，可以作为商标注册。

（三）《商标法》第十二条规定

以三维标志申请注册商标的，仅由商品自身的性质产生的形状、为获得技术效果而需有的商品形状或者使商品具有实质性价值的形状，不得注册。

（四）药品相关的特殊规定

在药品领域，关于商标客体有一些特殊的规定。《中国药品通用名称命名原则》规定：应避免采用可能给患者以暗示的有关药理学、解剖学、生理学、病理学或治疗学的药品名称。依据新《商标法》，并参考《中国药品通用名称命名原则》的有关规定，商标局形成了较规范的、统一的人用药品商标审查标准。当然，随着社会发展，该标准亦将进一步规范和完善。在药品商标的审查实践中，因不符合《商标法》规定被驳回的，绝大部分是因为违反《商标法》第十一条第一款规定被驳回，主要表现为以下几种情况。

（1）《商标法》第十一条第一款第（一）项规定，仅有本商品的通用名称、图形、型号的标志，不得作为商标注册。

药品通用名称不得注册为商标，也不得作为药品商标使用，这既是《商标法》的要求，也是我国《药品管理法》的规定。

（2）《商标法》第十一条第一款第（二）项规定，仅仅直接表示商品的质量、主要原料、功能、用途、重量、数量及其他特点的标志，不得作为商标注册。

前面已经述及药品名称的来源比较复杂，同时，药品通用名称、药品商标名、药品商品名的管理也是随着我国经济发展，越来越规范。但很多制药企业经常混淆药品通用名、药品商标名、药品商品名之间的关系。

1）药品商品名能注册为商标。

药品通用名不能作为商标注册。但通常，药品（除中药外）商品名只要符合《商标法》的有关规定，是可以作为商标注册的，这对打击侵权行为，获得赔偿，防止商品名被通用化，维护企业权益是非常有利的。一些大型企业和外资企业在这方面做得很好，希望有更多企业意识到药品商品名作为注册商标的重要性。

2）正确使用注册商标，防止被通用化。

在我国，企业没有正确使用注册商标，没有及时阻止商标被通用化的趋势，使得商标被作为商品通用名的案例是不少的。在制药领域，也有外国药品商标在我国作为商品通用名使用多年的案例，如来苏儿。对于今天的制药企业，尤其那些持有新发明药的企业，更应防止其商标被通用化。

早在2001年《商标法》第二次修正时，国家工商行政管理总局商标局就简化了申请人应提供的人用药品商标申请书件，不再要求申请人提供《药品生产许可证》或《药品经营许可证》。这对持有药品专利权或其他专有技术的科研机构或个人是有利的，通过注册商标和专有技术与他人合作，形成双赢，必将提高他们把知识快速转化为生产的积极性。

第三节　药品商标权的内容

一、药品商标专用权

（一）药品商标专用权的界定

商标专用权，是指商标所有人依法对其注册商标所享有的专有权利。《商标法》第三条规定："经商标局核准注册的商标为注册商标，商标注册人享有商标专用权，受法律保护。"

（二）药品商标专用权的保护

1.药品商标专用权保护范围　药品注册商标的保护，就是注册商标专用权的保护，所谓注册商标的专用权，是指商标注册人在核定使用的商品上专有使用核准注册的商标的权利，它是一种法定的权利。

核准注册的商标和核定使用的商品范围之内，不得任意改变或者扩大保护范围。

所谓"核准注册的商标"，是指登载在商标注册簿上的商标，所谓"核定使用的商品"，是指注册时核准使用的指定商品类别中的具体商品。核准注册的商标和核定使用的商品是确定注册商标专用权保护范围的两个具体标准。

2.侵犯注册商标专用权的行为

（1）未经商标注册人的许可，在同一种商品上使用与其注册商标相同的商标的。其具体表现形式有以下两种情况：一是在同一种商品上使用与他人的注册商标相同的商标；二是在类似商品上使用与他人的注册商标相同的商标。

（2）未经商标注册人的许可，在同一种商品上使用与其注册商标近似的商标，或者在类似商品上使用与其注册商标相同或者近似的商标，容易导致混淆的。其具体表现形式有以下两种情况：①在同一种商品上使用与他人的注册商标近似的商标；②在类似商品上使用与他人的注册商标近似的商标。

（3）销售侵犯注册商标专用权的商品的。这属于商品流通环节中的一种商标侵权行为。侵犯注册商标专用权商品的销售者则可能是出于故意，也可能不是。对于销售不知道是侵犯注册商标专用权的证明该商品是自己合法取得的并说明提供者的，不应承担赔偿责任，但是要停止侵权行为。

（4）伪造、擅自制造他人注册商标标识或者销售伪造、擅自制造的注册商标标识的。所谓"伪造"，是指不经他人许可而仿照他人注册商标的图样及物质实体制造出与该注册商标标识相同的商标标识；所谓"擅自制造"，主要是指未经他人许可在商标印制合同规定的印数之外，又私自加印商标标识的行为。前者商标标识本身就是假的，而后者商标标识本身是真的。

（5）未经商标注册人同意，更换其注册商标并将该更换商标的商品又投入市场的。业界称之为"反向假冒"，这种行为侵犯了消费者的知情权，使消费者对商品来源，对生产者、提供者产生误认，对注册商标有效地发挥其功能和商标注册人的商品争创名牌也造成了妨碍，因此，应认定为是一种侵犯注册商标专用权的行为。

（6）故意为侵犯他人商标专用权行为提供便利条件，帮助他人实施侵犯商标专用权行为的。为侵犯他人商标专用权提供仓储、运输、邮寄、印制、隐匿、经营场所、网络商品交易平台等，属于《商标法》第五十七条第六项规定的提供便利条件。

（7）给他人的注册商标专用权造成其他损害的。给他人注册商标专用权造成其他损害的行为包括：①将与他人注册商标相同或者相近似的文字作为企业的字号在相同或者类似商品上突出使用，容易使相关公众产生误认的；②复制、模仿、翻译他人注册的驰名商标或其主要部分在不相同或者不相类似商品上作为商标使用，误导公众，致使该驰名商标注册人的利益可能受到损害的；③将与他人注册商标相同或者相近似的文字注册为域名，并且通过该域名进行相关商品交易的电子商务，容易使相关公众产生误认的。

（三）侵犯注册商标专用权行为的处理途径

1.由当事人协商解决　主要是为愿意自行协商解决的当事人提供了一种法律途径，可以起到减少诉争、提高处理纠纷效率的目的。

2.请求工商行政管理部门处理　工商行政管理部门处理时，认定侵权行为成立的，责令立即停止侵权行为，没收、销毁侵权商品和主要用于制造侵权商品、伪造注册商标标识的工具。

工商行政管理机关对尚未构成犯罪的侵权案件作出行政处理，对涉嫌构成犯罪的侵权案件移送司法机关追究侵权人的刑事责任。当事人对工商行政管理机关的处理决定不服的，可以自收到通知15日内向人民法院起诉。期满不起诉又不履行的，由有关工商行政管理机关申请人民法院强制执行。

3.向人民法院起诉　对侵犯注册商标专用权的行为，被侵权人也可以直接向人民法院起诉。人民法院通过审判程序，维护商标专用权人的合法权益。

4.侵犯商标专用权的赔偿数额的确定　《商标法》第六十条规定："工商行政管理部门处理时，认定侵权行为成立的，责令立即停止侵权行为，没收、销毁侵权商品和主要用于制造侵权商品、伪造注册商标标识的工具，违法经营额五万元以上的，可以处违法经营额五倍以下的罚款，没有违法经营额或者违法经营额不足五万元的，可以处二十五万元以下的罚款。对五年内实施两次以上商标侵权行为或者有其他严重情节的，应当从重处罚。销售不知道是侵犯注册商标专用权的商品，能证明该商品是自己合法取得并说明提供者的，由工商行政管理部门责令停止销售。"

对侵犯商标专用权的赔偿数额的争议，当事人可以请求进行处理的工商行政管理部门调解，也可以依照《中华人民共和国民事诉讼法》向人民法院起诉。经工商行政管理部门调解，当事人未达成协议或者调解书生效后不履行的，当事人可以依照《中华人民共和国民事诉讼法》向人民法院起诉。

（1）考虑因素 《商标法》第六十条规定的违法经营额，可以考虑下列因素：①侵权商品的销售价格；②未销售侵权商品的标价；③已查清侵权商品实际销售的平均价格；④被侵权商品的市场中间价格；⑤侵权人因侵权所产生的营业收入；⑥其他能够合理计算侵权商品价值的因素。

（2）数额确定

1）按照被侵权人在被侵权期间因被侵权所受到的损失来确定：可以根据权利人因侵权所造成商品销售减少量或者侵权商品销售量与该注册商标商品的单位利润乘积计算。

2）按照侵权人在侵权期间因侵权所获得的利益来确定：可以根据侵权商品销售量与该商品单位利润乘积计算；该商品单位利润无法查明的，按照注册商标商品的单位利润计算。

3）参照该商标许可使用费的倍数确定：侵权人因侵权所获得的利益或者被侵权人因被侵权所受到的损失均难以确定的，参照该商标许可使用费的倍数合理确定。

4）倍数赔偿数额：对恶意侵犯商标专用权，情节严重的，可以在按照上述方法确定数额的一倍以上三倍以下确定赔偿数额。赔偿数额应当包括权利人为制止侵权行为所支付的合理开支。制止侵权行为所支付的合理开支，包括权利人或者委托代理人对侵权行为进行调查、取证的合理费用。

5）给予法定数额的赔偿：人民法院为确定赔偿数额，在权利人已经尽力举证，而与侵权行为相关的账簿、资料主要由侵权人掌握的情况下，可以责令侵权人提供与侵权行为相关的账簿、资料；侵权人不提供或者提供虚假的账簿、资料的，人民法院可以参考权利人的主张和提供的证据判定赔偿数额。

权利人因被侵权所受到的实际损失、侵权人因侵权所获得的利益、注册商标许可使用费难以确定的，由人民法院根据侵权行为的情节判决给予三百万元以下的赔偿。

6）不承担赔偿责任：销售不知道是侵犯注册商标专用权的商品，能证明该商品是自己合法取得的并说明提供者的，不承担赔偿责任。由工商行政管理部门责令停止销售，并将案件情况通报侵权商品提供者所在地工商行政管理部门。

下列情形属于《商标法》第六十条规定的能证明该商品是自己合法取得的情形：

有供货单位合法签章的供货清单和货款收据且经查证属实或者供货单位认可的；

有供销双方签订的进货合同且经查证已真实履行的；

有合法进货发票且发票记载事项与涉案商品对应的；

其他能够证明合法取得涉案商品的情形。

5.侵犯注册商标专用权行为的刑事责任的规定 未经商标注册人许可，在同一种商品上使用与其注册商标相同的商标，构成犯罪的，除赔偿被侵权人的损失外，依法追究刑事责任。

未经注册商标所有人许可，在同一种商品上使用与其注册商标相同的商标，具有下列情形之一的，属于《刑法》第二百一十三条规定的"情节严重"，应当以假冒注册商标罪判处三年以下有期徒刑，并处或者单处罚金：

非法经营数额在五万元以上或者违法所得数额在三万元以上的；

假冒两种以上注册商标，非法经营数额在三万元以上或者违法所得数额在二万元以上的；

其他情节严重的情形。

具有下列情形之一的，属于《刑法》第二百一十三条规定的"情节特别严重"，应当以假冒注册商标罪判处三年以上十年以下有期徒刑，并处罚金：

非法经营数额在二十五万元以上或者违法所得数额在十五万元以上的；

假冒两种以上注册商标，非法经营数额在十五万元以上或者违法所得数额在十万元以上的；

其他情节特别严重的情形。

伪造、擅自制造他人注册商标标识或者销售伪造、擅自制造的注册商标标识，构成犯罪的，除赔偿被侵权人的损失外，依法追究刑事责任。

伪造、擅自制造他人注册商标标识或者销售伪造、擅自制造的注册商标标识，具有下列情形之一的，属于《刑法》第二百一十五条规定的"情节严重"，应当以非法制造、销售非法制造的注册商标标识罪判处三年以下有期徒刑、拘役或者管制，并处或者单处罚金：

伪造、擅自制造或者销售伪造、擅自制造的注册商标标识数量在二万件以上，或者非法经营数额在五万元以上，或者违法所得数额在三万元以上的；

伪造、擅自制造或者销售伪造、擅自制造两种以上注册商标标识数量在一万件以上，或者非法经营数额在三万元以上，或者违法所得数额在二万元以上的；

其他情节严重的情形。

具有下列情形之一的，属于《刑法》第二百一十五条规定的"情节特别严重"，应当以非法制造、销售非法制造的注册商标标识罪判处三年以上七年以下有期徒刑，并处罚金：

伪造、擅自制造或者销售伪造、擅自制造的注册商标标识数量在十万件以上，或者非法经营数额在二十五万元以上，或者违法所得数额在十五万元以上的；

伪造、擅自制造或者销售伪造、擅自制造两种以上注册商标标识数量在五万件以上，或者非法经营数额在十五万元以上，或者违法所得数额在十万元以上的；

其他情节特别严重的情形。

销售明知是假冒注册商标的商品，构成犯罪的，除赔偿被侵权人的损失外，依法追究刑事责任。

销售明知是假冒注册商标的商品，销售金额在五万元以上的，属于《刑法》第二百一十四条规定的"数额较大"，应当以销售假冒注册商标的商品罪判处三年以下有期徒刑或者拘役，并处或者单处罚金。

销售金额在二十五万元以上的，属于《刑法》第二百一十四条规定的"数额巨大"，应当以销售假冒注册商标的商品罪判处三年以上七年以下有期徒刑，并处罚金。

6.注册商标专用权保护期限　商标保护期限自商标注册公告之日起十年，但期满之后，需要另外缴付费用，即可对商标予以续展，次数不限。续展要在规定的续展期内办理。

▶【案例】3-2-1

A公司、吴某某等假冒注册商标一审刑事判决书

上海市第三中级人民法院

刑事判决书

上海市人民检察院第三分院以沪检三分一部刑诉〔2020〕31号起诉书指控被告单位A公司、被告人吴某某、杨某某犯走私普通货物罪，于2020年4月17日向本院提起公诉。本院于同日立案并依法组成合议庭，适用普通程序公开开庭审理了本案。上海市人民检察院第三分院指派检察员汤某某出庭支持公诉。被害单位B公司诉讼代理人侯某、王某，被告单位A公司诉讼代表人王某1及辩护人史某，被告人吴延柱及其辩护人王某2、李某，被告人杨某某及其辩护人石某到庭参加诉讼。现已审理终结。

上海市人民检察院第三分院起诉指控：2016年2月至2019年4月间，被告单位A公司明知国家药品生产相关规定，仍违规与公司（另案处理）等公司签订买卖合同，在未索取B公司"NOVALGIN"注册商标权利证明的情况下，生产印有注册商标"NOVALGIN"标识的安乃近注射液，并委托他人印刷上述

包装材料。其中，被告人吴某某作为A公司法定代表人、董事长，全面负责公司经营工作，被告人杨某某作为A公司外贸部副总经理，负责接洽、联系C等公司。

2019年5月31日，上海市公安局虹口分局经侦查，在A公司办公场所内当场查获留作检验样品的印有注册商标"NOVALGIN"标识的安乃近注射液4855支。经上海沪港金茂会计师事务所有限公司审计，被告单位A公司生产经营的印有注册商标"NOVALGIN"标识的安乃近注射液共计3840480盒，非法经营数额共计人民币3362736.17元（以下币种均为人民币）。

2019年5月31日，被告人杨某某在其住所被侦查机关抓获，被告人吴某某主动至安徽省蚌埠市航华派出所投案，二被告人到案后均如实供述了上述犯罪事实。上述被查获的假冒注册商标的药品现均扣押于侦查机关。

为证明上述指控事实，公诉机关当庭出示、宣读了证明上述指控事实的相关证据。公诉机关认为被告单位A公司、被告人吴某某、杨某某为获取非法利益，未经注册商标所有人许可，伙同他人在同一种商品上使用与该注册商标相同的商标，并进行销售，非法经营数额达336万余元，情节特别严重，被告单位A公司及被告人吴某某、杨某某的行为均已构成假冒注册商标罪。在共同犯罪中，A公司和吴某某、杨某某均系主犯，应当对其所参与的全部犯罪处罚；均系自首，可以从轻处罚；均认罪认罚，可以从宽处理。综上，建议对被告单位A公司判处罚金，对被告人吴某某判处有期徒刑三年，适用缓刑，并处罚金；对被告人杨某某判处有期徒刑三年，适用缓刑，并处罚金。据此提请本院依法审判。被害单位B公司诉讼代理人认为被告单位A公司的行为严重侵害了B公司的知识产权，但鉴于A公司深刻反省，真诚悔罪，并向被害单位诚恳道歉，积极寻求谅解，保证今后不以任何形式侵害被害单位的知识产权，被害单位B公司与A公司签订了和解协议，并尊重上海市人民检察院第三分院作出的量刑建议及法院对本案作出的判决。

被告单位A公司诉讼代表人及被告人吴某某、杨某某对起诉指控的犯罪事实、罪名及量刑建议没有异议且签字具结，在开庭审理过程中亦无异议。

被告单位辩护人对起诉指控的事实、证据和罪名亦无异议，认为A公司法定代表人吴某某犯罪后自动投案，并如实交代了被告单位及其本人的犯罪事实，系自首；在审理过程中，A公司出具承诺书承诺今后不再发生类似不法行为，并积极赔偿被害单位经济损失，达成和解；主观恶性较小；认罪认罚并预缴了罚金，请求法院对其从轻处罚。

吴某某的辩护人对起诉指控的事实、证据和罪名亦无异议，认为吴某某具有自首情节，可以从轻或减轻处罚；在案发后取保候审期间，吴某某带领A公司在疫情期间坚持生产，为抗击疫情作出应有贡献；在审理过程中，吴某某积极缴纳罚金，认罪认罚，由于工作原因吴某某经常需要外出，恳请法院对其从轻、减轻处罚，并适用较短缓刑考验期限。

杨某某的辩护人对起诉指控的事实、证据和罪名亦无异议，认为杨某某具有自首情节，可以从轻或减轻处罚；认罪悔罪，已缴纳了罚金；系初犯、偶犯，由于法律意识薄弱，没有履行审查商标义务而触犯法律，主观恶性较小；在审理过程中，A公司与被害单位达成和解；身体欠佳，家庭困难，请求法院对其从轻或减轻处罚，并适用缓刑。

经本院查明的事实与公诉机关起诉指控的事实相同。

上述事实，有经庭审质证、确认的《搜查证》《搜查笔录》《扣押决定书》《扣押清单》《扣押笔录》《买卖合同》《销售清册》《入库单》《出库单（随货同行联)》《水针成品留样登记台账》《商标注册证》《说明》《授权书》《鉴定聘请书》《会计鉴定意见书》《会计鉴定补充意见书》《案发经过》《工作情况》《营业执照》《管理人员花名册》及户籍信息、刑事摄影照片、包装印刷合同、印有注册商标"NOVALGIN"的安乃近注射液包装盒印刷样式图稿等书证，证人包某某、赵某、陈某、黄某等人的证言，另案处理人员丁某、璩某、吴某的供述，被告人吴某、杨某到案后对上述犯罪事实均供认不讳，足以认定。

本案审理期间，被告单位A公司与被害单位B公司达成和解，B公司出具情况说明，对公诉机关指控的事实不持异议，并尊重公诉机关的量刑建议及本院作出的判决；被告单位A公司、被告人吴某某、杨某某向本院分别缴纳了一百二十万元、十万元和十万元。

本院认为，被告单位A公司，被告人吴某某、杨某某为获取非法利益，未经注册商标所有人许可，伙同他人在同一种商品上使用与该注册商标相同的商标，并进行销售，非法经营数额达336万余元，情节特别严重。A公司及吴某某、杨某某的行为均已构成假冒注册商标罪，应予依法惩处。公诉机关的指控成立。在共同犯罪中，A公司起主要作用，系主犯，应当对其所参与的全部犯罪处罚。在单位犯罪中，吴某某作为A公司法定代表人兼董事长，全面负责公司经营工作；杨某某作为A公司外贸部副总经理，负责接洽、联系C等公司，均系直接负责的主管人员。案发后，吴某某作为A公司直接负责的主管人员自动投案，并如实交代本单位及其本人的犯罪事实；杨某某到案后亦如实交代本单位及其本人的犯罪事实，A公司和吴某某、杨某某均系自首，可以从轻处罚。A公司及吴某某、杨某某均认罪认罚，可以从宽处理。在审理过程中，A公司与被害单位B公司达成和解，且A公司及吴某某、杨某某均向本院缴纳了全部罚金，可以酌情从轻处罚。公诉机关对被告单位、被告人提出的量刑建议适当，被害单位诉讼代理人、被告单位、被告人及辩护人均表示同意，本院予以支持。各辩护人提出的相关合理辩护意见，本院予以采纳。据此，为严肃国家法制，维护市场经济秩序，保护知识产权不受侵犯，依照《中华人民共和国刑法》第三十条，第三十一条，第二百一十三条，第二百二十条，第二十五条第一款，第二十六条第一款、第四款，第六十七条第一款，第七十二条第一款、第三款，第七十三条第二款、第三款，第五十二条，第六十四条，《最高人民法院、最高人民检察院关于办理侵犯知识产权刑事案件具体应用法律若干问题的解释》第一条第二款，《最高人民法院、最高人民检察院关于办理侵犯知识产权刑事案件具体应用法律若干问题的解释（二）》第四条，《最高人民法院、最高人民检察院关于办理走私刑事案件适用法律若干问题的解释》第十六条第一款，《中华人民共和国刑事诉讼法》第十五条、第二百零一条之规定，判决如下：

一、被告单位A公司犯假冒注册商标罪，判处罚金人民币一百二十万元（已缴纳）。

二、被告人吴某某犯假冒注册商标罪，判处有期徒刑三年，缓刑四年，并处罚金人民币十万元（已缴纳）。缓刑考验期限自判决确定之日起计算。

三、被告人杨某某犯假冒注册商标罪，判处有期徒刑三年，缓刑四年，并处罚金人民币十万元（已缴纳）。缓刑考验期限自判决确定之日起计算。

四、查获的假冒注册商标的商品等予以没收，违法所得予以追缴。

吴某某、杨某某回到社区后，应当遵守法律、法规，服从监督管理，接受教育，完成公益劳动，做一名有益社会的公民。如不服本判决，可在接到判决书的第二日起十日内，通过本院或者直接向上海市高级人民法院提出上诉。书面上诉的，应当提交上诉状正本一份，副本二份。

（资料来源：https://aiqicha.baidu.com/wenshu?wenshuId=96e19ff9806f1476394395068280608d5fd042d2）

▶▶【案例】3-2-2

东营法院知识产权保护十大典型案例之四：A商标侵权案

【基本案情】

A公司是第1181×××号"修正"文字图形组合商标的注册人，核定使用商品第5类：中药成药、蜂胶膳食补充剂等。B公司与案外人D公司签订《产品合作协议》，加工生产氨糖软骨素维生素D钙片。该商品使用了"修药"标识，该标识与"修正"注册商标相比对，除"正"与"药"文字及该字体颜色不同外，其他文字、字体、字形、文字排列及背景"九宫格"图形均相同。2018年5月16日，C公司销售了氨糖软骨素维生素D钙片。

【审理结果】

B公司受案外人委托生产的名称为"蓬生源牌氨糖软骨素维生素D钙片"，与原告"修正"文字图形商标核定使用的商品，在功能、用途、生产部门、销售渠道、消费对象等方面相同，构成类似商品。被控侵权商品上突出使用了"修药"标识，该标识与"修正"注册商标相比对，除"正"与"药"文字及该字体颜色不同外，其他文字、字体、字形、文字排列方式均相同，特别是显著性较强的书法字体"修"和背景"九宫格"图形完全相同，从整体和主要部分上，以相关公众的一般注意力标准判断，容易使相关公众混淆，构成近似商标，被告的行为侵害了原告的注册商标专用权。原告没有证据证明C公司与B公司有使用"修药"商标，以攀附原告"修正"注册商标商誉的共同意思联络，应分别承担民事责任。

【典型意义】

该案例对于正确划分商品生产者与销售者的侵权责任具有指导意义。在司法实务中，对于生产者和销售者的赔偿责任，认识上有模糊之处，认为生产者是商标侵权的源头，应当承担给商标权利人造成的全部损失，销售者就其销售行为，在一定限额内与生产者承担连带责任。事实上，生产者与销售者是独立的侵权责任主体，除有证据证明二者有共同侵权的意思联络，应就各自行为分别对权利人承担相应赔偿责任。

（资料来源：https：//m.thepaper.cn/newsDetail_forward_12352337）

【案例】3-2-3

A公司与B公司侵犯商标专用权纠纷上诉案

四川省高级人民法院

民事判决书

（2009）川民终字第155号

上诉人A公司因与被上诉人B公司侵犯商标专用权纠纷一案，不服四川省南充市中级人民法院（2008）南中法民初字第29号民事判决，向本院提起上诉。本院于2009年4月20日受理后依法组成合议庭，并于2009年5月20日公开开庭审理了本案。A公司法定代表人陈某某、委托代理人卿某某、王某，B公司委托代理人何某、黎某到庭参加诉讼。审理过程中，双方当事人以进行和解协商为由申请延长本案审理期限。本案现已审理终结。

原审法院经审理查明：A公司与B公司系同处四川省阆中市的药品生产企业。A公司于1985年12月经国家工商行政管理总局商标局（以下简称国家商标局）核准，取得了商标注册证号为16485××号的"保宁"商标，核定使用商品为第5类，即原料药、中药成药、各种丸、散、膏、丹、生化药品、药酒。该注册商标为文字商标，即"保宁"变形文字，下方为"BAONING"拼音。"保宁"商标在2000年、2003年、2006年被南充市工商行政管理局评为知名商标。

A公司的前身是**制药厂，1999年2月9日，B公司原法定代表人赵金乐购买了**制药厂，1999年5月6日，B公司以"B公司"为企业名称向工商行政管理部门申请注册登记，1999年5月24日经核准成立，经营范围为原料药（葡萄糖）、颗粒剂、硬胶囊剂、片剂、散剂、糖浆剂等。B公司的注册商标为和平鸽图案加"金乐"文字的图文组合商标，其产品外包装上完整地使用了"**制药有限公司"企业全称，同时标注了"金乐"图文组合商标。B公司的合格证为椭圆形透明塑胶纸，上方为"金乐"图文组合商标加注册商标标记"®"，中部为"合格证"，下方为"四川保宁"，贴附于产品外包装的封口处。

另查明，《阆中县志》记载，"元至元13年至民国初，阆中一直为保宁府治"，"保宁"原系阆中市行政区划中一个镇的名称，地处阆中市城区，于1981年经四川省人民政府批准由阆中县城关镇更名而来，至2003年3月因撤销镇建制，改设为保宁街道办事处。同时查明，A公司经国家食品药品监督管理局（以下简称国家食药监局）批准的产品种类只有两种，其2004—2006年的年产销量均在60万元左右。而B公司经国家食药监局批准的产品种类有38种。

原审法院认为：商标是区别不同商品或服务来源的标志。企业名称是区别不同市场主体的标志，由行政区划、字号、行业或经营特点、组织形式等构成，其中字号又是区别不同企业的主要标志。商标权和企业名称权均是经法定程序确认的独立权利，分别受商标法律法规和民法通则、企业名称登记管理法规的调整和保护。本案中，A公司依法享有第16485××号"保宁"注册商标专用权，而B公司经合法注册成立，依法享有企业名称权，享有在不侵犯他人合法权益基础上使用企业名称进行民事活动的权利。当不同权利主体的商标专用权和企业名称权发生冲突时，应当适用维护公平竞争，尊重和保护在先合法权利，禁止混淆的原则进行处理。

阆中在历史上曾被称为"保宁府"，1981年—2003年3月"保宁"系阆中市行政区划中地处阆中市城区的一个镇的名称，2003年3月之后改设为保宁街道办事处。在阆中有很多以"保宁"命名的产品和企业，如"保宁蒸馍""**醋有限公司"等，从某种意义上讲，"保宁"已成为阆中的代名词。B公司的前身是**制药厂，1999年由自然人赵金乐购买后，在保留"保宁"字号的同时重新设立了**制药有限公司，由此可见，B公司将"保宁"文字登记为企业名称中的字号在主观上并无恶意。

关于B公司将A公司享有专用权的"保宁"注册商标中所使用的"保宁"文字登记为企业名称中的字号，是否会引起相关公众对商标专用权人和企业名称所有人的混淆和误认问题，原审法院认为，《最高人民法院关于审理商标民事纠纷案件适用法律若干问题的解释》第一条第（一）项规定"将与他人注册商标相同或近似的文字作为企业的字号在相同或者类似商品上突出使用，容易使相关公众产生误认的"，属给他人注册商标专用权造成其他损害的行为。该种侵权行为必须同时具备下列构成条件：1.文字相同或近似；2.在相同或类似商品上使用；3.突出使用；4.结果是容易使相关公众产生误认。而"突出使用"是指企业字号在字体、字号、颜色等方面突出醒目地使用与商标权人注册商标相同或近似的文字，使人在视觉上产生混淆的行为。本案中，B公司在所有产品外包装上均整体规范地使用了其经核准登记的企业名称，同时还使用了本企业的"金乐"图文组合商标，不存在任何突出使用"保宁"文字的情形，其在合格证下方所标注的"四川保宁"文字也已被四川省高级人民法院（2008）川民终字第191号民事判决认定为合理使用。A公司虽然举出了曾三次被南充市工商行政管理局评为"南充市知名商标"的证据，但其获奖时间是在B公司登记成立之后，没有证据表明在B公司成立之前，"保宁"商标已经具有一定知名度。因此，B公司将"保宁"作为字号进行企业名称登记，不会使相关公众认为"保宁"商标注册人与B公司具有关联性，不会导致相关公众对商标专用权人和企业名称所有人的混淆和误认，故B公司的行为不构成对注册商标专用权的侵犯。原审法院认为，在维护公平竞争秩序和社会公共利益的前提下，解决商标专用权与企业名称之权利冲突应遵循诚实信用原则，对注册商标专用权给予充分保护的同时，无法定事由亦不能忽略企业名称权的存在。故此，依据《中华人民共和国民法通则》第四条、第九十六条，《中华人民共和国商标法》第三条第一款、第五十二条第（五）项，《最高人民法院关于审理商标民事纠纷案件适用法律若干问题的解释》第一条第（一）项，国家工商行政管理局《关于解决商标与企业名称中若干问题的意见》第一、二、五、六条之规定，判决驳回滕王阁公司的诉讼请求。本案一审案件受理费1000元，由A公司负担。

A公司不服，向本院提起上诉，请求：撤销原判，改判支持A公司全部诉讼请求。即：1.依法确认B公司的企业名称侵犯了A公司"保宁"注册商标在先权利；2.判令B公司立即停止使用与A公司在先注册商标"保宁"相同的企业名称；3.本案诉讼费用由B公司负担。其主要理由：一、原判认定事实有误。1.原判认定B公司将"保宁"文字登记为企业名称中的字号在主观上无恶意与客观事实不符；2.原判认定B公司在所有产品外包装上均整体规范使用了其经核准登记的企业名称，不存在突出使用"保宁"文字情形与事实不符；3.原判认为B公司在合格证下方所标注的"四川保宁"文字已被四川省高级人民法院（2008）川民终字第191号民事判决认定为合理使用与事实不符。二、原判适用法律有误。1.行政区划地名不得作为企业名称字号进行工商登记，原判认定"保宁"为地名、"保宁"系阆中的代名词，又认定"保宁"为B公司字号是自相矛盾；2.原判以A公司在被侵权期间产值不高，产品种类不及B公司多作为认定B公司侵权行为不足以导致相关公众对"保宁"商标专用权人和企业名称所有人的混淆和误认的前提和基础，与法相悖；3.原判以A公司"保宁"商标被南充市工商行政管理局评为"南充市知名商标"的时间均在B公司登记成立之后为由，认定B公司侵权行为不会使相关公众混淆和误认是违背客观实际的。

B公司庭审中口头答辩称：B公司是在保留原**制药厂字号基础上形成，保宁在阆中是特定的地域文化，可以理解成阆中的代名词，B公司办理工商登记时没有恶意。B公司文字使用的合理性已被人民法院生效判决所确认，B公司没有在药品外包装上突出使用"保宁"文字，相关公众不会产生混淆。B公司在核准登记企业名称时，A公司"保宁"商标不具有知名度，对A公司认为"保宁"商标具有一定区域知名度的看法不予认同。原判认定事实清楚，适用法律正确。请求二审法院驳回上诉，维持原判。

A公司为支持其诉讼请求和主张，在二审审理期间向本院提交以下新的证据材料：

一、拟证明"保宁"作为商业标识在历史上具有较高知名度的证据材料：1.辞海（79缩印版）；2.阆中县志（93版）；3.南充地区医药志（85版）；4.阆中县医药志（88版）；5.新中医杂志（82.1版）；

二、拟证明A公司"保宁"商标具有一定知名度和市场占有率的证据材料：6.A公司参加2000年9月举办的"第六届亚细安中医药学术大会暨国家传统医药新成果博览会"，产品"保宁半夏曲""保宁牌建曲"荣获"优秀产品金象奖"；7.A公司参加2007年举办的第四届中国国际天然药物保健展品展览会确认书；8.A公司2007年、2008年销售合同；

三、拟证明工商行政管理部门已认定B公司使用"保宁"字号已引起公众误认和混淆的证据材料：9.南充市阆中市工商行政管理局《关于建议撤销**制药有限公司企业名称的请示》；

四、拟证明B公司企业名称已造成相关公众与A公司"保宁"商标相混淆和误认的证据材料：

10. 四川省成都市成华公证处出具的（2009）成华民证字第1079号《公证书》，对成都天恩商务调查中心进行的保宁牌系列产品销售信息市场调查行为所作的公证证明；

五、拟证明B公司在相关产品上突出使用"保宁"文字，侵犯了A公司注册商标在先权的证据材料：

11. 四川省成都市成华公证处出具的（2009）成华民证字第1081号《公证书》，载明B公司在其网站的产品介绍栏目中所展示"抗感解毒颗粒""小柴胡颗粒""石淋通颗粒""藿香正气水"四种药品外包装正面图案：左上角为B公司"金乐"商标加注册商标标记"®"，右上角为药品的批准文号。中部为药品名称，其字体是所有文字中最大的，名称下方有药品功能疗效的简单文字介绍及包装规格记载。右下角处一圆形图案内标注的"**制药"名称中的"保宁"二字比该图案中其他文字字体大。最下端为"B公司"名称；

12. 四川省食品药品监督管理局（以下简称省药监局）出具的B公司报送省药监局的2008年变更药品包装标签备案图样，备案号为200800417，备案时间2008年7月14日。该材料显示B公司备案的"抗感解毒颗粒""小柴胡颗粒""石淋通颗粒""藿香正气水""乐脉丸"等15种药品外包装图样为：左上角为B公司"金乐"商标加注册商标标记®其中"乐脉丸"注册商标为"全克"），右上角为药品的批准文号。中部为药品名称，其字体是所有文字中最大的，名称下方有药品功能疗效的简单文字介绍及包装规格记载。右下角处一圆形图案内标注的"**制药"名称中的"保宁"二字比该图案中其他文字字体大。最下端为"B公司"名称；

13. 与省药监局备案外包装图样相同的"乐脉丸"产品外包装及A公司称B公司销售该"乐脉丸"产品时提供的相关资质证明材料；

六、拟证明B公司企业名称登记时间晚于A商标注册时间，B公司在同一行政区域和同行业使用与A注册商标相同的文字作为企业名称具有主观恶意的证据材料：

14. 1999年4月赵金乐等人向阆中市工商局提交的要求将企业名称核准为"B公司"的申请。

B公司发表质证意见：对证据材料1-5的真实性、合法性无异议，对其关联性、证明力有异议；对证据材料6-7的真实性、合法性无异议，对其关联性有异议；对证据材料8的真实性有异议，认为不能真实反映B公司实际的销售行为；对证据材料9的真实性无异议，但认为与本案不具关联性；对证据材料10的真实性、合法性不予认可，认为被调查人员若为医药行业人员应能够清楚区分B公司和A公司的药品；对证据材料11、12的真实性无异议，认为虽然其公司网站宣传页面和省药监局备案的外包装图样中"保宁"二字有放大情况，但其实际生产销售的药品外包装并未对"保宁"二字放大使用，该证据材料与本案不具关联性；对证据材料13，A公司未说明其来源，不能证明该产品系B公司生产销售，对其真实性、合法性不予认可；对证据材料14的真实性、合法性无异议，对证明力有异议，认为该材料反而证明B公司前身**制药厂的企业名称中就有"保宁"二字。

本院认证认为：对A公司提交的证据材料1-12、14的真实性予以确认。证据材料1-5系"保宁半夏曲"在历史上生产使用情况的记载，但上述材料不能反映"保宁"是作为商业标识使用，也与诉争"保宁"商标无关，对其关联性和证明力不予采纳。证据材料6-7反映A公司2000年和2007年参展情况，但不能反映"保宁"商标在国内具有一定知名度，更不能证明在B公司成立并使用保宁字号时"保宁"商标即具有较高知名度。证据材料8为A公司近年来订立合同情况，但该材料不能证明A公司实际销售和市场占有率情况，对其证明力不予采纳。证据材料9反映B公司使用"保宁抗冲"标识被工商部门处罚的情况，该行为已被四川省高级人民法院（2008）川民终字第191号民事判决认定为侵权并判令B公司承担相应的民事责任，但该材料不能反映B公司使用"保宁"字号时有其他侵权行为。证据材料10市场调查表系由调查中心自行设计调查内容，且被调查人员范围小，不能客观公正反映公众对两公司产品的了解情况，对其证明力不予采纳。证据材料11、12反映B公司在其公司网页宣传产品和向省药监局报送产品的外包装图样中"**制药"中的"保宁"文字字体偏大，但该材料不能反映上述外包装图样被实际运用于B公司产品外包装并使相关公众产生误认；相关公众若登陆B公司网站浏览网页即知道产品均来源于B公司，不会与A公司产品相混淆。对上述材料的证明力不予采纳。证据材料14反映B公司字号的由来，该材料不能证明B公司登记字号时有攀附A公司"保宁"商标的主观恶意，对其证明力不予采纳。A公司提交的证据材料13中，有B公司作为药品生产企业的资质证明，有B公司生产新药"乐脉丸"检验标准、检验报告、药品注册受理通知书及批件、药品定价、说明书、药品商标及包装图样情况，有"乐脉丸"产品及外包装，但A公司未说明该"乐脉丸"产品及书面材料的来源，以上书面材料也不能证明该包装图样的"乐脉丸"产品系B公司销售，因上述材料未形成证据链证明B公司的销售行为，对A公司提交的"乐脉丸"产品外包装的真实性、合法性不予采纳。

B公司为证明其企业名称中"保宁"字号的来源及实际生产销售药品的外包装上未有突出使用的情况，在二审审理期间向本院提交以下新的证据材料：

1.阆中市人民政府于1999年2月8日整理形成的阆府纪〔1999〕6号《会议纪要》，该纪要反映参会人员议定将原**制药厂资产整体出售；

2.B公司生产的"抗感解毒颗粒""小柴胡颗粒""石淋通颗粒""藿香正气水""六味地黄丸"等产品的外包装盒；

3.B公司称省药监局备案的以上产品外包装图样。

A公司发表质证意见：对证据材料1的真实性无异议，但B公司没有承继原**制药厂相应的知识产权，该材料不能反映B公司使用"保宁"字号有合法依据；对证据材料2、3的真实性有异议，认为该材料系虚假证据，不能证明B公司实际生产销售的产品外包装没有突出使用"保宁"文字的情况。

本院认证认为：证据材料1反映原**制药厂改制处置资产过程，对其真实性、合法性、关联性予以采纳。证据材料2反映B公司生产的上述产品的外包装，对其真实性、合法性、关联性予以采信。证据材料3不能证明其未在省药监局备案A公司提交的外包装图样，对其证明力不予采信。

经审理查明："保宁"商标系由C加工厂于1985年经国家商标局核准注册，A公司2000年4月27日成立后，于当年12月28日受让取得"保宁"注册商标专用权。原审查明"保宁"商标系A公司于1985年12月经国家商标局核准取得的事实有误，本院予以纠正。原审法院查明其他案件事实属实，本院予以确认。

二审诉讼中，本案争议焦点是B公司使用"保宁"文字作为企业名称中的字号是否侵犯了A公司"保宁"注册商标专用权，是否应当承担停止使用的民事责任。

本院认为：商标是区别不同商品或者服务来源的标志，企业名称是区别不同市场主体的标志，字号是企业名称的核心组成部分。字号与商标均属于识别性标记，但分别受不同的法律法规调整，经过合法注册产生的注册商标专用权和经依法核准登记产生的企业名称权均为合法权利。当两种权利发生冲突时，人民法院应当依照诚实信用、维护公平竞争和保护在先权利等原则处理。

就本案情况而言，首先，B公司使用"保宁"字号无主观恶意。在阆中，"保宁"名称的由来有其历史渊源。从元朝设立"保宁府"管治阆中等县开始，至明清二代阆中一直为"保宁府"辖治。1981年至2003年3月，保宁镇系阆中市行政区划中的一个区级镇，2003年3月之后改设为保宁街道办事处。在阆中有很多以"保宁"命名的产品和企业，如"保宁醋""**醋有限公司"等。B公司的前身是**制药厂，也是以"保宁"命名的企业。1999年该厂改制为有限责任公司时保留了"保宁"字号。可见，B公司使用"保宁"字号有其历史因素，没有违反诚实信用的商业道德。其次，在相同商品上A公司注册商标虽先行使用"保宁"标识，但该标识并非由A公司或在先的阆中县中药材公司饮片加工厂臆造，固有显著性不足。A公司也没有提交证据证明B公司成立之前，"保宁"商标经过使用已经在药品行业的相关公众中具有一定知名度，B公司使用其作为企业字号具有明显的攀附故意。再次，《最高人民法院关于审理商标民事纠纷案件适用法律若干问题的解释》第一条第（一）项规定"将与他人注册商标相同或者相近似的文字作为企业的字号在相同或者类似商品上突出使用，容易使相关公众产生误认的"，属给他人注册商标专用权造成其他损害的行为。本案中，B公司字号虽使用于与A公司同类商品上，但A公司所提交证据均不足以证明B公司在其产品外包装上突出使用"保宁"字号并足以造成相关公众对二者来源的误认。A公司"保宁"商标采用圆圈内的"保宁"变形文字加下方"BAO NING"拼音组合，与B公司产品外包装上的"保宁"文字相比，二者视觉差异较大。并且，B公司产品外包装清楚标明了本企业的"金乐"注册商标，使用字号时不仅有"**制药"简称，还规范使用了其经核准登记的企业名称"B公司"，相关公众在销售、购买产品时会清楚认识该产品来源于B公司，不会与A公司相同或类似产品相混淆。故B公司字号使用不属于《最高人民法院关于审理商标民事纠纷案件适用法律若干问题的解释》第一条第（一）项规定的商标侵权行为。最后，A公司受让"保宁"注册商标时B公司已经成立，A公司受让时应当清楚在同一行业的同类商品上其"保宁"商标与B公司"保宁"字号同时存在的情况。综合以上因素考虑，本院认为B公司字号使用不构成对A公司注册商标专用权的侵犯。A公司上诉理由不成立，本院不予支持。因B公司企业名称未侵犯A公司"保宁"注册商标在先权利，A公司要求B公司停止使用其企业名称的诉讼请求也不能成立，本院不予支持。本院同时也认为，虽然B公司企业名称权依法应受保护，但在市场经营活动中，B公司应当恪守诚实信用原则，遵循应有的商业道德，依法正确、谨慎地使用企业名称，维护公平竞争的市场秩序。

综上，原判认定事实清楚，适用法律正确。依据《中华人民共和国民事诉讼法》第一百五十三条第一款第（一）项的规定，判决如下：

驳回上诉，维持原判。

本案二审案件受理费1000元，由A公司负担。

本判决为终审判决。

（资料来源：http://ms.isheng.net/index.php?doc-view-5697）

▶ 【案例】3-2-4

最高人民法院发布第二批8个依法惩处妨害疫情防控犯罪典型案例之四：北京某大药房有限公司及郑某某销售假冒注册商标的商品案——药房为牟取非法利益销售假冒注册商标的口罩

【简要案情】

被告人郑某某系被告单位北京某大药房有限公司的法定代表人、总经理。2020年1月底至2月初，郑某某明知其采购的1万个"3M"牌9001型口罩及其下属采购的5万个"飘安"牌一次性使用医用口罩均无资质证明、检验合格证明及出库票据等材料，且公司员工及消费者反映口罩质量有问题，仍指示被告单位位于北京市的多个门店对外销售，销售金额达16万余元，销售所得均归北京某大药房有限公司所有。经鉴定，上述口罩均为假冒注册商标的商品。

【裁判结果】

北京市海淀区人民法院经审理认为，被告单位北京某大药房有限公司和被告人郑某某为牟取非法利益，销售假冒注册商标的疫情防护用品，销售金额较大，其行为均构成销售假冒注册商标的商品罪。被告单位、郑某某认罪认罚，但考虑到本案发生于全国疫情防控形势严峻的关键时期，应依法从严惩处。据此，于2020年3月26日以销售假冒注册商标的商品罪分别判处被告单位北京某大药房有限公司罚金人民币十五万元；判处被告人郑某某有期徒刑二年，并处罚金人民币十万元。

【裁判要旨】

本案销售金额为16万余元，即便涉案口罩经鉴定属于不合格产品，若以销售假冒注册商标的商品罪定罪，销售金额在5万元以上不满25万元，依法应在三年以下有期徒刑或者拘役，并处或者单处罚金的幅度内量刑；若以销售伪劣产品罪定罪，销售金额在5万元以上不满20万元，依法应在二年以下有期徒刑或者拘役，并处或者单处销售金额百分之五十以上二倍以下罚金的幅度内量刑。根据"择一重罪处罚"原则，应以销售假冒注册商标的商品罪定罪处罚。

（资料来源：https://baijiahao.baidu.com/s?id=1663060881757120358&wfr=spider&for=pc）

二、药品商标权的续展

《商标法》第四十条规定："注册商标有效期满，需要继续使用的，商标注册人应当在期满前十二个月内按照规定办理续展手续；在此期间未能办理的，可以给予六个月的宽展期。每次续展注册的有效期为十年，自该商标上一届有效期满次日起计算。期满未办理续展手续的，注销其注册商标。

商标局应当对续展注册的商标予以公告。

注册商标需要续展注册的，应当向商标局提交商标续展注册申请书。商标局核准商标注册续展申请后，发给相应证明，并予以公告。"

三、药品商标权的转让

《商标法》第四十二条规定："转让注册商标的，转让人和受让人应当签订转让协议，并共同向商标局提出申请。受让人应当保证使用该注册商标的商品质量。

转让注册商标的，商标注册人对其在同一种商品上注册的近似的商标，或者在类似商品上注册的相同或者近似的商标，应当一并转让。

对容易导致混淆或者有其他不良影响的转让，商标局不予核准，书面通知申请人并说明理由。

转让注册商标经核准后，予以公告。受让人自公告之日起享有商标专用权。"

【案例】3-2-5

最高人民法院发布2020年中国法院10大知识产权案件之三：A公司与B公司商标权权属纠纷案——"红牛"商标权权属纠纷案

最高人民法院（2020）最高法民终394号

民事判决书

【案情摘要】

B公司与案外人签订合资合同，约定成立合资公司，即A公司，B公司为A公司提供产品配方、工艺技术、商标和后续改进技术。双方曾约定，A公司产品使用的商标是该公司的资产。经查，17枚"红牛"系列商标的商标权人均为B公司。其后，B公司与A公司先后就红牛系列商标签订多份商标许可使用合同，A公司支付了许可使用费。此后，A公司针对"红牛"系列商标的产品，进行了大量市场推广和广告投入。A公司和B公司均对"红牛"系列商标进行过维权及诉讼事宜。后A公司向北京市高级人民法院提起诉讼，请求确认其享有"红牛"商标权，并判令B公司支付广告宣传费用37.53亿元。一审法院判决驳回A公司的全部诉讼请求。A公司不服，上诉至最高人民法院。最高人民法院二审认为，原始取得与继受取得是获得注册商标专用权的两种方式。判断是否构成继受取得，应当审查当事人之间是否就权属变更、使用期限、使用性质等作出了明确约定，并根据当事人的真实意思表示及实际履行情况综合判断。在许可使用关系中，被许可人使用并宣传商标，或维护被许可使用商标声誉的行为，均不能当然地成为获得商标权的事实基础。最高人民法院遂终审判决驳回上诉、维持原判。

【典型意义】

本案是当事人系列纠纷中的核心争议。本案判决厘清了商标转让与商标许可使用的法律界限，裁判规则对同类案件具有示范意义，释放出平等保护国内外经营者合法权益的积极信号，是司法服务高质量发展，助力改善优化营商环境的生动实践。

（资料来源：http://chinapeace.gov.cn/chinapeace/c100007/2021-04/22/content_12478972.shtml）

四、药品商标权的使用许可

（一）药品商标权使用许可的法律规定

《商标法》第四十三条规定："商标注册人可以通过签订商标使用许可合同，许可他人使用其注册商标。许可人应当监督被许可人使用其注册商标的商品质量。被许可人应当保证使用该注册商标的商品质量。

经许可使用他人注册商标的，必须在使用该注册商标的商品上标明被许可人的名称和商品产地。

许可他人使用其注册商标的，许可人应当将其商标使用许可报商标局备案，由商标局公告。商标使用许可未经备案不得对抗善意第三人。"

（二）药品注册商标使用许可的形式

1.**独占使用许可**　是指商标注册人在约定的期间、地域和以约定的方式，将该注册商标仅许可一个被许可人使用，商标注册人依约定不得使用该注册商标。

2.**排他使用许可**　是指商标注册人在约定的期间、地域和以约定的方式，将该注册商标仅许可一个被许可人使用，商标注册人依约定可以使用该注册商标但不得另行许可他人使用该注册商标。

3.**普通使用许可**　是指商标注册人在约定的期间、地域和以约定的方式，许可他人使用其注册商标，并可自行使用该注册商标和许可他人使用其注册商标。

第三章　药品商标注册与商品分类

　　规定必须申请注册商标才能取得商标专用权的国家（如我国），向商标主管部门提出注册申请是取得商标专用权的第一步。在商标注册申请中，商品分类表是很重要的，必须对其有所了解才能正确地提出商标注册申请。许多国家均规定商标注册申请人必须明确提出在哪一类商品上要求取得商标专用权，并详细填报商品名称。我国《商标法》第二十二条规定："商标注册申请人应当按规定的商品分类表填报使用商标的商品类别和商品名称，提出注册申请。商标注册申请人可以通过一份申请就多个类别的商品申请注册同一商标。商标注册申请等有关文件，可以以书面方式或者数据电文方式提出。"

　　由于可以使用商标的商品成千上万，服务品种也不断增加，有的由同一生产经营者提供，有的由不同生产经营者提供。为了便于消费者识别商品和服务的来源，所有建立商标制度的国家均规定，在同种商品或类似商品上（含服务）不得使用相同或近似商标，申请商标注册应当按照一定的商品分类科学、有序地进行，因此制定商品分类表成为必然。商品分类表主要根据商品性能、用途、原料、生产工艺、服务性质等对商品和服务进行归类，以此为商标注册申请人申请商标注册和商标管理机关检索、审查、管理注册商标提供依据。

　　各国原先自行制定商品分类表，但是由于国家间存在经济和文化差异，自行制定的商品分类表已不能适应有关商标事务的国际交往。为了改变这种局面，一个由多国共同签署的《商标注册用商品和服务国际分类尼斯协定》应运而生，其宗旨是在国际建立一个共同的商品注册用商品和服务国际分类体系，并保证其实施。我国也于1988年起采用该国际分类，于1994年加入尼斯协定。

　　按类别注册商标的规定产生了"防御商标"（denfendans mark）的概念。已注册商标的所有人享有的专有权，仅能够排斥别人在相同商品上使用相同商标，却不能排斥别人在不同商品上使用相同商标。一个注册商标的所有人会担心其他人以相同的商标在其他商品上使用并获得注册，于是就把自己的商标在多种商品甚至所有商品（包括他并不经营的那些商品）上都申请注册。这样注册的商标，就叫作防御商标。这种商标注册方式也被形象地称为"占位注册"。商标占位注册有利于防止甚至能够杜绝竞争对手使用与自己的商标相同的商标生产经营其他类别的商品（本企业商标未注册的商品类别），以免在市场上引起混淆，减损商标或商标的市场利益。也就是说，如果商标注册范围过于狭窄就会为其他企业抢注留下余地，进而有可能影响自己商标整体利益。但由于《巴黎公约》第六条中作出了保护驰名商标的特殊规定，所以凡参加了该公约的国家，即使一个知名的商标没有采取占位注册，它也会以驰名商标的地位受到特别保护。当然，这种保护的可靠程度，就远远不及注册成为防御商标所受到的那种保护了。

第四章　药品商标权的无效

商标权无效，商标权的宣告无效是指已经注册的商标，违反《商标法》第四条、第十条、第十一条、第十二条、第十九条第四款规定的，或者是以欺骗手段或者其他不正当手段取得注册的，由商标局宣告该注册商标无效；其他单位或者个人可以请求商标评审委员会宣告该注册商标无效的制度。

商标权无效的诉讼流程如图3-4-1所示。

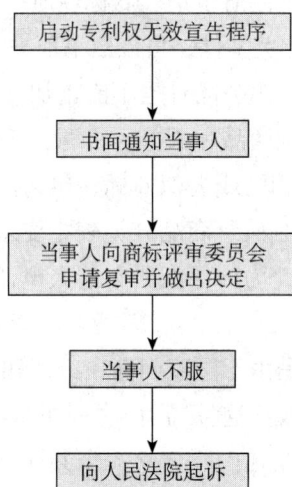

图3-4-1　商标权无效的诉讼流程

《商标法》第四十五条规定："已经注册的商标，违反本法第十三条第二款和第三款、第十五条、第十六条第一款、第三十条、第三十一条、第三十二条规定的，自商标注册之日起五年内，在先权利人或者利害关系人可以请求商标评审委员会宣告该注册商标无效。对恶意注册的，驰名商标所有人不受五年的时间限制。

宣告注册商标无效的决定或者裁定，对宣告无效前人民法院做出并已执行的商标侵权案件的判决、裁定、调解书和工商行政管理部门做出并已执行的商标侵权案件的处理决定以及已经履行的商标转让或者使用许可合同不具有追溯力。但是，因商标注册人的恶意给他人造成的损失，应当给予赔偿。依照前款规定不返还商标侵权赔偿金、商标转让费、商标使用费，明显违反公平原则的，应当全部或者部分返还。

第五章　药品驰名商标的保护

第一节　驰名商标的概念及认定

一、驰名商标的概念

所谓驰名商标是指在市场上享有较高声誉并为相关公众所熟知的商标。一种商品或者服务的商标在市场上享有较高的知名度，就意味着该商品或者服务受到众多消费者青睐，它能给该商标的注册人、使用人带来巨大的经济利益。因此，涉及驰名商标的侵权纠纷不断增多，保护驰名商标已成为国际、国内共同关注的重要领域。

二、驰名商标的认定

《巴黎公约》和世界贸易组织TRIPS协定都对驰名商标保护作出了专门规定。《巴黎公约》第6条规定："凡系被成员国认定为驰名商标的标识，一是禁止其他人抢先注册，二是禁止其他人使用与之相同或近似的标识。"这两点对驰名商标的特殊保护，是迄今为止多数国家及国家间多边及双边条约中保护驰名商标的基点与主要内容。但《巴黎公约》尚未将这两点特殊保护延及服务商标。TRIPS协定比《巴黎公约》更进一步，该协定第16条将对驰名商标的保护范围扩大到服务商标以及不类似的商品或者服务，对于如何认定驰名商标，也作了原则性的简单规定，即"确认某商标是否系驰名商标，应顾及有关公众对其知晓程度，包括在该成员地域内因宣传该商标而使公众知晓的程度"。

鉴于驰名商标很难精确定义，《巴黎公约》只提出了驰名商标的保护问题，TRIPS协定中的"公众知晓程度"也难以确认。为了有效地保护驰名商标，我国《商标法》第十四条在总结实践经验的基础上，参考国际上的通行做法对认定驰名商标应当考虑的因素作了比较具体的规定。

1.相关公众对该商标的知晓程度　驰名商标是在市场上有较高声誉的商标，为相关公众所认同。把公众知晓程度作为认定驰名商标的首要因素符合TRIPS协定的原则和一般大众心理。这里的"相关公众"是指与使用该商标的商品和服务有关的公众，而非所有的公众。

2.该商标使用的持续时间　一个商标要取得市场信誉，形成竞争力，必须经过使用。无论是注册商标还是未经注册商标，只有通过使用才能体现其存在，体现其价值，也只有通过使用才能为公众知晓，被公众认同。放在抽屉里的商标是不会被公众知晓，被公众认同的，更不会成为驰名商标。因此，把商标使用的持续时间作为认定驰名商标的因素是必要的。

3.该商标的任何宣传工作的持续时间、程度和地理范围　驰名商标应当是公众熟知的商标，要让公众熟知，需要广为宣传。在市场经济条件下，无论商品的生产者还是服务的提供者，都把宣传、推销自己的商品和服务作为重中之重，不惜重金投入树立自己的品牌形象。不少消费者对某商品的知晓最初就是来自该商品的商标宣传。因此，把商标的任何宣传工作的持续时间、程度和地理范围作为认定驰名商标的因素是很有意义的。

4.该商标作为驰名商标受保护的记录 根据《巴黎公约》和TRIPS协定的规定，驰名商标在该公约和协议成员国中都是受保护的，如果能够提供曾经作为驰名商标受过保护的记录及相关证明文件，对在我国认定该商标为驰名商标将起重要作用。

5.该商标驰名的其他因素 如使用该商标的商品和服务的销售或经营额、销售或服务区域、市场占有率等。由于无法穷尽认定驰名商标的所有因素，因此，此项规定具有相当弹性，既可以弥补前四项规定留下的空白，也可以为今后增补新的认定因素提供充足的空间。

应当主意的是，所谓驰名商标的声誉和知晓程度是变化的，具体认定某商标是否为驰名商标涉及该商标权人和广大消费者的利益，因此实际中还需要根据法律规定并结合个案具体加以认定。

第二节 驰名药品商标的特殊保护

对于驰名商标的特殊保护，各国立法虽有所不同，但普遍规定驰名商标的保护力度要远远大于非驰名商标的保护力度。例如根据我国《商标法》第十三条的规定，为相关公众所熟知的商标，持有人认为其权利受到侵害时，可以依照本法规定请求驰名商标保护。

就相同或者类似商品申请注册的商标是复制、模仿或者翻译他人未在中国注册的驰名商标，容易导致混淆的，不予注册并禁止使用。

就不相同或者不相类似商品申请注册的商标是复制、模仿或者翻译他人已经在中国注册的驰名商标，误导公众，致使该驰名商标注册人的利益可能受到损害的，不予注册并禁止使用。

在药品驰名商标的保护上，商标权与专利权的关系更为紧密，商标权与专利权的作用可以互相得到增强。一方面，一个驰名商标依靠商标专用权获得的良好信誉，很大程度上源于其产品专利权受到的严格保护，专利制度保护品牌药品及其制造方法不被仿制或使用，制止、制裁专利侵权行为，从而保护其品牌不受侵害和加强其品牌的知名程度。同时，一种驰名商标的药品依专利法受到的保护，也有可能借助其驰名商标得到实际上的延长：某一专利药的专利期一旦届满，其他厂家均可以合法地仿制这同一种产品，但却仍旧不能使用原厂家创出的商标；如果这一商标是驰名商标，实际上原厂家仍能够依靠它来继续垄断自己产品的市场优势地位。

A公司与B公司著作权纠纷上诉案——药品说明书不是著作权法意义上的作品

【案号】一审：（2012）佛城法知民初字第279号；二审：（2013）佛中法知民终字第14号

【案情】

原告：B公司

被告：A公司

原告B公司诉称，2009年9月因发现C公司生产经营的"强舒西林"药品所使用的"二叶"牌《注射用哌拉西林钠舒巴坦钠说明书》与原告的"哌舒（2：1）"药品说明书极度相似，遂先后申请诉前禁令和提起诉讼，要求C公司停止侵犯原告的著作权。湖南省长沙市岳麓区人民法院先后作出裁定和判决，责令C公司等单位立即停止侵权，均支持了B公司的诉讼请求。2010年8月3日，长沙市中级人民法院作出终审判决予以维持。同时，被告A公司未经B公司许可，擅自采购、销售或许诺销售侵权产品，构成侵权。现原告起诉，请求法院判令：1.被告A公司立即停止侵权行为，即立即停止采购、销售及许诺销售C公司生产的使用了"二叶"牌《注射用哌拉西林钠舒巴坦钠说明书》的"注射用哌拉西林钠舒巴坦钠"药品；2.被告A公司因侵犯原告B公司著作权，赔偿原告损失人民币10万元；3.被告A公司在《中国医药报》和《医药经济报》刊登致歉声明以消除影响并赔礼道歉；4.本案诉讼费用由被告A公司承担。

被告：A公司答辩称，第一，B公司在本案中提交的湖南省长沙市两审法院的民事判决书虽然支持了其的相关诉讼请求，但湖南省高级人民法院已经对上述案件进行提审，目前尚无结果。B公司的主张没有任何事实和法律依据，要求我方停止销售C公司生产的所谓相关侵权药品的请求也是不能成立的。第二，C公司的注射用哌拉西林钠舒巴坦钠药品是经过相关合法手续后才上市销售的，A公司也同样经过相应的合法手续取得了上述药品的销售资格。退一步讲，就算C公司生产的涉案药品说明书侵犯了其著作权，A公司作为中间环节的药品经销商根本不可能知道C公司的药品说明书是否侵权，如果由被告来承担相应的赔偿责任是非常不公平的。

【审判】经一审法院审理查明：案外人孙某某系新特灭（注射用哌拉西林钠舒巴坦钠2：1）、新君特（注射用哌拉西林钠舒巴坦钠2：1）说明书的作者。该两份说明书分别完成时间为1999年3月12日和1999年4月7日。B公司通过受让取得该两份文字作品的著作权，并于2010年12月27日进行著作权登记。B公司发现A公司销售由C公司生产注射用哌拉西林钠舒巴坦钠药品的说明书（核准日期为2009年1月9日、修改日期为2010年8月23日的"二叶"牌《注射用哌拉西林钠舒巴坦钠说明书》，以下简称被诉侵权说明书）侵犯B公司的著作权。经比对，被诉侵权说明书与B公司说明书在药品名称、成分、性状、规格、包装、执行标准、批准文号、用法用量、不良反应的表述内容一致的情况下，表述方式略有不同；适应证、禁忌、注意事项、孕妇及哺乳期妇女用药、儿童用药、老年用药、药物相互作用、药物过量、药理毒理、药代动力学、储藏的表述完全相同，且两药品说明书的项目排序完全一致。

一审法院认为，本案系侵犯著作权纠纷案件。

首先，关于涉案药品说明书的著作权人的确定问题。B公司向法庭提供了新特灭《注射用哌拉西林钠舒巴坦钠（2：1）说明书》、新克君《注射用哌拉西林钠舒巴坦钠（2：1）说明书》作品自愿登记证书，在没有相反证据的情况下，可以证明孙明杰为新特灭《注射用哌拉西林钠舒巴坦钠（2：1）说明书》、新克君《注射用哌拉西林钠舒巴坦钠（2：1）说明书》的作者。而B公司通过受让取得涉案说明书的著作权，因此，B公司是涉案药品说明书的著作权人，享有法律规定的著作权权利。本案的关键在于新特灭《注射用哌拉西林钠舒巴坦钠（2：1）说明书》、新克君《注射用哌拉西林钠舒巴坦钠（2：1）说明书》等药品说明书是否属于著作权法所保护的作品。本案中，第一，B公司对药品说明书中药品特性、效用、使用方法、物理实验、临床实验等有着自己的表述与说明，是作者自己完成的，没有抄袭。第二，B公司药品说明书中的物理实验、动物实验及临床实验为独立完成，所得数据具有原创性，描述亦有原创性。有关药品安全性相关结论及其他主要内容的表述，如药物相互作用、药理毒性，在结构编排上采取按类分层方法，在内容上充分反映了作者谨慎选择、归纳的创作过程，具备了最低的独创性。第三，药品说明书可以以有形形式复制。综上三点，其符合著作权法所保护的作品的特征。根据药品监管部门的要求，药品说明书的具体格式、内容和书写要求由国家食品监督管理局制定并发布，只不过反映了药品管理部门的监督管理，并不能就此认定药监部门为药品说明书制定和发布的主体。对于药品说明书中出现的责任，显然应由药品生产者承担责任而不是由药监部门来承担责任。

其次，关于A公司是否实施了侵犯B公司著作权的行为的问题。A公司销售的药品所使用的被诉侵权说明书，可以认定属于抄袭B公司的药品说明书，是简单的复制。A公司销售的药品使用了被诉侵权说明书，在销售药品的同时发行了被诉侵权说明书，并无证据证明获得B公司的授权许可。因此，A公司销售药品同时发行他人说明书内容的行为，侵犯了B公司的著作权，应承担停止侵权的法律责任。但B公司提出的A公司停止采购涉案药品的请求并无依据，一审法院不予支持。据此，依照《著作权法》第九条第（二）项、第十条第一款第（六）项、第四十八条第（一）项；最高人民法院《关于审理著作权民事纠纷案件适用法律若干问题的解释》第七条，第二十五条第一款、第二款的规定，判决：一、A公司立即停止销售使用C公司生产的"二叶"牌《注射用哌拉西林钠舒巴坦钠说明书》（核准日期为2009年1月9日、修改日期为2010年8月23日）的注射用哌拉西林钠舒巴坦钠药品；二、A公司于判决生效之日起10日内赔偿B公司经济损失5000元（包括且不限于B公司因调查处理侵权行为所支付的调查取证费、律师费、公证费等合理支出）；三、驳回B公司其他诉讼请求。

一审案件受理费2300元，由B公司负担1300元，A公司负担1000元。

A公司不服一审判决，上诉请求二审法院：一、撤销一审判决；二、驳回B公司的全部诉讼请求；三、B公司承担本案诉讼费用。

二审法院另查明以下事实：2005年8月18日，国家食品药品监督管理局发布了2005S05675、2005S05676号的药品注册批件，批准注射用哌拉西林呐舒巴坦钠（2：1）为新药，新药持有者分别为本案的B公司及A药业有限公司、B新药开发中心有限公司。国家食品药品监督管理局同时也就B公司申请新药时的药品说明书即本案的涉案药品说明书进行了核准。2005年12月，C公司向江苏省食品药品监督管理局申报注射用哌拉西林呐舒巴坦钠药品，此次申报材料中所附的药品说明书与B公司的涉案药品说明书并不相同。2008年10月9日，国家食品药品监督管理局药品审评中心给C公司《关于提请修改药品质量标准、药品说明书和标签的通知》指出，"我中心根据申报资料，对贵单位提出的质量标准；使用说明书；包装标签内容进行了修订，现将修订样稿（见附件1）寄发给你们，并将有关事项通知如下……"附件1中有一份注射用哌拉西林呐舒巴坦钠说明书。经比对，该药品说明书与B公司的涉案药品说明书内容基本一致，仅是表述顺序略有调整，且省略了个别字。2009年12月，C公司按照要求再次申报药品注射用哌拉西林呐舒巴坦钠并附被诉侵权药品说明书，获审批通过。

二审法院认为，本案为侵犯著作权纠纷案件。本案的争议焦点是：涉案药品说明书是否属于著作权法保护的对象。

独创性是作品成为法律保护对象所应具备的实质条件，药品说明书是否应视为著作权法意义上的作品，不仅要看其是否具有独创性，还应分析药品说明书与作品的法律属性：

第一，从药品说明书的写作体例分析。根据《药品管理法》第五十四条第二款的规定，标签或者说明书上必须注明药品的通用名称、成分、规格、生产企业、批准文号、产品批号、生产日期、有效期、适应证或者功能主治、用法、用量、禁忌、不良反应和注意事项。由此可知，我国法律对药品说明书的写作体例有着严格的规范，必须按照法定格式填写才能获得审批并上市。本案涉案药品说明书正是按照法定格式进行的填写，且文体均采用说明文的形式，因此现行法律法规的限制决定了涉案药品说明书在写作的体例上自由创作的空间非常有限。

第二，从药品说明书的发布要求分析。根据国家食品药品监督管理局24号令《药品说明书和标签管理规定》第九条，药品说明书应当包含药品安全性、有效性的重要科学数据、结论和信息，用以指导安全、合理使用药品。药品说明书的具体格式、内容和书写要求由国家食品药品监督管理局制定并发布。涉案药品注射用哌拉西林呐舒巴坦钠是B公司国内首家研发的新药即原研药，其涉案药品说明书经过国家食品药品监督管理局审批后向药品市场推广使用，故此，本案涉案药品说明书的具体格式乃至内容、书写要求其实均由国家食品药品监管局进行审批后方能定稿，其内容取决于国家食品药品监管局。

第三，药品说明书与药品之间在民法原理上应为主从物的关系，药品说明书附属于药品，不能脱离药品而独立存在，且以服务于药品的附随方式进入商业领域，并不像一般作品一样可以独立发行，药品说明书脱离药品并不具有市场价值，其在法律属性上完全不同于一般著作权法意义上的作品。

第四，若赋予药品说明书著作权，将与赋予药品的发明专利权产生冲突。

综上，药品说明书不宜认定为受著作权法保护的对象。

本案中，因涉案药品说明书并非著作权法意义上的作品，故不存在侵犯著作权的侵权行为。弘兴公司对于本案的发生并没有任何过错。综上所述，一审法院适用法律有误。依照著作权法第一条、第三条、第四条、第五条，《民事诉讼法》第一百七十条第一款第（二）项的规定，二审法院撤销原一审判决，判决驳回B公司的诉讼请求。一审案件受理费2300元，二审案件受理费2300元，合计4600元，均由B公司负担。

▶评析：本案的基本事实清楚，各方并无异议，但本案的一审与二审判决反映出当前审判实践中两种代表性的观点，争议的核心在于药品说明书是否为著作权法意义上的作品。

（资料来源：中国裁判文书网；发布日期：2015年8月10日）

第一章　著作权制度概述

第一节　著作权概念界定

《中华人民共和国著作权法》（以下简称《著作权法》）是全国人民代表大会常务委员会批准的中国国家法律文件。为保护文学、艺术和科学作品作者的著作权，以及与著作权有关的权益，鼓励有益于社会主义精神文明、物质文明建设的作品的创作和传播，促进社会主义文化和科学事业的发展与繁荣，根据宪法制定本法。

著作权通常有广义和狭义之分：狭义的著作权，仅指作者对其作品依法享有的权利；广义的著作权既包括狭义的著作权内容，还包括著作邻接权，即作品传播者依法享有的权利，如艺术表演者的权利、录音录像制品制作者的权利、广播电视组织的权利、图书和报刊出版者的权利等。

第二节　著作权制度发展历程

一、国际著作权制度发展历程

著作权观念起源于古希腊和古罗马，著作权法定许可制度产生、发展、成熟于西方，1709年，英国议会通过了《安娜女王法》，将保护重点由出版商转向作者，赋予作者印刷、重印之权，故被公认为第一部现代意义的著作权法，这在世界著作权发展史上具有里程碑的意义，其革命性的内容体现在：建立了法定的私有财产权性质的著作权，承认作者是著作权保护的本源，对已出版的作品采取有期限的保护。但《安娜女王法》的保护仅涉及文字作品的著作财产权，未涉及作者精神权利的保护，直到1793年法国《作者权法》出台，强调作者精神权利保护的著作权制度才正式出现。

1886年9月9日，《保护文学和艺术作品伯尔尼公约》（简称《伯尔尼公约》）在瑞士首都伯尔尼签署，《伯尔尼公约》是世界上第一个保护版权的国际公约。1952年9月联合国教科文组织主持下在日内瓦签订了《世界版权公约》，这是继《伯尔尼公约》后关于作品保护的国际性公约，于1955年9月16日生效。1971年在巴黎修订过一次。中国于1992年7月30日递交了加入《世界版权公约》的官方文件，同年10月30日对中国生效。

二、我国著作权制度发展历程

我国现代意义上的著作权制度始于1910年颁布的《大清著作权律》，这是我国历史上第一部以保护著作权为中心而设立并颁布的法律，其后北洋政府和民国政府分别制定了著作权法。中华人民共和国成立后，第七届全国人民代表大会常务委员会第十五次会议通过《中华人民共和国著作权法》，并于1991年6月1日开始实行，这是新中国的第一部著作权法。1991年6月1日《中华人民共和国著作权法实施条例》实行。1993年12月，最高人民法院发出《关于深入贯彻执行＜著作权法＞几个问题的通知》，首次对审理著作权案件作出司法解释。同时，为了能更好地保护著作权，1992年我国成为《伯尼尔公约》和《世界版权公约》的成员国，并于1998年9月成立了中国版权保护中心。

2001年10月27日，第九届全国人民代表大会常务委员会第二十四次会议通过《关于修改〈中华人民共和国著作权法〉的决定》，对《中华人民共和国著作权法》进行第一次修正，后于2010年通过了进行第二次修正的决定。为了更好地与世界接轨，我国于2007年正式加入《世界知识产权组织版权条约》。2020年11月11日，中华人民共和国第十三届全国人民代表大会常务委员会第二十三次会议通过《全国人民代表大会常务委员会关于修改〈中华人民共和国著作权法〉的决定》，自2021年6月1日起施行。

第二章　著作权的主体、客体和内容

第一节　著作权的主体

一、著作权主体的概念

药品著作权的主体是著作权人，即依法享有著作权的人，著作权人可以是作者，也可以是其他依照本法享有著作权的自然人、法人或者非法人组织。

根据我国《著作权法》第二条规定，中国自然人、法人或者非法人组织的作品，不论是否发表，依照本法享有著作权。

外国人、无国籍人的作品根据其作者所属国或者经常居住地国同中国签订的协议或者共同参加的国际条约享有的著作权，受本法保护。

外国人、无国籍人的作品首先在中国境内出版的，依照本法享有著作权。

未与中国签订协议或者共同参加国际条约的国家的作者以及无国籍人的作品首次在中国参加的国际条约的成员国出版的，或者在成员国和非成员国同时出版的，受本法保护。

二、著作权主体的确认

（一）合作作品

合作作品是指两人或者两人以上合作创作的作品。根据我国《著作权法》第十四条规定，两人以上合作创作的作品，著作权由合作作者共同享有。没有参加创作的人，不能成为合作作者。

合作作品的著作权由合作作者通过协商一致行使；不能协商一致，又无正当理由的，任何一方不得阻止他方行使除转让、许可他人专有使用、出质以外的其他权利，但是所得收益应当合理分配给所有合作作者。

合作作品可以分割使用的，作者对各自创作的部分可以单独享有著作权，但行使著作权时不得侵犯合作作品整体的著作权。

（二）汇编作品

根据《著作权法》第十五条规定，汇编若干作品、作品的片段或者不构成作品的数据或者其他材料，对其内容的选择或者编排体现独创性的作品，为汇编作品，其著作权由汇编人享有，但行使著作权时，不得侵犯原作品的著作权。

（三）职务作品

《著作权法》第十八条规定，自然人为完成法人或者非法人组织工作任务所创作的作品是职务作品，除本条第二款的规定以外，著作权由作者享有，但法人或者非法人组织有权在其业务范围内优先使用。

作品完成两年内，未经单位同意，作者不得许可第三人以与单位使用的相同方式使用该作品。

有下列情形之一的职务作品，作者享有署名权，著作权的其他权利由法人或者非法人组织享有，法人或者非法人组织可以给予作者奖励。

（1）主要是利用法人或者非法人组织的物质技术条件创作，并由法人或者非法人组织承担责任的工程设计图、产品设计图、地图、示意图、计算机软件等职务作品。

（2）报社、期刊社、通讯社、广播电台、电视台的工作人员创作的职务作品。

（3）法律、行政法规规定或者合同约定著作权由法人或者非法人组织享有的职务作品。

（四）演绎作品

根据已有作品而编制的新作品为演绎作品。根据《著作权法》第十三条规定，改编、翻译、注释、整理已有作品而产生的作品，其著作权由改编、翻译、注释、整理人享有，但行使著作权时不得侵犯原作品的著作权。

《著作权法》第十六条规定，使用改编、翻译、注释、整理、汇编已有作品而产生的作品进行出版、演出和制作录音录像制品，应当取得该作品的著作权人和原作品的著作权人许可，并支付报酬。

（五）视听作品

《著作权法》第十七条规定，视听作品中的电影作品、电视剧作品的著作权由制作者享有，但编剧、导演、摄影、作词、作曲等作者享有署名权，并有权按照与制作者签订的合同获得报酬。

前款规定以外的视听作品的著作权归属由当事人约定；没有约定或者约定不明确的，由制作者享有，但作者享有署名权和获得报酬的权利。

视听作品中的剧本、音乐等可以单独使用的作品的作者有权单独行使其著作权。

（六）委托作品

受委托创作的作品，著作权的归属由委托人和受托人通过合同约定。合同未作明确约定或者没有订立合同的，著作权属于受托人。

（七）美术、摄影作品

《著作权法》第二十条规定，作品原件所有权的转移，不改变作品著作权的归属，但美术、摄影作品原件的展览权由原件所有人享有。

作者将未发表的美术、摄影作品的原件所有权转让给他人，受让人展览该原件不构成对作者发表权的侵犯。

第二节　著作权的客体

一、著作权客体的概念及特征

（一）著作权客体的概念

著作权的客体是基于创作活动而产生的作品，即通过人的思维的分析、概括而产生的、以一定形式表现出来的脑力劳动成果。

（二）著作权客体的特征

1.独创性　指由作者独立构思而成的，作品的内容或表现形式完全或基本不同于他人已经发表的作品，即不是抄袭、剽窃、篡改他人的作品。

2.可复制性　是能以某种物质复制形式表现的智力创作成果。复制形式包括印刷、绘画、摄影、录制等。这里不排除对未被有形载体固定的口头作品的保护。

二、著作权客体的种类

我国《著作权法》的作品是指文学、艺术和科学领域内具有独创性并能以一定形式表现的智力成果，具体保护范围如下。

（1）文字作品，即小说、诗、词、散文、论文等。

（2）口述作品，指即兴演讲、授课、法庭辩论等以口头语言创作的作品。注意："即兴"，如果是照本宣科就不能构成口述作品，而是表演。

（3）音乐、戏剧、曲艺、舞蹈、杂技艺术作品。

（4）美术、建筑作品，美术作品为绘画、书法、雕塑等以线条、色彩或者其他方式构成的有审美意义的平面或者立体的造型艺术作品，建筑作品指以建筑物或者构筑物形式表现的有审美意义的作品。

（5）摄影作品，指借助器械在感光材料或者其他介质上记录客观物体形象的艺术作品。

（6）视听作品。

（7）工程设计图、产品设计图、地图、示意图等图形作品和模型作品。

（8）计算机软件。

（9）符合作品特征的其他智力成果。

▶【案例】4-2-1

A公司侵犯著作权纠纷一案

原告B公司诉被告A公司侵犯著作权纠纷一案，本院受理后，依法组成合议庭，公开开庭进行了审理。原告B公司的委托代理人周某、张某某，被告A公司委托代理人谢某某、桑某某到庭参加诉讼，本案现已审理终结。

原告B公司诉称，美国C公司是全球最大的图片供应商，是2008年奥运官方指定的官方图片社，在全球图片业具有举足轻重的影响。原告系该公司在中国设立的外商投资企业，依法享有相关图片素材在中国境内展示、销售和许可他人使用的权利，同时C公司就中国境内对其图像素材发生的任何侵权事宜授权原告以自己的名义行使索赔权。被告未经原告许可于2008年在药品宣传册中使用了C公司的7张图片，图片编号为：DV207023A，图片内容是握手。图片编号为：BU011199，图片内容是商务。图片编号为：DV117029，图片内容是金子。图片编号为：DV117079B，图片内容是金子。图片编号为：AA010727，图片内容是实验。图片编号为：MD002410，图片内容是医生。图片编号为：MD002420，图片内容是医生。被告的行为构成侵权，故原告诉至法院，请求判令被告：1.立即停止侵权；2.赔偿原告经济损失60000元；3.承担原告为制止侵权行为支出的合理费用5800元（其中包括律师费5000元、公证费800元）；4.被告承担本案诉讼费用。

被告A公司答辩称：一、原告诉答辩人未经其许可使用C公司7张图片，与事实不符，答辩人公司从未使用过C公司的该7张图片印制过宣传册。二、原告诉称宣传册中的7张图片系C公司的版权所有，证据不足事实不清不能成立。三、原告诉称的宣传册版面设计，经答辩人调查系D公司印制，D公司从何处得到本案诉争之图片，答辩人也不得而知，请求追加D公司为被告参加诉讼。综上，请求驳回原告的诉讼请求，维持原判。

本院经审理查明：C公司为知名的创意图片及影视素材供应商，B公司是由C公司在中国投资设立的分支机构。2008年6月9日C公司高级副总裁、总顾问John Lapham向B公司出具确认授权书，确认B公司有权在中国境内展示、销售和许可他人使用附件A中所列出之品牌相关的所有图像，这些图像展示在C公司的网站www.gettyimages.com上。C公司授权B公司在中国境内以其自己的名义就任何第三方对于C公司的知识产权的侵犯和未经授权使用附件A所列出品牌相关图像的行为采取任何形式的任何法律行为。该授权确认书经公证并经美国华盛顿州和我国驻美国大使馆认证。该"确认授权书"所指附件A中所列图片包括Photodisc、Stockbyte等品牌。

经B公司申请，2009年10月26日，河南省郑州市黄河公证处对B公司网站上的相关内容进行保全证据公证，并作出（2009）郑黄证经字第2975号公证书。公证书显示：在域名为www.gettyimages.cn的C公司网站上登载有Photodisc、Stockbyte品牌的图片，其中包括涉及本案的图片6张，编号和内容如下：图片编号：DV207023A，图片内容是握手。图片编号：BU011199，图片内容是商务。图片编号：DV117079B，图片内容是金子。图片编号：AA010727，图片内容是实验。图片编号：MD002410，图片内容是医生。图片编号：MD002420，图片内容是医生。

诉讼中B公司提交彩印药品宣传册一份，上面印制有被告A公司的企业简介、网址、经营的产品、联系地址和电话等宣传内容，B公司称其在2008年的烟台展销会上获取了涉案药品宣传册，该宣传册上使用了上述6张涉案图片。B公司认为A公司未经许可，在其宣传册中擅自采用了B公司享有著作权的摄影作品，侵犯了B公司的著作权，故诉至本院。被告A公司否认B公司提交的药品宣传册是A公司印制。

另查明：1.诉讼中B公司出具与E公司、F公司、G公司上海代表处签订的图片使用合同及付款凭证各三份，用以证明B公司许可他人使用图片的正常价格为8000元、9000元、10000元。2.B公司为本案诉讼支出律师代理费5000元、公证费800元。

上述事实有（2008）京方圆内经证字第21711号公证书、（2009）京方圆内经证字第01583号公证书、（2009）郑黄证经字第2975号公证书、B公司提交的药品宣传册一本、图片使用合同及付款凭证各三份、委托代理协议及律师费发票、公证费发票、庭审笔录等证据在卷佐证。

本院认为：我国《著作权法》第二条第二款规定，外国人、无国籍人的作品根据其作者所属国或者经常居住地国同中国签订的协议或者共同参加的国际条约享有的著作权，受本法保护。美国和中国同为《伯尔尼保护文学和艺术作品公约》成员国，C公司对其图片所享有的著作权受我国《著作权法》保护。

本案涉及的图片属于摄影作品，该作品是否产生著作权以及权利的归属应当依照我国著作权法确认。《著作权法》第十一条第四款规定，"如无相反证明，在作品上署名的公民、法人或其他组织视为著作权的权利人"，原告在www.gettyimages.cn网站上登载了涉案的图片，在该页面有C公司的版权说明，并标注"本网站的所有图片均由美国D公司授权发布"字样。在被告未提供相反证据的情况下，应认定美国D公司系本案作品的著作权权利人。该公司授权B公司行使著作权的《授权确认书》经公证、认证，合法有效，B公司依该授权行使诉权和相关的著作权权利亦符合我国法律规定。

关于A公司的行为是否构成侵权。本案中原告据以指控被告侵权的证据是一本彩印药品宣传册，宣传册中使用了B公司享有著作权的作品且印有A公司的详细信息。本案争议的关键是该本宣传册是否A公司印制。原告B公司认为该宣传册是被告印制的理由是：宣传册上印制有被告详细信息。但A公司否认该宣传册是其印制，原告B公司亦无直接证据证明该宣传册是A公司印制，如果仅凭该宣传册上印制有A公司信息来推定该宣传册是其印制，而无其他证据佐证，该推定就直接排除了其他人包括B公司印制证据的可能性，对事实的确认会有失公允，并且该印刷品上不显示印制地点和时间，B公司陈述是在烟台展销会上从被告手中获取，但无证据证明。我国法律为保护著作权人的合法权利，对权利人取得证据的方式和种类作出了非常明确的规定，如果宣传册是在烟台展销会上取得，B公司完全可以通过现场公证的方式来取得本案这一关键证据，但B公司未选择此项途径维权，该宣传册怎样取得、是谁印制无法确定，且A公司对该项证据又不认可，故本院认为B公司出示的证据不足以证明被告印制和使用了涉案图片，对于B公司请求A公司停止侵权赔偿损失的诉讼主张，本院不予支持。综上，依照《中华人民共和国著作权法》第二条第二款、第十条、第十一条第四款，《中华人民共和国民事诉讼法》第六十四条第一款之规定，判决如下：

驳回原告B公司的诉讼请求。

本案案件受理费1445元，由原告B公司负担。

如不服本判决，可在判决书送达之日起十五日内向本院递交上诉状一式八份，上诉于河南省高级人民法院。

二〇一〇年五月二十五日

（资料来源：https：//www.110.com/panli/panli_12546610.html）

三、不受著作权法保护的对象

违背法律原则的作品：依法禁止出版、传播的作品，不受著作权法保护。不适用著作权法保护的对象：法律、法规，国家机关的决议、决定、命令和其他具有立法、行政、司法性质的文件，及其官方正式译文；单纯事实消息；历法、通用数表、通用表格和公式；侵权作品。

第三节　著作权的内容

著作权属于民事权利，它既不同于一般的财产权，也不同于一般的人身权，而是兼具财产权和人身权的双重内容，并且这种权利为著作权人所专有。

一、著作人身权

著作人身权，即作者的人身权利，指作者或其他著作权人就其作品所享有的以人格利益包括其名誉、声望及其他无形人身权益为主要内容的专有权利。

著作人身权具体内容如下。

1.**发表权**　即决定作品是否公之于众的权利。

2.**署名权**　即表明作者身份，在作品上署名的权利。

3.**修改权**　即修改或者授权他人修改作品的权利。

4.**保护作品完整权**　即保护作品不受歪曲、篡改的权利。

二、著作财产权

著作财产权，亦称经济权利，指作者本人或授权他人采取一定的方式使用作品而获得金钱和物质报酬的权利。

著作财产权具体内容如下。

1.复制权 即以印刷、复印、拓印、录音、录像、翻录、翻拍、数字化等方式将作品制作一份或者多份的权利。

2.发行权 即以出售或者赠予方式向公众提供作品的原件或者复制件的权利。

3.出租权 即有偿许可他人临时使用视听作品、计算机软件的原件或者复制件的权利，计算机软件不是出租的主要标的的除外。

4.展览权 即公开陈列美术作品、摄影作品的原件或者复制件的权利。

5.表演权 即公开表演作品，以及用各种手段公开播送作品的表演的权利。

6.放映权 即通过放映机、幻灯机等技术设备公开再现美术、摄影、视听作品等的权利。

7.广播权 即以有线或者无线方式公开传播或者转播作品，以及通过扩音器或者其他传送符号、声音、图像的类似工具向公众传播广播的作品的权利，但不包括信息网络传播权规定的权利。

8.信息网络传播权 即以有线或者无线方式向公众提供，使公众可以在其选定的时间和地点获得作品的权利。

9.摄制权 即以摄制视听作品的方法将作品固定在载体上的权利。

10.改编权 即改变作品，创作出具有独创性的新作品的权利。

11.翻译权 即将作品从一种语言文字转换成另一种语言文字的权利。

12.汇编权 即将作品或者作品的片段通过选择或者编排，汇集成新作品的权利。

三、权利的限制

《著作权法》第二十四条规定：在下列情况下使用作品，可以不经著作权人许可，不向其支付报酬，但应当指明作者姓名或者名称、作品名称，并且不得影响该作品的正常使用，也不得不合理地损害著作权人的合法权益。

（1）为个人学习、研究或者欣赏，使用他人已经发表的作品。

（2）为介绍、评论某一作品或者说明某一问题，在作品中适当引用他人已经发表的作品。

（3）为报道新闻，在报纸、期刊、广播电台、电视台等媒体中不可避免地再现或者引用已经发表的作品。

（4）报纸、期刊、广播电台、电视台等媒体刊登或者播放其他报纸、期刊、广播电台、电视台等媒体已经发表的关于政治、经济、宗教问题的时事性文章，但著作权人声明不许刊登、播放的除外。

（5）报纸、期刊、广播电台、电视台等媒体刊登或者播放在公众集会上发表的讲话，但作者声明不许刊登、播放的除外。

（6）为学校课堂教学或者科学研究，翻译、改编、汇编、播放或者少量复制已经发表的作品，供教学或者科研人员使用，但不得出版发行。

（7）国家机关为执行公务在合理范围内使用已经发表的作品。

（8）图书馆、档案馆、纪念馆、博物馆、美术馆、文化馆等为陈列或者保存版本的需要，复制本馆收藏的作品。

（9）免费表演已经发表的作品，该表演未向公众收取费用，也未向表演者支付报酬，且不以营利为目的。

（10）对设置或者陈列在公共场所的艺术作品进行临摹、绘画、摄影、录像。

（11）将中国公民、法人或者非法人组织已经发表的以国家通用语言文字创作的作品翻译成少数民族语言文字作品在国内出版发行。

（12）以阅读障碍者能够感知的无障碍方式向其提供已经发表的作品。

（13）法律、行政法规规定的其他情形。

前款规定适用于对与著作权有关的权利的限制。

《著作权法》第二十五条规定：为实施义务教育和国家教育规划而编写出版教科书，可以不经著作权人许可，在教科书中汇编已经发表的作品片段或者短小的文字作品、音乐作品或者单幅的美术作品、摄影作品、图形作品，但应当按照规定向著作权人支付报酬，指明作者姓名或者名称、作品名称，并且不得侵犯著作权人依照本法享有的其他权利。前款规定适用于对与著作权有关的权利的限制。

四、权利的保护期

作者的署名权、修改权、保护作品完整权的保护期不受限制。

自然人的作品，其发表权、本法第十条第一款第五项至第十七项规定的权利的保护期为作者终生及其死亡后五十年，截止于作者死亡后第五十年的12月31日；如果是合作作品，截止于最后死亡的作者死亡后第五十年的12月31日。

法人或者非法人组织的作品、著作权（署名权除外）由法人或者非法人组织享有的职务作品，其发表权的保护期为五十年，截止于作品创作完成后第五十年的12月31日；本法第十条第一款第五项至第十七项规定的权利的保护期为五十年，截止于作品首次发表后第五十年的12月31日，但作品自创作完成后五十年内未发表的，本法不再保护。

视听作品，其发表权的保护期为五十年，截止于作品创作完成后第五十年的12月31日；本法第十条第一款第五项至第十七项规定的权利的保护期为五十年，截止于作品首次发表后第五十年的12月31日，但作品自创作完成后五十年内未发表的，本法不再保护。

第三章 著作权的保护

根据《著作权法》第四十九条，为保护著作权和与著作权有关的权利，权利人可以采取技术措施。所称的技术措施，是指用于防止、限制未经权利人许可浏览、欣赏作品、表演、录音录像制品或者通过信息网络向公众提供作品、表演、录音录像制品的有效技术、装置或者部件。

未经权利人许可，任何组织或者个人不得故意避开或者破坏技术措施，不得以避开或者破坏技术措施为目的制造、进口或者向公众提供有关装置或者部件，不得故意为他人避开或者破坏技术措施提供技术服务。但是，法律、行政法规规定可以避开的情形除外。

（1）下列情形可以避开技术措施，但不得向他人提供避开技术措施的技术、装置或者部件，不得侵犯权利人依法享有的其他权利。

1）为学校课堂教学或者科学研究，提供少量已经发表的作品，供教学或者科研人员使用，而该作品无法通过正常途径获取。

2）不以营利为目的，以阅读障碍者能够感知的无障碍方式向其提供已经发表的作品，而该作品无法通过正常途径获取。

3）国家机关依照行政、监察、司法程序执行公务。

4）对计算机及其系统或者网络的安全性能进行测试。

5）进行加密研究或者计算机软件反向工程研究。

（2）未经权利人许可，不得进行下列行为。

1）故意删除或者改变作品、版式设计、表演、录音录像制品或者广播、电视上的权利管理信息，但由于技术上的原因无法避免的除外。

2）知道或者应当知道作品、版式设计、表演、录音录像制品或者广播、电视上的权利管理信息未经许可被删除或者改变，仍然向公众提供。

（3）有下列侵权行为的，应当根据情况，承担停止侵害、消除影响、赔礼道歉、赔偿损失等民事责任。

1）未经著作权人许可，发表其作品的。

2）未经合作作者许可，将与他人合作创作的作品当作自己单独创作的作品发表的。

3）没有参加创作，为谋取个人名利，在他人作品上署名的。

4）歪曲、篡改他人作品的。

5）剽窃他人作品的。

6）未经著作权人许可，以展览、摄制视听作品的方法使用作品，或者以改编、翻译、注释等方式使用作品的，本法另有规定的除外。

7）使用他人作品，应当支付报酬而未支付的。

8）未经视听作品、计算机软件、录音录像制品的著作权人、表演者或者录音录像制作者许可，出租其作品或者录音录像制品的原件或者复制件的，本法另有规定的除外。

9）未经出版者许可，使用其出版的图书、期刊的版式设计的。

10）未经表演者许可，从现场直播或者公开传送其现场表演，或者录制其表演的。

11）其他侵犯著作权以及与著作权有关的权利的行为。

（4）有下列侵权行为的，应当根据情况，承担本法第五十二条规定的民事责任；侵权行为同时损害公共利益的，由主管著作权的部门责令停止侵权行为，予以警告，没收违法所得，没收、无害化销毁处理侵权复制品以及主要用于制作侵权复制品的材料、工具、设备等，违法经营额五万元以上的，可以并处违法经营额一倍以上五倍以下的罚款；没有违法经营额、违法经营额难以计算或者不足五万元的，可以并处二十五万元以下的罚款；构成犯罪的，依法追究刑事责任。

1）未经著作权人许可，复制、发行、表演、放映、广播、汇编、通过信息网络向公众传播其作品的，本法另有规定的除外。

2）出版他人享有专有出版权的图书的。

3）未经表演者许可，复制、发行录有其表演的录音录像制品，或者通过信息网络向公众传播其表演的，本法另有规定的除外。

4）未经录音录像制作者许可，复制、发行、通过信息网络向公众传播其制作的录音录像制品的，本法另有规定的除外。

5）未经许可，播放、复制或者通过信息网络向公众传播广播、电视的，本法另有规定的除外。

6）未经著作权人或者与著作权有关的权利人许可，故意避开或者破坏技术措施的，故意制造、进口或者向他人提供主要用于避开、破坏技术措施的装置或者部件的，或者故意为他人避开或者破坏技术措施提供技术服务的，法律、行政法规另有规定的除外。

7）未经著作权人或者与著作权有关的权利人许可，故意删除或者改变作品、版式设计、表演、录音录像制品或者广播、电视上的权利管理信息的，知道或者应当知道作品、版式设计、表演、录音录像制品或者广播、电视上的权利管理信息未经许可被删除或者改变，仍然向公众提供的，法律、行政法规另有规定的除外。

8）制作、出售假冒他人署名的作品的。

侵犯著作权或者与著作权有关的权利的，侵权人应当按照权利人因此受到的实际损失或者侵权人的违法所得给予赔偿；权利人的实际损失或者侵权人的违法所得难以计算的，可以参照该权利使用费给予赔偿。对故意侵犯著作权或者与著作权有关的权利，情节严重的，可以在按照上述方法确定数额的一倍以上五倍以下给予赔偿。

权利人的实际损失、侵权人的违法所得、权利使用费难以计算的，由人民法院根据侵权行为的情节，判决给予五百元以上五百万元以下的赔偿。

赔偿数额还应当包括权利人为制止侵权行为所支付的合理开支。

第一章 药品商业秘密

---【引例】---

A公司、B公司与C公司等侵害技术秘密纠纷案

最高人民法院（2020）最高法知民终1667号民事判决书

【案情摘要】 A公司、B公司拥有使用乙醛酸法制备香兰素工艺的技术秘密。A公司基于该工艺一跃成为全球最大的香兰素制造商，占全球市场约60%的份额。C公司及其法定代表人等通过A公司香兰素车间副主任非法获取了该技术秘密，并使用该技术秘密工艺大规模生产香兰素产品，导致香兰素产品价格下滑、A公司的市场份额缩减。A公司等遂诉至法院。一审法院认定C公司等构成侵害部分技术秘密，判决其停止侵害、赔偿经济损失350万元，同时作出行为保全裁定，责令立即停止侵害涉案技术秘密。一审判决后，C公司继续实施侵权行为。双方当事人提起上诉。最高人民法院二审认为，C公司系其法定代表人为侵权而设立的企业，且其法定代表人积极参与侵权行为的实施，故C公司与其法定代表人构成共同侵害全部技术秘密，应当承担连带赔偿责任。根据权利人提供的经济损失数据，综合考虑涉案技术秘密商业价值大、侵权情节恶劣、被告拒不执行人民法院行为保全裁定等因素，改判C公司及其法定代表人等连带赔偿1.59亿元。

【典型意义】 该案是人民法院历史上生效判决确定赔偿数额最高的侵害商业秘密案件。该案裁判提高了侵权违法成本，切实保护了重要产业核心技术，对于在侵害技术秘密案件中认定损害赔偿具有参考意义。人民法院还依法将涉嫌犯罪线索移送公安机关，推进了民事侵权救济与刑事犯罪责任追究的衔接，彰显了严格依法保护知识产权、严厉打击侵权行为的鲜明司法态度。

（资料来源：https://www.court.gov.cn/zixun-xiangqing-355881.html）

第一节 药品商业秘密概述

不论规模大小，每个医药企事业单位都有自己的商业秘密，尤其是开发新药时。在实际的应用操作中商业秘密有效适用于医药领域，尤其是传统中医药领域，因为传统中医药具有传承性的特点，是在不断地继承中发展起来的，传统中医药领域存在许多秘方在家族内部传承，具有极高的保密性。

相较于专利制度和中药品种保护，医药商业秘密保护的覆盖范围更广阔，无论药物的配方、工艺或者诊疗手段，都可纳入医药商业秘密保护的范畴。而且只要保护对象具有秘密性、价值性并为当事人采取保护措施，商业秘密制度就可适用，得到法律的认可和保护，不需要经任何部口审批或登记注册，规

避了审查周期的时间限制。同时医药商业秘密免除了核心技术的公开，对于那些技术性强，不易被反向工程破解的医药技术，药业更倾向于利用商业秘密的形式实现对其保护，对于提高其市场竞争力具有积极的促进作用。医药商业秘密保护也没有期限和地域上的限制，只要做好保密措施，就可长久地处于保密状态。

一、药品商业秘密界定

《反不正当竞争法》第九条和《商业秘密保护规定》（征求意见稿）第五条对商业秘密的定义进行界定：商业秘密是指不为公众所知悉、具有商业价值并经权利人采取相应保密措施的技术信息、经营信息等商业信息。

技术信息是指利用科学技术知识、信息和经验获得的技术方案，包括但不限于设计、程序、公式、产品配方、制作工艺、制作方法、研发记录、实验数据、技术诀窍、技术图纸、编程规范、计算机软件源代码和有关文档等信息。经营信息是指与权利人经营活动有关的各类信息，包括但不限于管理诀窍、客户名单、员工信息、货源情报、产销策略、财务数据、库存数据、战略规划、采购价格、利润模式、招投标中的标底及标书内容等信息。客户名单一般是指客户的名称、地址、联系方式以及交易的习惯、意向、内容等构成的区别于相关公知信息的特殊客户信息，包括汇集众多客户的客户名册，以及保持长期稳定交易关系的特定客户。商业信息是指与商业活动有关的，包括但不限于技术信息、经营信息的任何类型和形式的信息。

二、药品商业秘密相关立法

商业秘密是伴随着西方工业革命逐渐发展起来的近现代产物。我国1991年实施的《民事诉讼法》首次使用商业秘密的概念，该法第一百二十条规定："涉及商业秘密的案件，当事人申请不公开审理的，可以不公开审理。"由于《民事诉讼法》是程序法，虽提出了商业秘密这一术语，但未对商业秘密的含义作出规定。

我国于1993年在《反不正当竞争法》中明确商业秘密的概念；1995年出台《关于禁止侵犯商业秘密的若干规定》，作为《反不正当竞争法》中对商业秘密的补充；2020年9月4日出台《商业秘密保护规定（征求意见稿）》作为《关于禁止侵犯商业秘密的若干规定》的修订，对商业秘密进行规范和保护。大部分国家的商业秘密都是纳入反不正当竞争法的轨道去保护。我国关于商业秘密的保护，法律中大部分为原则性规定，部门规章及相关文件进行规范细化，具体的案件处理多依据一些司法解释。

（一）法律法规

《中华人民共和国民法典》第五百零一条规定当事人在订立合同过程中知悉的商业秘密或者其他应当保密的信息，无论合同是否成立，不得泄露或者不正当地使用；泄露、不正当地使用该商业秘密或者信息，造成对方损失的，应当承担赔偿责任。

《反不正当竞争法》第九条对商业秘密进行定义：商业秘密，是指不为公众所知悉、具有商业价值并经权利人采取相应保密措施的技术信息、经营信息等商业信息。同时该法也对侵犯商业秘密的行为、法律责任进行相关规定。

《促进科技成果转化法》第十一条、三十条、四十八条分别要求国家建立、完善科技报告制度和科技成果信息系统，向社会公布科技项目实施情况以及科技成果和相关知识产权信息，不得泄露国家秘密和商业秘密。国家培育和发展技术市场，鼓励创办科技中介服务机构，科技中介服务机构提供服务时，对其在服务过程中知悉的国家秘密和当事人的商业秘密负有保密义务。科技中介服务机构及其从业人员违反本法规定泄露国家秘密或者当事人的商业秘密的，依照有关法律、行政法规的规定承担相应的法律责任。

（二）部门规章及相关文件

为了制止侵犯商业秘密的行为，保护商业秘密权利人的合法权益，维护社会主义市场经济秩序，根据《反不正当竞争法》的有关规定，我国于1995年出台《关于禁止侵犯商业秘密的若干规定》，作为《反不正当竞争法》中对商业秘密的补充。为加强企业商业秘密保护，制止侵犯商业秘密不正当竞争行为，激励研发与创新，优化营商环境，维护公平竞争的市场秩序，有效衔接新《反不正当竞争法》，对《关于禁止侵犯商业秘密的若干规定》进行修订，于2020年9月4日出台《商业秘密保护规定》（征求意见稿）。对商业秘密的定义进行了修改，明确侵犯商业秘密的行为及处罚。此次修订与2019年修订的《反不正当竞争法》有关商业秘密保护的内容保持一致的内在要求。对新修订《反不正当竞争法》有关商业秘密及其构成要件中的相关概念进行解释、细化。

（三）司法解释

为正确审理侵犯商业秘密民事案件，根据《中华人民共和国反不正当竞争法》《中华人民共和国民事诉讼法》等有关法律规定，结合审判实际，制定《最高人民法院关于审理侵犯商业秘密民事案件适用法律若干问题的规定》。对于统一裁判标准，完善法律适用规则，依法公正审理侵犯商业秘密民事案件和专利授权确权行政案件，营造法治化营商环境具有重要作用。

（四）国际条约

TRIPS协定中虽未使用"商业秘密"的表述，但学界一致认为，其所谓"未披露的信息"即商业秘密。《反不正当竞争法示范条款》第六节第三条规定，构成本节中秘密信息的要求如下：①其整体或要素的确切体现或组合，未被通常涉及该信息有关领域的人普遍所知或容易获得；②因其属于秘密而具有商业价值；③合法控制该信息之人，为保密已经根据有关情况采取了合理的措施。并在注释中写道"本条中的'秘密信息'的含义，与TRIPS协议第39条第2款中'未披露的信息'的含义相同"。

第二节 药品商业秘密保护的主体、客体和内容

一、药品商业秘密保护的主体

药品商业秘密保护的主体即权利人，是依法对商业秘密享有所有权或者使用权的自然人、法人或者非法人组织。

自然人为完成法人或者非法人组织工作任务所研究或开发的商业秘密，归法人或者非法人组织所有，但当事人另有约定的，从其约定。自然人在法人或者非法人组织工作任务以外所研究或开发的商业秘密，归该自然人所有。但其商业秘密系利用法人或者非法人组织的物质技术条件或经验的，法人或者非法人组织有权在支付合理报酬后，于其业务范围内使用该商业秘密。

受委托所研究或开发的商业秘密，该商业秘密的归属由委托人和受托人通过合同约定。未约定或者约定不明的，该商业秘密属于受托人。但委托人有权在其业务范围内使用该商业秘密。

两人以上合作共同研究或开发的商业秘密的归属，当事人有约定的，从其约定；无约定的，由合作

者共同享有。

二、药品商业秘密保护的客体

制药行业属于高科技行业，在药品的研究开发、生产经营过程中包含了大量的技术信息和经济信息。与药品有关的商业秘密基本包括如下几个方面。

（一）有关药品研究开发的技术秘密

1.新药申报的技术资料　包括新药的物理、化学性能，合成工艺，质量控制，药效学，药动学，毒理学以及临床试验数据。这些技术的开发花费很大，又是获得新药证书和生产批文所不可少的资料。

2.药品的生产工艺和质量控制的技术资料　包括药品的化学合成工艺、制剂工艺、消毒工艺、包装工艺和药品的检测以及质量监控的技术资料。

此外，在民间广泛存在的"祖传配方"等也属于医药商业秘密的范畴。

（二）有关药品生产管理的技术秘密

主要是独特有效的，为医药企业所独具的管理企业的经验，如企业组织形式、库存管理办法、劳动组织结构、征聘技巧等，特别是医药企业为实施企业的方针战略所制定的一系列的标准操作规程、人员培训方法、技术业务档案管理办法等。

（三）有关药品经营销售的商业秘密

1.市场调研报告　即经营主体有目的、有组织地对医药市场状况进行调研的总结报告。

2.发展计划　即经营主体的远景目标和近期发展计划、投资意向等。

3.经营策略　即经营主体根据发展计划采用相应具体化的经营方式、方法。

4.对外业务合同　即经营主体与相对人签订药品贸易、医药技术贸易、投资等业务合同。

5.销售渠道和客户名单　即经营主体购销商品的有关渠道和与经营主体有业务往来的相对人名单。

但并不是与药品相关的技术信息和经营信息都是商业秘密，只有满足下列要件才构成商业秘密。

（1）不为公众所知悉　是指该信息不为其所属领域的相关人员普遍知悉或者不能从公开渠道容易获得。具有下列情形之一的，可以认定有关信息不构成"不为公众所知悉"。

1）该信息已经在国内外公开出版物或者其他媒体上公开披露，或者已经通过公开的报告会、展览等方式公开。

2）该信息已经在国内外公开使用。

3）该信息为其所属领域的相关人员普遍掌握的常识或者行业惯例。

4）该信息无须付出一定的代价而容易获得或者从其他公开渠道可以获得。

5）仅涉及产品尺寸、结构、部件的简单组合等内容信息，进入公开领域后相关公众可通过观察、测绘、拆卸等简单方法获得。

申请人提交的技术查新报告、检索报告、公开渠道查询商业信息的资料等与涉案信息不构成实质上相同的，可以推定该信息"不为公众所知悉"，但有相反证据证明的除外。

（2）具有商业价值　是指该信息因其秘密性而具有现实的或者潜在的商业价值，能为权利人带来商业利益或竞争优势。符合下列情形之一的，可以认定为该信息能为权利人带来商业利益或竞争优势。

1）该信息给权利人带来经济收益的。

2）该信息对其生产经营产生重大影响的。

3）权利人为了获得该信息，付出了相应的价款、研发成本或者经营成本以及其他物质投入的。

4）涉嫌侵权人以不正当手段获取或者试图获取权利人的商业秘密的。

5）其他能证明该信息能为权利人带来商业利益或竞争优势的情形。

（3）采取相应保密措施　是指权利人为防止信息泄露所采取的与商业秘密的商业价值、独立获取难度等因素相适应、合理且具有针对性的保密措施。多个权利人共有商业秘密的，均应当采取相应保密措施。具有下列情形之一，足以防止涉密信息泄漏的，可以认定权利人采取了"相应保密措施"。

1）限定涉密信息的密级、保密期限和知悉范围，只对必须知悉的相关人员告知其内容。

2）任职离职面谈，提醒、告诫现职员工和离职员工履行其保密义务。

3）对该信息载体采取了加密、加锁、反编译等预防措施或在相关载体上加注保密标志或加密提示。

4）对于涉密信息采用密码或者代码等。

5）对于涉密的机器、厂房、车间等场所限制来访者，采取基本的物理隔离措施，如门禁、监控、权限控制等。

6）制定相应的保密管理制度并与相关人员签署保密协议。

7）在竞业禁止协议中对保密义务进行明确约定的。

8）权利人在劳动合同或保密协议中对商业秘密范围有明确界定且与其所主张的秘密范围相符的。

9）确保涉密信息他人轻易不能获得的其他合理措施。

三、药品商业秘密保护的内容

下列行为属于侵犯药品商业秘密的行为。

1.以盗窃、贿赂、欺诈、胁迫、电子侵入或者其他不正当手段获取权利人的商业秘密　《商业秘密保护规定》（征求意见稿）第十二条规定，经营者不得以盗窃、贿赂、欺诈、胁迫、电子侵入或者其他不正当手段获取权利人的商业秘密。包括但不限于以下行为。

（1）派出商业间谍盗窃权利人或持有人的商业秘密。

（2）通过提供财务、有形利益或无形利益、高薪聘请、人身威胁、设计陷阱等方式引诱、骗取、胁迫权利人的员工或他人为其获取商业秘密。

（3）未经授权或超出授权范围进入权利人的电子信息系统获取商业秘密或者植入电脑病毒破坏其商业秘密的，其中，电子信息系统是指所有存储权利人商业秘密的电子载体，包括数字化办公系统、服务器、邮箱、云盘、应用账户等。

（4）擅自接触、占有或复制由权利人控制下的，包含商业秘密或者能从中推导出商业秘密的文件、物品、材料、原料或电子数据，以获取权利人的商业秘密。

（5）采取其他违反诚信原则或者商业道德的不正当手段获取权利人商业秘密的行为。

2.披露、使用或者允许他人使用以不正当手段获取的权利人的商业秘密　《商业秘密保护规定》（征求意见稿）第十三条规定，经营者不得披露、使用或者允许他人使用以不正当手段获取的权利人的商业秘密。

这里的"披露"是指将权利人的商业秘密公开，足以破坏权利人的竞争优势或损害其经济利益的行为。"使用"是指将权利人的商业秘密应用于产品设计、产品制造、市场营销及其改进工作、研究分析等。

3.违反保密义务或者违反权利人有关保守商业秘密的要求，披露、使用或者允许他人使用其所掌握的商业秘密　《商业秘密保护规定》（征求意见稿）第十四条规定，经营者不得违反保密义务或者违反权利人有关保守商业秘密的要求，披露、使用或者允许他人使用其所掌握的商业秘密。"保密义务"或者"权利人有关保守商业秘密的要求"包括但不限于以下行为。

（1）通过书面或口头的明示合同或默示合同等在劳动合同、保密协议、合作协议等中与权利人订立的关于保守商业秘密的约定。

（2）权利人单方对知悉商业秘密的持有人提出的要求，包括但不限于对通过合同关系知悉该商业秘密的相对方提出的保密要求，或者对通过参与研发、生产、检验等知悉商业秘密的持有人提出的保密要求。

（3）在没有签订保密协议、劳动合同、合作协议等情况下，权利人通过其他规章制度或合理的保密措施对员工、前员工、合作方等提出的其他保守商业秘密的要求。

4.违反限制性使用商业秘密的义务、未经授权予以披露或使用商业秘密 《商业秘密保护规定》（征求意见稿）第十五条规定，经营者违反限制性使用商业秘密的义务，未经授权予以披露或使用的行为，构成侵犯商业秘密的行为。"限制性使用商业秘密"，包括但不限于在保密协议、劳动合同、合作协议、合同等中与权利人订立的法定或约定的对商业秘密的限制使用。员工或前员工在工作过程中所形成的自身知识、经验、技能除外。

5.教唆、引诱、帮助他人违反保密义务或者违反权利人有关保守商业秘密的要求，获取、披露、使用或者允许他人使用权利人的商业秘密 《商业秘密保护规定》（征求意见稿）第十六条规定，经营者不得教唆、引诱、帮助他人违反保密义务或者违反权利人有关保守商业秘密的要求，获取、披露、使用或者允许他人使用权利人的商业秘密。包括但不限于以下行为。

（1）故意用言辞、行为或其他方法，以提供技术、物质支持，或者通过职位许诺、物质奖励等方式说服、劝告、鼓励他人违反保密义务或者违反权利人有关保守商业秘密的要求。

（2）以各种方式为他人违反保密义务或者违反权利人有关保守商业秘密的要求提供便利条件，以获取、披露、使用或者允许他人使用权利人的商业秘密的行为。

第三人明知或者应知商业秘密权利人的员工、前员工或者其他单位、个人实上述所列违法行为，仍获取、披露、使用或者允许他人使用该商业秘密的，同样视为侵犯商业秘密。

披露人在向有关国家行政机关、司法机关及其工作人员举报前述违法犯罪行为时，必须以保密方式提交包含商业秘密的文件或法律文书。

商业秘密权利人或持有人应在其与员工、合作者、顾问等签订的管控商业秘密或其他保密信息使用的任何合同或协议中，向后者提供举报豁免和反报复条款。合同或协议的形式包括但不限于劳动合同、独立承包商协议、咨询协议、分离和解除索赔协议、遣散协议、竞业禁止协议、保密和所有权协议、员工手册等。

6.侵犯商业秘密行为的例外

（1）独立发现或者自行研发。

（2）通过反向工程等类似方式获得商业秘密的，但商业秘密或者产品系通过不正当手段获得，或违反保密义务的反向工程除外。

（3）股东依法行使知情权而获取公司商业秘密的。

（4）商业秘密权利人或持有人的员工、前员工或合作方基于环境保护、公共卫生、公共安全、揭露违法犯罪行为等公共利益或国家利益需要，而必须披露商业秘密的。

反向工程，是指通过技术手段对从公开渠道取得的产品进行拆卸、测绘、分析等而获得该产品的有关技术信息，但是接触、了解权利人或持有人技术秘密的人员通过回忆、拆解终端产品获取权利人技术秘密的行为，不构成反向工程。

第三节　对涉嫌侵犯药品商业秘密行为的查处及法律责任

一、对涉嫌侵犯药品商业秘密行为的查处

权利人认为其商业秘密受到侵害，向市场监督管理部门举报侵权行为时，应当提供其拥有的商业信息符合商业秘密的法定条件，以及其商业秘密被侵犯等证明材料。侵犯商业秘密行为由县级以上市场监督管理部门认定查处。

1.认定商业秘密符合法定条件的材料　包括但不限于下列情形。

（1）商业秘密的研发过程和完成时间。

（2）商业秘密的载体和表现形式、具体内容等不为公众所知悉。

（3）商业秘密具有的商业价值。

（4）对该项商业秘密所采取的保密措施。

在侵犯商业秘密的民事审判程序中，商业秘密权利人提供初步证据，证明其已经对所主张的商业秘密采取保密措施，且合理表明商业秘密被侵犯，涉嫌侵权人应当证明权利人所主张的商业秘密不属于本法规定的商业秘密。

2.权利人提交以下材料之一的，视为其已提供初步证据合理表明其商业秘密被侵犯

（1）有证据表明涉嫌侵权人有渠道或者机会获取商业秘密，且涉嫌侵权人使用的信息与权利人的商业秘密实质上相同。侵犯商业秘密行为涉及计算机软件程序的，可以从该商业秘密的软件文档、目标程序与被控侵权行为涉及的软件是否相同，或者被控侵权行为涉及的计算机软件目标程序中是否存在权利人主张商业秘密的计算机软件特有内容，或者在软件结果（包括软件界面、运行参数、数据库结构等）方面与该商业秘密是否相同等方面进行判断，认定二者是否构成实质上相同。侵犯商业秘密行为涉及计算机技术的，应当扣押相关计算机服务器、主机、硬盘等存储设备，并及时通过复制、镜像、摄像、截屏、数据恢复等方式固定证据。

（2）有证据表明涉嫌侵权人有渠道或者机会获取商业秘密，且保密设施被涉嫌侵权人以不正当手段破坏。

（3）有证据表明商业秘密已被涉嫌侵权人披露、使用或者有被披露、使用的风险。

（4）权利人提交了与该案相关的民事诉讼、刑事诉讼或其他法定程序中所形成的陈述、供述、鉴定意见、评估报告等证据，用于合理表明其商业秘密被侵犯。

（5）有其他证据表明商业秘密被涉嫌侵权人侵犯。

权利人、涉嫌侵权人可以委托有法定资质的鉴定机构对权利人的信息是否为公众所知悉、涉嫌侵权人所使用的信息与权利人的信息是否实质相同等专门性事项进行鉴定。权利人、涉嫌侵权人可以就上述鉴定结论或者有专门知识的人的意见向市场监督管理部门提出意见并说明理由，由市场监督管理部门进行审查并作出是否采纳的决定。

权利人能证明涉嫌侵权人所使用的信息与自己主张的商业秘密实质上相同，同时能证明涉嫌侵权人有获取其商业秘密的条件，而涉嫌侵权人不能提供或者拒不提供其所使用的信息是合法获得或者使用的证据的，市场监督管理部门可以根据有关证据，认定涉嫌侵权人存在侵权行为。

经权利人申请并提供初步证明，市场监督管理部门可将在执法调查过程中查获的可能被认定为商业秘密侵权的证据进行查封和扣押。包括但不限于往来邮件、聊天记录、存储介质、侵权物品和设备、内

部发文及会议纪要等。如果案件移送至司法机关处理，应将有关证据一并移送。

在查处商业秘密侵权案件过程中，权利人同时向人民法院提起商业秘密侵权诉讼的，市场监督管理部门可以中止案件的查处。中止原因消除后，应当恢复或者终结案件查处程序。

侵犯商业秘密行为涉嫌犯罪的，应依法移送司法机关处理，市场监督管理部门应中止案件的查处。中止原因消除后，应当恢复或者终结案件查处程序。

在查处商业秘密侵权案件过程中，对涉嫌侵权人违法披露、使用、允许他人使用商业秘密将给权利人造成不可挽回的损失的，应权利人请求并由权利人出具自愿对强制措施后果承担责任的书面保证，市场监督管理部门可以责令涉嫌侵权人停止销售使用权利人商业秘密生产的产品。

认定侵犯商业秘密的，市场监督管理部门在行政处罚同时，可以对侵权行为做出赔偿调解，调解不成的，权利人或持有人可以向人民法院起诉。

市场监督管理部门不得公开行政处罚信息中涉及的商业秘密具体内容。其他国家机关及其公务人员对其在履行公务过程中所知悉的商业秘密负有保密义务，不得超出其职责范围进行披露、使用或者允许他人使用权利人的商业秘密。

第三十七条：本规定所称商业信息中，属于国家秘密范围的，依据《中华人民共和国保守国家秘密法》的规定进行保护。

违反法律、法规，损害国家利益、社会公共利益，违背诚实信用原则的商业秘密，不在本规定保护范围。

对外国人违法获取、披露、使用中国商业秘密权利人的商业秘密的行为发起侵权调查，责令其停止侵权行为，查封扣押行为人的侵权产品。

二、侵犯药品商业秘密法律责任

经营者违反本法规定，应当承担民事责任、行政责任和刑事责任，其财产不足以支付的，优先用于承担民事责任。

（一）民事责任

侵犯商业秘密属于侵权行为，侵权行为人应承担停止侵害、赔偿损失的责任。

1.停止侵害 在人民法院认定侵犯商业秘密成立，且在作出判决时侵犯商业秘密行为仍在继续，或者该行为虽然停止但有再次发生的可能时，应判决侵权行为人承担停止侵害的民事责任。根据《最高人民法院关于审理不正当竞争民事案件应用法律若干问题的解释》第十六条规定："人民法院对于侵犯商业秘密行为判决停止侵害的民事责任时，停止侵害的时间一般持续到该项商业秘密已为公众知悉时为止；依据前款规定判决停止侵害的时间如果明显不合理的，可以在依法保护权利人该项商业秘密竞争优势的情况下，判决侵权人在一定期限或者范围内停止使用该项商业秘密。"

为生产经营目的使用不知道是未经商业秘密权利人许可的商业秘密，且能举证证明该商业秘密合法来源的，应责令侵权人停止上述使用行为，但商业秘密的使用者能举证证明其已支付合理对价的除外。"不知道"是指实际不知道且不应当知道。合法来源，是指通过许可合同等正常商业方式取得商业秘密。对于合法来源，使用者或者销售者应当提供符合交易习惯的相关证据。

2.损害赔偿 经营者侵犯他人商业商业秘密，给他人造成损害的，应当依法承担民事责任，即经营者因为违反法律规定，给被侵害的经营者造成损害的，应当承担赔偿责任。因侵犯商业秘密受到损害的经营者的赔偿数额，按照其因被侵权所受到的实际损失确定；实际损失难以计算的，按照侵权人因侵权所获得的利益确定。经营者恶意实施侵犯商业秘密行为，情节严重的，可以在按照上述方法确定数额的一倍以上五倍以下确定赔偿数额。赔偿数额还应当包括经营者为制止侵权行为所支付的合理开支。在计算"权利人因被侵权所受到的实际损失""侵权人因侵权所获得的利益"的时候，可以参照下列计算方法。

（1）权利人的产品因侵权所造成销售量减少的总数乘以每件产品的合理利润所得之积。

（2）权利人销售量减少的总数难以确定的，侵权产品在市场上销售的总数乘以每件产品的合理利润所得之积。

（3）按照通常情形权利人可得的预期利润，减去被侵害后使用同一信息的产品所得利益之差额。

（4）商业秘密许可他人使用的价款。

（5）根据商业秘密研究开发成本、实施的收益、可得利益、可保持竞争优势的时间等因素确定商业秘密的价值，并以该价值的一定比例确定"权利人因被侵权所受到的实际损失"或者"侵权人因侵权所获得的利益"。

经营者恶意实施侵犯商业秘密行为，情节严重的，可以在按照上述方法确定数额的一倍以上五倍以下确定赔偿数额。赔偿数额还应当包括经营者为制止侵权行为所支付的合理开支。权利人因被侵权所受到的实际损失、侵权人因侵权所获得的利益难以确定的，由人民法院根据侵权行为的情节判决给予权利人五百万元以下的赔偿。

另外，情节严重符合《反不正当竞争法》第二十一条的规定的行为，由监督检查部门责令停止违法行为，没收违法所得，处十万元以上一百万元以下的罚款；情节严重的，处五十万元以上五百万元以下的罚款。

符合以下情形之一的，可以认定为《反不正当竞争法》第二十一条所称的"情节严重"。

（1）因侵害商业秘密造成权利人损失超过五十万元的。

（2）因侵害商业秘密获利超过五十万元的。

（3）造成权利人破产的。

（4）拒不赔偿权利人的损失的。

（5）电子侵入方式造成权利人办公系统网络和电脑数据被严重损坏的。

（6）造成国家、社会重大经济损失，或具有恶劣社会影响的。

（7）其他情节严重的行为。

（二）行政责任

对于侵犯商业秘密的，监督检查部门责令停止违法行为，没收违法所得，处十万元以上一百万元以下的罚款；情节严重的，处五十万元以上五百万元以下的罚款。

责令侵权人停止违法行为时，责令停止违法行为的时间可以持续到该项商业秘密已为公众知悉时为止，也可以在依法保护权利人该项商业秘密竞争优势的情况下，责令侵权人在一定期限或者范围内停止使用该项商业秘密。侵权人停止使用商业秘密行为会给国家利益、社会公共利益造成重大损失的，可以不责令停止使用，但应要求其向权利人支付使用期间内相应的合理费用。

违法所得是指以侵权人违法生产、销售商品或者提供服务所获得的全部收入扣除侵权人直接用于经营活动的适当的合理支出。市场监督管理部门可以综合参考商业秘密侵权人的会计账簿、生产记录、销售记录、转让协议等资料，计算违法所得的数额。

对侵犯商业秘密的物品可以作出如下处理。

（1）责令并监督侵权人将载有商业秘密的图纸、软件及其有关资料返还权利人。

（2）监督侵权人销毁使用权利人商业秘密生产的、流入市场将会造成商业秘密公开的产品。但权利人同意收购、销售等其他处理方式的除外。

当事人对监督检查部门作出的决定不服的，可以依法申请行政复议或者提起行政诉讼。

（三）刑事责任

我国《刑法》第二百一十九条、第二百二十条规定，侵犯商业秘密行为，情节严重的，处三年以下有期徒刑，并处或者单处罚金；情节特别严重的，处三年以上十年以下有期徒刑，并处罚金。单位犯侵犯商业秘密罪的，对单位判处罚金，并对其直接负责的主管人员和其他直接责任人员，并依照刑法规定追究直接负责的主管人员和其他直接责任人员的刑事责任。

▶【案例】5-1-1

A公司、B公司、C公司侵犯商业秘密纠纷一案

原审原告B公司于2012年11月6日向原审法院提起诉讼称：1986年、1987年，原告购得"小儿风热清"配方、生产工艺等全部技术成果，并对内采取了严格的保密措施，对外从未授权在任何媒介上公布过"小儿风热清"的配方、生产工艺等信息。2012年原告在邯郸市场上发现被告C公司销售由被告A公司生产的"小儿风热清颗粒"，其品名、成分、配方、功能主治、用法用量均与原告独家产品"小儿风热清口服液"和"小儿风热清合剂"一致。原告的"小儿风热清"药方是受国家法律保护的商业秘密，被告未经原告许可非法生产销售"小儿风热清颗粒"的行为，严重侵害了原告的商业秘密，给原告造成了巨大的经济损失。故请求法院依法判令：1.被告A公司立即停止生产、销售"小儿风热清颗粒"；2.被告A公司在各大网站及省级以上报刊上向原告赔礼道歉，刊登内容必须经原告同意；3.被告A公司赔偿原告经济损失800万元；4.被告C公司立即停止销售"小儿风热清颗粒"。由被告A公司承担本案全部诉讼费用。

被告A公司在原审时答辩称：第一、原告"小儿风热清口服液"的处方、制法等信息，已记录在国家药品监督管理局药品审评中心（以下简称国家药监局药审中心）等单位出售的《国家新药注册数据（1985—2000）》光盘中（以下简称涉案光盘）。涉案光盘是通过公开、正当途径购买。第二、原告没有证据证明被告A公司的"小儿风热清颗粒"在配方等方面与原告的"小儿风热清口服液"一致。第三、被告A公司的"小儿风热清颗粒"相关技术是2003年通过技术转让方式取得，技术来源正当合法，并且是在原告有关信息公开后取得的。第四、本案不适用赔礼道歉，赔偿金额800万元没有依据。第五、本案已超过两年诉讼时效。请求法院依法驳回原告的诉讼请求。

故本案的争议焦点可以归纳为：①B公司对"小儿风热清"配方、生产工艺等全部技术成果能否主张商业秘密保护；②被告A公司的"小儿风热清颗粒"相关技术来源是否正当合法；③被告A公司的"小儿风热清颗粒"在配方等方面与原告的"小儿风热清口服液"是否一致。

关于B公司对"小儿风热清"配方、生产工艺等全部技术成果能否主张商业秘密保护。原审法院认为：原告生产、销售的"小儿风热清"口服液及合剂的配方及生产工艺等，系经石家庄市第一医院和发明人郑某某授权合法转让取得，并取得了相关批准文号。因此，原告对该药品享有技术成果权。原告取得该药品配方等技术成果权后，第一、对涉案药品处方采取了保密措施；第二、对该药品配方、生产工艺等未向社会公众公开；第三、该药品给其带来了经济利益。依据《最高人民法院关于审理不正当竞争民事案件应用法律若干问题的解释》第十一条第三款第（五）项关于"具有下列情形之一，在正常情况下足以防止涉密信息泄漏的，应当认定权利人采取了保密措施：（五）签订保密协议"之规定，应当认定原告对"小儿风热清口服液"处方等信息采取了保密措施。根据《中华人民共和国反不正当竞争法》

（以下简称《反不正当竞争法》）第十条第三款关于"本条所称的商业秘密，是指不为公众所知悉、能为权利人带来经济利益、具有实用性并经权利人采取保密措施的技术信息和经营信息"之规定，按照"小儿风热清口服液"处方及制作工艺制作的药品作为在市场中流通的商品具有实用性、价值性，其处方及制作工艺等具有秘密性以及保密性的技术信息，应认定涉案药品配方及其制作工艺等属于原告的商业秘密。

上诉人A公司不服原审法院作出的上述民事判决，向河北省高级人民法院提出上诉，请求：撤销原审判决并依法改判，一、二审诉讼费用全部由被上诉人承担。具体理由：一、原审法院认定事实错误。1.被上诉人所谓的保密措施，只不过是与6人签订的6份非常简单的"B公司厂工艺、处方以及相关技术、机密资料持有人规范协议"，不是针对小儿风热清药品。这么一个简单的保护措施，显然与本案所涉的小儿风热清药品的商业价值等具体情况不相适应，被上诉人采取的保护措施并没有达到合理的程度。2.被上诉人的药品处方、制法等信息已记录在涉案光盘中。国家药监局药审中心"关于《国家新药注册数据库（1985—2000）》光盘注册的通知"中，公布了光盘的销售途径、联系方式、光盘使用说明等。D公司（与上诉人订立本案争议的药品技术转让合同的当事人的子公司）按"通知"购买光盘一套，有原始的支付光盘费用凭证以及国家药监局药审中心出具的出售光盘的发票。国家专利复审委员会复审决定书、北京市高级人民法院的行政判决书等均认定了《国家新药注册数据（1985—2000）》属国家正规的公开的电子出版物。光盘上面的全部信息从2001年10月起已处于公开状态，社会公众特别是医药行业相关人员非常容易获得该信息。上诉人的小儿风热清颗粒是在被上诉人的药品配方、制作工艺等信息公开后，于2003年6月通过签订技术转让合同的方式受让取得，且2005年获得了国家有关部门颁发的新药证书和注册批准，不应认定上诉人侵犯了他人商业秘密。《最高人民法院关于审理不正当竞争民事案件应用法律若干问题的解释》第九条第二款"具有下列情形之一的，可以认定有关信息不构成不为公众所知悉：（三）该信息已经在公开出版物或者其他媒体上公开披露；（五）该信息从其他公开渠道可以获得"。因此，被上诉人的小儿风热清处方、工艺等信息不构成"不为公众所知悉"，不应认定为被上诉人的商业秘密。

河北省高级人民法院认为B公司与涉密员工签订保密协议，在正常情况下足以防止涉密信息泄露，根据《最高人民法院关于审理不正当竞争民事案件应用法律若干问题的解释》第十一条的规定，应认定权利人邯郸制药采取了保密措施。A公司主张B公司的"小儿风热清口服液"配方及制作工艺已被《国家新药注册数据（1985—2000）》光盘公开披露，不构成"不为公众所知悉"，不应认定为B公司的商业秘密。对其该主张，A公司负有举证责任。A公司虽提交了福建省厦门市鹭江公证处（2014）厦鹭证内字第17222号公证书以证明其主张，但B公司随后提交了福建省厦门市鹭江公证处厦鹭复查字（2015）第02号《关于部分撤销（2014）厦鹭证内字第17222号公证书的决定》，撤销了其作出的（2014）厦鹭证内字第17222号公证书的相关内容。因此，A公司提交的上述公证书，不足以作为认定相关事实的依据。为查明A公司提交的《国家新药注册数据（1985—2000）》光盘的真实性、关联性等问题，本院先后分别向国家药监局药审中心、国家食品药品监督管理总局进行了调查核实。根据国家药监局复函，国家药监局药审中心等单位虽出版过《国家新药注册数据（1985—2000）》光盘，但该光盘中是否含有"小儿风热清口服液"配方及制作工艺信息，因光盘已停止发售并封存，国家药监局药审中心目前已无法查询核实。对A公司提交的购买光盘发票（复印件）及支付凭证的真实性问题，本院亦未得到肯定性答复。故A公司所提交光盘的真实性、关联性不足以认定。根据国家药监局复函，国家药监局药审中心等单位出版的涉案光盘，也已于2006年根据《全国整顿和规范药品市场秩序专项行为方案》及有关要求，停止了发售并对剩余光盘进行了封存。A公司关于B公司的"小儿风热清口服液"配方及制作工艺等信息已被国家药监局药审中心等出版的《国家新药注册数据（1985—2000）》光盘所披露，不属于商业秘密的主张，依据不足，不足以认定。原审认定A公司构成侵犯B公司商业秘密，并无不当。

▶评析：本案例中B公司认为被告造成了侵犯商业秘密，B公司则需要向法庭明确陈述其技术方案满足商业秘密的构成要件，B公司提供证据足以支持其诉讼主张，因此在此案中胜诉。

在此节仅针对B公司对"小儿风热清"配方、生产工艺等全部技术成果能否主张商业秘密保护进行评析。

（资料来源：https：//aiqicha.baidu.com/wenshu?wenshuId=a941f94c48d2edb11992f9d6272e932f7185cbf4）

第二章　中药品种保护

A公司与B公司、C药店中药保护专属权侵权及不正当竞争纠纷案

广西壮族自治区高级人民法院
民事裁定书

（2004）桂民三终字第11号

上诉人B公司因与被上诉人A公司、被上诉人C药店不正当竞争纠纷一案，不服桂林市中级人民法院（2003）桂市民初字第70号民事判决，向本院提起上诉，本院于2004年4月7日受理后，依法组成合议庭，于2004年4月23日组织双方当事人进行庭前证据交换，于2004年5月17日公开开庭审理了本案。上诉人B公司的法定代表人张某某、委托代理人丁某某、史某某，被上诉人A公司的法定代表人周某某、委托代理人苏某某到庭参加诉讼，被上诉人C药店经本院传票合法传唤无故未到庭。本案现已审理终结。

原审法院认为：原告A公司作为合法的药品生产企业，向国家中药保护品种管理部门国家药监局申请并获得了对其生产的"抗癌平丸"的保护，取得了国家药监局颁发的《中药保护品种证书》，即获得国家中药品种保护专属权。中药品种保护专属权，是仅属于获得该保护权的企业的权利，其他非持有该权利的企业不享有此权利。B公司无视国家禁止性法律法规的规定，生产和销售原告的中药品种，使该期限内应当独占市场的A公司的产品受到冲击，侵害了原告的中药品种保护专属权利，构成侵权。并且，因B公司未取得全部合法生产"抗癌平丸"的资格，其生产的"抗癌平丸"是假冒原告生产的同品种产品，亦是我国《反不正当竞争法》制止的行为，原告生产的"抗癌平丸"应当属于知名商品。而B公司是生产同品种产品的企业，但在其未获得国家同品种保护权之前，其产品在市场上的生产和销售，使用与原告已获保护的产品相同的名称，足以使不必然知晓中药品种保护法律意义的消费者造成混淆，造成误认B公司的产品是原告已获中药品种保护的产品，这是对原告中药品种保护权的侵害。B公司对其侵权行为给原告造成的损失，应当赔偿，并且应当立即停止销售其生产的"抗癌平丸"，在行业中消除影响。侵权损失，应当包括因侵权行为所造成的亏损，也包括了权利人在不受侵权行为侵害时，可获得的利润。本院根据海南省三亚市天涯会计师事务所的审计结果，结合B公司所获利润情况，其主观过错和侵权情节，酌情确定本案赔偿数额。至于C药店的销售行为，是在其不知情时所为，且B公司亦未向C药店履行告知义务。因此，C药店不承担侵权赔偿责任。

依照《中华人民共和国民法通则》第一百零六条、第一百一十七条、第一百一十八第、《中华人民共和国反不正当竞争法》第二条、第五条第一款第（二）项、第二十条，《中华人民共和国药品管理法》第三十六条、《中药品种保护条例》第二条、第十七条，参照国家卫生部卫药发（1995）第23号《关于加强中药品种保护工作中同品种管理的通知》第三条之规定，判决：一、被告B公司在其获得"抗癌平丸"同品种中药保护证书之前，停止生产和销售其产品"抗癌平丸"。二、由被告B公司赔偿原告A公司经济损失2052631.55元（计算方法：2002年至2003年7月亏损额的平均数，从2002年9月12日计算至2003年12月30日，共15个月零18天）；利润损失819000元（比照2000年减负后每年可得利润63万

元计算，共计15个月零18天）；差旅费124007.86元，以上合计2995639.41元。三、驳回原告A公司对C药店的诉讼请求。一审案件受理费34010元，其他诉讼费8503元，共计42513元，由原告A公司负担15981元，由被告B公司负担26532元。

B公司不服一审判决上诉称：一、本案不属于法院受案范围，法院无权取代行政机关对上诉人生产"抗癌平丸"资格的合法性进行审查，无权要求上诉人停止生产和销售"抗癌平丸"。1.上诉人自2002年9月12日之后，是否具有生产和销售"抗癌平丸"资格，是否应当停止生产，属国家行政机关是否撤销原已批准的行政许可问题，是市场准入问题，不是平等主体之间的民事法律关系。2.本案不是知识产权案，也不是合同纠纷或民事侵权案。本案不涉及著作权、专利权、商标权或其他专有技术权利的与知识产权有关的权利，而且不具备知识产权案的法律特征。知识产权法律特征之一是具有绝对的排它独占权利，而中药品种保护则不具有此特征，允许同品种生产权利存在，只是必须办理相应行政审批手续。此外，由于市场准入的许可与否，取决于行政机关的具体行政行为，不是平等主体之间的民事法律关系，不属民法调整的范围。判决书中提到的所谓"专属权"并非法律概念，判决所列案由也不符合《民事案件案由规定》。二、一审判决认定事实有误：1.本案不适用举证责任倒置原则，一审判决认定上诉人生产和销售"抗癌平丸"直至一审判决时无任何事实和法律依据。2.至今为止，无任何行政管理机关对上诉人的生产行为作出违法性认定，但一审判决却引用中保办发（2003）第029号文，认为"国家中保办也认为B公司的生产行为违法"，实属对该文的曲解。3.一审判决仅根据三亚天涯会计师事务所《关于对A公司生产的"抗癌平丸"产品亏损情况的说明》认定A公司经济损失和利润损失无任何事实依据。三、一审判决适用法律不当。四、上诉人并无任何侵权行为。1.上诉人具有合法生产"抗癌平丸"的主体资格。2.上诉人的生产行为具有合法性，不是侵权行为。3.A公司无损害结果存在。4.A公司获得保护后，不仅未受到上诉人的任何损害，反而因上诉人的暂时退出而获利。综上所述，桂林市中级人民法院（2003）桂市民初字第70号民事判决认定事实不清，适用法律不当，判决极不公正，并且因本案不属法院受案范围而存在滥用审判权问题。请二审法院依法查明事实，驳回A公司起诉。

A公司答辩称：一、双方纷争为平等民事主体间是否存在违法侵权的纷争，属法院管辖范围。法院有权对行为人行为是否合法进行审查，并有权对行为人的违法侵权行为作出停止的裁决。二、上诉人不具备合法生产、销售的全部条件。法律对受保护的中药同品种的生产销售，规定了特殊的条件。上诉人获得药品批准文号，只具备了一般药品的生产条件，如生产中药保护品种这一特殊药品，还必须获得《中药品种保护证书》。上诉人不具备合法生产、销售的全部条件的情况下生产销售受保护的同品种药品，是违法行为，按规定应立即停止。三、上诉人的行为是破坏国家中药知识产权制度的不正当竞争行为，与被上诉人合法权益受损有直接因果关系。1.中药品种保护制度是国家中药知识产权保护的重要制度，上诉人的行为破坏了这一制度，是侵犯知识产权的行为；2.被上诉人的生产销售专有权是受法律保护的，上诉人的生产销售行为是法律禁止的；3.上诉人的行为是一种假冒受保护的知名商品使购买者误认，从而影响被上诉人销售的不正当竞争行为；4.上诉人行为是侵犯被上诉人合法权益的行为；5.上诉人的行为具有社会危害性；6.上诉人承认未获中药保护批准前其行为是不合法的；7.上诉人的行为是具有主观故意的过错行为；8.上诉人侵权行为造成被上诉人销售量急剧下降；9.被上诉人有权通过司法程序要求上诉人停止侵权行为，维护自身合法权益；10.上诉人应立即停止侵权行为，对被上诉人承担损害赔偿责任。综上，一审判决认定事实清楚，适用法律正确，请求二审法院驳回上诉，维持原判。

二审经审理查明：B公司（原江苏省宜兴县制药厂）于1974年开始研制抗癌平丸药品，1978年研制成功并通过新药抗癌平丸的鉴定，1979年2月15日经江苏省革命委员会卫生局批准，开始生产抗癌平丸，2002年获国药准字Z32020933号药品生产许可证。1998年12月，抗癌平丸列入中华人民共和国卫生部药品标准中药成方制剂第20册。该药的主要功效为清热解毒，散瘀止痛，主要用于热毒瘀血壅滞肠胃而致的胃癌、食道癌、贲门癌、直肠癌等消化道肿瘤的治疗。1995年，A公司经海南省药监局批准，也开始生产"抗癌平丸"，2002年获国药准字Z46020009号药品生产许可证。2000年8月4日，A公司向国家中药品种保护评审委员会申请"抗癌平丸"的中药品种保护，于2002年4月9日获《中药保护品种证书》（证号〔2002〕国药中保字第120号），保护期7年，自2002年9月12日起至2009年9月12日，并于2002年9月12日发布在国监注（2002）317号公告上。A公司取得抗癌平丸的《中药保护品种证书》后，发现B公司在2002年9月12日后仍继续生产和销售抗癌平丸，根据我国《中药品种保护条例》第十七条："被批准保护的中药品种，在保护期限内限于由获得《中药保护品种证书》的企业生产"及国家卫生部卫药发（1995）第23号《关于加强中药品种保护工作中同品种管理的通知》第一条："根据《条例》第十七条的规定，由我部批准的中药保护品种，在保护期内，只限由获得该品种《中药保护品种证书》的企业生产，其他非持有证书的企业一律不得仿制和生产。"第三条："对涉及同一品种，又未获得《中药保护品种证书》的企业，自我部《公告》发布之日起一律暂停生产，并且在六个月内按照要求向我部申报，由国家中药品种保护评审委员会组织有关单位进行同品种质量考核。根据考核结果，对符合药品审批规定和达到国家药品标准的，经征求国家中药生产和经营主管部门意见后，由我部补发《中药保护品种证书》；对不符合药品审批规定或者未达到国家药品标准的，由我部撤销该品种的药品生产批准文号"的规定，认为B公司2002年9月12日以后生产和销售抗癌平丸是违法的，属不正当竞争行为，已构成对A公司的侵权，遂于2003年4月25日诉至一审法院，要求判令B公司立即停止侵权，公开赔礼道歉，并赔偿给A公司经济损失480万元。A公司在诉讼中提供证据表明B公司从2002年9月12日到2003年3月25日间仍在继续生产"抗癌平丸"，其中2003年3月14日，3月19日，3月25日各生产一批。C药店于2003年4月向B公司邮购"抗癌平丸"10盒，之后进行销售。

二审另查明，B公司于2002年7月18日向国家中药品种保护评审委员会申请抗癌平丸的中药品种保护，于2004年4月15日获《中药保护品种证书》（证书号〔2002〕国药中保字第120－2号），保护期自2004年4月15日起至2009年9月12日。

本院认为：《中药品种保护条例》制定主要目的是控制中药生产低水平重复，实际是中药生产的市场准入制度，并非创设知识产权制度，根据《中药品种保护条例》的规定，中药品种保护只规定行政保护、刑事保护，但是没有规定民事保护，所以，本案当事人为生产、销售中药品种药物发生纠纷，不属于民事纠纷，应当请求国家有关行政部门处理。A公司依照《中药品种保护条例》主张其享有民事权利的理由不能成立。A公司主张B公司在未取得中药保护品种证书生产"抗癌平丸"，构成不正当竞争行为，要求停止侵权，赔偿损失，也无法律依据。一审判决认定事实不清，适用法律错误，本院应予纠正。根据《中华人民共和国民事诉讼法》第一百零八条第一款第（四）项、第一百一十一条第一款第（三）项、第一百四十条第一款第（三）项、第一百五十八条的规定，裁定如下：

一、撤销桂林市中级人民法院（2003）桂市民初字第70号民事判决。

二、驳回A公司对B公司、C药店的起诉。

本案一审案件受理费50元，二审案件受理费50元，共100元由A公司负担。

本裁定为终审裁定。

▶评析：中药是我国悠久的传统医学文化，也是无数献身于中医药事业人士智慧的结晶。每一个中药品种，都是智力研究成果，应当属于知识产权法律保护范围。由于中药成分复杂，应用上的经验性和复方上的变化性，使其不能完全纳入专利法的保护范围，而只能通过专门的法律法规进行特别保护。因此，为了提高中药品种的质量和产品标准，保护中药生产企业的合法权益，促进中药事业的发展，国务院根据《中华人民共和国药品管理法》第三十六条的规定和授权，于1992年10月14日发布并于1993年1月1日起实施了《中药品种保护条例》，对我国境内生产制造的、除申请专利的中药品种外的中药品种，包括中成药、天然药物的提取物及其制剂和中药人工制成品进行有级别的管理，对符合条例要求的中药品种实行特殊保护，而获得该保护的中药品种则具有了受该特别法律法规保护的特有权利，非经法定程序持有该权利者则不能行使。

与专利权不同的是，中药品种保护专属权不具有权利享有者的唯一性，它允许生产同品种的企业通过一定的审批程序，获得同品种中药保护专属权，共同受到保护和准许生产。但同时，中药品种保护专属权是具有绝对排他性的，它对于生产同品种中药，但不具备同品种保护权的产品，是绝对排斥，禁止生产和销售的。

（资料来源：http：//ipr.cupl.edu.cn/info/1753/4156.htm）

第一节　中药品种保护制度概述

一、中药品种保护界定

中药品种保护制度是我国基于中药特殊性创设的一种行政保护制度，对质量稳定、疗效确切的中药品种实行分级保护，旨在保护中药生产企业的合法权益，提高中药品种的质量，促进中药事业的发展。

中药品种保护适用于中国境内生产制造的中药品种，包括中成药、天然药物的提取物及其制剂和中药人工制成品。

二、中药品种保护制度发展进程

20世纪90年代初，中国存在中央和地方双重药品标准，中药市场管理混乱，市场上的中药品种质量参差不齐。由于中药成分复杂，应用上的经验性和复方上的变化性，使其不能完全纳入专利法的保护范围，而只能通过专门的法律法规进行特别保护，国务院于1992年10月14日颁布了《中药品种保护条例》，这奠定了中药品种保护制度的基本框架，并在之后通过部门规章和规范性文件等形式不断完善。中药品种保护制度在药品市场准入制度的基础上糅合了知识产权保护因素，通过控制市场准入来禁止对中药保护品种的仿制，赋予了在先生产企业一定期限的市场垄断或寡断生产权。中药品种保护制度的内容及职能随着法制环境以及法律保护需求的变化而不断发展变化。2009年《中药品种保护指导原则》（以下简称《原则》）出台，其重心转向鼓励中药新药研发、保护中药生产企业的知识成果。2015年《中药品种保护条例》再次被相关部门列入修法计划，2018年修订后的《中药品种保护条例》正式发布。中药品种保护制度是一项在特殊国内外形势下形成的具有中国特色的、保护中药品种的专门制度。通过20多年的实践，其有效地解决了中药品种标准不一、低水平重复、产品质量参差不齐等问题，逐步形成了一套适应中药产业发展特点的中药品种质量改进机制。

三、中药品种保护相关立法

有关中药品种保护制度的规定主要见于《药品管理法》《中医药法》《中药品种保护条例》及一些部门规范性文件中。

（一）法律法规

《药品管理法》第一章总则第四条规定："国家发展现代药和传统药，充分发挥其在预防、医疗和保健中的作用。国家保护野生药材资源和中药品种，鼓励培育道地中药材。"《中医药法》第六章中医药传承与文化传播第四十三条规定："国家建立中医药传统知识保护数据库、保护名录和保护制度。中医药传统知识持有人对其持有的中医药传统知识享有传承使用的权利，对他人获取、利用其持有的中医药传统知识享有知情同意和利益分享等权利。国家对经依法认定属于国家秘密的传统中药处方组成和生产工艺实行特殊保护。"《药品管理法》和《中医药法》虽未涉及中药品种保护制度的具体内容，但为《中药品种保护条例》提供了上位法依据。

（二）行政法规

《中药品种保护条例》对中药品种保护制度进行了具体设计，是中药品种保护制度的核心，形成了中药品种保护制度的基本框架。

（三）部门规章及相关文件

原卫生部于1992年颁布了《贯彻执行国务院〈中药品种保护条例〉做好中药品种保护工作的通知》，原国家物价局、财政部于1993年颁布了《关于中药品种保护审评收费的通知》，原卫生部于1993年、1995年先后颁布了《关于"国家中药保护品种"建议采用激光全息防伪标记的函》《国家中药品种保护委员会章程》《关于中药保护品种审评中有关问题的通知》《关于加强中药品种保护工作中同品种管理的通知》，原国家药品监督管理局于1996年颁布了《国家中药品种保护审评委员会关于中药品种保护受理审评工作中有关要求的通知》，国家工商行政管理局于1999年颁布了《关于同意在广告中使用"国家中药保护品种"内容的批复》，原国家药品监督管理局于2000年颁布了《关于国家中药保护品种延长保护期有关管理工作的通知》，于2006年颁布《关于中药品种保护有关事宜的通知》，于2009年颁布了《国家食品药品监督管理局关于印发中药品种保护指导原则的通知》。这些部门规范性文件的内容主要涉及中药管理、行政事业与服务收费管理、行政事业性收费、行政事业财务管理、广告管理等。国家中药品种保护审评委员会于2003年颁布的行业规定《〈中药保护品种申报资料项目要求及说明〉的通知》，内容也多涉及药品管理。

综上，中药品种保护制度具有立法背景特殊，以《中药品种保护条例》及相关规范性文件为主要架构，公共事务性突出、行政干预性强的特点。它的具体运行离不开药品监管部门职权的行使及职责的履行，《中药品种保护条例》及其他部门规范性文件则是药品监管部门实施行政管理的法律依据。

第二节　中药品种保护的主体、客体和内容

一、中药品种保护的主体

中药品种保护的主体是经国务院药品监督管理部门批准，获得《中药保护品种证书》的生产企业。中药生产企业对其生产的符合本条例规定的中药品种，可以向所在地省、自治区、直辖市人民政府药品监督管理部门提出申请，由省、自治区、直辖市人民政府药品监督管理部门初审签署意见后，报国务院药品监督管理部门。特殊情况下，中药生产企业也可以直接向国务院药品监督管理部门提出申请。批准保护的中药品种，由国务院药品监督管理部门发给《中药保护品种证书》。生产中药保护品种的企业应当根据省、自治区、直辖市人民政府药品监督管理部门提出的要求，改进生产条件，提高品种质量。

二、中药品种保护的客体

《中药品种保护条例》第五条依照本条例受保护的中药品种，必须是列入国家药品标准的品种；经国务院卫生行政部门认定，列为省、自治区、直辖市药品标准的品种，也可以申请保护。受保护的中药品种分为一、二级。第六条规定了中药品种一级保护条件，第七条规定了中药品种二级保护条件。

符合《中药品种保护条例》第六条规定的品种，可以申请一级保护：①对特定疾病有特殊疗效，是指对某一疾病在治疗效果上能取得重大突破性进展。例如，对常见病、多发病等疾病有特殊疗效；对既往无有效治疗方法的疾病能取得明显疗效；或者对改善重大疑难疾病、危急重症或罕见疾病的终点结局（病死率、致残率等）取得重大进展。例如云南白药系列属于国家绝密配方，是国家一类重要保护品种。②相当于国家一级保护野生药材物种的人工制成品，是指列为国家一级保护物种药材的人工制成品；或目前虽属于二级保护物种，但其野生资源已处于濒危状态物种药材的人工制成品。③用于预防和治疗特殊疾病中的特殊疾病，是指严重危害人民群众身体健康和正常社会生活经济秩序的重大疑难疾病、危急重症、烈性传染病和罕见病。如恶性肿瘤、终末期肾病、脑卒中、急性心肌梗死、艾滋病、传染性非典型肺炎、人禽流感、苯酮尿症、地中海贫血等疾病。用于预防和治疗重大疑难疾病、危急重症、烈性传染病的中药品种，其疗效应明显优于现有治疗方法。

符合《中药品种保护条例》第七条规定的品种，可以申请二级保护。①对特定疾病有显著疗效，是指能突出中医辨证用药理法特色，具有显著临床应用优势，或对主治的疾病、证候或症状的疗效优于同类品种。②从天然药物中提取的有效物质及特殊制剂，是指从中药、天然药物中提取的有效成分、有效部位制成的制剂，且具有临床应用优势。③凡存在专利等知识产权纠纷的品种，应解决纠纷以后再办理保护事宜。④企业应保证申报资料和数据的真实、完整、规范、准确。试验资料应注明出处、完成日期、原始档案存放处，印章应与试验单位名称一致，并有主要研究者签字，试验数据能够溯源。⑤临床试验负责单位应为国家药物临床试验机构，研究的病种应与其认定的专业科室相适应，参加单位应为三级甲等医院。二级甲等医院可参加以广泛应用的安全性评价为目的的临床研究。⑥试验过程应符合国家食品药品监督管理局发布的各项质量管理规范的要求，试验原始资料应保存至保护期满。⑦申请企业应具备良好的生产条件和质量管理制度，生产设备、检验仪器与申报品种的生产和质量检验相匹配，并具有良好的信誉。⑧国家中药品种保护审评委员会在必要时可以组织对申报资料的真实性进行现场核查，对生产现场进行检查和抽样并组织检验。⑨中药保护品种生产企业在保护期内应按时按要求完成改进意见与有关要求的各项工作。

第八条规定：国务院卫生行政部门批准的新药，按照国务院卫生行政部门规定的保护期给予保护；其中，符合本条例第六条、第七条规定的，在国务院卫生行政部门批准的保护期限届满前六个月，可以重新依照本条例的规定申请保护。详细规定参照《重要注册管理补充规定》，关于主治病证未在国家批准的中成药"功能主治"中收载的新药，属于《药品注册管理办法》第四十五条第一款第（四）项的范围。

三、中药品种保护的内容

（一）中药品种生产保护

《中药品种保护条例》第十七条被批准保护的中药品种，在保护期内限于由获得《中药保护品种证书》的企业生产；但是，本条例第十九条另有规定的除外。第十八条国务院卫生行政部门批准保护的中药品种如果在批准前是由多家企业生产的，其中未申请《中药保护品种证书》的企业应当自公告发布之日起六个月内向国务院卫生行政部门申报，并依照本条例第十条的规定提供有关资料，由国务院卫生行政部门指定药品检验机构对该申报品种进行同品种的质量检验。国务院卫生行政部门根据检验结果，可以采取以下措施：①对达到国家药品标准的，经征求国家中药生产经营主管部门意见后，补发《中药保护品种证书》。②对未达到国家药品标准的，依照药品管理的法律、行政法规的规定撤销该中药品种的批准文号。同品种，是指药品名称、剂型、处方都相同的品种。同品种保护申请，是指初次保护申请品种公告后，其他同品种生产企业按规定提出的保护申请。已受理同品种申请的品种，由国家中药品种保护审评委员会组织有关专家及相关单位人员进行同品种质量考核。同品种质量考核包括现场检查、抽样和检验三方面的内容。根据工作需要，可以委托省级食品药品监管部门进行现场检查和抽样。现场检查是以被考核品种执行的国家标准为依据，对该品种生产的全过程进行检查。抽样是指按国家食品药品监督管理局制定的《药品抽样指导原则》，在企业的成品仓库抽取3批样品，抽样量应为全检量的三倍，必要时也可在市场购买并由企业确认。申报品种含多个规格的，可以抽取主要生产的一种规格，质量标准中涉及定性、定量的还应抽取相应的适量药材。检验是指对抽取的样品由国家中药品种保护审评委员会委托中国药品生物制品检定所或省级药品检验所按申报品种执行的国家药品标准进行检验。

（二）中药品种保护期限及延长保护期限

《中药品种保护条例》第十二条规定中药保护品种的保护期限：中药一级保护品种分别为30年、20年、10年。中药二级保护品种为7年。初次保护申请，是指首次提出的中药品种保护申请；其他同一品种生产企业在该品种保护公告前提出的保护申请，按初次保护申请管理。申报资料应能说明申报品种的可保性，并能客观全面地反映中药品种生产工艺、质量研究、安全性评价、临床应用等方面的情况。申报品种一般应完成监测期、注册批件及其他法律法规要求的研究工作。申报品种由多家企业生产的，应由原研企业提出首次申报；若质量标准不能有效控制产品质量的，应提高并统一质量标准。综述资料包括临床、药理毒理和药学等内容的概述，并说明适用条款及申请级别的理由。

中药一级保护品种因特殊情况需要延长保护期限的，由生产企业在该品种保护期满前6个月，依照《中药品种保护条例》第九条规定的程序申报。延长的保护期限由国务院卫生行政部门根据国家中药品种保护审评委员会的审评结果确定；但是，每次延长的保护期限不得超过第一次批准的保护期限。

中药二级保护品种在保护期满后可以延长7年。申请延长保护期的中药二级保护品种，应当在保护期满前6个月，由生产企业依照《中药品种保护条例》第九条规定的程序申报。例如某中药品种首先获得了30年的一级保护，则可在30年期满后申请一次延长保护，最长的期限也可以是30年。在第二个30年到期后，则可以降为二级保护，再次申请7年的保护。然后可以申请二级保护的延长保护7年。从理论上计算某种药品种的保护期最长可维持74年。即使不按照理论计算中药品种保护期限，按照某种二级保护重要品种实际情况分析，企业在保护公告前6个月申请中药品种保护后，按照新的《药品注册管理办法》第七十六条规定："已申请中药品种保护的，自中药品种保护申请受理之日起至做出行政决定期间，暂停受理同品种的仿制药申请"，这样企业实际获得的保护期最少是7.5年，加上申请二级保护延长保护7年，某二级保护中药品种可获取最长保护期为14.5年。

延长保护期申请，是指中药保护品种生产企业在该品种保护期届满前按规定提出延长保护期的申请。申请延长保护的品种应具备如下条件：①申请延长保护的品种应能证明其对主治的疾病、证候或症状较同类品种有显著临床疗效优势。②申请企业应按改进意见与有关要求完成各项工作并提交相关资料。③延长保护期的品种在临床、药理毒理、药学等方面应较保护前有明显改进与提高，如生产用药材和饮片基原明确、产地固定，工艺参数明确，过程控制严格，质量标准可控完善，主治范围确切，药品说明书完善等。对有效成分和有效部位制成的制剂，其量效关系、作用机理和体内代谢过程应基本清楚。④申请企业应提出在延长保护期内对品种改进提高的详细计划及实施方案。

第三节　中药品种保护的申请与审批程序

一、中药品种保护申请程序

中药生产企业对其生产的符合中药品种保护条例的第五条、第六条、第七条、第八条规定的中药品种，可以向所在地省、自治区、直辖市人民政府药品监督管理部门提出申请。申请人应根据申请的类型以及在《中药品种保护指导原则》和《中药保护品种证书核发服务指南》的指导下准备和提交材料。经省、自治区、直辖市人民政府药品监督管理部门初审签署意见后，报国务院药品监督管理部门。特殊情况下，中药生产企业也可以直接向国务院药品监督管理部门提出申请。

二、中药品种保护审批程序

国务院药品监督管理部门接收申请人申请后，委托国家中药品种保护审评委员会负责对申请保护的中药品种进行技术审评。国家中药品种保护审评委员会应当自接到申请报告书之日起6个月内作出审评结论。根据国家中药品种保护审评委员会的审评结论，国家药品监督管理局根据国家中药品种保护审评委员会的审评结果在20个工作日内作出许可决定，合格的发布公告，授予批件和中药保护品种证书。不合格的由总局驳回申请，如申请方有异议可申请复审，此项规定赋予了企业对审评结果有异议时自我申辩的权利。从申请到批准，中药品种保护需要经历7～8个月的时间，而专利从申请到授权需要2年左右的时间，与专利的申请过程相比中药品种保护制度具有耗费时间成本少的优势。中药品种保护从企业申请到药监局颁发证书的具体流程如图5-2-1所示。

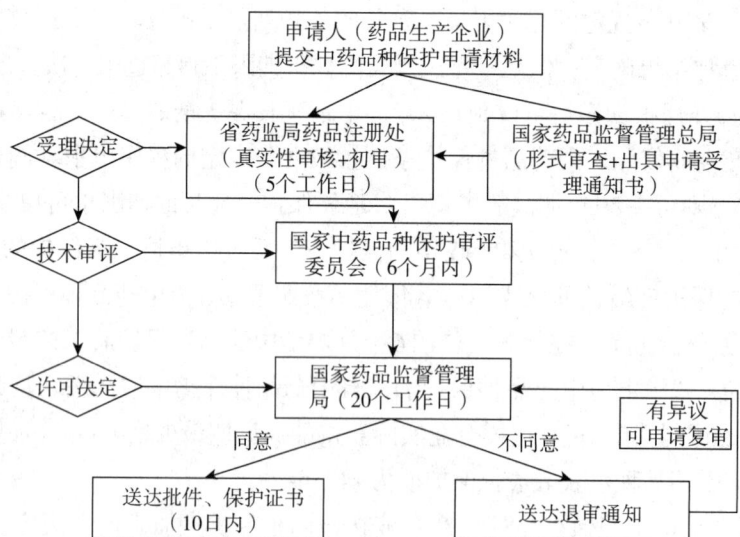

图 5-2-1　中药品种保护的申请与审批程序

第四节　中药品种保护的侵权救济

违反《中药品种保护条例》第十三条的规定，造成泄密的责任人员，由其所在单位或者上级机关给予行政处分；构成犯罪的，依法追究刑事责任。

违反本条例第十七条的规定，擅自仿制中药保护品种的，由县级以上人民政府负责药品监督管理的部门以生产假药依法论处。

伪造《中药品种保护证书》及有关证明文件进行生产、销售的，由县级以上人民政府负责药品监督管理的部门没收其全部有关药品及违法所得，并可以处以有关药品正品价格3倍以下罚款。

上述行为构成犯罪的，由司法机关依法追究刑事责任。

当事人对负责药品监督管理的部门的处罚决定不服的，可以依照有关法律、行政法规的规定，申请行政复议或者提起行政诉讼。

第三章 药品专利纠纷早期解决机制

──────── 【引例】 ────────

A公司、B公司民事二审民事判决书

中华人民共和国最高人民法院

民事判决书

（2022）最高法知民终905号

上诉人（原审原告）：A公司。住所地：日本国东京都北区浮间五丁目5番1号。

代表人：奥某某，该株式会社董事长、总裁兼总经理。

委托诉讼代理人：李某某，**律师事务所律师。

委托诉讼代理人：尚某某，**律师事务所律师。

被上诉人（原审被告）：B公司。住所地：中华人民共和国浙江省温州市温州经济技术开发区星海街道滨海二十五路×××号。

法定代表人：王某某，该公司执行董事。

委托诉讼代理人：贺某某，北京××律师事务所律师。

委托诉讼代理人：张某某，北京××律师事务所律师。

上诉人A公司因与被上诉人B公司确认是否落入专利权保护范围纠纷一案，不服中华人民共和国北京知识产权法院（以下简称原审法院）于2022年4月15日作出的（2021）京73民初1438号民事判决，向本院提起上诉。本院于2022年5月23日立案后，依法组成合议庭，因案件涉及商业秘密，于2022年7月5日不公开开庭进行了审理。上诉人A公司的委托诉讼代理人李某某、尚某某，被上诉人B公司的委托诉讼代理人贺某某、张某某到庭参加诉讼。本案现已审理终结。

A公司上诉请求：撤销原审判决，改判支持其原审全部诉讼请求。包括：1.确认B公司申请注册的"艾地骨化醇软胶囊"（以下简称涉案仿制药）落入专利号为2005800098××.×、名称为"ED-71制剂"的发明专利权（以下简称涉案专利权）的保护范围；2.对B公司作出错误专利声明及违反《药品专利纠纷早期解决机制实施办法》（试行）（以下简称《药品专利纠纷实施办法》）第六条规定的行为予以批评教育。事实和理由为：（一）原审判决遗漏A公司原审第二项诉讼请求，违反了《中华人民共和国民事诉讼法》第一百五十五条的规定。第一，B公司仅对涉案专利原权利要求2作出4.2类声明，对涉案专利其他原权利要求（即原权利要求1和3-7）未作任何声明，且在明确知晓其相关专利声明存在错误的情况下，一直不予更正。第二，B公司未将其提交的相应声明及声明依据在法定期限内依法通知上市许可持有人，违反《药品专利纠纷实施办法》第六条的规定。B公司的上述违规行为明显有违药品专利纠纷早期解决机制的设置初衷和宗旨，更是违反了诚实信用原则，故应对B公司的违规行为予以批评教育。（二）原审判决认定A公司认可B公司提交的涉案仿制药上市注册申请材料与原审法院从国家药品监督管理局调取的涉案仿制药申请材料一致，属于认定事实不清。第一，A公司仅认可B公司提交的证据1-5是节选自B公司提交给国家药品监督管理局的涉案仿制药申请材料，但从未认可二者内容完全一致。原审法院从国家药品监督管理局调取的涉案仿制药申请材料中披露了更多与本案相关的信息。第二，原审法院从国家药品监督管理局调取的证据材料显示，B公司在仿制药临床申报阶段处方中使用的药用辅料（抗氧化剂）是dl-α-生育酚，但B公司提交的证据中将相关内容覆盖。原审判决错误认定二者内容一致，进而并未查明涉案仿制药采用的技术方案。（三）原审判决基于B公司提交的涉案仿制药申报材料认定涉案仿制药使用的药用辅料为***，存在认定事实和适用法律错误。第一，《专利法》第七十六条中"申请注册的药品相关技术方案"是指向国家药品监督管理局提交的药品注册申请文件中记载的拟申请获批的处方，而非企业针对处方中的各原材料选取的具体物质。B公司仿制药注册申请文件中明确记载，在其处方中使用药用辅料***作为抗氧化剂。原审法院仅以B公司在申请文件中选取特定原料的技术方案，而非拟申请获批的处方所记载的技术方案，与涉案专利修改后的权利要求进行技术比对，属于适用法律错误。此外，依据法律规定，药品注册申请文件应准确反映药品生产企业实际使用的药品技术方案，如果药品注册申请文件中关于药品技术方案的记载存在明显矛盾或错误，则应查明药品生产企业申请注册药品实际使用的技术方案，并据此确认其是否落入相关专利权的保护范围。第二，本案中，涉案仿制药申请注册的处方中实际使用的药用辅料应为dl-α-生育酚，退一步而言，该处方包括使用***和使用dl-α-生育酚作为抗氧化剂的两个具体技术方案。首先，B公司申请注册的仿制药处方中使用药用辅料***而非***作为抗氧化剂。基于国家药品监督管理局数据库中登记的药用辅料***的信息及双方证据，在***和dl-α-生育酚两种物质之间，只有dl-α-生育酚系依法登记用作抗氧化剂的药用辅料***。B公司为规避侵权，故意在其提交的药品注册申请文件中将药用辅料dl-α-生育酚替换为原料药***，而其实际使用的药用辅料应为dl-α-生育酚而非***。其次，涉案仿制药注册申请文件中显示，B公司在临床申报过程中使用的药用辅料（抗氧化剂）是dl-α-生育酚。根据相关规定，B公司申请注册的处方应与其临床阶段使用的处方一致。再次，在我国医药领域，***是一类化合物的统称，包括***和dl-α-生育酚。B公司仿制药注册申请的处方中仅指明使用***作为辅料，这意味着其技术方案包括使用***和使用dl-α-生育酚两种方案。（四）原审判决认为本案应适用捐献规则，适用法律错误，进而导致认定事实错误。第一，捐献规则旨在解决在专利申请授权阶段未记载于授权权利要求中但被说明书或附图披露的技术方案能否基于等同原则被纳入权利要求保护范围的问题，其在后续专利确权阶段权利要求保护范围发生变化时并无适用余地。第二，涉案专利原权利要求1的抗氧化剂包括***，这表明专利权人对使用***作为抗氧化剂的技术方案主张专利权保护，并未捐献给社会公众，捐献规则在本案中并无适用空间。在涉案专利无效宣告程序中，A公司通过修改放弃了原权利要求2中的抗氧化剂为二丁基羟基甲苯、丁基羟基茴香醚和没食子酸丙酯的技术方案，但并未放弃抗氧化剂为dl-α-生育酚的技术方案，更未放弃与dl-α-生育酚等同的技术方案（包括采用***的技术方案）。第三，在案证据充分证明，***与修改后权利要求1中的dl-α-生育酚构成等同技术特征。

B公司辩称：A公司的全部诉讼请求均无事实依据和法律依据，请求驳回上诉，维持原判。事实和理由为：（一）原审法院未遗漏诉讼请求。原审法院在庭审中当庭认定A公司的第二项诉讼请求于法无据，不能作为单独的诉讼请求。此外，专利声明文件的填写瑕疵系因B公司对药品专利纠纷实施办法理解不到位导致。B公司在本案审理过程中多次致函国家药品监督管理局及其相关单位，申请对专利声明中"登记的权利要求项编号"的内容进行修改。并且B公司在收到原审应诉通知书后的第十天即将相关证据和不落入专利权保护范围的侵权比对材料提交给了原审法院。因此，B公司不存在所谓的不诚信行为。（二）原审判决认定事实清楚。第一，A公司已认可B公司提交的仿制药上市注册申请材料和原审法院从国家药品监督管理局调取的仿制药上市注册申请材料的一致性。该事实清楚，原审判决认定准确。第二，在案证据能够证明B公司申请注册的仿制药中使用的是***。需要特别说明的是，B公司在临床申报过程中使用的药用辅料相关材料不是本案的在案证据，且其属于B公司的商业秘密，并非公开信息。A公司在毫无依据的前提下，捏造了相关"事实"，并基于臆断作出结论，有违诚实信用原则。（三）本案适用捐献规则。第一，涉及捐献规则的相关司法解释并未明确其中的权利要求只能是专利授权文本中的权利要求。第二，参照在先案件确定的裁判规则，捐献规则适用于修改后的权利要求。因此，修改前的权利要求是否包括***，以及A公司是否有捐献的意愿，均不影响捐献规则在本案中的适用。原审法院以修改后的权利要求作为比对基础，其适用法律正确。第三，基于禁止反悔规则，***与修改后权利要求1中的dl-α-生育酚不构成等同特征。

A公司向原审法院提起诉讼，原审法院于2021年11月8日立案受理。A公司起诉请求：确认涉案仿制药落入涉案专利权的保护范围。事实和理由为：A公司成立于1925年，主要致力于生物和抗体技术的研究及药物开发。2014年，A公司在中国成立了以进口、生产和销售业务为主的××公司，致力于引进新的产品进入中国市场。A公司为涉案专利权的权利人，涉案专利申请日为2005年2月7日，授权日为2010年12月8日，目前处于有效状态。A公司为上市专利药品"艾地骨化醇软胶囊（剂型：胶囊剂；规格：0.75μg；批准文号：国药准字HJ20200058）"的上市许可持有人。A公司已在中国上市药品专利信息登记平台（以下简称登记平台）就上述药品和专利进行登记，上述药品与涉案专利权利要求1-7均相关。2021年7月2日，A公司在中华人民共和国国家知识产权局（以下简称国家知识产权局）的无效宣告程序中对涉案专利权利要求进行了修改，将原权利要求2中的"抗氧化剂是选自dl-α-生育酚"加入权利要求1，删除原权利要求2，对于其他权利要求的序号进行了相应调整，修改后的权利要求包括6项。B公司申请注册的仿制药的药品名称为"艾地骨化醇软胶囊"，剂型为胶囊剂，规格为0.75μg，注册类别为4类。2021年8月16日，B公司在登记平台上明确其仿制的药品为A公司的"艾地骨化醇软胶囊（规格：0.75μg，批准文号：国药准字HJ20200058）"，并作出4.2类声明，即仿制药未落入登记平台收录的原研药（A公司的专利药品）相关专利权保护范围。依据国家药品监督管理局发布的《化学药品注册分类及申报资料要求》第一条、第二条的规定，B公司申请注册的仿制药应具有与原研药相同的活性成分、剂型、规格、适应证、给药途径和用法用量，并需要证明质量和疗效与参比制剂一致。因此，涉案仿制药使用了与涉案专利修改后的权利要求1-6相同或等同的技术方案，落入涉案专利权利要求1-6的保护范围。

原审审理过程中，A公司增加如下诉讼请求：对B公司作出错误专利声明及违反药品专利纠纷实施办法第六条规定的行为予以批评教育。

B公司原审辩称：（一）涉案专利在本案诉讼期间已被国家知识产权局宣告无效，该无效决定目前处于起诉期限内。鉴于本案为确认是否落入专利权保护范围纠纷案件，而该判断结论并不会因专利权是否有效而发生变化，故在涉案仿制药并未落入涉案专利权保护范围的情况下，本案应进行实体审理，无须驳回A公司的起诉。（二）B公司申请注册的涉案仿制药并未落入涉案专利权利要求1的保护范围。根据B公司向国家药品审评机构提供的相关申报材料，涉案仿制药处方中使用的抗氧化剂是***，即***，而非涉案专利权利要求1中的dl-α-生育酚。此外，涉案专利说明书第［0029］段记载，"本发明中所用的'抗氧化剂'优选从生育酚醋酸酯、二丁基羟基甲苯、天然维生素E、dl-α-生育酚、d-α-生育酚、混合浓缩生育酚、抗坏血酸棕榈酸酯、L-抗坏血酸硬脂酸酯、丁基羟基茴香醚和没食子酸丙酯中选择一种"。其中，***即B公司申请注册的涉案仿制药处方中的抗氧化剂***。可见，***属于仅在说明书中描述而在修改后的权利要求1中未记载的技术方案，根据《最高人民法院关于审理侵犯专利权纠纷案件应用法律若干问题的解释》（以下简称《侵犯专利权纠纷解释》）第五条的规定，A公司不能将其纳入涉案专利权的保护范围。因此，涉案仿制药并未落入涉案专利权利要求1的保护范围。涉案专利权利要求2-6是直接或间接引用权利要求1的从属权利要求，基于上述相同理由，涉案仿制药亦未落入权利要求2-6的保护范围。据此，请求法院依法判令驳回A公司的全部诉讼请求。

原审法院认定如下事实：

涉案专利申请日为2005年2月7日，授权日为2010年12月8日，专利权人为A公司。本案起诉时，涉案专利处于有效状态。

涉案专利的上市药品为"艾地骨化醇软胶囊（剂型：胶囊剂；规格：0.75μg；批准文号：国药准字HJ20200058）"，适应证为骨质疏松症。A公司就上述药品已在登记平台进行登记，上市许可持有人亦为A公司。

A公司在登记平台针对涉案专利进行了专利信息登记。登记信息中显示，上市药品与涉案专利权利要求的对应关系为1~7，专利类型为化学药品含活性成分的药物组合物专利，上述登记信息已于2021年7月13日公开。

登记平台显示，国家药品监督管理局于2021年8月16日受理了B公司提出的涉案仿制药的注册申请，受理号为CYHS2101591国，被仿制药（原研药）为涉案专利上市药品。针对涉案专利，B公司在登记平台作出4.2类声明，认为涉案仿制药未落入涉案专利权利要求2的保护范围。

2021年12月30日，国家知识产权局针对案外人就涉案专利提出的无效宣告请求，作出了第53498号无效宣告请求审查决定（以下简称第53498号决定），宣告涉案专利权全部无效。该决定在原审判决作出时仍处于起诉期限内。

在该无效宣告程序中，A公司对涉案专利权利要求进行了修改，将原权利要求2中的"抗氧化剂是选自dl-α-生育酚"加入权利要求1，删除原权利要求2，对于其他权利要求的序号进行了相应调整，修改后的权利要求如下：

"1.一种制剂，其包含：

（1）（5Z，7E）-（1R，2R，3R）-2-（3-羟基丙氧基）-9，10-断胆甾-5，7，10（19）-三烯-1，3，25-三醇；

（2）油脂；

（3）抗氧化剂；所述抗氧化剂是dl-α-生育酚；

其中，加入所述抗氧化剂用于抑制（5Z，7E）-（1R，2R，3R）-2-（3-羟基丙氧基）-9，10-断胆甾-5，7，10（19）-三烯-1，3，25-三醇降解为6E-（1R，2R，3R）-2-（3-羟基丙氧基）-9，10-断胆甾-5（10），6，8（9）-三烯-1，3，25-三醇和（或）（5E，7E）-（1R，2R，3R）-2-（3-羟基丙氧基）-9，10-断胆甾-5，7，10（19）-三烯-1，3，25-三醇，经遮蔽、室温保存12个月后产生的6E-（1R，2R，3R）-2-（3-羟基丙氧基）-9，10-断胆甾-5（10），6，8（9）-三烯-1，3，25-三醇和（或）（5E，7E）-（1R，2R，3R）-2-（3-羟基丙氧基）-9，10-断胆甾-5，7，10（19）-三烯-1，3，25-三醇的量为1%或更少。

2.根据权利要求1的制剂，其中，制剂是软胶囊，硬胶囊或油性液体制剂。

3.根据权利要求2的制剂，其中，制剂是软胶囊。

4.根据权利要求1的制剂，其中，以重量计，制剂含有相对于油脂为0.000001%~0.01重量%的（5Z，7E）-（1R，2R，3R）-2-（3-羟基丙氧基）-9，10-断胆甾-5，7，10（19）-三烯-1，3，25-三醇和相对于油脂为0.0001%~12重量%的抗氧化剂。

5.根据权利要求4的制剂，其中，制剂是软胶囊，硬胶囊或油性液体制剂。

6.根据权利要求5的制剂，其中，制剂是软胶囊。"

针对涉案专利中的抗氧化剂dl-α-生育酚，双方当事人确认其结构式如下：

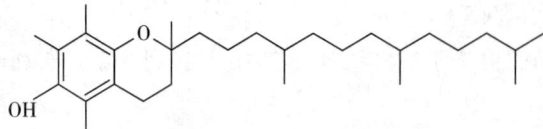

此外，针对抗氧化剂的选择，涉案专利说明书第［0029］段记载："抗氧化剂优选从生育酚醋酸酯、二丁基羟基甲苯、天然维生素E，dl-α-生育酚、d-α-生育酚、混合浓缩生育酚、抗坏血酸棕榈酸酯、L-抗坏血酸硬脂酸酯、丁基羟基茴香醚和没食子酸丙酯中选择一种，更优选从dl-α-生育酚，二丁基羟基甲苯、丁基羟基茴香醚和没食子酸丙酯中选择一种，最优选选择dl-α-生育酚。"

为证明涉案仿制药未落入涉案专利权保护范围，B公司向原审法院提交了涉案仿制药上市注册申请材料中与辅料***相关内容的复印件，A公司认可上述证据与原审法院从国家药品监督管理局所调取的涉案仿制药申请材料一致。上述证据中：证据1为涉案仿制药的生产处方，其"表3.2.P.3-1批处方"中记载了涉案仿制药中成分***的作用为抗氧化剂，执行标准为***。证据2为涉案仿制药处方中的辅料信息，其中"表3.2.P.4-1原辅料的来源信息"中记载了辅料***的生产厂家为***，登记号为***，执行标准为***。证据3为***的证明性文件，系证据2的附件，其中包括涉案仿制药中***的进口药品注册证和进口药品注册标准***。进口药品注册证中记载的药品名称为***，注册证号为***，剂型为***，生产厂为***。证据16为涉案仿制药中***在国家药品监督管理局"原料药登记数据"的登记备案信息，其中***的登记号为***，企业名称为***，备注为***。

上述证据显示，涉案仿制药使用的辅料***的结构式如下：

***

原审法院认为：根据《专利法》第七十六条的规定，药品上市审评审批过程中，药品上市许可申请人与有关专利权人或者利害关系人，因申请注册的药品相关的专利权产生纠纷的，相关当事人可以向人民法院起诉，请求就申请注册的药品相关技术方案是否落入他人药品专利权保护范围作出判决。国务院药品监督管理部门在规定的期限内，可以根据人民法院生效裁判作出是否暂停批准相关药品上市的决定。该条款虽规定了相关当事人可依据申请注册的药品相关的专利权提起此类诉讼，但并未进一步规定所涉专利的范围。《最高人民法院关于审理申请注册的药品相关的专利权纠纷民事案件适用法律若干问题的规定》（以下简称药品专利纠纷解释）第二条规定："专利法第七十六条所称相关的专利，是指适用国务院有关行政部门关于药品上市许可审批与药品上市许可申请阶段专利权纠纷解决的具体衔接办法的专利。"该解释中所称具体衔接办法是指国家药品监督管理局、国家知识产权局共同制定的药品专利纠纷实施办法。该实施办法第五条规定："化学药上市许可持有人可在中国上市药品专利信息登记平台登记药物活性成分化合物专利、含活性成分的药物组合物专利、医药用途专利。"

本案中，涉案专利为含活性成分的化学药物组合物专利，属于《药品专利纠纷实施办法》第五条规定的专利类型，符合《药品专利纠纷解释》第二条的规定。

《药品专利纠纷解释》第三条规定："专利权人或者利害关系人依据专利法第七十六条起诉的，应当按照民事诉讼法第一百一十九条第三项的规定提交下列材料：（一）国务院有关行政部门依据衔接办法所设平台中登记的相关专利信息，包括专利名称、专利号、相关的权利要求等；（二）国务院有关行政部门依据衔接办法所设平台中公示的申请注册药品的相关信息，包括药品名称、药品类型、注册类别以及申请注册药品与所涉及的上市药品之间的对应关系等；（三）药品上市许可申请人依据衔接办法作出的四类声明及声明依据。"

本案中，A公司为涉案专利的专利权人，其已就涉案专利在登记平台上进行了相关信息登记。B公司的涉案仿制药申请目前已被受理，且该仿制药相关信息已在登记平台公示。针对涉案专利，B公司在登记平台上作了4.2类声明，即涉案仿制药未落入涉案专利权保护范围。基于此，依据前述规定，A公司有权就B公司申请注册的涉案仿制药是否落入涉案专利的保护范围提起诉讼。

需要指出的是，涉案专利权虽已被国家知识产权局宣告无效，但该无效决定目前处于起诉期限内。本案中，A公司、B公司均主张应进行实体审理，考虑到上述主张并结合本案其他相关因素，现对涉案仿制药是否落入涉案专利保护范围进行判断。

A公司主张涉案仿制药落入其在专利无效程序中修改后的权利要求1-6的保护范围，B公司则认为涉案仿制药使用的抗氧化剂是***，即***，而非涉案专利权利要求1中的dl-α-生育酚，故并未落入涉案专利权利要求1-6的保护范围。

基于B公司提交的涉案仿制药申报材料可以看出，涉案仿制药使用的辅料为***，其执行的是***进口药品注册标准。将该标准中记载的***的结构式与双方已确认的涉案专利权利要求1中dl-α-生育酚的结构式进行对比可以看出，二者并不相同（对比结构式见下图），A公司对此亦予以认可。基于此，涉案仿制药并未使用涉案权利要求1中的dl-α-生育酚，A公司有关涉案仿制药使用了与涉案专利权利要求1相同的技术方案的主张不能成立。

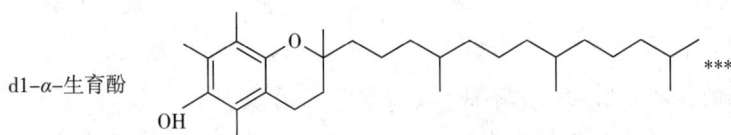

d1-α-生育酚   ***

A公司主张，即便涉案仿制药并未使用与涉案专利权利要求1相同的技术方案，二者亦构成等同的技术方案。侵犯《专利权纠纷解释》第七条规定："被诉侵权技术方案包含与权利要求记载的全部技术特征相同或者等同的技术特征的，人民法院应当认定其落入专利权的保护范围。"虽然该条款中将权利要求的保护范围扩大到等同的情形，但需要注意的是，该解释第五条同时规定："对于仅在说明书或者附图中描述而在权利要求中未记载的技术方案，权利人在侵犯专利权纠纷案件中将其纳入专利权保护范围的，人民法院不予支持。"该规定是捐献规则的具体体现，其目的在于保护公众基于专利文件的公示效力而产生的合理预期。依据该规定，对于仅在说明书或附图中记载但未被纳入权利要求保护范围的技术特征，不能依据等同原则将其纳入权利要求的保护范围内。

虽然侵犯专利权纠纷解释适用于专利侵权案件，而本案为确认是否落入专利权保护范围案件，但该解释确定的规则同样适用于本案。本案中，A公司主张涉案仿制药中的***与权利要求中对应的技术特征构成等同。A公司认可涉案仿制药申报材料中使用的***为***，但认为该技术特征与涉案专利中的dl-α-生育酚构成等同的技术特征。B公司则认为以***作为抗氧化剂的技术方案已被捐献。

由查明事实可以看出，针对***，涉案专利说明书第［0029］段有如下记载，"本发明中所用的抗氧化剂优选从生育酚醋酸酯、二丁基羟基甲苯、天然维生素E、dl-α-生育酚、d-α-生育酚、混合浓缩生育酚、抗坏血酸棕榈酸酯、L-抗坏血酸硬脂酸酯、丁基羟基茴香醚和没食子酸丙酯中选择一种"。基于上述记载可以看出，***作为抗氧化剂使用的技术方案已被记载于涉案专利说明书中，但该技术方案并未被涵盖在涉案专利权利要求1的范围内（权利要求1中使用的抗氧化剂是dl-α-生育酚）。据此，依据前述规定中体现的捐献规则，涉案仿制药使用的***与涉案专利中的dl-α-生育酚并不构成等同的技术特征。

A公司主张修改前的权利要求1中涵盖了将***作为抗氧化剂这一技术方案，这表明专利权人并未将使用***作为抗氧化剂的技术方案进行捐献。因此，捐献规则并不适用本案。A公司这一主张的成立至少需满足以下两个条件：其一，捐献规则所指权利要求是指修改前的权利要求，或者至少包括修改前的权利要求；其二，捐献规则的适用需要以专利权人有捐献意愿为前提。

专利权人在专利确权程序中虽可以对权利要求进行修改，但修改行为并不会使该专利权同时或先后存在两个有效的权利要求，而只是以修改后的权利要求替代修改前的权利要求，修改后的权利要求自始生效。这也就意味着，侵犯专利权纠纷解释第五条中所称的权利要求只能指向修改后的权利要求。此外，前文中已指出，捐献规则保护的是公众基于专利文件的公示效力而产生的合理预期，其与专利权人是否主观有捐献的意愿无关。因此，即使专利权人并无此意愿，亦不影响捐献规则在本案中的适用。由此可知，修改前的权利要求是否包括***，以及A公司是否有捐献的意愿，均不影响捐献规则在本案中的适用。据此，A公司有关本案不适用捐献规则的主张不能成立，对此不予支持。

基于上述分析，虽然涉案专利权利要求1的保护范围可以延及等同的技术方案，但具体到dl-α-生育酚这一技术特征，其等同的范围不包括涉案仿制药使用的***。据此，涉案仿制药中将***作为抗氧化剂的技术特征与涉案专利权利要求1的相应技术特征不构成等同。

因涉案仿制药使用的***与涉案专利权利要求1的相应技术特征既不相同，亦不等同，故被诉技术方案未落入涉案专利权利要求1的保护范围。鉴于权利要求2-6为权利要求1的从属权利要求，在涉案仿制药的技术方案未落入权利要求1的保护范围的情况下，尽管B公司在庭审中认可涉案仿制药具有权利要求2-6的附加技术特征，其仍然不落入权利要求2-6的保护范围。据此，A公司有关涉案仿制药落入涉案专利权利要求1-6的保护范围的主张不能成立，对此不予支持。

综上，B公司申请注册的涉案仿制药并未落入A公司的涉案专利权利要求1-6的保护范围。

原审法院依照《中华人民共和国专利法》第七十六条，《最高人民法院关于审理申请注册的药品相关的专利权纠纷民事案件适用法律若干问题的规定》第二条、第三条，《最高人民法院关于审理侵犯专利权纠纷案件应用法律若干问题的解释》第五条、第七条之规定，判决：驳回A公司的诉讼请求。案件受理费750元，由A公司负担。

本案二审期间，当事人均未提交新证据，并均对原审判决对于证据真实性、合法性和关联性的认定不持异议。

A公司向本院提交了两份调查取证申请。第一份调查取证申请的申请事项为请求法院向B公司收集由其生产的、用于药物临床试验的艾地骨化醇软胶囊（规格：0.75μg/粒）。主要理由为：基于国家药品监督管理局数据库中登记的药用辅料***的信息及双方证据，在***和dl-α-生育酚中，只有dl-α-生育酚系依法登记用作抗氧化剂的药用辅料的***，故有理由相信B公司为规避侵权，故意在药品注册申请文件中将药用辅料dl-α-生育酚替换为原料药***，而其实际使用的药用辅料应为dl-α-生育酚。为申请注册涉案仿制药，B公司应当已经开展并完成了药物临床试验，故其生产的用于药物临床试验的艾地骨化醇软胶囊能够证明其申请注册的涉案仿制药实际使用的技术方案。第二份调查取证申请的申请事项为请求法院向国家药品监督管理局调取B公司提交的关于艾地骨化醇软胶囊（规格：0.75μg/粒）仿制药注册申请文件中涉及辅料***的资料，包括但不限于原审法院依职权调取的B公司仿制药申报材料目录页载明的药品说明书、样品检验报告书、变更药用辅料种类的补充申请和研究资料、临床试验计划及研究方案。主要理由为：原审法院依职权从国家药品监督管理局调取的证据仅涉及B公司提交的相关证据材料，其中显示B公司并未提交与涉案仿制药所用辅料相关的申报资料，且B公司在其提交的证据材料中故意遮盖与本案相关的药用辅料信息。

本院经审理查明：原审法院认定的事实基本属实，本院予以确认。

另查明：涉案专利授权公告的权利要求如下：

"1.一种制剂，其包含：

（1）（5Z，7E）－（1R，2R，3R）－2－（3-羟基丙氧基）－9，10-断胆甾－5，7，10（19）－三烯－1，3，25-三醇；

（2）油脂；

（3）抗氧化剂；

其中，加入所述抗氧化剂用于抑制（5Z,7E)－（1R,2R,3R)－2－（3-羟基丙氧基）－9,10-断胆甾－5，7,10（19）－三烯－1,3,25-三醇降解为6E－（1R,2R,3R)－2－（3-羟基丙氧基）－9,10-断胆甾－5（10),6，8（9）－三烯－1，3，25-三醇和（或）（5E，7E）－（1R，2R，3R）－2－（3-羟基丙氧基）－9，10-断胆甾－5，7，10（19）－三烯－1，3，25-三醇，经遮蔽、室温保存12个月后产生的6E－（1R，2R，3R）－2－（3-羟基丙氧基）－9，10-断胆甾－5（10），6，8（9）－三烯－1，3，25-三醇和（或）（5E，7E）－（1R，2R，3R）－2－（3-羟基丙氧基）－9，10-断胆甾－5，7，10（19）－三烯－1，3，25-三醇的量为1%或更少。

2.根据权利要求1的制剂，其中，抗氧化剂是选择dl-α-生育酚，二丁基羟基甲苯，丁基羟基茴香醚和没食子酸丙酯中的一种。

3.根据权利要求1或2的制剂，其中，制剂是软胶囊，硬胶囊或油性液体制剂。

4.根据权利要求3的制剂，其中，制剂是软胶囊。

5.根据权利要求1或2的制剂，其中，以重量计，制剂含有相对于油脂为0.000001%～0.01重量%的（5Z，7E）－（1R，2R，3R）－2－（3-羟基丙氧基）－9,10-断胆甾－5，7,10（19）－三烯－1，3，25-三醇和相对于油脂为0.0001%～12重量%的抗氧化剂。

6.根据权利要求5的制剂，其中，制剂是软胶囊，硬胶囊或油性液体制剂。

7.根据权利要求6的制剂，其中，制剂是软胶囊。"

第53498号决定系国家知识产权局针对案外人C公司、D公司就涉案专利提起的无效宣告请求作出的审查决定。根据该决定的记载，针对C公司提起的无效宣告请求，A公司于2021年7月2日提交了权利要求书修改文本；针对D公司提起的无效宣告请求，A公司于2021年8月6日提交了修改的权利要求书。两次提交的权利要求书修改文本内容相同。2021年9月23日，国家知识产权局对两无效宣告请求进行口头审理。第53498号决定依据的审查文本为A公司修改后的权利要求1-6和授权公告的说明书、附图和摘要。

B公司向国家药品监督管理局提交的项目名称为"产品开发"的申报资料中记载："***"B公司向国家药品监督管理局提交的项目名称为"辅料的控制"的申报资料中记载："***"***进口药品注册标准的药物名称为"***"，分子式为***。

《中华人民共和国药典》（2005年版）二部和《中华人民共和国药典》（2020年版）二部中记载的"***"（合成型）的分子式、化学结构式均与***进口药品注册标准相同。中华人民共和国卫生部药典委员会编《临床用药须知》中记载了"***"的相关信息。

原审庭审中，B公司称其于2021年12月9日向国家药品监督管理局申请将所作声明从针对权利要求2修改为针对权利要求1-7，但国家药品监督管理局不允许修改声明。针对A公司新增的诉讼请求，原审法院释明称，仿制药申请人应当积极履行药品专利纠纷实施办法规定的义务，但是A公司新增的诉讼请求单独作为诉讼请求不适当，不属于本案的审理范围，故不会体现在判决书中。双方当事人对此均表示清楚。

二审庭审中，A公司称其在无效宣告程序中对权利要求的修改是为克服权利要求得不到说明书支持的缺陷。B公司称涉案仿制药仍在技术审评中，未转入行政审批。

本院认为：本案为确认是否落入药品专利权保护范围纠纷。该类纠纷是专利法第七十六条规定的特殊类型纠纷，其实体审理的核心是确认被诉技术方案是否落入相关药品专利权保护范围，与侵害专利权纠纷中专利侵权判定部分的审理并无实质不同，故可以适用专利法及相关司法解释关于专利侵权判定的相关规定。

本案中，涉案专利权虽已被国家知识产权局宣告全部无效，但A公司、B公司均主张本案应进行实体审理，双方当事人均有在涉案仿制药上市前通过本案诉讼解决专利纠纷的意愿。且B公司在本案中仅以涉案仿制药与涉案专利技术方案不同为由进行抗辩，涉案专利权的稳定性对本案争议问题的审理并无必然影响。因此，本院对本案继续进行实体审理。

根据当事人的诉辩主张，本案二审争议焦点问题为：（一）B公司是否违反药品专利纠纷实施办法的规定及对此应如何处理；（二）涉案仿制药申请中作为本案比对对象的抗氧化剂辅料为何种抗氧化剂；（三）涉案仿制药申请中的抗氧化剂辅料与涉案专利中的dl-α-生育酚是否构成等同技术特征。

（一）B公司是否违反药品专利纠纷实施办法的规定及对此应如何处理

第一，关于仿制药声明与药品专利权利要求的对应性。

根据药品专利纠纷实施办法第六条的规定，化学仿制药申请人提交药品上市许可申请时，应当对照已在登记平台公开的专利信息，针对被仿制药每一件相关的药品专利作出声明。仿制药申请人对相关声明的真实性、准确性负责。该规定仅对仿制药申请人作出声明所针对的专利提出了要求，并未明确声明所应当针对的药品专利的具体权利要求。仿制药申请人作出声明时，通常应该考虑被仿制药品与登记平台公开的专利权利要求的对应关系，即被仿制药品是否实施了登记平台公开的专利权利要求的技术方案。对于4.2类声明而言，该类声明的核心在于申明仿制药申请人申请的仿制药技术方案不落入被仿制药品专利权的保护范围。为保证声明的真实性和准确性，仿制药申请人原则上应该针对被仿制药品所对应的保护范围最大的权利要求作出声明。由于专利独立权利要求的保护范围最大，如果被仿制药对应着专利独立权利要求，只要仿制药的技术方案不落入独立权利要求的保护范围，必然不落入从属权利要求的保护范围。但是，如果仿制药技术方案不落入药品专利从属权利要求的保护范围，并不能当然得出不落入药品专利权保护范围的结论。因此，对于4.2类不落入专利权保护范围的声明，如果被仿制药品对应着专利独立权利要求，仿制药申请人应当针对独立权利要求作出声明；当被仿制药品所对应的保护范围最大的权利要求存在两个或者两个以上的独立权利要求时，仿制药申请人针对该两个或者两个以上独立权利要求作出声明，才能保证声明的真实性和准确性。

专利权人在登记平台上登记信息之后，有可能在无效宣告程序中修改已登记专利的权利要求，但无论以何种方式修改权利要求，最终被接受的审查文本不得扩大原权利要求的保护范围，故只要仿制药申请人在提出仿制药申请时针对被仿制药品所对应的保护范围最大的权利要求作出4.2类声明，专利权人在无效宣告程序中对权利要求的修改就不会影响声明的真实性和准确性。

本案的特殊之处在于，仿制药申请人B公司未针对修改前被仿制药品所对应的独立权利要求作出声明，而是仅对修改前的从属权利要求2作出声明。对此，本院认为，在无效宣告程序中，专利权人对权利要求的修改并不必然导致审查文本的变化，修改后的审查文本被国家知识产权局接受并公开的最早时点系在口头审理过程中。国家药品监督管理局于2021年8月16日受理B公司提出的涉案仿制药注册申请时，国家知识产权局尚未对涉案专利的无效宣告请求进行口头审理。故B公司申请涉案仿制药上市并作出4.2类声明在前，国家知识产权局举行口头审理在后。B公司在作出4.2类声明之时，未对被仿制药品当时所对应的保护范围最大的独立权利要求作出声明，仅对保护范围更小的从属权利要求作出声明，不具有正当理由，有避重就轻之嫌，其行为难言正当。B公司称其曾向国家药品监督管理局申请修改声明，但该事实发生在A公司提起本案诉讼之后，难以证明B公司行为的正当性。

A公司在涉案专利权的无效宣告程序中修改权利要求的方式为，将原权利要求2中的部分附加技术特征合并至权利要求1，删除了权利要求2，并相应调整了其他权利要求的序号。B公司作出的4.2类声明所针对的原权利要求2的保护范围大于修改后独立权利要求的保护范围，故B公司的声明所针对的权利要求的保护范围事实上覆盖了修改后涉案专利权的保护范围。考虑到药品专利纠纷实施办法仍处于试行阶段，其仅规定了仿制药申请人针对被仿制药每一件相关的药品专利作出声明，在仿制药申请人的声明所针对的权利要求的保护范围事实上覆盖修改后涉案专利权的保护范围的情况下，人民法院基于修改后的权利要求审理针对该声明提起的诉讼，符合药品专利纠纷早期解决机制的目的。因此，从实际效果来看，B公司作出的4.2类声明虽有不当之处，但并未对A公司的实体和诉讼权利造成不利影响。

第二，关于仿制药申请人的通知义务。

药品专利纠纷实施办法第六条还规定："仿制药申请人应当将相应声明及声明依据通知上市许可持有人，上市许可持有人非专利权人的，由上市许可持有人通知专利权人。其中声明未落入相关专利权保护范围的，声明依据应当包括仿制药技术方案与相关专利的相关权利要求对比表及相关技术资料。除纸质资料外，仿制药申请人还应当向上市许可持有人在中国上市药品专利信息登记平台登记的电子邮箱发送声明及声明依据，并留存相关记录。"该规定明确了仿制药申请人的通知义务，B公司在作出声明时应当提供相关权利要求对比表及相关技术资料。同时，A公司在登记平台上登记涉案药物的相关信息时亦登记了通讯地址、联系人、联系方式等信息。B公司将声明及声明依据通知A公司不存在任何障碍。但是，B公司迟至A公司提起本案诉讼后才提交相关材料，且并未给出充分而合理的解释，不符合药品专利纠纷实施办法第六条的规定，其行为明显不当。

综上，B公司未针对被仿制药品专利保护范围最大的权利要求作出声明，未将声明及声明依据及时通知上市许可持有人，其行为确有不当，本院在此特予指出并给予批评。因批评教育不属于民事责任的承担方式，故本院对A公司有关批评教育的诉讼请求不予支持。经查，双方当事人在原审审理中对该问题发表了意见，原审法院对此进行了释明。由于该诉讼请求本身因缺乏法律依据而明显不能成立，原审法院未在判决书中予以评述，并不属于遗漏诉讼请求。A公司的相关上诉请求缺乏依据，本院不予支持。

（二）涉案仿制药申请中作为本案比对对象的抗氧化剂辅料为何种抗氧化剂

药品上市审评审批过程中，药品上市许可申请人与有关专利权人或者利害关系人之间因申请注册的药品相关的专利权产生的纠纷仅仅是双方之间关于相关专利权的一种特殊形式的纠纷，通常被称为药品专利链接纠纷。对于化学仿制药而言，国务院药品监督管理部门依据仿制药申请人的申报资料进行药品上市审评审批，并在规定的期限内根据人民法院对该类纠纷作出的生效裁判决定是否暂停批准相关药品上市，故在判断仿制药的技术方案是否落入专利权保护范围时，原则上应以仿制药申请人的申报资料为依据进行比对评判。如果仿制药申请人实际实施的技术方案与申报技术方案不一致，其需要依照药品监督管理相关法律法规承担法律责任；如果专利权人或利害关系人认为仿制药申请人实际实施的技术方案构成侵权，亦可另行提起侵害专利权纠纷之诉。因此，仿制药申请人实际实施的技术方案与申报资料是否相同，一般不属于确认落入专利权保护范围纠纷之诉的审查范围。

本案中，原审法院从国家药品监督管理局调取的证据显示，B公司申报的涉案仿制药的生产处方、辅料信息均记载"***"为抗氧化剂，其执行的是***进口药品注册标准，该标准对应的是名称为"***"、分子式为***、化学结构式为原审判决所查明之特定化学结构式的药品；辅料控制相关资料记载，辅料采用中国药典收载的对应品种质量标准以及供应商提供的对应品种质量标准，而《中国药典》

中记载的"***"（合成型）的分子式、化学结构式均与***进口药品注册标准相同；权威出版物中以***指代***。上述证据足以证明，B公司向国家药品监督管理局申报的仿制药技术方案中的抗氧化剂是***，而非dl-α-生育酚。

对于A公司关于涉案仿制药申报资料中的抗氧化剂不是***的相关主张，本院认为，首先，申报资料中记载的实验内容是分别采用***与α-生育酚作为抗氧化剂的对比实验，A公司主张B公司在临床申报过程中使用的药用辅料（抗氧化剂）是dl-α-生育酚缺乏依据。其次，该对比实验的相关记载亦说明B公司所申报的作为抗氧化剂辅料的"***"并非生育酚类物质的上位概念，而是与α-生育酚并列的一种具体的抗氧化剂。再次，B公司将登记为原料药的***作为涉案仿制药的辅料申报是否符合相关规定，属于国务院药品监督管理部门的审查范围，不影响本院对申报资料真实性和本案比对对象的确认。此外，A公司亦无其他证据证明国务院药品监督管理部门审评审批涉案仿制药抗氧化剂的依据发生变化。因此，A公司的相关上诉主张缺乏依据，本院不予支持。

对于A公司二审提出的两项调查取证申请，本院认为，根据《最高人民法院关于适用<中华人民共和国民事诉讼法>的解释》第九十五条的规定，当事人申请调查收集的证据，与待证事实无关联、对证明待证事实无意义或者其他无调查收集必要的，人民法院不予准许。如上所述，作为涉案仿制药技术方案依据的应当是申报材料所体现的内容，而非仿制药申请人实际实施的技术方案，且在案证据已经足以证明涉案仿制药申报的抗氧化剂辅料为***，本案已无必要从国家药品监督管理局调取申报材料中的其他信息。因此，对A公司提出的两项调查取证申请，本院均不予准许。

（三）涉案仿制药申请中的抗氧化剂辅料与涉案专利中的dl-α-生育酚是否构成等同技术特征

本院已确认作为本案比对对象的是B公司向国家药品监督管理局申报的仿制药技术方案，即使用***作为抗氧化剂的技术方案。涉案仿制药技术方案中的***与涉案专利权利要求1中的dl-α-生育酚不构成相同的技术特征，双方当事人对此不持异议。A公司主张二者构成等同的技术特征；B公司主张不论是基于捐献规则，还是禁止反悔规则，均不应认定二者构成等同的技术特征。

对此，本院认为，捐献规则和禁止反悔规则都可以构成适用等同原则的限制，其目的都是在公平保护专利权人的利益和维护社会公众利益之间实现合理的平衡。如果符合限制适用等同原则的条件，通常无须再判断两特征是否构成手段、功能、效果基本相同以及本领域技术人员是否无须创造性劳动即能联想到。本案中，由于B公司以A公司修改权利要求的行为主张适用禁止反悔规则，以作为修改结果的专利文本主张适用捐献规则，故本院首先基于专利权人对权利要求的修改对本案是否应当适用禁止反悔规则作出评判。

根据侵犯专利权纠纷解释第六条的规定，专利申请人、专利权人在专利授权或者无效宣告程序中，通过对权利要求、说明书的修改或者意见陈述而放弃的技术方案，权利人在侵犯专利权纠纷案件中又将其纳入专利权保护范围的，人民法院不予支持。在专利权人修改权利要求的情况下，如果其主张原权利要求和修改后权利要求的保护范围之间的特定技术方案并未被放弃，应当进行举证或者给予合理的说明。本案中，A公司在无效宣告程序中合并原权利要求2中的部分附加技术特征至权利要求1，从而将权利要求1的抗氧化剂限定为dl-α-生育酚，并删除原权利要求2，相应修改了其他权利要求的序号和引用关系。该修改方式实质上是放弃了原权利要求1的技术方案，保留原权利要求2并列技术方案中的一个技术方案，使得独立权利要求的技术方案从可以使用任意一种抗氧化剂，变为仅保护使用dl-α-生育酚。此外，涉案专利说明书列举了包括dl-α-生育酚、***在内的多种抗氧化剂。本领域技术人员结合涉案专利说明书记载的内容及涉案专利权利要求的修改过程可知，A公司通过修改权利要求的方式对其要求保护的特定技术方案作出了明确的选择，且其是从原从属权利要求2所记载的并列的四种抗氧化剂中选择了唯一一种抗氧化剂，进一步说明其通过修改放弃采用***这一特定抗氧化剂的技术方案的意思具体明确。A公司既没有对其修改时未纳入采用***作为抗氧化剂的技术方案作出合理说明，又未主张该修改与维持专利权有效无关，且事实上其也陈述该修改是为了克服权利要求得不到说明书支持的缺陷。因此，A公司并无合理理由或者证据证明其并未通过修改权利要求放弃使用其他抗氧化剂的技术方案，故本案应当适用禁止反悔规则，不宜再将采用***作为抗氧化剂的技术方案纳入涉案专利权的等同保护范围内。

综上，涉案仿制药中采用的抗氧化剂***与涉案专利权利要求1中的dl-α-生育酚不构成等同的技术特征，涉案仿制药的技术方案不落入涉案专利权的保护范围。鉴于依据上述分析已足以得出该结论，故本院对当事人有关等同特征的其他理由不再赘述。

综上所述，A公司的上诉请求不能成立，应予驳回。原审判决认定事实清楚，适用法律正确，应予维持。本院依照《中华人民共和国民事诉讼法》第一百七十七条第一款第一项之规定，判决如下：

驳回上诉，维持原判。

二审案件受理费750元，由A公司负担。

本判决为终审判决。

（资料来源：https://wenshu.court.gov.cn/website/wenshu/181107ANFZ0BXSK4/index.html?docId=LjHnnZi8Y0+rynoPxAlGTeXH7/NUjinneVwbO2Nq9ffOGTQt1oEdRZ/dgBYosE2g/CW5RlirbNbJHv8vZrP03y7PYvojt3X0fvNEid8RtDBwrvnA9FcuVbdZPXtTU322）

第一节　药品专利纠纷早期解决机制概述

一、药品专利纠纷早期解决机制界定

药品专利纠纷早期解决机制是指将相关药品上市审批程序与相关药品专利纠纷解决程序相衔接的制度，旨在保护药品专利权人合法权益，鼓励新药研究和促进高水平仿制药发展。

二、药品专利纠纷早期解决机制相关立法

2020年10月17日第十三届全国人大常委会第二十二次会议《关于修改<中华人民共和国专利法>的决定》对专利法第四次修正，新增第七十六条对药品专利纠纷早期解决机制进行原则性规定。

2021年7月4日国家药品监督管理局、国家知识产权局发布实施《药品专利纠纷早期解决机制实施办法（试行）》。

2021年5月24日最高人民法院审判委员会第1839次会议通过《关于审理申请注册的药品相关的专利权纠纷民事案件适用法律若干问题的规定》，自2021年7月5日起施行。

2021年7月5日，国家知识产权局发布《药品专利纠纷早期解决机制行政裁决办法》。

此外，正在征求意见的《专利审查指南修改草案》《中华人民共和国专利法实施细则》《中华人民共和国药品管理法实施条例》中均涉及药品专利纠纷早期解决的相关内容。

第二节　药品专利纠纷早期解决机制的相关规定

一、药品专利纠纷早期解决机制的原则性规定

《专利法》第七十六条规定，药品上市审评审批过程中，药品上市许可申请人与有关专利权人或者利害关系人，因申请注册的药品相关的专利权产生纠纷的，相关当事人可以向人民法院起诉，请求就申请注册的药品相关技术方案是否落入他人药品专利权保护范围作出判决。国务院药品监督管理部门在规定的期限内，可以根据人民法院生效裁判作出是否暂停批准相关药品上市的决定。

药品上市许可申请人与有关专利权人或者利害关系人也可以就申请注册的药品相关的专利权纠纷，向国务院专利行政部门请求行政裁决。

国务院药品监督管理部门会同国务院专利行政部门制定药品上市许可审批与药品上市许可申请阶段专利权纠纷解决的具体衔接办法，报国务院同意后实施。

二、药品专利纠纷早期解决机制的具体规定

（一）平台建设和信息公开

国务院药品监督管理部门组织建立中国上市药品专利信息登记平台，供药品上市许可持有人登记在中国境内注册上市的药品相关专利信息。未在中国上市药品专利信息登记平台登记相关专利信息的，不适用本办法。

（二）专利权登记

药品上市许可持有人在获得药品注册证书后30日内，自行登记药品名称、剂型、规格、上市许可持有人、相关专利号、专利名称、专利权人、专利被许可人、专利授权日期及保护期限届满日、专利状态、专利类型、药品与相关专利权利要求的对应关系、通讯地址、联系人、联系方式等内容。相关信息发生变化的，药品上市许可持有人应当在信息变更生效后30日内完成更新。

登记信息与专利登记簿、专利公报以及药品注册证书相关信息应当一致；医药用途专利权与获批上市药品说明书的适应证或者功能主治应当一致；相关专利保护范围覆盖获批上市药品的相应技术方案。相关信息修改应当说明理由并予以公开。

化学药上市许可持有人可在中国上市药品专利信息登记平台登记药物活性成分化合物专利、含活性成分的药物组合物专利、医药用途专利。中药可登记中药组合物专利、中药提取物专利、医药用途专利，生物制品可登记活性成分的序列结构专利、医药用途专利。

（三）仿制药专利声明

化学仿制药、中药同名同方药、生物类似药申请人按照进行相关专利声明。申请人提交药品上市许可申请时，应当对照已在中国上市药品专利信息登记平台公开的专利信息，针对被仿制药每一件相关的药品专利作出声明。声明分为4类。

1.**一类声明**　中国上市药品专利信息登记平台中没有被仿制药的相关专利信息。

2.**二类声明**　中国上市药品专利信息登记平台收录的被仿制药相关专利权已终止或者被宣告无效，

或者仿制药申请人已获得专利权人相关专利实施许可。

3.三类声明 中国上市药品专利信息登记平台收录有被仿制药相关专利，仿制药申请人承诺在相应专利权有效期届满之前所申请的仿制药暂不上市。

4.四类声明 中国上市药品专利信息登记平台收录的被仿制药相关专利权应当被宣告无效，或者其仿制药未落入相关专利权保护范围。

仿制药申请人对相关声明的真实性、准确性负责。仿制药申请被受理后10个工作日内，国家药品审评机构应当在信息平台向社会公开申请信息和相应声明；仿制药申请人应当将相应声明及声明依据通知上市许可持有人，上市许可持有人非专利权人的，由上市许可持有人通知专利权人。其中声明未落入相关专利权保护范围的，声明依据应当包括仿制药技术方案与相关专利的相关权利要求对比表及相关技术资料。除纸质资料外，仿制药申请人还应当向上市许可持有人在中国上市药品专利信息登记平台登记的电子邮箱发送声明及声明依据，并留存相关记录。

（四）司法链接和行政链接

专利权人或者利害关系人对4类专利声明有异议的，可以自国家药品审评机构公开药品上市许可申请之日起45日内，就申请上市药品的相关技术方案是否落入相关专利权保护范围向人民法院提起诉讼或者向国务院专利行政部门请求行政裁决。当事人对国务院专利行政部门作出的行政裁决不服的，可以在收到行政裁决书后依法向人民法院起诉。

专利权人或者利害关系人如在规定期限内提起诉讼或者请求行政裁决的，应当自人民法院立案或者国务院专利行政部门受理之日起15个工作日内将立案或受理通知书副本提交国家药品审评机构，并通知仿制药申请人。

（五）批准等待期

收到人民法院立案或者国务院专利行政部门受理通知书副本后，国务院药品监督管理部门对化学仿制药注册申请设置9个月的等待期。等待期自人民法院立案或者国务院专利行政部门受理之日起，只设置一次。等待期内国家药品审评机构不停止技术审评。

（六）药品审评审批分类处理

专利权人或者利害关系人未在规定期限内提起诉讼或者请求行政裁决的，国务院药品监督管理部门根据技术审评结论和仿制药申请人提交的声明情形，直接作出是否批准上市的决定；仿制药申请人可以按相关规定提起诉讼或者请求行政裁决。

对引发等待期的化学仿制药注册申请，专利权人或者利害关系人、化学仿制药申请人应当自收到判决书或者决定书等10个工作日内将相关文书报送国家药品审评机构。

对技术审评通过的化学仿制药注册申请，国家药品审评机构结合人民法院生效判决或者国务院专利行政部门行政裁决作出相应处理。

（1）确认落入相关专利权保护范围的，待专利权期限届满前将相关化学仿制药注册申请转入行政审批环节。

（2）确认不落入相关专利权保护范围或者双方和解的，按照程序将相关化学仿制药注册申请转入行政审批环节。

（3）相关专利权被依法无效的，按照程序将相关化学仿制药注册申请转入行政审批环节。

（4）超过等待期，国务院药品监督管理部门未收到人民法院的生效判决或者调解书，或者国务院专利行政部门的行政裁决，按照程序将相关化学仿制药注册申请转入行政审批环节。

（5）国务院药品监督管理部门在行政审批期间收到人民法院生效判决或者国务院专利行政部门行政裁决，确认落入相关专利权保护范围的，将相关化学仿制药注册申请交由国家药品审评机构按照本条第二款第一项的规定办理。

国务院药品监督管理部门作出暂缓批准决定后，人民法院推翻原行政裁决的、双方和解的、相关专利权被宣告无效的，以及专利权人、利害关系人撤回诉讼或者行政裁决请求的，仿制药申请人可以向国务院药品监督管理部门申请批准仿制药上市，国务院药品监督管理部门可以作出是否批准的决定。

对一类、二类声明的化学仿制药注册申请，国务院药品监督管理部门依据技术审评结论作出是否批准上市的决定；对三类声明的化学仿制药注册申请，技术审评通过的，作出批准上市决定，相关药品在相应专利权有效期和市场独占期届满之后方可上市。

对中药同名同方药和生物类似药注册申请，国务院药品监督管理部门依据技术审评结论，直接作出是否批准上市的决定。对于人民法院或者国务院专利行政部门确认相关技术方案落入相关专利权保护范围的，相关药品在相应专利权有效期届满之后方可上市。

化学仿制药、中药同名同方药、生物类似药等被批准上市后，专利权人或者利害关系人认为相关药品侵犯其相应专利权，引起纠纷的，依据《中华人民共和国专利法》等法律法规相关规定解决。已经依法批准的药品上市许可决定不予撤销，不影响其效力。

（七）首仿药市场独占期

对首个挑战专利成功并首个获批上市的化学仿制药，给予市场独占期。国务院药品监督管理部门在该药品获批之日起12个月内不再批准同品种仿制药上市，共同挑战专利成功的除外。市场独占期限不超过被挑战药品的原专利权期限。市场独占期内国家药品审评机构不停止技术审评。对技术审评通过的化学仿制药注册申请，待市场独占期到期前将相关化学仿制药注册申请转入行政审批环节。

挑战专利成功是指化学仿制药申请人提交四类声明，且根据其提出的宣告专利权无效请求，相关专利权被宣告无效，因而使仿制药可获批上市。

第四章 药品专利期延长

奥美拉唑的专利期限延长策略

药品专利期延长（PTE）对于企业的药品研发策略，药品生命周期管理有重要影响。以重磅炸弹药物奥美拉唑（洛赛克）为例，该药品于2002年在美国上市后，A公司针对核心物质US4255431B专利申请了专利期限延长，获得2年的专利延长期，专利期延续到2001年4月5日，其所获得的2年专利延长期至关重要，一方面，1999—2001年正是洛赛克的销售高峰，PTE保证了企业的独占利润，更重要的是，为后续的二次研发和市场运作提供了充足的时间，在2000年10月，A公司向美国FDA提出了处方药转OTC的申请。然而，该OTC申请最初被驳回，其缘由是FDA非处方药的胃肠药顾问委员会认为，药物在针对A公司申请的适应证胃灼热症的急性发病的治疗中疗效不显著，而对该疾病的预防有效。该公司在修改适应证为"预防胃灼热"并相应地补充了数据以及修改药品说明书等相关文件后才获得FDA批准转OTC，到2003年上市。如果A公司没有2年的专利延长期保驾，那么在转OTC不顺利的过程中就会出现较长的专利保护期断档。另一方面，这2年的专利延长期也为产品升级提供了时间。A公司研发团队将奥美拉唑进行手性药物拆分，获得（S）–奥美拉唑，即埃索美拉唑（耐信），其于2001年2月获得FDA批准上市，上市时间正好在洛赛克核心专利延长期到期日2001年4月5日之前，早于其仿制药及非外方药，借助时间优势、市场运作以及成功的营销，把该改进型药物的轻微的临床优势转变成了巨大的市场优势。

可以说，A公司通过专利期延长制度，打好时间差，恰时推出二代产品，成功地保住了其在消化系统用药领域的市场份额，实现了收益最大化。耐信的核心专利US4738974B1也获得了865天的专利期延长，其专利最终到期日2007年9月1日，由于在消化系统药物领域的持续布局和合理利用专利期延长制度、行政保护制度，直到2014年耐信的全球销售额仍超过42亿美元，保持在全球药品销售额前20位，到2016年还能在全球榜单中排名36位，说明A公司合理利用专利延长制度和专利布局，最大化药品价值并保持其在消化系统用药领域的长期垄断地位。

（资料来源：马秋娟，杨倩，王璟，张丽颖，于莉.各国药品专利期限补偿制度的比较研究［J］.中国新药杂志，2018，27（24）：2855-2860.）

第一节 药品专利期延长概述

一、药品专利期延长界定

药品专利期延长是指对新药因临床试验和审评审批延误上市的时间，给予适当专利期限补偿。

二、药品专利期延长相关立法

《专利法》第四十二条对药品专利期延长作出原则性规定。

《专利法实施细则》（征求意见稿）、《专利审查指南修改草案》（征求意见稿）均对药品专利期延长进行规制。

第二节　药品专利期延长的相关规定

一、药品专利期延长的原则性规定

《专利法》第四十二条规定："为补偿新药上市审评审批占用的时间，对在中国获得上市许可的新药相关发明专利，国务院专利行政部门应专利权人的请求给予专利权期限补偿。补偿期限不超过五年，新药批准上市后总有效专利权期限不超过十四年。"

二、药品专利期延长的具体规定

（一）适用范围

《专利法实施细则》（征求意见稿）第八十五条之四规定，对在中国获得上市许可的化学药、生物制品和中药新药产品专利、制备方法专利或者医药用途相关专利，符合药品专利期限补偿条件的，可以给予药品专利期限补偿。前款所称新药相关专利，是指国务院药品监督管理部门首次批准上市的新药活性成分相关专利。中药新药专利包括中药创新药相关专利和增加功能主治的中药改良型新药相关专利。

《专利审查指南修改草案》（征求意见稿）规定，针对国务院药品监督管理部门批准上市的创新药和符合本章规定的改良型新药，对于其中药物活性物质的产品专利、制备方法专利或者医药用途专利，可以给予药品专利期限补偿。创新药和改良型新药的含义依照有关法律法规并参照国务院药品监督管理部门的相关规定确定。可以给予期限补偿的改良型新药限于国务院药品监督管理部门颁发的药品注册证书中记载为以下类别的改良型新药：①化学药品第2.1类中对已知活性成分成酯，或者对已知活性成分成盐的药品；②化学药品第2.4类，即含有已知活性成分的新适应证的药品；③预防用生物制品2.2类中对疫苗菌毒种改进的疫苗；④治疗用生物制品第2.2类中增加新适应证的生物制品；⑤中药第2.3类，即增加功能主治的中药。

（二）是否落入保护范围的审查

《专利审查指南修改草案》（征求意见稿）规定新药相关技术方案应当以国务院药品监督管理部门批准的新药的结构、组成及其含量，批准的生产工艺和适应证为准。新药相关技术方案未落入指定专利权利要求的保护范围的，不予期限补偿。

药品专利期限补偿期间内，该专利的保护范围限于国务院药品监督管理部门批准上市的新药及该新药经批准的适应证相关技术方案。产品权利要求的保护范围仅限于用于经批准的适应证的上市新药产品，医药用途权利要求的保护范围仅限于上市新药产品的经批准的适应证，制备方法权利要求的保护范围仅限于用于经批准的适应证的上市新药产品在国务院药品监督管理部门备案的生产工艺。

（三）补偿条件

《专利法实施细则》（征求意见稿）八十五条之七规定，专利权人请求给予药品专利期限补偿的，应当自药品上市许可申请获得批准之日起3个月内向国务院专利行政部门提出药品专利期限补偿请求，并附具有关证明文件，提出请求时药品及其专利应当满足以下条件：①一个药品同时存在多项专利的，专利权人只能请求对其中一项专利给予药品专利期限补偿；②一项专利同时涉及多个药品的，只能对一个药品就该专利提出药品专利期限补偿请求；③该专利尚未获得过药品专利期限补偿；④请求给予药品专利期限补偿的专利剩余保护期限不少于6个月。

《专利审查指南修改草案》（征求意见稿）规定，请求药品专利期限补偿应当满足以下条件：①请求补偿的专利授权公告日应当早于药品上市许可申请获得批准之日；②提出补偿请求时，该专利权处于有效状态；③该专利尚未获得过药品专利期限补偿；④获得上市许可的新药相关技术方案应当落入请求补偿的专利权利要求的保护范围；⑤一个药品同时存在多项专利的，只能请求对其中一项专利给予药品专利期限补偿；⑥一项专利同时涉及多个药品的，只能对一个药品就该专利提出药品专利期限补偿请求。

（四）请求的提出

《专利审查指南修改草案》（征求意见稿）规定，药品专利期限补偿请求应当由专利权人提出。专利权人与药品上市许可持有人不一致的，应当征得药品上市许可持有人书面同意。

专利权人请求药品专利期限补偿的，应当自药品上市许可申请获得批准之日起3个月内向专利局提出请求，并且缴纳相应费用。

对于获得附条件上市许可的药品，应当自获得正式上市许可之日起3个月内向专利局提出请求，但补偿期限的计算以获得附条件上市许可之日为准。

专利权属于多个专利权人共有的，药品专利期限补偿请求应当由代表人办理。已委托专利代理机构的，药品专利期限补偿请求应当由专利代理机构办理。

（五）补偿期限的确定

《专利审查指南修改草案》（征求意见稿）规定，药品专利补偿期限的计算方式为：药品上市许可申请获得批准之日减去专利申请日，再减去5年所得的时间。该补偿期限不超过5年，且该药品上市许可申请批准后总有效专利权期限不超过14年。

药品专利期延长会给企业带来丰厚的利益，制药企业应综合运用各种手段延长药品的专利期，以实现利益最大化。

▶【案例】5-4-1

通过药物制剂专利来延长专利保护期

替加环素（tigecycline），是A公司开发的一种新型的广谱活性的静脉注射用抗生素，美国FDA于2005年6月批准上市的新药。2015年，替加环素的全球销售额大约是3亿美元。

替加环素在美国FDA的橘皮书（Orange Book）列有5个专利。其中，一个专利（RE40183）是替加环素的新化合物专利，另外四个专利（7879828，8372995，8975242，9254328）与药物制剂，药物晶体结构有关。新化合物的专利在2016年4月9日已过期，但另外4个专利的有效期是在2026—2030年。也就是说，通过申请药物制剂和晶体结构的专利，替加环素又多得到了10—14年的专利保护期。这是一个通过药物制剂专利来延长专利保护期的比较成功的例子。

仿制药公司对替加环素的药物制剂的专利进行了挑战，希望能证明这些专利无效，早日让替加环素的仿制药得到批准，进入市场。加拿大的B公司，在2013年3月，向美国专利局提出了对US 7879828的双方复审（inter partes review），要求对该专利的有效性重新审查。

US 7879828的申请日是2006年3月13日，授权日是2011年2月1日。因为专利申请过程中的延误，专利的有效期从2026年3月13日延长至2029年的2月5日。US 7879828包括23个权利要求，都与替加环素的制剂有关。其中有代表性的权利要求1如下：

1. A composition comprising tigecycline, lactose, and an acid selected from hydrochloric acid and gentisic acid, wherein the molar ratio of tigecycline to lactose is between about 1 ：0.2 and about 1 ：5 and the pH of the composition in a solution is between about 3.0 and about 7.0.

权利要求1中的制剂是注射液，包括替加环素、乳糖、和盐酸或龙胆酸。替加环素稳定性较差，其溶液在碱性条件下容易氧化降解，在偏酸性条件下会发生差向异构体化。US 7879828的专利性在于使用偏酸性条件来降低替加环素氧化降解，同时乳糖起了在偏酸性条件下稳定替加环素的作用，防止差向异构体化。

在复审中，B公司引用了三篇现有文献。第一篇现有文献是中国专利CN 13900550。

CN 13900550公布了一种盐酸米诺环素（minocycline）冻干粉针剂，其组成包括盐酸米诺环素、冻干粉支持剂和pH调节剂。冻干粉支持剂可以是甘露醇、葡萄糖、乳糖等；pH调节剂可以是盐酸、硫酸、乙酸等。米诺环素是一种四环素，而替加环素也是四环素。

另外两篇现有文献是科技论文，讨论四环素在偏酸性条件下的差向异构体化，尿素等稳定剂可以防止差向异构体化。

B公司提出如果把CN 13900550中的米诺环素用替加环素取代，加上两篇现科技论文讨论的防止差向异构体化，就得到了US 7879828的发明，因此权利要求1等没有创新性。B公司强调米诺环素和替加环素都是四环素，有二个环是一样的，结构相似。这是专业人员将用替加环素取代米诺环素的一个动机。此外，两篇现科技论文讨论防止差向异构体化，CN 13900550公布如何增加米诺环素稳定性，防止降解。结合这三篇文献，专业人员也会想到用冻干粉支持剂乳糖来增加替加环素的稳定性。

A公司提供了实验数据证明米诺环素和替加环素被氧化的速度不一样，替加环素差向异构体化的速度非常快。这说明虽然米诺环素和替加环素结构类似，但它们的性质不一样，所以专业人员没有用替加环素取代米诺环素的动机。此外，US 7879828本身也包括很多数据证明乳糖和酸性条件二者结合较大地增加了替加环素的稳定性。

美国专利局的复审部门考虑双方的证据和争辩，裁定US 7879828具有专利性（USPTO PTAB IRP2014-00115）。B公司上诉到联邦上诉法院，上诉法院经过考虑后，还是维持了美国专利局的判决。

此案例有三点值得关注：1. 合理地利用药物制剂专利可以延长药物保护期，US 7879828使替加环素地专利保护期延长了近13年；2. 在证明专利创新性时，实验数据起很大的作用，替加环素差向异构体化的速度快等数据对惠氏医药胜诉帮助很大；3. 专利诉讼，专利有效性分析时，考虑的现有文献范围非常广，本案例中最重要的文献是中国专利CN 13900550，B公司和A公司还对CN 13900550英文翻译的正确性有过争议。

（资料来源：https：//www.drugtimes.cn/2016/08/25/9b73495526/）

第五章　药品试验数据保护

美国A公司诉FDA Vyvanse案

2005年，B公司向FDA提交了用于治疗多动症的Vyvanse的新药上市申请。Vyvanse于2007年2月23日获得美国FDA批准，FDA根据Hatch-Waxman修正案，认定Vyvanse属于NCE并授予该药5年数据保护期。2009年1月，美国A公司为Vyvanse的仿制药递交了简化新药申请（abbreviated new drug application，ANDA）。由于该申请以品牌药Vyvanse为参比药品，FDA以参比药品Vyvanse数据保护期未满为由拒绝受理A公司的仿制药申请。而A公司认为二甲磺酸赖右旋安非他明是有机盐，这与21CFR314.108（a）中所规定的"活性成分（active moiety）包括使药品成醋、成盐（包括含有氢键或配位键的盐）"相悖，不应得到为期5年的数据保护期。

A公司依据管理程序条例向地区法院提起诉讼，希望FDA撤销对Vyvanse授予的数据保护，并受理A公司的简化上市申请。作为回应，FDA在诉讼期间对该案启动了内部行政核查程序。2009年10月，FDA对原决定给予了确认。FDA的结论是，对于确定类型的前体药物，全部吸收前的药物分子都应被看作为影响药物活性的部分，可以包括其在"身体中的分布、代谢、排泄以及毒性"。

美国华盛顿特区巡回法院于同年11月9日作出裁决并予以公开，法院认为一个机构对于其自身法规的解释是具有法律效力的，且并无证据表明FDA的解释存在明显错误或与法规不一致之处，所以最终支持FDA的决定。

本案所涉及Vyvanse新药申请授权、数据保护制度实施以及仿制药商诉讼流程主要分为三个阶段：申请授权阶段、数据保护阶段和诉讼及救济阶段。申请授权阶段：2005年，B公司向FDA提交了Vyvanse上市的新药申请，经FDA药品评价与研究中心审评后于2007年10月10日通过审批并被认定为NCE上市销售。数据保护阶段：通过审批后的Vyvans。相关信息被公布在橘皮书（orange book）中，其中NCE数据保护到期日为2012年2月23日，在此期间FDA将不受理仿制药申请。2009年1月29日，A公司向FDA提交了Vyvanse的ANDA申请，2009年2月6日FDA发出声明，以Vyvanse的5年数据保护期未满为由，拒绝受理A公司的此项ANDA申请。诉讼及救济阶段：由于遭到FDA的拒绝，A公司于2009年2月6日向FDA提交了意见书，认为FDA应重新考虑对Vyvanse作为NCE的决定。FDA于2009年4月13日确认收到A公司质疑其对Vyvanse上市过程中的合法性的意见书，其后迅速举行听证会，听取各方意见，并于2009年ro月23日公布了最终决定，坚称其给予B公司。公司原研药Vyvanse5年数据保护期是合法且合理的。

鉴于Vyvanse在上市2年的超高销售额及广阔市场前景，A公司非常渴望FDA迅速取消Vyvanse作为NCE的决议，以便尽快受理其ANDA申请。因此，A公司于2009年2月24日，几乎是在向FDA提交意见书的同时，向联邦地区法院提交诉讼，认为FDA错误的将Vyvanse定义为NCE，并不应拒绝Vyvanse的ANDA申请。由于A公司对FDA 2009年10月23日做出的最终决定不满，A公司重新修改意见书，所有程序进入即决审判阶段，所有相关意见移送至华盛顿特区巡回法院审判，并于2010年2月17日展开了口头辩论。

▶评析：分析本案的焦点问题是，Vyvanse的主要成分二甲磺酸赖右旋安非他明是否属于美国法律所规定的NCE范畴，该药品是否应获得FDA授予的5年数据保护期。

华盛顿特区巡回法院认为，法庭本身很难对于FDA的观点作出事后评价，特别是"在药品注册与审批的专业领域内，法庭依赖FDA对科学数据所做出的评价"。且没有记录显示FDA的做法是不合理的，基于有关NCE法规制度的复杂性，法庭尊重FDA的解释。

本案研究结论和借鉴意义在本案中，A公司与FDA就NCE界定进行了诉讼，其本质是原研药商与仿制药商之间的利益之争。原研药商希望以巨额研发投入为代价取得一定时期内市场独占地位，并获得垄断利润回报；仿制药商则企图以"搭便车"的方式无偿使用原研药商所提供的试验数据，再以低廉的价格抢占市场份额。因此，为了保障原研药商的利益，药品试验数据保护制度应运而生。

鉴于TRIPS协定39.3条规定的模糊性与不确定性，在TRIPS协定的框架内，各成员国对于药品试验数据保护制度在其本国实施过程中存在着较大弹性空间。各国政府可在TRIPS协定许可范围内，根据本国创新水平和产业政策确定NCE界定标准。在本案中，FDA对NCE界定的行政决定扩大了NCE范围，由于美国实行判例法制度，而美国法院最终支持了FDA的决定，这意味着以后将有更多前体药物获得FDA授予的5年数据保护期。

（资料来源：丁锦希，王颖玮，贺晓雪，孟立立.药品试验数据保护制度中的新化学实体界定问题研究——基于美国Actavis公司诉FDA Vyvanse案的实证分析［J］.（中国新药与临床杂志，2012年11月，第31卷第11期：652-657）

第一节　药品试验数据保护概述

一、药品试验数据保护界定

试验数据，是指药品上市申请人根据要求所提交的药品上市注册申请文件数据包中与药品有效性相关的非临床和临床试验数据，但与药品安全性相关的除外。药品试验数据保护又名药品试验数据独占权，是一种行政性的知识产权保护制度，指国务院药品监督管理部门依据法定程序，对申请人基于自行取得的试验数据获得上市许可的相关药品，给予一定数据保护期限的制度。

药品与人类生命、健康密切相关，为了规避用药风险、确保公众用药安全，世界各国对药品质量均较其他商品有着更为严格的审查要求。国务院药品监督管理部门要求制药企业在新药上市前必须完成动物实验和临床试验，并提交用以确定该药品安全、有效的各种试验数据。于是药品试验数据因被披露给国务院药品监督管理部门而丧失了以商业秘密作为其保护方式的可能性。药品试验数据虽不具有可专利性，但也需投入大量的资本，具有相当的商业价值。如对药品试验数据不加以保护必然削弱药厂对新药开发的投入。所以，药品试验资料保护是药品上市申请制度的必然结果。

二、国外药品试验数据保护相关规定

20世纪80年代，医药生产大国开始为药品数据构建保护层。1984年，美国通过Hatch-Waxman法案，对制药企业在新药上市前所提交的试验数据给予保护，在保护期内仿制药企业未经授权，禁止使用这些数据提出相似的药物审批申请。1986年，欧盟理事会制定了87 /21 /EEC.指令，采取了与Hatch-

Waxman法案类似的措施鼓励新药研发，规定的数据保护期限为新药上市批准后的6年或10年。1994年TRIPS协定签订，其中TRIPS协定第39条第3款规定如果缔约方要求以提交未公开的测试数据或其他数据作为批准一种采用新化学成分的药品或农业化学产品投放市场的条件，而上述数据的产生需要付出相当的努力，则该缔约方应禁止对这种数据的不正当商业性使用。此外，除非是为保护公众所必需，或者除非已经采取措施来确保防止对这样数据的不正当商业性使用，否则缔约方应禁止公开这样的数据。

TRIPS协定是专门针对WTO契约国的义务性条约，即该条约为各契约国提供知识产权保护最基本的标准，成员国需在此基础上完善自己国家与知识产权相关的各项规定。故基于该项规定及我国自身发展的需要，我国政府在2001年加入WTO时承诺实施试验数据保护制度，并于2002年国务院颁布的《中华人民共和国药品管理法实施条例》中建立了自己相关的数据保护制度，随后，我国食品药品监督管理局制定的《药品注册管理办法》（2007年颁布）第二十条中重申了这一点。2016年由亚太经济合作会议成员国中的新西兰、新加坡、智利和文莱等四国发起的，旨在促进亚太地区的贸易自由化的TPP协议的部分披露项目中发现其将生物制品纳入了数据保护的范畴。

（一）美国药品试验数据保护的相关规定

1.美国药品试验数据保护的相关法规 美国在TRIPS协定产生之前就已经制定了药品的试验数据保护制度，并已形成一套比较完善的法律体系，其规定大大超出TRIPS协定的要求，实行的是TRIPS+标准。1984年9月24日，美国对《食品药品和化妆品法》（FDCA）进行了一次重大修订，即通过了《药品价格竞争和专利期补偿法》（Hatch-Waxman Act），建立起了一系列鼓励和平衡新药研发与仿制药竞争的制度。该法案注意到药物申报上市耗费新药研发企业巨大的资金投入，其提交的试验数据需要漫长的临床前研究和临床试验才能得到。为鼓励创新，该法案给这些提交了试验资料而取得新药上市许可的药品生产企业一段时间，在此时间内，未经授权的仿制药企业不得依赖原研企业的试验资料提出新药上市申请，首次明确提出了药品"试验数据保护"，很好地平衡了创新主体和仿制药厂商的利益，标志着美国率先建立起一套药品的试验数据保护制度。

美国的药品试验数据保护规定主要是依据FDCA及其修订条款制定的。FDCA的第355节中明确作出了要求。即新药申请人首次申报上市需要提交能够证明药品安全性与有效性的试验数据，在规定的试验数据保护限内FDA不能依赖这些未披露的试验数据批准该药品仿制药的上市申请。除非仿制药申请者提交的安全性与有效性数据是仿制者自行试验获得的，或者从新药申请人处获得有效参考或使用权利，否则FDA在这段期限内不再受理该新药的仿制药申请。

为了鼓励罕用药的研发，美国国会于1983年1月4日通过了《罕见药法案》（Orphan Drug Act），其中包括多项鼓励民间组织将罕用药商业化的措施，其中最为重要的是规定被FDA批准上市的新药如果是罕用药，则可以享受7年的数据独占期。在美国，罕用药主要用于治疗那些发病人群不足25万人的疾病。

对于儿科用药，1997年11月，美国国会制定了《食品和药品现代化管理法》（Food and Drug Administration Modernization Act，FDAMA），鼓励制药厂商进行儿科用药研究，制定了儿科用药的试验数据保护政策。在该法案中首次明确提出给予儿科用药的在原有试验数据保护期或专利期基础上增加6个月的市场独占保护期，延缓仿制药的上市。2002年的《儿童最佳药品法案》（Best Pharmaceuticals for Children Act，BPCA），进一步明确了儿科用药的药品试验数据保护期规定。为自主选择进行药品儿童效用临床试验并提交相关数据的制药企业在原药品试验数据保护期的基础上延长6个月的保护期。2010年3月，美国总统奥巴马签署了《医疗改革法案》，规定儿科用药试验数据保护同样适用于儿科适应证的生物制品。

《医疗改革法案》中还包括《生物制剂价格竞争与创新法》，规定了生物新药的试验数据期限最少为12年，即在生物新药获得上市许可的4年内FDA不予受理生物仿制药厂商提交的生物仿制药简化申请，生物新药获得上市许可的12年内FDA不予批准其生物仿制药简化申请。

2.美国药品试验数据保护的期限 一系列法规建立起了完善的药品试验数据保护制度，将药品进行了明确的层级细分。对不同类型的新药规定了不同的试验数据保护期限（表5-5-1）。

表5-5-1　美国药品试验数据保护期限

试验数据保护期限	试验数据保护对象和范围
12年	生物新药
7年	罕用药
5年	含新化学实体（NEC）、新化学制剂的新药
4年	Paragraph IV Certification 相应的新药
3年	增加新配方、新适应证及其他变化的注册药品

（1）12年期试验数据保护　适用于作为参照的生物新药，保护期从该药品获得FDA上市许可之日算起。在生物新药获准销售的4年内，FDA不予受理生物仿制药的申请人提交的生物仿制药简化申请。在生物新药获准上市销售的12年内，FDA不予批准生物仿制药的简化申请。

（2）7年期试验数据保护　适用于治疗罕见病或症状的新药，保护期从该药品获得FDA批准之日算起。如果治疗罕见病的新药获得上市批准后，FDA将在7年内不批准同类药品的申请，除了以下情形：①罕见病用药独占批准或资格被FDA撤销；②撤销任何上市的问题药物；③权利人允许他人申请获得批准；④未能确保足够的供应。

（3）5年期试验数据保护　适用于含有NCE的新药，保护期从该药品获得FDA批准之日算起。NCE是指药品含有活性基，该活性基未曾在其他新药注册申请中获得FDA批准。其中活性基指的是使药品成分中具有生理与药理活性的分子或离子，不包括使药品成酯、成盐（包括含有氢键或配位键的盐），或者分子的其他非共价键衍生物（例如络合物、螯合物或包合物）。在原研企业取得上市许可的5年之内，竞争者不得依赖原研者提供的数据申报同种药品的上市申请。5年期限届满后，如果竞争者能证明其产品与被批准的产品具有生物等效性，则允许其依据研发者提供的数据申报药物上市申请。在5年期限结束之前，竞争者可自行进行独立试验获取相关数据，其中的例外情况，如果申请人没有从研究者处获得有效参考或使用权利，并且提出的申请是Paragraph IV Certification，即能够证明后者的专利是无效的，或者仿制药的行为并不对其造成侵权，此种情况下新药的试验数据保护期缩短为4年。

（4）3年期试验数据保护　适用于增加了新适应证或新用途或其他变化类别的已被FDA批准的药品，保护期从对已上市的药品增加新适应证或新的变化提出的新申请或补充申请被批准之日算起。申请人提出申请时必须说明要求试验数据保护的药品变化是基于如下情况：申请人或赞助人递交了新的临床研究的报告，且该申请包含对批准申请至关重要的、由申请人进行或主办的新的临床研究（不是生物等效性研究），那么该药品变化有可能获得3年期试验数据保护，每个药品只能有一次机会，不能重复叠加。与5年期试验数据保护不同的是，此种情况下的数据保护允许FDA在保护期满前受理并审批相应的仿制药申请，符合要求的可以暂时予以批准，但只能在3年试验数据保护期届满之日才能起效。

经批准的药品试验数据保护信息包括试验数据保护的类型及失效日期，将在FDA的公开出版物*Approved Drug Products with Therapeutic Equivalence Evaluations*，俗称"橘皮书"（Orange Book）上刊登，该出版物可以在线获取，FDA不再另行通知由申请人自行查询试验数据保护的结果。如果仿制药厂商在保护期内提出申请，FDA将不予受理，对于首个仿制药的申请，FDA暂时拒绝批准。如果企业对此有争议，认为自己的数据被披露或被依赖，可以寻求司法帮助或要求开听证会，公开讨论或者要求撤销仿制药的申请并且主张相应的赔偿。

（二）欧盟药品试验数据保护的相关规定

1.欧盟药品试验数据保护的相关法规 欧盟的试验数据保护制度发展了40余年，制定的相关法规前后密切联系，结构合理，特点突出。1965年1月26日欧洲出现了第一个欧共体用药指令，即65/65/EEC指令，要求制药商在药品上市申请时提交药品在研发过程中的试验数据，但已上市药品的试验数据对第二个申请上市的药品无相关限制。该指令开启了欧洲对上市药品需上报相关试验数据的大门。

1987年12月22日，欧盟理事会于通过了87/21/EEC指令，该指令采取了与Hatch-Waxman法案类似的措施鼓励新药研发，正式提出试验数据保护期限，禁止药品生产商在新药批准6年或10年内依赖他人的数据寻求市场许可。

2000年通过的EC/141/2000号法规规定了孤儿药的基本内容，被确定为孤儿药的药品，获得批准时自动获得试验数据保护。

2001年11月6日，欧盟签署了2001/83/EC号修正指令，该指令根据不同情况制定了三种不同的试验数据保护期限，欧盟开始在所有成员国内执行第一个药品的试验数据保护制度（在药品申请上市准入时自动完成）。对首次在欧盟（包括列支敦士登/瑞士）通过市场准入的新药所提交的试验数据给予6年或10年的保护期，保护期从上市许可获得批准之日起计算。试验数据保护仅针对含有新化学实体的新药，不适用于对已上市品种后来批准的新剂型、新给药途径或新增适应证。在欧盟各成员国首次获得市场准入的新药享有6-10年的试验数据保护期，在这段保护期内，药品主管部门不予批准该药品的仿制药申请，实质也是不允许直接依赖原研者的试验数据获得上市批准。

2004年3月3日欧盟理事会通过了第2004/27/EC号指令，形成了欧盟现行的"8+2+1"的试验数据保护制度的基本框架。主要内容：①所有符合要求的药品给予10年的试验数据保护期；②仿制药厂商可以从第8年起使用原研者的临床数据开展仿制药研究，启动仿制药上市申报程序；③如果在前8年期间，创新药的新适应证提交的试验数据获得批准或者药品从处方药向非处方药（OTC）转换的试验数据获得批准，可以将10年的试验数据保护期延长1年。

2006年6月通过的EC/1901/2006法规规定了儿科试验数据保护的新形式，即获得儿科适应证上市许可的药品可以获得10年的试验数据保护。这10年中其他药品不能以批准的儿科适应证上市。

2.欧盟药品试验数据保护的期限 欧盟的试验数据保护既有集中程序又有成员国程序，有集中有分散，欧盟法与国家法并存。试验数据保护不需要另外申请和审批，药品上市申请通过时，符合条件的药品自动获得相关试验数据保护。欧洲的药品申请上市有三种选择：集中程序，由欧盟成员国共同认可的程序；互认程序，一个国家的药品监督管理机构批准的上市许可，在欧盟成员国得到承认；国家程序，方便成员国在本国内使用的程序。

通过欧洲药品审评局（EMA）集中程序上市的药品，采取"8+2+1"模式：新药申请上市后有8年的数据专属期，试验数据保护期间，所有与其相关的仿制药上市申请不予受理和批准，除非自行获得全部数据，通过完整申请；8年保护期的后2年里，相关仿制药上市申请可以被受理，但不予批准；在新药批准后上市的8年间，如果得到一个或多个新的适应证的许可或者从处方药向非处方药转换的试验数据获得批准，则可以获得额外1年的市场专属期。一个通过集中程序上市的药品仅需经历一次申请、审评、批准的程序即可在欧盟所有成员国销售和使用。如果一个药品选择了集中程序进行上市申请但未获得审批，该产品很难有机会通过其他审批程序获得上市。

通过国家程序和互认程序上市的药品：在欧盟成员国中，各国的医药立法因国情不同而有所差异，采用6年和10年不等的试验数据保护期限。见表5-5-2。

表5-5-2 欧盟国家药品试验数据保护期限

试验数据保护期限	国家名称
6年	奥地利、保加利亚、丹麦、芬兰、爱尔兰、葡萄牙、西班牙、希腊、波兰、捷克、匈牙利、立陶宛、拉脱维亚、斯洛文尼亚、马耳他、爱沙尼亚、塞浦路斯、挪威、列支敦士登、冰岛
10年	比利时、德国、法国、意大利、荷兰、瑞典、英国、卢森堡

不同成员国执行不同的试验数据保护期，当所涉及的成员国的试验数据保护期不同时，只有较长试验数据保护期到期之后，才能向具有较长保护期的成员国进行互认程序的申请。

欧盟的试验数据保护制度主要规定了仿制药需在原研药或参照药品的试验数据保护期满后才可上市，若能提供充分的材料表明仿制药与原研药或参照要品具有"本质上相似"，可不提供药理毒理试验数据和临床实验数据。

（三）日本药品试验数据保护的相关规定

1.日本药品试验数据保护的相关法规 日本的试验数据保护没有建立专门的制度，而是通过药品上市后进行再审查的方式，间接对创新药物进行试验数据保护。1967年9月，日本厚生劳动省发布了《关于医药品制造许可标准基本规定》，要求新药上市后2年内收集药品的副作用等相关信息，在这期间，其后申报的相同药品不予批准。1971年6月，发布补充通知将药品再审查期限延长为3年。

1979年8月日本药事法修订，其中第14条规定，药品的有效成分、用法用量和效能等以及医疗器械的各方面明显区别于已上市或进口的药品的，该新药获得生产上市批准后，应在规定期限届满之日起3个月内向厚生劳动省提出药品再审查申请。日本药事法以立法形式确定了药品上市后监测制度，包括药物不良反应、再审查和再评价三个方面。随后1980年4月，日本厚生省药务局发布了通知（厚生劳动省医药局文件第483号）对再审查体系作出补充和细化，根据药物创新程度的不同规定了不同的再审查期限，将再审查作为一项正式机制加以执行。

日本政府于2003年3月建立了知识产权战略本部，并且推出了"知识产权推进计划"，明确提出由厚生劳动省和经济产业省主要负责加强药品试验数据的保护工作。

日本通过长期实践逐步建立起的试验数据保护制度在对药品进行试验数据保护、鼓励创新的同时，还能有效抵消试验数据保护的负面效应，取得了良好的社会经济效益。

2.日本药品试验数据保护的期限 根据日本药事法及其实施细则的规定，不是所有的药品上市后都必须进行再审查，只有上市的新药在有效成分、用法用量、效能等方面优于已上市药物，才能享有一定期限的数据独占保护权。日本政府将对新药申请者的试验数据保护与药品上市后的监测的义务有机结合，按照药物创新程度的不同，药物接受再审查的期限也不同（表5-5-3）。

表5-5-3 日本药品试验数据保护期限

试验数据保护期限	试验数据保护对象和范围
10年	罕用药
8年	NEC
6年	新医疗用配合剂；新给药途径药物
4~6年	新适应证、新剂量药物

原研药厂商完成药物临床试验后即向日本厚生劳动省提出新药上市申请，药品试验数据保护程序开始启动。新药上市申请受理后，审查机构确定新药类型，并确认该药物是否适用试验数据保护制度以及

适用何种数据保护期限，并决定是否最终批准上市。新药取得上市许可后，符合要求的新药即自行进入再审查阶段，新药生产厂商享有独自占有试验数据的权利。原研企业应在规定时间内对药品的安全性及有效性进行调查并根据结果进行再确认。由于创新药物在审批过程中所提交的数据存在一定的局限，如临床试验入组人员较少，缺乏不同条件下药物作用的信息等，制药厂商新药上市后必须对其继续进行监测。制药厂商需观察药物在实际医疗使用过程中的疗效是否受到其他外界因素的影响，并根据监测的结果和调查收集的信息，分析评价写成调查报告，每年至少向厚生劳动省报告一次。再审查结束后，日本的药品与医疗器械管理局（PMDA）将对再审查的药品作出是否合格或者是否要求变更的结论，最后由厚生劳动省发布再审查结果。在创新药物的再审查期间，厚生劳动省不予受理相应的仿制药上市申请，原研药厂商即享受一定期限的数据独占保护权。再审查结束后，仿制药申报者只需验证药品规格及试验方法，并进行稳定性、生物等效性等试验即可。由此可见，日本药品试验数据保护赋予的权利是附义务的权利。

（四）国际药品试验数据保护的制度设置

1.药品试验数据保护的条件 TRIPS协定第三十九条第三款要求成员国保护全部符合以下条件的数据，以防不正当的商业使用：保护的客体是医药用产品；寻求市场准入的产品包含新的化学成分；为获得产品上市准入而收集提交的试验数据；数据在被提交之前，尚未向外界透露过；获得数据的原创活动包含了相当的努力。

上诉内容需要关注如下问题。

（1）相当的努力 药品试验数据的原创活动包含了相当的努力，需要投入丰富的人力资源、雄厚的资金支持和巨大的时间成本才能完成。当药品研发商经历大量的原创研究和临床试验，认为获取的数据充足，资料准备地充分，便将这些数据递交药品监督管理部门审查。在经历了严格而漫长的新药审批过程后只有一小部分产品能够获得药品监督管理部门的批准。临床前研究、临床研究过程中失败的产品，以及未获得药品监督管理部门批准的产品，同样经历了完整的药物研发过程，耗费巨大的投入但未能成功上市无法得到期望的回报。因此药品研发并不是一项付出努力即可稳定盈利的活动，制药厂商面临的机遇与挑战并存。

（2）新的化学成分（NCE） 药品试验数据保护其实是为了确保制药厂商能够收回新药研发活动占据的巨额投资并获取一定的利润。试验数据的获得途径并不具备创新性，"新"的化学成分不同于专利法当中的"新颖性"，它的新是指这个化学成分未经注册，是一个"注册性"的概念，只要提交的化学活性成分在一个国家未被批准使用过即是新的，是由世界各国的药品主管部门来界定的。对NCE的界定是试验数据保护范围大小的直接影响因素。对于发达成员国，试验数据保护的范围往往远超出NCE的范围；一些发展中国家和不发达国家则尽量缩小试验数据保护的范围，对NCE采取狭义的界定范围。

（3）未披露 TRIPS协定第三十九条认为，凡是未披露的信息如果具有三个条件，即应给予保护。①该信息一般人常常无法轻易得到；②该信息具有商业价值；③信息的所有者采取了具体措施进行保密工作。为了审查创新药物对人体安全性、治疗疾病的有效性，药品主管部门要求药品生产厂商提供足够的、令人信服的试验数据，包括试验方法和试验结果等。药品生产厂商其实承担了很大风险，因为提交试验数据是获得市场许可的潜在条件，并不是生产厂商自愿提交的，数据一旦被提交，就意味着公开或部分公开。如果对试验数据保护不重视，数据常常会从一些途径意外地向外界披露。比如医疗卫生机构可能引用部分数据用于某些医学论文的论证，第三方从中获取信息并用于商业用途。政府对试验数据只有知情权，没有处置权，既然政府要求为申报的新药提供足够的数据和证据，就应该有责任来防止这些数据造成不正当的商业使用，积极承担起保密的义务，不能将这些试验数据泄露给第三方，造成"天下皆知"的局面。

（4）不正当的商业使用　保护数据免受"不正当的商业使用"是TRIPS协定要求其成员进行数据保护的主要目标。对药品试验数据的"不正当的商业使用"可以是第三方的行为，如违约、泄密或诱使他们泄密的行为，也可以指政府监管部门在药品审批过程将数据披露给未经授权的第三方。仿制药厂商如果简单依赖原研药开发商的试验数据，不需要投入太多的成本进行验证药品有效性和安全性的试验，由此获得巨大经济利益，原研药开发商前期所付出的高昂的投资、时间成本以及人力成本便无从保证了。"不正当"行为不仅限于上述竞争企业间的直接商业行为，还包括政府根据原研企业的数据评估其他企业相关药物的安全性和有效性的间接行为，这种行为虽不属于商业使用，但能够引起间接的商业效应，损害了原研企业的利益。因此TRIPS协定第三十九条第三款的重点就在于防止不正当竞争的情况发生，通过"不依赖"的原则达到公平、公正的结果。

2.药品试验数据保护的方式　根据TRIPS协定有关规定，在一段固定期限之内，政府有义务尊重其所收到资料的保密性，不得依赖该数据。因此各国政府主要通过不披露、不依赖两种方式对药品试验数据进行保护。

（1）不披露　实际上是一种保密义务，通常由各国的《反不正当竞争法》甚至于《刑法》来规定调整。药品试验数据原本可以是未披露的数据，如果不是政府部门要求提交，这些数据原本可以一直处于所有人手中，以商业秘密的形式存在下去。随着科技的创新发展，信息传播的途径日益更新，政府部门为原研药厂商的数据保密尤为重要。政府有义务尊重其接受的资料的保密性，不得披露该数据。政府行使着数据专属权，同时也有对这些数据进行保护的义务。

（2）不依赖　是试验数据保护独有的核心义务，也是最广泛使用的保护方式。绝大多数国家采用一定期限内对仿制药申请"不受理"或"不批准"的措施来履行"不依赖"的义务进而实现对试验数据的保护。创新药物的研发投资大、周期长、风险高，其中试验数据信息是药品上市审批的关键，因此药品试验数据包含了巨大的商业价值。如果仿制药厂商可以不做原创的研究，只需要与创新药做生物等效性方面的研究来证明药的有效性和安全性。而生物等效性研究与充分的临床前试验及临床试验相比往往规模非常小，试验可以快速进行，资金投入较原研厂商大幅减少，药品监管部门依赖原研厂商的数据进行审批的话就造成了搭便车的情况。长期发展下去，必将会严重打击原研者对药物研发的积极性。如果希望通过不可依赖性达到创新与仿制间利益的平衡，就规定一个固定期限之后才可以使用这些数据，在这一段时间里除非得到数据原提交者的授权，否则政府不能依赖原创者的数据来支持、批准或以另外方式检查其他的上市申请。

三、我国药品试验数据保护相关立法

我国药品试验数据保护起步相对较晚，影响因素多，有关药品试验数据保护方面的立法大致为：有关反不正当竞争法和刑法里关于未披露信息保护或者是商业秘密保护的条款。具体实施的法规文件，主要是《药品管理法》及其实施条例，规定中赋予药品主管部门对未披露的药品试验数据及其他数据法定的保密义务。

2002年《药品管理法实施条例》（国务院令第369号）第三十五条规定，含有新型化学成分的药品获得生产或者销售许可后，国家对生产者或者销售者提交的自行取得且未披露的试验数据和其他数据实施保护，任何人不得对该未披露的试验数据和其他数据进行不正当的商业利用。第七十二条对监管部门提出了要求，强调了药品主管部门及其工作人员的保密责任，药品主管部门以及工作人员如果违反规定，泄露了申请人申报含有新型化学成分药品上市申请时提交的未披露试验数据或者其他数据，从而给申请人带来损失的，药品主管部门依法承担赔偿责任，赔偿后，部分或者全部赔偿费用需由故意或者有重大过失的工作人员来承担，同时依法对直接责任人员给予行政处分。

2005年《药品注册管理办法》（局令第17号，已失效）的第十四条及2007年《药品注册管理办法》（局令第28号）及第二十条中再次明确了对药品试验数据实行保护。含有新型化学成分的药品获得生产或者销售许可后，药品监管部门自批准该许可之日起6年内，对使用生产者或者销售者申请上市时提交的自行取得且未披露的试验数据和其他数据的申请不予批准，但是经获得上市许可的申请人同意的除外，申请人提交自行取得数据的除外。

中国虽然已将药品试验数据保护制度纳入法规，但一直没有对试验数据保护制定专项制度和相应的实施细则，申请人无法得知提交的试验数据如何被保护，容易导致创新药物研发过程中由于对法规理解的不同产生差异性和盲目性的行为。

根据我国《药品管理法》的规定，药品试验数据保护期限应为获得生产或者销售含有新型化学成分药品许可证后的6年时间内，简单来说药品试验数据的独占期为药品注册上市后的6年内。其所谓的"新"是指注册意义上的新，故其受保护的主体应为第一个提交"数据"申请药品上市许可的申请人。目前，我国对于药品实验数据的保护并未形成完整的、可参考的体系，其一试验数据保护记录无从查证；其二数据保护到期后，该数据仍然处于不可获得状态，这就相当于变相延长了数据保护的时间，这两个问题仍有待立法机关考量。

（一）《中华人民共和国药品管理法实施条例》

我国药品数据保护相关法律文件主要依托于《中华人民共和国药品管理法实施条例》第三十四条的规定：国家对获得生产或者销售含有新型化学成分药品许可的生产者或者销售者提交的自行取得且未披露的试验数据和其他数据实施保护，任何人不得对该未披露的试验数据和其他数据进行不正当的商业利用。自药品生产者或者销售者获得生产、销售新型化学成分药品的许可证明文件之日起6年内，对其他申请人未经已获得许可的申请人同意，使用前款数据申请生产、销售新型化学成分药品许可的，药品监督管理部门不予许可；但是，其他申请人提交自行取得数据的除外。除下列情形外，药品监督管理部门不得披露本条第一款规定的数据：公共利益需要；已采取措施确保该类数据不会被不正当地进行商业利用。

第六十七条规定：药品监督管理部门及其工作人员违反规定，泄露生产者、销售者为获得生产、销售含有新型化学成分药品许可而提交的未披露试验数据或者其他数据，造成申请人损失的，由药品监督管理部门依法承担赔偿责任；药品监督管理部门赔偿损失后，应当责令故意或者有重大过失的工作人员承担部分或者全部赔偿费用，并对直接责任人员依法给予行政处分。

2022年发布的《药品管理法实施条例征求意见稿》第四十条对数据保护进行了完善：国家对获批上市部分药品的未披露试验数据和其他数据实施保护，药品上市许可持有人以外的其他人不得对该未披露试验数据和其他数据进行不正当的商业利用。

自药品上市许可持有人获得药品注册证书之日起6年内，其他申请人未经药品上市许可持有人同意，使用前款数据申请药品上市许可的，国务院药品监督管理部门不予许可；其他申请人提交自行取得数据的除外。

除下列情形外，药品监督管理部门不得披露本条第一款规定的数据：公共利益需要；已采取措施确保该类数据不会被不正当地进行商业利用。

（二）《关于深化审评审批制度改革鼓励药品医疗器械创新的意见》

2017年国务院办公厅发布《关于深化审评审批制度改革鼓励药品医疗器械创新的意见》中第十八条

规定：完善和落实药品试验数据保护制度。药品注册申请人在提交注册申请时，可同时提交试验数据保护申请。对创新药、罕见病治疗药品、儿童专用药、创新治疗用生物制品以及挑战专利成功药品注册申请人提交的自行取得且未披露的试验数据和其他数据，给予一定的数据保护期。数据保护期自药品批准上市之日起计算。数据保护期内，不批准其他申请人同品种上市申请，申请人自行取得的数据或获得上市许可的申请人同意的除外。

（三）《关于鼓励药品医疗器械创新保护创新者权益的相关政策》（征求意见稿）

2017年食品药品监管总局起草了《关于鼓励药品医疗器械创新保护创新者权益的相关政策》（征求意见稿）第二条表达了完善药品试验数据保护制度。申请人在提交药品上市申请时，可同时提交试验数据保护申请。对批准上市的创新药，给予6年数据保护期；既属于创新药又属于罕见病用药、儿童专用药，给予10年数据保护期；属于改良型新药的罕见病用药、儿童专用药，给予3年数据保护期；属于创新的治疗用生物制品，给予10年数据保护期。挑战专利成功和境外已上市但境内首仿上市的药品给予1.5年数据保护期。欧洲药品管理局、美国和日本获准上市后1年内在中国提出上市申请和数据保护的新药，给予相应类别数据保护期；超过1年到中国提出上市申请的，按超出时间扣减数据保护期时间；扣除后不足1.5年的，给予1.5年数据保护期。数据保护期自药品批准上市之日算起。在数据保护期内，审评机构不再批准其他申请人同品种上市申请，申请人自行取得的数据除外。

（四）《药品试验数据保护实施办法（暂行）》征求意见稿

我国于2018年起草了《药品试验数据保护实施办法》（暂行）征求意见稿，规定国家药品监督管理部门主管药品试验数据保护工作，国家药品监督管理部门的药品审评机构负责药品试验数据保护的具体实施工作。代表药品数据保护制度在我国的初步建立。

第二节　我国药品数据保护的主体、客体和内容

《药品试验数据保护实施办法》（暂行）征求意见稿，具体规定了药品试验数据保护的保护对象、保护方式、期限以及实施流程。

一、药品数据保护的主体

我国药品试验数据保护主体为数据保护权利人，即被实施数据保护品种的上市许可持有人（批准文号持有人）。

取得数据保护的权利人应在取得权利之日起主动披露其被保护的数据。取得数据保护的药品自批准上市之日起1年内由于自身原因未在市场销售的，则该保护期经有关利益相关方向国家药品监督管理部门提出撤销申请，经核实情况属实的，该数据保护应被撤销。药品试验数据保护被撤销的，自撤销决定作出之日起，国家药品监督管理部门可以批准其他申请人对该品种提出的上市注册申请，同时提出药品数据保护申请的，符合规定的按规定给予相应的保护期。

二、药品数据保护的客体

保护对象为对申请人基于自行取得的试验数据获得上市许可的下列药品，给予一定数据保护期限的制度：①创新药；②创新治疗用生物制品；③罕见病治疗药品；④儿童专用药；⑤专利挑战成功的

药品。

本办法中试验数据是指，药品上市申请人根据要求所提交的药品上市注册申请文件数据包中与药品有效性相关的非临床和临床试验数据，但是与药品安全性相关的数据除外，并应满足以下条件：①以获得药品上市许可为目的提交药品注册申请资料中所要求提交的数据；②提交药品注册申请前未公开披露；③未依赖他人的试验数据或已公开发布的研究成果自行取得。

三、药品数据保护的内容

在数据保护期内，未经数据保护权利人同意，国家药品监督管理部门不得批准其他申请人同品种药品上市申请，但申请人依赖自行取得的试验数据或获得上市许可的申请人同意的除外。

对在中国境内获批上市的创新药给予6年数据保护期，创新治疗用生物制品给予12年数据保护期。

使用在中国开展的临床试验数据，或在中国开展的国际多中心临床试验数据在中国境内申请上市或在中国与其他国家/地区同步申请上市的药品或治疗用生物制品，批准上市时分别给予6年或12年数据保护期；利用在中国开展的国际多中心临床试验数据在中国申请上市时间晚于在其他国家/地区申请上市的，根据情况给予1~5年数据保护期，晚于6年的不再给予数据保护期。

对于使用境外数据但无中国患者临床试验数据申请新药上市的，给予上述计算方法1/4时间的数据保护期；补充中国临床试验数据的，给予1/2时间的数据保护期。

对罕见病用药或儿童专用药，自该适应证首次在中国获批之日起给予6年数据保护期。

针对同一药品先后授予的各项保护期，分别按照相应药品注册申请自被批准之日起分别计算。

第三节　我国药品数据保护的其他规定

一、药品数据保护的实施流程

药品注册申请人在向国家药品监督管理部门申请数据保护的，应在提交上市许可注册申请的同时提交药品试验数据保护申请，并说明申请保护的期限和理由。药品注册申请受理后，国家药品监督管理部门的药品审评部门应对申请人的试验数据保护申请予以公示30天。国家药品监督管理部门的药品审评机构在进行药品注册技术审评时，应对申请人提出的数据保护申请同时进行审评，符合规定的，应在审查结论中明确保护的理由和期限，并按程序做出试验数据保护审查和上市申请审查结论。药品试验数据保护权利在药品上市注册申请批准公示时生效，数据保护信息与药品批准信息同时公示。

药品试验数据保护信息至少应包含药品的试验数据保护理由、数据保护起始和截止日期等信息，并由《上市药品目录集》收载并公示，药品试验数据保护申请人或任何第三方可自行在《上市药品目录集》中查询保护状态及保护期限。

二、保护期内同品种上市申请

在试验数据保护期内，以自行取得的试验数据或获得上市许可的申请人同意申请同品种药品注册申请的，除按照要求提供相应的注册申请资料外，还应提交其自行取得有关数据或授权的书面声明。

国家药品监督管理部门的药品审评机构受理上述申请之日起30天内应通知数据保护权利人，数据保护权利人可以自收到通知之日起30天内向国家药品监督管理部门指定的机构提出异议，无异议或逾期未提出异议的，视为认可上述自行取得数据声明。

　　数据保护权利人对上述自行取得数据的真实性提出异议的，国家药品监督管理部门的药品审评部门应在90日内组织完成数据核查工作，经核查发现数据存在问题或涉嫌弄虚作假的，按药品注册管理的相关规定处理并告知数据保护权利人。

　　申请人、试验数据保护权利人对于药品试验数据保护决定不服的，可以依法向国家药品监督管理部门申请行政复议或者提起行政诉讼。